Konrad P. LIESSMANN
Gerhard ZENATY
Katharina LACINA

unter Mitarbeit von
Georg CAVALLAR

W0281950

VOM DENKEN

EINFÜHRUNG IN DIE PHILOSOPHIE

Verlag Hölder-Pichler-Tempsky GmbH
www.hpt.at

Mit Schreiben des Bundesministeriums für Bildung, Wissenschaft und Forschung für den Unterrichtsgebrauch an nachstehend angeführten Schultypen zugelassen:
GZ BMB-5.034/0028-IT/3/2017 vom 28. 05. 2018 an **allgemein bildenden höheren Schulen** für die 8. Klasse im Unterrichtsgegenstand Psychologie und Philosophie, an **Bildungsanstalten für Elementarpädagogik** für die 2.–5. Klasse im Unterrichtsgegenstand Pädagogik, an **Bildungsanstalten für Sozialpädagogik** für die 2.–5. Klasse im Unterrichtsgegenstand Pädagogik, an **Höheren Lehranstalten für wirtschaftliche Berufe** für den V. Jahrgang im Unterrichtsgegenstand Psychologie und Philosophie.

Dieses Werk wurde auf Grundlage eines zielorientierten Lehrplans verfasst. Konkretisierung, Gewichtung und Umsetzung der Inhalte erfolgen durch die Lehrerinnen und Lehrer.

Wir weisen darauf hin, dass das **Kopieren** zum Schulgebrauch aus diesem Buch **verboten** ist. § 42 Absatz 6 **Urheberrechtsgesetz:** „Die Befugnis zur Vervielfältigung zum eigenen Schulgebrauch gilt nicht für Werke, die ihrer Beschaffenheit und Bezeichnung nach zum Schul- oder Unterrichtsgebrauch bestimmt sind."

Autorenteam und Verlag bitten, alle Anregungen und Vorschläge, die dieses Lehrbuch betreffen, an folgende Adresse zu senden:
Verlag Hölder-Pichler-Tempsky GmbH, Frankgasse 4, 1090 Wien

Schulbuchnummer Buch: 130890 **Schulbuchnummer Buch + E-Book: 176154**

6. Auflage 2018 (6.00)

© Verlag Hölder-Pichler-Tempsky GmbH, Wien 2018
Alle Rechte vorbehalten. Jede Vervielfältigung – auch auszugsweise – gesetzlich verboten.

Schulbuchvergütung/Bildrechte: © Bildrecht GmbH/Wien
Quellennachweis: S. 310

Innengestaltung, Druckvorstufe: Type & Publish KG, Ingrid Eder; www.tundp.at
Cover-Basisdesign: Grieder Graphik, A-2083 Pleissing
Covermotiv: Tonfigur von Gerhard Scherbaum, Wien. Maturaarbeit 1995

Druck: Brüder Glöckler GmbH, Wöllersdorf

ISBN 978-3-230-04103-6

Hinweise zur Verwendung des Buches

Der Titel dieses Buches – *Vom Denken* – deutet bereits an, worum es geht: Philosophie als Anstrengung eines offenen Denkens soll im Mittelpunkt stehen. Die Freiheit derjenigen, die das Buch in die Hand nehmen, zu stärken, nicht sie zu bevormunden, war die grundlegende Intention, aus der sich die methodische Konzeption dieser Einführung entwickelte.

Der Aufbau der Kapitel folgt einer einheitlichen Struktur:

Eine Annäherung führt zum Thema hin.

Die Darstellung des Problems konzentriert sich darauf, das Thema anhand exemplarischer Fragestellungen zu beschreiben und systematische und historische Hinweise zu geben.

Denkanstöße zu jedem Teilbereich regen selbstständiges und gemeinschaftliches Weiterdenken an und führen im Sinne der Kompetenzorientierung von der Reproduktion über Transferleistungen hin zur reflektierten Anwendung.

Originaltexte finden sich am Ende eines jeden Großkapitels. Die Auswahl ist so gehalten, dass es prinzipiell auch möglich ist, sich mit einer bestimmten Thematik nur anhand eines oder mehrerer dieser Texte auseinanderzusetzen. Die Originaltexte wurden bewusst nicht kommentiert, um die Urteilsfähigkeit zu schärfen. Zur Orientierung sind die Texte je nach Schwierigkeitsgrad gekennzeichnet: * (leicht, einführend), ** (mittelschwer) oder *** (anspruchsvoll, besonders auch für das Wahlpflichtfach).

Kompetenzchecks am Ende der Kapitel dienen der persönlichen Lernzielkontrolle.

Randspalten bieten eine Vielfalt an Informationen:

- Knappe Kennzeichnung der Schwerpunkte im Text als inhaltliche Orientierungshilfe;
- Erklärung von Fremdwörtern und Fachtermini;
- Verweise zum Begriffsglossar, die speziell bei aus der Alltagssprache bekannten Begriffen das Bewusstsein für den philosophischen Kontext schärfen sollen;
- Querverweise zu anderen Textstellen;
- Abbildungen.

Der Anhang enthält ein Begriffs- und ein Personenglossar, ein Begriffs- und ein Personenregister sowie weiterführende Literatur.

Die bausteinartige Konzeption des Buches ermöglicht es, alle Teile des Buches – Darstellung, Texte, Glossar – für sich zu verwenden oder je nach Bedarf zu kombinieren. Das Buch ist damit auch zum Einsatz im Wahlpflichtfach besonders geeignet.

Ziel dieses Buches ist es, die Fertigkeiten und Fähigkeiten zu vermitteln, philosophische Probleme zu erkennen und selbstständig zu behandeln. Es geht um Philosophie als Kompetenzaufbau, d.h. ums Selber-Denken, darum, eigenständig und reflektiert mit philosophischen Problemen umzugehen – nicht nur im Klassenzimmer, sondern auch im Alltag. Der Philosophieunterricht bleibt nicht bei der Reproduktion von Wissen stehen. Dieses Buch soll dazu anleiten, Einsichten und Erkenntnisse als Orientierungsrahmen und Handlungsbefähigung in den Alltag und das tägliche Leben zu integrieren.

Inhaltsverzeichnis

Kompetenzmodul 7 – 7. Semester

Kompetenzmodul 7 – 8. Semester

1. WOZU PHILOSOPHIE? Philosophische Fragestellungen kennenlernen und beschreiben

1.1. Zugänge zum Philosophieren

Annäherung

Philosophie ist das Allerernsteste, aber so ernst auch wieder nicht.
Theodor W. Adorno

Würde man eine Umfrage machen und dabei Fragen stellen wie „Was bedeutet für Sie Philosophie?" oder „Was halten Sie von Philosophie?", so würden unter anderen wohl etwa folgende Reaktionen kommen: „Philosophie – das ist mir viel zu kompliziert; das ist etwas für Intellektuelle, für Besserwisser, für Weltfremde, denen das praktische Leben zu schwierig ist, die sich davor in den Elfenbeinturm der Philosophie flüchten." Oder auch: „Philosoph/innen sind Wortverdreher, ihr Jargon ist für gewöhnliche Sterbliche unverständlich; sie begeben sich in unkontrollierbare Spekulationen fernab von den harten Tatsachen des Lebens; und überhaupt: Dieses ständige Philosophieren und Herumzweifeln verwirrt den Menschen, macht ihn unsicher, letztlich handlungsunfähig."

Raffael, Die Schule von Athen, Fresko, um 1509–1511. Vatikan, Stanza della Segnatura

Andererseits wird es Stellungnahmen geben, die das „Philosophieren" als eine ganz alltägliche, jedermann zugängliche Form des Überlegens, Entscheidens, des Vertretens von persönlichen Standpunkten, der subjektiven Weltanschauung erscheinen lassen. „Meine, deine, seine Philosophie ist es, so zu denken, so zu handeln, und überhaupt (...)." Demnach braucht jeder Mensch unweigerlich „seine Philosophie" wie das tägliche Brot: Wie man halt die Welt so sieht. Als eine solche Weltsicht ist Philosophie dann natürlich subjektiv, willkürlich, unverbindlich, relativ. Sie beruht auf so genannten persönlichen Erfahrungen, die nicht weiter hinterfragbar sind, aber sie kann auch jederzeit durch andere, neue Erfahrungen verändert werden.

Riskieren wir einen Blick in die Geschichte der Philosophie, so finden wir auch dort erstaunlich viele „Vorurteile". Schon bei den alten Griechen galt die Beschäftigung mit Philosophie als Luxus für eine kleine Elite, die Zeitvertreib und Spaß an Haarspalterei und Sophisterei, der Kunst des Wortverdrehens, fand. Der Philosoph Arthur Schopenhauer schreckte nicht davor zurück, den zu seiner Zeit wohl berühmtesten Philosophen Deutschlands, Georg Wilhelm Friedrich Hegel, einen „Unsinnschmierer, Windbeutel" zu heißen und dessen Philosophie als „Wischiwaschi" zu denunzieren. Manche Kritiker gingen sogar so weit, die ganze Geschichte der Philosophie als „Geschichte von Irrtümern" zu bezeichnen; philosophische Sätze würden sich demnach dadurch auszeichnen, dass ihren Begriffen kein Inhalt, keine Bedeutung zukomme, anstatt erhoffter Klarheit finde man bloße „Begriffsdichtung". Philosophie habe, so eine gar nicht so selten vertretene Auffassung, in unserer modernen wissenschaftlichen und technischen Zivilisation keine Funktion mehr. Sie sei für kein Gebiet des Lebens mehr wirklich zuständig und kompetent. Ihre einzige Kompetenz, so der deutsche Philosoph Odo Marquard, liege in ihrer „Inkompetenzkompensationskompetenz": Philosophie verstehe es meisterhaft, damit fertig zu werden, dass sie zu nichts nütze sei.

➤ Text S. 57 ff.

Käme solche Kritik nur von außen, könnten sich Philosoph/innen leicht wehren: Das sei eben der Neid derer, die zu „höheren Dingen" keinen Zugang hätten; das Unverständnis der Laien, die noch nicht die höheren Weihen der Philosophie empfangen hätten. Mit einem Wort: Diese Kritik müsste nicht ernst genommen werden. Sie wäre, psychologisch gesprochen, Abwehr, ihrerseits Kompensation des Minderwertigkeitsgefühls der Nichtphilosoph/innen.

Giorgione, Die drei Philosophen, um 1508/09. Wien, Kunsthistorisches Museum. – Wen könnte Giorgione hier dargestellt haben?

Wie verhält sich dies aber, wenn die Kritik aus der eigenen Zunft kommt? Die nähere Beschäftigung mit den zahllosen Kontroversen zwischen den streitbaren Philosoph/innen zeigt bald, dass diese Auseinandersetzungen neben den sicherlich öfter vorhandenen persönlichen Ressentiments auch eine sachliche Bedeutung haben. Diese „Vorurteile" enthalten nämlich häufig im Ansatz sehr wesentliche und richtige „Urteile", zumindest verbergen sich dahinter oft tatsächlich relevante Fragen an die Philosophie. Diese „Vorurteile" mögen zwar subjektiv, willkürlich und unreflektiert sein, sie könnten aber auch wichtige Vorverständnisse enthalten.

Das älteste uns überlieferte „Vorurteil" gegen die Philosophie hat Platon aufgezeichnet. Es ist gegen Thales von Milet gerichtet, der als erster abendländischer Philosoph bezeichnet wird. Eine thrakische Magd, so wird berichtet, habe Thales dabei beobachtet, wie er, den Himmel und die Sterne beobachtend, in einen Brunnen gefallen sei. Und kräftig hat die Magd den tolpatschigen Weisen ausgelacht. Ein „Vorurteil", das in vielen Varianten auch heute noch verbreitet ist: Philosoph/innen als weltfremde, versponnene Denker/innen, die das Naheliegende, Konkrete, Praktische übersehen, also in gewissem Sinne Träumende sind, die dem praktischen, mit beiden Beinen im Leben stehenden Menschen lächerlich vorkommen.

Dauern Zeit und Raum immer fort?

Platon dreht dann allerdings den Spieß gewaltig um: Wohl gäben Philosophen bei alltäglichen Gegebenheiten den Menschen manchmal Grund, über sie zu lachen, aber bei wirklich „wesentlichen Dingen" sei dies anders. Sobald es um grundsätzlichere Fragen gehe, etwa, was das Wesen der Gerechtigkeit, der Tugenden an sich, beziehungsweise was eigentlich der Mensch sei, der Sinn, die Aufgabe seines Lebens, dann offenbare sich etwas ganz anderes. Die Selbstsicherheit der Menschen verflüchtige sich, ihre Meinungen erwiesen sich als hohl, als nur vermeintliches, scheinbares Wissen, als Illusion. Thales ging es also nicht um die möglichst gute Bewältigung alltäglicher Probleme, sondern darum zu erkennen, was hinter diesen

Problemen steckt. „Was ist das Wesen von alledem?", fragt Thales. „Woher kommt alles, woraus entspringt es?" Er suchte also nach einem Ursprünglichen, einem Prinzip, aus dem er die Vielfalt der unserer Wahrnehmung zugänglichen Wirklichkeit erklären und verstehen wollte.

Ironischerweise fällt Thales in einen Brunnen, ins Wasser, also in genau das Element, das er als Ursprung aller Dinge versteht.

Platon verkehrt die beiden Seiten: Der Philosoph ist nur scheinbar der Naive; in Wirklichkeit ist für ihn die Philosophie die wahrhafte Befreierin von den Vorurteilen und Illusionen des alltäglichen Bewusstseins. So schildert er auch seinen Lehrer Sokrates als Helden, obwohl und gerade weil dieser das Eingeständnis macht: „Ich weiß, dass ich nichts weiß." – Dem Alltagsverstand erscheint es paradox, dass „Nicht-Wissen" die Eigenschaft eines Menschen sein soll, den die Antike als einen der großen weisen Männer verehrt hat. Die Erläuterung Platons will uns bewusst machen, dass die wahre Leistung des Sokrates darin bestand, sich von den Vorurteilen, den hartnäckigen Überzeugungen und Gewissheiten des Alltagsverstandes zu befreien.

Sokrates (470–399 v. Chr.) ➤ *Glossar*

Denkanstöße

1 Der Existenzphilosoph Karl Jaspers sieht das Motiv für die vielen Vorurteile gegen die Philosophie in der Abwehr, in der Sorge: Würde ich mich näher auf die Philosophie einlassen, müsste ich mein Leben verändern, meine Urteile korrigieren usw. – Bewerten Sie diese Einschätzung.

2 Charakterisieren Sie die Zusammenhänge zwischen Vorurteil und Urteil, zwischen Meinung und Wissen, Naivität und Reflexion.

Alltagsbewusstsein und Philosophie

In unserem Alltagsbewusstsein fühlen wir uns relativ sicher und geborgen in unseren Gewissheiten, Überzeugungen und Vorstellungen. Neue Ereignisse und Situationen ordnen wir bekannten und ähnlichen Erfahrungen zu. So orientieren wir uns, behalten den Überblick. Das Leben nimmt seinen gewöhnlichen Lauf.

Manchmal mag es jedoch geschehen, dass der Faden der Alltäglichkeit zerreißt, die „Banalität" des konventionellen Wahrnehmens gesprengt wird. Die Zeit scheint dann stillzustehen, die gewohnheitsmäßige Sicherheit verloren. Das eben noch Selbstverständliche hört auf, selbstverständlich zu sein: Es wird zur Frage. Dieser neue Zustand des Staunens, Sich-Wunderns, wo das Vertraute fremd, das Altbekannte neu, das Fertige wieder offen, das Sichere bezweifelbar wird, wird allgemein als Beginn des Philosophierens betrachtet.

Der Verlust der Naivität eröffnet einen neuen Blick auf die Welt, der in seiner Neugierde, seinem Fragecharakter imstande ist, Täuschungen und Selbsttäuschungen, Spannungen und Widersprüche im alltäglichen Wahrnehmen und Handeln aufzudecken. Wird dieses geschärfte Bewusstsein zur Haltung, zu einer Tätigkeit, die darauf abzielt, die vorhandenen Überzeugungen kritisch zu reflektieren, durch inhaltliche und begriffliche Präzision zu Klärung, Kritik und Begründung vorzustoßen, dann sprechen wir von Philosophieren.

Kritik ➤ Glossar

Philosophie ist also wesentlich auch ein Prozess, eine Tätigkeit. Sie nimmt die Anlässe für ihr Nachdenken und Reflektieren aus dem Alltagsbewusstsein und dessen

Vorverständnis, sucht dieses zu prüfen, aufzuklären, zu begründen und zu systematisieren.

Philosoph/innen sind deshalb auch als „Grenzgänger/innen" bezeichnet worden. Sie befinden sich gewissermaßen an den Grenzen des Alltagsbewusstseins, suchen diese zu erweitern, neue Erkenntnisräume und Sichtweisen zu erschließen. So kann die Geschichte der Philosophie auch als Fortschritt, als Emanzipation des kritischen Denkens von gewohnheitsmäßigen und traditionsbestimmten Überzeugungen gesehen werden.

Jacques Louis David, Tod des Sokrates, um 1787. New York, The Metropolitan Museum of Art

Diese Funktion der Desillusionierung ist allerdings nicht ungefährlich. So manche Philosoph/innen bezahlten dafür mit ihrem Leben, mit Verbannung oder Gefängnis, dass sie die Grundsätze und Glaubensüberzeugungen ihrer Zeit zu bezweifeln wagten. Das berühmteste Beispiel aus der Antike ist wohl Sokrates, der der Gottlosigkeit angeklagt und dafür zum Tode verurteilt wurde. – Die Philosophie bereitete und bereitet also dem Alltagsbewusstsein massive Kränkungen. Gerade dieser kritische Charakter der Philosophie ist es wohl, der sie für viele Menschen, obwohl sie ja als bloß subjektiv, willkürlich und wenig seriös abgewertet wird, doch so gefährlich macht.

Wenn Philosophie etwas derart Bedrohliches ist, würden viele davon wohl lieber die Hände lassen wollen. Doch: So einfach ist das gar nicht. Es muss nämlich bedacht werden, dass die Entscheidung, ob ich philosophiere oder nicht, gar nicht in meinem Belieben liegt. Warum? Als Kinder lernen wir alles zum Überleben Notwendige im Wesentlichen über Identifikationen. Wir orientieren unser Denken und Handeln an Vorbildern, mit denen wir uns identifizieren können. Das geht gut bis zu einem bestimmten Punkt, an dem diese Vorbilder für uns aus vielen Gründen problematisch werden müssen. Die gewohnte Orientierung, der Glaube an Autoritäten, das Festhalten an Traditionen wird uns fragwürdig. Die Kriterien und Normen, die unser Handeln lenken sollen, stehen plötzlich zur Diskussion. Damit sind aber die fundamentalen Fragen nach der Richtigkeit unseres Weltbildes, der Legitimation, der Begründung desselben aufgeworfen.

Denkanstöße

1 Nennen Sie andere Beispiele aus der Geschichte der Philosophie und Wissenschaft, wo Menschen wie Sokrates wegen ihrer Kritik an bestehenden Überzeugungen in Konflikt mit ihrer Umgebung kamen.

2 Suchen Sie Situationen in Ihrem eigenen Leben, wo der „Faden der Alltäglichkeit" zerriss, Sie ins „Staunen", „Zweifeln" kamen. Beschreiben Sie diese Situationen und untersuchen Sie, welche Faktoren zum Staunen oder Zweifeln geführt haben. Vergleichen Sie die Ergebnisse im Plenum und charakterisieren Sie Gemeinsamkeiten und Unterschiede.

Philosophie: Begriffsklärung und Abgrenzungen

Im letzten Abschnitt ist die Behauptung erörtert worden, dass Philosophieren für jeden Menschen eigentlich zwingend wäre. Aber: Diese Argumentation könnte auch bestritten werden. So könnte man einwenden, jeder Mensch könne, anstatt sich der mühseligen Arbeit zu stellen, eigene Kriterien und Begründungen für die Grundsätze seines Handelns zu entwickeln, genauso gut ein fertiges Dogma annehmen, sich auch als Erwachsener unreflektiert einer Autorität unterwerfen, sei es einer Religion, einer Ideologie oder einer auf wissenschaftliche Erklärung gestützten Weltanschauung. Es stellt sich also die Frage, wie sich Philosophie zu anderen Weltdeutungen und Weltanschauungen, zu anderen Formen der Erkenntnis und der Lebensbewältigung verhält.

Ideologie ➤ Glossar

Das griechische Wort „philósophos", eigentlich: Liebhaber der Weisheit, wurde gebildet in Abgrenzung zu „sophós", dem Wissenden. Im Unterschied zum „Sophisten", der sich im Besitz eines praktischen Wissens wähnt, versteht man unter einem „Philosophen" denjenigen, der die Erkenntnis, die Weisheit liebt, aber erst auf der Suche nach ihr ist.

Weisheit ➤ Glossar

Bei den Griechen und bis in die Neuzeit bildeten Philosophie und Naturwissenschaft (bzw. die sog. exakten Wissenschaften) allerdings eine Einheit. Beiden ging und geht es um Wahrheit. Viele Naturwissenschaftler waren zugleich Philosophen und umgekehrt. So waren Pythagoras und René Descartes zugleich bedeutende Mathematiker. Erst in den letzten Jahrhunderten kam es zu einer Trennung zwischen Philosophie und Naturwissenschaft. Die fortschreitende Spezialisierung der Einzelwissenschaften führte zu ihrer thematischen und methodischen Einschränkung. Die Naturwissenschaften arbeiten heute mit hoch entwickelten, vorzugsweise experimentellen Methoden und versuchen ganz bestimmte Ausschnitte der Realität möglichst genau zu erfassen. Sie verzichten dabei ganz bewusst auf den Anspruch, die Ganzheit der Wirklichkeit zu erklären, was ein fundamentales Anliegen der Philosophie war und ist.

Felsendom, islamischer Sakralbau auf dem Tempelberg/Altstadt von Jerusalem, errichtet an jenem Ort, an dem der Überlieferung nach Abraham seinen Sohn opfern wollte und Mohammed in den Himmel aufgestiegen ist

Philosophie und Religion haben ebenfalls viele gleiche Inhalte und Themen: Gott, die Unsterblichkeit, den Sinn des Lebens. Philosophie kann allerdings keine fertigen oder dogmatischen Antworten auf diese Fragen geben. Sie liefert keine Wegweiser, etwa durch die Autorität eines erleuchteten Lehrers. Während Buddha, Konfuzius, Jesus Christus oder Mohammed Lehren gründeten, religiöse Traditionen stifteten, die Jahrtausende überdauerten, sagte etwa Sokrates niemandem, was er tun solle. Er verwickelte zwar die Leute in Diskussionen über ihre moralischen Vorstellungen, es ging ihm aber weder um ein bloß wissenschaftliches, unbeteiligtes Registrieren vorhandener Meinungen noch um das Aufstellen einer eigenen ewigen Wahrheit. Vielmehr war er als Teilnehmer dieses Erkenntnisprozesses der Überzeugung, dass eine Wahrheit zu finden wäre, die nicht nur gut im Sinne von zweckmäßig, sondern „an sich gut" wäre. – Während für die Religion immer ein Göttliches Voraussetzung ist, von dem her dann das menschliche Leben interpretiert und gedeutet wird, geht die Philosophie von keiner wie immer gearteten dogmatischen Festsetzung aus. Ihr einziges Fundament bleibt die menschliche Vernunft.

Auch eine Ideologie stellt meistens eine Verallgemeinerung und Verabsolutierung bestimmter Erfahrungen und Erkenntnisse dar. Sie ist oft dogmatisch, gibt dem Menschen fertige Antworten. Insofern befriedigt sie wohl die starken menschlichen Bedürfnisse nach geistiger Orientierung, Sicherheit, Zugehörigkeit und nach geistigem Halt. Im Gegensatz dazu ist die Philosophie primär ein Fragen, ein kritisches Suchen, sie liefert keine endgültigen Wahrheiten. Gegenüber dem Anspruch von Ideologien und Weltanschauungen, absolute Gewissheiten verschaffen zu können, verbleibt sie in skeptischer oder kritischer Distanz. Ideologiekritik durch Aufweisen logisch oder sachlich unbegründeter Urteile und Einstellungen beziehungsweise durch Nachweis der wahren, etwa in materiellen Interessen liegenden Gründe bestimmter Werthaltungen ist eine ihrer zentralen Aufgaben.

Friedrich Nietzsche (1844–1900), Gemälde von Edvard Munch, um 1900. Stockholm.
➤ *Glossar*

Auch zur Kunst steht die Philosophie in einem Nahe- und Spannungsverhältnis. Nicht nur, dass wichtige Philosophen, wie etwa Platon oder Friedrich Nietzsche, zugleich auch Dichter waren. Philosophie und Kunst haben viele gemeinsame Inhalte und Ziele. Beiden geht es um die Darstellung der Wirklichkeit, um Erkenntnis und oft um Kritik. Kunst stellt sich allerdings vorrangig im Medium der Sinnlichkeit dar, ihr letztes Kriterium ist neben der Wahrheit die Schönheit. Das Darstellungsmedium der Philosophie dagegen ist die vernünftige, begrifflich klare Sprache, ihr alleiniges Kriterium die Wahrheit.

Der Versuch, Philosophie ein für alle Mal genau definitorisch festzulegen, ist allerdings problematisch. Die Geschichte der Philosophie zeigt eine Vielzahl von Strömungen, von unterschiedlichen Verhältnissen, engen Beziehungen und scharfen Abgrenzungen zu Religion, Kunst, Ideologie und Wissenschaft. Bei Thomas von Aquin etwa sind Philosophie und Theologie untrennbar, die Philosophie von Karl Marx geriet als Marxismus-Leninismus in den Sog einer staatlich verankerten Ideologie.

Die Vielschichtigkeit, eine nun schon seit 2500 Jahren offenkundige Unabschließbarkeit und Offenheit sind zentrale Eigenschaften abendländischen Philosophierens. Dass Philosophieren primär Suche nach Wahrheit, der angestrengte und fortgesetzte Versuch des Infragestellens, der Kritik, der Enttabuisierung ist und dies alles im Dialog, in einer grundsätzlichen Offenheit ohne dogmatische Vorbehalte geschieht, ist vielleicht das Gemeinsame aller Bestrebungen unter dem Namen „Philosophie". So sagte auch Immanuel Kant, einer der großen Philosophen der Neuzeit: „Es gibt keine Philosophie, die man lernen kann, man kann nur lernen zu philosophieren."

Denkanstöße

1 Über 2500 Jahre ist es her, dass der weise Kuan Tse sagte: „Siehe, wie glücklich sind die Fische im Wasser." – Sein Begleiter aber meinte: „Woher weißt du, dass sie glücklich sind, du bist nicht ein Fisch?", und Kuan Tse antwortete: „Woher weißt du, dass ich es nicht weiß, du bist nicht ich?".
Orden Sie diese Unterhaltung im Spannungsfeld von Weisheit, Religion und Philosophie ein. Bestimmen Sie, welches erkenntnistheoretische Problem thematisiert wird.

2 Sammeln Sie typische wissenschaftliche beziehungsweise philosophische Fragen und arbeiten Sie Ähnlichkeiten und Unterschiede heraus. Überprüfen Sie, nach welchen Kriterien Sie beide Arten von Fragen voneinander unterschieden haben.

Philosophische Fragen und Richtungen

Immanuel Kant (1724–1804) ➤ *Glossar*

Im Laufe ihrer langen Geschichte hat die Philosophie eine Fülle von Fragen und Problemen aufgeworfen, dazu Antwortversuche und Klärungen geliefert. Immanuel Kant hat alle philosophischen Probleme auf drei fundamentale Fragen zurückgeführt:

Wissen

Die erste Frage lautete: „Was kann ich wissen?". Als Antwort auf diese Frage genügt nicht ein Verweis auf die Wissenschaften oder auf ein allgemein anerkanntes Wissen. Vielmehr können die Wissenschaft und diese allgemeinen Überzeugungen selbst infrage gestellt werden. Letztlich mündet diese Frage nach der Erkenntnis in die Frage nach der Möglichkeit von Wissen überhaupt. Umfang, Qualität, Zuverlässigkeit, der Gewissheitsgrad von Erkenntnis und Erkenntnismethoden stehen zur Debatte. Fragen, die in den Umkreis dieses Grundproblems gehören, wären etwa: Ist sichere Erkenntnis überhaupt möglich? Welche Erkenntnismethoden gibt es? Sind sie verbesserungsfähig? Gibt es prinzipielle Grenzen für das menschliche Erkenntnisvermögen? Worin könnten sie liegen? Gibt es Regeln, nach denen wir bestimmte Schlüsse oder Verallgemeinerungen verbindlich machen können? Sind solche Regeln, etwa als Logik, allgemein gültig formulierbar? Wie müsste ein korrekter und eindeutiger Gebrauch der Sprache aussehen? Welchen Kriterien muss eine wissenschaftliche Sprache genügen? Ist Verständigung überhaupt möglich? Was sind streng wissenschaftliche Methoden? Wo liegen deren Möglichkeiten, Grenzen? – Kant bezeichnete das Teilgebiet der Philosophie, das sich mit diesen Fragen beschäftigt, als Metaphysik, als jene Wissenschaft also, die über die reine „Physik" hinausgeht. Heute würde man von Erkenntnistheorie beziehungsweise von Logik, Sprachphilosophie und Wissenschaftstheorie, sprechen.

Methoden ➤ Glossar

Handeln

Die zweite Frage war: „Was soll ich tun?". Damit ist nicht bloß ein Verweis auf jeweils geltende moralische Vorschriften, Konventionen oder Gesetze gemeint, sondern das Fragen nach dem Sinn, der Verbindlichkeit solcher Vorschriften und deren Begründung. Kant ordnete diese Fragen der Moralphilosophie (Ethik) unter. Ethische Fragestellungen wären: Was ist Glück? Was sind die wichtigsten Tugenden für den Einzelnen, für die Gemeinschaft? Nach welchen Kriterien sollen wir unser Handeln ausrichten? Was ist gut, was böse? Gibt es überhaupt völlig verbindliche Normen? Und wie wären solche begründbar? Ist der Mensch verantwortlich für sein Handeln? Oder liegt alles in göttlicher Hand? Oder sind wir von der Natur determiniert? Gibt es also eine Freiheit des Menschen? Philosophisches Nachdenken über unser Handeln geht dabei stets von den alltäglichen und tradierten Vorstellungen und Überzeugungen aus. Es erweitert diese allerdings, indem es etwa verschiedene, oft in Widerspruch

Normen ➤ Glossar

determiniert: bestimmt

zueinander stehende moralische Gefühle, Urteile und Erfahrungen in widerspruchsfreien Zusammenhang miteinander zu bringen sucht.

Hoffen

Die dritte Frage lautete: „Was darf ich hoffen?". Es geht hier letztlich um die Sinnfrage, um die Frage, warum und wozu ich auf der Welt bin. Zweck und Ziel der menschlichen Existenz stehen hier zur Debatte, auch in der Form des radikalen Zweifels, ob es überhaupt einen solchen Sinn gibt. Diese Fragen werden zu religiösen Fragen, wenn dieser Sinn in der Autorität und dem Wirken Gottes seine letzte Begründung findet. Religion, Gott, Unsterblichkeit sind seit den Anfängen ein wichtiges Thema der Philosophie. Ob Religionen allerdings imstande sind, auf diese Fragen angemessen zu antworten, wird besonders von der Religionsphilosophie untersucht.

Der Mensch

Für Kant mündeten diese drei Grundfragen aber in eine vierte, die zugleich die fundamentalste und universellste philosophische Frage ist: „Was ist der Mensch?". Alles wissenschaftliche Wissen, etwa über die biologische und psychologische Beschaffenheit des Menschen, reicht nicht aus, die Frage nach der Identität, nach dem Wesen des Menschen zu beantworten. Gerade die Frage nach dem Wesen des Menschen genießt heute besondere Aktualität. Die moderne Welt wirkt in vielerlei Hinsicht identitätsbedrohend. Traditionelle und religiöse Selbstdeutungen sind in eine zunehmende Krise geraten. Die Philosophie soll hier Orientierung und neue Sicherheiten liefern. Ob sie diesen Anspruch einlösen kann?

Vier Fragen
➤ Text S. 56 f.

Denkanstöße

1 Neben den genannten Richtungen gibt es in der Philosophie noch eine Reihe anderer, zum Beispiel Ästhetik, Naturphilosophie, Geschichtsphilosophie, Rechtsphilosophie, Sozialphilosophie, Staatsphilosophie. – Versuchen Sie die folgenden Fragen den entsprechenden Richtungen zuzuordnen:

- Hat die Welt einen einheitlichen Plan oder Zweck, oder besteht sie aus dem zufälligen Zusammenspiel der Atome?
- Gibt es einen Fortschritt in der Geschichte?
- Was ist Gerechtigkeit?
- Welche Form der Strafe ist gerecht?
- Gibt es einen idealen Staat?
- Was ist Materie?
- Was ist Schönheit?
- Was sind die treibenden Kräfte im Geschichtsablauf?
- Ist Gewalt, wenn sie im Namen des Staates vollzogen wird, immer legitim?
- Welche Kriterien gibt es für Kunst?
- Ist Bewusstsein ein autonomer Teil der Welt oder bloß eine bestimmte Erscheinungsform der Materie?

2 Begründen Sie, welche der vier Fragen Kants in der Gegenwart wichtiger sein könnte als andere.

1.2. Der tiefe Brunnen der Vergangenheit – Die Philosophie und ihre Geschichte

Annäherung

Die Geschichte der Philosophie bietet ein reiches Arsenal von Auffassungen sowie sie stützende Überlegungen, die es immer wieder neu zu sichten und zu beurteilen gilt und die – von den allerbesten Philosophen einer Zeit – ab und zu ergänzt werden.

Jay F. Rosenberg

Warum Geschichte der Philosophie?

Salomon Koninck, Un filósofo, 1635. Madrid, Prado

Wie kaum eine andere Wissenschaft scheint die Philosophie mit ihrer Geschichte verknüpft zu sein. Auch Menschen, die sich nur wenig mit Philosophie beschäftigt haben, assoziieren damit zumindest Namen wie Sokrates, Platon, Kant oder Hegel. Während bei anderen Wissenschaften, man denke etwa an die Physik oder Chemie, Theorien aus vergangenen Tagen, die sich als überholt erwiesen haben, dem Vergessen anheim fallen, kommt in der Philosophie kaum jemand auf den Gedanken zu sagen, auf die Ideen des Aristoteles könne man verzichten, man habe ja nun Popper oder wen auch immer. Philosophie scheint von ihrer Geschichte kaum trennbar und ist an Schulen und Universitäten – zum Teil bis heute – als Geschichte der Philosophie unterrichtet und gelehrt worden.

Das wirft natürlich eine Reihe von Problemen auf: etwa die Frage nach der Aktualität, nach dem Gegenwartsbezug von philosophischen Theorien, die in vergangenen Jahrhunderten entstanden sind. Oft wird ja auch eine Theorie mit dem Hinweis kritisiert, sie sei doch schon längst „überholt" – wobei man auf die Vieldeutigkeit des deutschen Wortes „überholen" verweisen könnte. Geht man umgekehrt davon aus, dass die Geschichte der Philosophie für die Philosophie selbst wesentlich ist, stellt sich wiederum die Frage nach einem möglichen Fortschritt in der Philosophie: Wenn das, was vor zweitausend Jahren gesagt worden ist, noch genauso wichtig und gültig ist wie das Aktuelle, ja vielleicht noch wichtiger, dann liegt die Überlegung nicht fern, dass die Philosophie seit den Tagen der Griechen wenig Neues produziert hat, kein messbarer Erkenntnisfortschritt zu verzeichnen sei, das Denken im Kreis gehe und wenig zur Bewältigung dringender Probleme beitragen könne.

Fortschritt

Es soll nun gezeigt werden, wie Philosophie einerseits auf ihre Geschichte tatsächlich nicht verzichten kann, wie es aber andererseits durchaus einen Fortschritt in der Philosophie gibt.

Denkanstöße

1 Finden Sie Argumente, die für oder gegen eine Konzentration des Philosophieunterrichts auf reine Philosophiegeschichte sprechen.

2 In seiner *Geschichte der Philosophie* schreibt Kurt Wuchterl: „Der philosophische Gedanke hängt in hohem Maße von einzelnen Persönlichkeiten ab. Denn Philosophie entsteht in der schöpferischen Auseinandersetzung mit den sich ständig wandelnden Existenzbedingungen, wobei

die begriffliche Ausgestaltung dieser Bemühungen von der Originalität des Denkers geprägt ist. Weil es dabei letztlich auch um das Allgemeinmenschliche geht, bedeutet ein Nach-Denken des bereits Gedachten eine Hilfe zur eigenen Selbstfindung im Akte des Philosophierens." – Können Sie diesen Sätzen zustimmen? Prüfen Sie, ob das Nach-Denken tatsächlich das Selbst-Denken fördern kann. Bewerten Sie Argumente für und gegen diese These.

Interkulturalität

Philosophieren ist jedoch eine Tätigkeit, die Frauen und Männer in den unterschiedlichsten Kulturkreisen betrieben haben und betreiben. In einer globalisierten Welt ist es daher umso wichtiger, Voraussetzungen für ein Verständnis zwischen den kulturell verschiedenen philosophischen Denkrichtungen und Denkformen zu schaffen: Nicht nur Multikulturalität – also ein Nebeneinander der kulturellen Vielfältigkeit des Denkens –, sondern Interkulturalität – ein gegenseitiges weiterführendes Verständnis und Miteinander – ist entscheidend, um in grundlegenden philosophischen Fragestellungen voranzukommen. Im Zentrum der interkulturellen Philosophie steht also nicht die Bemühung, unterschiedliche Traditionen zum Forschungsgegenstand zu machen, sondern der gemeinsame Dialog. Der österreichische Philosoph Franz Martin Wimmer formuliert eine Grundregel, die den freien Blick auf andere Denktraditionen ermöglicht, ohne dass die jeweils eigene Tradition als Bemessungsgrundlage dient: „Halte keine philosophische These für gut begründet, an deren Zustandekommen nur Menschen einer einzigen kulturellen Tradition beteiligt waren."

Ein weiteres Charakteristikum der interkulturellen Philosophie ist – entgegen landläufigen Annahmen –, dass es nicht um die Auseinandersetzung mit fremden religiösen Traditionen geht. In jeder Religion gibt es nicht zu hinterfragende Autoritäten, die von den Gläubigen anerkannt werden, philosophisches Denken hingegen erkennt diese Autoritäten nicht an. Ein anderer Hinweis gilt dem Kulturbegriff als solchem: Kulturen bilden keine homogenen Einheiten, die nach außen hermetisch abgeschlossen sind und sich nicht mehr verändern, sondern sie sind im Gegenteil dynamischen Wandlungsprozessen und gegenseitiger Beeinflussung unterworfen.

Der Schweizer Philosoph Elmar Holenstein hat ein „Dutzend Daumenregeln zur Vermeidung interkultureller Missverständnisse" aufgestellt, die als Orientierungshilfe für interkulturelle Dialoge dienen können:

- Die Rationalitätsregel: Bevor man Menschen, deren Sprache und Kultur fremd sind, unlogisches Denken zuschreibt, sollte man eher davon ausgehen, dass man sie missverstanden hat.
- Die Zweckrationalitätsregel: Wenn man die wörtliche Bedeutung eines Satzes nicht von dem damit verfolgten Zweck unterscheiden kann, erscheinen viele Äußerungen als irrational.
- Die Menschlichkeitsregel: Bevor man Menschen aus einer anderen Kultur sinnloses, unmenschliches oder unmündiges Verhalten unterstellt, sollte man eher den eigenen Wissenshorizont infrage stellen.

- Die „Auch-wir"-Regel: Findet man in einer fremden Kultur Vorkommnisse, die man nicht hinzunehmen bereit ist, ist es nicht unwahrscheinlich, auf solche Vorkommnisse auch in der eigenen Kultur zu stoßen.
- Die „Auch-ihr"-Regel: Stößt man bei einer fremden Kultur auf Vorkommnisse, die man nicht hinzunehmen bereit ist, ist es wahrscheinlich, dass auch Vertreter/innen der fremden Kultur diese Ereignisse ablehnen.
- Die Anti-Kryptorassismus-Regel: Man sollte sich der Neigung bewusst werden, Mängel und Übel bei anderen übersteigert wahrzunehmen, zu verallgemeinern oder zu verabsolutieren.
- Die Personalitätsregel: Angehörige anderer Kulturen sollen nicht bloß als Untersuchungsgegenstand oder Informationslieferant/innen behandelt werden, sondern als Untersuchungspartner/innen.
- Die Subjektivitätsregel: Man sollte Selbstzuschreibungen – seien sie nun überschätzender oder unterschätzender Natur – stets kritisch gegenüber stehen.
- Die „Ist-Zustand/Soll-Zustand"-Regel: Aus dem Umstand, dass moralische Normen in einer Kultur explizit formuliert sind, folgt noch nicht, dass diese Normen tatsächlich allgemeine Praxis sind.

explizit: ausdrücklich

- Die Entpolarisierungsregel: Man sollte die stereotype Bildung von Gegensatzpaaren (wie etwa männlich – weiblich; rational – emotional; okzidental – oriental) möglichst vermeiden.
- Die Inhomogenitätsregel: Wenn man Kulturen als homogen begreift, nimmt man ihre Besonderheiten, Strömungen und Gegenströmungen nicht mehr wahr.
- Die Agnostizismus-Regel: Man sollte von der Annahme ausgehen, dass man auch in anderen Kulturen keine befriedigende Antwort auf die Frage nach Gott oder dem Ursprung des Seienden findet.

Agnostizismus: Position, die die Erkennbarkeit von Gott für unmöglich hält

Das Hinterfragen der eigenen Denkweisen und Denktraditionen und das Vermeiden von Verallgemeinerungen aller Art sind die Grundpfeiler interkultureller Philosophie, die zu einem besseren gegenseitigen Verständnis und Miteinander führen und die Herausforderungen der Philosophie angesichts einer mehr und mehr globalisierten Welt bewältigbar machen können.

Denkanstöße

1 Denken Sie an die Zugänge zum Philosophieren, wie etwa Staunen oder Zweifeln: Formulieren Sie mindestens zwei Argumente für die Universalität der Philosophie.

2 Finden Sie Beispiele für eine überhöhte Wahrnehmung der eigenen Kultur, orientieren Sie sich dabei an aktuellen politischen Diskussionen. Recherchieren und präsentieren Sie Gegenbeispiele, in denen fremden Kulturen eine positiv bewertete Differenz zugeschrieben wird.

3 Zählen Sie mögliche Verstöße gegen die „Daumenregeln" Holensteins auf und begründen Sie, warum es sich um Verstöße gehandelt hat.

Die Paradigmen des abendländischen Denkens

Auf den nun folgenden wenigen Seiten kann natürlich nicht die ganze verwickelte Geschichte der abendländischen Philosophie dargestellt werden. Hier kann es nur darum gehen, Entwicklungslinien und Tendenzen der Philosophie in groben Zügen aufzuzeigen und auf markante Knotenpunkte in der Entwicklung unseres Denkens aufmerksam zu machen.

Paradigma

Unter Paradigma verstand der Wissenschaftshistoriker Thomas S. Kuhn grundlegende Annahmen und Voraussetzungen in einem Wissenschaftsgebiet, auf die sich eine Forschergemeinschaft eine Zeit lang einigt, und auf deren Basis dann die detaillierte Forschung und Theoriebildung erfolgen kann. Der 1936 geborene deutsche Philosoph Herbert Schnädelbach hat versucht, diesen Begriff des Paradigmas auf die Philosophie anzuwenden. Er fragte also nach den großen Konzeptionen, Vorstellungen, Annahmen und Voraussetzungen, die sich im Laufe der Geschichte des europäischen Denkens – und auf dieses wollen wir uns hier beschränken – ergeben haben. Seine Untersuchungen führten Schnädelbach dazu, drei entscheidende Abschnitte in der Geschichte der Philosophie zu erkennen, die nun erläutert werden sollen.

Das ontologische Paradigma

Das Sein

Das philosophische Denken der griechischen Antike war, so könnte man etwas verkürzt formulieren, von einer einzigen Frage bewegt: der Frage nach dem „Sein des Seienden". Aristoteles hat diese Frage vielleicht am grundlegendsten formuliert: „Die Frage, die immer schon und auch heute noch und immer wieder gestellt wird und ein Gegenstand der Ratlosigkeit bleiben wird, ist nämlich die, was das Seiende sei (...)." Kennzeichnend für diese Art des Denkens ist also die Annahme, dass man sich nicht mit den Gegenständen der Welt, wie man sie erfährt und wahrnimmt, begnügt, sondern weiterfragt: Was ist eigentlich „wirklich"? Welchen Dingen kann also tatsächlich Sein zugeschrieben werden? Parmenides hatte schon mehr als ein Jahrhundert vor Aristoteles versucht, all jene Gegenstände, von denen gesagt werden muss, dass sie nicht sind, oder nicht mehr sind, oder noch nicht sind, vom wahren Philosophieren auszuschließen. Sie können höchstens Gegenstände einer Meinung (doxa) sein, nicht wahrer Erkenntnis.

Parmenides von Elea (ca. 540–480 v. Chr.)
➤ Glossar

Parmenides gab damit auch eine erste Antwort auf die Frage nach der Beschaffenheit des Seins, die für die Philosophie außerordentlich folgenreich war. Parmenides hatte das Sein als ewig, unveränderlich, statisch in sich ruhend beschrieben. Diesem Sein steht bei Parmenides das Nichts gegenüber, definiert als Wegfall, Mangel an Sein. Zwischen Sein und Nichts gibt es für Parmenides und seine Schüler nur ein klares Entweder-Oder: Entweder ist etwas, oder es ist nichts. Ausgesagt, gedacht aber kann immer nur etwas sein. Das Nichts kann man nicht denken. Denken und Sein fallen so nach Parmenides zusammen – eine folgenschwere Annahme, die zwei Jahrtausende Philosophiegeschichte bestimmen sollte. Dass überhaupt etwas ist und vielmehr nicht nichts, erfüllt den Menschen mit jenem Staunen, mit dem Philosophie beginnt.

Heraklit, der große geistige Gegenspieler des Parmenides, hat allerdings auf andere Weise versucht, das Sein und das Nichts miteinander zu vermitteln, sie als den dynamischen Prozess eines ständigen Werdens und Vergehens zu denken, eine Vorstellung, die ebenfalls folgenschwer sein sollte und vor allem im 19. Jahrhundert die Philosophie Hegels bestimmte.

Im 20. Jahrhundert gewinnt die Frage nach dem Sein wieder an Relevanz. Der deutsche Philosoph Martin Heidegger wirft der Philosophie „Seinsvergessenheit" vor, sie verzichte darauf, nach dem „Sinn von Sein" zu fragen, und der französische Existenzialist Jean-Paul Sartre versucht noch einmal, das Problem von Sein und Nichts in einem großen Werk mit dem Titel *L'être et néant* (*Das Sein und das Nichts*) zu durchdenken.

Ontologisch, von griechisch „tò ón" = das Seiende, kann also jenes Denken genannt werden, das auf die Erkenntnis von Welt in allgemeinster Form konzentriert ist, auf die Frage: Was kann ich überhaupt erkennen, das dann an der Welt das Wesentliche, Unveränderliche, Substanzielle, Notwendige vom Unwesentlichen, Zufälligen, Akzidenziellen, bloß Möglichen scheidet? Der Begriff Ontologie (die Lehre vom Sein und Seienden) als philosophische Disziplin entstand allerdings erst im 17. Jahrhundert, was nichts daran ändert, dass das Problem, um das es dabei geht, vor allem das Denken der antiken Philosophie bestimmte und von dort philosophiegeschichtlich bis ins 20. Jahrhundert wirksam wurde. Das ontologische Paradigma bildet damit die Basis für jede Metaphysik, für jenes Denken also, das nach den allgemeinsten und grundlegendsten Prinzipien des Seins und des Denkens fragt.

Das mentalistische Paradigma

René Descartes (1596–1650) ➤ *Glossar*

Analyse ➤ Glossar

Konzentriert sich das ontologische Denken der Antike auf die Frage nach dem, was ist, auf Welterkenntnis, im weitesten Sinn auf Wissen von der Welt, Einsicht in ihre Zusammenhänge, so findet in der Neuzeit ein bemerkenswerter Wandel der grundlegenden – paradigmatischen – Fragestellung statt: Seit René Descartes richtet sich das Interesse der Philosophie nicht mehr auf die Frage „Was kann ich erkennen?", sondern auf die Frage „Wie kann ich erkennen?" – wandert also vom Gegenstand der Erkenntnis hin zur Methode der Erkenntnis. Im Zentrum der philosophischen Bemühungen steht nun die Analyse der Möglichkeiten und Grenzen menschlicher Erkenntnisfähigkeit. Bei dieser Analyse entdeckt man schnell, dass Erkennen überhaupt vorerst eine Leistung des subjektiven Bewusstseins ist. Die neuzeitliche Philosophie ist *Philosophie des Bewusstseins,* mentalistisch, und sie ist eine *Philosophie des Subjekts.* Nicht wie das Universum an sich ist, rückt ins Zentrum, sondern: Wer ist dieses Ich, das da nach den Möglichkeiten seiner Erkenntnis fragt?

Das Erkennen

Voraussetzung für diese Wende musste der Zweifel sein: Erst wenn bestimmte tradierte, übernommene Erkenntnisse in Zweifel gezogen werden, stellen sich Fragen wie die nach den Möglichkeiten der Erkenntnis überhaupt. Die Skepsis, der Zweifel stehen so am Beginn des neuzeitlichen Denkens, nicht mehr das Staunen über das Wunder des Seins. Vorbereitet wurde diese Wende zwar schon bei den Skeptikern in der Antike, bei Gorgias etwa oder Protagoras, die die Möglichkeit einer Erkenntnis des Seins bestritten. Doch erst seit Descartes bleibt der Mensch auf sich allein gestellt. Der Mensch als Subjekt, sein Bewusstsein, sein Denken, seine Fähigkeiten sind die einzige Basis für Wissen und Erkenntnis. Die neuzeitliche Philosophie wird sich so bis ins 19., ja frühe 20. Jahrhundert auf die Fragen nach der Struktur des menschlichen Bewusstseins, nach den Möglichkeiten und Grenzen des Selbstbewusstseins, nach der Struktur des Subjekts, des Individuums konzentrieren. Seinen Höhepunkt erreichte dieses Denken in der Philosophie des Deutschen Idealismus, bei Kant und Hegel, Fichte und Schelling. Metaphysik als Lehre von den Prinzipien des Seins wird dabei erweitert oder abgelöst durch die Lehre von den Prinzipien des Denkens und Bewusstseins. Die Hinwendung zur Analyse des menschlichen Geistes – das lateinische Wort dafür ist „mens" – kennzeichnet so den Wechsel vom ontologischen zum mentalistischen Paradigma der Philosophie.

Idealismus ➤ Glossar

Das linguistische Paradigma

Der antike Sophist Gorgias hat die Möglichkeit von Erkenntnis mit folgenden Überlegungen abgewehrt: „Wenn es etwas gäbe, so wäre es nicht erkennbar; und selbst wenn es erkennbar wäre, so wäre es doch nicht mitteilbar." Gorgias hat damit in erstaunlicher Weise die Grundprobleme der abendländischen Philosophie, ihre großen Paradigmen, vorweggenommen: von der Frage nach dem *Sein,* der Beschaffenheit der Wirklichkeit über die Frage nach den Möglichkeiten der *Erkenntnis* zur Frage nach den Möglichkeiten der Mitteilbarkeit, also der *Kommunizierbarkeit* von Erkenntnis.

Ludwig Wittgenstein (1889–1951) ➤ *Glossar*

Mit dem österreichischen Philosophen Ludwig Wittgenstein wird die Frage nach der Tauglichkeit von Sprache als Medium der Wahrheit zum entscheidenden Problem der Philosophie. Stand bisher die Reflexion auf die Leistungen des Verstandes im Mittelpunkt, so besinnt man sich nun auf die, ebenfalls schon in der Antike formulierte, Einsicht, dass Denken und Sprache nicht zu trennen sind: Der Begriff des Logos, der sowohl Wort als auch Vernunft, die vernünftige Rede also, bedeuten kann, verweist darauf. Wittgenstein und in seiner Nachfolge die sprachanalytische Philosophie fragen also danach, was sich durch Sprache überhaupt sagen lässt. Über sein frühes Hauptwerk, den *Tractatus logico-philosophicus*, schrieb Wittgenstein: „Man könnte den ganzen Sinn des Buches etwa in die Worte fassen: Was sich überhaupt sagen lässt, lässt sich klar sagen; und wovon man nicht reden kann, darüber muss man schweigen. Das Buch will also dem Denken eine Grenze ziehen, oder vielmehr – nicht dem Denken, sondern dem Ausdruck der Gedanken."

Mitteilbarkeit

Grenzziehung durch Analyse und Kritik der Sprache – das wird eine der wesentlichen Aufgaben der modernen Philosophie nach diesem durch Wittgenstein in die Wege geleiteten „linguistic turn", der sprachkritischen Wende. Die Philosophie verzichtet darauf, eigene Erkenntnisse von der Welt zu produzieren, aber sie will die sprachlichen Grenzen klarmachen, innerhalb derer Erkenntnisse möglich sind. Damit verbunden ist allerdings eine tief greifende Skepsis gegenüber der Sprache selbst, ein radikaler Zweifel an der Möglichkeit, etwas zu verstehen und etwas verständlich zu machen. Zu oft hantieren wir mit Worthülsen, hinter denen sich kein Sinn verbirgt und die dennoch für die Beziehungen der Menschen untereinander fatale Konsequenzen haben können.

Überblick

Die Entwicklung in der Philosophie darf nicht als einförmiger, linearer Fortgang von einem Paradigma zum anderen verstanden werden. Fragestellungen, Ansätze und

Positionen, die etwa dem linguistischen Paradigma zugerechnet werden – wie etwa die radikale Skepsis der Sprache gegenüber – sind auch schon in früheren Jahrhunderten spürbar, wenn auch nicht prägend und die Diskussion beherrschend. Umgekehrt verlieren die Problemstellungen eines Paradigmas mit dem Wechsel zu einem anderen ihre Relevanz nicht vollständig. Die Frage nach dem Sein bleibt etwa auch im Hintergrund des mentalistischen Paradigmas erhalten, allerdings mit dem Vorbehalt, dass zuerst die Möglichkeiten der Erkenntnis bestimmt werden müssen, bevor man über die Inhalte der Erkenntnisse diskutieren kann. Daraus ergibt sich auch, dass die Besinnung auf die Geschichte der Philosophie für die Philosophie selbst notwendig ist: Die Probleme und Fragen, die am Beginn der Philosophie stehen, begleiten sie auch weiterhin; der Fortschritt besteht in einem immer radikaler werdenden Durchleuchten der Voraussetzungen erkennenden Denkens, was natürlich zurückwirkt auf die unterschiedlichen Antworten, die in den verschiedenen Epochen auf die grundlegenden Fragen nach der Welt, ihrer Erkennbarkeit, ihrem Sinn, nach dem Menschen und seinen Lebensformen gegeben werden.

Denkanstoß

Beschreiben Sie, welche Relevanz die von Schnädelbach vorgeschlagenen paradigmatischen Probleme der Philosophie für Sie haben könnten: Sein, Bewusstsein, Sprache – welchem dieser Begriffe würden Sie am liebsten nachgehen? Begründen Sie Ihre Wahl.

Philosophie und Geschichte

Die Philosophie hat im Laufe ihrer Entwicklung in der Geschichte durchaus unterschiedliche Rollen gespielt. Der Einfluss der Philosophie auf die soziale und politische Entwicklung sollte aber weder unter- noch überschätzt werden. Philosophie war selten eine rein affirmative Wissenschaft, die politische und soziale Systeme bedingungslos unterstützt hätte, aber sie war auch nicht immer eine kritische und unbeugsame Instanz, wie es vielleicht ihre Aufgabe gewesen wäre.

Als reine Theorie hat Philosophie seit den Tagen des Thales von Milet immer mit dem Vorwurf zu kämpfen gehabt, allzu praxis- und lebensfern zu sein, um irgendetwas bewirken zu können; andererseits scheint aber von dem angeblich so bedeutungslosen Denken immer etwas Irritierendes, Verstörendes und Störendes ausgegangen zu sein, was sich in zahlreichen Versuchen, Philosophie politisch zu zensurieren und zu knebeln, niederschlägt.

Thales von Milet (ca. 625 –545 v. Chr.). Vatikanische Museen

Erinnern Sie sich an die Geschichte von der thrakischen Magd? *(➤ S. 2)*

Utopie ➤ Glossar

Schon in der Antike lassen sich die unterschiedlichen Einstellungen der Philosophie zu Staat und Gesellschaft veranschaulichen: Sokrates wurde nicht zuletzt wegen seines fragenden Denkens, das als destabilisierend empfunden werden musste, verurteilt und hingerichtet; sein Schüler Platon wiederum wollte überhaupt die Philosophen als Könige wissen, und unternahm sogar den Versuch, seine Utopie von einem idealen Staatswesen, wenn auch ohne Erfolg, in die Wirklichkeit umzusetzen.

Das utopische Denken, die Entwürfe eines möglichen besseren Lebens waren dann – so sah es zumindest der deutsche Philosoph Ernst Bloch – für die Philosophie insgesamt bestimmend. Ob nun christlich inspirierte Theorien über ein „Kommendes

Reich" im Mittelalter, rigide Staatsentwürfe bei Thomas Morus und Campanella in der Frühen Neuzeit, sozialistische Utopien eines gerechteren Zusammenlebens im 19. Jahrhundert oder die scharfe Kritik der bürgerlichen Klassengesellschaft bei Marx, der von der Philosophie forderte, sie müsse selbst revolutionär tätig werden – Philosophie gab sich selten zufrieden mit dem Bestehenden.

Die rasante Entwicklung der modernen Gesellschaft seit der Neuzeit, die Vorstellungen von Demokratie und Menschenrechten wären ohne Philosophie nicht denkbar gewesen. Aber auch dort, wo Philosophie von einer herrschenden Instanz in Dienst genommen wird, ist ihr kritisches Potenzial spürbar. Zwar galt die Philosophie im Mittelalter als „ancilla theologiae" – als „Magd der Theologie", doch es war gerade diese scholastische Philosophie des Mittelalters, die die Waffen der Vernunft für den Kampf um die Autonomie und Befreiung des Menschen von aller Vormundschaft schärfte. Und ob Hegel ein kritischer Geist oder ein preußischer Staatsphilosoph, Nietzsche ein Kritiker der bornierten Mittelmäßigkeit oder ein Wegbereiter des Faschismus, Heidegger ein unbestechlicher Analytiker des 20. Jahrhunderts oder ein Anhänger Hitlers gewesen ist, darüber tobt die Auseinandersetzung noch immer. Solange aber um die Philosophie ein öffentlicher Streit ausgetragen wird, muss das wohl als Zeichen ihrer ungebrochenen Lebendigkeit und Notwendigkeit angesehen werden.

Autonomie ➤ Glossar

Denkanstöße

1 Finden Sie Beispiele für die kritische Rolle der Philosophie im Staat, in der Gesellschaft und in der Schule.

2 Karl Marx formulierte: „Die Philosophen haben die Welt nur verschieden interpretiert; es kömmt drauf an, sie zu verändern." – Untersuchen Sie Argumente, die für bzw. gegen diesen Satz von Marx sprechen. Bestimmen Sie in einem Gedankenexperiment, welche Veränderungen wünschenswert sein und wie sie erreicht werden könnten.

Kurzer Abriss der Geschichte der österreichischen Philosophie

Auch wenn es problematisch sein mag, Philosophiehistorie in Hinblick auf Nationen oder Staaten zu schreiben, scheint an dieser Stelle dennoch ein kurzer Überblick über die Geschichte der österreichischen Philosophie geboten. Dabei kann es aber nicht darum gehen, ein spezifisch „österreichisches" Philosophieren zu unterstellen, sondern darum, einen Überblick über jene Philosophien zu gewinnen, die in Österreich entstanden oder mit diesem Land verbunden sind. Einschränkend muss vorweg aber gesagt werden, dass eine eigenständige Tradition einer „österreichischen Philosophie" – wenn überhaupt – erst sehr spät entstand und in Österreich selbst nicht recht wirksam werden konnte.

Als philosophisches Land führte Österreich – bis 1918 die Monarchie der Habsburger – eher ein Dasein an der Peripherie des europäischen Geisteslebens. Renaissance und Humanismus führten zu keiner bedeutsamen philosophischen Anstrengung in Österreich, die Gegenreformation ließ philosophisches Denken nur unter dem Deckmantel der katholischen Kirche zu.

Erst im 19. Jahrhundert kam es zur Herausbildung gewichtiger philosophischer Strömungen in Österreich. An den Beginn einer Reihe bedeutender Gelehrter muss man wohl den Prager Philosophen, Theologen und Mathematiker Bernard Bolzano (1781–1848) stellen. Bolzano versuchte, die katholische Lehre mit einem aufgeklärten Rationalismus zu verbinden und von allen Irrationalismen zu befreien. Bahnbrechendes leistete er allerdings für die Entwicklung der Mathematik und Logik, und seine Wissenschaftslehre (1837) gilt in manchem als eine Vorwegnahme der modernen Wissenschaftstheorie des 20. Jahrhunderts.

Wissenschaftlichkeit

Das „goldene Zeitalter der österreichischen Philosophie" begann allerdings erst mit der Berufung von Franz Brentano (1838–1917) nach Wien. Brentano begründete in Wien eine Philosophie, die sich nicht spekulativ, sondern als strenge Wissenschaft verstehen wollte. Stark von Aristoteles beeinflusst, findet Brentano in der inneren Wahrnehmung, also in den Inhalten unseres Bewusstseins, die Grundlage allen Erkennens. Als sein Hauptwerk gilt die *Psychologie vom empirischen Standpunkt* (1874), in der er versuchte, die Psychologie auf eine wissenschaftliche und logische Grundlage zu stellen. Brentano beschäftigte sich auch mit theologischen, ethischen und ästhetischen Fragen. Großen Einfluss übte er auf Edmund Husserl (1859–1938), den Begründer der Phänomenologie, aus.

Phänomenologie: phil. Richtung im 20. Jh., die analysiert, wie verschiedene Dinge dem menschlichen Bewusstsein erscheinen

Mit Franz Brentano war schon deutlich geworden, dass die österreichische Philosophie des 19. Jahrhunderts, anders als die deutsche, nicht spekulativ-idealistisch war, sondern von einer logisch-empirischen Basis ausgehen wollte. Einige der wichtigsten Philosophen Österreichs waren dann auch gleichzeitig hervorragende Naturwissenschaftler. An erster Stelle ist hier wohl Ludwig Boltzmann (1844–1906) zu nennen, der als Physiker, Naturphilosoph und Wissenschaftstheoretiker nur mathematisch formulierten Sätzen Erkenntniswert zuschreiben wollte. Ähnliches gilt auch für Ernst Mach (1838–1916), der als strenger Positivist in seinem Buch *Die Analyse der Empfindungen und das Verhältnis des Physischen zum Psychischen* (1886) das Ich-Bewusstsein des Menschen als Summe seiner Empfindungen darstellte. Seine auch „Empiriokritizismus" genannte Lehre übte vor allem auf die Schriftsteller des Wiener Fin de siècle (Hugo von Hofmannsthal, Robert Musil) einen großen Einfluss aus.

In die Spätzeit der Donaumonarchie reichen auch die Wurzeln jenes Denkers zurück, der vielleicht überhaupt der bedeutendste und einflussreichste österreichische Philosoph genannt werden muss: Ludwig Wittgenstein (1889–1951). Wittgenstein, der einer reichen Wiener Industriellenfamilie entstammte, sein Vermögen verschenkte und einige Zeit in Niederösterreich als Dorfschullehrer arbeitete, ehe er nach Cambridge berufen wurde, veröffentlichte im Jahre 1918 eine schmale Schrift, die zu einem Schlüsseltext der modernen Philosophie werden sollte: *Tractatus logico-philosophicus*. Hauptanliegen Wittgensteins war es, eine strenge Trennung zwischen naturwissenschaftlich sagbaren, das heißt sinnvollen, Sätzen und dem, was sich nicht sagen lässt – dem Mystischen –, zu ziehen. Gleichzeitig skizzierte Wittgenstein im *Tractatus* ein erstes System einer formalen Aussagenlogik, das ebenfalls bahnbrechend wirken sollte. Mit der strengen Reduktion von Weltbeschreibung auf naturwissenschaftliche Sätze betrachtete Wittgenstein die Aufgabe der Philosophie als beendet. Was ihr bleibe, sei einzig die logische Analyse der Sprache. Wittgenstein selbst veröffentlichte dann auch zu Lebzeiten kein weiteres Buch mehr, erst die aus

Wittgensteins *Tractatus*

dem Nachlass publizierten *Philosophischen Untersuchungen* (1953) und andere Schriften zeigten, dass Wittgenstein an einer differenzierten Sprachphilosophie weitergearbeitet hatte, die Generationen von Philosoph/innen, zuerst vor allem im angelsächsischen Raum, bis heute in ihren Bann schlagen sollte.

Philosophen des Wiener Kreises ➤ Glossar

Moritz Schlick

Rudolf Carnap

Otto Neurath

Von Wittgensteins radikaler Sprachkritik fasziniert waren aber auch einige mathematisch und naturwissenschaftlich orientierte Philosophen in Wien, die sich zum später berühmt gewordenen Wiener Kreis zusammenschlossen. Zu diesem gehörten unter anderen der Berliner Moritz Schlick (1882–1936), ab 1922 Professor in Wien, der ebenfalls aus Deutschland stammende Rudolf Carnap (1891–1970), der Kommunikationsforscher und Soziologe Otto Neurath (1882–1945), der Philosoph und Werttheoretiker Victor Kraft (1880–1975) und der Mathematiker, Kulturhistoriker und Volksbildner Edgar Zilsel (1891–1944). Ziel des Wiener Kreises, der auch eng mit der Gesellschaft für empirische Philosophie in Berlin zusammenarbeitete, war die Herausbildung einer „wissenschaftlichen Weltauffassung". Nur jene Sätze sollten Gültigkeit beanspruchen dürfen, die positiv verifiziert (bewahrheitet) werden konnten (Neopositivismus) und den Kriterien einer strengen logischen Überprüfung genügten (Logischer Positivismus). Grundlage dafür sollte eine an der Physik und Logik orientierte formalisierte wissenschaftliche Einheitssprache sein. An der Peripherie des Wiener Kreises bewegte sich auch der junge Karl R. Popper (1902–1994), der den Anspruch auf Verifikation kritisierte und durch sein Modell der Falsifikation ersetzte (Kritischer Rationalismus).

Der Wiener Kreis, der durch Otto Neurath und Edgar Zilsel eine sozialreformerische Komponente bekam und auch die Arbeiterbewegung beeinflusste, wurde mit seiner wissenschaftlichen Weltauffassung in der Zeit des Ständestaates und des drohenden Faschismus zunehmend unter Druck gesetzt. Im Jahre 1936 wurde Moritz Schlick an der Wiener Universität von einem Studenten ermordet – angeblich aus privaten Motiven, aber politische Gründe dürften dabei auch eine Rolle gespielt haben. Mit dem Tode von Schlick endeten die regelmäßigen Treffen des Wiener Kreises, und in der Folge wurden die meisten Mitglieder zur Emigration gezwungen. Die außerordentliche Wirkung des Wiener Kreises setzte dann auch vor allem in England und den USA ein, wo die Philosophie des Logischen Empirismus große Bedeutung erlangte und eine wesentliche philosophische Strömung des 20. Jahrhunderts, die Analytische Philosophie, mitbegründete.

Auch Karl Popper war noch unter dem Druck des Austrofaschismus nach Neuseeland übersiedelt, wo er seinen „Kritischen Rationalismus" weiterentwickelte und auf die Gesellschaftstheorie ausdehnte. 1945 erschien sein sozialphilosophisches Hauptwerk *Die offene Gesellschaft und ihre Feinde*, in dem Popper in kritischer Auseinandersetzung mit den von ihm als totalitär verstandenen Denkern Platon, Hegel und Marx sein Konzept einer liberalen Gesellschaft entwickelte. 1946 folgte er einem Ruf an die renommierte „London School of Economics and Political Science", an der er bis zu seiner Emeritierung lehrte. Poppers Sozialphilosophie hatte zeitweilig großen Einfluss auf die Reformkonzepte liberaler und sozialdemokratischer Parteien, vor allem auch in Deutschland und Österreich.

An Karl Poppers Wissenschaftstheorie knüpfte, wenn auch in sehr kritischer Weise, der ebenfalls in Wien geborene Paul Feyerabend (1924–1994) an. Feyerabend, der nach einem abenteuerlichen intellektuellen Werdegang 1958 Professor für Philosophie an der University of California in Berkeley geworden war, bestritt mit seiner „Anarchistischen Erkenntnistheorie", dass es überhaupt zuverlässige wissenschaftlich-rationale Verfahren zur Überprüfung von Erkenntnissen gäbe.

Durch die Vertreibung des Wiener Kreises und die Verfolgung und Vernichtung zahlreicher jüdischer und kritischer Intellektueller nach dem Anschluss Österreichs an das nationalsozialistische Deutschland versank auch die Philosophie Österreichs nach 1938 in die Bedeutungslosigkeit. Nach dem Anschluss wurden aber viele Wissenschaftler/innen aus „rassischen" oder politischen Gründen mit Berufsverbot belegt – so auch die Psychologen Charlotte und Karl Bühler und der Mathematiker Kurt Gödel –, und auf den Lehrstuhl Reiningers, der 1939 emeritiert war, wurde der damals mit dem Nationalsozialismus sympathisierende, später bekannt gewordene Anthropologe und Soziologe Arnold Gehlen berufen.

Bei einem Überblick über die Geschichte der österreichischen Philosophie darf aber auch nicht vergessen werden, dass es neben der akademischen Philosophie immer wieder Versuche gab, außerhalb der Universitäten zu philosophieren – sei es im Zusammenhang mit religiösen oder politischen Bewegungen, sei es in Form von Versuchen Einzelner, sich jenseits der Institutionen als Philosophierende zu behaupten. Am Beginn des 20. Jahrhunderts war es vor allem der so genannte Austromarxismus, der als ein wichtiger Beitrag der österreichischen Arbeiterbewegung zur marxistischen Philosophie gewertet werden muss. Hauptvertreter waren Max Adler (1873–1937), Otto Bauer (1882–1938), der spätere Bundespräsident Karl Renner (1870–1950) und der Finanztheoretiker Rudolf Hilferding (1877–1943). Im Wesentlichen versuchten die österreichischen Austromarxisten, vor allem Max Adler, die politisch-ökonomischen Analysen von Karl Marx mit der Philosophie Kants, insbesondere mit dessen Ethik, in Einklang zu bringen (*Kant und der Marxismus*, 1925). Im Gegensatz zum dogmatischen Marxismus leninistischer Prägung spielten die Fragen nach den geistigen Grundlagen einer Gesellschaft, nach der Freiheit des Individuums und nach der Moral dabei eine große Rolle. Frühzeitig plädierten die Austromarxisten deshalb auch für eine soziale und demokratische Reform der Gesellschaft, nicht für eine gewaltsame Revolution.

Austromarxismus

In ganz anderen Zusammenhängen dachte der in Wien geborene große jüdische Philosoph und Gelehrte Martin Buber (1878–1965). Buber, der sich intensiv mit dem Chassidismus, einer mystischen Bewegung des osteuropäischen Judentums, und dem Zionismus Theodor Herzls auseinandergesetzt hatte, veröffentlichte 1923 sein philosophisches Hauptwerk *Ich und Du*. Im Zentrum steht in diesem anthropologischen Entwurf nicht der Mensch als Einzelner, auch nicht die Gemeinschaft, sondern die personale Beziehung zwischen einem Ich und einem anderen Ich, dem Du. Grundlage dieser Beziehung ist für Buber das „dialogische Prinzip", das er dann auf die Sphären der Religion und Politik ausweitete. Buber, der von 1923 bis 1933 Religionswissenschaft an der Universität Frankfurt gelehrt hatte, emigrierte unter dem Druck der Nazis 1938 nach Palästina, wo er an der Universität in Jerusalem eine Professur für Sozialphilosophie erhielt.

Martin Buber ➤ *Glossar*

Dialog ➤ Glossar

Es gibt, jenseits der großen Strömungen, immer wieder Außenseiter in der Philosophie. Im Zusammenhang mit Österreich muss dabei vor allem auf zwei Denker ver-

Jean Améry ➤ *Glossar*

Günther Anders ➤ *Glossar*

wiesen werden, die zu den bedeutendsten Publizisten des 20. Jahrhunderts zu zählen sind: Jean Améry (1912–1978) und Günther Anders (1902–1992). Jean Améry, eigentlich Hans Maier, in Wien geboren, versuchte als Philosoph kritische Dialektik und naturwissenschaftlichen Positivismus zu verbinden. Von den Nazis inhaftiert, überlebte er die Konzentrationslager Auschwitz, Buchenwald und Bergen-Belsen. Seinen Reflexionen darüber verdanken wir eines der eindringlichsten Bücher über diese Zeit: *Jenseits von Schuld und Sühne* (1966). Améry, der nach dem Krieg in Brüssel lebte, verfasste auch Romane, literarische Essays und ein Plädoyer für den Freitod (*Hand an sich legen*, 1976), in dem er sein späteres Tun rechtfertigte: Jean Améry wählte in Salzburg den Freitod.

Günther Anders, der Sohn des berühmten Psychologenehepaares Clara und William Stern, in Breslau geboren, musste wie viele vor den Nazis fliehen, kehrte 1950 aus dem amerikanischen Exil nach Europa zurück, wurde österreichischer Staatsbürger und lebte und arbeitete bis zu seinem Tode in Wien. Er gilt als einer der wichtigsten und streitbarsten Technikkritiker des 20. Jahrhunderts und setzte sich in seinem Hauptwerk *Die Antiquiertheit des Menschen* (1956) schon frühzeitig mit der atomaren Bedrohung auseinander. Von ihm stammt auch eine grundlegende kritische Analyse des Fernsehens und der Mediengesellschaft.

Die Geschichte der österreichischen Philosophie bietet ein kontrastreiches Bild. Auffallend ist vielleicht, dass – entgegen der barocken Lebensphilosophie, die man den Österreicher/innen gerne nachsagt – ein betont analytischer, empirischer und naturwissenschaftlicher Zug an ihr hervorsticht. Verschwiegen darf aber auch nicht werden, dass die Bedeutung österreichischer Philosoph/innen oft erst im Ausland erkannt wurde und dass durch die Zeit des Nationalsozialismus das geistige Leben mit Vertreibung, Unterdrückung und Vernichtung nahezu zum Erliegen gekommen war, ein Einbruch der Barbarei, dessen Folgen bis in die Gegenwart spürbar sind.

1.3. Was ist Wissenschaft? Das Verhältnis von Philosophie und Wissenschaften

Annäherung

Oft genug bekommen wir es zu hören: Wissenschaft ist der Motor, ja das Kraftwerk unserer modernen Gesellschaft. Sie prägt unsere Weltanschauung, treibt Technologie, Medizin und Management voran und beflügelt sogar die hohe Politik. Ich habe keine Zweifel, dass die Wissenschaft all das kann und soll. Aber mit etwas Wirklichkeitssinn müssen wir zugeben, dass dieses Potenzial keineswegs ausgeschöpft ist. Zum Teil ist unser Weltbild immer noch magisch; Technologie, Management und Medizin leben weiterhin von Faustregeln; und die Politiker sind für private Interessen empfänglicher als für wissenschaftliche Befunde.

Mario Bunge

Das Ideal der Wissenschaftlichkeit

Wissenschaftlichkeit ist ein Argument von hoher Suggestivkraft in unserer Kultur. Wissenschaft ist das vielleicht entscheidende Charakteristikum unserer modernen Gesellschaft. Die rasante Entwicklung von Naturbeherrschung und Technik in den letzten Jahrhunderten ist nur auf der Basis einer wissenschaftlichen Kultur vorstellbar und möglich.

Dass das so ist und wie Wissenschaft zur Durchsetzung öffentlicher und auch privater Interessen genutzt wird, ist uns einigermaßen einsichtig. Warum das so ist, wie es dazu gekommen ist, was wir genauer mit Bemerkungen wie „Das ist doch wissenschaftlich erwiesen" meinen und vor allem: wie dieses Ideal der Wissenschaftlichkeit sich eigentlich begründen lässt, davon handelt jenes Teilgebiet der Philosophie, das heute allgemein als Wissenschaftstheorie bezeichnet wird.

Am Beginn der abendländischen Wissenschaftsentwicklung steht die ionische Naturphilosophie. Statt mythischer Welterfahrung wurden empirische Theorien über Entstehung und Aufbau des Kosmos entwickelt. Die Vielzahl beobachtbarer Tatsachen und ihre Ursachen sollten auf letzte allgemeine Gründe, Beziehungen und Strukturen zurückgeführt werden. So suchten die ionischen Naturphilosophen nach einer ersten Ursache, aus der alles Weitere ableitbar wäre: Dieser Urstoff wurde als „Wasser", „Feuer" oder schon abstrakt als das „Unendliche" definiert. Eigentlicher Gegenstand wissenschaftlicher Erkenntnis wurden also immer mehr die nicht-materiellen Strukturen und Beziehungen zwischen den Gegenständen. In der wahrnehmbaren Natur sind diese aber nie rein realisiert. Es gibt den idealen Kreis in der physikalischen Realität nicht. Für die Antike gab es also eine klare Trennung zwischen der idealen Strukturwelt und der regellosen wahrnehmbaren Welt. Antike Wissenschaft war damit also nicht Naturwissenschaft im heutigen Sinn, sondern Strukturwissenschaft.

Die praktische Konsequenz dieses Begriffes von Wissenschaft ist entscheidend: Ihre Ergebnisse sind nicht auf die wahrnehmbare Welt übertragbar; ein gezielter Eingriff in die Natur etwa in Form des Experiments ist fruchtlos, denn für die Griechen haben ihre wissenschaftlichen Erkenntnisse nur Gültigkeit für die Welt der Gestirne, dort, wo die Götter wohnen. Auf die Erde sind sie nicht übertragbar.

Galileo Galilei (1564–1642) ➤ *Glossar*

Hier setzt die neuzeitliche Kritik an: Das Fernrohr zeige, dass auch die Bewegungen der Himmelskörper nicht rein den Idealen der mathematischen Berechnungen entsprächen. Andererseits wurde immer deutlicher, dass Mathematik für die Astronomie brauchbar sei. Die Auffassung von Galileo Galilei, das Buch der Natur sei in der Sprache der Mathematik verfasst, zeigt die neue Absicht, auch und gerade die wahrnehmbare Natur auf unveränderliche, mathematisch beschreibbare Qualitäten wie Form, Anzahl, Ort und Geschwindigkeit zurückzuführen. Das Faktisch-Vorfindbare wird häufig durch Störfaktoren beeinflusst, diese gilt es durch gezielte experimentelle Forschung auszuschalten. Nicht mehr die immateriellen Strukturen, sondern die Naturmechanismen selbst sollen wissenschaftlich beschreibbar gemacht werden.

Die neuzeitliche Wende ist also eine doppelte: einmal Abkehr, ja Verzicht auf Erklärung der idealen metaphysischen Welt, zum anderen eben Besinnung auf die sinnliche und experimentelle Erfahrung.

Natur, Technik und Experiment

Der Erfahrungsbegriff wird dabei neu definiert, radikal auf Quantifizierbares eingegrenzt. „Was messbar ist, messen, was noch nicht messbar ist, messbar machen", forderte Galilei. Der konsequente Schritt dieses Rückzugs aus der immateriellen Natur ist der Zugriff auf den quantifizierbaren Teil: Naturwissenschaft als Naturbeherrschung, Technik als angewandte Naturwissenschaft.

Gegenstand der Wissenschaft gemäß diesem neuzeitlichen Rechtfertigungsmodell sind die mathematisch zu beschreibenden Strukturen von und die Beziehungen zwischen den Elementen einer einheitlichen Natur, die durch experimentelle Forschung aufgedeckt, messbar gemacht und in nützliche Technik umgesetzt werden. Das entsprechende Vorgehen wird als analytisch-synthetische Methode bezeichnet.

Abstraktion ➤ Glossar

Unter Analyse versteht man dabei den schrittweisen Abstraktionsprozess von den Experimenten und Beobachtungen hin zu mathematisch formulierbaren Gesetzen, unter Synthese die ständige Anwendung dieser Gesetze auf die Wirklichkeit und ihre Überprüfung an der Erfahrung.

Denkanstöße

1 Untersuchen Sie, wie in der Werbung und in den Medien Wissenschaftler/innen dargestellt werden. Erläutern Sie, welches Verständnis von Wissenschaft diesen Darstellungen zugrunde liegt.

2 Stellen Sie Vermutungen an, was mit dem „magischen Weltbild" (Bunge) gemeint sein könnte. Finden Sie Beispiele und begründen Sie Ihre Wahl.

3 Analysieren Sie, welche Kriterien für Wissenschaftlichkeit unentbehrlich sein könnten.

Das Werkzeug der Wissenschaftstheorie: Von Axiomen, Hypothesen und Methoden

Die Wissenschaftstheorie ging historisch aus der Methodenlehre hervor. Griechisch „méthodos" hieß ursprünglich „der Weg, etwas zu erreichen", in übertragener Bedeutung also „Gang einer Untersuchung". Entscheidend ist der Zusammenhang zwischen Weg und Ziel. Die Wahl der Methoden stellt die Weichen für eine bestimmte Richtung und für ein bestimmtes Instrumentarium.

Methoden

Die Wissenschaftstheorie im ursprünglichen Sinne als Methodenlehre (Methodologie) war die Lehre von der Anwendung logischer Regeln und Verfahren auf die verschiedenen Wissenschaften. Methodenforschung hieß dabei, dass die Forschungsinhalte weitgehend unberücksichtigt blieben. Es ging primär um die sachlogische Verknüpfung der einzelnen Aussagen im Fortgang eines Forschungsablaufs.

Francis Bacon (1561–1626). Das Porträt wird Paul van Somer zugeschrieben. ➤ *Glossar*

Francis Bacon und René Descartes sind wichtige Vertreter der neuzeitlichen Wissenschaftslehre. Sie formulierten den Plan einer allgemeinen Methodologie, d. h. eines systematischen und abgeschlossenen Lehrsystems wissenschaftlichen Arbeitens – ein Plan, der bis heute nicht eingelöst werden konnte. Die Forschungspraxis selbst hat sich bislang in ihrer Komplexität, Heterogenität, Spontaneität und steten Innovation nur in Ansätzen theoretisch erfassen lassen. Die Erfolge der Naturwissenschaften im 19. Jahrhundert haben aber ihre Spuren in der modernen Wissenschaftstheorie hinterlassen. Die effizienten Methoden vor allem der Physik wurden auch in der Philosophie für viele zum Maßstab dafür, was als wissenschaftlich gelten dürfe. Zu Beginn des 20. Jahrhunderts forderten die schon erwähnten Philosophen des Wiener Kreises – Denker wie Rudolf Carnap, Moritz Schlick, Otto Neurath und Victor Kraft –, dass es Aufgabe der Philosophie sein müsse, eine wissenschaftliche Weltanschauung zu entwerfen, die sich gegen jede Form des Obskurantismus und Mystizismus, aber auch gegen Religion und Metaphysik wenden müsse.

➤ Text Carnap S. 64 f.

Die Mitglieder des Wiener Kreises unterschieden deshalb streng zwischen sinnvollen und sinnlosen Sätzen. Sinnvoll waren für sie nur Sätze, die sich auf prinzipiell empirisch erfahrbare und deshalb überprüfbare Gegenstände bezogen. Nur solche Sätze können wahr oder falsch sein, das heißt mit ihrem Gegenstand übereinstimmen oder nicht. Wissenschaft besteht dann vor allem im empirischen Nachweis der Wahrheit solcher Aussagen, in ihrer Verifikation. Alle anderen Sätze, also viele Aussagen der Metaphysik und Religion, aber auch der politischen Ideologien und der Literatur, mögen zwar das Gemüt befriedigen, sind aber vom wissenschaftlichen Standpunkt aus sinnlos, das heißt: ohne empirischen Gehalt. Nach dem Sinnkriterium des Wiener Kreises ist ein Satz der Art „Auf der Rückseite des Mondes leben grüne Äffchen" durchaus sinnvoll, weil ich jederzeit die Bedingungen angeben kann, wie ich ihn überprüfen könnte (Fahrt zum Mond, Beobachtung); er ist nach unserem derzeitigen Wissen zwar falsch, aber nicht sinnlos. Allerdings mag ein Satz der Art „Mit flammendem Schwert bewacht der Engel das Paradies" zwar eine mythische Bedeutung haben, ist aber dieser Theorie zufolge sinnlos, weil ich nicht angeben kann, wie ich den Satz empirisch überprüfen könnte (Wo ist das Paradies, was macht einen Engel aus etc.?).

Verifikation

In den Wissenschaften sollten also nur Sätze vorkommen, die empirischen Gehalt haben und deren Beziehung untereinander streng logisch ist. Die Philosophie des Wiener Kreises wird deshalb auch als Logischer Positivismus oder Neopositivismus (in Abgrenzung zum älteren Positivismus des Auguste Comte) bezeichnet. Gültig sind nur das logisch Überprüfbare und das positiv Erfahrbare. Maßgebliche Denker, wie Ludwig Wittgenstein und Karl Popper, entwickelten ihre Theorien in kritischer Nähe zum Wiener Kreis. Obwohl diese Philosophie viele Schwierigkeiten in sich birgt, wie vor allem Popper gezeigt hat, stellt sie doch den Beginn der modernen Wissenschaftstheorie dar.

Positivismus ➤ Glossar

Karl R. Popper mit 18 Jahren ➤ Glossar

Im Folgenden wollen wir nun einige Grundbegriffe dieser Wissenschaftstheorie klären, indem wir die übliche Vorgangsweise erfahrungswissenschaftlichen Arbeitens näher betrachten:

Am Anfang steht die Beobachtung empirischer Phänomene. Dabei ist das Beobachtungsinteresse im Unterschied zur alltäglichen Wahrnehmung durch spezielle Fragestellungen auf ganz bestimmte Phänomene eingegrenzt. Neben der sinnlichen Wahrnehmung können auch mithilfe von Instrumenten und Messtechniken (Mikroskop, etc.) erweiterte und verfeinerte Beobachtungen gemacht werden.

Als nächster Schritt wird allgemein die Formulierung von Aussagen über die beobachteten Phänomene gesehen. Diese Beschreibung führt zu so genannten Protokollsätzen. Die verwendete Sprache soll dabei möglichst erfahrungsnahe sein – sie wird als Beobachtungssprache bezeichnet. Die Verwendung metrischer Begriffe, also solcher, die qualitative Phänomene quantifizierbar, messbar machen, ist dabei methodisches Ideal. So stellt z. B. der Intelligenzquotient den Versuch dar, ein so komplexes Phänomen wie die menschliche Intelligenz in einen metrischen Begriff zu fassen.

Die Zusammenfassung von Protokollaussagen zu allgemeinen Aussagen wird als Hypothesenbildung bezeichnet. Sie soll erklären, d. h. ein verallgemeinertes Prinzip formulieren, das den Vergleich der Protokollaussagen möglich macht. Hypothesen stellen normalerweise eine Kausalität, einen Ursache-Wirkungs-Zusammenhang in der Form auf: Immer wenn A, dann B.

Hypothesenbildung

Als Gesetz gilt eine Hypothese dann, wenn sie sich bewährt – wenn sie über einen längeren Zeitraum zu anderen Hypothesen, Experimenten und Beobachtungen nicht in Widerspruch gerät.

Unter einer Theorie versteht man die Zusammenfassung mehrerer Gesetze unter logischen Gesichtspunkten: Die Gesetze werden in einer Theorie in eine Beziehung zueinander gebracht. Mehrere spezielle Theorien können im Weiteren zu einer allgemeinen Theorie zusammengestellt sein. Angestrebt wird die Formulierung möglichst universeller Theorien, die spezielle Theorien in einen systematischen Zusammenhang bringen.

Methoden

Im Folgenden sollen einige wichtige Methoden näher betrachtet werden, wie sie im wissenschaftlichen Alltag zur Anwendung kommen. Die Wissenschaftstheorie versucht deren Geltungsbereich und Wirkungsgrad zu überprüfen.

Als eine gebräuchliche wissenschaftliche Methode gilt die Induktion. Sie beruht in hohem Maße auf der Erfahrung. Erfahren meint dabei mehr als ein bloßes Wahrnehmen. Es ist immer auch ein erstes Bewusstwerden.

Induktion

Verdeutlichen wir uns das an folgendem Beispiel: Wenn ich auf meinem täglichen Schulweg an einer bestimmten Stelle zur gleichen Tageszeit immer wieder die gleiche Person treffe, dann geht durch diese Erfahrung eine Tendenz zur Verallgemeinerung in der Form einer Vorhersage in mir vor sich, die besagt, dass es bei gleichen Bedingungen wohl auch morgen so sein wird.

Zwei Momente sind dabei festzuhalten: einmal die Vermutung, die Hypothese; zum anderen der Bestätigungsgrad, die Wahrscheinlichkeit, mit der wir das Wiedereintreten des Ereignisses erwarten.

Formalisieren wir diesen Vorgang, so erhalten wir folgendes Grundschema: Wir schließen, meist sogar völlig unbewusst, vom konkreten Fall auf ein abstraktes Gesetz: *Einige* Erfahrungen haben konstant etwas Bestimmtes gezeigt; also folgt für uns, dass *alle* Erfahrungen in der Zukunft von der gleichen Art sein werden. Die Einzelerfahrung hat dabei eine doppelte Rolle: als Ausgangspunkt der Verallgemeinerung und als Basis weiterer Prüfung.

Bereits David Hume hat aus dieser Analyse den Schluss gezogen, dass die Induktion zwar *psychologisch* verständlich und naheliegend ist, aber einer genaueren *logischen* Überprüfung nicht standhält: Nur weil bisher die Sonne jeden Tag aufgegangen ist, gibt es keinen logisch zwingenden Grund anzunehmen, dass sie auch weiterhin jeden Tag aufgehen wird.

Demgegenüber ist die Deduktion logisch das Schließen von einem allgemein gültigen und damit nicht weiter prüfbaren Satz auf einen speziellen Satz. Solche allgemeinen Sätze werden auch als „ALL-Sätze" bezeichnet. Sie gelten für alle nur denkbaren Fälle, zum Beispiel: Alle Menschen sind sterblich. Ein Beispiel für eine Deduktion wäre:

Deduktion

1. Alle Körper fallen unter bestimmten Bedingungen mit bestimmter Geschwindigkeit.
2. Hier ist ein Körper.
3. Also folgt, dass auch er unter den entsprechenden Bedingungen mit bestimmter Geschwindigkeit fallen muss.

Diese ersten Sätze in wissenschaftlichen Ordnungsgefügen werden als Axiome bezeichnet. Sie sollen idealerweise apriorische Gültigkeit haben, d. h. intuitiv einleuchtend sein. Die Formalwissenschaften der Mathematik und Logik basieren auf solchen axiomatischen Systemen, in denen alle speziellen Sätze aus einmal festgesetzten Axiomen nach logischen Regeln deduziert werden. Heute wird die Auffassung vertreten, dass auch die Axiome der Mathematik und Logik letztlich nur willkürliche Annahmen sind, die sich allerdings bewährt haben. In den Realwissenschaften werden Axiome zunächst ebenfalls entweder willkürlich gesetzt, oder man erhebt einen induktiv gewonnenen Satz in den Rang eines Axioms. Es sollen dann die Ableitungen bzw. die damit gemachten empirischen Daten offenbaren, wie weit sich das zugrunde gelegte Axiom bewährt hat. Wirklich neue Erkenntnisse sind auf dem Weg der Deduk-

Axiome

tion nicht zu gewinnen, da von einem allgemeinen, bereits bekannten Satz auf einen besonderen Satz geschlossen wird.

Die Naturwissenschaften arbeiten vorwiegend mit den am Kausalitätsprinzip orientierten Methoden des Erklärens. Erklären meint das Aufsuchen von Gesetzen, das Formulieren von Zusammenhängen, die Rückführung der Vielfalt der Erscheinungen auf eine sie ermöglichende Einheit. Handlungsform ist dabei vorzugsweise das Experiment, für das die Kriterien der Wiederholbarkeit, Überprüfbarkeit und Intersubjektivität gelten sollen. Das erkennende Subjekt soll dabei eliminiert werden. Gerade die Subjektunabhängigkeit der Forschungsresultate soll Beweis für deren Gültigkeit sein.

Anders verhält sich der Fall bei den Human- und Geisteswissenschaften. Bei ihnen geht es um das Verstehen von Gegenständen, die durch menschliches Handeln hervorgebracht wurden. Eine ihrer bevorzugten Methoden ist deshalb die Hermeneutik, die Kunst des Auslegens, Interpretierens und Verstehens.

Hermeneutik

Die hermeneutische Methode hat ihren Namen vom griechischen Götterboten Hermes, der die Botschaft der Götter an die Menschen weitergab, sie also für die Menschen verständlich machen musste. Friedrich Schleiermacher hat die Hermeneutik im 19. Jahrhundert zu einer allgemeinen Lehre des Verstehens und der zwischenmenschlichen Kommunikation erweitert, die den historisch orientierten Geisteswissenschaften als methodisches Fundament dienen sollte. Wilhelm Dilthey, von dem die Unterscheidung in erklärende Naturwissenschaft und verstehende Geisteswissenschaft stammt, erweiterte die Hermeneutik zur Methode des Verstehens für alle Sinngebilde und Sinnzusammenhänge. Neben Texten werden dadurch vor allem die Geschichte des Menschen und die Künste bevorzugte Gegenstände hermeneutischer Arbeit.

Die Hermeneutik sieht den Anfang naturwissenschaftlicher Theoriebildung, bei der ein angeblich leeres Erkenntnissubjekt objektive Daten empfängt, als unzulässige Abstraktion. Das fragende Subjekt, sei es der/die Wissenschaftler/in oder der Probleme lösende Mensch, bringt immer schon etwas mit, was die Hermeneutik als „Vorverständnis" bezeichnet. Es ist dies eine Art vorrationaler Erfahrungsgewissheit, das elementare Lebensverständnis, das bisherige Lebenserfahrung und herrschende Meinungen ausdrückt.

➤ Text S. 68 ff.

Hans-Georg Gadamer, der prominenteste Vertreter einer hermeneutischen Philosophie in der Gegenwart, behauptet, dass jeder Erkenntnisvorgang prinzipiell von einem Vor-Urteil ausgehen muss. Das Vorverständnis leitet jede fragende oder forschende Begegnung mit dem Erkenntnisgegenstand. Solche Vor-Urteile, die sich in der alltäglichen Lebenserfahrung durchaus oft bewährt haben können, sind allerdings meist unbewusst; die Hermeneutik sieht ihre Aufgabe auch darin, sie bewusst zu machen und kritisch zu befragen.

Die hermeneutische Methode betrachtet also den Erkenntnisvorgang als primär subjektzentriert. Im Nachweis der Vorverständnisse werden die kulturellen und historischen Bedingtheiten unseres Fragens, auch unserer erkenntnisleitenden Interessen sichtbar gemacht. Damit ist aber eine gegenüber dem objektzentrierten Erklären qualitativ neue Methode gegeben, die den dynamischen Zusammenhang von Subjekt und Objekt, von Mensch und Welt, von Vorverständnis und eigentlichem Verstehensprozess begreifen will.

Denkanstöße

1 Bestimmen Sie Unterschiede zwischen einem wissenschaftlich-methodischen Vorgehen und der Art, wie alltägliche Problemlösungen gesucht werden.

2 Ordnen Sie die folgenden Fragestellungen der methodischen Alternative von Erklären und Verstehen zu; begründen Sie Ihre Zuordnung:
- Wie spät ist es?
- Wie viele Zähne hat der Eisbär?
- Welche Motive sind für die Verführungsszene in Goethes *Faust* maßgeblich?
- Welche Absichten standen hinter Hitlers Angriff auf die Sowjetunion?

Probleme und ungelöste Fragen

Aus der Fülle aktueller wissenschaftstheoretischer Problemstellungen sollen einige zentrale Fragen näher erörtert werden.

Das Induktionsproblem

Wir haben die Induktion als ein Verfahren kennengelernt, das allgemeine Behauptungen mittels endlich vieler singulärer synthetischer Sätze zu rechtfertigen sucht. In den Erfahrungswissenschaften sind dabei drei Induktionsarten gebräuchlich:

Das Schließen von einer Tatsache auf ein allgemeines Gesetz, der Schluss von gleichen Wirkungen auf gleiche Ursachen und das Schließen von einer Wirkung auf mehrere Ursachen.

Das Induktionsproblem ist nun ein doppeltes: Die Induktion ist kein streng logisches Schließen, denn selbst wenn alle Prämissen (d. h. alle einzelnen Protokollsätze) wahr sind, kann die Konklusion trotzdem falsch sein – denn: Die Konklusion besagt als verallgemeinerter Satz mehr als alle Prämissen zusammen. Logisch gesehen bestünde der Ausweg darin, auf eine vollständige Induktion überzugehen. Das würde für die Erfahrungswissenschaften bedeuten, dass sie den Vorgang der Verifikation, die „Bewahrheitung", ins Unendliche fortsetzen müssten. Da dies unmöglich ist, muss der Anspruch auf Allgemeingültigkeit aufgegeben werden. Bezüglich der Wahrheit von Aussagen kann man nur noch von Wahrscheinlichkeit sprechen. Der Wahrheitswert einer Aussage wächst dabei mit der Summe der geprüften Erfahrungen, er wird aber nie absolut, muss immer relativ bleiben.

Prämisse ➤ Glossar

absolut ➤ Glossar

Das zweite Grundproblem der Induktion wiegt noch schwerer. Es geht um die Beziehung von Erfahrung und Theorie; genauer um die Frage, inwiefern alle Theorie aus Erfahrung abgeleitet werden kann. Als empirische Erkenntnisbasis haben wir ja die Protokollsätze kennengelernt. In diesen müssen sich alle theoretischen Termini durch Beobachtungsbegriffe definieren lassen. Eine genauere Analyse ergibt jedoch, dass neben den echten Beobachtungsbegriffen auch so genannte Dispositionsbegriffe verwendet werden müssen, die Eigenschaften von Gegenständen ausdrücken, wie zum Beispiel Wasserlöslichkeit, Masse, Temperatur oder Intelligenz. Wer etwa beobachten will, ob ein Mensch sich intelligent verhält, benötigt immer schon einen Begriff, ja sogar eine Theorie der Intelligenz, die ihm sagt, was er eigentlich beobachten soll. Diese Dispositionsbegriffe sind also nicht durch Beobachtungsbegriffe vollständig definierbar. Jede Beobachtung hat schon Begriffe und Theorien als Voraussetzung.

Damit sind aber die beiden wesentlichen Grundüberzeugungen des neuzeitlichen Wissenschaftsbegriffs – durch Induktion könne man zu allgemeinen Gesetzen kommen, und jede Theorie sei aus ursprünglicher Erfahrung ableitbar – fragwürdig geworden.

Die Debatte um Verifikation und Falsifikation

Karl R. Popper (1902–1994) ➤ *Glossar*

Auf die Krise, die durch das Induktionsproblem für die Begründung der Erfahrungswissenschaften entstanden war, versuchte der Kritische Rationalismus zu reagieren. Sein bekanntester Vertreter ist der in Österreich geborene Philosoph Karl R. Popper. Entscheidend für ihn ist die Idee der Kritik. Auch nach Popper können zwar Theorien nur dann als wissenschaftlich gelten, wenn sie empirischen Gehalt haben. Damit ist nämlich die Möglichkeit empirischer Überprüfung garantiert. Aber die Verifikation ist durch Falsifikation zu ersetzen. Für Popper sind Theorien gerade und nur dann wissenschaftlich, wenn sie falsifizierbar, widerlegbar sind. Popper meint damit, dass man nicht danach trachten soll, die *Bestätigung* einer Theorie in der Wirklichkeit zu finden, sondern dass man versuchen soll, sie zu *widerlegen,* das heißt, einen konkreten Fall zu finden, der der Theorie widerspricht. Je schwieriger dies ist und je länger diese Falsifikation nicht gelingt, desto größer wird die Wahrscheinlichkeit, dass die Theorie brauchbar ist. Die Bewährung einer wissenschaftlichen Theorie ist also stets nur vorläufig und relativ. Im strengen Sinn wären danach alle naturwissenschaftlichen Gesetze und Theorien nur bislang noch nicht falsifizierte Hypothesen. Eine letzte Wahrheit gibt es nicht, nur eine Annäherung an die Wahrheit durch das fortwährende Eliminieren der falsifizierten Theorien. Wissenschaft wird dadurch zum prinzipiell unabschließbaren Prozess. Sie ist also ein negativer Ausleseprozess; unbrauchbare Lösungsmodelle werden nicht weiter verfolgt, ähnlich wie in der Natur schlecht angepasste Arten aussterben. Man spricht deshalb auch von einer „Evolution der Wissenschaft".

➤ Text S. 66 ff.

Das „Münchhausen-Trilemma"

Der Diskussionsgang des Kritischen Rationalismus hatte gezeigt, dass sich eine allgemeine Aussage niemals streng beweisen lässt. Der traditionelle Anspruch von Wissenschaft, objektive, und das hieß absolut gültige, Aussagen über Wirklichkeit machen zu können, wurde radikal relativiert. Wissenschaftliche Aussagen sind nach Ansicht der Kritischen Rationalisten nicht länger *begründbar,* d. h. auf eine letzte, unbezweifelbare Tatsache oder Aussage rückführbar, sondern können immer nur *gerechtfertigt* werden.

Hans Albert (1921)* ➤ *Glossar*

Nach Hans Albert, einem Schüler Karl Poppers, führt nämlich jeder Versuch einer Letztbegründung – welcher Aussage auch immer – in drei unauflösbare Widersprüche. Er spricht vom „Münchhausen-Trilemma" des Begründungsproblems und benutzt zur Illustration das Bild von Baron Münchhausen, der sich an seinen eigenen Haaren aus dem Sumpf ziehen wollte. An einem einfachen Beispiel wollen wir dies erläutern. Angenommen, jemand fragt nach den Gründen für die oft beklagte mangelhafte Ausbildung österreichischer Maturant/innen. Folgende Begründungsstrategien sind dann prinzipiell möglich:

Erstens: Die Angabe eines Grundes – z. B. das schlechte Schulsystem. Sofort stellt sich die Frage: Warum ist es schlecht? Darauf wieder die Angabe eines Grundes, der weiter hinterfragt wird, und so weiter und so fort. Dieses Spiel lässt sich bis in die Unendlichkeit fortsetzen, man kommt auf keinen letzten Grund. Hans Albert nennt dieses unbefriedigende Verfahren den „regressus in infinitum" – das „Zurückgehen ohne Ende".

Zweitens: Die Maturant/innen sind schlecht wegen des Schulsystems; dieses ist schlecht wegen Geldmangels; dieser existiert, weil Politiker/innen uneinsichtig sind; und diese sind uneinsichtig, weil sie in der Schule zu wenig gelernt haben –, und da schließt sich der Kreis. Hans Albert würde sagen, ein klassischer „circulus vitiosus" – ein Zirkelschluss: eine Begründung, in der das zu Begründende plötzlich als Grund seiner selbst auftaucht.

Versuchen wir es ein drittes Mal: Politiker/innen sind uneinsichtig. – Warum? – Der Mensch ist eben so. Ende der Begründung. Hier wird also das Begründungsverfahren an einem bestimmten Punkt willkürlich abgebrochen, ein erster Grund wird einfach gesetzt und darf nicht weiter hinterfragt werden. Hans Albert nennt dies einen „dogmatischen Abbruch" des Begründungsverfahrens.

Alberts Konsequenz ist ein grundsätzlicher Fallibilismus, also das Eingeständnis grundsätzlicher Irrtumsmöglichkeit bei jeglicher, eben auch wissenschaftlicher Erkenntnis. Das gilt unabhängig davon, ob sich die Erkenntnismethode dabei auf Vernunft oder Erfahrung, Autorität oder Tradition stützt. Es gibt nach Albert keinen anderen Ausweg aus diesem Trilemma als die ständige kritische Überprüfung aller Theorien, Positionen und Meinungen.

Fallibilismus: Hypothesen gelten als fallibel, also als prinzipiell widerlegbar.

Radikaler Konstruktivismus als Ausweg?

Die Erkenntnis- und Wissenschaftstheorie vom klassischen Positivismus bis zum Kritischen Rationalismus waren letztlich Ausdruck eines Erkenntnisoptimismus: Außermenschliche Wirklichkeit ist erkennbar; wenn schon nicht vollständig, so doch in methodisch richtiger Annäherung. In den 70er-Jahren entwickelte sich unter dem Etikett „Konstruktivismus" eine radikale Alternative zum Dilemma Positivismus – Agnostizismus/Relativismus. Wissenschaftler wie der chilenische Biologe Humberto Maturana, der deutsche Soziologe Niklas Luhmann, der österreichisch-amerikanische Psychologe Paul Watzlawick und Philosophen wie Heinz von Foerster und Ernst von Glasersfeld begannen einen interdisziplinären Diskurs, basierend auf der Überzeugung, dass alle unsere Wirklichkeitskonzepte in einer radikalen Weise subjektabhängig sind. Unsere Bilder und Erklärungen, mit deren Hilfe wir uns in unserer natürlichen und sozialen Umwelt orientieren, sind nicht auf induktivem Weg durch passives Wahrnehmen entdeckt, sondern *erfunden*. Wirklichkeiten werden nicht gefunden, sondern *konstruiert*. Die „Dinge an sich" können wir niemals erkennen. Insofern versuchen sich diese Denker von jeder Ontologie zu lösen. Objektive Wahrheit ist uns zwar verwehrt, dies muss aber nicht zu bloßer Skepsis und Resignation führen.

Agnostizismus: Position, die die Erkennbarkeit von Gott für unmöglich hält

Ontologie: Lehre vom Sein und Seienden

Der hermeneutische Zirkel

Aber nicht nur dort, wo es um Begründungen und Erklärungen geht, kann man sich in Widersprüche verstricken. Auch die Wissenschaften, denen es um das Verstehen geht, also die Human- und Geisteswissenschaften, leiden an einem „Zirkel". Wann immer ich etwas oder jemanden „verstehen" will, gehe ich schon mit einem bestimmten „Vorverständnis", einem „Vor-Urteil" an die Sache oder den Menschen heran. Wie immer der weitere Prozess des Verstehens auch aussehen mag – das Ergebnis wird vom ersten Vorverständnis mitbestimmt und beeinflusst sein. Als „hermeneutischer Zirkel" wird also der Umstand bezeichnet, dass das, was erst verstanden werden soll, immer auch schon in gewisser Weise als verstanden vorausgesetzt wird. Hat jemand von einer Sache überhaupt kein Vorverständnis, keine Ahnung, kann man ihm diese Sache auch nicht nahebringen.

Der hermeneutische Zirkel ist nicht zu beseitigen. Aber man kann versuchen, sich ihn bewusst zu machen und dadurch zu entschärfen. Dies geschieht derart, dass die Spannung zwischen Vorverständnis und eigentlichem Verstehen aktiviert werden soll. Wichtig dabei ist, vor allem wenn es um Texte, Dokumente und Handlungen vergangener Zeiten geht, sich den ursprünglichen Verständnishorizont, so gut es eben möglich ist, zu vergegenwärtigen, das historische Umfeld zu rekonstruieren. Das hermeneutische Bewusstsein führt also über die Aufklärung bewusstseinsmäßiger Bindungen an das Überkommene zu umfassender Ideologiekritik. Als Ideologie ist dabei die unwissenschaftliche Dogmatisierung von Überzeugungen und Haltungen, im Falle der Wissenschaften die unkritische Erhöhung ihres Wahrheitsanspruches gemeint. Man könnte – mit einem Begriff von Hans-Georg Gadamer – diesen Prozess so beschreiben: Es geht darum, den Horizont seines Verstehens, also die Voraussetzungen meiner Zeit und meines Wissens, mit dem Horizont, aus dem die Sache stammt, die ich verstehen will, zur Überschneidung zu bringen. Wo dies geschieht, spricht Gadamer von „Horizontverschmelzung".

Hans-Georg Gadamer (1900–2002) ➤ *Glossar*

Denkanstöße

1 Für Wittgenstein ist die Annahme von Kausalgesetzen ein Aberglaube, die so genannten Naturgesetze sind nur Hypothesen. – Argumentieren Sie, wo Sie die Trennlinie zwischen Wissen und Aberglaube ziehen.

2 „Das Eichhörnchen schließt nicht durch Induktion, dass es auch im nächsten Winter Vorräte brauchen wird. Und ebenso wenig brauchen wir ein Gesetz der Induktion, um unsere Handlungen und Vorhersagen zu rechtfertigen." – Wittgenstein sieht die Induktion also nicht logisch, wohl aber psychologisch gerechtfertigt. Erklären Sie, was damit gemeint sein könnte, und nehmen Sie dazu kritisch Stellung.

Wissenschaftstheorie als Wissenschaftskritik

In den letzten Jahrzehnten ging die Wissenschaftstheorie zunehmend dazu über – nicht zuletzt unter dem Druck der gesellschaftlichen und ökologischen Folgen von Wissenschaft und Technik –, das „Unternehmen Wissenschaft" einer kritischen Analyse zu unterziehen. Die alte Überzeugung, dass wissenschaftlicher Fortschritt gleichbedeutend sei mit gesellschaftlichem und zivilisatorischem Fortschritt, wird immer mehr bezweifelt.

Die traditionelle Wissenschaftstheorie hatte noch die Überzeugung vertreten, dass das Unterfangen der neuzeitlichen Wissenschaft im Ganzen gesehen bisher ein Erfolg gewesen sei. Unter dieser Voraussetzung versuchte sie auch, aus der Beschreibung der historisch tatsächlich verwendeten Regeln und Methoden direkt normative Vorschläge für wissenschaftliches Arbeiten abzuleiten, Regeln, die den weiteren Fortschritt garantieren sollten.

Der allgemeine Befund dieses Unterfangens mündete in die These, dass Fortschritt vor allem durch Veränderung, Verbesserung erreicht werde, wobei Veränderung sowohl als Erfindung neuer Theorien als auch als Entdecken neuer Tatsachen gesehen wurde.

Eine genauere Betrachtung der Geschichte der Wissenschaften zeigte allerdings ganz andere, zum Teil überraschende Ergebnisse.

Falsifikation

Die Kumulationstheorie, die in ihrer modernen Gestalt noch von Popper vertreten wurde, sah den Erkenntnisfortschritt als gleichsam erfahrungsbezogene Akkumulation von Theorien, wobei durch ständige Falsifikation weniger bewährte durch bewährtere Theorien ersetzt werden und dadurch eine Vermehrung des Wissens und eine Annäherung an die Wahrheit erreicht werden sollte.

Paradigmen

Der amerikanische Wissenschaftshistoriker Thomas S. Kuhn zeigte allerdings, dass Poppers Ideal des Falsifikationismus in der Praxis der wissenschaftlichen Forschung nie eingehalten worden war. Nach Kuhn vollzieht sich die Entwicklung der Wissenschaften nach ganz anderen Gesichtspunkten und Gesetzmäßigkeiten. Verschiedene Schulen, Gruppen, Theorien liegen ursprünglich miteinander im Wettstreit, ohne dass es eine eindeutige Priorität gibt. Gelingt es einer Theorie sich durchzusetzen, wird sie zum Paradigma, zum Maßstab setzenden Beispiel. Einmal in Lehrbüchern festgehalten, dient sie als Vorbild für alle weitere Forschung auf dem betreffenden Gebiet und versammelt die Wissenschaftler um sich. „Ein Paradigma", schreibt Kuhn, „ist das, was den Mitgliedern einer wissenschaftlichen Gemeinschaft gemeinsam ist, und umgekehrt besteht eine wissenschaftliche Gemeinschaft aus Menschen, die ein Paradigma teilen." Entscheidend ist also, dass ein Paradigma neben der Theorie im engeren Sinne noch eine Reihe weiterer Elemente enthält, die dem einzelnen Forscher meist unbewusst, daher gegen Kritik weitgehend immunisiert bleiben: bestimmte metaphysische Thesen, methodologische Festsetzungen und Forschungsstrategien, Vorurteile und Meinungen, die sich bis zu einer Weltanschauung ausdehnen können. Ein Paradigma ist auch nie eine isolierte Theorie, sondern ein theoretischer Rahmen, der Grundlage eines wissenschaftlichen Weltbildes ist – das ptolemäische Weltbild wäre ein Paradigma, das kopernikanische ein anderes. Die normale Wissenschaft versucht in der Regel, dem Paradigma möglichst viele Phänomene einzuverleiben, alles durch dieses Paradigma zu erklären, auch wenn vieles schon unstimmig, ja falsifiziert erscheint. Entgegen der Behauptung des Kritischen Rationalismus führt der wissenschaftliche Alltag also nicht zu Kritik, sondern zu Fixierung, Einschränkung, Ausgrenzung des Neuen, des von der Norm Abweichenden, des Ungewohnten.

Gerade diese Ausgrenzung führt aber nach Kuhn zur Krise des Paradigmas und zum Übergang zu einer revolutionären Wissenschaft. Diese formuliert ein neues

Paradigma, das gegen das alte durchgesetzt werden soll. Für die Durchsetzung eines neuen Paradigmas sind wissenschaftsexterne Faktoren wie Propaganda, Überredung, allgemeine politische Verhältnisse und Machtfragen mindestens genauso entscheidend wie das wissenschaftliche Argument. Dem wissenschaftlichen Wandel liegt also eine gravierende nicht-wissenschaftliche, nicht-rationale Dynamik zugrunde.

Paul Feyerabend (1924–1994) ➤ *Glossar*

Diesen Ansatz hat Paul Feyerabend weiter radikalisiert. Er sieht den Zustand der offenen Konkurrenz zwischen verschiedenen Paradigmen nicht als vorübergehende krisenhafte Episode, sondern als Normalzustand an. Wissenschaftliche und allgemeine Erkenntnisentwicklungen erfolgen nicht kumulativ-evolutionär, sondern pluralistisch-revolutionär.

Die Sichtweise von Feyerabend enthält allerdings noch weiteren Zündstoff. Wenn nämlich der Einfluss nicht-rationaler Faktoren, für Feyerabend pure „Irrationalität", Dauerzustand und damit konstitutiver Bestandteil von Wissenschaft ist, kann diese nicht mehr, wie traditionell verlangt, als alleinige Hüterin von Rationalität gelten und einen Führungsanspruch wissenschaftlicher gegenüber anderen Methoden verlangen. Feyerabend vertritt einen „erkenntnistheoretischen Anarchismus". Dieser enthält neben der Forderung nach maximalem Pluralismus innerhalb der wissenschaftlichen Zunft, die er in der These „anything goes" ausgedrückt hat, die noch folgenreichere nach einer prinzipiellen Öffnung gegenüber allen Formen von wissenschaftlichen, halbwissenschaftlichen, ideologischen, religiösen, mythischen, magischen und anderen Überzeugungen, Methoden, Anschauungen und Traditionen. In seinem Buch *Erkenntnis für freie Menschen* polemisiert Feyerabend heftig gegen das Monopol der Wissenschaft etwa im Bildungsbereich und schlägt vor, dass es jedem mündigen Menschen überlassen bleiben muss, ob er in der Evolutionstheorie oder in der biblischen Schöpfungslehre unterrichtet werden möchte, ob er der Meteorologie oder den Regentänzen, der wissenschaftlichen Medizin oder der Heilkunst der Schamanen vertrauen will. Denn: Stichhaltige Argumente für die Wahrheit einer dieser Methoden und Anschauungen gibt es nach Feyerabend nicht.

➤ Text S. 70 ff.

Denkanstöße

1. Recherchieren Sie Beispiele für Paradigmenwechsel aus der Wissenschaftsgeschichte. Bestimmen Sie, welche Kriterien dort für die Etablierung der neuen Theorie maßgeblich waren.
2. Überprüfen Sie, ob Wissenschaft frei von Werten sein kann.
3. Erläutern Sie, welche Konsequenzen die Kritik an der Wissenschaft, wie sie von Kuhn und Feyerabend vorgetragen wurde, für das Verhältnis von Wissenschaft und Alltag hat. Erklären Sie mögliche Konsequenzen anhand eines Beispiels.
4. Fassen Sie Aspekte der „Freiheit der Wissenschaft" zusammen. Problematisieren Sie, ob die Wissenschaft bestimmten moralischen Normen unterworfen sein sollte, etwa bei psychologischen Versuchen wie dem Milgram-Experiment oder dem Stanford-Prison-Experiment.

1.4. Das Logische und die Logik – Grundlagen des philosophischen Argumentierens und Definierens

Annäherung

> Die Aufgabe der Logik ist es (...), zu ermitteln, wie wir zu jenem (bei weitem dem größten) Teil unserer Erkenntnis gelangen, die nicht intuitiver Art ist, und durch welches Kriterium wir bei nicht selbstverständlichen Dingen zwischen Bewiesenem und Unbewiesenem, zwischen Glaubwürdigem und Unglaubwürdigem unterscheiden können.
>
> John Stuart Mill

Die Forderung nach der logischen Rede

Solange Menschen im Einklang mit ihrer Umwelt leben, leben sie auch mit den allgemeinen und gängigen Meinungen und Überzeugungen, die sie meist unbewusst gelernt und übernommen haben. Kommen jedoch private Meinungen in Widerspruch zur öffentlichen Meinung, so entsteht das Problem der Argumentation. Gefühlsmäßig erscheint die öffentliche Meinung als falsch, als Vorurteil, das kritischer Überprüfung nicht standhält. In so einem Fall erfolgt meist der Versuch, die eigene Meinung als begründetes, „logisches" Wissen von der gängigen Auffassung abzugrenzen.

Doch was kann gemeint sein, wenn etwas als „logisch" bezeichnet wird? Was logisch ist, ist klar, versteht sich von selbst für jede/n Denkende/n. Gemeint ist: Folgerichtigkeit, Stimmigkeit, Unbezweifelbarkeit, Richtigkeit. Unklar bleibt aber zunächst, was das Logische selbst ist. Was verschafft unserem Reden und Argumentieren die Eigenschaft des Folgerichtigen, Vernünftig-Zwingenden, Unbezweifelbaren?

Einsichtig ist zunächst vielleicht so viel: Die Aussage „Es schneit" ist wahr oder falsch, aber nicht logisch. „Es schneit und es schneit nicht" ist hingegen unlogisch. Logik gibt also anscheinend elementare Bedingungen für Wahrheit an, im obigen Beispiel die der Widerspruchsfreiheit. Logik grenzt also aus, was unter allen Umständen falsch sein muss, unabhängig von der Wirklichkeit.

Logos und Mythos

Schon die frühen griechischen Philosophen setzten den Logos gegen den Mythos. Philosophie und Wissenschaft als Form des Logos sollten wahr und unerschütterlich sein. Dieser Wahrheitsanspruch erhebt sie über das bloße Meinen und Glauben.

Das Wort „logos" kommt also aus dem Griechischen und hat dort eine Vielzahl von Bedeutungen: Wort, Sinn, Bedeutung, aber auch Gesetz, Rechnung, Überlegung, Ergebnis und allgemein: Wissenschaft.

David Hume (1711–1776) ➤ *Glossar*

Der Anspruch auf Logik ist zu einem bestimmenden Kennzeichen von Philosophie geworden. So fordert etwa David Hume, alle bisher geschriebenen Philosophien zu vernichten, sofern sie nicht auf Logik oder auf Erfahrung gestützt sind. Die Richtung des Wiener Kreises hat diesen Anspruch noch verschärft: Alle Philosophie, die nicht logischen Ansprüchen genügt, sollte als „sinnloses Gerede" bezeichnet werden. Die Logik entspringt also dem Bemühen um ein festes und begründetes Wissen. Sie ist die Wissenschaft vom Denken, sie formuliert Regeln, wie richtig gedacht werden soll, ist also die Lehre von den Normen, genauer: von der Folgerichtigkeit des Denkens. Gegenüber der Erkenntnistheorie, die nach den möglichen Inhalten und Grenzen unseres Erkenntnisvermögens fragt, geht es der Logik um die Form des Denkens, den Argumentationsgang.

Die Logik liefert also den Wissenschaften und der Philosophie die Regeln des Denkens. Die Philosophie stellt aber auch die Logik infrage und untersucht kritisch ihre Grenzen und Möglichkeiten. Geht es um die Begründung und Rechtfertigung der logischen Regeln selbst, spricht man auch von Meta-Logik – einer Logik, die über sich selbst reflektiert.

Denkanstöße

1 Suchen Sie Redewendungen, in denen die Begriffe „Logik" oder „logisch" vorkommen, und untersuchen Sie, welche Bedeutungsfelder diese Begriffe dabei abdecken.

2 Führen Sie Kriterien von „Logik" (wie z. B. Widerspruchsfreiheit) an, die Ihnen aus der umgangssprachlichen und wissenschaftlichen Argumentation bekannt sind. Erläutern Sie diese Kriterien anhand von Beispielen.

Historischer Überblick: Von der Logik zur Logistik

Antike

Die abendländische Logik entstand in Athen zur Zeit der klassischen griechischen Philosophie. Redner vor Volksversammlungen oder Gerichten ließen sich bei den Sophisten in der Rhetorik, der Redekunst, schulen. Damals wurden bereits einige logische Kunstgriffe entdeckt. In der platonischen Akademie gehörte die Vermittlung logischer Methoden bereits zum festen Unterrichtskanon.

Aristoteles (384–322 v. Chr.). Wien, Kunsthistorisches Museum. ➤ *Glossar*

Axiome

Platons Schüler Aristoteles gilt im engeren Sinn als Begründer der antiken Logik. Er machte die Entdeckung, dass es Gedankenverbindungen gibt, die richtig sein müssen, unabhängig von der Wirklichkeit. So gilt zum Beispiel der Satz „Junggesellen sind unverheiratete Männer" immer. Aristoteles hat nun als Erster solche Begriffe und Begriffsverbindungen unabhängig von ihrer jeweiligen Bedeutung systematisiert und formalisiert. Der wesentliche Teil in seinem Werk *Organon* (von griech. órganon = Werkzeug, d. h. des Denkens) ist die Syllogistik, die Lehre von den Urteilen und ihren Verknüpfungen. Sie ist bereits axiomatisch aufgebaut, d. h. Aristoteles zeigt, dass alle Schlussformen auf eine kleine Anzahl einleuchtender, keines Beweises bedürfender, Grundsätze (= Axiome) zurückführbar sind.

Mittelalter

Raimundus Lullus (1232–1316) ➤ *Glossar*

Die mittelalterliche Logik steht über weite Strecken im Banne der aristotelischen und stoischen Logik. In gewissem Sinne bereits ein Vorläufer der modernen Kybernetik war im 13. Jahrhundert Raimundus Lullus. Er wollte eine Universalsprache schaffen, Logik sozusagen mechanisieren: Grundbegriffe aus den wichtigsten Wissensbereichen wurden auf Kreisen und Dreiecken angeordnet, die um eine konzentrische Achse drehbar waren und so eine Fülle von Kombinationen ergaben.

Die überragende Bedeutung der mittelalterlichen Logik lag darin, dass jedes universitäre Studium mit dem Trivium Logik, Grammatik und Rhetorik begann. So gingen auch alle wissenschaftlichen Disputationen nach den Regeln der aristotelischen Syllogistik vor sich.

Neuzeit

Durch die Philosophie von René Descartes schwand das Interesse für scholastische Philosophie und damit auch für Logik. Erkenntnistheoretische Fragestellungen und methodische Probleme traten in den Vordergrund. Erst mit Gottfried Wilhelm Leibniz erhielt die Logik wieder einen führenden Stellenwert als allgemeine wissenschaftliche Methode. Seine *mathesis universalis* sollte eine Synthese logischer und mathematischer Verfahren erreichen, womit er zentrale Ziele der modernen Logistik vorwegnahm.

Gottfried Wilhelm Leibniz (1646–1716)
➤ Glossar

Durch den Siegeszug der Philosophie Immanuel Kants und in der Folge des deutschen Idealismus geriet die formale Logik weitgehend in Vergessenheit, erkenntnistheoretische Fragen rückten ins Zentrum des philosophischen Interesses.

Moderne Logik

Die rasante Entwicklung der Erfahrungswissenschaften im ausgehenden 19. und 20. Jahrhundert beeinflusste auch die innerphilosophische Diskussion. Die verbreitete Ablehnung jeder *metaphysischen* Philosophie ließ das Interesse an Logik wieder zunehmen. Aufbauend auf den Arbeiten von Bernhard Bolzano und Gottlob Frege schrieben Alfred N. Whitehead und Bertrand Russell am Beginn des 20. Jahrhunderts gemeinsam die *Principia Mathematica*. Diese folgenreiche Arbeit war der Versuch, die Mathematik durch die Rückführung auf einfache logische Prinzipien philosophisch zu begründen.

Für diese neue mathematische Logik setzt sich zunehmend der Name Logistik durch. Die Philosophen des Wiener Kreises, Rudolf Carnap, Moritz Schlick, Victor Kraft und andere, sahen die Logistik als Basis einer gegen jede traditionelle Philosophie und Religion gerichteten antimetaphysischen wissenschaftlichen Weltanschauung. Allerdings konnte der österreichische Mathematiker Kurt Gödel schon 1931 nachweisen, dass der Anspruch der *Principia Mathematica* prinzipiell nicht eingelöst werden kann. Er konnte aufzeigen, dass in Systemen wie der Arithmetik nicht alle Aussagen formal bewiesen oder widerlegt werden können, denn „jedes hinreichend mächtige System ist entweder widersprüchlich oder unvollständig" (Unvollständigkeitssatz).

Ludwig Wittgenstein, dem Wiener Kreis nahestehend, führte dann die „Wahrheitstafel" ein, die seither zu jeder Standarddarstellung der Aussagenlogik gehört. In der Aussagenlogik werden ganze Sätze, Aussagen durch Zeichen formalisiert. Buchstaben wie p, q, r stehen also für ganze Sätze der Art „Heute ist schönes Wetter" und ähnliche. Geprüft werden sollen die möglichen Verbindungen zwischen einzelnen Aussagen und der Bedeutung für die dadurch entstehende Aussagenverknüpfung. Die Partikel, durch die Aussagen verknüpft werden, entsprechen ungefähr den aus der Alltagssprache bekannten Wörtern: und, oder, wenn – dann, entweder – oder, dann und nur dann, wenn. Eine Grundvoraussetzung der Aussagenlogik ist die, dass ich von einer Aussage feststellen kann, ob sie zutrifft oder nicht zutrifft, also wahr oder falsch ist. Wahr oder falsch, abgekürzt W und F, sind die so genannten Wahrheitswerte

Wahrheitstafel

p	q	$p \wedge q$
W	W	W
W	F	F
F	W	F
F	F	F

Konjunktion: Der Konjunktor entspricht etwa dem Wörtchen „und".

einer Aussage. Mit der Festlegung von Wahrheitswerten ist die Möglichkeit gegeben, Aussagenverbindungen auf ihre logische Struktur hin zu überprüfen und dies in einer Wahrheitstafel darzustellen. Das Schema auf S. 35 ist ein Beispiel für eine solche Wahrheitstafel. Was vorliegt, nennt man in der Logik eine Konjunktion. Eine Aussage der Art „Es schneit und es scheint der Mond" ist also nur wahr, wenn beide Teilaussagen auch wahr sind. Weiters gibt es noch die Disjunktion („oder", „oder auch"), die Exklusion (ausschließendes „oder") und die Kontrajunktion („entweder – oder").

Wittgenstein ist ferner Begründer der Analytischen Sprachphilosophie, die Logik als Mittel der Sprachanalyse einsetzt. Weiterentwickelt wurde die Logik vor allem in ihren Anwendungsmöglichkeiten für Naturwissenschaften, Informationstheorie und Kybernetik, die in hohem Maße auf den Errungenschaften der modernen Logik basieren.

1 Charakterisieren Sie den Unterschied zwischen Rhetorik und Logik.
2 Analysieren Sie, worin der enge Zusammenhang zwischen Logik und Mathematik bestehen könnte, der sich auch darin zeigt, dass bedeutende Logiker/innen zugleich Mathematiker/innen waren.
3 Diskutieren Sie, welche allgemeinen gesellschaftlichen, politischen, sozialen oder kulturellen Faktoren für den unterschiedlichen Stellenwert der Logik in verschiedenen Epochen verantwortlich sind.

Grundbegriffe und einfache logische Operationen

Traditionell handelt die Logik von den logischen Grundsätzen, den logischen Formen und den logischen Methoden.

Die logischen Grundsätze stellen die Prinzipien des logischen Denkens dar und sind bereits bei Aristoteles formuliert. Die logische Formenlehre umfasst Begriff, Urteil und Schluss. Die Methodenlehre behandelt die verschiedenen Arten, wie die logischen Schlussverfahren zur Gewinnung von Erkenntnis angewandt werden können.

Die logischen Grundsätze

Als „logische Grundsätze" bezeichnet man in der traditionellen Logik, die in ihren Grundzügen auf Aristoteles zurückgeht, jene Sätze, auf denen die Logik selbst aufbaut. Diese Sätze sind selbst weiter nicht begründbar, sie sollen nach Aristoteles evident, das heißt unmittelbar einleuchtend, sein.

Der Satz der Identität

Er gilt als fundamentaler logischer Grundsatz. In formalisierter Sprache lautet er: A = A. Er sagt also die Selbstidentität von A aus. Das heißt, etwas, das nicht mit sich selbst identisch ist, kann begrifflich nicht erfasst werden. Der Satz der Identität ist also das „Prinzip des Begriffs".

Der Satz vom Widerspruch

Demselben kann nicht zugleich Identität und Nicht-Identität zukommen. A kann nicht zugleich Nicht-A sein. Der Satz vom Widerspruch setzt also den Satz der Identität voraus, da sowohl für A als auch für Nicht-A die Selbstidentität gelten muss. Der Satz vom Widerspruch ist das „Prinzip des Urteils“. Einander widersprechende Aussagen, die sich auf dasselbe beziehen, müssen vermieden werden.

Der Satz vom ausgeschlossenen Dritten

Alles, was ist, ist entweder A oder Nicht-A. „Tertium non datur“ – „Ein Drittes gibt es nicht“. Im Alphabet zum Beispiel ist Nicht-A alle anderen Buchstaben außer A, also alle von B bis Z. Das bedeutet, dass das Nicht-A alle Buchstaben einschließt außer A.

Neben diesen drei Grundsätzen der aristotelischen Logik wurde von Leibniz ein weiteres Prinzip des Denkens formuliert und von seinem Schüler Christian Wolff in das System der traditionellen Logik integriert:

Der Satz vom zureichenden Grund

Alles muss seinen zureichenden, ihn völlig begründenden Grund haben. „Keine Aussage kann wahr sein, ohne dass ein zureichender Grund dafür vorhanden wäre, warum es gerade so und nicht anders ist“, schrieb Leibniz in seiner *Monadologie*. Der Satz vom Grund stellt so aber eigentlich keinen strengen logischen Grundsatz dar, sondern eher eine Interpretation der Wirklichkeit: Nichts geschieht unbegründet.

Die logischen Grundsätze sollen, da sie ja selbst nicht wieder ableitbar sind, unmittelbar evident sein. Ansonsten entstünde ein unendlicher Prozess, den die Philosophie als „regressus in infinitum“ bezeichnet. Ob es solche unmittelbar evidenten Sätze tatsächlich gibt, ist jedoch umstritten.

regressus in infinitum
➤ S. 29

Die logischen Formen

Der Begriff

Immer, wenn wir uns mit anderen unterhalten, sprechen wir über „etwas“. Das wollen wir den Inhalt des Gesprächs nennen. Die Sprache, die wir hierbei gebrauchen, bringt durch Worte und Sätze diese Inhalte zum Ausdruck; sie wird als Zeichensystem verwendet.

In diesem Zeichensystem begegnet uns das, was die Logik Begriff nennt, zunächst als Name. Namen können Substantiva sein (Anna, Haus), Pronomina (ich, du, er) oder substantivisch gebrauchte Adjektiva (der Gerechte). Der Begriff stellt immer einen in uns vorgestellten Inhalt dar. Er versucht das Wesen einer Sache auszudrücken, reduziert Komplexität und gibt an, was und wie etwas ist.

Die Forderung der Logik an den Begriff ist, dass er klar und deutlich sein soll. Dies ist erreicht, wenn er ausreichend bestimmt ist, von anderen Begriffen abgegrenzt wird. Der logische Begriff muss eindeutig sein. Wir haben als seine logische Struktur ja die Identität mit sich selbst bestimmt.

Die Logik unterscheidet verschiedene Typen von Begriffen:

- Individualbegriffe, z. B. Eigennamen: Peter
- Allgemeinbegriffe, z. B. Gattungsnamen: Haus
- mathematische oder formalisierte Begriffe, z. B. Ebene, Punkt, Kreis: Sie symbolisieren Vorstellungen vollkommener Formen; in dieser Idealität kommen sie real nicht vor; solche von empirischer Erfahrung unabhängige Begriffe nennt die Logik auch apriorische Begriffe.
- Konstrukte, d. h. Begriffe, die als Erklärungsgrundlage dienen, z. B.: Ursache
- logische Partikel, Junktoren, d. h. Verbindungswörter, z. B.: und, oder.

Begriffsverhältnisse

Zwischen Begriffen können nach den Grundsätzen der Identität und Nichtidentität logische Beziehungen formuliert werden. So ist z. B. der Individualbegriff „Sokrates" dem Artbegriff „Mensch" untergeordnet, dieser wieder dem Gattungsbegriff „Körper". – Es können fünf logische Verhältnisse festgehalten und unterschieden werden:

- Unterordnung (Subordination), z. B. Pflanzen sind Lebewesen.
- Überordnung (Superordination), z. B. Lebewesen sind Pflanzen.
- Nebenordnung (Koordination), z. B. Pflanzen sind keine Tiere.
- Gleichheit (Äquivalenz), z. B. Menschen sind vernunftbegabte Lebewesen.
- Überschneidung, z. B. Einige Schülerinnen sind Wienerinnen.

Das Urteil

Begriffe sind als Sinnträger bestimmter Inhalte die Bausteine für Aussagen. Eine Aussage entsteht, sobald gesagt wird, was etwas ist, sobald über einen Begriffsinhalt geurteilt wird, z. B. „Dieses Haus ist rechteckig". Sprachlich formulieren wir also Urteile in der Form des Satzes. Urteil und Aussage werden in der Logik gleichbedeutend (synonym) verwendet.

Sobald wir einen Begriff definieren, führt das zur Aussage. Die einfache oder Elementaraussage „Dieses Haus ist rechteckig" ist dabei aufgliederbar: Sie besteht aus dem Subjektsbegriff (dieses Haus), dem Prädikatsbegriff (rechteckig) und der Kopula (ist).

Kopula (lat. für Band): verbindet das Subjekt mit dem Prädikat

Schon die antike Logik ging den Schritt zur Formalisierung von Begriffen und Aussagen. Wichtig ist dabei nicht nur, dass bestimmte Ausdrücke wie „Mensch" oder auch ganze Aussagen durch Buchstaben ersetzt werden, sondern dass Folgerungen und Beziehungen zwischen Aussagen untersucht werden, unabhängig von der Bedeutung der einzelnen Begriffe und Wörter. In der formalen Logik geben die Zeichen A, B … Leerstellen für beliebige Begriffe an. Man nennt sie „Variable" im Unterschied zu Symbolen für ganz bestimmte Begriffe, den „Konstanten".

Immanuel Kant unterschied Urteile nach der Qualität, Quantität, Relation und Modalität:

- Qualität: Danach gibt es bejahende (affirmative, positive) und verneinende (negative) Urteile.
- Quantität: Es kann von „allen", „einigen" oder „diesem" die Rede sein, d. h. es gibt universelle, partikuläre und individuelle Urteile.

- Relation: Nach der Relation werden kategorische, hypothetische und disjunktive Urteile unterschieden.
  Das kategorische Urteil hat die Form der Behauptung (Die Erde ist rund).
  Das hypothetische Urteil oder der Bedingungssatz besteht aus zwei Sätzen, die durch ein „wenn – dann" verbunden sind (Wenn es schneit, dann werde ich Ski fahren gehen).
  Das disjunktive Urteil verknüpft zwei Sätze durch „entweder – oder" (Entweder ich gehe ins Kino oder ich bleibe zu Hause).
- Modalität: Danach werden Urteile in assertorische, problematische und apodiktische unterteilt:
  Das assertorische Urteil besagt die Wirklichkeit (Das ist Anja).
  Das problematische Urteil besagt die Möglichkeit (Das kann Anja sein).
  Das apodiktische Urteil besagt die Notwendigkeit (Das kann nur Anja sein).

Der Schluss

Im logischen Schluss wird ein Urteil aus einem oder zwei Urteilen (so genannten Prämissen) gefolgert und damit begründet. Im Schluss wird also ein Begründungszusammenhang zwischen Urteilen hergestellt. Er ist die Anwendungsform des Satzes vom zureichenden Grund. Ein Schluss mit nur einem Vordersatz (Prämisse) ist ein unmittelbarer Schluss. Ein Schluss aus zwei Vordersätzen (Ober-, Untersatz) gilt als mittelbarer Schluss.

Prämisse: lat. praemissum – das Vorausgeschickte

Syllogistik

In der aristotelischen Logik steht die Lehre vom richtigen Schließen im Zentrum der Erörterung: die Syllogistik. Ein Syllogismus ist bei Aristoteles ein Schluss, der aus zwei kategorischen Urteilen als Prämissen und dem Schlusssatz, der Konklusion, besteht. Es werden nur drei Begriffe verwendet: Subjektsbegriff (S), Mittelbegriff (M), Prädikatsbegriff (P). Der Mittelbegriff muss beiden Prämissen gemeinsam sein. Ein berühmtes Beispiel des Aristoteles lautet:

Alle Menschen sind sterblich.
Alle Griechen sind Menschen.
Alle Griechen sind sterblich.

Entscheidend ist die Entdeckung des Aristoteles, dass ein Schluss auch dann formal korrekt ist, wenn der Inhalt der beiden Prämissen falsch ist. Es wird ja nicht behauptet, dass sie stimmen, sondern nur, dass, wenn sie wahr sind, auch der Schlusssatz wahr sein muss. Aus: „Alle Menschen sind unsterblich" und „Die Österreicher/innen sind Menschen" folgt korrekt: „Die Österreicher/innen sind unsterblich".

Die Methodenlehre

Die traditionelle Methodenlehre untersucht die Frage, wie man mithilfe der logischen Schlussverfahren Erkenntnis gewinnen kann. Als klassische Methoden gelten die Deduktion, die Induktion und die Reduktion.

Die Deduktion

Der deduktive Schluss erfolgt *vom Allgemeinen aufs Besondere, Einzelne*. Wenn etwas für eine ganze Gattung gilt, dann gilt es auch für jedes Individuum der Gattung.

Ein streng deduktiver Schluss wäre also: „Alle Menschen sind sterblich. Sokrates ist ein Mensch. Also ist Sokrates sterblich."

Die Deduktion genügt als einzige Schlussmethode strengen logischen Maßstäben – aber sie liefert keine neuen Erkenntnisse, die nicht in den Prämissen schon enthalten wären. Sie ist also tautologisch, die Wiederholung eines schon Gesagten.

Die Induktion

Das induktive Schließen folgert *vom Einzelnen aufs Allgemeine*. Das ist aber logisch nicht zulässig, denn der Schlusssatz darf keinen größeren Umfang haben als die Prämissen. Die einzige Ausnahme bildet die vollständige Induktion. Sie ist gegeben, wenn alles Besondere in den Prämissen enthalten ist, von denen auch das Allgemeine aussagt; mit anderen Worten: wenn in den Prämissen alle Elemente aufgezählt sind, aus denen eine Menge oder Klasse besteht, von der der Schlusssatz eine allgemeine Aussage macht. Ein Beispiel für eine vollständige Induktion wäre etwa die mathematische vollständige Induktion im Bereich der natürlichen Zahlen. Man beweist z. B. die Gültigkeit von $A(n)$ für $n = 1$ oder $n1$ und dann die Korrektheit des Schlusses von n auf $n + 1$. Dann gilt die Aussage für alle n beziehungsweise ab $n = n1$. Im Alltag und in den Realwissenschaften wird aber meist mit der unvollständigen Induktion gearbeitet.

Die Reduktion

Auch die Reduktion stellt eine in der alltäglichen Problembewältigung und in den Wissenschaften gewohnte Art des Schließens dar, die aber ebenfalls nicht streng logisch ist. Es wird dabei von einer Folge auf eine Ursache zurückgeschlossen.

Die Reduktion hat die logische Form: Wenn A, dann B; nun gilt B. Also gilt auch A. Zum Beispiel: „Schlecht gelaunte Lehrer/innen geben schlechte Noten. Ich habe eine schlechte Note. Also war der/die Lehrer/in schlecht gelaunt."

Denkanstöße

1. Analysieren Sie, wie sich die psychologischen Phänomene der Ambivalenz (z. B. von Liebe und Hass) mit den logischen Sätzen der Identität bzw. des Widerspruchs vereinbaren lassen könnten.
2. Diskutieren Sie die häufig geäußerte Auffassung, dass das logisch-abstrakte Denken typisch männlich, das weibliche Denken hingegen anschaulich-kreativ sei.
3. Bestimmen Sie mögliche Zusammenhänge zwischen der alltäglichen Anwendung von Induktionsschlüssen und der Entstehung von Vorurteilen.

Problematisches: Möglichkeiten und Grenzen der Formalisierung des Denkens

Wir haben gesehen, dass am Anfang der abendländischen Entwicklung der Logik die philosophischen Absichten von Platon und Aristoteles standen, in den Auseinandersetzungen mit den Sophisten und deren Redekunst Kriterien für Wahrheit und begründetes Wissen zu formulieren. Dabei galt zunächst noch eine ontologische Auffassung von Logik, d. h. man nahm an, dass die aufgefundenen Denkstrukturen zugleich auch Strukturen der Wirklichkeit seien.

Sophistik ➤ Glossar

Die weitere Entwicklung der Logik war durch eine zunehmende Formalisierung gekennzeichnet. Die moderne Logistik versteht sich als Lehre von einem Logikkalkül. Unter einem Kalkül versteht man dabei ein System von Zeichen mit den dazugehörigen Operationsregeln. Jedes einfache Brettspiel ist seiner Grundstruktur nach ein Kalkül. Ein idealer formaler Kalkül sollte zwei Bedingungen erfüllen: Widerspruchsfreiheit und Vollständigkeit. Jeder Satz solch eines Kalküls sollte mit den Regeln des Kalküls eindeutig beweisbar oder widerlegbar sein. Der österreichische Mathematiker Kurt Gödel (1906–1978) konnte allerdings zeigen, dass es solche idealen Kalküle nicht geben kann: Es gibt immer unentscheidbare Sätze innerhalb eines Systems. Damit ist der Formalisierbarkeit eine definitive Grenze gesetzt.

beweisbar ➤ Glossar

Entstand also das Zeichensystem der Logik ursprünglich aus einem Bemühen um die Präzisierung der Umgangssprache, so hat die weitere Entwicklung dazu geführt, dass Logik ähnlich wie Mathematik als reine Formalwissenschaft willkürlich Zeichen, Regeln und Strukturen annahm.

Die Frage der Stellung der Logik zur Wirklichkeit spiegelt sich im seit der Antike dauernden Streit um die Stellung der Logik zur Philosophie wider. Aristoteles sah die Logik als „organon“, d. h. als „Werkzeug“. Die Schulung im strengen Denken sollte den Philosophen das nötige Rüstzeug zur Lösung ihrer Probleme geben. Die Schule der Stoa sah die Logik hingegen als integralen Bestandteil der Philosophie, ihre ontologische Auffassung ließ sie an einen direkten Zugriff auf Wirklichkeit über den Weg der logischen Analyse glauben.

Es stellt sich also grundsätzlich die Frage nach dem Beitrag der Logik zur Philosophie. Eine entscheidende Differenz zwischen logischen und philosophischen Aussagen liegt wohl darin, dass formale Logik analytische Argumente liefert, während philosophische Argumentation weitgehend substanzielle Aussagen zu machen versucht. Im Unterschied zum Rückzug der Logik auf das Formale insistiert Philosophie also auf ihrem inhaltlichen Anspruch, Aussagen über Wirklichkeit zu machen.

Argumentationstheorie

Im Folgenden wollen wir an einigen Beispielen zeigen, inwiefern Logik für philosophisches Argumentieren fruchtbar gemacht wird. Als Wissenschaft verpflichtet sich die Philosophie zu argumentieren und versucht, Begründungen oder Widerlegungen zu finden, die einem Anspruch auf Plausibilität und intersubjektive Gültigkeit Folge leisten. Argumente sind zielgerichtet – mit Argumenten versuchen wir in Diskussionen unser Gegenüber von einer These, Meinung oder Aufforderung zu überzeugen. Ein Argument ist also eine Folge von Aussagesätzen, wobei ein Teil dieser Sätze (die Prämissen) einen Teil der Folge (Konklusion) auf die Weise stützen, dass es rational ist, die Konklusion für wahr zu halten. Dabei wird die Logik als Werkzeug verwendet, um die Gültigkeit von Argumenten und ihre Tragfähigkeit zu überprüfen. Sie hilft uns zu entscheiden, ob eine Konklusion tatsächlich aus den Prämissen folgt und ob die in einer Diskussion aufgestellten Thesen wirklich von Argumenten gestützt werden, oder ob vielleicht ein Fehlschluss vorliegt. Die jeweils eigenen Argumente sollten natürlich auch dieser Überprüfung unterzogen werden! Doch es gibt viele Argumente, die nicht einfach auf die normierten Schlussformen der Logik reduziert werden können. Neben den schlichten logischen Fehlern, wie etwa der Verwendung nicht-schlüssiger Sätze, unzulässiger Umkehrschlüsse, Verwechslung gültiger mit ungültigen Schlussformen existieren eine Anzahl häufig vorkommender Argumentationsfehler, die nicht nur in philosophischen Debatten vermieden werden sollten:

Bloße Behauptung

Wird eine These oder eine Position bloß behauptet, ohne dass dafür tragfähige Begründungen geliefert werden, kann man nicht von einer Argumentation sprechen. Um jemanden von einer These zu überzeugen, müssen Gründe angegeben werden, die ihrerseits auf ihre Schlüssigkeit und Folgerichtigkeit überprüft werden können.

Äquivokation (Gleichbenennung)

Wenn Begriffe in einem Argument in unterschiedlichen Bedeutungen verwendet werden, also das Prinzip der Identität verletzt wird, sind Missverständnisse vorprogrammiert. Ein Beispiel: „Umweltverschmutzer sind Schweine. Schweine suhlen sich gerne im Schlamm. Also suhlen sich Umweltverschmutzer gerne im Schlamm". Der Begriff „Schwein" wird hier in zwei unterschiedlichen Bedeutungen gebraucht: Einmal als Schimpfwort, das andere Mal als Bezeichnung für ein Tier mit einer Vorliebe für Schlamm.

Das Enthymem

Bei diesem Argumentationsfehler werden entweder Prämissen oder die Folgerung nur im Geist (en thymo) ausgesprochen. Dieser Fehler passiert im Alltag sehr häufig, unter anderem auch, weil bestimmte Kenntnisse oder Ansichten als bekannt vorausgesetzt werden und es aufwendig ist, jeden einzelnen Gedankenschritt auszusprechen. „Sokrates ist sterblich" ist eine enthymematische Argumentation, weil die Prämissen „Sokrates ist ein Mensch" und „Menschen sind sterblich" nicht erwähnt wurden. Werden die fehlenden Prämissen nachgebracht, so ist die Argumentation korrekt, können sie jedoch nicht nachgeliefert werden, liegt die Vermutung nahe, dass es sich um eine bloße Behauptung handelt.

Petitio principii (Zirkel)

Das, was bewiesen werden soll, wird stillschweigend vorausgesetzt, d. h. die Konklusion wird im Verlauf der Argumentation als Prämisse verwendet. Man will beispielsweise jemanden davon überzeugen, an Gott zu glauben, und führt als Beweisgrund die Aufforderung der Bibel an, an Gott zu glauben. Diese Beweisführung wird jemanden, der an Gott zweifelt, nicht gerade umstimmen – denn für ihn wird auch die Bibel nicht die gewünschte Überzeugungskraft haben.

absurd ➤ Glossar

Reductio ad absurdum (Zurückführung auf Sinnloses)

Eine Behauptung wird durch den Nachweis widerlegt, dass in ihr eine Unsinnigkeit, ein logischer Widerspruch enthalten ist, dass die Annahme ihrer Gültigkeit zu einem Widerspruch mit gesicherten Thesen führt. Schon in Platons Dialog *Theätet* hat Sokrates eine solche geführt. Sokrates zeigt, dass die Behauptung des Protagoras, der (einzelne) Mensch sei das Maß aller Dinge, nicht stimmen kann, weil seine Wahrheit bedeute, dass jeder Mensch das Maß aller Dinge und damit auch das Maß von Wahrheit oder Unwahrheit dieses Satzes sei, was dem allgemeinen Wahrheitsanspruch dieses Satzes aber widerspreche.

Argumentum ad hominem

Um die Wahrheit/Falschheit einer These zu stützen, wird nicht die These selbst, sondern der/die Verfechter/in der These angegriffen oder aber immunisiert. Die Person als Urheber/in der These wird herabgesetzt oder ihre Autorität als über jeden Zweifel erhaben dargestellt. Allerdings gilt es zu bedenken, dass Urteile über die Reputation von Diskutant/innen durchaus wichtig für die Einschätzung ihrer Glaubwürdigkeit sind.

Reputation: Ruf, Ansehen

Argumentum ad populum

Argumente, die nicht durch Inhalte, sondern durch die Anzahl ihrer Befürworter/innen gestützt werden sollen, sind ein Sonderfall des ad-hominem-Arguments: Bloß weil die Mehrheit eine bestimmte These vertritt, ist die Schlüssigkeit der These noch nicht bewiesen.

Argumentum ad misericordiam

misericordia (lat.): Mitleid

Hier werden Prämissen angeführt, die Mitleid oder Sympathie für bestimmte Menschen/Personengruppen erzeugen, damit in der Konklusion die These glaubwürdiger wird. Eine Strafverteidigerin, die den Angeklagten in einer mitleiderregenden Art und Weise darstellt, um ein mildes Urteil zu erlangen, wird auf diesem Weg die Unschuld ihres Mandanten nicht beweisen können. Das Mitleidsargument tritt aber auch in anderen Formen auf: Wenn etwa Politiker/innen sich auf den einfachen „Mann von der Straße" berufen, um ihre Forderungen zu stützen, unterstellen sie, dass der „einfache Mann" ein besonderer Wahrheitsgarant ist.

Argumentum ad ignorantiam

Die fälschliche Annahme, dass eine Behauptung wahr ist, weil sie in der Diskussion von der Gegenseite nicht widerlegt werden kann oder aber, dass sie falsch ist, weil sie nicht bewiesen werden kann. Zwar können die Unkenntnis von Tatsachen oder das Fehlen von Beweisen eine Debatte erschweren oder sogar zum Stillstand bringen, aber daraus leitet sich noch nicht ab, dass eine These dadurch gültig oder ungültig ist.

Tu quoque (Bumerang)

tu quoque (lat.): wörtl.: du auch

Ein Angriff oder Vorwurf der Gegenseite soll entkräftet werden, indem darauf hingewiesen wird, dass man genau denselben Vorwurf der Gegenseite auch machen könnte. Wer X tut, hat kein Recht, einem anderen X vorzuwerfen – und damit glaubt man, den Vorwurf zu entkräften. Allerdings wird über die sachliche Richtigkeit eines Vorwurfs damit noch nichts ausgesagt: Nur weil jemand vielleicht moralisch nicht berechtigt ist, eine Anschuldigung zu erheben, folgt daraus noch nicht die Falschheit dieser Anschuldigung.

Denkanstöße

1 Beziehen Sie Stellung in der Diskussion um eine ontologische und eine formalistische Interpretation der Logik.

2 Suchen Sie weitere Beispiele von Argumentationsmustern, auf die sich die beschriebenen Argumentationsfehler anwenden lassen.

3 Definieren Sie Grenzen für eine sinnvolle Anwendung logischer Kriterien. Begründen Sie, ob der Nachweis von Widersprüchen zum Beispiel bei der Beurteilung von künstlerischen Arbeiten ein entscheidendes Kriterium darstellt.

1.5. Herren und Knechte – Ideologiekritik und Geschichtsbilder

Annäherung

> Es kommt oft weniger darauf an, Detailwissen zu vermitteln, als die Methoden zu lehren, die es dem Einzelnen ermöglichen, sich ein selbstständiges Urteil zu bilden und damit auch Strategien der Immunisierung, der Verdunkelung, Vernebelung und Verklärung, also: dogmatische Verfahrensweisen, zu durchschauen.
>
> Hans Albert

Trugbilder und Vorurteile

Welche Denkbilder und Denkmuster, Auffassungen und Weltanschauungen prägen unser alltägliches Bewusstsein, ohne dass wir sie kritisch infrage stellen? – Der Begriff Ideologie benennt in unserer Alltagssprache die Ideengebäude und Wertungssysteme einer Gesellschaft, deren Grundlagen im Verborgenen liegen und die meist mit einem Anspruch auf Geltung, Wahrheit und Verbindlichkeit verbunden sind. Ideologie wird in unterschiedlichen Bedeutungen verwendet: Mit Ideologie kann fortschrittliches Gedankengut bezeichnet werden, ebenso wie in einer negativen Bedeutung die Haltungen politischer oder weltanschaulicher Widersacher/innen als dogmatisch, irrational oder unredlich ausgewiesen werden können. Der Ansatz der Ideologiekritik geht jedoch von einem negativ bestimmten Ideologiebegriff aus. Ideologien werden als Ideensysteme begriffen, die politische und ökonomische Herrschaftsinteressen verbergen und unbewusste und bewusste Elemente der Täuschung enthalten. Aufgabe der Ideologiekritik ist es demnach, ideologische Verschleierungen freizulegen und den Blick für die dahinter liegenden Motive und Interessen zu schärfen. Dies setzt natürlich voraus, dass eine ungetrübte Wahrnehmung gesellschaftlicher Realitäten prinzipiell möglich ist. Durch eine Analyse der theoretischen Annahmen, die einer ideologischen Richtung zugrunde liegen, und das Aufdecken der Motive und Ziele, die mithilfe einer Ideologie verfolgt werden, können ideologische Gedankengebäude identifiziert und kritisiert werden. Dem deutschen Philosophen Hans Albert entsprechend soll sich die Ideologiekritik besonders denjenigen Vorurteilen widmen, die sozial und politisch besonders wirksam sind und kritischen Einwänden nicht länger standhalten können.

Historisch entwickelt hat sich der Ideologiebegriff in der Übergangszeit des Mittelalters zur Neuzeit, als sich die Wissenschaften allmählich von den kirchlichen Autoritäten emanzipierten. Als Urheber des Terminus Ideologie gilt der französische Aufklärungsphilosoph Destutt de Tracy. In seiner Schrift *Les éléments de l'idéologie* versuchte er, die Entstehung und Entwicklung der menschlichen Vorstellungen (Ideen) mit naturwissenschaftlichen Methoden, also losgelöst von religiösen und mythologischen Vorstellungen, nachzuvollziehen. Destutt de Tracy gehörte einer Gruppe von Wissenschaftlern, den so genanten Ideologen an, die mit ihrer Wissenschaft von den Ideen die Aufklärung durch Bildung voranzutreiben suchten. Ziel war, die Menschen von falschen Vorstellungen zu befreien und damit Platz für naturwissenschaftlichen

Erkenntnisfortschritt zu machen, der sich direkt auf die praktische Lebensführung der Menschen auswirken sollte. Dieses gesellschaftspolitische Ansinnen durchkreuzte der französische Kaiser Napoleon I., dessen Machterhalt auch von den kirchlichen Würdenträgern abhängig war, weshalb er die kirchenkritischen Ideologen als unrealistische Idealisten abwertete und zu Staatsfeinden erklärte. Er war es, der dem Terminus Ideologie – von seinen Vertretern durchaus positiv im Sinne einer fortschrittlichen Wissenschaft verstanden – seine bis heute bestehende negative Bedeutung verlieh. Die Ideologen wurden also selber Opfer einer ideologischen Debatte.

➤ Text S. 80 f.
Trugbilder

Der eigentliche Wegbereiter der Ideologen war jedoch Francis Bacon. Er beschrieb im *Novum Organum* (1620) die Idole (Bilder, Trugbilder, Götzenbilder) als vernunfthemmende Vorurteile, Hindernisse, verfälschte Vorstellungen, die den menschlichen Verstand besetzen und Erkenntnis behindern. Bacon unterschied vier verschiedene Quellen, aus denen die Idole, Trugbilder des Geistes, stammen können:

- Idola tribus (Trugbilder des Stammes): Damit sind Irrtümer gemeint, die in der Natur des Menschen liegen, und eine anthropologische Konstante darstellen. Menschen neigen dazu, das zu denken, was ihren Interessen am meisten entspricht. Der menschliche Verstand ist nicht das Maß der Dinge, seine Auffassungen folgen vielmehr seiner Natur.
- Idola specus (Trugbilder der Höhle): Diese Trugbilder bezeichnen die jeweils persönlichen Vorurteile eines Menschen, seine individuellen Eigenarten, seine spezifischen Erfahrungen und Versäumnisse, die in seiner speziellen Perspektive (aus seiner eigenen Höhle) begründet sind.
- Idola fori (Trugbilder des Marktes): Damit bezeichnet Bacon jene Trugbilder, die infolge fehlerhafter zwischenmenschlicher Kommunikation zu Missverständnissen und Verwirrungen führen. Hauptgrund dafür ist das Unvermögen der Sprache: Durch unklare Bezeichnungen, schlechte Definitionen wird der Verstand in die Irre geleitet oder es werden Worte für nicht existierende Dinge erfunden.
- Idola theatri (Trugbilder des Theaters): Hier sind die überlieferten philosophischen Systeme gemeint, die traditionelle Theoriegebäude aufrechterhalten und an eine Theaterwelt erinnern können. Hypothesen werden einfach übernommen, Beweismethoden falsch angewendet.

Definition ➤ Glossar

Bacon begreift den menschlichen Verstand also nicht als unhintergehbares Erkenntnismedium, sondern konstatiert eine Durchdringung des Geistes durch Trugbilder. Gründe dafür sind nach Bacon die Beeinflussung des Verstandes durch die Gefühle – Menschen glauben, was sie glauben möchten – und soziale Einflussfaktoren durch Erziehung und Gesellschaft. Erst wenn die Idole erkannt und bekämpft werden, ist der Weg für eine erneuerte Wissenschaft frei, die den Menschen vor allem durch naturwissenschaftliche Methoden neue Erkenntnisse und Entdeckungen bringen soll.

Vorurteile

Während Bacons Idola-Begriff noch stark erkenntnistheoretisch akzentuiert war, wurde in der französischen Aufklärung der gesellschaftliche und politische Aspekt der vernunfthemmenden Trugbilder stärker betont. Voltaire prägte den Begriff der „préjugés" – der „Vorurteile", die er in seinem *Dictionnaire philosophique* (1764) als „Meinung ohne vernünftige Beurteilung" beschrieb. Vorurteile wären demnach Meinungen, die einfach übernommen und weitergegeben werden, ohne dass sie vernünftig geprüft und einer Beurteilung unterzogen werden. Neben einfachen Sinnestäuschungen, falschen Hypothesen über Naturgesetze (etwa dass Aale Lähmungen heilen), historischen Vorurteilen (die Geschichte von Romulus und Remus) sind es für Voltaire die religiösen Vorurteile, die fatale Auswirkungen auf das gesellschaftliche Leben haben. Die religiösen Vorurteile werden den Menschen schon in der Kindheit eingeprägt und später institutionell gefestigt, ihre starke Verbreitung macht es dem Einzelnen besonders schwer, sich von ihnen zu lösen. In der Hoffnung auf einen Triumph der Vernunft richtet sich Voltaire folglich vehement gegen die Vormachtstellung der Kirche.

Voltaire (1694–1778), Porträt von Nicolas de Largillière ➤ Glossar

Denkanstöße

1 Hume formulierte, dass „alle Theorien, die von unseren Wünschen begünstigt werden, verdächtig sind." Auch Bacon setzte den menschlichen Verstand dem Verdacht aus, durch Gefühle und Neigungen getrübt zu werden. Finden Sie aktuelle Beispiele für das Konzept der „idola".

2 Vorurteile: Überprüfen Sie, welche Gedankengänge und Meinungen Sie selbst einfach übernommen haben. Problematisieren Sie, ob diese Übernahme begründet war bzw. gerechtfertigt werden könnte.

Falsches Bewusstsein und historischer Fortschritt

Eine besondere Stellung hat das Phänomen Ideologie bei Karl Marx und Friedrich Engels, die die politische Dimension von Ideologien aufdeckten. In ihrer Schrift *Die deutsche Ideologie* (1845/46) konzipierten sie Ideologie als ein „notwendiges falsches Bewusstsein", das die Individuen über ihre Lebensverhältnisse täuscht: Da die Produktionsprozesse und die Gesetze des Marktes aufgrund ihrer Perpetuierung den Menschen als unveränderbare Naturgesetze erscheinen, werden die dahinter stehenden gesellschaftlichen Machtverhältnisse verschleiert und die Macht der Privilegierten wird aufrechterhalten. Kann die Nebelwand der Ideologie durchdrungen werden, können die gesellschaftlichen Verhältnisse durchschaut und ein „wahres Bewusstsein" entwickelt werden. Dieser Fortschrittsoptimismus war im Wesentlichen durchdrungen von einem Vertrauen in die technischen Entwicklungsfähigkeiten des Menschen.

Karl Marx (1818–1883) ➤ Glossar

perpetuieren: ständig fortdauern

Basis und Überbau

Nach Marx und Engels wird das Bewusstsein nicht von der ungetrübten Vernunft bestimmt, sondern vom gesellschaftlichen Leben und den politischen, ökonomischen und sozialen Bedingungen, unter denen die Menschen aufwachsen und leben. Jede Gesellschaft, so Marx, ist bestimmt durch ihre „materielle Basis": die Art und Weise, wie die Produktionsmittel verteilt sind; in welchen rechtlichen und politischen Verhältnissen Güter produziert werden, welche Arbeitskräfte, Werkzeuge, Maschinen vorhanden sind; wie die Reichtümer verteilt werden; wer das Eigentum und die Verfügungsgewalt über die Produktionsmittel besitzt. Über diese materielle Basis einer Gesellschaft erhebt sich nach Marx ein geistiger Überbau: Religion, Wissenschaft, Kunst, auch die politischen und Rechts-Verhältnisse. Der geistige Überbau ist dabei von der Basis abhängig, in ihm kehren die grundlegenden Fragen des ökonomischen und sozialen Lebens in verschlüsselter Form wieder. Philosophische Ideen, wissenschaftliche und kulturelle Leistungen sind nicht Ausdruck genialer Einzelmenschen, sondern eine Form geistiger Reflexe der sozialen und wirtschaftlichen Verhältnisse. Widersprüche in der ökonomischen Basis der Gesellschaft, vor allem zwischen starren Produktionsverhältnissen und dynamischen Produktivkräften, führen so einerseits zu sozialen Konflikten, die Marx als Klassenkämpfe bezeichnete, und werden andererseits in Kultur, Wissenschaft, Politik, dem geistigen Überbau, widergespiegelt.

Denkanstöße

1 Sowohl Bacon als auch Marx und Engels vertraten die Auffassung, dass durch das Freilegen von Ideengebäuden ein Fortschritt zu erzielen wäre. Untersuchen Sie, ob dieses Fortschrittskonzept nicht selbst als Ideologie kritisiert werden könnte. Diskutieren Sie Ihre Position in der Gruppe.

2 Materielle Basis – geistiger Überbau: Skizzieren Sie, ob bzw. inwieweit ökonomische Verhältnisse das Denken bestimmen oder determinieren. Erklären Sie Ihre Position anhand von Beispielen und Gegenbeispielen, auch aus dem Alltagsleben.

Leerformeln

Ernst Topitsch (1919–2003) ➤ *Glossar*

➤ Text S. 81 f.

Für den österreichischen Philosophen und Soziologen Ernst Topitsch, der wissenschaftlichen Weltauffassung des Wiener Kreises verbunden, setzt die Kritik ideologischen Denkens eine Pluralität rivalisierender Weltbilder voraus. Diese Bedingungen existieren seit dem neuzeitlichen Europa, als sich mit der Wechselwirkung von Wissenschaft und Technik auch die Lebensverhältnisse und somit Weltbild und Selbstverständnis der Menschen änderten. Doch damit ist noch keine Befreiung von ideologischen Gedankengebäuden erreicht: Topitsch kritisierte insbesondere die Weltauffassung des Kommunismus und setzte sie dem Vorwurf der Ideologiehaftigkeit aus. Doch auch das philosophische Denken ist seiner Kritik ausgesetzt: Zu lange war die Philosophie damit beschäftigt Trost und Kompensation für die Menschen bereitzustellen, wodurch sie zur Stabilisierung bestehender Gesellschaftsordnungen beigetragen habe.

Ideologien neigen dazu, weltanschauliche Konstruktionen als wissenschaftliche Ergebnisse auszugeben, mit deren Hilfe unterschiedliche, sogar widersprüchliche Inhalte „bewiesen" werden können. Weltanschauungen, die sich auf Begriffe wie einen natürlichen Plan, die Natur des Menschen, die weltgeschichtliche Entwicklung oder die Vorsehung berufen, argumentieren zirkulär, da sie den Begriff zunächst mit den gewünschten moralisch-politischen Normen aufladen und danach diese Normen daraus ableiten. Auch die marxistische Lehre des Klassenkampfs enthielt nach Topitsch Elemente, die sich auf eine geschichtliche Entwicklung, auf unaufhebbare Gesetze berufen.

Eine besondere Bedeutung kommt hier der Sprache zu, die den Menschen bestimmte Vorstellungsformen und Denkbilder aufdrängt. Die Sprache enthält implizite Wertungssysteme, die den Menschen nicht bewusst werden, weil in der Sprache Werturteile als Tatsachenaussagen erscheinen. So hat der Satz „Der Mord ist

implizit: mitgemeint, mitenthalten

verbrecherisch" die gleiche Form wie „Der Rubin ist rot", was dazu führt, dass auch Werturteile, die in politischen oder moralischen Diskussionen gebraucht werden, als Tatsachenaussagen verstanden werden. Topitsch prägte mit dem Begriff der „Leerformel" ein brauchbares Instrument zur Auffindung von inhaltslosen Schlagwörtern und Denkformen, die in ideologischen Diskussionen genutzt werden. „Leerformeln" können nach Topitsch gerade aufgrund ihrer Inhaltslosigkeit von den verschiedensten Ideologien dienstbar gemacht werden. Als immer wiederkehrende, gleichbleibende Phrasen erwecken sie den Anschein von Prinzipientreue und können dennoch bei konkreten Entscheidungen mit jedem gewünschten Inhalt vereinbart werden.

Denkanstöße

1 Nennen Sie Propagandaphrasen und Schlagwörter, die Ihnen geläufig sind, vor allem aus dem Bereich der Politik. Finden Sie Beispiele aus Gegenwart und Vergangenheit.

2 Wie werden Leerformeln in der Werbung eingesetzt? Finden und analysieren Sie ein konkretes Beispiel.

Geschichtsbilder und Geschichtsmächtigkeit

Denkt man daran, wie oft politische, militärische und kulturelle Aktivitäten mit dem Hinweis auf eine historische Mission, auf eine geschichtliche Notwendigkeit, auf eine historische Gesetzmäßigkeit eingeleitet oder legitimiert wurden, wird klar, dass die Auffassung von Geschichte zum Motiv für Handlungen von Einzelpersonen oder Gruppen werden kann. So können politische Vorhaben als historische Erfordernisse gedeutet werden, wobei eine bestimmte Geschichtsauffassung als Transportmittel ideologischer Gedankengebäude benutzt wird. Wenn in diesen Zusammenhängen Geschichte die Bedeutung von einem Ereignisablauf gewinnt, den der Mensch kaum zu beeinflussen vermag, steckt hinter dieser Ansicht schon eine ganz bestimmte Auffassung von der Geschichte und ihren Gesetzmäßigkeiten, also eine bestimmte Geschichtsphilosophie.

Geschehen und Bericht

Was kann nun aber unter Geschichte verstanden werden? Zumindest zweierlei: das Geschehen selbst, aber auch der Bericht, die Erforschung dieser Ereignisse. Geschichte ist jedoch nie die Summe aller Ereignisse in ihrer zeitlichen Abfolge. Jeder Versuch, Geschichte darzustellen oder zu deuten, steht von allem Anfang vor dem Problem, die zur Verfügung stehenden Fakten nicht nur quellenkritisch, durch Dokumente oder übereinstimmende Berichte abzusichern, sondern sie auszuwählen und zu gewichten.

Die Frage, welche Handlungen oder Ereignisse dabei „historisch" genannt werden können, wurde wiederum unterschiedlich beantwortet. Galt bis ins 19. Jahrhundert, dass vor allem militärische und politische Ereignisse den Geschichtsprozess ausmachen, so wurde seitdem das Augenmerk vor allem auf die ökonomischen und sozialen Strukturen des Zusammenlebens gelenkt. Je nachdem, welcher dieser Gesichtspunkte im Vordergrund steht, wird das Ergebnis die Darstellung einer Ereignis- oder Strukturgeschichte sein. Gegenwärtig tendieren viele Historiker zu einer Strukturgeschichte, die auch das Alltagsleben der Menschen miteinbezieht. Dahinter steht zweifellos die Einsicht, dass Strukturen langfristig gesehen das Leben der Menschen mehr bestimmen und stärker verändern als kurzfristige politische Aktionen Einzelner.

Vom Sinn der Geschichte

Dass Geschichte, als Abfolge der Veränderungen menschlicher Lebensverhältnisse, einen Sinn habe, auf ein Ziel zulaufe, ist keineswegs selbstverständlich. Der deutsche Philosoph Theodor Lessing definierte Geschichte geradezu als „Sinngebung des Sinnlosen", als Versuch des Menschen, das, was geschehen ist, zu ordnen, zu werten, mit Sinn zu versehen, auch wenn es an sich ohne tiefere Bedeutung ist.

➤ Text S. 83 f.

Ähnlich, wenn auch nicht so radikal, bezweifelt Karl Popper, ob die Weltgeschichte einen Sinn habe. Kulturen die einen zyklischen Zeitbegriff haben, kennen Geschichte als permanente Veränderung nicht, für sie gilt das „Gesetz einer ewigen Wiederkehr des Gleichen". Der Rhythmus der Himmelskörper, der Jahreszeiten bestimmt das Leben. Kulturen, die sich nach diesem Zeitbegriff richten, sind dann oft auch weniger dynamisch, weniger expansiv, traditionsgebundener als die abendländische Kultur. Der französische Ethnologe Claude Lévi-Strauss nannte diese Kulturen „kalt", im Gegensatz zu „heißen" Kulturen, die einer dynamischen Veränderung der Lebensformen und der dazugehörigen Vorstellungen unterliegen.

Die Wurzel der europäischen Kultur, die griechische Antike, war bestimmt vom Gedanken an eine ständige Wiederkehr des Gleichen: Es gibt nichts Neues unter der Sonne – eine Vorstellung, an die im 19. Jahrhundert übrigens Friedrich Nietzsche angeknüpft hat. Das mag auch der Grund dafür sein, dass die Griechen kaum Ansätze zu einer Geschichtsphilosophie entwickelten.

Augustinus, De civitate Dei *(um 420 n. Chr.), Miniatur. Paris, Nationalbibliothek*

Erst das christliche Mittelalter, namentlich Augustinus, gelangte zu einem spezifisch geschichtlichen Denken. In seiner Schrift vom Gottesstaat *De civitate Dei* deutet Augustinus die Geschichte als Ausdruck eines unsichtbaren Kampfes zwischen der „civitas Dei" und der „civitas terrena" – ein Kampf zwischen Irdischem und Himmlischem, an dessen Ende das „Eschaton" steht, die Endzeit mit dem Jüngsten Gericht. Der eigentlich Handelnde dabei ist allerdings Gott, durch ihren Glauben nehmen die Menschen Anteil an diesem „Heilsgeschehen", durch das irdische Geschehen werden sie geprüft – und gestraft.

Bei Augustinus finden sich schon Elemente vorgeformt, die auch weiterhin charakteristisch für einige geschichtsphilosophische Ansätze sein werden: der Gedanke, dass hinter dem Handeln der Menschen ein übergeordnetes Prinzip waltet; die Interpretation der Geschichte als Auseinandersetzung antagonistischer (gegnerischer) Kräfte; die Annahme, dass es ein Ziel (télos) und eine Endzeit (éschaton) der Geschichte gebe und nicht zuletzt die Idee, dass Geschichte, bedingt durch den Missionsauftrag des Christentums, letztlich als Welt- und Menschheitsgeschichte zu denken sei.

Die Neuzeit hat strukturelle Elemente des christlichen Geschichtsdenkens übernommen, es aber immer mehr seiner theologischen Komponenten entkleidet. Es ist der Aufklärer Voltaire, der erstmalig den Begriff „Geschichtsphilosophie" (philosophie de l'histoire) prägt, und es ist die Aufklärung, die die göttliche Offenbarung durch die menschliche Vernunft ersetzen will, Geschichte als das „Vernünftigwerden des Menschen", als zunehmende Realisation der Vernunft interpretiert hat. Für Immanuel Kant (*Idee zu einer allgemeinen Geschichte in weltbürgerlicher Absicht*, 1784) führt die Entfaltung der Vernunft nicht nur zum Zusammenschluss von Individuen zu einem Staat, sondern letztlich auch zum Zusammenschluss von souveränen Staaten zu einer Weltrepublik, die den „ewigen Frieden" garantieren und die höchste Entfaltung von Freiheit und Moralität ermöglichen sollte.

Moralität ➤ Glossar

Die widersprüchlichen Erfahrungen dieser Epoche – die Französische Revolution und die damit verbundenen politischen und gesellschaftlichen Krisen – machten es jedoch notwendig, Geschichte nicht nur als Entfaltung der Vernunft zu denken, sondern die damit verbundenen Ereignisse und Krisen zu deuten. Georg Wilhelm Friedrich Hegel versucht in einem groß angelegten geschichtsphilosophischen Entwurf, alle Elemente und Widersprüche der historischen Prozesse zu einem System zu vereinen. Geschichte ist auch für Hegel „Entfaltung von Vernunft". Die Vernunft – das ist für Hegel der „Weltgeist", der im Laufe der Geschichte zu sich kommt, zum Bewusstsein seiner selbst gelangt. Alle Handlungen der Menschen, moralisch hochstehende wie niederträchtige, sind nach Hegel Ausdruck dieser Vernunft. Geschichte als Fortschritt der Vernunft heißt für ihn auch „Fortschritt im Bewusstsein der Freiheit". Das Maß der erreichten Freiheit wird für Hegel zum Maßstab, nach dem sich die wesentlichen Epochen der Geschichte bestimmen lassen: Im Alten Orient war nur *einer* frei – der Despot –, der Rest im Zustand der Sklaverei. In der klassischen Antike waren einige frei – die Bürger der Städte, später des römischen Reiches. Und die christlich-bürgerliche Neuzeit gewährt, so Hegel, allen die Freiheit – ausgedrückt in der für ihn idealen Staatsform einer konstitutionellen Monarchie. Hegel war so auch der Überzeugung, dass die Verwirklichung der Vernunft in seiner Epoche zu einem Ende, Geschichte zum Stillstand gekommen sei.

➤ Text S. 85

Weltgeist ➤ Glossar

Albrecht Dürer, Die apokalyptischen Reiter, *1498. Wien, Albertina*

Denkanstöße

1 Diskutieren Sie, ob ein „Ziel" der Geschichte eine Utopie, eine Wunschvorstellung oder eine notwendige Annahme darstellt. Charakterisieren Sie erstrebenswerte Ziele der Geschichte.

2 Endzeit: Eschaton oder Apokalypse. – Erörtern und bewerten Sie die Interpretation der Geschichte als permanenten Verfall der Menschheit, von einem paradiesischen Naturzustand hin zu einer atomaren oder ökologischen Katastrophe.

Ende der Geschichte?

Seit dem 20. Jahrhundert ist man dem Fortschrittsbegriff des bürgerlichen Zeitalters gegenüber skeptisch geworden. Zu oft wurde man mit Ereignissen und Krisen konfrontiert, die eine optimistische Geschichtsauffassung, den Glauben an die Vernunft in der Geschichte, immer problematischer erscheinen lassen: Auschwitz, Hiroshima, die ökologische Krise, eine immer schwerer zu kontrollierende technische Entwicklung. So gesehen erscheint es nicht verwunderlich, dass *zyklische Geschichtstheorien,* die keinen linearen Fortschrittsbegriff kennen, immer wieder auf Interesse stoßen, wie etwa die „Kulturkreistheorien" von Oswald Spengler. In seinem berühmten und umstrittenen Werk *Der Untergang des Abendlandes* (1922) wird auf den Begriff einer einheitlichen Weltgeschichte verzichtet; mehrere, unabhängige „Kulturkreise" werden angenommen, die aber alle nach denselben Gesetzen aufsteigen, blühen und vergehen.

Theodor W. Adorno (1903–1969) ➢ *Glossar*

Auch die an Marx anknüpfenden Philosophen der Frankfurter Schule, besonders Max Horkheimer und Theodor W. Adorno, melden in ihrer *Dialektik der Aufklärung* (1947) Zweifel am Fortschrittsbegriff an. Die Aufklärung, so Horkheimer/Adorno, die die Vernunft verwirklichen wollte, beginnt in ihr Gegenteil umzuschlagen: Die menschliche Vernunft wird auf ihren bloß instrumentellen Gebrauch reduziert, dient nur noch zur rationellen, dem Zwecke des Profits untergeordneten Ausbeutung von Natur und Mensch – bis hin an den Rand von Katastrophen. Technischer Fortschritt um jeden Preis wird verlangt, wobei dieser Fortschritt oft nur in der Zunahme eines technisch immer perfekteren Vernichtungspotenzials, nicht in der Zunahme an Gerechtigkeit, Wohlstand, Menschlichkeit sichtbar erscheint.

Ernst Bloch (1885–1977) ➢ *Glossar*

Das Prinzip Hoffnung (geschrieben zw. 1938 und 1947)

Etwas von dem alten Fortschrittsoptimismus ist noch bei dem Philosophen Ernst Bloch zu spüren. In seinem umfangreichen Werk *Das Prinzip Hoffnung* zeichnete er die ewigen Utopien und Träume der Menschen von einem besseren und gerechteren Leben nach. Jenen dynamischen Kräften der Gesellschaft, die für Adorno einen Zug zur Katastrophe haben – Wissenschaft, Technik, Rationalität – schreibt Bloch trotz allem das Vermögen zu, der entscheidende Motor für die Verbesserung der Verhältnisse zu sein. Gefordert ist nach Bloch allerdings nicht die ferne, die abstrakte Utopie, das „kommende Reich", sondern die Hoffnung, die sich auf die Veränderbarkeit des Nächstliegenden zu richten hat: „konkrete Utopie". Es geht Bloch darum, gerade in wenig ermutigenden politischen Situationen den „Mut zum aufrechten Gang" zu bewahren, sich nicht widerstandslos anzupassen, sich nicht freiwillig entmündigen zu lassen und nicht sofort die Hoffnung auf ein anderes, besseres Leben resignativ fahren zu lassen.

➢ Text S. 86 f.

Gegen Ernst Bloch hat allerdings schon früh der Philosoph Günther Anders eingewandt, dass eine Menschheit, die im Besitz der Atombombe ist, nicht mehr hoffen *kann*. Über ihr hängt das Damoklesschwert der atomaren Vernichtung, sie lebt in einer permanenten „Endzeit". Das Einzige, so Anders, was wir tun können und müssen, ist, dafür zu sorgen, dass diese Endzeit „endlos" werde.

Apokalypse

In seinem philosophischen Hauptwerk *Die Antiquiertheit des Menschen* spricht Anders davon, dass wir in einem „apokalyptischen Zeitalter" leben, das allerdings

„apokalypseblind" geworden sei. Doch die atomare oder ökologische Apokalypse, die uns droht, kommt nicht von Gott, sondern ist vom Menschen selbst gemacht; sie bereitet kein Reich vor, sondern ist das Ende der Menschheit, damit auch das Ende von Geschichte überhaupt. Sie ist das negative Ziel von Menschengeschichte schlechthin, denn in der Entwicklung der Kernwaffen hat der Mensch ein altes Geschichtsziel tatsächlich erreicht: Er ist allmächtig geworden – aber nur „modo negativo": in der Möglichkeit der Zerstörung. Doch genau dieses Faktum wollen die Menschen nicht wahrnehmen.

Die Postmoderne

Gegenüber der Frage nach dem „Wesen" und dem „Ziel" der Geschichte scheint man überhaupt skeptisch geworden zu sein. Der französische Philosoph Jean-François Lyotard diagnostiziert in dem 1979 erschienenen Buch *Das postmoderne Wissen* das Ende der „großen Erzählungen" der Moderne: Die Erzählungen vom Sinn der Geschichte, vom Fortschritt, vom Glück und Wohlstand für alle – all das sind für Lyotard zu Ende gegangene Fiktionen und Phantasmen der Aufklärung, des 19. Jahrhunderts, der Moderne. Der zeitgenössische Mensch ist nüchtern, träumt nicht mehr von Utopien, empfindet sich als *nachmodern*. Die Vergangenheit gibt ihm weder Sinn noch Legitimation; er bedient sich ihrer im Zitat: in Ausstellungen, Büchern, Filmen. Der postmoderne Mensch lebt in einem Pluralismus und Relativismus der Kulturen und Anschauungen, in denen er keine *historische* Linie mehr erkennen kann – also auch keine Zukunft: *post histoire* – auch die Geschichte ist an ihr Ende gekommen.

Utopie ➤ Glossar

Nach den historischen Umbrüchen in Osteuropa und dem Zusammenbruch des Kommunismus bekam die Rede vom „Ende der Geschichte" noch einen anderen Sinn. Der amerikanische Politologe Francis Fukuyama vertrat in seinem 1992 erschienenen Buch *Das Ende der Geschichte* die These, dass nach dem Verschwinden des Kommunismus keine andere Weltgesellschaft denkbar sei als die bürgerlich-kapitalistische Demokratie westlicher Prägung. Geschichte habe in dem Sinn aufgehört, als dieses Modell nicht mehr überboten werden könne, keine andere Utopie mehr als neues Ziel der Geschichte vorstellbar sei. Geschichte werde sich darauf beschränken, dieses Modell weltweit durchzusetzen.

Es waren aber gerade die nach 1989 am Balkan ausgebrochenen Kriege, die viele Beobachter von einer „Wiederkehr der Geschichte" sprechen ließen. Alte kulturelle und politische Differenzen, die der Kalte Krieg jahrzehntelang überdeckt hatte, brachen plötzlich wieder auf, der schon überwunden geglaubte Nationalismus erlebte eine Renaissance. In dem 1996 erschienenen Buch *Kampf der Kulturen* (*The Clash of Civilizations*) vertrat der amerikanische Historiker Samuel P. Huntington dann auch die Auffassung, dass keineswegs eine Globalisierung des westlichen Lebensmodells bevorstehe, sondern dass ganz im Gegenteil in naher Zukunft immer mehr Konflikte zwischen den Weltkulturen, vor allem zwischen der westlichen, der islamischen und der asiatischen Welt, zu erwarten seien, die den Fortgang der Geschichte bestimmen würden.

Samuel P. Huntington (1927–2008) ➤ *Glossar*

➤ Text S. 87 ff.

Denkanstöße

1 Aus der Geschichte lernen – ist das möglich? Skizzieren Sie die geschichtsphilosophischen Annahmen, die nötig sind, um die These vertreten zu können, dass „aus der Geschichte gelernt werden kann".

2 Fassen Sie die Kontroverse zwischen Bloch und Anders, zwischen einem „Prinzip Hoffnung" und einer unwiderruflichen „Endzeit", zusammen und beziehen Sie begründet Position.

Texte 1.1.

Jay F. Rosenberg
(1942–2008)

Text aus:
Philosophieren.
Ein Buch für Anfänger
(Frankfurt/M. [2]1989,
S. 16 f.)

Jay F. Rosenberg

Der Charakter der Philosophie*

Der amerikanische Philosophieprofessor Jay F. Rosenberg zeichnet den Weg vom philosophischen Fragen zum Philosophieren nach.

Was ist eigentlich Philosophie? Philosophie ist etwas, was Menschen tun. Sie ist Praxis. Genauer: Philosophie als Praxis ist eine Tätigkeit der Vernunft. Allein besagt das wenig, denn welche typisch menschliche Praxis ist nicht eine Tätigkeit der Vernunft? Literatur, Geschichte, Naturwissenschaften – sie alle sind es zweifellos; aber Philosophie ist weder Literatur noch Geschichte noch Naturwissenschaft, obwohl sie literarisch, historisch oder (im weiteren Sinne) naturwissenschaftlich sein kann. Philosophen tragen in der Praxis ihre Gedanken häufig in schriftlicher Form vor, doch ist nicht schöpferischer literarischer Ausdruck ihr Anliegen. Sie diskutieren häufig die Ansichten ihrer historischen Vorgänger in deren geschichtlichem Zusammenhang, doch geht es ihnen nicht um ein gelehrtes Sichten historischen Materials. Und häufig bringen sie Erklärungen und Theorien vor, aber ihr Theoretisieren beruht nicht auf kontrollierten Beobachtungen und Experimenten und ist diesen nicht in derselben Weise verpflichtet wie die Theoriebildung des Naturwissenschaftlers. Was ist dann das Anliegen der Philosophie?

Irgendwann einmal verspürt jeder einen gewissen Impuls. Gewöhnlich taucht er als ein Gefühl, als ein Staunen oder als Beunruhigung auf, und oft genug verwandelt er sich in eine vage, aber anregende Frage: Dauern Zeit und Raum immer fort? Was ist, wenn es keinen Gott gibt? Was, wenn es einen gibt? Bin ich wahrhaft frei? Ist jemals etwas wirklich richtig oder falsch? Gibt es absolute Wahrheiten? Gibt es wirklich so etwas wie gute Kunst? Und natürlich: Was ist der Sinn des Lebens? Gerade darin liegt ein Impuls für philosophische Tätigkeit. Mit dem Staunen beginnt die Philosophie, sagt Aristoteles.

Wenige Leute gehen jedoch über diesen Punkt hinaus. Aus einem recht einfachen Grund: Sie wissen nicht, wie sie darüber hinausgehen können. Wie denkt man über solche Dinge nach? Kann man darüber nachdenken? Der Verstand gerät ins Wanken. Das eigene Denken windet sich, stolpert in engen Kreisen, wird verkrampft und verwickelt. Schließlich geht der Augenblick vorbei, oder man lässt ihn vorbeigehen. Irgendwie ist die Frage abgetan, ist zurückgestellt, verworfen oder verdrängt. Und doch könnte ein Gefühl zurückbleiben – das frustrierende Gefühl, dass dies sicherlich wichtige Fragen sind, Fragen mit wichtigen Antworten. Wenn man nur wüsste, wie man sie finden kann.

Ein aktiver Philosoph ist unter anderem jemand, der sich bemüht, sie zu finden. Ein Teil der Arbeit eines solchen Philosophen besteht darin, über derartige Gefühle hinauszugelangen und solche Fragen in die Reichweite der Tätigkeit der Vernunft zu bringen, sie vom Herzen in den Verstand zu verlagern. Ein Teil der Aufgabe des Philosophen besteht darin, aus solchen Fragen etwas zu machen, worüber man nachdenken *kann* – und dann darüber nachzudenken. Dafür brauchen die Philosophen sowohl eine allgemeine Strategie – eine Methode – als auch besondere Taktiken, nämlich spezifische Techniken, um jene Methode anzuwenden. Das tun sie. Philosophie ist demnach eine Tätigkeit der Vernunft mit eigener Strategie und eigener Taktik, mit eigener Methode und Technik. Sie ist, kurz gesagt, eine Disziplin.

Karl Jaspers

Betroffenheit als Zugang zur Philosophie*

Karl Jaspers (1883–1969)

Text aus: Was ist Philosophie? (München 1980, S. 40 ff.)

Der deutsche existenzialistische Philosoph Karl Jaspers versucht, die Philosophie als Reaktion des Menschen auf so genannte „Grenzsituationen" zu deuten, in denen sich der Mensch seiner Verletzlichkeit, aber auch seiner Fähigkeit zur Kommunikation mit anderen bewusst wird.

Der Stoiker Epiktet sagte: „Der Ursprung der Philosophie ist das Gewahrwerden der eigenen Schwäche und Ohnmacht." Wie helfe ich mir in meiner Ohnmacht? Seine Antwort lautete: „Indem ich alles, was nicht in meiner Macht steht, als für mich gleichgültig betrachte in seiner Notwendigkeit, dagegen, was an mir liegt, nämlich die Art und Weise und den Inhalt meiner Vorstellungen, durch Denken und Klarheit zur Freiheit bringe."

Vergewissern wir uns unserer menschlichen Lage. Wir sind immer in „Situationen". Diese Situationen wandeln sich, Gelegenheiten treten auf; wenn sie versäumt werden, kehren sie nicht wieder. Ich kann selber an der Veränderung der Situation arbeiten. Aber es gibt Situationen, die in ihrem Wesen bleiben, auch wenn ihre augenblickliche Erscheinung anders wird und ihre überwältigende Macht sich in Schleier hüllt: Ich muss sterben, ich muss leiden, ich bin dem Zufall unterworfen, ich verstricke mich unausweichlich in Schuld. Diese Grundsituationen unseres Daseins nennen wir Grenzsituationen. D. h. es sind Situationen, über die wir nicht hinauskönnen. Das Bewusstsein dieser Grenzsituationen ist der tiefere Ursprung der Philosophie.

Auf Grenzsituationen reagieren wir entweder durch Verschleierung oder, wenn wir sie wirklich erfassen, durch Verzweiflung und Wiederherstellung: Wir werden wir selbst in einer Verwandlung unseres Selbstbewusstseins.

Machen wir uns unsere menschliche Lage auf andere Weise deutlich: als die Unzuverlässigkeit alles Weltseins. – Was tue ich angesichts dieses absoluten Scheiterns? Der Stoiker lässt uns trostlos in der bloßen Unabhängigkeit des Denkens, weil diesem Denken aller Inhalt fehlt.

Es ist entscheidend für den Menschen, wie er das Scheitern erfährt: ob es ihm verborgen bleibt (...) oder es als ständige Grenze seines Daseins gegenwärtig ist. In den Grenzsituationen zeigt sich entweder das Nichts, oder es wird fühlbar, was trotz und über allem verschwindenden Weltsein eigentlich ist. Selbst die Verzweiflung wird durch ihre Tatsächlichkeit, dass sie in der Welt möglich ist, ein Zeiger über die Welt hinaus.

So gilt: Der Ursprung der Philosophie liegt zwar im Sichverwundern, im Zweifel, in der Erfahrung der Grenzsituationen, aber zuletzt dieses alles in sich schließend, in dem Willen zur eigentlichen Kommunikation. Das zeigt sich von Anfang an schon darin, dass alle Philosophie zur Mitteilung drängt, sich ausspricht, gehört werden möchte, dass ihr Wesen die Mitteilbarkeit selbst und diese unablösbar vom Wahrsein ist. Gewissheit eigentlichen Seins ist allein in jener Kommunikation, in der Freiheit mit Freiheit in rückhaltlosem Gegeneinander durch Miteinander entsteht, alles Umgehen mit dem anderen nur Vorstufe ist, aber alles gegenseitig zugemutet wird (...).

Immanuel Kant (1724–1804)

Text aus: Logik (in: Werke Bd. 6, hrsg. v. W. Weischedel, Frankfurt/M. 1974, S. 446–449)

Immanuel Kant

Begriff von der Philosophie überhaupt*

Kant erläutert hier die Aufgaben der Philosophie bzw. die Beziehungen zwischen Einzelwissenschaften und Philosophie; der zentrale Begriff für den Aufklärungsphilosophen Kant ist dabei die Vernunft. Philosophie ist aktiver Vernunftgebrauch. Die von Kant formulierten berühmten „vier Fragen", denen sich die Philosophie zu stellen habe, wurden für viele zum Inbegriff philosophischen Fragens überhaupt.

Philosophie ist also das System der philosophischen Erkenntnisse oder der Vernunfterkenntnisse aus Begriffen. Das ist der Schulbegriff von dieser Wissenschaft. Nach dem Weltbegriffe ist sie die Wissenschaft von den letzten Zwecken der menschlichen Vernunft. Dieser hohe Begriff gibt der Philosophie Würde, das ist ein absoluter Wert. Und wirklich ist sie es auch, die allein nur inneren Wert hat und allen anderen Erkenntnissen erst einen Wert gibt.

(...)

Das Feld der Philosophie in dieser weltbürgerlichen Bedeutung lässt sich auf folgende Fragen bringen:

1. Was kann ich wissen?
2. Was soll ich tun?
3. Was darf ich hoffen?
4. Was ist der Mensch?

Die erste Frage beantwortet die Metaphysik, die zweite die Moral, die dritte die Religion und die vierte die Anthropologie. Im Grunde könnte man aber alles zur Anthropologie rechnen, weil sich die drei ersten Fragen auf die letzte beziehen.

(...)

Anthropologie: von griech. anthropos = Mensch

Ohne Kenntnisse wird man nie ein Philosoph werden, aber nie werden auch Kenntnisse allein den Philosophen ausmachen, wofern nicht eine zweckmäßige Verbindung aller Erkenntnisse und Geschicklichkeiten zur Einheit hinzukommt, und eine Einsicht in die Übereinstimmung derselben mit den höchsten Zwecken der menschlichen Vernunft. Es kann sich überhaupt keiner einen Philosophen nennen, der nicht philosophieren kann. Philosophieren lässt sich aber nur durch Übung und selbsteigenen Gebrauch der Vernunft lernen (...). Der wahre Philosoph muss als Selbstdenker einen freien und selbsteigenen, keinen sklavisch nachahmenden Gebrauch von seiner Vernunft machen.

Odo Marquard

Inkompetenzkompensationskompetenz?**

Odo Marquard (1928–2015)

Text aus: Abschied vom Prinzipiellen (Stuttgart 1981, S. 23 ff.)

Der deutsche Philosoph Odo Marquard beschreibt in dieser Abhandlung die Geschichte der Philosophie als einen fortschreitenden Verlust ihrer Kompetenzen. Er stellt schließlich eine äußerst skeptische Diagnose der Rolle gegenwärtiger Philosophie.

Bei einem chinesischen Henkerwettstreit – so wird erzählt – geriet der zweite Finalist in die Verlegenheit, eine schier unüberbietbar präzise Enthauptung durch seinen Konkurrenten, der vor ihm dran war, überbieten zu müssen. Es herrschte Spannung. Mit scharfer Klinge führte er seinen Streich. Jedoch der Kopf des zu Enthauptenden fiel nicht, und der also scheinbar noch nicht enthauptete Delinquent blickte den Henker erstaunt und fragend an. Drauf dieser zu ihm: Nicken Sie mal.

Mich interessiert, was dieser Kopf denkt, bevor er nickt; denn das müsste doch Ähnlichkeit haben mit Gedanken der Philosophie über sich selber.

Zunächst also – in einigen pauschalen Andeutungen – über die Reduktion der Kompetenz der Philosophie. Was bedeutet dabei Kompetenz? Kompetenz hat offenbar irgendwie zu tun mit Zuständigkeit und mit Fähigkeit und mit Bereitschaft und damit, dass Zuständigkeit, Fähigkeit und Bereitschaft sich in Deckung befinden, womit gerade bei der Philosophie von Anfang an nicht unbedingt gerechnet werden kann; denn schon immer hat es Philosophien gegeben, die für nichts zuständig, zu manchem fähig und zu allem bereit waren: Ob dieser Befund für die Philosophie total und schlechthin zutreffend sei: vor zweitausend Jahren wäre das keine diskutable Frage gewesen; heute ist es eine; und so kommt in diese Überlegung gleich zu Anfang die Geschichte hinein in Bezug auf die Philosophie und ihre Kompetenz. Was ihre Kompetenz sei, sagt ihr nur ihre Geschichte; die aber sagt der Philosophie, dass es einen Fortschritt gegeben habe in der Abnahme ihrer Kompetenz: Die Philosophiegeschichte ist die Geschichte der Reduktion der Kompetenz der Philosophie. Und hier ist sie, diese Reduktionsgeschichte, und zwar eiligkeitshalber formuliert als spekulative Kurzgeschichte: Erst war die Philosophie kompetent für alles; dann war die Philosophie kompetent für einiges; schließlich ist die Philosophie kompetent nur noch für eines: nämlich für das Eingeständnis der eigenen Inkompetenz. Und das lief so: Die Philosophie wurde im Laufe ihres beschwerlichen Lebens mindestens dreimal aufs Äußerste herausgefordert, dabei überfordert und so schließlich erschöpft, ausgezehrt und – von Kompetenten, also Mitbewerbern: und zwar hier in Dingen Kompetenz – aus dem Rennen geworfen. Da war – früh: nämlich von der Bibel her – die soteriologische Herausforderung, und da waren – spät: nämlich bürgerlich und pseudonachbürgerlich – die technologische und die politische Herausforderung. Die soteriologische Herausforderung verlangte von der Philosophie, zum Heil der Menschen zu führen, aber das – und dies zeigte sich, als das Christentum die Philosophie überbot – konnte sie nicht: So war es um ihre Heilskompetenz geschehen und die Philosophie wurde zum Fürsorgefall; eine Zeitlang kam sie unter als ancilla theologiae. Die technologische Herausforderung verlangte von der Philosophie, sie solle zum Nutzenwissen der Menschen führen; aber das – und dies zeigte sich, als die exakten Wissenschaften die Philosophie überboten – konnte sie nicht: So war es um ihre technologische Kompetenz geschehen und die Philosophie wurde zum Fürsorgefall; eine Zeitlang kam sie unter als ancilla scientiae, als Wissenschaftstheorie. Die politische Herausforderung verlangte von der Philosophie, sie solle zum gerechten Glück der Menschen führen; aber das – und dies zeigte sich, als die politische Praxis die Philosophie, sei es durch Aktivität, sei es durch Sinn fürs Tunliche, Mögliche und Institutionelle überbot – konnte sie nicht: So war es um ihre politische Kompetenz geschehen und die Philosophie wurde zum Fürsorgefall; eine Zeit lang kam sie unter als ancilla emancipationis, als Magd (oder sagen wir wegen der Gleichberechtigung: als Knecht) der Emanzipation, als Geschichtsphilosophie. Im Zuge der Geschichte dieser Überforderungen und Verluste ist es auch zweifelhaft geworden, ob es sinnvoll ist, das, was an Zuträglichkeiten für Heil und Technologie und Politik in der Philosophie immerhin anzutreffen war und vielleicht ist, zum Separatum zu stilisieren: Ich bezweifle, dass es mehr ist als ein frommer Wunsch der Philosophenprofis, dass die Philosophie den gesunden Menschenverstand und die nüchterne Vernunft gegen die, die sie aus ihrer tagtäglichen Wirklichkeit eigentlich haben sollten, retten müsste und – falls es wirklich nötig wäre – retten könnte. Es gibt natürlich Leute, die die Philosophie als Amulett betrachten, das gegen Irrwege schützt; jedoch – genau umgekehrt wie bei jenem Hufeisen, das in einer bekannten Anekdote bedeutsam ist, die von Niels Bohr erzählt wird – die Philosophie nützt auch und gerade dann nichts, wenn man an sie glaubt. Damit ist jener Sektor berührt, in Bezug auf den die Philosophie das Kompetenzmonopol ohnehin niemals hatte: die Lebensweisheit. Wo es um ihre Äußerung geht, waren schon immer mindestens die Dichter ihre Konkurrenten. So scheint auch eine Spezialität gefährdet, die die Philosophie hat, wo man definieren kann: Philosophie, das ist die Altersweisheit der noch nicht Alten: Simulation von Lebenserfahrung für die und durch die, die noch keine haben. Hier wird der biologische Prozess zum Angriff auf diese Kompetenz: Immerhin werden

Soteriologie: theologische Lehre vom Erlösungswerk Christi

ancilla theologiae (lat.): Magd der Theologie

ancilla scientiae (lat.): Magd der Wissenschaft

sogar Philosophen älter, wenn man es auch manchmal nicht merkt, und dann können sie – das vermute ich einstweilen nur und auch nur manchmal – Philosophie durch wirkliche Altersweisheit ersetzen und brauchen die Philosophie nicht mehr. Indes: Lebenserfahrung zu sein für die, die noch keine haben, Altersweisheit der noch nicht Alten zu sein: Das ist schließlich nicht nur eine mögliche Teildefinition der Philosophie, sondern die wirkliche Teildefinition der Geisteswissenschaften dort, wo diese das Pensum haben, zu erinnern, und gerade darum jetzt – und das ehrt sie – angefochten sind: denn wo riskant reformiert wird, ist man plausiblerweise daran interessiert, sein Risiko bei der Erfolgskontrolle zu mindern durchs Verbot der Erinnerung. Erinnert die Philosophie besser als die Geisteswissenschaften? Doch wohl kaum: und so ist ihr in diesen erinnernden Wissenschaften, auf die die Philosophie wegen ihres sonstigen Kompetenzverlusts seit dem vorigen Jahrhundert setzte, ein Kompetent erwachsen, der ihre vielleicht letzte Kompetenz infrage stellt: die Erinnerungskompetenz. Offenbar laufen die Kompetenzen der Philosophie aus, sodass sie bei der Inkompetenz endet. Das heißt nicht, dass sie bei all diesen Fragen gar nichts mehr zu sagen hätte; aber sie ist überwiegend zum aussichtslosen Kompetenten geworden, günstigstenfalls zur zweiten Besetzung: und was nützt es, die zweite Besetzung zu sein, wenn die erste wirklich gut und überdies niemals indisponiert ist. Die Philosophie: Sie ist zu Ende; wir betreiben Philosophie nach dem Ende der Philosophie. Was tun? – ich zitiere hier nicht Lenin, sondern Schillers „Teilung der Erde" – Was tun, spricht Zeus, die Welt ist weggegeben; aber der einzige konstruktive Hilfsvorschlag, den Zeus – bei Schiller – dann machte, der war an die Dichter gerichtet und eben nicht an die Philosophen: Gerade den Philosophen hilft er nicht. So bleibt es dabei: Der Bericht zur Lage der Kompetenz der Philosophie, das ist eine Orgie der Fehlanzeigen.

(...) Meine Überlegung käme zu keinem Duktus und zu keiner Peripetie, wenn ich nicht zunächst dabei bliebe, nachhaltig die radikale Reduktionsgeschichte der Kompetenz der Philosophie und also nachdrücklich Folgendes zu behaupten, ich wiederhole es: Erst war die Philosophie kompetent für alles; dann war die Philosophie kompetent für einiges; schließlich ist die Philosophie kompetent nur noch für eines: nämlich für das Eingeständnis der eigenen Inkompetenz. Und wenn das so sich verhält, dann bleibt übrig für die Philosophie: gar nichts, also die reine, pure, nackte Inkompetenz, sowie – um den Sokrates zu zitieren – nur noch eine einzige ganz winzige Kleinigkeit, eine freilich sehr unsokratische Kleinigkeit, eine, die die Philosophie nicht weniger problematisch, sondern die sie vollends problematisch macht, etwas, das ich im Blick auf die radikal inkompetent gewordene Philosophie nennen möchte: ihre Inkompetenzkompensationskompetenz.

Duktus: hier: abgeschlossene Gedankenführung

Peripetie: von griech. peripéteia = plötzlicher Umschlag, merkwürdiger Zufall; in der Dramentheorie bezeichnet es die überraschende Wendung der Handlung „vom Unglück ins Glück oder vom Glück ins Unglück" (Aristoteles, Poetik)

Texte 1.2.

Theodor W. Adorno (1903–1969)

Text aus: Philosophische Terminologie 1 (Frankfurt/M. 1973, S. 15 f.)

Theodor W. Adorno

Wandel der philosophischen Begriffe**

Adorno, der für seine komplexen Gedankengänge bekannt war, versuchte 1962/63 in mehreren Vorlesungen eine Einführung in die „philosophische Terminologie" zu geben, wobei er besonders auf die Wandlungen, die zentrale Begriffe der Philosophie im Laufe ihrer Geschichte erleben, aufmerksam machte und betonte, dass die dadurch entstehende Bedeutungsvielfalt notwendig zur Philosophie dazugehört.

Schließlich ist zu sagen, dass die Begriffe in der Geschichte der Philosophie nicht identisch durchgehalten sind, sondern dass sie wechselnd gebraucht werden. Solcher Wechsel ist nun nicht etwa eine bloße Schlamperei der Philosophen, die sich nicht dazu disziplinieren können, dieselben Worte in denselben Bedeutungen zu verwenden; vielmehr lässt sich bis ins Einzelne zeigen, wie dieser Wechsel der Termini bedingt ist durch die wechselnden Konstruktionen der Philosophien, in denen sie auftreten. Darin liegt eine Art von geschichtlicher Gesetzmäßigkeit, die auch ihre soziale Seite hat. Selbst in unserer kurzen Geschichte der philosophischen Terminologie wird eine gewisse Tendenz der Philosophie deutlich werden, Termini auch dann festzuhalten, wenn ihr eigener Lehrgehalt sich wesentlich unterscheidet von dem, was sie in jener Philosophie bedeuten, aus der sie von einer folgenden übernommen werden. Auch das ist keine Laxheit oder Unschärfe, sondern es hat wiederum einen sehr einsichtigen Grund; wie wir vor allem seit Hegel wissen, ist die Geschichte der Philosophie nicht einfach eine Art von mehr oder minder zufällig aufeinander folgenden Systemen und Erklärungsversuchen. Sie stellt in sich selbst so etwas wie einen Begründungszusammenhang, wie einen durchgehenden Denkzusammenhang dar, sodass man doch von einer Kontinuität sprechen kann – freilich nur innerhalb gewisser Grenzen, die durch große Bruchstellen wie die nach dem Untergang der antiken Philosophie oder nach dem Untergang der Scholastik bezeichnet sind. Ein Problem wird von einer Philosophie an die andere weitergegeben, wodurch vielfach die Tradition des Problems in Gestalt der Termini bewahrt wird, während sich die Veränderung, das qualitativ Neue, was geschieht, niederschlägt in dem neuen Gebrauch, in den die Termini kommen. Die Termini treten aber nicht nur bei den verschiedenen Philosophien in verschiedenem Zusammenhang auf; sie ändern sich bereits in sich. Diese Tatsache geht bis auf die Antike zurück. Das ist zum Teil auch sprachgeschichtlich, nicht allein philosophiegeschichtlich begründet.

Bei dem Wandel der Termini handelt es sich nicht nur um die von der Sprachgeschichte her der Philosophie aufgezwungenen Veränderungen der philosophischen Terminologie; sondern diese Veränderungen sind der Philosophie selbst notwendig, weil die Begriffe dadurch, dass die Philosophie sich geschichtlich verändert, in ihr umgeprägt werden. Es muss also daraus die Folgerung gezogen werden, dass eine Einleitung in die Terminologie immer einer ergänzenden Beziehung auf das Ganze der Philosophien bedarf, in denen die Termini auftreten. Isolierte Worterklärungen können nicht gegeben werden; die Worterklärungen sind nur ein Zugang und werden erst durch die explizierte Beziehung auf den Zusammenhang, in dem die Worte stehen, ermöglicht. Man hat dem vielfach die Wendung gegeben, dass die Begriffe – und ich würde sagen mit Recht, obwohl die Formulierung reichlich abgeklappert ist – lebendig seien oder gar, dass das Leben der Begriffe, bei Hegel heißt es sehr emphatisch das Leben des Begriffs, eigentlich dasselbe sei wie die Philosophie.

explizierte: ausgeführt

emphatisch: mit Nachdruck

Peter Sloterdijk

Die Weisheit des Diogenes**

Peter Sloterdijk
(* 1947)

Text aus: Kritik der zynischen Vernunft I (Frankfurt/M. 1982, S. 303 ff.)

Der deutsche Philosoph Peter Sloterdijk versucht im Rückgriff auf die antike Tradition des Diogenes ein „kynisches", lustvoll-anarchisches Philosophieren gegen den herrschenden „Zynismus" ins Spiel zu bringen. Ein Beispiel, wie die Erinnerung an die Vergangenheit der Philosophie deren Gegenwart beleben kann.

Die Legende erzählt, dass der junge Alexander von Mazedonien eines Tages den Diogenes aufsuchte, dessen Ruhm ihn neugierig gemacht hatte. Er fand ihn beim Sonnenbad, faul auf dem Rücken liegend, vielleicht in der Nähe eines athenischen Sportplatzes, andere sagen auch beim Bücherleimen. Der junge Souverän, bemüht, seine Großzügigkeit zu beweisen, gab dem Philosophen einen Wunsch frei. Darauf soll dessen Antwort gelautet haben: Geh mir aus der Sonne! – Das ist vielleicht die bekannteste Philosophenanekdote aus der griechischen Antike, und nicht zu Unrecht. Sie demonstriert mit einem Schlag, was die Antike unter philosophischer Weisheit versteht – nicht so sehr ein theoretisches Wissen als vielmehr einen unverführbaren, souveränen Geist. Der Weise von einst kannte am besten die Gefahren des Wissens, die im Suchtcharakter der Theorie liegen. Allzu leicht ziehen sie den Intellektuellen auf die ehrgeizige Bahn, wo er geistigen Reflexen erliegt statt Autarkie zu üben. Die Faszination dieser Anekdote gründet darin, dass sie die Emanzipation des Philosophen vom Politiker zeigt. Hier ist der Weise nicht wie der moderne Intellektuelle, ein Komplize des Mächtigen, sondern kehrt dem subjektiven Machtprinzip, Ehrgeiz und Geltungsdrang, den Rücken. Er ist der Erste, der dem Fürsten die Wahrheit zu sagen frei genug ist. Diogenes' Antwort negiert nicht nur den Machtwunsch, sondern die Wunschmacht überhaupt. Man kann sie als Abkürzung einer Theorie der gesellschaftlichen Bedürfnisse interpretie-

Autarkie: Unabhängigkeit

ren. Der vergesellschaftete Mensch ist derjenige, der seine Freiheit verloren hat, seit es seinen Erziehern gelungen ist, Wünsche, Projekte und Ambitionen in ihn einzupflanzen. Diese spalten ihn ab von seiner inneren Zeit, die nur das Jetzt kennt, und ziehen ihn in Erwartungen und Erinnerungen.
Alexander, den der Machthunger bis an die Grenzen Indiens trieb, fand seinen Meister in einem äußerlich unscheinbaren, ja heruntergekommenen Philosophen. Das Leben ist in Wirklichkeit nicht bei den Aktivisten und nicht in der Vorsorgementalität. Hierin berührt sich die Alexander-Anekdote mit dem Jesus-Gleichnis von den Vögeln unter dem Himmel, die nicht säen und nicht ernten und doch als die freiesten Geschöpfe unter Gottes Himmel leben. Diogenes und Jesus sind sich einig in der Ironie gegen die gesellschaftliche Arbeit, die über das notwendige Maß hinausgeht und bloßer Machterweiterung dient. Was für Jesus die Vögel lehren, war bei Diogenes eine Maus; sie wurde sein Modell der Genügsamkeit, „(...) die weder eine Ruhestätte suchte noch die Dunkelheit mied, noch irgendwelches Verlangen zeigte nach so genannten Leckerbissen. Das gab ihm einen Wink zur Abhilfe für seine dürftige Lage." (Diogenes, Laertius VI, 22).

Elmar Holenstein (* 1937)

Text aus: Philosophie-Atlas. Orte und Wege des Denkens (Zürich 2004, S. 84 f.)

Elmar Holenstein

„Europäische" Philosophie: Einzugs- und Ausbreitungsgebiet**

Der Kulturphilosoph Elmar Holenstein hat philosophische Landkarten erstellt, indem er die geografischen Wege des Denkens nachgezeichnet hat. In dieser Karte werden die Denkwege der europäischen Philosophie dargestellt.

Was man als „europäische Philosophie" bezeichnet, ist ohne Einbeziehen des außereuropäischen Umfelds nicht verständlich. Mehr noch: Die „europäische Philosophie" ist ohne ihren Europa transzendierenden Entwicklungsgang nicht nachvollziehbar. Die so genannte „abendländische Philosophie" nahm ihren Anfang in einem Gebiet, das die Hellenen „Morgenland" – *Anatolē* nannten. Ihr erstes Zentrum war Milētos. Verwunderlich ist das nicht. Die Philosophie begann für Europa in seinem Südosten, der den großen Stadt-, Schrift- und Wissenschaftskulturen der „Nīl-Āmū Daryā-Region" am nächsten war.
Das zweite und überragende Zentrum lag in Europa: Athēnai. Aber bereits das dritte Zentrum, Alexandreia, findet sich wiederum außerhalb, in Kemet/Aigyptos, und das folgende, Baghdād, noch weiter im „Orient", von den Arabern in ihrer Sprache als „Gegend des Aufgangs (der Sonne)" *Mashriq* bezeichnet. Auch das ist leicht erklärbar. Aigyptos, von Alexandros dem Großen und seinen ptolemäischen Nachfolgern hellenisiert, war damals materiell und auch wissenschaftlich das ressourcenreichste Land am Mittelmeer. Unter den Römern blieb es zusammen mit Syria eine kommerziell und kulturell herausragende

Region des Reiches. Die letzte große Lehrrichtung innerhalb der hellenischen Philosophie, der „Neuplatonismus“, kam in diesen Ländern auf.

Nach der Eroberung durch die Araber übernahmen, vermittelt durch syrische Ärzte, muslimische Gelehrte die Philosophie dieser wissenschaftlich am weitesten fortgeschrittenen Gebiete des Kalifats. Mehrheitlich waren sie iranischer Herkunft. Iranische Städte, Esfahān und Nīshāpur, wurden bald mit Baghdād konkurrierende Zentren der Philosophie. Mit der Ausbreitung des Islam bis nach al-Andalus/Iberia verschob sich anschließend das Zentrum zurück nach Europa, nunmehr in seinen von den Hellenen wirklich „Abendland“ – Hesperia genannten Westen, nach Qurtuba/Córdoba und von dort nach Paris. Der Weg hatte über NW-Afrika geführt, das die Römer immer mit zum *Occidens*, der „Gegend des Untergangs (der Sonne)“ gerechnet hatten, was von Rom aus geografisch verständlich ist. Die Araber teilten diese Sicht und hielten an diesem Namen, in ihrer Sprache *Maghrib*, fest.

In der Neuzeit kam es in Italia zu einem revolutionären Neuanfang der Wissenschaft und Philosophie. Aber auch er ist nicht losgelöst von seinem außereuropäischen Umfeld im Mittelmeerraum zu erklären.

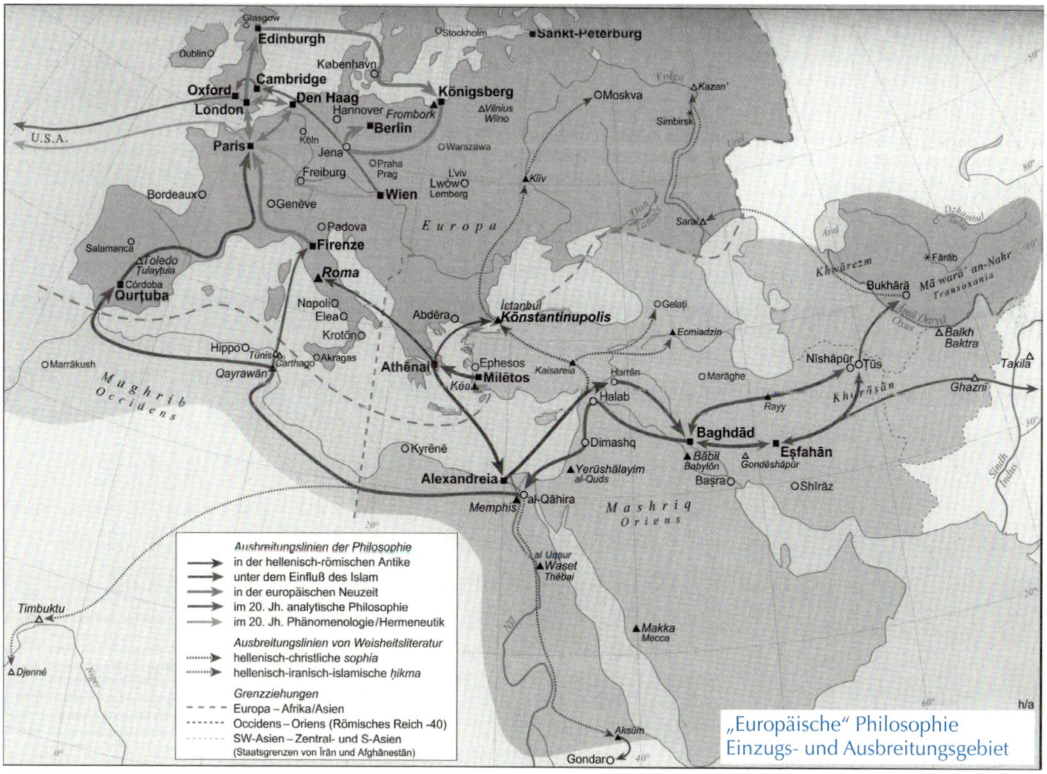

„Europäische“ Philosophie
Einzugs- und Ausbreitungsgebiet

Texte 1.3.

Rudolf Carnap
(1891–1970)

Text aus: Scheinprobleme in der Philosophie (Frankfurt/M. 1966, S. 47 ff.)

Rudolf Carnap

Sinnvolle Sätze***

Rudolf Carnap, einer der wichtigsten Vertreter des neopositivistischen Wiener Kreises, wollte zeigen, dass nur solche Aussagen sinnvoll genannt werden können, von denen angegeben werden kann, unter welchen Bedingungen sie wahr oder falsch, also verifizierbar oder falsifizierbar sind. Carnaps „Sinnkriterium" hatte einen großen Einfluss auf die Entwicklung der modernen Wissenschaftstheorie.

Der Sinn einer Aussage besteht darin, dass sie einen (denkbaren, nicht notwendig auch bestehenden) Sachverhalt zum Ausdruck bringt. Bringt eine (vermeintliche) Aussage keinen (denkbaren) Sachverhalt zum Ausdruck, so hat sie keinen Sinn, ist nur scheinbar eine Aussage. Bringt eine Aussage einen Sachverhalt zum Ausdruck, so ist sie jedenfalls sinnvoll; und zwar ist sie wahr, wenn dieser Sachverhalt besteht, falsch, wenn er nicht besteht. Man kann von einer Aussage schon wissen, ob sie sinnvoll ist, noch bevor man weiß, ob sie wahr oder falsch ist.

Enthält eine Aussage nur Begriffe, die schon bekannt und anerkannt sind, so ergibt sich aus diesen ihr Sinn. Enthält dagegen eine Aussage einen neuen Begriff oder einen solchen, dessen Legitimität (wissenschaftliche Verwendbarkeit) infrage gestellt wird, so muss angegeben werden, welchen Sinn sie hat. Dazu ist notwendig und hinreichend, dass angegeben wird, in welchen Fällen von (zunächst nur gedachter) Erfahrung sie wahr heißen soll (nicht: „wahr ist"), und in welchen Fällen sie falsch heißen soll. Die geforderte Angabe ist erstens hinreichend; es braucht nicht etwa so etwas wie der „Sinn des Begriffes" angegeben zu werden.

BEISPIEL. Der Begriff „Jupiter" kann dadurch eingeführt werden, dass festgesetzt wird: Die Aussage „Jupiter brummt zur Zeit t am Ort p" soll wahr heißen, wenn zur Zeit t am Ort p ein Donner feststellbar ist, andernfalls soll sie falsch heißen. Durch diese Festsetzung hat, ohne dass etwas über den Sinn des Begriffes „Jupiter" gesagt worden ist, die Aussage einen Sinn bekommen; denn wenn ich jetzt zu jemandem die Aussage mache: „Jupiter wird um 12 Uhr hier brummen", so weiß er, was er zu erwarten hat, er kann, wenn er sich in die geeignete Situation (an den bestimmten Ort) begibt, eine Erfahrung machen, durch die meine Aussage bestätigt oder widerlegt wird.

Die geforderte Angabe ist aber auch notwendig. Denn wenn man es für zulässig ansehen wollte, in der Wissenschaft eine Aussage zu machen, deren Gültigkeit nicht in bestimmter Weise durch Erfahrungen bestätigt oder widerlegt werden kann, so würde man das Eindringen auch ganz offenkundig sinnloser (Schein-)Aussagen nicht verhindern können.

BEISPIEL. Betrachten wir die folgende Reihe von schrittweise schlimmer werdenden Zeichenkomplexen. Soll hierin (1) als sinnvoll (wenn auch vielleicht falsch) hingestellt werden, so dürfte es schwierig sein, ohne Willkür ein Kriterium aufzustellen, durch das irgendwo in der Reihe eine Grenze zwischen Sinnvollem und Sinnlosem gezogen würde. 1. „In der Wolke sitzt Jupiter (er drückt sich aber weder in der Gestalt der Wolke aus, noch ist seine Anwesenheit in irgendeiner anderen Weise durch Wahrnehmungen erkennbar)“; 2. „dieser Stein ist traurig“; 3. „dieses Dreieck ist tugendhaft“; 4. „Berlin Pferd blau“; 5. „und oder dessen“; 6. „bu ba bi“; 7. „–)) “. Man wird zugeben, dass (6) ebenso sinnlos ist wie (7). Denn (6) besteht zwar aus solchen Zeichen (nämlich Buchstaben), die sonst auch in sinnvollen Sätzen vorkommen; aber die Art ihrer Zusammenstellung macht hier doch den ganzen Satz sinnlos. Das Verhältnis zwischen (4) und (6) ist im Grunde nicht anders; (4) ist ebenso sinnlos wie (6), obwohl es aus größeren Zeichenkomplexen zusammengesetzt ist, die sonst auch in sinnvollen Sätzen vorkommen. Das wird man auch noch leicht zugeben. Und nun müssen wir uns klar machen, dass auch (3) und dann auch (2) ebenso sinnlos sind wie (4); (2) und (3) bestehen zwar aus Worten, die (im Unterschied zu [4]) so zusammengestellt sind, wie es ihr grammatischer Charakter verlangt; nicht aber, wie es ihre Bedeutung verlangt. Wenn man auf den ersten Blick glaubt, zwischen (3) und (4) bestehe ein wesentlicher Unterschied, so wird dieser Irrtum verursacht durch eine Mangelhaftigkeit unserer gewöhnlichen Sprachen, die darin besteht, dass ein Satz grammatisch einwandfrei und trotzdem sinnlos sein kann. Infolgedessen kommt es leicht vor, dass man einen Scheinsatz für einen sinnvollen Satz hält; und das ist für die Philosophie an manchen Stellen verhängnisvoll geworden; das werden wir später an den Thesen des Realismus und Idealismus sehen. (Die logistische Sprache hat diesen Fehler nicht; in ihr kann für einen vorgelegten, auch nichtlogischen Satz entschieden werden, ob er sinnvoll ist oder nicht, wenn nur die Art [nicht auch die Bedeutung] der vorkommenden Zeichen bekannt ist. Die hierauf beruhende große Bedeutung der logistischen Sprache für die Nachprüfung philosophischer Aussagen wird noch sehr wenig erkannt und verwertet.)

Damit unsere These genauer formuliert werden kann, seien zunächst einige Definitionen aufgestellt. Spricht eine Aussage p den Inhalt eines Erlebnisses E aus, und ist die Aussage q gleich p oder aus p und früherem Erfahrungswissen durch Deduktionen oder induktive Schlüsse ableitbar, so sagen wir: p ist durch das Erlebnis E „fundiert“. Eine Aussage p heißt „nachprüfbar“, wenn die Bedingungen angebbar sind, unter denen ein Erlebnis E eintreten würde, durch das p oder das Gegenteil von p fundiert werden würde. Eine Aussage p heißt „sachhaltig“, wenn Erlebnisse, durch die p oder das Gegenteil von p fundiert werden würde, wenigstens als Erlebnisse denkbar sind und ihrer Beschaffenheit nach angegeben werden können. Aus diesen Definitionen ergibt sich: Ist eine Aussage nachprüfbar, so auch sicher sachhaltig; das Umgekehrte gilt nicht allgemein. Kann eine Aussage nicht nur gegenwärtig nicht, sondern grundsätzlich überhaupt nicht durch ein Erlebnis fundiert werden, so ist sie nicht sachhaltig.

Karl R. Popper
(1902–1994)

Text aus: Objektive Erkenntnis (Hamburg 1973, S. 369 f.) und aus: Logik der Forschung (Tübingen 1976, S. 71 f.)

Karl R. Popper

Kritik der Erkenntnis***

Popper führt hier gewichtige Argumente an gegen die induktive Theorie in den Erfahrungswissenschaften, wonach eine möglichst „reine Beobachtung" Garant wissenschaftlichen Fortschritts sei. Popper argumentiert demgegenüber für die durchgängige Bedeutung theoretischer Überlegungen auf allen Stufen wissenschaftlichen Arbeitens.

Kritik herkömmlicher Theorien der Erkenntnis

Ich beginne mit einer kurzen Charakterisierung der zu kritisierenden Auffassung, die ich gewöhnlich als „Kübeltheorie der Wissenschaft" (oder „Kübeltheorie des menschlichen Geistes") bezeichne. Diese Auffassung geht von der sehr einleuchtenden Feststellung aus, dass wir zunächst einmal Wahrnehmungen haben müssen, bevor wir über die Welt etwas wissen können und etwas aussagen können. Daraus wird geschlossen, dass unser Wissen oder unsere Erfahrung entweder aus Wahrnehmungen besteht (naiver Empirizismus) oder doch wenigstens aus verarbeiteten, geordneten und klassifizierten Wahrnehmungen (Bacon und, in radikalerer Form, Kant).

Die griechischen Atomisten stellten sich diesen Vorgang ganz primitiv vor. Sie nahmen an, dass sich Atome von den zu erkennenden Gegenständen loslösen und in unsere Sinnesorgane eindringen, wo sie zu unseren Wahrnehmungen werden. Aus diesen Wahrnehmungen setzt sich dann im Laufe der Zeit unser Wissen von der Außenwelt zusammen (wie ein Geduldspiel, das sich selber löst). Unser Geist gleicht sozusagen einem Behälter mit Öffnungen – einer Art Kübel –, in dem sich die Wahrnehmungen und das Wissen ansammeln. (Bacon spricht von den Wahrnehmungen als von „reifen Trauben", die wir geduldig einsammeln müssen, und aus denen der reine Wein der Erkenntnis ausgepresst wird.)

Die reinen Empirizisten raten uns nun, in diesen Prozess der Ansammlung des Wissens so wenig als möglich störend einzugreifen. Wahres Wissen ist reines Wissen, unvermengt mit den Vorurteilen, die wir zu unseren Wahrnehmungen, zur reinen Erfahrung, hinzuzutun geneigt sind; Irrtum ist das Produkt dieser Zutaten, das heißt, unseres störenden Eingreifens in diesen Prozess. Im Gegensatz zu dieser Ansicht lehrt Kant, dass es reine Wahrnehmungen gar nicht gibt, und dass die Erfahrung eine Art von Assimilations- oder (Um-)Formungsprodukt ist – das gemeinsame Produkt von Wahrnehmungen und gewissen Zutaten unseres Geistes. Die Wahrnehmungen sind sozusagen der Rohstoff, der dem Kübel von außen zugeführt wird, und der in dem Kübel einer Art von (automatischer) Verarbeitung oder Verdauung unterworfen wird – einer Art von systematischer Klassifikation –, um schließlich doch zu etwas einigermaßen Ähnlichem wie Bacons „reinem Wein der Erfahrung" zu werden – sagen wir, vielleicht zu einem etwas gepantschten Wein.

Ich glaube, dass alle diese Ansichten dem tatsächlichen Prozess der Erfahrungsbildung und dem tatsächlichen Verfahren der Forschung in keiner Weise gerecht werden, obwohl Kants Auffassung vielleicht so uminterpretiert werden kann, dass sie der hier zu vertretenden Auffassung wesentlich näher kommt als der reine Empirizismus. Zwar muss man wohl zugeben, dass wir ohne Erfahrung nicht Wissenschaft betreiben können (wobei aber hier der Begriff der „Erfahrung" einer Analyse sehr bedürftig ist); niemals aber bilden die Wahrnehmungen nach der hier zu vertretenden Ansicht das Material – im Sinne der „Kübeltheorie" –, aus dem sich die „Erfahrung" oder die „Wissenschaft" aufbaut.

In der Wissenschaft spielt nicht so sehr die Wahrnehmung, wohl aber die Beobachtung eine große Rolle. Eine Beobachtung aber ist ein Vorgang, in dem wir uns äußerst aktiv verhalten. In der Beobachtung haben wir es mit einer Wahrnehmung zu tun, die planmäßig vorbereitet ist, die wir nicht „haben" (wie eine Sinneswahrnehmung), sondern „machen", wie die deutsche Sprache ganz richtig sagt. Der Beobachtung geht ein Interesse voraus, eine Frage, ein Problem – kurz, etwas Theoretisches; können wir doch jede Frage in Form einer Hypothese formulieren, mit dem Zusatz: „Ist es so? Ja oder nein?" In diesem Sinne können wir geradezu behaupten, dass der Beobachtung die Frage, die Hypothese, oder wie wir es nennen mögen, aber jedenfalls ein Interesse, also etwas Theoretisches (oder Spekulatives), vorausgeht. Beobachtungen sind immer selektiv, setzen also etwas wie ein Selektionsprinzip voraus. (…)

Theorie und Experiment

Die Basissätze werden durch Beschluss, durch Konvention anerkannt, sie sind Festsetzungen. Die Beschlussfassung ist geregelt. Vor allem dadurch, dass wir nicht einzelne Basissätze, voneinander logisch isoliert, anerkennen, sondern dass wir eine Theorie überprüfen und bei dieser Gelegenheit systematische Fragen aufwerfen, die wir dann durch Anerkennung von Basissätzen beantworten.

Es ist also nicht so, wie der naive Empirist, der Induktionslogiker glaubt: dass wir unsere Erlebnisse sammeln, ordnen und so zur Wissenschaft aufsteigen; oder, wenn wir das mehr „formal" ausdrücken: dass wir, wenn wir Wissenschaft treiben wollen, zunächst Protokolle sammeln müssen. Die Aufgabe: „Protokolliere, was du eben erlebst!" ist nicht eindeutig (soll ich protokollieren, dass ich eben schreibe, dass ich eine Glocke, einen Zeitungsausrufer und einen Lautsprecher höre – oder dass ich mich darüber ärgere?); aber selbst wenn sie lösbar wäre: Auch eine noch so reiche Sammlung solcher Sätze würde nie zu einer Wissenschaft führen. Wir brauchen Gesichtspunkte, theoretische Fragestellungen.

Die Festsetzung der Basissätze erfolgt anlässlich einer Anwendung der Theorie und ist ein Teil dieser Anwendung, durch die wir die Theorie erproben; wie die Anwendung überhaupt, so ist die Festsetzung ein durch theoretische Überlegungen geleitetes planmäßiges Handeln.

Alfred North Whitehead (1861–1947): engl. Philosoph und Mathematiker; Professor an der Harvard-Universität; verfasste mit Bertrand Russell die *Principia Mathematica* (➤ *S. 35*); Vertreter des Neurealismus

deduzieren: ableiten

Damit lösen sich jene Fragen, wie z. B. die Whitehead'sche, warum denn immer das Tastfrühstück mit dem Sehfrühstück, die Tast-Times mit der Seh- und der Hör-(Raschel-)Times serviert werde: Der Induktionslogiker, der glaubt, dass die Wissenschaft von unzusammenhängenden Elementarerlebnissen ausgeht, wundert sich über deren regelmäßiges Zusammentreffen, das ihm durchaus „zufällig" erscheinen muss; denn er kann es nicht auf Theorien zurückführen, da er ja diese auf jenes regelmäßige Zusammentreffen zurückzuführen bemüht ist.

Für uns aber lassen sich die Zusammenhänge zwischen unseren Erlebnissen aus den Theorien deduzieren (und erklären), die wir überprüfen (wir erwarten nach ihnen keinen Tastmond und keinen Höralpdruck); und es bleibt nur die eine – offenkundig nicht durch falsifizierbare Theorien beantwortbare, also „metaphysische" – Frage übrig: Woher es kommt, dass wir mit der Aufstellung von Theorien oft Glück haben – dass es „Gesetzmäßigkeiten gibt"?

Diese Verhältnisse sind für die Theorie des Experiments entscheidend: Der Experimentator wird durch den Theoretiker vor ganz bestimmte Fragen gestellt und sucht durch seine Experimente für diese Fragen und nur für sie eine Entscheidung zu erzwingen; alle anderen Fragen bemüht er sich dabei auszuschalten. (Hier spielt die relative Unabhängigkeit von Teilsystemen einer Theorie eine Rolle.) So bemüht sich der Experimentator, den Versuch so einzurichten, dass er gegenüber einer Frage „(...) möglichst empfindlich, gegenüber allen anderen in Betracht kommenden aber möglichst unempfindlich ist (...): Hierin besteht u. a. die Arbeit der Abschirmung aller möglichen ‚Fehlerquellen'". (zitiert nach: Hermann Weyl, Philosophie der Mathematik und Naturwissenschaft. Berlin u. München 1927, S. 113) Doch nicht, „um dem Theoretiker seine Aufgabe zu erleichtern", geht der Experimentator in dieser Weise vor, nicht um eine Induktionsgrundlage für die Theorienbildung zu schaffen; vielmehr muss der Theoretiker seine wichtigste Aufgabe bereits gelöst haben: die Frage möglichst scharf zu formulieren. Er ist es, der dem Experimentator den Weg weist. Und auch dessen Arbeit sind nicht so sehr die „exakten Beobachtungen", sondern wieder theoretische Überlegungen: Diese beherrschen die experimentelle Arbeit von der Planung des Versuchs bis zu den letzten Handgriffen. (...)

Hans-Georg Gadamer (1900–2002)

Text aus: Wahrheit und Methode (4. Aufl., Tübingen 1975, S. 252 f.)

Hans-Georg Gadamer

Was ist Hermeneutik?**

Gadamer demonstriert am Beispiel des Verstehens von Texten, was das „hermeneutische Problem" eigentlich ist: dass wir stets mit einer Vormeinung, einem Vorverständnis an den Text herangehen. Dieser Tatbestand soll produktiv genützt werden.

Jedem Text gegenüber ist die Aufgabe gestellt, den eigenen Sprachgebrauch – oder im Falle einer Fremdsprache den uns aus den Schriftstellern oder dem täglichen Umgang bekannten Sprachgebrauch – nicht einfach ungeprüft einzusetzen. Wir erkennen vielmehr die Aufgabe an, aus dem Sprachgebrauch der Zeit bzw. des Autors unser Verständnis des Textes erst zu gewinnen. Die Frage ist freilich, wie diese allgemeine Forderung überhaupt erfüllbar wird. Insbesondere im Bereich der Bedeutungslehre steht dem die Unbewusstheit des eigenen Sprachgebrauchs entgegen. Wie kommen wir eigentlich dazu, zwischen dem uns gewohnten Sprachgebrauch und dem des Textes eine Differenz anzunehmen?

Bedeutungslehre: in der Sprachwissenschaft normalerweise die „Semantik"; bei Gadamer bekommt die Bedeutungslehre erweiterten Sinn und wird auch synonym für „Hermeneutik" verwendet

Man wird sagen müssen, dass es im Allgemeinen erst die Erfahrung des Anstoßes ist, den wir an einem Text nehmen – sei es, dass er keinen Sinn ergibt, sei es, dass sein Sinn mit unserer Erwartung unvereinbar ist –, die uns einhalten und auf das mögliche Anderssein des Sprachgebrauchs achten lässt. Dass jemand, der die gleiche Sprache spricht, die Worte, die er gebraucht, in dem mir vertrauten Sinne nimmt, ist eine generelle Voraussetzung, die nur im Einzelfalle fraglich werden kann – und das Gleiche gilt im Falle der fremden Sprache, dass wir dieselbe in durchschnittlicher Weise zu kennen meinen und beim Verständnis eines Textes diesen durchschnittlichen Sprachgebrauch voraussetzen.

Was so von der Vormeinung des Sprachgebrauchs gilt, das gilt aber nicht minder von den inhaltlichen Vormeinungen, mit denen wir Texte lesen und die unser Vorverständnis ausmachen. Hier fragt es sich genauso, wie man aus dem Bannkreis seiner eigenen Vormeinungen überhaupt herausfinden soll. Gewiss kann es keine generelle Voraussetzung sein, dass das, was uns in einem Text gesagt wird, sich meinen eigenen Meinungen und Erwartungen bruchlos einfügt. Was mir einer sagt, ob im Gespräch, Brief oder Buch oder wie immer, steht ja zunächst im Gegenteil unter der Voraussetzung, dass es seine und nicht meine Meinung ist, die da ausgesprochen wird und die ich zur Kenntnis zu nehmen habe, ohne dass ich dieselbe zu teilen brauche. Aber diese Voraussetzung ist nicht eine erleichternde Bedingung für das Verstehen, sondern insofern eine Erschwerung, als die mein Verständnis bestimmenden eigenen Vormeinungen ganz unbemerkt zu bleiben vermögen. Wenn sie Missverständnisse motivieren – wie soll einem Text gegenüber, wo keine Gegenrede eines anderen erfolgt, Missverständnis überhaupt zur Wahrnehmung gelangen? Wie soll vorgängig ein Text vor Missverständnis geschützt werden?

Sieht man näher zu, so erkennt man jedoch, dass auch Meinungen nicht beliebig verstanden werden können. So wenig wir einen Sprachgebrauch dauernd verkennen können, ohne dass der Sinn des Ganzen gestört wird, so wenig können wir an unserer eigenen Vormeinung über die Sache blindlings festhalten, wenn wir die Meinung eines anderen verstehen. Es ist ja nicht so, dass man, wenn man jemanden anhört, oder an eine Lektüre geht, alle Vormeinungen über den Inhalt und alle eigenen Meinungen vergessen müsste. Lediglich Offenheit für die Meinung des anderen oder des Textes wird gefordert. Solche Offenheit aber schließt immer schon ein, dass man die andere Meinung zu dem Ganzen der eigenen Meinungen in ein Verhältnis setzt oder sich zu ihr. Nun sind zwar Meinungen eine bewegliche Vielfalt von Möglichkeiten (im Vergleich zu der Übereinstimmung, die eine Sprache und ein Vokabular darstellen), aber innerhalb dieser Vielfalt des Meinbaren, d. h. dessen, was ein Leser sinnvoll finden und insofern erwarten kann, ist doch nicht alles möglich, und wer an dem vorbeihört, was der andere wirklich sagt, wird das Missverstandene am Ende auch der eigenen vielfältigen Sinnerwartung nicht einordnen können. So gibt es auch hier einen Maßstab. Die hermeneutische Aufgabe geht von selbst in eine sachliche Fragestellung über und ist von dieser immer schon mitbestimmt.

Damit gewinnt das hermeneutische Unternehmen festen Boden unter den Füßen. Wer verstehen will, wird sich von vornherein nicht der Zufälligkeit der eigenen Vormeinung überlassen dürfen, um an der Meinung des Textes so konsequent und hartnäckig wie möglich vorbeizuhören – bis etwa diese unüberhörbar wird und das vermeintliche Verständnis umstößt. Wer einen Text verstehen will, ist vielmehr bereit, sich von ihm etwas sagen zu lassen. Daher muss ein hermeneutisch geschultes Bewusstsein für die Andersheit des Textes von vornherein empfänglich sein. Solche Empfänglichkeit setzt aber weder sachliche „Neutralität" noch gar Selbstauslöschung voraus, sondern schließt die abhebende Aneignung der eigenen Vormeinungen und Vorurteile ein. Es gilt, der eigenen Voreingenommenheit innezusein, damit sich der Text selbst in seiner Andersheit darstellt und damit in die Möglichkeit kommt, seine sachliche Wahrheit gegen die eigene Vormeinung auszuspielen.

Paul Feyerabend (1924–1994)

Text aus: Erkenntnis für freie Menschen (Frankfurt/M. 1980, S. 68 ff.)

Paul Feyerabend

Erkenntnis für freie Menschen**

In diesem Buch stellt Feyerabend die radikalen Konsequenzen seiner „Anarchistischen Erkenntnistheorie" vor: In einer wirklich freien Gesellschaft sollen die politischen und wissenschaftlich-technischen Letztentscheidungen nicht bei irgendeiner kulturellen oder staatlichen Institution, auch nicht bei der Wissenschaft, sondern bei den mündigen Bürger/innen selbst liegen. Ausgangspunkt ist die Einsicht, dass es unterschiedliche „Traditionen" gibt, also soziale und kulturelle Zusammenhänge, in denen Menschen leben, dass diese aber alle gleichwertig sind.

I. Traditionen sind weder gut noch schlecht; sie existieren einfach. „Objektiv", das heißt unabhängig von Traditionen, gibt es keine Wahl zwischen einer humanitären Einstellung und dem Antisemitismus.

Ergänzung: Die Rationalität ist nicht ein Schiedsrichter zwischen Traditionen, sie ist selbst eine Tradition (Klasse von Traditionen) oder ein Aspekt einer Tradition. Sie ist daher weder gut noch schlecht, sondern ist einfach.

II. Eine Tradition erhält erwünschte und unerwünschte Züge nur, wenn man sie auf eine Tradition bezieht, das heißt, wenn man sie als Teilnehmer einer Tradition betrachtet und aufgrund der Werte dieser Tradition beurteilt.

III. These I und These II führen zu einem Relativismus von genau der Art, wie ihn Protagoras verteidigt zu haben scheint. Der Relativismus des Protagoras ist vernünftig, denn er beachtet die Vielzahl von Traditionen und Werten. Er ist zivilisiert, denn er nimmt nicht an, dass das winzige Dorf, in dem man wohnt, am Nabel der Welt liegt und dass seine seltsamen Sitten Maßstäbe für die ganze Menschheit sind. Er ist außerdem klug, denn er schließt nicht aus der Unvollständigkeit von Wertsätzen (kein Hinweis auf Traditionen oder Teilnehmer) auf ihre „Objektivität".

IV. Traditionen haben verschiedene Mittel, um Anhänger zu gewinnen. Es gibt Traditionen, die diese Mittel untersuchen und je nach der eintretenden Situation modifizieren. Andere Traditionen nehmen an, dass es einen Königsweg der Propaganda gibt, der immer und unter allen Umständen funktioniert (manchmal scheint es, dass Rationalisten diesen naiven Glauben teilen). Die Methoden einer Tradition sind akzeptabel, lächerlich, „rational", närrisch, je nach der Tradition, von der aus man sie beurteilt. Argumentieren ist für den einen Beobachter Propaganda, für einen anderen das Wesen menschlicher Verständigung.

V. Wir haben gesehen, dass die Maßstäbe, mit denen Individuen und Gruppen einen historischen Prozess beurteilen, gelegentlich durch den Vorgang der Beurteilung selbst konstituiert werden: Die Urteile sind antizipierende Urteile und nicht konservative Urteile (...). Beim Konstituieren folgt man nicht weiteren und „höheren" Maßstäben, sondern einem vagen Instinkt, einer unbestimmten Idee, oder man handelt automatisch, ohne auch nur an Maßstäbe zu denken. Der wilde Krieger, der seinen verwundeten Feind heilt, statt ihn zu töten, weiß nicht, warum er so vorgeht, und gibt auf Befragen falsche und oft ganz lächerliche Antworten. Aber seine Handlung führt ein Zeitalter der Zusammenarbeit und des friedlichen Wettstreits ein und schafft so eine neue Tradition des Verkehrs zwischen Nationen. Die Frage: wie soll ich wählen; wie weiß ich, was ich annehmen soll oder ablehnen muss; auf welche Maßstäbe gründe ich meine Entscheidung, hat also bei antizipierenden Entscheidungen keinen Sinn.

antizipieren: (gedanklich) vorwegnehmen

VI. Es gibt daher zumindest zwei verschiedene Wege, auf denen man kollektive Probleme einer Lösung zuführen kann. Ich nenne diese Wege einen freien Austausch (von Gedanken, Gütern, Handlungen, etc.) und einen gelenkten Austausch.

Die Teilnehmer eines gelenkten Austausches akzeptieren eine Tradition und lassen nur jene Handlungen (Überlegungen, Argumente, Prozeduren) zu, die den Maßstäben dieser Tradition entsprechen. Ist eine der Parteien nicht bereit, den damit vorgeschriebenen Weg zu gehen, oder gehört sie noch nicht der gewählten Tradition an, dann versucht man, sie durch Überredung, „Erziehung", Drohung oder zuckersüße Einflüsterungen auf Vordermann zu bringen. Der Austausch beginnt erst nach Beendigung dieser vorbereitenden Maßnahmen. Eine rationale Diskussion ist ein Spezialfall eines gelenkten Austausches.

Ein freier Austausch hingegen beruht auf einer pragmatischen Philosophie und antizipierenden Überlegungen. Ein freier Austausch respektiert alle Züge des Gegners, sei er nun ein Individuum oder eine ganze Nation (...).

VII. Eine freie Gesellschaft ist eine Gesellschaft, in der alle Traditionen gleiche Rechte und gleichen Zugang zu den Zentren der Erziehung und andren Machtzentren haben.

VIII. Eine freie Gesellschaft wird nicht von Freiheitsnarren erfunden und dann anderen Menschen aufgezwungen („man muss die Menschen zur Freiheit zwingen", schreibt Rousseau), sie tritt überall dort hervor, wo Menschen in dem Versuch, besondere Probleme gemeinsam zu lösen, Schutzstrukturen der angegebenen Art einführen. Bürgerinitiativen in kleinem Maßstab, die Zusammenarbeit von Nationen – das sind die Entwicklungen, die mir vorschweben.

IX. Die Debatten, Auseinandersetzungen, die Austauschverfahren, die eine freie Gesellschaft begründen, sind freie Verfahren, nicht gelenkte Verfahren.

X. Eine freie Gesellschaft trennt Staat und Wissenschaft (und sie trennt auch den Staat von jeder anderen Tradition).

In einer freien Gesellschaft löst man Probleme nicht mit Theorien, sondern durch die Entschlüsse der von den Problemen betroffenen Menschen. Die Entschlüsse sind natürlich von Theorien beeinflusst, aber die Theorien haben nicht das letzte Wort. Das letzte Wort ist der Schiedsspruch der freien Bürger und dieser hängt ab von den Traditionen der Bürger und der durch diese Traditionen bedingten Sicht von Problemen und Lösungsvorschlägen: Der Schiedsspruch ist antizipierend, nicht konservativ (...) und die Zusammenarbeit zwischen Traditionen ist frei, nicht gelenkt (...). Abgelehnt werden alle Versuche besonderer Gruppen, am Menschen herumzupfuschen, ihn „kritischer", „frommer", „humaner" etc. zu machen, sofern diese Versuche auf staatlichen Institutionen beruhen: Die Qualität der Menschen geht den Staat nichts an. Aber man wird natürlich auf Intellektuelle hören und auf Priester, Propheten, Medizinmänner, denn sie alle haben wichtige und interessante Dinge zu sagen. Nicht rationalistische Maßstäbe, nicht religiöse Überzeugungen, nicht humane Regungen, sondern Bürgerinitiativen sind das Filter, das brauchbare von unbrauchbaren Ideen und Maßnahmen trennt. Empfohlen wird eine prinzipienlose Gesellschaft, die Traditionen nicht nur respektiert, sondern zur Mitarbeit auffordert, Prinzipien von Fall zu Fall durchsetzt.

Texte 1.4.

Ludwig Wittgenstein

Logik und Welt**

Wittgensteins *Tractatus* untersucht die Möglichkeiten des Denkens anhand der Möglichkeiten der Sprache. Ausgehend vom logischen Bau der Sätze und der Struktur des logischen Schließens versucht Wittgenstein eine Erkenntnistheorie zu formulieren, die konsequent die Möglichkeiten und Grenzen menschlichen Denkens offenbart.

Ludwig Wittgenstein (1898–1951)

Text aus: Tractatus logico-philosophicus (Frankfurt/M., 7. Aufl., S. 41f., 89f., 101f., 115)

4.111 Die Philosophie ist keine der Naturwissenschaften.
(Das Wort „Philosophie" muss etwas bedeuten, was über oder unter, aber nicht neben den Naturwissenschaften steht.)

4.112 Der Zweck der Philosophie ist die logische Klärung der Gedanken.
Die Philosophie ist keine Lehre, sondern eine Tätigkeit. Ein philosophisches Werk besteht wesentlich aus Erläuterungen.
Das Resultat der Philosophie sind nicht „philosophische Sätze", sondern das Klarwerden von Sätzen.
Die Philosophie soll die Gedanken, die sonst gleichsam, trübe und verschwommen sind, klar machen und scharf abgrenzen.

4.1121 Die Psychologie ist der Philosophie nicht verwandter als irgendeine andere Naturwissenschaft.
Erkenntnistheorie ist die Philosophie der Psychologie. Entspricht nicht mein Studium der Zeichensprache dem Studium der Denkprozesse, welches die Philosophen für die Philosophie der Logik für so wesentlich hielten? Nur verwickelten sie sich meistens in unwesentliche psychologische Untersuchungen, und eine analoge Gefahr gibt es auch bei meiner Methode.

4.1122 Die Darwin'sche Theorie hat mit der Philosophie nicht mehr zu schaffen als irgendeine andere Hypothese der Naturwissenschaft.

4.113 Die Philosophie begrenzt das bestreitbare Gebiet der Naturwissenschaft.

4.114 Sie soll das Denkbare abgrenzen und damit das Undenkbare.
Sie soll das Undenkbare von innen durch das Denkbare begrenzen.

4.115 Sie wird das Unsagbare bedeuten, indem sie das Sagbare klar darstellt.

4.116 Alles was überhaupt gedacht werden kann, kann klar gedacht werden.
Alles was sich aussprechen lässt, lässt sich klar aussprechen.

(...)

5.61 Die Logik erfüllt die Welt; die Grenzen der Welt sind auch ihre Grenzen.
Wir können also in der Logik nicht sagen: Das und das gibt es in der Welt, jenes nicht.

Das würde nämlich scheinbar voraussetzen, dass wir gewisse Möglichkeiten ausschließen und dies kann nicht der Fall sein, da sonst die Logik über die Grenzen der Welt hinaus müsste: wenn sie nämlich diese Grenzen auch von der anderen Seite betrachten könnte.

Was wir nicht denken können, das können wir nicht denken; wir können also auch nicht sagen, was wir nicht denken können.

(...)

6.13 Die Logik ist keine Lehre, sondern ein Spiegelbild der Welt.
Die Logik ist transzendental.

6.2. Die Mathematik ist eine logische Methode.
Die Sätze der Mathematik sind Gleichungen, also Scheinsätze.

6.21 Der Satz der Mathematik drückt keinen Gedanken aus.

6.211 Im Leben ist es ja nie der mathematische Satz, den wir brauchen, sondern wir benützen den mathematischen Satz nur, um aus Sätzen, welche nicht der Mathematik angehören, auf andere zu schließen, welche gleichfalls nicht der Mathematik angehören.
(In der Philosophie führt die Frage „wozu gebrauchen wir eigentlich jenes Wort, jenen Satz" immer wieder zu wertvollen Einsichten.)

Tautologie: Wiederholung eines schon Gesagten durch eine Mehrfachbezeichnung

6.22 Die Logik der Welt, die die Sätze der Logik in den Tautologien zeigen, zeigt die Mathematik in den Einsichten.

(...)

6.53 Die richtige Methode der Philosophie wäre eigentlich die: nichts zu sagen als was sich sagen lässt, also Sätze der Naturwissenschaft – also etwas, was mit Philosophie nichts zu tun hat –, und dann immer, wenn ein anderer etwas Metaphysisches sagen wollte, ihm nachzuweisen, dass er gewissen Zeichen in seinen Sätzen keine Bedeutung gegeben hat. Diese Methode wäre für den anderen unbefriedigend – er hätte nicht das Gefühl, dass wir ihn Philosophie lehrten – aber sie wäre die einzig streng richtige.

6.54 Meine Sätze erläutern dadurch, dass sie der, welcher mich versteht, am Ende als unsinnig erkennt, wenn er durch sie – auf ihnen – über sie hinausgestiegen ist. (Er muss sozusagen die Leiter wegwerfen, nachdem er auf ihr hinaufgestiegen ist.)
Er muss diese Sätze überwinden, dann sieht er die Welt richtig.

7. Wovon man nicht sprechen kann, darüber muss man schweigen.

Franz von Kutschera (* 1932)

Franz von Kutschera

Die Bedeutung der Logik**

Kutschera führt verschiedene Argumente an, die die entscheidende Rolle einer tragfähigen Logik in unserem alltäglichen und wissenschaftlichen Leben demonstrieren sollen.

Text aus: Einführung in die moderne Logik (Freiburg 1981, S. 12 ff.)

Wozu beschäftigt man sich mit formaler Logik? Worin liegt ihr Nutzen? Ist die Beschäftigung mit der Logik nicht nur ein spezielles und etwas esoterisches Hobby, das kein allgemeineres Interesse für sich beanspruchen kann als z. B. das Briefmarkensammeln oder das Lösen von Kreuzworträtseln?

Für diejenigen Wissenschaftler, die sich hauptsächlich oder ausschließlich mit Logik befassen, ist natürlich das immanente Interesse an der Logik ausschlaggebend, ebenso wie für den Physiker das immanente Interesse an der Physik leitend ist und nicht der Gesichtspunkt ihrer möglichen technischen Anwendung. Die elementare Logik ist darüber hinaus für die Wissenschaft von allgemeinem Interesse. Deshalb gehört die Logik zur wissenschaftlichen Propädeutik, d. h. zu den Themen, mit denen jeder Student und Wissenschaftler sich, systematisch gesehen, beschäftigen sollte, bevor er sich den speziellen Problemen seines Fachs zuwendet, weil diese Themen für jegliche Art wissenschaftlicher Untersuchung grundlegend sind.

Propädeutik: Einführung in die Vorkenntnisse zu einem wissenschaftlichen Studium

Ganz allgemein charakterisiert ist die Logik die Schule des korrekten, klaren und folgerichtigen Denkens. Da aber wissenschaftliches Denken zumindest ein in dieser Weise qualifiziertes Denken sein muss, sollte jeder Wissenschaftler diese Schule einmal besuchen. Diese Schule wird aber tatsächlich nur wenig besucht, weil sich zum einen viele Menschen für denkerische Naturbegabungen halten und weil zum andern die wissenschaftlichen Begriffs- und Theorienbildungen vielfach noch so einfach sind, dass man sie mit einer gesunden logischen Intuition durchaus meistern kann.

Grundsätzlich ist aber zu sagen, dass das korrekte, klare und folgerichtige Denken eine durchaus anspruchsvolle und keineswegs immer leichte Tätigkeit ist, die man ohne gründliche Ausbildung nicht ausreichend beherrschen kann. Wenn man z. B. bemerkt, dass in der Umgangssprache das Wort „denken“ von vielen nur im Sinn von „fälschlich vermuten“ gebraucht wird, so wird einem klar, dass man mit dieser Art naturwuchsigen Denkens in den Wissenschaften kaum viel ausrichten kann. Und allen ist geläufig, dass man gehen, sprechen, essen und Fußball spielen lernen muss, warum also ausgerechnet das Denken nicht?

Versuchen Sie z. B. die Verneinung des einfachen Satzes „Es ist nicht alles Gold, was glänzt.“ zu bilden. Welcher der folgenden Sätze ist die Verneinung?

„Einiges Gold glänzt nicht.“
„Einiges, was glänzt, ist nicht Gold.“
„Alles, was glänzt, ist Gold.“
„Alles Gold glänzt nicht.“

Oder versuchen Sie festzustellen, ob der folgende Schluss gültig ist:

„Wenn Friedrich nicht zu den Tätern gehört, wenn alle am Tatort anwesenden Amtspersonen, Täter oder über achtzig Jahre alt waren und keine Amtsperson über achtzig Jahre alt ist und wenn Friedrich eine Amtsperson ist, so war Friedrich nicht am Tatort anwesend.“

Vielleicht wird Ihnen an solchen konkreten Fällen deutlich, dass eine Übung des logischen Denkens nicht überflüssig ist.

Aber abgesehen von der allgemeinen Charakterisierung als Schule des Denkens, ist die Logik auch aus folgenden Gründen für alle Wissenschaften von Bedeutung: In den Wissenschaften spielen Argumentationen für oder gegen eine Behauptung eine wesentliche Rolle, und unter den wissenschaftlichen Argumenten kommt den Beweisen eine ausgezeichnete Rolle zu. Ein Beweis, denken Sie etwa an das Beispiel eines mathematischen Beweises, ist jedoch nichts anderes als eine Folge von Schlüssen, deren erste Prämissen bereits bewiesene Sätze sind und deren letzte Konklusion die zu beweisende Behauptung darstellt. Damit ein Beweis akzeptiert wird, fordert man im Allgemeinen nur, dass jeder Schritt des Beweises, jeder einzelne Schluss, als richtig einleuchte. Dieses „Einleuchten" ist jedoch kein unproblematisches Kriterium, denn es hat schon manchem etwas eingeleuchtet, was sich später als falsch erwiesen hat. Will man den Beweisen größtmögliche Strenge sichern und sie einer genauen Kontrolle zugänglich machen, wird man sich auf eine Theorie des Beweisens, d. h. aber eine Theorie des Schließens, stützen, man wird deshalb die Logik zu Rate ziehen müssen.

Ernst Tugendhat (* 1930)

Ursula Wolf (* 1951)

Text aus: Logisch-semantische Propädeutik (Stuttgart 1983, S. 129 ff.)

generellerTerminus: Allgemeinbegriff

Ernst Tugendhat / Ursula Wolf

Begriffe, Ideen, Universalien***

Die Autoren geben im folgenden Text einen knappen, aber sehr präzisen Überblick über die lange Geschichte der Diskussion um den „Allgemeinbegriff" – es geht also um die Frage, was Begriffe eigentlich sind, wie sie entstehen, ob es sich nur um Konstrukte des Menschen handelt oder ob es sie „wirklich" gibt.

Im Folgenden sollen einige der wichtigsten historischen Etappen im Nachdenken über „Begriffe" genannt werden.

Der Erste, der auf das Problem aufmerksam wurde, war Platon. In seinen Frühdialogen stellt Sokrates bestimmte „Was ist"-Fragen: Was ist schön, was ist tapfer, was ist gerecht usw.? Dabei zeigte sich: So eine Frage ist zweideutig. Die Frage „Was ist schön?" kann als Frage nach einer Aufzählung schöner Dinge verstanden werden und wird von Sokrates' Dialogpartnern zunächst so missverstanden; Platon will sie aber verstanden wissen als Frage, was es ist (heißt), schön zu sein. Platon bezeichnet das auch so: Was ist das Schöne, was ist das Schöne selbst? Gesucht wird – wie wir heute sagen würden – nach einer Begriffsbestimmung. Wir müssen, sagte Platon, bei jedem generellen Terminus unterscheiden das viele F, also z. B. das viele Schöne, das mehr oder weniger schön ist, und einmal schön und dann wieder nichtschön sein kann, und demgegenüber das F selbst, die Schönheit, das Eines und unveränderlich ist und das nicht sinnlich wahrnehmbar ist, also ein Gegenstand des reinen Denkens, und er nannte das „idea" („das Erschaute"). Die Ideen sind also nicht-sinnlich Seiendes (in heutiger Terminologie: abstrakte Gegenstände). Die Beziehung zwischen dem konkreten Einzelding, das so-und-so ist, und dem So-und-so selbst (der Idee) bezeichnete Platon als Teilhabe (methexis). Die aristotelische Kritik an dieser Konzeption hat schon Platon selbst in seinem Dialog Parmenides vorweggenommen: Wie kann die eine Idee in den vielen Dingen, die an ihr teilhaben, als diese eine, ohne sich zu zersplittern, anwesend sein?

Aristoteles verwendet das Wort „eidos" (im Lateinischen übersetzt durch „forma" und „species"), und er redet auch einfach von „dem Allgemeinen" (to katholou), das im Lateinischen mit „universale" übersetzt wurde. Er verwarf die Ideen als selbständige Entitäten, die nach Platon losgelöst vom sinnlich Seienden wie eigene – nur übersinnliche – Einzeldinge existierten. Der Gegensatz zwischen der platonischen und der aristotelischen Auffassung ist dann im Mittelalter als der zwischen universalia ante res (die Universalien existieren vor und unabhängig von den konkreten Dingen) und universalia in rebus (sie existieren nur in den konkreten Dingen) formuliert worden. Man kann jedoch bezweifeln, ob diese Auffassung der „universalia in rebus" überhaupt eine echte Alternative oder nicht nur eine Augenwischerei ist. Der Zersplitterungseinwand, der am Ende des vorigen Absatzes geäußert wurde, scheint doch gegenüber der „universalia in rebus"-Auffassung noch verstärkt zu gelten. Man muss daher Aristoteles vorwerfen, er habe gegenüber Platon eine bloß negative Position eingenommen: die Universalien sollen nicht als selbständige Entitäten existieren, aber er sagt nicht, als was sie dann zu verstehen sind. Ist nicht die einzige wirkliche Frage die: Gibt es Universalien oder gibt es keine? Und wenn es sie gibt, heißt das eben, dass es eigene Entitäten sind.

Entität: selbständige, nicht mehr weiter spezifizierbare Wesenheit

Man hat die platonische und die aristotelische Auffassung als (Universalien-)Realismus zusammengefasst (es gibt die Universalien wirklich). Im Mittelalter gab es dazu zwei Alternativen; auf der einen Seite den Nominalismus (es gibt die Universalien nicht, sondern nur die Zeichen): Diese Position steht vor der Schwierigkeit, erklären zu müssen, wie ein Zeichen, das doch als solches nur ein konkreter Gegenstand ist, als allgemeines fungieren kann, ohne für etwas Allgemeines zu stehen; auf der anderen Seite den Konzeptualismus, demzufolge es die Universalien zwar nicht in der Wirklichkeit gibt, wohl aber im Geist, im Denken: Sie werden durch „Abstraktion" im Denken erzeugt. Unser Wort „Begriff" ist die Übersetzung von „conceptus".

Die konzeptualistische Auffassung ist diejenige, die sich in der Frühen Neuzeit durchgesetzt hat. Sie entspricht der psychologischen Auffassung des Logischen. Die Logik von Port-Royal spricht von allgemeinen Vorstellungen (idées universelles), die durch Abstraktion gewonnen werden. Genau so spricht Locke von „abstract ideas", und Kant erklärt Begriffe als „allgemeine Vorstellungen". Zu beachten ist, dass das Wort „idea" in der Frühen Neuzeit im Lateinischen, Französischen und Englischen so viel wie Vorstellung bedeutet und nichts mehr mit der platonischen Bedeutung dieses Wortes zu tun hat.

Logik von Port-Royal: wichtiges System der Logik, veröffentlicht von Arnauld und Nicole 1662

Bevor wir auf die Schwierigkeiten der konzeptualistischen Auffassung eingehen, sei ein Aspekt der Begriffstheorie der Logik von Port-Royal erwähnt, der historisch wichtig geworden ist. (Es) wird die Unterscheidung gemacht zwischen compréhension („Inhalt") und étendue („Umfang") eines Begriffs.

Der Inhalt soll alle Attribute enthalten, die der Begriff enthält, z. B. der Begriff des Rindes enthält u. a. die Attribute „Tier", „Säuger", „Wiederkäuer". Der Umfang soll alles enthalten, was unter den Begriff fällt. Dabei entstand die Unklarheit, ob damit die untergeordneten Begriffe gemeint sind oder die Gegenstände, auf die der Begriff anwendbar ist. Frege hat darauf hingewiesen, dass es sich hier nicht um eine graduelle Differenz, sondern um einen scharfen logischen Unterschied handelt. Ein Oberbegriff ist nur auf die Gegenstände, die unter ihn fallen, nicht auf seinen Unterbegriff anwendbar (man kann nicht sagen: „Der Begriff ‚Rind' ist ein Tier"); B ist gegenüber A ein Unterbegriff, wenn alles, was unter B fällt, auch unter A fällt, aber nicht umgekehrt. – Heute wird die Rede vom Umfang (Extension) eines Begriffs in eindeutiger Weise verwendet für die Menge der Gegenstände, die unter ihn fallen (die Menge aller Rinder bildet den Umfang des Begriffs „Rind"). – Was den anderen Begriff, den des Inhalts, betrifft, so hat der englische Logiker Hamilton im 19. Jahrhundert das Wort „comprehension" durch das Wort „intension" ersetzt. So kommt es zu der heutigen Unterscheidung von Extension und Intension. Allerdings spricht man nicht mehr von Extension und Intension des Begriffs, sondern des generellen Terminus, und vielfach wird gesagt, die Intension ist der Begriff. Worauf es dabei vor allem ankommt, ist, dass zwei generelle Termini dieselbe Extension haben können (d. h. sie treffen auf genau dieselben Gegenstände zu, sie haben denselben Umfang, sie bestimmen ein und dieselbe Menge oder Klasse) und gleichwohl eine verschiedene Intension haben können (sie stehen für zwei verschiedene Begriffe, d. h. sie haben eine verschiedene Bedeutung, und d. h.: Es wäre denkbar, dass ihre Umfänge verschieden sind, obwohl sie es de facto nicht sind). Ein Beispiel sind die Wörter „Wiederkäuer" und „Paarhufer": Sie haben dieselbe Extension, aber nicht dieselbe Intension.

Kurt Tucholsky
(1890–1935)

Text aus: Gesammelte Werke in 10 Bänden, hrsg. v. M. Gerold-Tucholsky und F. J. Raddatz (Reinbek bei Hamburg 1993, Bd. 8, S. 292)

Otto Brahm (1856–1912): deutscher Kritiker, Theaterleiter und Regisseur

Kurt Tucholsky

Ratschläge für einen guten Redner*

Der deutsche Schriftsteller und Satiriker Kurt Tucholsky fasste 1930 die Grundregeln der Rhetorik pointiert zusammen.

Hauptsätze. Hauptsätze. Hauptsätze.
Klare Disposition im Kopf – möglichst wenig auf dem Papier. Tatsachen, oder Appell an das Gefühl. Schleuder oder Harfe. Ein Redner sei kein Lexikon. Das haben die Leute zu Hause.
Der Ton einer einzelnen Sprechstimme kann ermüden; sprich nie länger als vierzig Minuten. Suche keine Effekte zu erzielen, die nicht in deinem Wesen liegen. Ein Podium ist eine unbarmherzige Sache – da steht der Mensch nackter als im Sonnenbad.
Merk Otto Brahms Spruch: Wat jestrichen is, kann nich durchfalln.

Theodor W. Adorno

Für Nach-Sokratiker**

Adorno skizziert in der berühmten Aphorismensammlung *Minima Moralia* die Untugenden – und Tugenden – Intellektueller.

Nichts ist dem Intellektuellen, der zu leisten sich vornimmt, was früher Philosophie hieß, unangemessener, als in der Diskussion, und fast möchte man sagen in der Beweisführung, recht behalten zu wollen. Das Recht-behalten-Wollen selber, bis in seine subtilste logische Reflexionsform hinein, ist Ausdruck jenes Geistes von Selbsterhaltung, den aufzulösen das Anliegen von Philosophie gerade ausmacht. Ich kannte einen, der alle Zelebritäten aus Erkenntnistheorie, Natur- und Geisteswissenschaften der Reihe nach zu sich einlud, mit jedem einzeln sein System durchdiskutierte und, nachdem keiner mehr gegen dessen Formalismus ein Argument vorzubringen wagte, seine Sache für schlechterdings wertbeständig hielt. Etwas von solcher Naivität ist überall dort noch am Werk, wo Philosophie auch nur von ferne dem Gestus des Überzeugens ähnelt. Ihm liegt die Voraussetzung einer universitas literarum zugrunde, eines apriorischen Einverständnisses der Geister, die miteinander kommunizieren können, und damit schon der ganze Konformismus. Wenn Philosophen, denen bekanntlich das Schweigen schon immer schwer fiel, aufs Gespräch sich einlassen, so sollten sie so reden, dass sie allemal unrecht behalten, aber auf eine Weise, die den Gegner der Unwahrheit überführt. Es käme darauf an, Erkenntnisse zu haben, die nicht etwa absolut richtig, hieb- und stichfest sind – solche laufen unweigerlich auf die Tautologie hinaus –, sondern solche, denen gegenüber die Frage nach der Richtigkeit sich selber richtet. – Damit wird aber nicht Irrationalismus angestrebt, das Aufstellen willkürlicher, durch den Offenbarungsglauben der Intuition gerechtfertigter Thesen, sondern die Abschaffung des Unterschieds von These und Argument. Dialektisch denken heißt, unter diesem Aspekt, dass das Argument die Drastik der These gewinnen soll und die These die Fülle ihres Grundes in sich enthalten. Alle Brückenbegriffe, alle Verbindungen und logischen Hilfsoperationen, die nicht in der Sache selber sind, alle sekundären und nicht mit der Erfahrung des Gegenstandes gesättigten Folgerungen müssten entfallen. (...)

Theodor W. Adorno (1903–1969)

Text aus: Minima Moralia. Reflexionen aus dem beschädigten Leben (Frankfurt/M. 1971, S. 85 f.)

universitas literarum (lat. für Gesamtheit der Wissenschaften): Universität

Tautologie: Wiederholung eines schon Gesagten durch eine Mehrfachbezeichnung

Texte 1.5.

Francis Bacon
(1561–1626)

Text aus: Novum Organum (Berlin 1870, S. 93 ff.)

Francis Bacon

Die Idole**

In seiner berühmten Lehre von den Idolen, den (falschen) Bildern, versuchte Bacon zu zeigen, welche Vorurteile das Erkenntnisvermögen des Menschen trüben und beeinträchtigen.

Die Götzenbilder und falschen Begriffe, die von dem menschlichen Geist schon Besitz ergriffen haben und fest in ihm wurzeln, halten den Geist nicht bloß so besetzt, dass die Wahrheit nur schwer einen Zutritt findet, sondern dass, selbst wenn dieser Zutritt gewährt und bewilligt worden ist, sie bei der Erneuerung der Wissenschaften immer wiederkehren und belästigen, solange man nicht sich gegen sie vorsieht und nach Möglichkeit verwahrt.

Es gibt vier Arten von Götzenbildern, welche den menschlichen Geist besetzt halten. Zur leichteren Darstellung habe ich ihnen besondere Namen gegeben; die erste Art nenne ich die Götzenbilder des Stammes; die zweite die der Höhle; die dritte die des Marktes; die vierte die des Theaters.

Induktion: Schluss vom Besonderen auf das Allgemeine

Die Aufstellung der Begriffe und Sätze vermittelst der wahren Induktion ist sicherlich ein geeignetes Mittel, um die Götzenbilder abzuhalten und zu entfernen; aber auch die Beschreibung der Götzenbilder ist von großem Nutzen; denn die Lehre von den Götzenbildern verhält sich zur Erklärung der Natur ähnlich wie die Lehre von den scholastischen Künsten zur gewöhnlichen Dialektik.

Dialektik: urspr.: Kunst der Gesprächsführung, Unterredung – Rede und Gegenrede

Die Götzenbilder des Stammes haben ihren Grund in der menschlichen Natur, in dem Stamm oder Geschlecht der Menschen selbst. Denn es ist unrichtig, dass der menschliche Sinn das Maß der Dinge sei; vielmehr geschehen alle Auffassungen der Sinne und des Verstandes nach der Natur des Menschen, nicht nach der Natur des Weltalls. Der menschliche Verstand gleicht einem Spiegel mit unebener Fläche für die Strahlen der Gegenstände, welcher seiner Natur mit der der letzteren vermengt, sie entstellt und verunreinigt.

Die Götzenbilder der Höhle sind die Götzenbilder des einzelnen Menschen. Denn jeder Einzelne hat neben den Verirrungen der menschlichen Natur im Allgemeinen eine besondere Höhle oder Grotte, welche das natürliche Licht bricht und verdirbt; teils infolge der eigentümlichen und besonderen Natur eines jeden, teils infolge der Erziehung und des Verkehrs mit andern, teils infolge der Bücher, die er gelesen hat, und der Autoritäten, die er verehrt und bewundert, teils infolge des Unterschiedes der Eindrücke bei einer voreingenommenen und vorurteilsvollen Sinnesart gegen eine ruhige und gleichmäßige Stimmung, und dergleichen mehr. Der menschliche Geist ist deshalb in seiner Verfassung bei dem Einzelnen ein sehr veränderliches, gestörtes und gleichsam zufälliges Ding. Deshalb sagt Heraklit richtig, dass die Menschen die Wissenschaften in ihren kleinen Welten suchen, aber nicht in der großen und gemeinsamen.

Es gibt auch Götzenbilder infolge der gegenseitigen Berührung und Gemeinschaft des menschlichen Geschlechts, welche ich wegen des Verkehrs und der Verbindung der Menschen die Götzenbilder des Marktes nenne. Denn die Menschen gesellen sich zueinander vermittelst der Rede; aber die Worte werden den Dingen nach der Auffassung der Menge beigelegt; deshalb behindert die schlechte und törichte Beilegung der Namen den Geist in merkwürdiger Weise. Auch die Definitionen und Erklärungen, womit die Gelehrten sich manchmal zu schützen und zu verteidigen pflegen, bessern die Sache keineswegs. Denn die Worte tun dem Verstande Gewalt an, stören alles und verleiten die Menschen zu leeren und zahllosen Streitigkeiten und Erdichtungen.

Es gibt endlich Götzenbilder, welche in die Seele der Menschen aus den mancherlei Lehrsätzen der Philosophie und auch aus verkehrten Regeln der Beweise eingedrungen sind, und die ich die Götzenbilder des Theaters nenne; denn so viel wie philosophische Systeme erfunden und angenommen worden sind, so viel Fabeln sind damit vorgebracht und aufgeführt worden, welche aus der Welt eine Dichtung und eine Schaubühne gemacht haben. Ich meine hier nicht bloß die schon vorhandenen oder die alten philosophischen Systeme und Sekten, da man ja noch mehr solcher Fabeln ersinnen und zusammensetzen kann; denn trotz der Mannigfaltigkeit des Irrtums ist doch die Ursache desselben überall die gleiche. Ich beziehe das nicht bloß auf die allgemeine Philosophie, sondern auch auf manche Prinzipien und Lehrsätze der besonderen Wissenschaften, die durch Herkommen, Leichtgläubigkeit und Nachlässigkeit Geltung erlangt haben.

Indes werde ich über diese einzelnen Arten von Götzenbildern noch ausführlicher und bestimmter sprechen müssen, damit der menschliche Geist dagegen geschützt bleibe.

So viel über die einzelnen Arten der Götzenbilder und deren Zubehör; mit festem und feierlichem Entschluss hat man ihnen zu entsagen; der Geist muss von ihnen befreit und gereinigt werden. Zu dem Reiche des Menschen, was in den Wissenschaften gegründet wird, darf kein anderer Eingang sein als zu dem Himmelreiche, in welches nur in Kindgestalt einzutreten gestattet ist.

Ernst Topitsch

Begriff und Funktion der Ideologie**

Ernst Topitsch (1919–2003)

Text aus: Sozialphilosophie zwischen Ideologie und Wissenschaft (Neuwied/Rhein 1961, S. 28 f.)

Ernst Topitsch untersucht in diesem Text, wie aus Annahmen über das Wesen der Natur oder des Menschen politische und moralische Forderungen abgeleitet werden.

1 Doch kommt die Einheit von Weltbild und „Wertbild" nicht nur durch die Sprache zustande, sondern auch durch die Tatsache, dass der Mensch das

Fernerliegende, Unbekannte oder schwer Begreifliche meist nach Analogie des Naheliegenden, Bekannten und für ihn Selbstverständlichen auffasst – und dies ist in der Regel zugleich das lebenspraktisch Wichtige und werthaft Bedeutsame. Als derartige erklärende Analogien dienen vor allem die Gegebenheiten der sozialen Produktion und Reproduktion des Lebens, also die auffälligen Lebensprozesse, das Verhalten in der Sozialordnung und das handwerklich-künstlerische Schaffen. So erscheint die Welt als Sozialgebilde, als Familie, Sippe oder Staat, der von einem König beherrscht oder durch ein Gesetz geordnet wird; sie erscheint aber auch als Kunstwerk, als Gebäude oder Staat. Doch werden nicht nur bestimmte Modellvorstellungen aus dem Bereich des gesellschaftlichen und herstellenden Handelns in das Universum hinausprojiziert, sondern der auf diese Weise „soziomorph" oder „technomorph" gedeutete Kosmos wird auf sein Urbild, das menschliche Verhalten, rückbezogen. Der irdische Staat und das irdische Gesetz sollen der kosmischen Staats- und Gesetzesordnung eingefügt oder nachgebildet werden, der menschliche Herrscher ist Abbild, Sohn oder Stellvertreter des göttlichen Herrn der Welt. Derartige Vorstellungen haben schon in den altorientalischen Hochkulturen eine Rolle gespielt, später hat besonders die Stoa sie in ein philosophisches System gebracht und das Christentum hat sie für viele weitere Jahrhunderte bewahrt und gegen Angriffe geschützt. Doch konnten sie sich vor allem nur darum so erfolgreich behaupten, weil sie es ermöglichten, beliebige moralisch-politische Normen in den Kosmos zu projizieren und von dort als angebliche Inhalte des absoluten „Weltgesetzes" mit gewaltig gesteigerter Autorität wieder in die menschliche Gesellschaft zurückzuholen.

soziomorph: von der Gesellschaft geformt
technomorph: von der Technik geformt (griech. morphe = Gestalt)

Ein analoger Zirkelschluss liegt auch den Versuchen zugrunde, absolut gültige ethische oder politische Prinzipien nicht aus der Ordnung des Kosmos, sondern aus derjenigen der „Menschennatur" abzuleiten. (...)
In ähnlicher Weise verfahren auch jene Naturrechtslehren, die mithilfe der Vorstellung einer nach Art eines Werkplanes vorgegebenen „Menschennatur" Behauptungen über angebliche menschliche Wesenszwecke glaubhaft machen wollen. Wie man längst erkannt hat, lässt sich eine derartige Teleologie der natürlichen Wesenszwecke gleichfalls zur scheinbaren Rechtfertigung beliebiger, jeweils vorausgesetzter moralisch-politischer Forderungen verwenden.

Naturrecht: Auffassung, dass Rechtsprinzipien in der Natur oder in der Natur des Menschen begründet werden können

teleologisch (griech. telos = Ende, Ziel, Zweck, Vollendung): auf ein bestimmtes Ziel hin gerichtet

Die Naturrechtslehren stellen also im Wesentlichen Systeme von Zirkelschlüssen und Leerformeln dar, die zur Verteidigung oder Bekämpfung jeder nur denkbaren bestehenden oder erwünschten Rechts- und Sozialordnung gebraucht werden können und dieser ihrer uneingeschränkten Manipulierbarkeit ihren unbestreitbaren geschichtlichen Erfolg verdanken.

Theodor Lessing

Die Geschichte der Menschheit – Eine sinnlose Häufung von Verbrechen*

Der viel zu wenig bekannte deutsch-jüdische Philosoph Th. Lessing, der 1933 von den Nazis ermordet wurde, bringt in dieser 1919 erschienenen Schrift eine tiefe Skepsis gegenüber jeder positiven Geschichtsdeutung zum Ausdruck.

Theodor Lessing (1872–1933)

Text aus: Geschichte als Sinngebung des Sinnlosen (München 1983, S. 26 ff).

Was denn nun sind – vom Wertgesichtspunkt der Ideologie abgesehen – von Natur die Inhalte der Geschichte? Sinnlose Lebenstragödien eines Ameisenhaufens, der, von Hunger, Brunst, Eitelkeit getrieben dahinlebt, bis er, sei es durch die Erhaltung der Erde, sei es durch eine andere kosmische Katastrophe, spurlos zugrunde gehen wird, wie alles verging.

„Junge Könige, die, schlecht beraten, Fehler begehen, alte Könige, die dafür büßen, exilierte Favoriten, weggeschickte und wieder zurückgerufene Minister, dynastische Alliancen, ist es wirklich wahr, dass, wie man in den Büchern liest, solche Gleichgültigkeiten die Geschichte eines Volkes sind? Wir sind das Opfer einer Illusion. Vom Vergangenen bleibt nur ein Bild in den Büchern und dieses Bild ist von den Historikern hergestellt, die alle die Geschichte zugunsten ihrer Vorurteile schreiben. Die Geschichte, das sind die Vorurteile der Historiker in Erzählung gebracht. Was sind die Elemente der Geschichte? Worte, immer Worte! Worte eines Monarchen, eines Ministers, Verteidigungen eines besiegten Generals, Pamphlete eines in Ungnade gefallenen Günstlings, Worte irgendeines Versammlungspräsidenten. – Worte, in Stein gemeißelt, an Wände gemalt, auf Papyrus, auf Pergament geschrieben, auf Papier gedruckt und dieses von Mäusen verwaltet, die, was sie nicht fressen, als Historie auf spätere Zeiten kommen lassen.“ (Diane Paalen in der „Aktion“, 1916)

Wenn nun dieses der Inhalt der Geschichte ist, warum meinen dann die Historiker, dass das in den Büchern aufgefangene Leben um „Ideen“ sich drehe? Nur darum, weil sie selber, indem sie es auffangen, sich um Ideen drehn. Ideen sind die Leitpflöcke der Geschichtestiftung. Jedes beliebige historische Ereignis, jeder System- oder Beamtenwechsel, jeder Krieg, jede Revolution scheint die Wirksamkeit irgendwelcher idealer Mächte zu verbürgen. Und doch brennt auch hinter den historischen Idealen nie etwas anderes als die aufsummierte Selbstsucht und aufsummierte Dummheit vieler Einzelner. Hinter jeder Ansicht Absicht, hinter jeder Einsicht Notdurft.

Also: Von der einen Seite gesehn besteht der Inhalt von Geschichte aus nichts als aus ichbezüglichen Gewaltakten, Räubereien, Metzeleien, deren Kern immer der Diebstahl der einen an den andern ist (man begreift kaum, warum man mit diesem ewigen Hin und Her von Schlachten und Schlächternamen sich den Kopf anfüllen und den Sinn der Jugend von früh an verderben soll). – Von der andern Seite jedoch scheinen bei allen diesen ewigen ichbezüglichen Gewaltakten, Räubereien und Metzeleien „Ideale“ im Spiele zu sein; wenigstens werden die im Munde geführt.

Gab es denn je in der Geschichte eine Niedertracht, für die nicht subjektiv-edle Motive, Tröstungen der Religion, Sophismen der Philosophen in Hülle und Fülle zur Verfügung standen? Lasset nur das Objektiv-Ruchlose irgendwo zur Regel oder zur Notwendigkeit werden und die gesamte Welt schönen Gefühls, all das Gesindel, welches eure gelehrten Bücher und zarten Gedichte, eure Dramen und eure Zeitschriften schreibt, wird wahrhaftig nicht zu Märtyrern der reinen Vernunft werden, sondern, ganz wie es die Väter taten, ihre Ideale nach der jeweiligen historischen Notwendigkeit strecken. Es gibt keinen einzigen reinen Enthusiasmus, den der Geschichtsgeist nicht missbraucht, nicht geschändet hätte.

So scheinen denn das Reich der normativen Werte und das der Historie schon im Prinzip einander feindlich zu sein. Man kann anhand von Vernunftnormen wohl das geschichtliche Chaos beurteilen. Man kann aber niemals Vernunft und Ethik in der Geschichte selber vorfinden; vielmehr ist es grade das Wesen von Geschichte, dass in ihr alle menschlichen „Ideale" in den Dienst der großen Notforderung geraten. Kein Handelnder entgeht der Erkenntnis, welche Goethe in die Worte fasst: „Der Handelnde ist immer gewissenlos" (...).

Verrat am Wert nenne ich jenen grässlichen Logismus der beiden Köpfeverwüster des 19. Jahrhunderts, Darwins und Hegels, deren einer die Natur, deren anderer die Geschichte, als hätte nie ein Kant gelebt, zur Selbstoffenbarung logischen Sinnes machte.

Verrat am Geist nenne ich den Idealismus der deutschen Geschichteschreiber und Geschichtsphilosophen, welche die selbstgerechte Reichsgeschäftsalgebra der allein selig machenden Politik oder am Ende gar die Chronik ihrer Fürstenhöfe für Angelegenheiten halten, um die eine Weltvernunft sich zu bemühen habe.

Wenn Diltheys bekannte Definition von Geschichtewissenschaft richtig ist: „Was der Mensch sei, das erfährt er nicht durch Grübeln über sich, auch nicht durch psychologische Experimente, sondern durch die Geschichte", dann hat diese „Selbsterkenntnis" den Menschen nie etwas anderes lehren können, als dass er das Gemisch ist von einem Narren und von einer Bestie.

Georg Wilhelm Friedrich Hegel

Weltgeschichte als Fortschritt***

In diesem berühmten Text versucht Hegel die Weltgeschichte als notwendigen Fortschritt zu begreifen, wobei Fortschritt als zunehmende Realisierung von Freiheit gedacht ist.

Georg Wilhelm Friedrich Hegel (1770–1831)

Text aus: Vorlesungen über die Philosophie der Geschichte (in: Werke in 20 Bänden, Frankfurt/M. 1970, Bd. 12, S. 311)

Die Orientalen wissen es noch nicht, dass der Geist oder der Mensch als solcher an sich frei ist; weil sie es nicht wissen, sind sie es nicht; sie wissen nur, dass Einer frei ist, aber eben darum ist solche Freiheit nur Willkür, Wildheit, Dumpfheit der Leidenschaft oder auch eine Milde, Zahmheit derselben, die selbst nur ein Naturzufall oder eine Willkür ist. Dieser Eine ist darum nur ein Despot, nicht ein freier Mann. – In den Griechen ist erst das Bewusstsein der Freiheit aufgegangen, und darum sind sie frei gewesen; aber sie, wie auch die Römer, wussten nur, dass einige frei sind, nicht der Mensch als solcher. Dies wussten selbst Platon und Aristoteles nicht. Darum haben die Griechen nicht nur Sklaven gehabt und ist ihr Leben und der Bestand ihrer schönen Freiheit daran gebunden gewesen, sondern auch ihre Freiheit war selbst teils nur eine zufällige, vergängliche und beschränkte Blume, teils zugleich eine harte Knechtschaft des Menschlichen, des Humanen. – Erst die germanischen Nationen sind im Christentum zum Bewusstsein gekommen, dass der Mensch als Mensch frei (ist), die Freiheit des Geistes seine eigenste Natur ausmacht. Dies Bewusstsein ist zuerst in der Religion, in der innersten Region des Geistes aufgegangen; aber dieses Prinzip auch in das weltliche Wesen einzubilden, das war eine weitere Aufgabe, welche zu lösen und auszuführen eine schwere lange Arbeit der Bildung erfordert. Mit der Annahme der christlichen Religion hat z. B. nicht unmittelbar die Sklaverei aufgehört, noch weniger ist damit sogleich in den Staaten die Freiheit herrschend, sind die Regierungen und Verfassungen auf eine vernünftige Weise organisiert oder gar auf das Prinzip der Freiheit gegrundet worden. Diese Anwendung des Prinzips auf die Weltlichkeit, die Durchbildung und Durchdringung des weltlichen Zustandes durch dasselbe ist der lange Verlauf, welcher die Geschichte selbst ausmacht. Auf diesen Unterschied des Prinzips als eines solchen und seiner Anwendung, d. i. Einführung und Durchführung in der Wirklichkeit des Geistes und Lebens, habe ich schon aufmerksam gemacht; er ist eine Grundbestimmung in unserer Wissenschaft und wesentlich in Gedanken festzuhalten. Wie nun dieser Unterschied in Ansehung des christlichen Prinzips, des Selbstbewusstseins der Freiheit, hier vorläufig herausgehoben worden, so findet er auch wesentlich statt in Ansehung des Prinzips der Freiheit überhaupt. Die Weltgeschichte ist der Fortschritt im Bewusstsein der Freiheit – ein Fortschritt, den wir in seiner Notwendigkeit zu erkennen haben.

Orientalen: frühe orientalische Hochkulturen, meist von einem Gottkönig beherrscht (Ägypter, Babylonier, Perser)

Griechen, Römer: Kultur der griechisch-römischen Antike

germanische Nationen: germanische Völker des frühen Mittelalters

Günther Anders (1902–1992)

Text aus: Die Atomare Drohung (München 1986, Erstveröffentlichung 1972, S. 93 ff.)

Günther Anders

Thesen zum Atomzeitalter (1959)*

Günther Anders war einer der wenigen Philosophen, die frühzeitig in der Atombombe eine radikale Bedrohung der Menschheit sahen: die Möglichkeit der Selbstvernichtung der Gattung, die Möglichkeit des Endes von Geschichte überhaupt. Anders hat sein halbes Leben der Frage gewidmet, was diese Situation für den Menschen, sein Denken und Fühlen bedeutet.

Hiroshima als Weltzustand. Mit dem 6. August 1945, dem Hiroshimatage, hat ein neues Zeitalter begonnen: das Zeitalter, in dem wir in jedem Augenblicke jeden Ort, nein unsere Erde als ganze, in ein Hiroshima verwandeln können. Seit diesem Tage sind wir modo negativo allmächtig geworden; aber da wir in jedem Augenblick ausgelöscht werden können, bedeutet das zugleich: Seit diesem Tage sind wir total ohnmächtig. Gleich wie lange, gleich ob es ewig währen wird, dieses Zeitalter ist das letzte: Denn seine differentia specifica: die Möglichkeit unserer Selbstauslöschung kann niemals enden – es sei denn durch das Ende selbst.

Endzeit contra Zeitenende. Unser Dasein definiert sich mithin als „Frist"; wir leben als Gerade-noch-nicht-Nichtseiende. – Durch diese Tatsache hat sich die moralische Grundfrage verändert: Der Frage „Wie sollen wir leben?" hat sich die Frage „Werden wir leben?" untergeschoben. Auf die „Wie-Frage" gibt es für uns, die wir in unserer Frist gerade noch leben, nur die eine Antwort: „Wir haben dafür zu sorgen, dass die Endzeit, obwohl sie jederzeit in Zeitenende umschlagen könnte, endlos werde; also dass der Umschlag niemals eintrete." – Da wir an die Möglichkeit des „Zeitenendes" glauben, sind wir Apokalyptiker; aber da wir die von uns selbst gemachte Apokalypse bekämpfen, sind wir – diesen Typ hat es zuvor nicht gegeben – Apokalypsen-Feinde.

Nicht Atomwaffen in der politischen Situation, sondern politische Aktionen in der Atomsituation. Die plausibel klingende Behauptung, in der heutigen politischen Situation gebe es unter anderem auch „Atomwaffen", ist eine Irreführung. Da die heutige Situation ausschließlich durch die Existenz der „Atomwaffen" bestimmt ist, finden umgekehrt die so genannten politischen Aktionen innerhalb der atomaren Situation statt.

Wir sind invertierte Utopisten. Dies also das Grund-Dilemma unseres Zeitalters: Wir sind kleiner als wir selbst, nämlich unfähig, uns von dem von uns selbst Gemachten ein Bild zu machen. Insofern sind wir invertierte Utopisten: Während Utopisten dasjenige, was sie sich vorstellen, nicht herstellen können, können wir uns dasjenige, was wir herstellen, nicht vorstellen.

Das „prometheische Gefälle". Diese Tatsache ist nicht eine unter anderen, vielmehr definiert sie die moralische Situation des Menschen heute: Nicht zwischen Geist und Fleisch und zwischen Pflicht und Neigung verläuft heute der Riss, der den Menschen bzw. die Menschheit zerspaltet, sondern zwi-

modo negativo allmächtig: Gemeint ist nicht die Allmacht alles zu erreichen, sondern alles zu zerstören: die Allmacht ins Negative gewandt.

differentia specifica: eigentl. Begriff aus der aristotelischen Logik; bezeichnet die spezifische Differenz, das Unterscheidungsmerkmal, das Gegenstände einer Art gegenüber jenen einer anderen Art innerhalb einer Gattung charakterisiert

Apokalypse: urspr. Enthüllung; Weltuntergang

invertiert: umgekehrt

prometheisches Gefälle: Mit diesem Begriff bezeichnete Anders in seinem Hauptwerk *Die Antiquiertheit des Menschen* die Differenz zwischen der emotionalen und geistigen Unzulänglichkeit des Menschen und der Perfektion und Allmacht seiner technischen Geräte: Wir können uns nicht mehr vorstellen, was wir herstellen können.

schen unserer Herstellungs- und unserer Vorstellungsleistung: das „prometheische Gefälle".

Das „Überschwellige". Dieses Gefälle reißt nicht nur Vorstellen und Herstellen auseinander, sondern ebenso Fühlen und Herstellen und Verantworten und Herstellen. Vorstellen, fühlen oder verantworten könnte man vielleicht zur Not die Ermordung eines einzelnen Menschen; die von hunderttausend nicht. Je größer der mögliche Effekt des Tuns, desto unvorstellbarer, desto unfühlbarer, desto unverantwortlicher wird er; je größer das „Gefälle", desto schwächer der Hemmungsmechanismus. Hunderttausend durch einen Knopfdruck zu erledigen, ist ungleich leichter als einen einzelnen Menschen umzubringen. Dem aus der Psychologie bekannten „Unterschwelligen" (dem Reiz, der zu klein ist, um schon eine Reaktion auszulösen) entspricht das „Überschwellige": dasjenige, was zu groß ist, als dass es noch eine Reaktion, z. B. einen Hemmungsmechanismus, auslösen könnte.

Sinnlichkeit entstellt Sinn. Fantasie ist realistisch. Da (s. o.) unser Lebenshorizont (der Horizont, innerhalb dessen wir treffen und getroffen werden können) und der Horizont unserer Effekte grenzenlos geworden ist, sind wir, auch wenn dieser Versuch der „natürlichen Borniertheit" unserer Vorstellungskraft widerspricht, dazu verpflichtet, diesen unbegrenzten Horizont vorzustellen. Obwohl selbst von Natur aus unzulänglich, kommt, wenn überhaupt etwas, als Organ der Wahrheit allein die Vorstellung in Betracht. Jedenfalls schaltet die Wahrnehmung aus. Diese ist „falsche Zeugin", und zwar ungleich falscher, als es die griechische Philosophie warnend gemeint hatte. Denn Sinnlichkeit ist grundsätzlich kurzsichtig und beschränkt, ihr Horizont „sinnlos" eng. Nicht das Land der Fantasie ist das Emigrationsziel des Eskapisten von heute, sondern das Land der Wahrnehmung.

Eskapismus: Flucht vor der Wirklichkeit in eine Scheinwelt

Daher unser (berechtigtes) Unbehagen und unser Misstrauen gegenüber normalen (nämlich in normaler Fluchtpunktperspektive) gemalten Bildern: Obwohl im herkömmlichen Sinne realistisch, sind gerade sie unrealistisch, da sie der Realität unserer weithorizontig gewordenen Welt widersprechen.

Samuel P. Huntington

Kampf der Kulturen*

Samuel P. Huntington (1927–2008)

Text aus: Kampf der Kulturen (Wien 1996, S. 331–334)

Der amerikanische Politikwissenschaftler und Harvard-Professor S. P. Huntington löste mit seiner These, dass die Konflikte der Zukunft Konflikte zwischen den führenden Kulturen der Erde, vor allem zwischen westlicher Kultur, China und Islam, sein werden, heftige Diskussionen aus.

Kulturen sind die ultimativen menschlichen Stämme, und der Kampf der Kulturen ist ein Stammeskonflikt im Weltmaßstab. In der sich formierenden Welt können Staaten und Gruppen aus zwei verschiedenen Kulturkreisen miteinander begrenzte, taktische ad-hoc-Verbindungen und -Koalitionen eingehen, entweder, um ihre Interessen gegen Einheiten eines dritten Kulturkreises wahrzunehmen, oder zu anderen gemeinsamen Zwecken. Die Beziehungen zwischen Gruppen aus verschiedenen Kulturkreisen werden jedoch fast niemals eng, sondern für gewöhnlich kühl und häufig feindselig sein. Aus der Vergangenheit herrührende Verbindungen zwischen Staaten verschiedener Kulturkreise, zum Beispiel Militärbündnisse aus der Zeit des Kalten Krieges, werden voraussichtlich schwächer werden oder sich auflösen. Die Hoffnung auf interkulturelle „Partnerschaften", wie sie für Russland und Amerika einst von deren Führungsspitzen zum Ausdruck gebracht wurde, wird sich nicht erfüllen. Die entstehenden interkulturellen Beziehungen werden normalerweise zwischen Distanziertheit und Gewalt schwanken; die meisten werden sich irgendwo dazwischen bewegen. In vielen Fällen werden sie sich voraussichtlich jenem „Kalten Frieden" annähern, der nach der Warnung Boris Jelzins die künftigen Beziehungen zwischen Russland und dem Westen kennzeichnen könnte. Andere interkulturelle Beziehungen könnten sich dem Zustand des „kalten Krieges" annähern. Der Begriff guerra fria wurde im 13. Jahrhundert von spanischen Autoren geprägt, um deren „heikle Koexistenz" mit den Muslimen im Mittelmeerraum zu beschreiben, und viele sahen in den Neunzigerjahren einen neuen „kulturellen kalten Krieg" zwischen dem Islam und dem Westen ausbrechen. In einer Welt von Kulturkreisen wird der Begriff nicht nur diese Beziehung zutreffend beschreiben. Kalter Friede, kalter Krieg, Quasi-Krieg, heikler Friede, gestörte Beziehungen, intensive Rivalität, rivalisierende Koexistenz, Wettrüsten: Diese Wendungen sind die wahrscheinlichsten Bezeichnungen für Beziehungen zwischen Ländern aus unterschiedlichen Kulturkreisen. Vertrauen und Freundschaft werden selten sein.

Dieser Konflikt nimmt zwei Formen an. Auf der lokalen oder Mikro-Ebene ergeben sich Bruchlinienkonflikte zwischen benachbarten Staaten aus unterschiedlichen Kulturen, zwischen Gruppen aus unterschiedlichen Kulturen innerhalb ein und desselben Staates und zwischen Gruppen, die, wie in der früheren Sowjetunion und im früheren Jugoslawien, den Versuch unternehmen, neue Staaten auf den Trümmern der alten zu errichten. Bruchlinienkonflikte sind besonders häufig zwischen Muslimen und Nichtmuslimen anzutreffen. (...) Auf der globalen oder Makro-Ebene ergeben sich Kernstaatenkonflikte zwischen den großen Staaten unterschiedlicher Kulturkreise. Gegenstand dieser Konflikte sind die klassischen Streitfragen der internationalen Politik, nämlich:

1. relativer Einfluss bei der Gestaltung globaler Entwicklungen und die Aktionen internationaler Organisationen wie UNO, IWF und Weltbank;
2. relative militärische Macht; manifestiert sich in Kontroversen über Nichtweiterverbreitung von Waffen und Rüstungskontrolle und das Wettrüsten;
3. wirtschaftliche Macht und Wohlstand; manifestiert sich in Streitigkeiten über Handel, Investitionen und andere verwandte Fragen;
4. Menschen; manifestiert sich in Bemühungen eines Staates der einen Kultur um Schutz seiner Angehörigen in einer anderen Kultur; um Diskriminie-

rung von Menschen einer anderen Kultur oder um Ausschluss von Menschen einer anderen Kultur von seinem Staatsgebiet;

5. Wertvorstellungen und Kultur; hierüber kommt es zu Konflikten, wenn ein Staat den Versuch unternimmt, seine Wertvorstellungen zu propagieren oder dem Volk einer anderen Kultur aufzuzwingen;
6. gelegentliche Gebietsstreitigkeiten; bei solchen Disputen werden Kernstaaten zu Frontkämpfern in Bruchlinienkonflikten.

Diese Streitfragen sind natürlich in der Geschichte der Menschheit immer Konfliktquellen gewesen. Sobald jedoch Staaten aus verschiedenen Kulturkreisen involviert sind, wird der Konflikt durch kulturelle Unterschiede verschärft.

Im Zuge ihrer Konkurrenz miteinander versuchen Kernstaaten, ihre Kulturangehörigen um sich zu sammeln, sich die Unterstützung durch Staaten dritter Kulturkreise zu sichern, Zwistigkeiten und Spaltung in die Reihen des gegnerischen Kulturkreises zu tragen und die geeignete Mixtur aus diplomatischen, politischen, wirtschaftlichen und verdeckten Maßnahmen sowie propagandistische Versprechungen und Zwänge einzusetzen, um ihre Ziele zu erreichen. Kernstaaten werden jedoch militärische Gewalt nicht direkt gegeneinander einsetzen. Ausnahmen sind Situationen, wie sie im Nahen Osten und auf dem indischen Subkontinent entstanden, wo sie einander an einer kulturellen Bruchlinie gegenüberstehen. Ansonsten werden Kernstaatenkriege wohl nur unter zwei Umständen entstehen. Sie könnten sich erstens aus der Eskalation von Bruchlinienkonflikten zwischen lokalen Gruppen entwickeln, wenn verwandte Gruppen, einschließlich Kernstaaten, den lokalen Kombattanten zu Hilfe kommen. Gerade diese Möglichkeit schafft jedoch für die Kernstaaten in den entgegengesetzten Kulturkreisen einen wesentlichen Anreiz, den Bruchlinienkonflikt einzudämmen oder zu lösen.

Kombattant: Kampfteilnehmer

Kompetenzcheck 1 – Wozu Philosophie?

Zugänge zum Philosophieren

- ❑ Sie können anhand der Bestimmung von Philosophie als „Liebe zur Weisheit" den Begriff Philosophie darstellen und erläutern.
- ❑ Sie können mögliche Anfänge und Motive des Philosophierens nennen.
- ❑ Sie können Unterschiede zwischen philosophischem Denken und Alltagsdenken benennen.
- ❑ Sie können die wichtigsten philosophischen Disziplinen nennen und können die vier Fragen Kants beschreiben und erläutern.
- ❑ Sie können philosophische Probleme identifizieren und können ein philosophisches Problem von einem nicht-philosophischen Problem unterscheiden.

Der tiefe Brunnen der Vergangenheit – Die Philosophie und ihre Geschichte

- ❑ Sie können die zwölf Regeln der Interkulturalität benennen und ihre Relevanz an einem Alltagsbeispiel aufzeigen.
- ❑ Sie können zwischen zeitlosen Fragen in der Philosophie und zeitgebundenen Fragen differenzieren.
- ❑ Sie können definieren, was ein Paradigma ist. Anhand eines Beispiels können Sie exemplarisch die Wirkung eines Paradigmas auf das Denken erläutern.

Was ist Wissenschaft? Das Verhältnis von Philosophie und Wissenschaften

- ❑ Sie können den Siegeszug der Naturwissenschaften und die Leistungen von Kopernikus, Galileo und Bruno historisch einordnen.
- ❑ Sie können die Methoden wissenschaftlicher Erkenntnis auflisten sowie die Bedingungen, die erfüllt sein müssen, um zu dieser zu gelangen.
- ❑ Sie können unterschiedliche Wissenschaftstheorien beschreiben und deren Probleme analysieren. Sie können zu Argumenten der Wissenschaftskritik Stellung beziehen und auch deren Thesen problematisieren.

Das Logische und die Logik – Grundlagen des philosophischen Argumentierens und Definierens

- ❑ Sie können die logischen Grundsätze auflisten. Sie können Verstöße gegen die logischen Grundsätze in Diskussionen und Texten erkennen und benennen.
- ❑ Sie können Diskussionen sachlich und selbstreflexiv führen und Ihre Standpunkte mit Argumenten begründen.
- ❑ Sie können die Struktur von Argumentationsfehlern erkennen und beschreiben und Widersprüche aufdecken.
- ❑ Sie können Ihre eigenen Gedanken und Erfahrungen in einem Essay argumentierend verarbeiten.
- ❑ Sie können beim Lesen von Texten das eigene Vorverständnis reflektieren. Sie können Texte strukturieren und durch mehrmaliges Lesen präzise analysieren.

Herren und Knechte – Ideologiekritik und Geschichtsbilder

- ❑ Sie können definieren, was eine Ideologie ist.
- ❑ Sie können bei sich selbst und anderen Denkmuster und Vorurteile feststellen und können diese Muster immer wieder kritisch hinterfragen.

2. Das Wahre und das Falsche
Die Problematik von Wirklichkeit und ihrer Erkenntnis nachvollziehen und analysieren

2.1. Wirklichkeit und Wahrheit

Annäherung

Ich sitze mit einem Philosophen im Garten; er sagt zu wiederholten Malen: „Ich weiß, dass das ein Baum ist", wobei er auf einen Baum in unsrer Nähe zeigt. Ein Dritter kommt daher und hört das, und ich sage ihm: „Dieser Mensch ist nicht verrückt: Wir philosophieren nur."

Ludwig Wittgenstein

Der Mensch kann sich täuschen

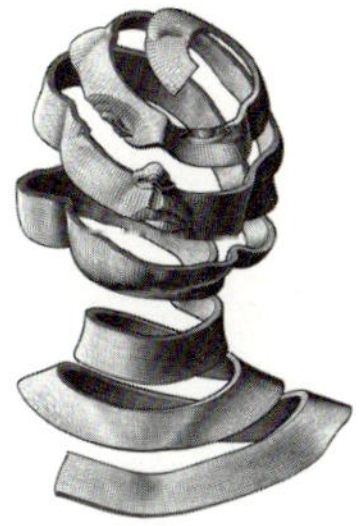

M. C. Escher, Study for Rind, 1954

Täuschung und Zweifel

Normalerweise, so könnte man denken, hat man mit der Frage nach der Wirklichkeit keine Probleme und akzeptiert die Welt so, wie sie eben ist. Vertraut man seinen Sinnen und seiner Erfahrung, ist es eigentlich kaum verständlich, warum die Wirklichkeit den Menschen überhaupt zum Problem werden konnte. Aber schon frühzeitig hatten die Menschen offenbar Erfahrungen gemacht, die ihr Vertrauen in ihre gewohnten Wirklichkeitsbilder erschüttern mussten. Eine fundamentale Irritation wurde wohl durch die Entdeckung ausgelöst, dass es Sinnestäuschungen gibt. Oder die Erfahrung, dass das, was ich zu sehen glaube, von einem anderen Menschen ganz anders gesehen und gedeutet werden kann. Hier beginnt der Zweifel daran, ob die Welt wirklich so ist, wie ich sie mit meinen Sinnen wahrnehme. Versucht man sich einmal in die Lage eines frühen Homo sapiens hineinzuversetzen, muss ihn eine Erfahrung ganz vehement verstört haben: Die Welt ist nichts Statisches, sondern sie verändert sich, agiert und reagiert, lebt. Aber warum so und nicht anders? Welche Kräfte und Mächte stehen hinter den Bedrohungen der Wildnis, den Unausweichlichkeiten von Landschaft und Klima? Gibt es irgendwelche Absichten dahinter, Dämonen, Geister oder Götter? Oder waltet der blinde Zufall? Oder vollziehen sich die Ereignisse in der Natur nach Gesetzmäßigkeiten, die der Mensch durchschauen und letztlich beherrschen könnte? Alle diese Fragen, die zu verschiedenen Zeiten in unterschiedlicher Weise gestellt worden sein müssen, haben eine zentrale Erfahrung im Hintergrund: dass die Welt, so wie sie mir erscheint, dunkel, unerklärlich, zwielichtig, letztlich unberechenbar und bedrohlich ist. Die Frage nach der Wirklichkeit ist die Frage danach, ob sich hinter dieser Welt aus Schein, Täuschung und Bedrohung eine Welt finden lässt, die wahr, erklärbar und beherrschbar ist. Das Streben nach Erkenntnis scheint untrennbar verbunden zu sein mit dem Streben nach Sicherheit und Herrschaft.

Denkanstoß

Definieren Sie spontan den Begriff „Wirklichkeit".

Zugänge zur Wirklichkeit

Will man den Prozess der Erkenntnis grob systematisieren, sind zumindest drei an diesem Prozess beteiligte Komponenten auseinanderzuhalten: das erkennende *Subjekt,* das zu erkennende *Objekt* – und die zur Erkenntnis führende *Methode*.

Erkenntnissubjekt ist der Mensch. Worauf immer er sein Interesse richtet, es wird ihm zum Objekt der Erkenntnis; letztlich reduzieren sich die möglichen Objekte auf zwei große Objektfelder: das den Menschen „Umgebende" – und den Menschen selbst. Aber welchen Erkenntnisgegenstand der Mensch auch immer sich erwählt, er wird darüber nachdenken, welchen Weg, welche Methode der Erkenntnis er einschlagen will. Die kritische Untersuchung möglicher Erkenntnismittel und -methoden, das Ausloten des Spannungsverhältnisses zwischen Subjekt und Objekt, die Frage nach den Grenzen und Möglichkeiten von Erkennen und die Frage nach dem Charakter menschlichen Wissens sind einige der zentralen Aufgaben einer philosophischen Erkenntnistheorie.

Allerdings: Bevor der Mensch sich systematisch solche Fragen stellte, musste er immer schon praktisch auf die Herausforderung der Wirklichkeit reagieren. Auch der Mensch der Frühzeit war gezwungen, sich die ihn umgebende, bedrohliche Wirklichkeit in irgendeiner Form erklärbar zu machen; vorerst noch gar nicht, um die Natur zu beherrschen, sondern um darin überleben zu können.

Claude Lévi-Strauss (1908–2009) ➤ *Glossar*

Von Mythen und Sagen

Zu den ersten vorphilosophischen, vorwissenschaftlichen Zugangsweisen zur Wirklichkeit gehört zweifellos die Bildung von *Mythen*. Die ursprüngliche Bedeutung von Mythos ist: Rede, Erzählung. Mythen sind also Erzählungen, Geschichten, die ganz bestimmte Merkmale aufweisen. Der französische Mythenforscher und Ethnologe Claude Lévi-Strauss etwa unterstreicht den „narrativen Kern" als das Entscheidende am Mythos, nicht etwa die Erzählform. In Details können Mythen deshalb auch immer variieren und bearbeitet werden. Mythen, schreibt der deutsche Philosoph Hans Blumenberg, sind Geschichten, die erzählt werden, „um etwas zu vertreiben. Im harmlosesten, aber nicht unwichtigsten Falle: die Zeit. Sonst, und schwerwiegender: die Furcht." Mythen sind Geschichten, die erklären, warum etwas ist, die Auskunft geben über Welt, Natur und Mensch. Auf die Frage etwa, warum überhaupt Kosmos, Welt und Mensch existieren, geben die zahlreichen *Schöpfungsmythen* erste Antworten: Sie erzählen vom Beginn der Welt, wie der Mensch die Welt erfährt, in welche Tücken, Flüche, aber auch Freuden und Hoffnungen er verstrickt ist. Neben dem narrativen Kern ist für den Mythos noch Folgendes charakteristisch: Er ist nicht Produkt eines Einzelnen, sondern Ergebnis kollektiver Erfahrungen und Arbeit; er entsteht immer in einer Gemeinschaft und hat für sie große soziale Bedeutung: Er erklärt die Welt, gibt Sinn, regelt in gewisser Weise das Gemeinschaftsleben. Zahlreiche religiöse Rituale und Kulte, die solche Regelungen sozialer Prozesse darstellen, gehen auf Mythen zurück, sind nur durch sie verstehbar – von antiken Opferbräuchen bis

Kosmos ➤ Glossar

hin zu den großen christlichen Festen wie Weihnachten und Ostern. Blumenberg hat auch darauf aufmerksam gemacht, dass Mythen selbst *nicht* dogmatisch sind – als Erzählung erheben sie keinen absoluten Wahrheitsanspruch. Erst im Rahmen einer dogmatisierten Religion können Mythen einen starren, lehrhaften Charakter annehmen – wie etwa der biblische Schöpfungsmythos, der jahrhundertelang als verbindliche Wahrheit galt.

Dass es einen linearen, eindeutig als Fortschritt zu interpretierenden Fortgang vom mythischen zum logischen, letztlich naturwissenschaftlichen Denken gegeben habe, wird heute zunehmend bezweifelt. Mythisches Denken lebt länger fort, und die eindeutige Überlegenheit des rationalen Denkens wird immer wieder bezweifelt. Unser Alltag, meinte der französische Philosoph Roland Barthes, sei von Mythen geradezu durchsetzt: Geschichten, die in immer neuen Varianten erzählt werden, die Trost und Hoffnung spenden sollen – wie jene von dem Mann, der als Tellerwäscher nach Amerika ging und dort zum Millionär wurde. Aber, so könnte man jetzt fragen, was ist das überhaupt für ein Zugang zur Wirklichkeit, der durch die Vernunft, die Ratio, den Logos eröffnet wird?

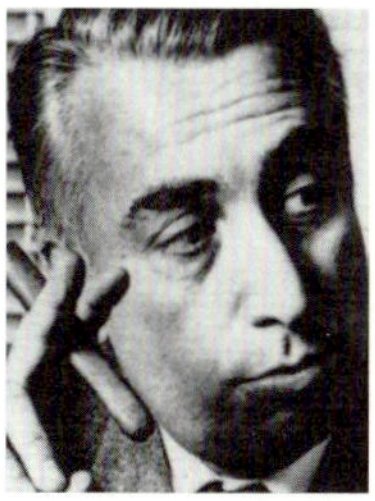

Roland Barthes (1915–1980) ➤ *Glossar*

Der Geist aus der Höhle

Es ist vielleicht eine der großen Entdeckungen der griechischen Philosophie, dass die Unzuverlässigkeit der Sinne kompensiert werden muss durch andere Fähigkeiten der Menschen, vorrangig durch die Kräfte des Verstandes. Der Prozess der Erkenntnis soll wegführen von dem sinnlich Wahrnehmbaren zu einer Einsicht in das Wesen der Dinge. Dies ist nur möglich durch die Anstrengung des Geistes. Die erste umfassende, außerordentlich folgenreiche Erkenntnistheorie auf dieser Basis stammt von Platon, einem Schüler des Sokrates.

In seinem berühmten „Höhlengleichnis", das sich in einem der Hauptwerke Platons, der *Politeia* (griech. politéia = der Staat), findet, versucht der Philosoph zu veranschaulichen, was Erkenntnis bedeutet und wie sie sich vollziehen sollte. Die Menschen gleichen nach Platon Gefangenen, die in einer Höhle gefesselt sind und an den Wänden nur die durch ein Feuer geworfenen Schattenbilder von Gegenständen sehen. Gelänge es jemandem, sich von den Fesseln zu befreien und an das Tageslicht zu kommen, sähe er die Welt, wie sie wirklich ist, beschienen von der Sonne. Die Dinge, wie sie wirklich sind, ihrem Wesen nach, das sind für Platon die „Ideen". Was wir mit unseren Sinnen von der Welt wahrnehmen, sind nur die Abbilder dieser Ideen; die Abbilder sind vergänglich und veränderlich in Form und Aussehen, die Ideen selbst aber ewig und unveränderlich. Wer erkennen will, muss nach Erkenntnis dieser Ideen, ewigen Wahrheiten, ewigen Wesenheiten, streben. Dieser Prozess der Erkenntnis

Jan Saenredam, Das Höhlengleichnis des Platon, Kupferstich nach Cornelis van Haarlem, 1604. Wien, Albertina

➤ Text S. 108 ff.

ist nach Platon allerdings beschwerlich, denn man löst sich nicht leicht von seinen gewohnten Ansichten und Vorurteilen. Käme jemand in die Höhle zurück und berichtete, was er draußen gesehen habe, so würde er von seinen ehemaligen Mitgefangenen erschlagen werden. Der Wahrheit will niemand gerne ins Auge sehen. Gewöhnt an die Täuschungen der Sinne, hat die Wahrheit für den Menschen keinen Reiz.

Was Platon nun tatsächlich unter „Idee" verstand, ist gar nicht so leicht zu erklären. Jeder Mensch macht zweifellos die Erfahrung, dass Dinge, Gegenstände, Lebewesen sich verändern können, in verschiedensten Varianten vorkommen, z. B.: große, kleine, braune, schwarze, alte, junge Pferde. Aber dennoch können sie immer als einer Gattung zugehörig erkannt werden – sie bleiben allemal Pferde. Dies musste zu dem Gedanken führen, dass das Entscheidende an einer Sache nicht ihre *Erscheinungsform* ist, sondern das, was ihr *Wesen* ausmacht. Dass ich imstande bin, ein neugeborenes Fohlen genauso als Pferd zu identifizieren wie einen alten Gaul, setzt voraus, dass ich einen *Begriff* von „Pferd" in mir habe, der alle wesentlichen Merkmale des *Pferdseins* umfasst und nach dem ich beurteilen kann, ob ein „Etwas" Pferd ist oder nicht.

Das Wesen einer Sache, das, was einer Gruppe von Gegenständen *wesentlich* gemein ist, entspricht etwa Platons Idee. Doch wie können wir zu den Ideen gelangen? Die Ideen müssen immer schon in uns sein – die Seele, so Platons komplizierte Theorie, hat die Ideen vor unserem Erdenleben schon einmal geschaut, ich muss mich ihrer nur erinnern. Erkenntnis ist für Platon „Anámnesis" – Wiedererinnerung. Doch Platons Anámnesis-Lehre konnte sich nicht durchsetzen, in der Neuzeit verlagerte sich die Problemstellung um die Möglichkeiten der Erkenntnis: Ins Zentrum rückte die Frage nach den Quellen der Erkenntnis und ihrer Zuverlässigkeit.

Anámnesis

Obskure Realisten

Glaube und Vernunft

Für den mittelalterlichen Menschen war Erkenntnis noch klar definiert gewesen als Resultat der Offenbarung Gottes. Zwar, so die Lehrmeinung der Scholastik, der mittelalterlichen Philosophie, musste die göttliche Offenbarung durch die menschliche Vernunft begreifbar und nachvollziehbar sein – aber als alleinige Erkenntnisquelle konnten weder Vernunft noch sinnliche Erfahrung akzeptiert werden. Die Frage, ob den Allgemeinbegriffen, die vom Verstand gebildet werden können, ähnlich den platonischen Ideen eine Realität zukomme oder ob es sich dabei um bloße Bezeichnungen, Namen, handle, mit denen Gruppen von Gegenständen benannt werden, hielt die Philosophen des Mittelalters in Atem. Im so genannten Universalienstreit (von: Universalien = Allgemeinbegriffe) hatten sich zwei Parteien gebildet, die Nominalisten, für die Begriffe nur Namen waren, und die Realisten, für die Begriffe Realität waren, die also z. B. der „Pferdheit", dem „idealen Pferd" Existenz zusprachen. Im Mittelalter galt also nicht jener als „Realist", der die Welt nimmt, wie er sie sieht, sondern jener, der „Ideen" und „Begriffe" als letzte Wirklichkeit ansah. Auch wenn es verwunderlich sein mag: In bestimmter Weise dauert dieser Streit – wenn auch nicht mehr unter der alten Bezeichnung – bis heute.

Gewissheit im Denken: Der Rationalismus

René Descartes (1596–1650) ➤ *Glossar*

Zweifel

➤ Text S. 111 f.

Die entscheidende Wende in der abendländischen Philosophie vollzog sich durch den französischen Denker René Descartes. Für Descartes waren die mittelalterlichen Glaubensgewissheiten brüchig geworden, er suchte nach einem sicheren Fundament, auf dem alle weitere Erkenntnis aufbauen sollte. Die Methode, die Descartes für die Untersuchung verwendete, unterschied sich radikal von den bisher geübten Praktiken: Weder berief er sich auf die Offenbarung noch auf philosophische Autoritäten der Vergangenheit, sondern er begann damit, an allem radikal zu zweifeln. In seinen philosophischen *Meditationes* stellt er zuerst alle überkommenen Meinungen und die Sinneserkenntnis infrage. In keinem kann er wirkliche Gewissheit finden: Den Meinungen mangelt es an Beweiskraft und den Sinnen ist ohnehin nicht zu trauen. Descartes stellt sich sogar vor, es könnte einen bösen Gott geben, der uns alle Sinneseindrücke nur vorgaukelt. Wenn man aber an allem zweifeln kann, dann bleibt, so Descartes, als einzige unbezweifelbare Gewissheit der Akt des Zweifelns selbst. Alles, was ich über die Welt und mich denke und für wahr halte, kann falsch sein. Aber dass hier ein Ich ist, das denken kann, dass es sich irrt – dies ist unbezweifelbar: Ich denke und deshalb weiß ich, dass ich bin. Was immer ich sonst weiß, kann auch Traum, Halluzination, Sinnestäuschung sein – nur im Akt des zweifelnden Denkens bin ich mir sicher.

cogito ergo sum
lat. für: Ich denke, also bin ich.

Auf diesem „cogito ergo sum" versuchte Descartes dann seine Philosophie aufzubauen. Für ihn war damit klargestellt, dass Gewissheit, sicheres Wissen sich nur aus der Arbeit des Denkens ableiten lässt – zu ungewiss sind Sinnesorgane und Gefühle. Wahr und gewiss ist, was *klar* und *logisch korrekt* gedacht werden kann. Darauf zielten die Regeln, die nach Descartes sichere Erkenntnis gewährleisten sollten:

- Nur das sei als wahr anzuerkennen, was klar und unbezweifelbar ist.
- Alle Schwierigkeiten seien in überschaubare Teilprobleme zu zerlegen, um sie nacheinander zu lösen.
- Immer habe man beim Einfachsten zu beginnen und zum Schwierigeren fortzuschreiten.
- Von allem seien vollständige Übersichten und Aufzählungen anzufertigen.

Mit diesen Überlegungen zur Methode der Erkenntnis wurde Descartes zum Begründer des modernen wissenschaftlichen, *analytischen* Denkens, zum Vater des neuzeitlichen „Rationalismus": Quelle der Erkenntnis ist die Vernunft, die Vernunft ist die Fähigkeit des Menschen, in Allgemeinbegriffen und logischen Zusammenhängen zu denken. Damit ist auch festgelegt, dass alle Erkenntnis vom *S*ubjekt ausgehen muss. Man kann seit dem Rationalismus des Descartes von einer neuzeitlichen „Subjekt- und Bewusstseinsphilosophie" sprechen: Nicht wie die Welt, die erkannt wird, ist, wird zum Problem, sondern wie das Subjekt zur Erkenntnis der Welt kommt.

Subjektphilosophie

Das Gewicht der Erfahrung: Der Empirismus

John Locke (1632–1704), zeitgenöss. Gemälde, Ausschnitt. Oxford, Bodleian Library.

Descartes' rationalistisches Konzept blieb nicht unwidersprochen. Vor allem die englischen Philosophen John Locke und David Hume vertraten einen gegen den Rationalismus gewandten empirischen Sensualismus, der als Quelle der Erkenntnis nur die Sinneswahrnehmung gelten lassen wollte. In seinem Essay *Über den menschlichen Verstand* unterschied John Locke zwei Arten von Ideen, Wissensinhalten: einfache und zusammengesetzte. Die einfachen Ideen sind Resultat der Sinneswahrnehmung und Grundlage unserer Erkenntnis. Zusammengesetzte Ideen sind vom Verstand kombinierte Sinneswahrnehmungen. Aus sich heraus ist der Verstand zu keiner Erkenntnis fähig. Es ist nichts im Verstand, formulierte Locke, was nicht zuvor in den Sinnen gewesen ist. Demgegenüber hielt der deutsche Rationalist Gottfried Wilhelm Leibniz fest, dass es zwar stimme, dass im Verstand nichts sei, was nicht vorher in den Sinnen gewesen wäre – doch mit Ausnahme des Verstandes selbst. Und dieser enthalte nun etliche Prinzipien des Denkens, die nicht Resultat von Erfahrung und Wahrnehmung sein könnten: abstrahieren, ordnen, vergleichen, Kausalitäten finden und Ähnliches.

George Berkeley (1685–1753) ➤ Glossar

Radikaler noch als Locke behaupteten dann George Berkeley und David Hume das Prinzip der Wahrnehmung als Erkenntnisquelle. Nach Berkeley können wir überhaupt nur solchen Dingen Existenz zuschreiben, die wir wahrzunehmen imstande sind: „Esse est percipi" – Sein bedeutet wahrgenommen werden. Ähnlich will Hume nur solche Gedanken und Begriffe gelten lassen, die auf eine Wahrnehmung zurückzuführen sind oder einer solchen entsprechen. Begriffe, denen keine sinnlichen Wahrnehmungen, keine empirischen Erfahrungen zugeordnet werden können, sind für ihn sinnlos – ein, wie sich noch zeigen sollte, außerordentlich folgenreicher Gedanke. So sind für Hume etwa alle Allgemeinbegriffe, aber auch abstrakte Prinzipien sinnlos, da sich für das Allgemeine – Platons Idee des Pferdes etwa – keine Wahrnehmungsform findet: Sehen kann ich immer nur ein *einzelnes Pferd,* nie die *Pferdheit* schlechthin.

Die Erkenntnistheorie der Neuzeit kennt also zwei konkurrierende Positionen: Für den *Rationalismus* ist die *Vernunft* alleiniger Garant für sicheres Wissen, für den *Empirismus* ausschließlich die *Erfahrung.* Beiden Richtungen ist aber gemeinsam, dass sie nur noch von jedem Menschen objektiv Überprüfbares gelten lassen wollen und jeder Form geheimen oder exklusiven, Offenbarungs- oder religiösen Wissens abgeschworen haben.

Immanuel Kant, Kritik der reinen Vernunft, *Titelblatt (Erstausgabe: 1781)*

➤ Text S. 113 ff.

Aus zwei mach eins: Transzendentale Erkenntnistheorie

Ein entscheidender Schritt in der Auseinandersetzung zwischen Empirismus und Rationalismus gelang der Philosophie durch Immanuel Kant. In seiner Arbeit *Kritik der reinen Vernunft* (1781) machte er es sich zur Aufgabe, noch einmal radikal das Erkenntnisproblem zu durchdenken und prinzipiell zu untersuchen, unter welchen Bedingungen die Möglichkeit von Erkenntnis überhaupt gedacht werden kann. Diese Art der Fragestellung – nicht: Was ist?, sondern: Unter welcher Bedingung ist die Möglichkeit einer Sache denkbar? – nannte Kant „transzendental". Nach Kant ist Erkenntnis möglich, weil zwei Faktoren zusammenspielen: die sinnliche Anschauung (Erfahrung) und der Verstand. Begriffe – reines Denken ohne Anschauung – bleiben leer;

aber die Anschauung allein ist blind, denn die reine sinnliche Wahrnehmung schafft noch keine Erkenntnis. Dazu bedarf es der ordnenden, gliedernden Kraft des Verstandes, der die kausalen Zusammenhänge erklären kann: warum das, was ich sehe, so ist, wie ich es sehe. Die Sinneseindrücke werden also durch den Verstand geordnet. Voraussetzung aller Erfahrung überhaupt sind jedoch erst einmal die Anschauungsformen „Raum“ und „Zeit“. Diese Anschauungsformen gelten a priori, vor jeder Erfahrung, denn jede mögliche Erfahrung setzt räumliches Nebeneinander und zeitliches Nacheinander immer schon voraus: Was immer wir wahrnehmen – es hat sich irgendwann irgendwo ereignet. Dann beginnt der Verstand mit seiner Ordnung der Wahrnehmungen nach ganz bestimmten Kategorien, die für Kant ebenfalls a priori vorausgesetzt sein müssen. Diese Kategorien sind nach Kant die Qualität (was ich von der Beschaffenheit einer Sache aussagen kann), dann die Quantität (was ich von ihrer Anzahl sagen kann), dann die Relation (ihre möglichen Beziehungen zu anderen) und die Modalität (wie etwas ist: möglich, zufällig, notwendig oder überhaupt nicht).

Raum und Zeit

Die Kategorien

Kant fragte nach jenen Fähigkeiten des Verstandes, die aller Erfahrung vorausgehen müssen, weil durch sie die Erfahrung geordnet wird. Diese Voraussetzungen des Verstandes, die aller Erfahrung vorausgehen müssen, nannte er also a priori – vor jeder Erfahrung. Was aber erst aus der Erfahrung gewonnen werden kann, nannte er a posteriori – nach der Erfahrung. Sätze, Urteile wiederum, die sich aus der Erfahrung ergeben, zusammensetzen, nannte er „synthetisch“; solche jedoch, die ohne alle Erfahrung Gültigkeit beanspruchen können, „analytisch“. Warum, ist klar: Analytische Sätze sind meist solche, die nicht mehr aussagen als im Subjekt des Satzes schon enthalten ist: „Junggesellen sind unverheiratete Männer“ – es genügt eine Analyse des Begriffes „Junggeselle“, um zu diesem Satz zu kommen. Er ist tautologisch, enthält keine neuen Erkenntnisse. Aber es bedarf, steht einmal diese Definition von „Junggeselle“ fest, auch keiner Erfahrung mehr. Der Satz würde auch dann noch stimmen, wenn alle Männer verheiratet wären.

Analyse ➤ Glossar

Ein Satz jedoch wie „Heute ist schönes Wetter“ lässt sich ohne Erfahrung nicht denken. Aus dem Begriff des „schönen Wetters“ folgt noch lange nicht, dass dieses für „heute“ zutrifft.

Synthetische Sätze bringen tatsächlich neue Erfahrungen ins Spiel. Sie haben nur den Nachteil, dass sie weder allgemein gültig noch notwendig sind. Für jemanden, der aufwacht und zum Fenster hinausblickt, ist die aus der Beobachtung des Himmels, der Temperatur etc. gewonnene empirische Erkenntnis „Heute ist schönes Wetter“ eine angenehme Neuigkeit – aber weder ist *notwendig* schönes Wetter, noch immer und überall.

Wirklich wissenschaftliche Erkenntnis muss aber, so Kant, notwendig und allgemein sein – ansonsten ist sie zufällig, beliebig, unwissenschaftlich. Die entscheidende Frage muss also lauten: „Sind synthetische Sätze a priori möglich?“

Kant selbst war der Meinung, eine ganze Reihe solcher Sätze gefunden zu haben: Sätze der Mathematik etwa oder das Kausalitätsprinzip. Andere Philosophen haben ihm widersprochen und letztlich ist die Frage, ob es synthetische Urteile a priori und damit Wissenschaft im strengen Sinne gibt, bis heute umstritten.

Denkanstöße

1 Intuition statt Ratio, Gefühl statt Intellekt, Bilder statt Worte: Finden Sie Beispiele aus dem Alltag für mögliche „Remythisierungen" und diskutieren Sie Ihre Position dazu.

2 Platons Ideenlehre. – Untersuchen Sie, ob bzw. wann Sie etwas an einer „idealen Norm", einer „Idee" messen, etwa im Sinne eines „idealen Körpers". Definieren Sie das Verhältnis solcher „Ideale" zur Wirklichkeit und stellen Sie Vermutungen an, wie diese Ideale überhaupt entstehen können.

2.2. Zeichen und Bedeutung, Sprache und Sprachtheorien – Interpretationsmöglichkeiten der Wirklichkeit

Annäherung

MEPHISTO: Denn eben wo Begriffe fehlen,
Da stellt ein Wort zur rechten Zeit sich ein.
Mit Worten lässt sich trefflich streiten,
Mit Worten ein System bereiten,
An Worte lässt sich trefflich glauben,
Von einem Wort lässt sich kein Jota rauben.

Johann Wolfgang von Goethe, *Faust I*

Von Tier- und Engelszungen

Erkenntnis, ob auf empirischem oder auf logischem Weg gewonnen, ob abgesichert oder bloß vermutet, lässt sich nur auf eine Weise darstellen und mitteilen: durch die Sprache. Kein Wunder, dass das Interesse für die Sprache in der Philosophie immer vorhanden war, mussten sich doch die Eigenschaften der Sprache auf die Möglichkeit von Erkenntnis selbst gravierend auswirken.

Was Sprache allerdings ist, lässt sich gar nicht so leicht „sagen". Dass es schwierig sein kann, etwas, von dem man eine relativ klare Vorstellung hat, auch in Worte zu fassen, gehört schon zu interessanten Eigentümlichkeiten unserer Sprache. Sie ist alles andere als präzise – und doch hat sich jeder Versuch, sie zu präzisieren, als eine Verarmung herausgestellt. Mehrdeutigkeit gehört zum Wesen der Sprache – mehrdeutig ist schon der Begriff der Sprache selbst.

Die Schimpansendame Kanzi mit Symboltastatur

Wir verwenden den Begriff Sprache in den unterschiedlichsten Zusammenhängen. Primär sind damit natürlich alle von Menschen gesprochenen Sprachen gemeint: Deutsch, Englisch, Chinesisch …; dann spezifische Fachsprachen: die Terminologien der Mathematik, Philosophie; es gibt aber auch Tiersprachen und, immer wichtiger: künstliche Sprachen, z. B. Computersprachen. Sprache entscheidet über Zugehörigkeiten, Identitätsgefühle. Als verrückt gilt der, dessen Sprache man nicht mehr versteht. Barbaren waren für die Griechen alle, die die griechische Sprache nicht beherrschten: Stammler (so die Grundbedeutung des Wortes „bárbaros"). Und die Frage nach den Grenzen zwischen Mensch und Tier, zwischen Mensch und Maschine ist wohl nur beantwortbar, wenn klar ist: Wer kann hier mit wem sprechen?

Denkanstoß

Versuchen Sie in einem Gedankenexperiment etwas zu denken, was nicht „sprachlich" ist. Diskutieren Sie im Anschluss die Ergebnisse.

Zeichen und Zeichensysteme

Versucht man das Gemeinsame dieser sehr unterschiedlichen Sprachen herauszuarbeiten, so könnte man vielleicht sagen, Sprachen sind Zeichensysteme. Unter Zeichen verstehen wir – der Wissenschaft vom Zeichen, der Semiotik, entsprechend – ein Symbol, dem eine Bedeutung zugeordnet werden kann. Zeichen sind also Symbole (Gesten, Bilder, Laute), die eine spezifische Bedeutung repräsentieren – sie sind nicht diese Bedeutung, sie stellen sie nur dar. Spricht man von der Bedeutung der Zeichen, bewegt man sich auf der Ebene der Semantik. Das Zeichen selbst, seine materielle Gestalt, also der Laut, die Buchstaben, das Bild, wird „Signifikant" genannt, seine Bedeutung, das Bezeichnete also, „Signifikat".

Semiotik

Semantik

Zeichen allein sind aber noch keine Sprache. Zu einem funktionierenden Sprachsystem werden Zeichen erst, wenn genaue Regeln und Vorschriften existieren, die angeben, wie einzelne Zeichen miteinander verknüpft werden können; erst durch die Verknüpfung mehrerer Zeichen zu einer Kette von Zeichen ergibt sich jene zusätzliche Bedeutungsvielfalt, die charakteristisch für eine Sprache ist. Ist von solch einer Verknüpfung von Zeichen die Rede, bewegt man sich auf der Ebene der *Syntax*. Die Summe aller Zeichenbildungs- und Verknüpfungsregeln wird *Grammatik* genannt.

Funktionen der Sprache

Der Sprachforscher Karl Bühler unterschied drei Funktionen der Sprache, die die Leistungsfähigkeit der Sprache beschreiben sollen:

- Die Funktion des Ausdrucks: Mithilfe der Sprache können emotionale Zustände und Befindlichkeiten ausgedrückt werden – der Schmerzensschrei etwa oder freudiger Jubel.
- Die Funktion des Appells: Durch Sprache kann ich an jemanden „appellieren", etwas zu tun oder zu unterlassen – ich gebe ihm ein Zeichen, einen Befehl, eine Warnung, einen Hilferuf.
- Die Funktion der Darstellung: Durch Sprache kann ich einen Sachverhalt, eine Begebenheit, einen Gedanken, einen psychischen Zustand zur Darstellung bringen, ihn repräsentieren.

Karl Bühler (1879–1963) ➤ *Glossar*

Beachtet man diese drei Funktionsebenen im Zusammenhang mit den oben genannten Dimensionen von Sprache, dann lässt sich zum Beispiel die Frage, worin denn der Unterschied zwischen Tier- und Menschensprachen besteht, relativ leicht beantworten. Auch Tiersprachen bestehen aus „Zeichen" (Lauten, Bewegungen), die eine semantische und pragmatische Dimension aufweisen und sowohl Ausdrucks- als auch Appellfunktion haben können; was ihnen mangeln dürfte, ist eine differenzierte syntaktische Dimension, eine Grammatik. Ein entscheidendes Moment bei der Darstellung ist ja dabei, dass komplexere Zusammenhänge nicht in der Sprache direkt *abgebildet,* sondern zu Begriffen zusammengefasst, verkürzt, *abstrahiert* werden. Gewissermaßen stellt jedes Wort dem Gegenstand gegenüber, den es bezeichnet, eine „Abstraktion" dar.

Einfahrt-Verboten-Schild

Denkanstoß

Untersuchen Sie an einigen gängigen Symbolen – wie etwa einem Totenkopf, dem Notenschlüssel, einem Kruzifix, einer Nationalflagge oder einer Stopptafel – den Zusammenhang zwischen Signifikant und Signifikat.

Sprache und Metasprache

Sprachen sind also Zeichensysteme, die Bedeutungen transportieren können. Zeichen bezeichnen etwas: im einfachsten Fall einen Gegenstand, ein Objekt – das Wort Donau etwa den bekannten Fluss. Was aber geschieht mit der Donau in dem Satz „Die ‚Donau' ist ein Hauptwort"? Offensichtlich kann hier nicht mehr der Fluss gemeint sein, sondern es wird eine Aussage getroffen über das Zeichen selbst. Es gibt also Zeichen, die sich auf Zeichen beziehen. Zeichen und Zeichensysteme, die sich tatsächlich auf Objekte, Gegenstände, Gedanken und Handlungen beziehen, werden deshalb auch *Objektsprachen* genannt, jene Zeichen und Zeichensysteme jedoch, die von Zeichen selbst handeln, also eine Stufe darüber sind, nennt man *Metasprachen*. Der einfachste Fall einer Metasprache wären etwa grammatikalische Sätze, in denen etwas über Wörter und Sätze ausgesagt wird: Wortbestimmungen zum Beispiel, Satzanalysen. In der Sprachphilosophie hat man die Wichtigkeit dieser Unterscheidung zwischen Objekt- und Metasprache bald erkannt. Vergisst man nämlich darauf zu achten und verwendet metasprachliche Zeichen so, als ob sie objektsprachliche wären, verstrickt man sich bald in die seltsamsten Widersprüche, auch Antinomien genannt. Berühmt für eine solche Antinomie war schon in der Antike der schöne Satz „Ein Kreter sagt, alle Kreter sind Lügner".

Metasprache

Denkanstoß

Beschreiben Sie, worin die Antinomie beim lügenden Kreter besteht. Überprüfen Sie, ob und wie sich diese Antinomie durch die Unterscheidung von Objekt- und Metasprache lösen lässt.

Sprechakte, Sprachspiele und Lebensformen

Erschöpft sich Sprache wirklich in dieser nüchternen Informationsfunktion als ein System zum Transport von Daten? Ist die Sprache nur ein starres System, das man sich aneignet, um kommunikationsfähig zu werden?

Der deutsche Gelehrte Wilhelm von Humboldt machte darauf aufmerksam, dass Sprache nicht nur „ergon", also etwas Gemachtes, Fertiges sei, sondern auch und vor allem „energeia", also aktive Tätigkeit. Jeder sprechende Mensch fügt sich nicht nur passiv in eine fertige Sprache ein, sondern arbeitet durch sein Sprechen aktiv an dieser Sprache weiter. Der französische Sprachwissenschaftler Ferdinand de Saussure, Begründer der modernen Linguistik, unterschied zwischen „langage" – dem Sprachvermögen –, „langue" – der konkreten Einzelsprache –, und „parole" – dem aktuellen Sprechakt eines Sprechers.

Wilhelm von Humboldt (1767–1835) ➤ *Glossar*

➤ Text S. 116 f.

Linguistik: Sprachwissenschaft

langage, langue, parole

Die Sprechakte sind in letzter Zeit gegenüber der Untersuchung der semantischen und syntaktischen Struktur von Sprachen in den Vordergrund gerückt. Es war der englische Philosoph John L. Austin, der die an sich naheliegende, aber nie ausgesprochene Entdeckung machte, dass wir mithilfe sprachlicher Äußerungen eigentlich nicht nur Informationen austauschen, sondern tatsächlich auch die verschiedensten Arten von Handlungen vollziehen: Sprechakte. Bedacht werden muss dabei, dass sich das gerade nicht auf den Akt des Sprechens bezieht, sondern darauf, dass ich, indem ich

➤ Text S. 121 ff.

spreche, damit ganz bestimmte Handlungen setze. Ist nur vom Akt des Sprechens die Rede, so nennt Austin dies einen lokutionären Akt. Ist aber davon die Rede, was durch ein Sprechen alles in Bewegung gesetzt wird, dann spricht Austin von einem illokutionären Akt. Beispiel: Eine Lehrerin, wütend über nicht gebrachte Hausübungen, sagt zu ihrer Klasse: „Ihr werdet mich noch kennenlernen!" – Was meint sie eigentlich damit? Will sie die Schüler/innen zu sich nach Hause einladen? Nein, ganz im Gegenteil. Was im Handlungsfeld zwischen Schüler/innen und Lehrerin mit diesem Satz gemeint ist, geht weit über seine rein semantische Bedeutung hinaus.

Performativität

implizieren: notwendigerweise beinhalten

Sprache vollzieht sich also immer auch als Handlung in einem ganz bestimmten sozialen Umfeld, von dem die Deutung der Sprechakte dann auch abhängt. Man kann natürlich die Mehrdeutigkeit der illokutionären Akte verringern, wenn man zu *explizit performativen* Äußerungen greift: „Das nächste Mal bekommt ihr dafür die doppelte Hausübung!" Performativ sind übrigens dann auch alle Wendungen, die eine eindeutige Handlung implizieren: Ich „schwöre", ich „verspreche", ich „warne dich"– alle diese Äußerungen beschreiben nichts, sondern sind eine reine Handlung, die des Schwörens, Versprechens, Warnens. Für das soziale Leben von größter Wichtigkeit ist aber, dass auch bei an sich eindeutigen performativen Äußerungen eine Differenz zwischen dem Gesagten und dem Gemeinten auftreten kann: „Ich verspreche dir, morgen zu kommen", sagt jemand, denkt aber schon im Augenblick des Sprechens, dass er das Versprechen gar nicht einhalten will. Trotzdem wird man in diesem Fall nicht die innere Einstellung des Sprechers zur Beurteilung des Sachverhalts heranziehen, sondern das, was er gesagt hat. Die gängige Floskel, dass etwas „nur so gesagt" worden, aber gar nicht so „gemeint" gewesen sei, zieht also nicht. Ist man sich einmal bewusst, wie sehr *Sprachäußerungen* immer auch *Sprachhandlungen* sind, wird man vielleicht überhaupt etwas besonnener mit verschiedenen Formulierungen umgehen. Denn eines ist wohl auch klar: Ich muss mich bei performativen Äußerungen an die Formulierung halten können – jede Kommunikation würde zusammenbrechen, wenn ich bei jedem Versprechen, bei jedem Hinweis, bei jedem Lob, das mir gegeben wird, annehmen müsste, dass etwas ganz anderes damit gemeint ist.

Sprache und soziales Leben sind enger miteinander verquickt, als man vielleicht annehmen würde. Man ist sich im Alltag kaum bewusst, wie sehr alle unsere Handlungen und Beziehungen fast ausschließlich über Sprache ablaufen. Natürlich gibt es nonverbale Kommunikation, aber alles bedeutungsvolle Zuzwinkern kann das ausgesprochene „Ich liebe dich" nicht ersetzen. Etwas gewinnt erst Realität, wenn es ausgesprochen ist, und das Ausgesprochene schafft Realitäten. Der österreichische Philosoph Ludwig Wittgenstein formulierte einmal in diesem Sinne: „Die Grenzen meiner Sprache sind die Grenzen meiner Welt." Die Sprache ist nicht nur der Rahmen, in dem sich unser soziales Handeln abspielt, sondern ist auch maßgeblich für unsere Erkenntnisfähigkeit. Was sich nicht sagen lässt, entzieht sich unserem Horizont. Die Einsicht, dass es ganz verschiedene Sprachformen gibt, gänzlich unterschiedlich strukturierte Sprachen, hat Wittgenstein später auch dazu geführt, von „Sprachspielen" zu sprechen – die Elemente (Zeichen) und Regeln (Grammatik) dieser Spiele können sich gravierend unterscheiden. Das Chinesische ist ganz anders strukturiert als das Indoeuropäische, aber auch die Sprache der Fußballfans weist im Allgemeinen eine andere Struktur auf als die von Soziologiestudent/innen. Die

Sprachspiele

➤ Text S. 117 f.

Sprache, die ich spreche, das Sprachspiel, das ich spiele, ist verantwortlich dafür, welches *Weltbild* ich habe.

Der amerikanische Sprachforscher Benjamin Lee Whorf hat diese These – das linguistische Relativitätsprinzip – durch die Untersuchung von Indianersprachen zum Teil zumindest bestätigen können. „Menschen", schrieb Whorf, „die Sprachen mit voneinander verschiedenen Grammatiken sprechen, werden durch diese Grammatiken zu verschiedenen Bewertungen äußerlich ähnlicher Beobachtungen geführt." Und er zog daraus den Schluss: „Sie sind als Beobachter nicht äquivalent, sondern gelangen zu verschiedenen Ansichten von der Welt." Wahrheit, so eine entscheidende Konsequenz aus diesem Ansatz, ist keine sprachunabhängige Größe, sie ist in jedem Sprachspiel eine andere – das sollte uns anderen Sprecher/innen gegenüber, die auch anders denken, vorsichtig machen. Unser Sprechen, unser Denken ist nicht das Maß aller Dinge.

➤ Text S. 119 f.

Denkanstoß

Wittgenstein formulierte: „Die Grenzen meiner Sprache sind die Grenzen meiner Welt." Formulieren und erklären Sie Wittgensteins Aussage in Ihren eigenen Worten.

Analyse und Struktur

Rudolf Carnap (1891–1970) ➤ *Glossar*

Die Skepsis der Sprache gegenüber, die Einsicht in ihre komplexe Struktur und Vielfältigkeit hat die Philosophie des 20. Jahrhunderts nachhaltig beeinflusst. Ausgehend von Wittgenstein und den Forderungen des Wiener Kreises nach einer „eindeutigen Sprache", die ausschließlich einem logisch-empirischen Sinnkriterium genügt, wurde vor allem in den angelsächsischen Ländern Philosophie zur *sprachanalytischen Philosophie*. Zunächst stand, etwa bei Rudolf Carnap, die Kritik der Sprache, ihrer Mehrdeutigkeiten und undefinierbaren „metaphysischen" Begriffe im Vordergrund. Das Ziel dieser Bestrebungen war die Konstruktion einer eindeutigen „Idealsprache", die, ähnlich den präzisen Symbolsprachen der Mathematik und Logik, für alle Wissenschaften ein sicheres und einvernehmliches Verständigungsinstrument sein sollte. Es zeigte sich jedoch, dass vor allem in den Geisteswissenschaften ohne die herkömmlichen Sprachen nicht auszukommen war. So verlagerte sich das Interesse bald auf die Analyse der „normalen" Alltagssprache. Unter dem Titel einer Ordinary Language Philosophy versuchten verschiedene Autoren wie Austin und andere zu zeigen, wie sehr die ganz normale Sprache unser Denken und Handeln, unsere Einstellungen und Beziehungen bestimmen kann. Das Ideal einer Sprache, die durch Eindeutigkeit und unbedingte logische Folgerichtigkeit gekennzeichnet ist, kehrt aber in anderer Form z. B. bei den Programmiersprachen wieder. Hier zeigt sich allerdings – etwa bei den Bemühungen um eine künstliche Intelligenz (Artificial Intelligence/AI) –, dass die Reduktion von Sprache auf logische Eindeutigkeit zu einer beschränkten Ausdrucks- und Leistungsfähigkeit führt.

Analyse ➤ Glossar

Ebenfalls an Überlegungen aus der Sprachphilosophie und Linguistik anknüpfend, bildete sich im 20. Jahrhundert, vor allem in Frankreich, eine einflussreiche philosophische Strömung: der Strukturalismus. Ausgehend von Ferdinand

Strukturalismus

Ferdinand de Saussure (1857–1913) ➤ *Glossar*

de Saussure untersuchte der Strukturalismus ähnliche strukturelle Beziehungen, wie sie in einer Sprache zwischen den verschiedenen Zeichen vorherrschen, auch in ganz anderen Bereichen: etwa in der Gesellschaft. Der Strukturalismus wurde zu einer philosophischen Wissenschaft, die den Vorrang der Struktur, also der Beziehung von Elementen zueinander, gegenüber den einzelnen Elementen auf allen Gebieten unterstrich: Sprache, Kultur, Gesellschaft, Musik, Literatur, Religion – überall ließ sich zeigen, dass hinter den einzelnen Erscheinungsformen allgemeine Strukturen sichtbar werden. Die alte Einsicht, dass das Ganze mehr sei als die Summe seiner Teile, gewann in diesem Zusammenhang neue und ungeahnte Bedeutung. So fand der Ethnologe Claude Lévi-Strauss heraus, dass sich die Mythen zahlreicher Völker in ihren Grundstrukturen gleichen; der Philosoph Michel Foucault untersuchte die Strukturen der Macht vor allem in der europäischen Gesellschaft seit der Neuzeit; sein Kollege Jacques Derrida wurde bekannt durch strukturalistisch angelegte Untersuchungen von Sprache und Schrift, der Psychoanalytiker Jacques Lacan übertrug die Idee der Sprachstruktur auf das Unbewusste.

Denkanstöße

1 Wittgenstein hatte die „Befreiung des Verstandes von den Verhexungen der Sprache" gefordert. Ermitteln, Sie welche Verhexungen damit gemeint sein könnten. Bestimmen Sie Beispiele, wo versucht wird, „Verhexungen" im Alltag zu entgehen.

2 Der Strukturalismus lehrt den Vorrang der „Struktur" vor dem einzelnen Element. Ermitteln Sie „strukturelle" Gemeinsamkeiten zwischen unterschiedlichen Religionen – Judentum / Christentum / Islam / Buddhismus / griechische Mythologie –, jenseits aller individuellen Ausprägung einzelner Elemente (Gottheiten, Propheten, Halbgötter etc.).

2.3. Was ist Wahrheit?

> Unsere Erkenntnis von Wahrheit hat – anders als unsere Erkenntnis von Dingen – ein Gegenteil, nämlich den Irrtum.
>
> Bertrand Russell

Annäherung

Wer erkennen will, will natürlich die Wahrheit erkennen. Die Fragen aber, was denn Wahrheit eigentlich bedeutet und welche die Kriterien für Wahrheit sind, sind nicht einfach zu beantworten. Die Philosophie bemühte sich durch zwei Jahrtausende um die Klärung des Wahrheitsbegriffs und hat dabei durchaus einige Fortschritte zu verzeichnen. Um gleich eines vorweg zu klären: Es ist nicht sehr sinnig, sich die Wahrheit als ein abstraktes Etwas zu denken, das irgendwo versteckt ist und das man nun suchen und finden kann. Die Welt als solche ist weder wahr noch falsch. Sie ist, wie sie ist. *Wahr* oder *falsch* können im strengen Sinn nur *Sätze* über die Welt sein.

Adäquations- und Korrespondenztheorien der Wahrheit

Vernunft und Welt

Unter diesen Voraussetzungen wäre nun natürlich die einfachste Wahrheitsdefinition etwa folgende: Wahr ist eine Aussage dann, wenn sie mit dem behaupteten Sachverhalt übereinstimmt. Ähnliches hatte wohl schon Thomas von Aquin im Sinn, als er in dem Buch *Summa contra gentiles* die Wahrheit als eine Angleichung von Verstand und Sache („adaequatio intellectus et rei") definierte. Thomas von Aquin hatte dabei den Gedanken im Hinterkopf, dass die göttliche Weisheit den Verstand des Menschen so geschaffen habe, dass er den übrigen Schöpfungen Gottes entspreche. Die Übereinstimmung von menschlicher Vernunft und Welt liegt so gleichsam im Prinzip der Schöpfung. Schwierig wird es mit dieser Definition, wenn der theologische Hintergrund wegfällt. Immanuel Kant formulierte später dann auch um: Wahrheit ist die „Übereinstimmung der Erkenntnis mit ihrem Gegenstand". Man fasst diese Überlegungen, ausgehend von Thomas von Aquin, auch unter dem Titel „Adäquations-" oder „Korrespondenztheorien" zusammen. Der Grundgedanke dabei ist, dass unser Erkenntnisvermögen – Verstand, Vernunft, Intellekt – Übereinstimmung, Angleichung mit den behaupteten Sachverhalten anstreben muss. So einleuchtend dies vielleicht klingen mag, verbergen sich hinter diesen Wahrheitstheorien dennoch gravierende Schwierigkeiten.

Um feststellen zu können, ob eine Übereinstimmung zwischen einer Aussage und dem behaupteten Gegenstand besteht, muss ich nämlich die Wahrheit immer schon wissen: Ich kann eine/n Lügner/in nicht der Lüge überführen, wenn ich die Wahrheit nicht kenne. Diese Form der Wahrheitsdefinition setzt also das, was sie zu definieren vorgibt – die Wahrheit – immer schon voraus.

An dieser Schwierigkeit haben auch die Versuche des polnischen Philosophen und Logikers Alfred Tarski nicht viel geändert. Er hat versucht, der Adäquationstheorie eine schärfere Fassung zu geben. Das Prädikat „ist wahr", das einer Behauptung, einer Aussage p angehängt werden kann, bezieht sich nach Tarski nun nicht auf die Sache, sondern auf den Satz, der über eine Sache ausgesagt wird. Ein Satz der Art: „X ist wahr" ist für Tarski genau dann wahr, „wenn X". Das heißt: Die Behauptung „es

Alfred Tarski (1901–1983) ➤ *Glossar*

regnet" müsste umformuliert werden in: „Der Satz ‚es regnet' ist genau dann wahr, wenn es regnet". Man hat gegen Tarski eingewandt, dass damit eigentlich wenig gewonnen ist, und seine Theorie „redundant" (überflüssig) genannt: Eigentlich könne man auf das Prädikat „ist wahr" auch verzichten. Da ja ohnehin jede Behauptung den Anspruch erhebt, wahr zu sein, genügt es zu überprüfen, ob sie zutrifft oder nicht. Es bleibt dann aber das entscheidende Problem: Wie kann ich überprüfen, ob es regnet?

Kohärenztheorien

Die Schwierigkeiten mit der Korrespondenztheorie führten zu anderen Versuchen, die Wahrheit von Aussagen zu bestimmen. Die so genannte Kohärenztheorie verzichtet völlig darauf, Wahrheit als Übereinstimmung einer Aussage mit ihrem Gegenstand zu beschreiben, sondern begnügt sich damit zu fordern, dass Aussagen mit anderen Aussagen nicht in Widerspruch treten dürfen – vorausgesetzt natürlich, sie beziehen sich auf dieselben Inhalte. Treten also innerhalb einer wissenschaftlichen Theorie logische Widersprüche auf, muss etwas falsch an der Theorie sein: Sie ist dann „inkohärent". Was auf den ersten Blick seltsam erscheinen mag, hat aber durchaus seinen Sinn. Denken wir an das vorhin erwähnte Beispiel von der Lüge: Auch wenn ich die Wahrheit nicht kenne, vermute ich eine Lüge, wenn der/die Lügner/in sich in einen logischen Widerspruch verwickelt – selbst wenn ich keine Ahnung habe, was Person X am Abend gemacht hat. Behauptet sie einmal, am Abend im Kino, kurz darauf, im Theater gewesen zu sein, werde ich stutzig werden und genauer nachfragen. Natürlich kann Kohärenz – auch in der Wissenschaft – kein endgültiger Garant für Wahrheit sein, aber doch so etwas wie ein Zuverlässigkeitskriterium.

Konsenstheorien

*Jürgen Habermas (*1929)* ➤ *Glossar*

Herrschaftsfreier Diskurs

Man kann die Kohärenztheorie allerdings noch erweitern und nicht nur Übereinstimmung zwischen theoretischen Aussagen als Wahrheitskriterium festlegen, sondern überhaupt zur Voraussetzung machen, dass die Menschen, die über eine Sache verhandeln, dann der Wahrheit zumindest nahe sind, wenn sie eine Übereinstimmung, einen Konsens erreicht haben. Voraussetzung für diese, in Deutschland vor allem von Jürgen Habermas und Karl-Otto Apel vertretene, Theorie ist allerdings, dass ich allen Menschen eine verhandlungsfähige Vernunft und Kommunikationsfähigkeit zuschreibe und ausschließe, dass es zu einseitigen Beeinflussungen, Manipulationen, Drohungen etc. kommt. Habermas und Apel forderten daher auch den „herrschaftsfreien Diskurs" als jene Form, in der über Wahrheitsfragen entschieden werden sollte. Argumente seien so lange auszutauschen, bis man Übereinstimmung erreicht habe – also dürfe darüber nicht etwa „abgestimmt" werden.

Ein Gedanke, der hier mitspielt, ist wohl der, dass es, wenn es schon nicht gelingt, Wahrheit theoretisch eindeutig zu definieren, wenigstens denjenigen, die von einer Sache betroffen sind, überlassen bleiben muss, durch einen intensiven Diskurs die „Wahrheit", das, was für alle nach ihrer eigenen Vernünftigkeit akzeptabel erscheint, zu finden – etwa in politischen, ökonomischen und ökologischen Fragen. Nicht

Expert/innen oder Politiker/innen sollen zum Beispiel über den Einsatz von Kernenergie entscheiden, sondern die betroffene Bevölkerung. Verwandt ist diese Konzeption mit der so genannten pragmatischen Wahrheitstheorie, die um die Jahrhundertwende von den amerikanischen Philosophen William James und Charles Pierce entwickelt wurde. Wahr sind danach alle Aussagen und Theorien, die sich als nützlich und brauchbar erwiesen und bewährt haben. Offen bleiben muss dabei allerdings, wie überhaupt festgestellt werden kann, was wem – vor allem in einer größeren Gemeinschaft – nützt.

Denkanstöße

1 Wenn die Übereinstimmung zwischen Aussage und Sachverhalt nicht feststellbar ist, ich den/die Lügner/in nicht überführen kann, wenn ich nicht die Wahrheit weiß, hilft vielleicht ein Gedanke aus der Kriminalistik weiter: Wenn ein Täter nicht gesteht und ihm niemand die Tat beweisen kann (die Wahrheit), kann er dennoch überführt werden: durch Indizien. – Skizzieren Sie eine Wahrheitstheorie, die aus „Indizien" auf die Wahrheit schließen möchte.

2 Die Kohärenz- und Konsenstheorien der Wahrheit sind für die Praxis des Zusammenlebens wahrscheinlich nützlich – im Sinne der pragmatischen Wahrheitstheorie. Diskutieren Sie, ob bei Ihrer Bewertung der Wahrheitstheorien eine implizite Wahrheitstheorie vorhanden war.

Texte 2.1.

Platon (428/427–348/347 v. Chr.)

Text aus: Der Staat (Politeia), 7. Buch. Übers. v. Martin Heidegger (in: Heidegger, Platons Lehre von der Wahrheit, Bern 1947)

Platon

Bildung und Wahrheit (Höhlengleichnis)**

In diesem berühmten Gleichnis versucht Platon zu zeigen, dass die Welt unserer Sinne sich zur Wahrheit verhält wie Schatten zu ihren Urbildern. Diese nannte er „Ideen". Der Weg zu diesen Ideen, zur Erkenntnis, ist allerdings beschwerlich und stößt bei vielen Menschen auf Widerstand. – Die Gesprächspartner in diesem Dialog sind Sokrates und Glaukon.

Bringe dir nämlich in den Blick dieses: Menschen halten sich unter der Erde in einer höhlenartigen Behausung auf. Nach oben gegen das Tageslicht eignet dieser der langhin sich erstreckende Eingang, auf den zu das ganze Gehöhle sich versammelt. In dieser Behausung haben die Menschen, gefesselt an den Schenkeln und den Nacken, von Kindheit her ihren Verbleib. Deshalb verharren sie auch an derselben Stelle, sodass ihnen nur dies Eine bleibt, auf das hinzusehen, was ihnen von vorne ins Angesicht begegnet. Ringsherum jedoch die Köpfe zu führen, sind sie, weil gefesselt, außerstande. Ein Lichtschein freilich ist ihnen gewährt, von einem Feuer nämlich, das ihnen, allerdings von rückwärts, oben und fernher, glüht. Zwischen dem Feuer und den Gefesselten (in deren Rücken also) läuft obenhin ein Weg; dem längs, so stelle dir das vor, ist eine niedere Mauer gebaut gleich den Schranken, die sich die Gaukler vor den Leuten aufrichten, um über sie weg die Schaustücke zu zeigen. – Ich sehe, sagte er. –

Fasse nun demgemäß in den Blick, wie entlang diesem Mäuerchen Menschen allerlei Zeug vorbeitragen, das hierbei über das Mäuerchen hinwegragt, Standbilder sowohl als auch andere steinerne und hölzerne Bildwerke und sonst mannigfach von Menschen Gefertigtes. Wie nicht anders zu erwarten, unterhalten sich (dabei) die einen der Vorübertragenden, die anderen schweigen.

– Ein außergewöhnliches Bild führst du da vor, sagte er, und außergewöhnliche Gefangene. – Sie gleichen aber ganz uns Menschen, erwiderte ich. Denn was glaubst du wohl? Solcherart Menschen haben doch im Vornhinein, sei es von sich selbst, sei es von einander, nie etwas anderes in den Blick bekommen als die Schatten, die (ständig) der Feuerschein auf die ihnen gegenüberstehende Wand der Höhle wirft.

– Wie anders denn soll es sein, sagte er, wenn sie gezwungen sind, den Kopf unbeweglich zu halten und das zeit ihres Lebens? –

Was jedoch sehen sie von den (in ihrem Rücken) vorbeigetragenen Dingen? Sehen sie nicht eben dieses (nämlich die Schatten)? – In der Tat. –

Wenn sie nun imstande wären, miteinander das Erblickte an- und durchzusprechen, glaubst du nicht, sie würden das, was sie da sehen, für das Seiende halten? – Dazu wären sie genötigt. –

Wie aber nun, wenn dies Gefängnis auch noch von der ihnen gegenüberstehenden Wand her (auf die allein sie ständig hinblicken) einen Widerhall hätte? Sooft dann einer von denen, die hinter den Gefesselten vorbeigehen (und die Dinge vorbeitragen), sich verlauten ließe, glaubst du wohl, dass sie etwas anderes für das Sprechende hielten als den vor ihnen vorbeiziehenden Schatten? – Nichts anderes, beim Zeus!, sagte er. – Ganz und gar, entgegnete ich, würden dann auch die also Gefesselten nichts anderes als die Schatten der Gerätschaften für das Unverborgene halten. – Dies wäre durchaus nötig, sagte er. –

Verfolge demnach jetzt, erwiderte ich, mit deinem Blick den Vorgang, wie die Gefangenen von den Fesseln gelöst und in eins damit geheilt werden von der Einsichtslosigkeit, und bedenke dabei, welcher Art dann diese Einsichtslosigkeit sein müsste, wenn den Gefesselten Folgendes zustieße. Sooft einer entfesselt und gezwungen würde, plötzlich aufzustehen, den Hals umzuwenden, sich auf den Weg zu machen und gegen das Licht hinaufzublicken, (dann) vermöchte er (jedes Mal) dies alles nur unter Schmerzen, auch wäre er nicht imstande, durch das Geflimmer hindurch auf jene Dinge hinzusehen, davon er vormals die Schatten sah. (Wenn all dies mit ihm geschähe), was, glaubst du wohl, würde er sagen, wenn einer ihm eröffnet, dass er vormals (nur) Nichtigkeiten gesehen habe, jetzt aber dem Seienden um mehreres näher sei und, also dem Seienden zugewendet, demzufolge auch richtiger blicke? Und wenn einer ihm (dann) auch noch jedes der vorbeiziehenden Dinge zeigte und ihn zwänge, auf die Frage, was es sei, zu antworten, glaubst du nicht, dass er da weder ein noch aus wüsste und überdies dafür hielte, das vormals (mit eigenen Augen) Gesehene sei unverborgener als das jetzt (von einem anderen ihm) Gezeigte? – Durchaus freilich, sagte er. –

Und wenn ihn gar einer nötigte, in den Feuerschein hineinzusehen, würden ihn dann nicht die Augen schmerzen, und möchte er sich da nicht abwenden und zu jenem (zurück) flüchten, was anzusehen in seinen Kräften steht und sich dafür entscheiden, das (ihm ohne weiteres Sichtbare) sei in der Tat klarer als das, was ihm jetzt gezeigt werde? – So ist es, sagte er. –

Wenn aber nun, erwiderte ich, einer ihn (den von den Fesseln Gelösten) von da weg mit Gewalt durch den holperigen und steilen Aufgang der Höhle hindurchzöge und nicht von ihm abließe, bis er ihn an das Licht der Sonne hinausgezogen hätte, empfände der also Gezogene dabei nicht Schmerz und Empörung? Und bekäme er, ins Sonnenlicht gelangt, nicht die Augen voll des Glanzes, und wäre er so nicht außerstande, auch nur etwas von dem zu sehen, was ihm jetzt als das Unverborgene eröffnet wird?

– Keineswegs wäre er dazu imstande, sagte er, wenigstens nicht plötzlich. – Einer Gewöhnung offenbar, glaube ich, bedürfte es, wenn es darauf ankommen soll, das, was oben (außerhalb der Höhle im Licht der Sonne) steht, ins Auge zu fassen. Und (bei solcher Eingewöhnung) würde er zunächst am

Das Unverborgene: hier: Heideggers wörtliche Wiedergabe des griech. „aletheia", welches üblicherweise mit „Wahrheit" übersetzt wird

leichtesten auf die Schatten hinsehen können und hernach auf den im Wasser widerspiegelnden Anblick der Menschen und der übrigen Dinge, später aber würde er dann diese selbst (das Seiende statt der abschwächenden Spiegelungen) in den Blick nehmen. Aus dem Umkreis dieser Dinge aber dürfte er wohl das, was am Himmelsgewölbe ist, und dieses selbst, und zwar bei Nacht, leichter beschauen, indem er hinblickt auf das Licht der Sterne und des Mondes, (leichter nämlich) als bei Tag die Sonne und ihren Schein. – Gewiss! – Am Ende aber, glaube ich, dürfte er in den Stand kommen, auf die Sonne selbst zu blicken, nicht nur auf ihren Widerschein im Wasser und wo er sonst auftauchen mag, auf die Sonne selbst, wie sie von ihr selbst her an dem ihr eigenen Ort ist, um sie zu betrachten, wie beschaffen sie sei.

– Notwendig dürfte es so kommen, sagte er. –

Und nachdem er all dieses hinter sich gebracht hat, dürfte er auch bereits über sie (die Sonne) dieses zusammenbringen können, dass nämlich sie es ist, die sonst sowohl Jahreszeiten gewährt als auch Jahre und alles durchwaltet, was ist in dem (jetzt) gesichteten Bezirk (des Sonnenlichtes), ja dass sie (die Sonne) sogar auch von jenem Allen die Ursache ist, was jene (die unten in der Höhle sich aufhalten) in einer gewissen Weise vor sich haben.

– Offenbar, sagte er, würde er zu diesem (zur Sonne und zu dem, was in ihrem Licht steht) gelangen, nachdem er über jenes (was nur Widerschein und Schatten ist) hinausgegangen. –

Was nun? Wenn er sich wieder der ersten Behausung erinnerte und des dort maßgebenden „Wissens" und der damals mit ihm Gefesselten, glaubst du nicht, er würde sich selbst zwar glücklich preisen ob des (geschehenen) Umschlags, jene dagegen bedauern? – Gar sehr. –

Wenn nun aber (unter den Menschen) am vormaligen Aufenthaltsort (in der Höhle nämlich) gewisse Ehrungen und Lobsprüche festgesetzt wären für den, der am schärfsten das Vorübergehende (was sich alltäglich zuträgt) ins Auge fasst und dazu am meisten das im Gedächtnis behält, was davon zuerst, was nachher und was gleichzeitig vorbeigebracht zu werden pflegt, und der (dann) hieraus das vorher zu sagen vermöchte, was am ehesten künftig eintreten könnte, glaubst du, ihn (den aus der Höhle Hinausgegangenen) würde es (jetzt noch) nach jenen (in der Höhle) verlangen, um mit denen (dort) zu wetteifern, die bei jenen in Ansehen und Macht stehen, oder wird er nicht gar sehr das auf sich nehmen wollen, wovon Homer sagt: „einem fremden unbegüterten Manne um Lohn zu dienen", und wird er nicht überhaupt was immer sonst eher ertragen wollen, als in jenen (für die Höhle gültigen) Ansichten sich herumzutreiben und auf jene Weise ein Mensch zu sein?

– Ich glaube, sagte er, alles würde er eher über sich ergehen lassen, als auf jene (höhlenmäßige) Weise ein Mensch zu sein. –

Und nun also bedenke dieses, erwiderte ich: Wenn der solcherarts aus der Höhle Herausgekommene wiederum hinabstiege und an denselben Platz sich niedersetzte, füllten sich ihm da nicht, wo er plötzlich aus der Sonne kommt, die Augen mit Finsternissen? – Gar sehr allerdings, sagte er. –

Wenn er nun wieder mit den ständig dort Gefesselten sich abgeben müsste im Aufstellen und Behaupten von Ansichten über die Schatten, während ihm noch die Augen blöd sind, bevor er sie wieder angepasst hat, was nicht geringe Zeit der Eingewöhnung verlangte, würde er dann dort unten nicht der Lächerlichkeit preisgegeben sein, und würde man ihm nicht zu verstehen geben, dass er ja nur hinaufgestiegen sei, um mit verdorbenen Augen (in die Höhle) zurückzukehren, dass es also auch ganz und gar nicht lohne, sich auf den Weg nach oben zu machen? Und werden sie denjenigen, der Hand anlegte, sie von den Fesseln zu lösen und hinaufzuführen, wenn sie seiner habhaft werden und ihn töten könnten, nicht wirklich töten? –

– Sicherlich wohl, sagte er. –

René Descartes

Ich denke, also bin ich***

René Descartes (1596–1650)

Text aus: Meditationen über die erste Philosophie, hrsg. u. übers. v. Gerhart Schmidt (Stuttgart 1971, S. 44–45)

Archimedes: bedeutender griech. Mathematiker und Physiker, gest. 212 v. Chr.

In seinen folgenschweren *Meditationen* versucht Descartes durch die Methode des radikalen Zweifelns eine sichere Basis für die Erkenntnis zu gewinnen und kommt zu dem Schluss, dass nur die Tatsache selbst, dass ich zweifle (also denke), gewiss ist; alles andere könnte auch Täuschung sein.

(...) Ich will vorwärtsdringen, bis ich etwas Gewisses erkenne, sollte es auch nur die Gewissheit sein, dass es nichts Gewisses gibt. Nur einen Punkt, der fest und unbeweglich sei, verlangte Archimedes, um die ganze Erde von ihrer Stelle zu bewegen. Es eröffnet sich ebenfalls eine große Aussicht, wenn ich auch nur das Geringste finden werde, das gewiss und unerschütterlich ist.
Ich nehme also an, alles, was ich sehe, sei falsch; ich glaube, dass nichts von alledem jemals existiert habe, was mir mein trügerisches Gedächtnis vorführt. Ich habe überhaupt keine Sinne; Körper, Gestalt, Ausdehnung, Bewegung und Ort sind Chimären. Was soll da noch wahr sein? Vielleicht dies Eine, dass es nichts Gewisses gibt.
Aber woher weiß ich, dass es nicht noch etwas von allem bereits Angezweifelten Verschiedenes gibt, das auch nicht die geringste Möglichkeit zu einem Zweifel bietet? Gibt es nicht vielleicht einen Gott, oder wie ich ihn sonst nennen soll, der mir diese Gedanken einflößt? Doch wozu soll ich dergleichen annehmen, da ich wohl auch selbst ihr Urheber sein könnte? So wäre aber doch wenigstens Ich etwas? Allein ich habe ja bereits geleugnet, dass ich irgendwelche Sinne und irgendeinen Körper habe. Doch halt, was folgt denn hieraus? Bin ich denn so sehr an den Körper und die Sinne gebunden, dass ich nicht auch ohne sie sein könnte? Aber ich habe in mir die Annahme gefestigt, es gebe gar nichts in der Welt, keinen Himmel, keine Erde, keine Geister, keine Körper: Also bin doch auch ich nicht da? Nein, ganz gewiss war Ich da, wenn ich mich von etwas überzeugt habe.

Aber es gibt doch irgendeinen sehr mächtigen, sehr schlauen Betrüger, der mit Absicht mich immer täuscht. Ganz zweifellos bin aber eben darum auch Ich, wenn er mich täuscht; mag er mich nun täuschen, soviel er kann, so wird er doch nie bewirken können, dass ich nicht sei, solange ich denke, ich sei etwas. Nachdem ich so alles genug und übergenug erwogen habe, muss ich schließlich festhalten, dass der Satz „Ich bin, Ich existiere", sooft ich ihn ausspreche oder im Geiste auffasse, notwendig wahr sei.

Ich bin mir aber noch nicht hinreichend klar darüber, wer denn Ich bin – jener Ich, der notwendigerweise ist. Ich muss mich nun in Acht nehmen, dass ich nicht etwa unvorsichtigerweise etwas anderes für mich selbst halte und so selbst in derjenigen Erkenntnis abirre, die für mich die gewisseste und evidenteste sein soll. (...)

Was gilt nun aber von dem, was ich der Seele zuschrieb, zunächst von der Ernährung und dem Gehen? Offenbar bestehen auch diese bloß in der Einbildung, da ich nun einmal keinen Körper habe. Aber das Empfinden? Auch dieses geschieht nicht ohne Körper, und gar oft erschien es mir ja auch im Traume, als empfände ich, während ich nachher merkte, dass es nicht wahr sei. Und das Denken? Hier finde ich es: Das Denken ist es; es allein kann von mir nicht abgetrennt werden; Ich bin, Ich existiere, das ist gewiss.

Wie lange aber? Offenbar solange ich denke, denn es könnte ja auch der Fall sein, dass ich, wenn ich überhaupt nicht mehr denken würde, sogleich aufhörte zu sein. Ich lasse jetzt nichts gelten, als was notwendig wahr ist; demnach nun bin ich genau genommen lediglich ein denkendes Ding, d. h. Geist bzw. Seele bzw. Verstand bzw. Vernunft; lauter Bezeichnungen, deren Bedeutung mir früher unbekannt waren. Ich bin nun ein wirkliches und wahrhaft seiendes Ding. Was denn nun aber für ein Ding? Ich sagte ja: ein denkendes. (...) Was ist das? – Ein Ding, das zweifelt, einsieht, bejaht, verneint, will, nicht will, das auch bildlich vorstellt und empfindet.

denkendes Ding: Aufgrund dieser Überlegung kam Descartes zur Auffassung, man müsse prinzipiell zwischen einem denkenden Ding (res cogitans, also Geist) und einem ausgedehnten Ding (res extensa, also Körper) unterscheiden.

Das ist in der Tat nicht wenig, wenn das alles zu meiner Natur gehören soll. Doch warum sollte es nicht dazu gehören? Bin Ich es nicht selbst, der fast alles bezweifelt, der aber doch immerhin etwas einsieht, der behauptet, dass dies Eine wahr sei, der alles andere verneint, aber noch mehr erkennen will und nicht getäuscht werden will, der sich unwillkürlich vielerlei bildhaft vorstellt, vieles auch gewahrt, als käme es von den Sinnen her? Gibt es hierbei etwas, das nicht genau ebenso wahr wäre, als dass ich bin, selbst wenn ich immer träumte; selbst wenn der, der mich erschaffen, mich täuschte, soviel er vermag?

Was davon ist von meinem Denken verschieden und kann als von mir selbst trennbar angesehen werden? Denn es ist so offenkundig, dass Ich es bin, der da zweifelt, erkennt, will, dass sich kein Erklärungsgrund höherer Evidenz dafür finden lässt. Aber Ich bin auch derselbe, der bildhaft vorstellt; denn wenn vielleicht, wie ich einmal angenommen habe, gar kein bildhaft vorgestelltes Ding wirklich wäre, so besteht doch die Einbildungskraft selbst, die einen Teil meines Denkens ausmacht. (...)

Immanuel Kant

Die Kopernikanische Wende der Erkenntnistheorie***

In seiner fundamentalen Untersuchung über die Möglichkeiten und Grenzen einer „reinen Vernunft“ war Kant zur Einsicht gekommen, dass das Problem der Erkenntnis nur gelöst werden könne, wenn es zu einer Kopernikanischen Wende auch in der Philosophie käme: Unsere Erkenntnis richtet sich nicht nach den Gegenständen, sondern die Gegenstände richten sich nach unserer Erkenntnis.

Der Metaphysik, einer ganz isolierten spekulativen Vernunfterkenntnis, die sich gänzlich über Erfahrungsbelehrung erhebt, und zwar durch bloße Begriffe (nicht wie Mathematik durch Anwendung derselben auf Anschauung), wo also Vernunft selbst ihr eigener Schüler sein soll, ist das Schicksal bisher noch so günstig nicht gewesen, dass sie den sichern Gang einer Wissenschaft einzuschlagen vermocht hätte; ob sie gleich älter ist, als alle übrigen, und bleiben würde, wenn gleich die übrigen insgesamt in dem Schlunde einer alles vertilgenden Barbarei gänzlich verschlungen werden sollten. Denn in ihr gerät die Vernunft kontinuierlich in Stecken, selbst wenn sie diejenigen Gesetze, welche die gemeinste Erfahrung bestätigt (wie sie sich anmaßt), a priori einsehen will. In ihr muss man unzählige Mal den Weg zurück tun, weil man findet, dass er dahin nicht führt, wo man hin will, und was die Einhelligkeit ihrer Anhänger in Behauptungen betrifft, so ist sie noch so weit davon entfernt, dass sie vielmehr ein Kampfplatz ist, der ganz eigentlich dazu bestimmt zu sein scheint, seine Kräfte im Spielgefechte zu üben, auf dem noch niemals irgendein Fechter sich auch den kleinsten Platz hat erkämpfen und auf seinen Sieg einen dauerhaften Besitz gründen können. Es ist also kein Zweifel, dass ihr Verfahren bisher ein bloßes Herumtappen, und, was das Schlimmste ist, unter bloßen Begriffen, gewesen sei.

Woran liegt es nun, dass hier noch kein sicherer Weg der Wissenschaft hat gefunden werden können? Ist er etwa unmöglich? Woher hat denn die Natur unsere Vernunft mit der rastlosen Bestrebung heimgesucht, ihm als einer ihrer wichtigsten Angelegenheiten nachzuspüren? Noch mehr, wie wenig haben wir Ursache, Vertrauen in unsere Vernunft zu setzen, wenn sie uns in einem der wichtigsten Stücke unserer Wissbegierde nicht bloß verlässt, sondern durch Vorspiegelungen hinhält, und am Ende betrügt! Oder ist er bisher nur verfehlt; welche Anzeige können wir benutzen, um bei erneuertem Nachsuchen zu hoffen, dass wir glücklicher sein werden, als andere vor uns gewesen sind?

Ich sollte meinen, die Beispiele der Mathematik und Naturwissenschaft, die durch eine auf einmal zustande gebrachte Revolution das geworden sind, was sie jetzt sind, wären merkwürdig genug, um dem wesentlichen Stücke der Umänderung der Denkart, die ihnen so vorteilhaft geworden ist, nachzusinnen, und ihnen, so viel ihre Analogie, als Vernunfterkenntnisse, mit der Metaphysik verstattet, hierin wenigstens zum Versuche nachzuahmen. Bisher

Immanuel Kant (1724–1804)

Text aus: Vorrede zur zweiten Auflage der *Kritik der reinen Vernunft* (1781/1786; in: Werke Bd. 3, hrsg. v. W. Weischedel, Frankfurt/M. 1974, S. 24 ff.)

Metaphysik: hier: Versuch, mit reiner Verstandestätigkeit zu Erkenntnissen zu gelangen

in Stecken: ins Stocken geraten

a priori: vor aller Erfahrung, rein durch die Vernunft gegeben

nahm man an, alle unsere Erkenntnis müsse sich nach den Gegenständen richten; aber alle Versuche über sie a priori etwas durch Begriffe auszumachen, wodurch unsere Erkenntnis erweitert würde, gingen unter dieser Voraussetzung zunichte. Man versuche es daher einmal, ob wir nicht in den Aufgaben der Metaphysik damit besser fortkommen, dass wir annehmen, die Gegenstände müssen sich nach unserem Erkenntnis richten, welches so schon besser mit der verlangten Möglichkeit einer Erkenntnis derselben a priori zusammenstimmt, die über Gegenstände, ehe sie uns gegeben werden, etwas festsetzen soll. Es ist hiermit eben so, als mit den ersten Gedanken des Kopernikus bewandt, der, nachdem es mit der Erklärung der Himmelsbewegungen nicht gut fort wollte, wenn er annahm, das ganze Sternheer drehe sich um den Zuschauer, versuchte, ob es nicht besser gelingen möchte, wenn er den Zuschauer sich drehen, und dagegen die Sterne in Ruhe ließ. In der Metaphysik kann man nun, was die Anschauung der Gegenstände betrifft, es auf ähnliche Weise versuchen. Wenn die Anschauung sich nach der Beschaffenheit der Gegenstände richten müsste, so sehe ich nicht ein, wie man a priori von ihr etwas wissen könne; richtet sich aber der Gegenstand (als Objekt der Sinne) nach der Beschaffenheit unseres Anschauungsvermögens, so kann ich mir diese Möglichkeit ganz wohl vorstellen. Weil ich aber bei diesen Anschauungen, wenn sie Erkenntnisse werden sollen, nicht stehen bleiben kann, sondern sie als Vorstellung auf irgendetwas als Gegenstand beziehen und diesen durch jene bestimmen muss, so kann ich entweder annehmen, die Begriffe, wodurch ich diese Bestimmung zustande bringe, richten sich auch nach dem Gegenstande, und dann bin ich wiederum in derselben Verlegenheit, wegen der Art, wie ich a priori hiervon etwas wissen könne; oder ich nehme an, die Gegenstände, oder, welches einerlei ist, die Erfahrung, in welcher sie allein (als gegebene Gegenstände) erkannt werden, richte sich nach diesen Begriffen, so sehe ich sofort eine leichtere Auskunft, weil Erfahrung selbst eine Erkenntnisart ist, die Verstand erfordert, dessen Regel ich in mir, noch ehe mir Gegenstände gegeben werden, mithin a priori voraussetzen muss, welche in Begriffen a priori ausgedrückt wird, nach denen sich also alle Gegenstände der Erfahrung notwendig richten und mit ihnen übereinstimmen müssen. Was Gegenstände betrifft, sofern sie bloß durch Vernunft, und zwar notwendig, gedacht, die aber (so wenigstens, wie die Vernunft sie denkt) gar nicht in der Erfahrung gegeben werden können, so werden die Versuche sie zu denken (denn denken müssen sie sich doch lassen) hernach einen herrlichen Probierstein desjenigen abgeben, was wir als die veränderte Methode der Denkungsart annehmen, dass wir nämlich von den Dingen nur das a priori erkennen, was wir selbst in sie legen. Dieser Versuch gelingt nach Wunsch und verspricht der Metaphysik in ihrem ersten Teile, da sie sich nämlich mit Begriffen a priori beschäftigt, davon die korrespondierenden Gegenstände in der Erfahrung jenen angemessen gegeben werden können, den sicheren Gang einer Wissenschaft. Denn man kann nach dieser Veränderung der Denkart die Möglichkeit einer Erkenntnis a priori ganz wohl erklären, und was noch mehr ist, die Gesetze, welche a priori der Natur, als dem Inbegriffe der Gegenstände der Erfahrung, zum Grunde liegen,

Anschauung: sinnliche Wahrnehmung

mit ihren genugtuenden Beweisen versehen, welches beides nach der bisherigen Verfahrungsart unmöglich war. Aber es ergibt sich aus dieser Deduktion unseres Vermögens a priori zu erkennen im ersten Teile der Metaphysik ein befremdliches und dem ganzen Zwecke derselben, der den zweiten Teil beschäftigt, dem Anscheine nach sehr nachteiliges Resultat, nämlich dass wir mit ihm nie über die Grenze möglicher Erfahrung hinauskommen können, welches doch gerade die wesentlichste Angelegenheit dieser Wissenschaft ist. Aber hierin liegt eben das Experiment einer Gegenprobe der Wahrheit des Resultats jener ersten Würdigung unserer Vernunfterkenntnis a priori, dass sie nämlich nur auf Erscheinungen gehe, die Sache an sich selbst dagegen zwar als für sich wirklich, aber von uns unerkannt, liegen lasse. Denn das, was uns notwendig über die Grenze der Erfahrung und aller Erscheinungen hinaus zu gehen treibt, ist das Unbedingte, welches die Vernunft in den Dingen an sich selbst notwendig und mit allem Recht zu allem Bedingten, und dadurch die Reihe der Bedingungen als vollendet verlangt. Findet sich nun, wenn man annimmt, unsere Erfahrungserkenntnis richte sich nach den Gegenständen als Dingen an sich selbst, dass das Unbedingte ohne Widerspruch gar nicht gedacht werden könne; dagegen, wenn man annimmt, unsere Vorstellung der Dinge, wie sie uns gegeben werden, richte sich nicht nach diesen, als Dingen an sich selbst, sondern diese Gegenstände vielmehr, als Erscheinungen, richten sich nach unserer Vorstellungsart, der Widerspruch wegfalle; und dass folglich das Unbedingte nicht an Dingen, sofern wir sie kennen (sie uns gegeben werden), wohl aber an ihnen, sofern wir sie nicht kennen, als Sachen an sich selbst, angetroffen werden müsse: So zeiget sich, dass, was wir anfangs nur zum Versuche annahmen, gegründet sei.

Deduktion: Schluss vom Allgemeinen aufs Besondere, auf den Einzelfall

das Unbedingte: das „Ding an sich“, das, was als letzter, unerfahrbarer Grund die Dinge bestimmt und ihr Wesen ausmacht

Texte 2.2.

Wilhelm von Humboldt (1767–1835)

Text aus: Schriften zur Sprache, hrsg. v. Michael Böhler (Stuttgart 1973, S. 36 ff.)

genetisch: hier: die Entwicklung betreffend

Wilhelm von Humboldt

Von der Sprache*

Im folgenden Text geht es Humboldt um das „Wesen" der Sprache, das er im sich ständig verändernden Charakter der Sprache, in ihrer „Lebendigkeit" sieht.

Form der Sprachen. Die Sprache, in ihrem wirklichen Wesen aufgefasst, ist etwas beständig und in jedem Augenblicke Vorübergehendes. Selbst ihre Erhaltung durch die Schrift ist immer nur eine unvollständige, mumienartige Aufbewahrung, der es doch erst wieder bedarf, dass man dabei den lebendigen Vortrag zu versinnlichen sucht. Sie selbst ist kein Werk (Ergon), sondern eine Tätigkeit (Energeia). Ihre wahre Definition kann daher nur eine genetische sein. Sie ist nämlich die sich ewig wiederholende Arbeit des Geistes, den artikulierten Laut zum Ausdruck des Gedanken fähig zu machen. Unmittelbar und streng genommen, ist dies die Definition des jedesmaligen Sprechens; aber im wahren und wesentlichen Sinne kann man auch nur gleichsam die Totalität dieses Sprechens als die Sprache ansehen. Denn in dem zerstreuten Chaos von Wörtern und Regeln, welches wir wohl eine Sprache zu nennen pflegen, ist nur das durch jenes Sprechen hervorgebrachte Einzelne vorhanden und dies niemals vollständig, auch erst einer neuen Arbeit bedürftig, um daraus die Art des lebendigen Sprechens zu erkennen und ein wahres Bild der lebendigen Sprache zu geben. Gerade das Höchste und Feinste lässt sich an jenen getrennten Elementen nicht erkennen und kann nur (was umso mehr beweist, dass die eigentliche Sprache in dem Akte ihres wirklichen Hervorbringens liegt) in der verbundenen Rede wahrgenommen oder geahndet werden. Nur sie muss man sich überhaupt in allen Untersuchungen, welche in die lebendige Wesenheit der Sprache eindringen sollen, immer als das Wahre und Erste denken. Das Zerschlagen in Wörter und Regeln ist nur ein totes Machwerk wissenschaftlicher Zergliederung.

Die Sprachen als eine Arbeit des Geistes zu bezeichnen, ist schon darum ein vollkommen richtiger und adäquater Ausdruck, weil sich das Dasein des Geistes überhaupt nur in Tätigkeit und als solche denken lässt. Die zu ihrem Studium unentbehrliche Zergliederung ihres Baues nötigt uns sogar, sie als ein Verfahren zu betrachten, das durch bestimmte Mittel zu bestimmten Zwecken vorschreitet, und sie insofern wirklich als Bildungen der Nationen anzusehen. (...)

Ich habe schon im Obigen darauf aufmerksam gemacht, dass wir uns, wenn ich mich so ausdrücken darf, mit unsrem Sprachstudium durchaus in eine geschichtliche Mitte versetzt befinden, und dass weder eine Nation noch eine Sprache unter den uns bekannten ursprünglich genannt werden kann. Da jede schon einen Stoff von früheren Geschlechtern aus uns unbekannter Vorzeit empfangen hat, so ist die, nach der obigen Erklärung, den Gedankenaustausch hervorbringende geistige Tätigkeit immer zugleich auf etwas schon Gegebenes gerichtet, nicht rein erzeugend, sondern umgestaltend.

Diese Arbeit nun wirkt auf eine konstante und gleichförmige Weise. Denn es ist die gleiche, nur innerhalb gewisser, nicht weiter Grenzen verschiedne geistige Kraft, welche dieselbe ausübt. Sie hat zum Zweck das Verständnis. Es darf also niemand auf andre Weise zum andren reden, als dieser, unter gleichen Umständen, zu ihm gesprochen haben würde. Endlich ist der überkommene Stoff nicht bloß der nämliche, sondern auch, da er selbst wieder einen gleichen Ursprung hat, ein mit der Geistesrichtung durchaus nahe verwandter. Das in dieser Arbeit des Geistes, den artikulierten Laut zum Gedankenausdruck zu erheben, liegende Beständige und Gleichförmige, so vollständig, als möglich, in seinem Zusammenhange aufgefasst und systematisch dargestellt, macht die Form der Sprache aus.

In dieser Definition erscheint dieselbe als ein durch die Wissenschaft gebildetes Abstraktum. Es würde aber durchaus unrichtig sein, sie auch an sich bloß als ein solches daseinloses Gedankenwesen anzusehen. In der Tat ist sie vielmehr der durchaus individuelle Drang, vermittelst dessen eine Nation dem Gedanken und der Empfindung Geltung in der Sprache verschafft. Nur weil uns nie gegeben ist, diesen Drang in der ungetrennten Gesamtheit seines Strebens, sondern nur in seinen jedes Mal einzelnen Wirkungen zu sehen, so bleibt uns auch bloß übrig, die Gleichartigkeit seines Wirkens in einen toten allgemeinen Begriff zusammenzufassen. In sich ist jener Drang eins und lebendig.

Ludwig Wittgenstein

Sprachspiele**

Ludwig Wittgenstein (1889–1951)

Text aus: Philosophische Untersuchungen (Frankfurt/M. 1971, S. 21–23, 56)

Wittgenstein geht davon aus, dass Sprachen „Sprachspiele" sind, die nach bestimmten Regeln ablaufen. Die Bedeutung der Wörter entspricht dabei allerdings ihrem Gebrauch – es gibt keine vom Gebrauch unabhängige Bedeutung. Wir „gebrauchen" Sprache wie Werkzeuge; und Sprachen, d. h. die verschiedenen Sprachspiele, haben darüber hinaus nichts Gemeinsames – es gibt also kein „Wesen" der Sprache –, sondern Sprachen ähneln einander wie Verwandte, wie die Mitglieder einer Familie.

11. Denk an die Werkzeuge in einem Werkzeugkasten: Es ist da ein Hammer, eine Zange, eine Säge, ein Schraubenzieher, ein Maßstab, ein Leimtopf, Leim, Nägel und Schrauben. – So verschieden die Funktionen dieser Gegenstände, so verschieden sind die Funktionen der Wörter. (Und es gibt Ähnlichkeiten hier und dort.)

Freilich, was uns verwirrt ist die Gleichförmigkeit ihrer Erscheinung, wenn die Wörter uns gesprochen, oder in der Schrift und im Druck entgegentreten.

Denn ihre Verwendung steht nicht so deutlich vor uns. Besonders nicht, wenn wir philosophieren!

12. Wie wenn wir in den Führerstand einer Lokomotive schauen: Da sind Handgriffe, die alle mehr oder weniger gleich aussehen. (Das ist begreiflich, denn sie sollen alle mit der Hand angefasst werden.) Aber einer ist der Handgriff einer Kurbel, die kontinuierlich verstellt werden kann (sie reguliert die Öffnung eines Ventils); ein andrer ist der Handgriff eines Schalters, der nur zweierlei wirksame Stellungen hat, er ist entweder umgelegt, oder aufgestellt; ein dritter ist der Griff eines Bremshebels, je stärker man zieht, desto stärker wird gebremst; ein vierter der Handgriff einer Pumpe; er wirkt nur, solange er hin und her bewegt wird.

13. Wenn wir sagen: „Jedes Wort der Sprache bezeichnet etwas", so ist damit vorerst noch gar nichts gesagt; es sei denn, dass wir genau erklärten, welche Unterscheidung wir zu machen wünschen. (Es könnte ja sein, dass wir die Wörter der Sprache von Wörtern „ohne Bedeutung" unterscheiden wollten, wie sie in Gedichten Lewis Carrolls vorkommen, oder von Worten wie „juwiwallera" in einem Lied.)

Lewis Carroll: eigentl. Ch. L. Dodgson (1832–1898), engl. Mathematiker, Schachexperte und Schriftsteller, berühmt geworden durch das Buch *Alice im Wunderland*

Assimilation: Angleichung, Anpassung

14. Denke dir, jemand sagte: „Alle Werkzeuge dienen dazu, etwas zu modifizieren. So, der Hammer die Lage des Nagels, die Säge die Form des Bretts, etc." – Und was modifiziert der Maßstab, der Leimtopf, die Nägel? – „Unser Wissen um die Länge eines Dings, die Temperatur des Leims, und die Festigkeit der Kiste." – Wäre mit dieser Assimilation des Ausdrucks etwas gewonnen? –

15. Am direktesten ist das Wort „bezeichnen" vielleicht da angewandt, wo das Zeichen auf dem Gegenstand steht, den es bezeichnet. Nimm an, die Werkzeuge, die A beim Bauen benützt, tragen gewisse Zeichen. Zeigt A dem Gehilfen ein solches Zeichen, so bringt dieser das Werkzeug, das mit dem Zeichen versehen ist.

So, und auf mehr oder weniger ähnliche Weise, bezeichnet ein Name ein Ding, und wird ein Name einem Ding gegeben. – Es wird sich oft nützlich erweisen, wenn wir uns beim Philosophieren sagen: Etwas benennen, das ist etwas Ähnliches, wie einem Ding ein Namentäfelchen anheften. (…)

65. Hier stoßen wir auf die große Frage, die hinter allen diesen Betrachtungen steht. – Denn man könnte mir nun einwenden: „Du machst dir's leicht! Du redest von allen möglichen Sprachspielen, hast aber nirgends gesagt, was denn das Wesentliche des Sprachspiels, und also der Sprache, ist. Was allen diesen Vorgängen gemeinsam ist und sie zur Sprache, oder zu Teilen der Sprache macht. Du schenkst dir also gerade den Teil der Untersuchung, der dir selbst seinerzeit das größte Kopfzerbrechen gemacht hat, nämlich den, die allgemeine Form des Satzes und der Sprache betreffend."

Und das ist wahr. – Statt etwas anzugeben, was allem, was wir Sprache nennen, gemeinsam ist, sage ich, es ist diesen Erscheinungen gar nicht eines gemeinsam, weswegen wir für alle das gleiche Wort verwenden –, sondern sie sind miteinander in vielen verschiedenen Weisen verwandt. Und dieser Verwandtschaft, oder dieser Verwandtschaften wegen nennen wir sie alle „Sprachen".

Benjamin Lee Whorf

Das linguistische Relativitätsprinzip**

Benjamin Lee Whorf (1897–1941)

Text aus: Sprache, Denken, Wirklichkeit (Reinbek bei Hamburg 1963, S. 11, 13)

In seiner berühmten und umstrittenen, 1956 posthum herausgegebenen Aufsatzsammlung über den Zusammenhang von Sprache und Weltbild stellte der amerikanische Sprachwissenschaftler B. L. Whorf die These auf, dass die Struktur der Sprache die Struktur des Denkens und damit des Weltbildes mitbestimme.

Als die Linguisten so weit waren, eine größere Anzahl von Sprachen mit sehr verschiedenen Strukturen kritisch und wissenschaftlich untersuchen zu können, erweiterten sich ihre Vergleichsmöglichkeiten. Phänomene, die bis dahin als universal galten, zeigten Unterbrechungen, und ein ganz neuer Bereich von Bedeutungszusammenhängen wurde bekannt. Man fand, dass das linguistische System (mit anderen Worten, die Grammatik) jeder Sprache nicht nur ein reproduktives Instrument zum Ausdruck von Gedanken ist, sondern vielmehr selbst die Gedanken formt, Schema und Anleitung für die geistige Aktivität des Individuums ist, für die Analyse seiner Eindrücke und für die Synthese dessen, was ihm an Vorstellungen zur Verfügung steht. Die Formulierung von Gedanken ist kein unabhängiger Vorgang, der im alten Sinne des Wortes rational ist, sondern er ist beeinflusst von der jeweiligen Grammatik. Er ist daher für verschiedene Grammatiken mehr oder weniger verschieden. Wir gliedern die Natur an Linien auf, die uns durch unsere Muttersprachen vorgegeben sind. Die Kategorien und Typen, die wir aus der phänomenalen Welt herausheben, finden wir nicht einfach in ihr – etwa weil sie jedem Beobachter in die Augen springen; ganz im Gegenteil präsentiert sich die Welt in einem kaleidoskopartigen Strom von Eindrücken, der durch unseren Geist organisiert werden muss – das aber heißt weitgehend: von dem linguistischen System in unserem Geist: Wie wir die Natur aufgliedern, sie in Begriffen organisieren und ihnen Bedeutungen zuschreiben, das ist weitgehend davon bestimmt, dass wir an einem Abkommen beteiligt sind, sie in dieser Weise zu organisieren – einem Abkommen, das für unsere ganze Sprachgemeinschaft gilt und in den Strukturen unserer Sprache kodifiziert ist. Dieses Übereinkommen ist natürlich nur ein implizites und unausgesprochenes, aber sein Inhalt ist absolut obligatorisch; wir können überhaupt nicht sprechen, ohne uns der Ordnung und Klassifikation des Gegebenen zu unterwerfen, die dieses Übereinkommen vorschreibt. (…)

Diese Tatsache ist für die moderne Naturwissenschaft von großer Bedeutung. Sie besagt, dass kein Individuum Freiheit hat, die Natur mit völliger Unparteilichkeit zu beschreiben, sondern eben, während es sich am freiesten glaubt, auf bestimmte Interpretationsweisen beschränkt ist. Die relativ größte Freiheit hätte in dieser Beziehung ein Linguist, der mit sehr vielen äußerst verschiedenen Sprachsystemen vertraut ist. Bis heute findet sich noch kein Linguist in einer solchen Position. Wir gelangen daher zu einem neuen Relativitätsprinzip, das besagt, dass nicht alle Beobachter durch die gleichen physikalischen

Linguist: Sprachwissenschaftler

phänomenale Welt: Welt der Erscheinungen, die unseren Sinnen zugänglich ist

implizit: mitgemeint, mitenthalten

obligatorisch: bindend

Sachverhalte zu einem gleichen Weltbild geführt werden, es sei denn, ihre linguistischen Hintergründe sind ähnlich oder können in irgendeiner Weise auf einen gemeinsamen Nenner gebracht werden (be calibrated).

Dieser ziemlich überraschende Schluss wird nicht so deutlich, wenn wir nur unsere modernen europäischen Sprachen miteinander vergleichen und vielleicht zur Sicherheit noch Latein und Griechisch dazunehmen. Unter diesen Sprachen herrscht eine Einstimmigkeit der Grundstrukturen, die auf den ersten Blick der natürlichen Logik Recht zu geben scheint. Die Einhelligkeit besteht jedoch nur, weil diese Sprachen alle indoeuropäische Dialekte sind, nach dem gleichen Grundriss zugeschnitten und historisch überkommen aus dem, was vor sehr langer Zeit eine Sprachgemeinschaft war; weil die modernen Dialekte seit langem am Bau einer gemeinsamen Kultur beteiligt sind; und weil viele der intellektuelleren Züge dieser Kultur sich aus dem linguistischen Hintergrund des Lateinischen und des Griechischen herleiten. Diese Sprachgruppe erfüllt daher die spezielle Bedingung des mit „es sei denn" beginnenden Nebensatzes in der Formel des linguistischen Relativitätsprinzips am Ende des vorhergehenden Absatzes. Aus dieser Sachlage ergibt sich auch die Einstimmigkeit der Weltbeschreibung in der Gemeinschaft der modernen Naturwissenschaftler. Es muss aber betont werden, dass „alle modernen indoeuropäisch sprechenden Beobachter" nicht das Gleiche ist wie „alle Beobachter". Wenn moderne chinesische oder türkische Naturwissenschaftler die Welt in den gleichen Termini wie die westlichen Wissenschaftler beschreiben, so bedeutet dies natürlich nur, dass sie das westliche System der Rationalisierung in toto übernommen haben, nicht aber, dass sie dieses System von ihrem eigenen muttersprachlichen Gesichtspunkt aus mit aufgebaut haben.

in toto: im Ganzen

Deutlicher wird die Divergenz in der Analyse der Welt, wenn wir das Semitische, Chinesische, Tibetanische oder afrikanische Sprachen unseren eigenen gegenüberstellen. Bringen wir gar die Eingeborenensprachen Amerikas hinzu, wo sich einige tausend Jahre lang Sprachgemeinschaften unabhängig voneinander und von der Alten Welt entwickelt haben, dann wird die Tatsache, dass Sprachen die Natur in vielen verschiedenen Weisen aufgliedern, unabweisbar. Die Relativität aller begrifflichen Systeme, das unsere eingeschlossen, und ihre Abhängigkeit von der Sprache werden offenbar. Dass amerikanische Indianer, die nur ihre Eingeborenensprache beherrschen, niemals als wissenschaftliche Beobachter herangezogen werden, ist hier völlig irrelevant. Das Zeugnis auszuschließen, welches ihre Sprachen über das ablegen, was der menschliche Geist tun kann, wäre ebenso falsch, wie von den Botanikern zu fordern, sie sollten nur Gemüsepflanzen und Treibhausrosen studieren, uns dann aber berichten, wie die Pflanzenwelt aussieht.

John L. Austin

Performative Äußerungen***

John L. Austin (1911–1960)

Text aus: Wort und Bedeutung (München 1975, S. 245 ff.)

Austin geht davon aus, dass Sprache in hohem Maße aus Äußerungen besteht, die nicht nur etwas über die Welt aussagen, sondern selbst Handlungen darstellen – „Sprechakte“. Er nennt diese Äußerungen „performativ“. Sprechen ist also oft eine Weise zu handeln, so wie Handeln sich in vielen Fällen als Sprechen darstellt.

Der Leser hat durchaus Anspruch darauf, nicht zu wissen, was das Wort „performativ“ bedeutet: Es ist ein neues Wort und ein hässliches Wort, und vielleicht hat es auch keine besonders großartige Bedeutung. Eines spricht jedenfalls für dieses Wort, nämlich dass es nicht tief klingt. Ich erinnere mich, wie jemand, nachdem ich einmal über dieses Thema gesprochen hatte, meinte: „Wissen Sie, ich habe nicht die geringste Ahnung, was er meint, es sei denn, er meint möglicherweise einfach, was er sagt.“ Genauso meine ich es.

Überlegen wir erst einmal, wie es zu dieser Geschichte kommt. Man braucht nicht sehr weit in der Geschichte der Philosophie zurückzugehen, um auf Philosophen zu stoßen, die mehr oder weniger selbstverständlich annahmen, dass das einzige und einzig interessante Geschäft jeder Äußerung – also alles dessen, was wir sagen – darin besteht, wahr zu sein oder zumindest falsch. Natürlich haben diese Philosophen immer schon gewusst, dass es auch andere Arten von Dingen gibt, die wir sagen – so etwas wie Imperative, Ausdrücke des Wünschens und Ausrufe – und die zum Teil sogar schon von Grammatikern klassifiziert worden waren, wenn es auch vielleicht nicht so leicht war, immer genau sagen zu können, was was ist. Dennoch haben die Philosophen angenommen, dass sie ausschließlich an Äußerungen interessiert sind, die Tatsachen berichten oder Situationen wahr oder falsch beschreiben. In jüngster Zeit ist diese Art von Vorgehen infrage gestellt worden, und zwar in zwei Stufen, wie ich meine. Zuerst sagte man: „Nun schön, wenn diese Dinge wahr oder falsch sind, so müsste man auch entscheiden können, welches von beidem sie sind, und falls man dies nicht entscheiden kann, so taugen sie nichts und sind, kurz gesagt, unsinnig.“ Dieser neue Ansatz war auch wirklich sehr nützlich, und viele Dinge, die wahrscheinlich unsinnig sind, wurden als solche erkannt. Meiner Auffassung nach sind zwar noch nicht alle Arten von Unsinn angemessen klassifiziert, und vielleicht hat man auch einige Dinge als Unsinn abgetan, die es in Wirklichkeit nicht sind, aber dennoch hat diese Bewegung des Verifikationismus auf ihre Weise Ausgezeichnetes geleistet.

Verifikationismus: erkenntnistheoretische Position, die auf den Wiener Kreis (Carnap, Schlick) zurückgeht, und nach der nur solche Aussagen „sinnvoll“ sind, die prinzipiell „verifizierbar“, also empirisch beweisbar sind

Sodann kommen wir jedoch zur zweiten Stufe. Schließlich setzen wir dem Unsinn, den wir reden, quantitative Grenzen, oder doch zumindest dem Unsinn, den wir zuzugeben bereit sind. So begann man sich zu fragen, ob einige von den Dingen, die in Gefahr waren, als Unsinn abgetan zu werden, wenn man sie als Aussagen auffasste, überhaupt Aussagen sein sollten. Könnte es nicht sein, dass sie gar nicht als Berichte über Tatsachen gedacht sind, sondern die Leute auf diese oder jene Weise beeinflussen oder dazu dienen sollen, auf diese oder jene Weise Dampf abzulassen? Oder vielleicht enthalten diese Äußerungen zumindest einige Bestandteile, die solche Funktionen erfüllen oder beispielsweise die Aufmerksamkeit auf ein wichtiges Merkmal der Äußerungssituation lenken (ohne wirklich darüber zu berichten). Diesem Vorgehen entsprechend hat man jetzt ein neues Schlagwort angenommen, das Schlagwort von den „verschiedenen Gebrauchsweisen der Sprache". Manchmal bezeichnet man den alten Ansatz, der von Aussagen ausgeht, sogar als Trugschluss, nämlich als deskripitiven Trugschluss.

deskriptiv: rein beschreibend, nicht wertend

Gewiss, es gibt sehr viele Gebrauchsweisen der Sprache. Es ist allerdings schade, dass man so leicht einen neuen Sprachgebrauch beschwört, wenn einem der Sinn danach steht, um dadurch aus dieser oder jener wohl bekannten philosophischen Zwickmühle herauszukommen. Man muss den Rahmen, innerhalb dessen man diese Verwendungsweisen der Sprache erörtert, erst weiter entwickeln. Außerdem sollte man, wie ich meine, nicht zu leicht verzweifeln und der allgemeinen Tendenz nachgeben, über die unendlich vielen Gebrauchsweisen der Sprache zu reden. Die Philosophen tun dies bestimmt schon, sobald sie etwa siebzehn solcher Verwendungsweisen aufgezählt haben. Aber selbst wenn es etwa zehntausend Gebrauchsweisen der Sprache geben sollte, so können wir sie gewiss alle zu gegebener Zeit in geordneter Form zusammenstellen. Diese Zahl ist schließlich nicht größer als die Anzahl der Käferarten, die aufzulisten sich die Entomologen bemüht haben. Worin auch immer die Mängel dieser beiden Bewegungen – der „Verifikations-" und der „Sprachgebrauchs-"Bewegung – bestehen mögen, so haben sie doch unleugbar eine gewaltige Umwälzung der Philosophie herbeigeführt, und viele würden sagen, dass es die heilsamste in ihrer gesamten Geschichte gewesen ist. (Was, wenn man einmal darüber nachdenkt, kein sehr unbescheidener Anspruch ist.)

Entomologe: Insektenforscher

Es ist nun eine solche Verwendungsweise der Sprache, die ich hier untersuchen möchte. Ich möchte eine Art von Äußerung diskutieren, die wie eine Aussage aussieht und in grammatischer Hinsicht wohl auch als Aussage eingestuft würde, die zwar weder wahr noch falsch, aber auch nicht unsinnig ist. Dabei wird es sich nicht um Äußerungen handeln, die kuriose Verben wie „könnte" oder „würde" oder so merkwürdige Wörter wie „gut" enthalten, die von vielen Philosophen heute einfach als Gefahrensignale betrachtet werden. Es sind völlig ungekünstelte Äußerungen mit gewöhnlichen Verben in der ersten Person Präsens Indikativ Aktiv, und doch erkennt man sogleich, dass sie unmöglich wahr oder falsch sein könnten. Außerdem würde man, wenn jemand etwas Derartiges äußert, eher sagen, dass er etwas tut, als dass er bloß etwas sagt. Dies klingt vielleicht ein wenig seltsam, aber die Beispiele, die ich nennen werde, sind tatsächlich überhaupt nicht seltsam und kommen einem vielleicht sogar entschieden uninteressant vor. Hier sind drei oder vier solcher Beispiele. Nehmen wir beispielsweise an, dass ich im Laufe einer Heiratszeremonie „Ja" (d. h.: „Ich nehme die anwesende X zur Frau") sage. Oder nehmen wir an, dass ich dir auf den Fuß trete und sage: „Ich bitte um Verzeihung." Oder angenommen, dass ich eine Sektflasche in der Hand halte und sage: „Ich nenne dieses Schiff Queen Elizabeth." Oder ich sage: „Ich wette mit dir um einen Groschen, dass es morgen regnet." In allen diesen Fällen wäre es absurd, das Gesagte als Bericht über die zweifellos vollzogene Handlung – die Handlung des Wettens, der Schiffstaufe oder des Sichentschuldigens – aufzufassen. Man würde vielmehr sagen, dass ich durch das Gesagte tatsächlich die betreffende Handlung vollziehe. Wenn ich sage: „Ich nenne dieses Schiff Queen Elizabeth", so beschreibe ich damit nicht die Taufzeremonie, sondern vollziehe die Schiffstaufe, und wenn ich „Ja" (d. h.: „Ich nehme die anwesende X zur Frau") sage, so berichte ich damit nicht über eine Eheschließung, sondern fröne ihr. Es sind diese Arten von Äußerungen, die wir als performative bezeichnen. Dies ist ein ziemlich hässliches Wort und auch ein neues Wort, aber anscheinend ist kein Wort vorhanden, das diese Aufgabe erfüllen könnte. Am nächsten kommt hier noch das Wort „operative", wie es im (englischen) Zivilrecht gebraucht wird. Wenn Juristen über rechtliche Bestimmungen reden, so unterscheiden sie zwischen der „Präambel", in der die Umstände aufgezählt werden, unter denen eine bestimmte Transaktion vollzogen werden soll, und dem „operativen" Teil, durch den der Rechtsakt, der hier intendiert ist, tatsächlich vollzogen wird. Das Wort „operativ" ist also nicht weit von dem entfernt, was wir wollen. „Hiermit vermache ich meinem Bruder meine Uhr" wäre eine solche operative Klausel, und dabei handelt es sich auch um eine performative Äußerung. Das Wort „operativ" hat jedoch auch andere Verwendungsweisen, und es ist anscheinend vorzuziehen, wenn man über ein Wort verfügt, das speziell für diesen gewünschten Gebrauch gemacht ist.

intendiert: beabsichtigt

An dieser Stelle möchte man, vielleicht sogar mit einiger Beunruhigung dagegen protestieren, dass ich allem Anschein nach geltend mache, Heiraten bestehe einfach darin, dass man ein paar Wörter sagt, dass einfach ein paar Wörter sagen Heiraten ist. Dies ist aber gewiss nicht der Fall. Die Wörter müssen unter den richtigen Umständen geäußert werden, und dies ist eine Sache, die später wieder zu Tage treten wird. Eines dürfen wir nicht annehmen, nämlich dass man zusätzlich zur Äußerung der Worter in solchen Fällen noch einen inneren geistigen Akt vollziehen muss, über den dann mithilfe der Wörter berichtet wird. In schwierigen und ominösen Fällen zumindest kommt man sehr leicht zu dieser Auffassung, wenn auch vielleicht nicht so leicht in einfachen Fällen wie beim Sichentschuldigen. Beim Versprechengeben – Beispiel: „Ich verspreche, morgen dort zu sein" – nimmt man sehr leicht an, dass die Äußerung einfach das äußere und sichtbare (d. h. verbale) Zeichen des Vollzugs eines inneren geistigen Aktes des Versprechens ist, und diese Ansicht findet ihren Ausdruck in so mancher Klassikerstelle. So sagt Hippolytos bei Euripides „Meine Zunge beschwor's, aber nicht mein Herz"; vielleicht sollte es eher „Geist" oder „Seele" als „Herz" heißen, aber jedenfalls handelt es sich um eine Art Akteur, der hinter den Kulissen auftritt. Aus dieser Art von Beispielen geht deutlich hervor, dass man Meineidigen, betrügerischen Buchmachern, Bigamisten usw. ein Hintertürchen öffnet, wenn man der Auffassung erliegt, dass es sich bei solchen Äußerungen um wahre oder falsche Berichte über den Vollzug innerer geistiger Akte handelt; es ergeben sich also Nachteile daraus,

Euripides: griech. Tragödiendichter (ca. 480–406 v. Chr.). Die Tragödie *Hippolytos* handelt von der vergeblichen und für beide verderblichen Liebe Phädras zu ihrem Stiefsohn Hippolytos.

Bigamist: jemand, der mit zwei Frauen verheiratet ist (Bigamie: Doppelehe)

wenn man sich auf diese Weise extrem feierlich gibt. Es ist vielleicht besser, sich an das alte Sprichwort zu halten: Ein Mann, ein Wort!

implizieren: notwendigerweise beinhalten

Diese Äußerungen sind zwar selbst keine Tatsachenberichte und als solche auch nicht wahr oder falsch, doch ihr Aussprechen impliziert sehr oft, dass bestimmte Dinge wahr und nicht falsch sind, jedenfalls in einem bestimmten Sinne dieses ziemlich schwammigen Wortes „implizieren“. Wenn ich zum Beispiel „Ich nehme die anwesende X zur Frau“ oder eine andere Heiratsformel bei der Trauung ausspreche, so ist damit impliziert, dass ich nicht schon verheiratet bin und eine lebendige, geistig gesunde, ungeschiedene Frau und was sonst noch dazu gehört, habe. Es ist aber trotzdem wichtig zu erkennen, dass die Implikation, dieses oder jenes sei wahr, überhaupt nicht dasselbe ist wie etwas Wahres Sagen.

Diese performativen Äußerungen sind also weder wahr noch falsch. Aber sie leiden unter bestimmten Mängeln, die ihnen eigentümlich sind. Sie können auf bestimmte Weisen missglücken, und darauf möchte ich als Nächstes eingehen. Die verschiedenen Möglichkeiten des Fehlschlagens von performativen Äußerungen nennen wir, damit wir eine einheitliche Bezeichnung haben, Unglücksfälle. Es kommt zu einem solchen Unglücksfall – d. h. die Äußerung missglückt –, wenn bestimmte, durchschaubare und einfache Regeln gebrochen werden. Ich werde einige dieser Regeln nennen und sodann Beispiele von solchen Verstößen anführen.

Erstens ist offenkundig, dass das konventionelle Vorgehen, dem wir durch unsere Äußerung zu folgen behaupten, wirklich existieren muss. In den hier angeführten Beispielen handelt es sich bei dieser Prozedur um eine, die durch Wörter vollzogen wird, also um verbale Heirats-, Vermächtnis- oder sonstige Prozeduren. Man sollte aber daran denken, dass es viele nichtverbale Vorgehensweisen gibt, durch die man genau dieselben Akte vollziehen kann wie mit diesen verbalen Mitteln. Man sollte auch nicht vergessen, dass sehr viele Dinge, die wir tun, zumindest teilweise von dieser konventionellen Art sind. Zumindest die Philosophen tendieren zu leicht zu der Annahme, dass eine Handlung letzten Endes immer im Vollzug einer Körperbewegung besteht, während sie normalerweise wenigstens zum Teil eine Sache der Konvention ist. Die erste Regel besteht also darin, dass die angesprochene Konvention existieren und akzeptiert sein muss. Die zweite Regel ist ebenfalls sehr offenkundig und besagt, dass die Verhältnisse, unter denen wir behaupten, dass wir uns auf die betreffende Prozedur einlassen, dafür auch geeignet sein müssen. Hält man sich nicht daran, so findet der angeblich vollzogene Akt nicht statt – es handelt sich, wie man sagen könnte, um einen Versager. Dies ist beispielsweise auch der Fall, wenn man die betreffende Prozedur – worum es sich auch immer handeln mag – nicht korrekt und vollständig, einwandfrei und ohne zu stocken vollzieht. Werden irgendwelche dieser Regeln nicht eingehalten, so sagt man, dass der vorgeblich vollzogene Akt nichtig und unwirksam ist. Handelt es sich bei dem angeblichen Akt beispielsweise um eine Eheschließung, so würde man sagen, dass man den Vorgang der Trauung „formell durchgegangen“ ist, ohne dass die Eheschließung wirklich gelungen ist.

Texte 2.3.

Bertrand Russell

Wahrheit und Falschheit**

Bertrand Russell (1872–1970)

Text aus: Schriften zur Sprache, hrsg. v. Michael Böhler (Stuttgart 1973, S. 36 ff.)

Im folgenden Text erklärt Russell die Begriffe Wahrheit und Falschheit.

Eine Meinung (bzw. ein Urteil oder ein Glaube) ist also wahr, wenn sie einem gewissen zu ihr gehörenden Komplex korrespondiert, und falsch, wenn sie das nicht tut. Nehmen wir der Deutlichkeit halber einmal an, dass die Objekte des Urteils zwei Gegenstände und eine Beziehung sind, wobei die Gegenstände durch den „Sinn" der Urteilsbeziehung in eine bestimmte Ordnung gebracht sind. Wenn dann beide Gegenstände in dieser Anordnung durch die Beziehung zu einem Komplex vereinigt werden, ist das Urteil wahr, sonst ist es falsch. Hier haben wir nun die Definition von Wahrheit und Falschheit, nach der wir gesucht haben: Urteilen, glauben oder meinen ist eine gewisse komplexe Einheit, zu deren Konstituentien ein Bewusstsein gehört; wenn die übrigen Konstituentien in der Anordnung, die sie im Urteil haben, eine komplexe Einheit bilden, ist das Urteil wahr; wenn sie keine solche komplexe Einheit bilden, ist das Urteil falsch.

Konstituentien: hier: Bestandteile

Obgleich also Wahrheit und Falschheit Eigenschaften von Meinungen oder Urteilen sind, sind sie in einem gewissen Sinne äußerliche Eigenschaften; denn die Bedingung der Wahrheit einer Meinung ist etwas, das kein Glauben oder Bewusstsein überhaupt involviert, sondern nur durch die Objekte dieser Akte gegeben wird. Ein Bewusstsein, dass etwas glaubt, hat Recht, wenn es einen korrespondierenden Komplex gibt, der das Bewusstsein selbst nicht einschließt, sondern nur seine Gegenstände. Diese Korrespondenz, dieses Entsprechen garantiert die Wahrheit, und wenn es fehlt, folgt daraus die Falschheit unserer Meinung. Damit erklären wir gleichzeitig zwei Tatsachen: (a) Die Existenz von Meinungen bzw. Urteilen hängt vom Bewusstsein ab, aber (b) ihre Wahrheit hängt nicht vom Bewusstsein ab.

Wir können unsere Theorie noch einmal so formulieren: Wenn wir ein Urteil haben wie „Othello glaubt, dass Desdemona den Cassio liebt", dann wollen wir Desdemona und Cassio die Objektglieder und „Lieben" die Objektbeziehung nennen. Wenn es nun eine komplexe Einheit „Desdemonas Liebe zu Cassio" gibt, in der die Objektglieder durch die Objektbeziehung in der gleichen Ordnung, die sie im Urteil haben, miteinander verbunden sind, dann nennt man diese komplexe Einheit die Tatsache, die dem Urteil entspricht. Ein Urteil ist also wahr, wenn es eine ihm entsprechende Tatsache gibt, und falsch, wenn es keine solche Tatsache gibt.

Kompetenzcheck 2 – Das Wahre und das Falsche

Wirklichkeit und Wahrheit

- ❑ Sie können Platons Höhlengleichnis nacherzählen und können es mit seiner Ideenlehre in Beziehung setzen.
- ❑ Sie können die Positionen des Rationalismus und des Empirismus unterscheiden und die Unterschiede kritisch bewerten.
- ❑ Sie können Descartes' „cogito ergo sum" interpretieren und das Problem einer erkenntnistheoretischen Letztbegründung erörtern.
- ❑ Sie können Kants „Versöhnung" von Empirismus und Rationalismus erläutern und das Problem synthetischer Sätze a priori erörtern.

Zeichen und Bedeutung, Sprache und Sprachtheorien – Interpretationsmöglichkeiten der Wirklichkeit

- ❑ Sie können die Bedeutung von Sprache als Medium von Kommunikation darstellen.
- ❑ Sie können die Funktionen von Sprache zusammenfassen und den Zusammenhang von Sprache und Denken ermitteln.
- ❑ Sie können die Unterschiede zwischen einem lokutionären und einem illokutionären Akt benennen und den Begriff „Sprechakt" definieren.
- ❑ Sie können den Begriff der Performativität in der Sprachtheorie definieren und performative Äußerungen anhand von Beispielen erklären.

Was ist Wahrheit?

- ❑ Sie können unterschiedliche Wahrheitstheorien nennen, beschreiben und miteinander vergleichen. Sie können das eigene Vorverständnis von Wahrheit problematisieren.

3. Das Wesen des Menschen
Sinn und Ziel menschlicher Existenz reflektieren

Tod

Der Mensch ist, da er um seine Endlichkeit weiß, wahrscheinlich das einzige Wesen, das nach dem Sinn seiner Existenz fragen kann. Dieses Wissen um den Tod lässt es naheliegend erscheinen, Ziel und Zweck des Lebens zum Gegenstand der Reflexion zu machen. Als selbstbewusstem Wesen, das sich zumindest im Prinzip frei fühlt, ist es dem Menschen möglich, sein Leben bewusst zu führen, sich an Zielen zu orientieren, ja in Extremsituationen sein Leben für eine Idee oder einen Wert zu opfern. Viele verstehen die Philosophie auch als den Versuch, eine Antwort auf die Frage zu geben, für welche Ziele es sich lohne zu leben oder auch zu sterben. Günther Anders z. B. hat dieses Ansinnen entrüstet zurückgewiesen. Die Frage nach dem Sinn des Lebens bedeutet nach Anders nämlich danach zu fragen, für welche übergeordneten Zwecke ein menschliches Leben eingesetzt werden könne. Eine solche Instrumentalisierung des Lebens widerspricht aber der These Immanuel Kants, dass jedes menschliche Leben *Zweck an sich* und nicht *Zweck für etwas* sei.

Zweck

Dass der Sinn des Lebens im Leben selber liege, vermag dennoch nicht immer zu befriedigen. Der Sinn des Lebens, schrieb Wittgenstein, muss außerhalb des Lebens liegen. Allerdings, so Wittgenstein, ist dieser Sinn für den Menschen weder erkennbar noch mitteilbar.

Die Frage nach dem Sinn erhält ihre Brisanz zweifellos durch das Wissen um unsere Sterblichkeit. Für viele Menschen scheint die Vorstellung irgendeiner Art von Unsterblichkeit eine Möglichkeit zu sein, auf die Sinnfrage eine Antwort zu finden. Der Sinn liegt dann in einem anderen, jenseitigen, transzendenten Leben. Die verschiedenen Religionen können auch als Versuche interpretiert werden, die Sinnfrage der Menschen durch den Verweis auf eine göttliche Ordnung, in die das Menschenleben eingebettet ist, zu beantworten.

Religion

Unsterblichkeit

Die Unsterblichkeitsfantasien sind allerdings nicht auf religiöse Konzepte beschränkt. Auch der moderne, aufgeklärte Mensch träumt mitunter von Unsterblichkeit, nur erhofft er sich diese nicht mehr von einem Gott, sondern von Medizin und Technik.

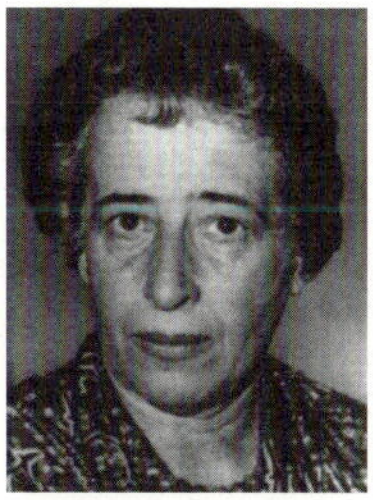

Hannah Arendt (1906–1975) ➤ *Glossar*

Der Gedanke, seinem Leben Sinn zu verleihen, indem es wenigstens der Idee nach unsterblich sein soll, gehört sicher auch zu jenen Motiven, die zur Entwicklung der Kunst führten. In Kunstwerken, so die Philosophin Hannah Arendt, schaffen sich die Menschen ein Gebilde, das ihre eigene Lebenszeit überdauern soll. Jedes Kunstwerk verleiht Sinn, indem es auf Ewigkeit angelegt ist.

Kunst

Religion und Kunst können so gemeinsam mit der Philosophie als Versuche gesehen werden, mit der Endlichkeit des Lebens und der Frage nach dem Wozu zurechtzukommen.

3.1. Das Profane und das Heilige

Annäherung

Die Toren sagen in ihrem Herzen: Es gibt keinen Gott.

Ps. 53,2

Während die Irrtümer in der Philosophie bloß lächerlich sind, sind die Irrtümer in der Religion gefährlich.

David Hume

Religion – Nur ein Wort?

Die menschliche Sprache weist neben den prinzipiell überprüfbaren Namen und Begriffen auch spezifische Begriffe wie „Gott", das „Absolute", das „Transzendente" auf, die empirische oder anders wissenschaftlich nachweisbare Bestätigungen nicht finden können. Mit dem für alle menschlichen Kulturen ab einer bestimmten Entwicklungsstufe charakteristischen Phänomen der Religion ist Erfahrung gemeint, die durch die Ratio, die Vernunft, nicht voll begreifbar gemacht werden kann.

Furcht vor dem Unbekannten

Arthur Schopenhauer sah in den menschlichen Grundgefühlen wie Furcht und Hoffnung die entscheidenden Antriebe, die den Menschen dazu führen, für das Drohende und Unbekannte in Natur und Gesellschaft Orientierungsvorstellungen auszubilden. Diese sollen den Ursprung der Gottesvorstellungen darstellen. Für den rumänischen Religionswissenschaftler Mircea Eliade gibt es eine deutliche Unterscheidung zwischen dem Profanen, Alltäglichen und dem Heiligen. In manchen Religionen werden diverse Naturerscheinungen als heilig verehrt, ebenso wie Orte, an denen das Unbegreifliche, das Göttliche sich offenbart. Religiöse Menschen kennen nach Eliade demnach zwei Lebensformen: das Profane und das Heilige. Heilige Räume (z. B. Kirchen, Tempel, Friedhöfe) und heilige Zeiten (z. B. Weihnachten, Ramadan, Chanukka) bilden die Orientierungsachse, die das Leben der Menschen in einer religiösen Gesellschaft bestimmt.

Mircea Eliade (1907–1986) ➤ *Glossar*

profan und heilig

Aus diesem Zusammenwirken von Heiligem und menschlicher Welt erklärt sich auch der entscheidende Einfluss der Religion auf das gesellschaftliche Leben. Wie die Religionssoziologie zeigt, wurde und wird die Religion mehr oder minder ausdrücklich zur Rechtfertigung politischer Herrschaft benutzt: In allen Religionen gibt es eine enge Verquickung weltlicher und religiöser Herrschaft. Politische Macht wurde immer wieder mit dem Hinweis auf den Willen Gottes gerechtfertigt. Der Begriff der Hierarchie etwa bedeutete ursprünglich „heilige Ordnung" und diente im Mittelalter zur Legitimation der vorgeblich gottgewollten ständischen Gesellschaft.

Religion

Folgende Wesenszüge und Charakteristika von Religion fasste der deutsche Philosoph Norbert Hoerster zusammen: der Glaube an übernatürliche Mächte oder ein übernatürliches Wesen; ein daran anknüpfendes Verständnis der Welt, das Fragen nach dem Sinn des Lebens, dem Weltverlauf und der Rolle des Menschen beantwortet; die persönliche Relevanz für die Gläubigen – die Ausrichtung des Lebens nach dieser Weltsicht; die gesellschaftliche Relevanz – ein Norm- und Sittenkodex, der verbindlich gemacht wird, mögliche Sanktionen seitens des/der übernatürlichen Wesen/s (im Diesseits oder im Jenseits); Kommunikation mit diesem/diesen Wesen in Form von

Norbert Hoerster (1937)* ➤ *Glossar*

Gebeten, Anrufungen etc.; spezifische Gefühle, die mit der Vorstellung der übernatürlichen Macht/Mächte verbunden sind, wie Freude, Ehrfurcht, Liebe, Angst, Vertrauen; und schließlich ein gesellschaftlich verankerter Ritus, wie etwa Opfergaben oder Sakramente.

Welche Aussagen, zumindest in den monotheistischen Religionen wie Judentum, Christentum und Islam, zu Gott gemacht werden, hat der britische Religionsphilosoph Richard Swinburne zusammengefasst: Gott wird gedacht als existierend, körperlos, allgegenwärtig, als Schöpfer des Universums, allmächtig, vollkommen gut, allwissend, ewig, unveränderlich, verehrungswürdig und Grund für moralisch-sittliche Verpflichtungen. Diese Beschreibungen sind charakteristisch für traditionelle Glaubenslehren, in modernen theologischen Ansätzen wird oft die persönliche Beziehung zu Gott in den Vordergrund gestellt, inhaltliche Bestimmungen treten in den Hintergrund.

Gott

Denkanstöße

1 Religion als Privatsache – Religion als politisches Instrument. Diskutieren Sie die Bedeutung von Religion als individuelle Weltanschauung und die Inanspruchnahme religiöser Inhalte für politische Forderungen.

2 Furcht und Hoffnung als Ursprung der Glaubenserfahrung. – Nennen und beschreiben Sie mögliche weitere Ausgangspunkte von Religiosität.

Philosophie und Religion

Das Verhältnis von Religion und Philosophie ist über weite Strecken von gegenseitiger Skepsis getragen. Diese Widersprüchlichkeit liegt einmal im Wesen der Religion selbst begründet: Ihr Gegenstand ist einerseits das Irrationale, das sich einem rationalen Zugriff entzieht; zugleich enthalten aber Religionen auch rationale Elemente, die in einem theoretischen Konzept erfasst werden können. Außerdem lehnt Philosophie jede vorgegebene Autorität – etwa in Form einer göttlichen Offenbarung – ab, fordert für sich voraussetzungslose Freiheit, kritisches, nur der Vernunft gehorchendes Fragen.

In der antiken Philosophie ist die Frage nach dem Ursprung der Welt und des Kosmos eine der Grundfragen. Erste Ansätze einer Religionskritik finden sich bereits bei Xenophanes, der den anthropomorphen Charakter der Gottesvorstellungen bekämpft: Menschen können sich Götter immer nur menschenähnlich vorstellen.

anthropomorph: menschenähnlich

Ancilla theologiae

Das Bemühen der mittelalterlichen Philosophen wie Augustinus oder Thomas von Aquin zielte auf eine philosophische Ausdeutung und Erklärung der christlichen Lehre. War bis an die Schwelle zur Neuzeit die Philosophie im Wesentlichen „ancilla theologiae" – die „Magd der Theologie", so emanzipierte sich in der Folgezeit die philosophische Vernunft. René Descartes, ein radikaler Zweifler, versuchte Gott dennoch allein mit den Mitteln der Vernunft zu beweisen. Mit Immanuel Kant war die entscheidende Kritik an einer rationalen Begründbarkeit Gottes, den klassischen „Gottesbeweisen", erreicht. Die Idee Gottes bleibt für Kant jedoch ein zwingendes Postulat der praktischen Vernunft, denn für ihn braucht das menschliche sittliche Handeln die Idee einer absoluten Sittlichkeit und höchsten Intelligenz.

Thomas von Aquin (um 1225–1274) ➤ *Glossar*

Postulat ➤ Glossar

Ludwig Feuerbach (1804–1872) ➤ *Glossar*

Säkularisation

Die französischen Aufklärer waren die Wegbereiter der radikalen Religionskritik des 19. Jahrhunderts. Ludwig Feuerbach, Karl Marx und Friedrich Nietzsche beschuldigten die Theologie einer verkehrten Anthropologie: Der Mensch projiziere seine Wünsche von einem besseren Leben in den Himmel – er finde dort nichts als seine Sehnsüchte und Ängste

Auch die Philosophie des 20. Jahrhunderts steht in weiten Teilen unter dem Aspekt einer Abkehr vom Religiösen. Es kommt zunehmend zu einer Säkularisation, einer Verweltlichung ehemals religiöser Themen. In der heutigen Zeit ist die Frage nach Gott und dem Absoluten für viele anachronistisch geworden. In der Religionsphilosophie ist sie dennoch ein wichtiges Thema und wird bis heute erörtert und unterschiedlich beantwortet. So hat Richard Swinburne in seinem Buch *Die Existenz Gottes* (1979) mit rationalen Argumenten versucht, die Existenz Gottes nachzuweisen, sein Gegenspieler, John Leslie Mackie ist in *Das Wunder des Theismus* (1985) zu einem entgegengesetzten Ergebnis gekommen.

Die religiöse Frage nach dem Sinn

Ordnung

Alle Religionen erwarten und lehren eine vom Heiligen gegebene Richtigkeit und Sinnhaftigkeit des Wirklichen. Es ist diese Annahme der prinzipiellen Gutheit und Ordnung des Ganzen, auf der die religiöse Heilserwartung beruht. In der Sprache der Religion sind es Worte wie Vorsehung, Weltgesetz, Schöpfung, Hingabe, Vertrauen, die eine Überzeugung von der Sinnhaftigkeit des Seins anzeigen.

Kontingenz

Philosophisch gesehen, taucht die Frage nach dem Sinn im Zusammenhang mit Phänomenen auf, die unter den Begriff der Kontingenz fallen: Als kontingent, zufällig, gelten jene Ereignisse, die im Zusammenhang menschlichen Lebens als überwältigend, schicksalshaft und unberechenbar erfahren werden müssen: Geburt, Krankheit, Unfälle, Schicksalsschläge, Tod. Religion leistet Kontingenzbewältigung durch Rückgriff auf Transzendenz. Dem anscheinend Sinnlosen, vor allem Leid und Tod, soll durch den Rückgriff auf Gott Sinn verliehen werden. Jede Religion steht deshalb angesichts des Leids in der Welt vor dem Problem, einen prinzipiell gut gedachten Gott zu rechtfertigen. Die Theodizee, die Frage nach der Rechtfertigung Gottes angesichts des Übels in der Welt, ist daher eine theologische, aber auch religionskritische Grundfrage. Der rationalistische Philosoph Gottfried Wilhelm Leibniz löste dieses Problem dadurch, dass er eine unveränderbare Weltordnung, eine „prästabilierte Harmonie", annahm, in der auch das Böse seinen Platz haben müsse.

prästabilierte Harmonie: im Voraus festgelegte Harmonie

Glaube und Vernunft

➤ Seite 33

Aufklärung

Insofern Philosophie sich als „Logos" vom Mythisch-Religiösen getrennt hat, kann die Geschichte der Philosophie auch als fortschreitende Emanzipation von der Religion, getragen vom Anspruch nach universeller Aufklärung, gesehen werden. Spätestens seit der Frühen Neuzeit, noch deutlicher im Zeitalter der Aufklärung, verselbstständigte sich das philosophische Denken. An die Stelle des Glaubens soll Wissen treten.

Georg Wilhelm Friedrich Hegel wollte eine Synthese von Wissenschaft und Religion erreichen, der Glaube sollte sich im philosophischen, rational-begrifflichen

Wissen aufheben. Im Gegensatz dazu hinterfragt Sören Kierkegaard radikal die Möglichkeit der Synthese von Glauben und Wissen: Reflexive Vernunft verbleibt nach Kierkegaard im Gefängnis eines diesseitigen, oberflächlichen, „ästhetischen" Lebensstils, aus dem nur der „paradoxe Sprung" in den Glauben herausführe. Der Alleinanspruch der Vernunft sei eine Sünde vor Gott.

Sören Kierkegaard (1813–1855) ➤ Glossar

Orientierung

Die heute selbstverständliche Trennung von Wissen und Glauben ist also dadurch entstanden, dass neuzeitliche Philosophie und Wissenschaft sich gegenüber der Religion durchsetzen mussten. Pragmatisch gesehen dienen philosophische und naturwissenschaftliche wie religiöse Theorien der Orientierung in unserer Lebensgestaltung. Doch es sollte zu denken geben, dass unser Wissen stets vorläufig ist, begrenzt durch Unklarheiten und durchsetzt mit Nichtwissen. Andererseits bietet es uns Orientierung, gestaltet unsere Welt und erscheint uns jeweils endgültig. So können Wissenschafts- und Fortschrittsoptimismus als säkularisierte Form, als moderne Variante religiösen Heils- und Erlösungsglaubens gesehen werden.

Denkanstöße

1 „Nichts wird so zuversichtlich geglaubt als das, wovon man am wenigsten weiß." (Montaigne) – Erklären Sie diese Behauptung durch konkrete Beispiele aus der Lebenspraxis.

2 Analysieren Sie, wie Menschen leidvolle Erfahrungen ohne Rückgriff auf die Religion bewältigen können. Berücksichtigen Sie dabei Ihre Einsichten aus dem Psychologieunterricht!

Religion in der Spannung von Beweis und Kritik

Annäherung

Wenn man mich fragt, ob ich an das Jüngste Gericht glaube oder nicht, in dem Sinne, in dem religiöse Menschen daran glauben, dann würde ich nicht sagen „Nein, ich glaube nicht, dass es so etwas geben wird". Es würde mir ganz verrückt vorkommen, das zu sagen.

Ludwig Wittgenstein

Wie könnte man vernünftigerweise einem Geschöpf der eigenen Fantasie vertrauen?

John Leslie Mackie

„Gott ist tot"

Im Jahre 1883 verkündete Friedrich Nietzsche in *Die fröhliche Wissenschaft:* „Gott ist tot!" Die Frage nach der Existenz bzw. Beweisbarkeit Gottes hat sich durch den historischen Prozess von Säkularisation und Religionsverlust in der Moderne verschärft. Während die katholische Kirche nach wie vor, gemäß der Dogmatischen Konstitution *Dei Filius* des ersten Vatikanums von 1870, lehrt, dass Gott mittels der natürlichen menschlichen Vernunft aus den geschaffenen Dingen gewiss erkannt werden kann, hat sich in der protestantischen Theologie seit der Vernunftkritik Kants der Grundsatz der prinzipiellen Unbeweisbarkeit Gottes durchgesetzt. Dahinter steht die Überzeugung, dass Wissen zum Glauben nicht notwendig sei. Diese Hal-

Friedrich Nietzsche (1844–1900) ➤ Glossar

tung kommt einem aufgeklärten Agnostizismus, der die prinzipielle Unmöglichkeit eines positiven oder negativen Gottesbeweises annimmt, sehr nahe.

Dem stehen vergangene und gegenwärtige Versuche, Gott mithilfe von rationalen Argumenten in seiner Notwendigkeit zu beweisen, gegenüber. Mit dem Einzug einer vernunftgeleiteten Argumentation, die sich nicht auf die Offenbarung stützt, können die vorgebrachten Argumente auch auf ihre Schlüssigkeit überprüft und die Prämissen infrage gestellt oder zurückgewiesen werden. Alle Gottesbeweise gehen davon aus, dass es Spuren Gottes in der Welt geben muss, von denen man auf die Existenz eines Schöpfers rückschließen kann. Die Argumentation erfolgt also in der Form eines Rückschlussverfahrens von der Wirkung auf die Ursache, vom Abbild aufs Urbild. Aber gerade diese Voraussetzung, dass die Wirklichkeit der Welt bzw. des Menschseins Gott-gebunden sei, ist aus philosophischer Sicht fraglich.

Gottesbeweise

Bei Thomas von Aquin finden wir die klassische Ausformulierung der fünf Beweise für das Dasein Gottes. Er stützt sich dabei auf die aristotelische Lehre von den vier Seinsgründen:

- Die Notwendigkeit eines ersten Bewegers: Alles, was sich bewegt, muss von einem anderen bewegt sein; da die Kausalkette nicht ins Unendliche zurückverfolgt werden kann, muss ein Erstbewegendes angenommen werden. Dieser erste unbewegte Beweger ist Gott.
- Die Notwendigkeit einer ersten Ursache: Hier wird mit dem gleichen Argument von der Kette der Ursachen zurück auf einen ersten Urgrund geschlossen, der selbst nicht weiter begründet sein darf.
- Gott als das Notwendige: Hier wird, ausgehend von der Endlichkeit der Dinge, zwar ihre Wirklichkeit bejaht, nicht aber ihre Notwendigkeit; gäbe es keinen ersten Grund der Notwendigkeit, so wären die Dinge bloß möglich, es wäre aber nicht zu verstehen, warum sie überhaupt sind.
- Die Notwendigkeit eines höchsten Seins: Ausgehend von einem Rangunterschied unter den Dingen setzt das mehr oder minder Vollkommene ein absolut Vollkommenes voraus.
- Der teleologische oder physikoteleologische Beweis: Ausgehend von einer notwendigen Ordnung der Dinge gewinnen alle Dinge ihren Sinn vom Zweck und Ziel des Ganzen, vom „telos"; es muss also ein geistiges Wesen geben, das diese Ordnung sinnstiftend geschaffen hat. Thomas will mit diesem Argument nicht nur das Da-sein, sondern auch das So-sein Gottes beweisen. Gott wird als erster Beweger, als reine Wirklichkeit, als notwendiges und vollkommenes Sein und als Geist gedacht.

Anselm ➤ Text S. 164 ff. und S. 166 ff.

Anselm von Canterbury (1033–1109) ➤ Glossar

Der scholastische Philosoph Anselm von Canterbury ist der Schöpfer des so genannten ontologischen Gottesbeweises. Anselm schließt von der subjektiven Idee eines höchsten Wesens auf dessen objektives Dasein. Existierte Gott nicht wirklich, sondern nur als Idee, so widerspräche dieser Mangel dem Begriff Gottes als des vollkommensten Wesens, über das hinaus nichts Größeres gedacht werden kann: Denn wirklich Existieren ist größer als nur im Geist Existieren.

Kritik an den Gottesbeweisen

Immanuel Kant hat die radikale Kritik an den theoretischen Gottesbeweisen vollzogen. Gegen Anselm von Canterbury zum Beispiel wendet Kant kritisch ein, dass „Sein" im Sinne von „Existenz" kein „reales Prädikat" sei. Es gehöre nicht zum Begriff der Vollkommenheit, dass diese auch existieren müsse. Ein höchstes Wesen sei genauso denkbar, ohne zu existieren, wie ich mir 1000 Taler denken kann, ohne sie in der Tasche zu haben. Zwischen den Aussagen „Ich denke an Gott" und „Ich denke an den existierenden Gott" bestehe kein prinzipieller Unterschied in der Form, dass man aus der Feststellung „Ich denke an Gott bzw. an einen existierenden Gott" nicht auf die Richtigkeit der Aussage „Gott existiert" schließen könne. Der letzte Satz bedarf nach Kant einer eigenen Rechtfertigung, die auf dem Wege der theoretischen Vernunft nicht möglich sei.

1000 Taler

Zwar negiert Kant die Möglichkeit, einen rational zwingenden Beweis für das Dasein Gottes bringen zu können, aber er postuliert andererseits die Idee Gottes als notwendig und sinnvoll, als Orientierung für das praktisch-ethische Streben des Menschen.

Atheistische Religionskritiken

Rationalistische Kritiken

Nach der Ansicht des Rationalisten und Aufklärers Paul d'Holbach ist der Atheist ein Mensch, „der die dem Menschengeschlecht schädlichen Hirngespinste zerstört, um die Menschen zur Natur, zur Erfahrung, zur Vernunft zurückzuführen." Der Hauptvorwurf rationalistischer Religionskritik wird also gegen den „Irrationalismus" der Religion vorgetragen, der die Menschen letztlich entmündige. Der Atheismus von Denis Diderot, dem Führer der materialistischen Schule der französischen Aufklärung, enthält so neben den Vorwürfen gegen die Unvernunft der Gottesvorstellungen auch eine klare politische Dimension. Er kritisiert die politische Funktion von Religion, die klerikale Bevormundung des Menschen im Ancien Régime, richtet sich also primär gegen die Institution der Kirche.

Paul d'Holbach (1723–1789) ➤ *Glossar*

Politik

Ancien Régime: Zeit vor der franz. Revolution bzw. vor den Napoleonischen Kriegen

Sprachkritik

Im 20. Jahrhundert wurde rationalistische Religionskritik vor allem vom Neopositivismus formuliert. In Rudolf Carnaps empirisch orientierter Sprachkritik ist die „Rede von Gott" schlicht sinnlos, da ihr keine empirisch beobachtbaren Tatsachen entsprechen. Für Bertrand Russell ist Angst die Grundlage der Religion: „Angst vor dem Geheimnisvollen, Angst vor der Niederlage, Angst vor dem Tod. Die Angst ist die Mutter der Grausamkeit, und es ist deshalb kein Wunder, dass Grausamkeit und Religion Hand in Hand gehen, weil beide aus der Angst entspringen." Für Russell sind die Gottesbeweise der christlichen Theologie nicht überzeugend. Der kosmologische Beweis „aus der ersten Ursache" etwa ist für ihn unschlüssig, denn auf die Frage: Wer hat die Welt geschaffen? gibt es keine logische Antwort, da diese sofort die weitere Frage erzwingt: Wer hat Gott geschaffen? Wenn man also davon ausgeht, „dass alles eine Ursache haben muss", wie der Ursachenbeweis dies tut, „dann muss auch Gott eine Ursache haben". Wenn es umgekehrt aber „etwas geben kann, das keine Ursache hat, kann das ebenso die Welt wie Gott sein". Der Blick auf die Geschichte zeigt Russell, dass der Glaube an Gott den Menschen nicht unbedingt zum Guten verän-

Bertrand Russell (1872–1970) ➤ *Glossar*

dere. Ein Verfall der dogmatischen Religion könne daher nur Positives hervorbringen. Was die Welt brauche, sei „Mündigkeit, Vernunft und Wissenschaft".

Naturalistisch-humanistische Kritiken

Heinrich Heine (1797–1856): dt. Schriftsteller

Illusion und Projektion

➤ Text S. 168 ff.

„Den Himmel überlassen wir den Engeln und den Spatzen." – Diese Verse aus Heinrich Heines *Deutschland. Ein Wintermärchen* beleuchten die Grundüberzeugung naturalistischer Religionskritik. Die Natur ist einziger Richtwert, jede Übernatur, jeder „Supranaturalismus", wird als Illusion und Projektion kritisiert. Die klassische Ausformung dieser Gedanken findet sich in der Philosophie von Ludwig Feuerbach, der als eigentlicher Begründer der modernen, anthropologischen Religionskritik gelten kann. Seine umfangreiche Schrift *Das Wesen des Christentums* aus dem Jahre 1841 und das wenige Jahre später erschienene Buch *Das Wesen der Religion* gelten der Rückführung jeder Religion auf den Menschen selbst. „Gott" ist für Feuerbach nichts anderes als der in den Himmel projizierte Mensch, der Mensch, wie er sich selbst gerne sähe: allmächtig, allwissend, allgütig. Anstelle der Religion als Gottesglaube fordert Feuerbach dann auch einen praktischen Humanismus: „Setze an die Stelle der Gottesliebe die Menschenliebe, an die Stelle des Gottesglaubens den Glauben des Menschen an sich selbst und seine Kraft – so hast du die wahre Religion."

In der Religion habe sich der Mensch also seinem eigenen Wesen gegenüber entfremdet. Diese Entfremdung gelte es „aufzuheben", der Mensch solle in der Religion sein „Ich-Ideal" erkennen, die „Verneinung des Jenseits" müsse zur „Bejahung des Diesseits" führen. Der Traum vom Idealmenschen ist vom Himmel auf die Erde zurückzuholen. – Die Methode der Feuerbach'schen Religionskritik ist dabei die exakte Umkehrung des ontologischen Gottesbeweises. Der Gottesbegriff beweist nicht Gottes Dasein, sondern das Dasein des Menschen, der diesen Begriff nach seinem Wunschbild formuliert hat.

Emanzipation

Karl Marx (1818–1883)

➤ *Glossar*

➤ Text S. 170 f.

Die Religionskritik von Karl Marx versteht sich als konsequente Fortführung der Feuerbach'schen Projektionstheorie. Marx will die Religionskritik von Feuerbach zur Gesellschaftskritik radikalisiert wissen. Die Religion halte den Menschen von seinen gesellschaftlichen Aufgaben im Diesseits ab.

Religion hat für Marx eine Doppelfunktion: Sie ist einmal Ausdruck des realen Unglücks, zum Zweiten eingebildetes Glück, Illusion, die über das Unglück hinwegtäuschen soll, sie ist „Opium des Volkes". Die Kritik an der Religion muss also der erste Emanzipationsschritt des geknechteten Menschen sein, die Befreiung des Menschen aus der Herrschaft der Religion der Ansatz zur revolutionären Veränderung des wirklichen Lebens.

Ähnlich wie Feuerbach und Marx sieht Sigmund Freud das religiöse Bewusstsein als Form der Selbstentfremdung und Selbstentzweiung des Menschen. „Religiöse Vorstellungen sind nicht Niederschläge der Erfahrung oder Endresultate des Denkens, es sind Illusionen, Erfüllungen der ältesten, stärksten, dringendsten Wünsche der Menschheit: Das Geheimnis ihrer Stärke ist die Stärke ihrer Wünsche. Wir wissen, schon der schreckende Eindruck der kindlichen Hilflosigkeit hat das Bedürfnis nach Schutz – Schutz durch Liebe – erweckt, dem der Vater abgeholfen hat (...). Die Erkenntnis von der Fortdauer dieser Hilflosigkeit durchs ganze Leben hat das Festhalten an der Existenz eines – aber nun mächtigeren – Vaters verursacht."

Religion hat also für Freud psychische Entlastungsfunktion. Er akzeptiert so für eine bestimmte Entwicklungsphase des Menschen die Religion als notwendiges Erziehungsmittel, das man dann im Erwachsenenalter hinter sich lässt. An die Stelle der Gottesidee sollen autonome Vernunft und Wissenschaft rücken. Geschieht dies nicht, bleibt der Mensch ein Leben lang unmündig, und die Religion wird zum Wahn.

Entlastung

Dostojewski (1821–1881): russ. Schriftsteller

Dostojewski schrieb in den *Dämonen*: „Wenn Gott nicht existierte, wäre ja alles erlaubt." Dies ist der eigentliche Ausgangspunkt für den atheistischen Humanismus bei Jean-Paul Sartre und Albert Camus. Die Konsequenz „alles ist erlaubt" mutet dem Menschen die radikale Freiheit zu, sich selbst, seine Welt und seine Götter zu schaffen und schaffen zu müssen. Erst in dieser totalen Freiheit wird das wirkliche und wahre Menschsein sichtbar. Der Atheismus als sittliches Postulat nimmt dem Menschen die letzte Entschuldigungs- und Entlastungsdistanz und stellt ihn in das Schicksal der Freiheit. „Wenn es keinen Himmel gibt, gibt es auch keine Hölle mehr: Nichts außer der Erde bleibt da!", schrieb Sartre in dem Drama *Der Teufel und der liebe Gott*.

Jean-Paul Sartre (1905–1980) ➤ *Glossar*

Radikale Freiheit

Als Resultat existenzialistischer Religionskritik bleibt ein radikal in die Freiheit, Selbstverantwortung und Verantwortung für die Welt gestellter Mensch. Mit den Worten von Albert Camus: „Sobald der Mensch nicht mehr an Gott glaubt, wird er verantwortlich für alles, was lebt, für alles, was aus dem Schmerz geboren und dazu bestimmt ist, am Leben zu leiden."

Albert Camus (1913–1960) ➤ *Glossar*

Denkanstöße

1 Dostojewski formulierte einen klassischen Einwand gegen den teleologischen Gottesbeweis: „Was ist das für eine Harmonie, wo es solche Hölle gibt!" – Begründen Sie, wie der Hinweis auf das Leid in der Welt eine atheistische Position rechtfertigen könnte.

2 Diskutieren Sie unter Berücksichtigung der Marx'schen Religionskritik das Verhältnis von Religion und Politik im Wandel der Geschichte.

Zur Problematik der Moderne

Historisch gesehen steht der Bedeutungsverlust des Religiösen im Zusammenhang mit der in der Neuzeit beginnenden Aufklärung und Säkularisation: Das Grundbestreben dieser geistigen Bewegung ist es, den Menschen in die Lage zu versetzen, autonom und selbstverantwortlich sein Dasein aus Vernunft zu regeln. Im Zuge dieser Säkularisation werden religiöse Begriffe zunehmend aus der Transzendenz in die Welt verlegt, in die Immanenz: Die religiösen Ansprüche auf „Unbedingtheit", „Ganzheit" und „Absolutheit" werden auf gesellschaftliche Kräfte und Institutionen wie Philosophie, Wissenschaft, Recht und die unbedingte Gültigkeit sittlicher Normen übertragen.

Transzendenz und Immanenz

Der Fortschritt dieses aufklärerischen Prozesses macht aber auch vor diesen neuen „Absolutheiten" nicht halt. Säkularisation verzichtet in ihrer modernen Ausprägung überhaupt auf „Ganzheit" und „Letztbegründung": Der Bedeutungsschwund, der zuerst die Religion ereilt hat, trifft auch die Philosophie, moralisch-sittliche Forderungen können ebenfalls nicht mehr letztbegründet, uneingeschränkt abgesichert werden. Auch vernünftiges Denken erleidet einen Evidenzverlust in seinem Anspruch,

Letztbegründung ➤ Glossar

den inneren Zusammenhang des Seins im Ganzen erfassen zu können. Selbsterhaltung und Selbstverwirklichung können als einzige moderne Form von „Sinn" noch Geltung fordern.

Sinnerfahrung

Während Funktionalismus und Rationalisierung einerseits unerbittlich fortschreiten, lässt sich andererseits ein wachsendes Bedürfnis nach Ganzheits- und Sinnerfahrung beobachten. Der Zerfall des menschlichen Daseinsgefüges in pluralistische Denk-, Anschauungs- und Wertsysteme fördert ein neues Verlangen nach Irrationalem zutage. Einerseits läuft Säkularisation, die Abwendung von traditionellen Kirchen und Religionen, weiter, andererseits gibt es, zumeist außerhalb der tradierten Religionsgemeinschaften, parareligiöse und religionsähnliche Bewegungen bzw. verbreitete Faszination für andere, etwa fernöstliche, Religionen. Mit den Migrationsbewegungen der letzten Jahrzehnte sieht sich das aufgeklärte, säkularisierte Europa mit einer vor allem durch den Islam repräsentierten Religiosität konfrontiert. Die Frage nach dem Zusammenleben nicht nur zwischen unterschiedlichen Religionen, sondern auch zwischen einer Lebensform, in der Religion Privatsache ist, und einer Lebensform, in der Religion soziale Verbindlichkeit darstellt, wird zu einer wichtigen Herausforderung eines Lebens im kulturellen Pluralismus.

Denkanstöße

1. Arbeiten Sie Ähnlichkeiten und Unterschiede zwischen Esoterik und Religion heraus.
2. Erstellen Sie gemeinschaftlich einen „Katalog" jener Faktoren, die dem Leben Sinn verleihen können.
3. Gemeinsam leben. – Konstruieren Sie einen Dialog zwischen einem gläubigen und einem nichtgläubigen Menschen. Thema: Vom Nutzen und Nachteil des Glaubens für das Leben.

3.2. Das Hässliche und das Schöne – Einführung in die Philosophie der Kunst

Annäherung

> Zur Selbstverständlichkeit wurde, dass nichts, was die Kunst betrifft, mehr selbstverständlich ist.
>
> Theodor W. Adorno

Was heißt „ästhetisch"?

Georg Lukács (1885–1971), Zeichnung von Georg Eisler. ➤ Glossar

Der ungarische Philosoph und Kunsttheoretiker Georg Lukács begann eine in jungen Jahren konzipierte, nie vollendete Philosophie der Kunst mit der Frage: „Es gibt Kunstwerke – wie sind sie möglich?" Und in der Tat: Dass es so etwas wie Kunstwerke gibt, darüber herrscht kaum Zweifel. Was aber genau Kunst sei, wie sie sich definieren lasse, wie sie entstanden sei, seit wann es Kunst gebe, wer sich denn mit Fug und Recht Künstler/in nennen dürfe und vor allem: ob über den Wert, die Qualität von Kunst objektiv geurteilt werden könne – darüber gehen die Meinungen weit auseinander.

Kunst wird oft mit der Frage nach dem Schönen assoziiert; das Hässliche, Anstößige, Ekelerregende, sofern es in einem Werk dominiert, wird denn auch immer wieder als Beweis dafür angeführt, dass es sich bei diesem Werk kaum um ein Kunstwerk handeln könne. Umgekehrt gilt als ein ästhetischer Mensch jemand, der besonderen Wert auf eine geschmackvoll gestaltete Lebensumgebung legt und deutlich Freude an „schönen Dingen" hat. Das Adjektiv „ästhetisch" wird so auch oft gleichbedeutend mit „schön", „ansprechend" oder „geschmackvoll" verwendet. Ästhetik als Wissenschaft gilt als die Lehre vom Schönen. In der griechischen Philosophie verstand man unter „aisthesis" allerdings die Sinneswahrnehmung, die Fähigkeit des Menschen, mit seinen Sinnesorganen die Welt aufzunehmen. Die aisthesis erlaubt – so Aristoteles – eine Wahrnehmung von einzelnen Gegenständen, ihrer Form, Farbe, Gestalt, Beschaffenheit, ihres Geruches, aber kein Wissen von Ursachen, Prinzipien, Zusammenhängen, Systemen; solches Wissen kann erst durch Vernunfttätigkeit entstehen.

Wahrnehmung

An diese antike Bestimmung von aisthesis knüpfte dann im 18. Jahrhundert der deutsche Aufklärungsphilosoph Alexander Gottlieb Baumgarten wieder an. Er führte das von „aisthesis" abgeleitete Wort „Ästhetik" im deutschen Sprachraum ein. Auch für Baumgarten handelt die Ästhetik noch vom Sinnlichen überhaupt im Gegensatz zum Geistigen, Vernünftigen, Logischen. Ästhetik als philosophische Disziplin ist nach Baumgarten die „Wissenschaft von der sinnlichen Erkenntnis". Er gesteht der ästhetischen Empfindung und Erfahrung durchaus ein – wenn auch begrenztes – eigenständiges Recht zu. Ihr erschließen sich Bereiche, die dem Verstand verwehrt bleiben.

Johann Joachim Winckelmann (1717–1768)

Wenig später, vor allem beim Altertumsforscher und Kunstphilosophen Johann Joachim Winckelmann, wird Ästhetik zur Lehre vom Wesen der Kunst. Für Winckelmann ist das Kunstwerk nicht nur das Objekt, das am vollkommensten den Sinnen und Empfindungen des Menschen entspricht und diese auch am eindringlichsten anspricht, sondern bei ihm wird auch als Endzweck und Mittelpunkt der Kunst die

Schönheit gesetzt. Winckelmann sah vor allem in den Skulpturen der griechischen Antike ein unerreichbares Ideal von Schönheit vorgegeben. Dieses Denken beeinflusste die Entwicklung der Kunstgeschichte und Kunstphilosophie nachhaltig.

Denkanstöße

1 Fassen Sie zusammen, welche Faktoren der Wahrnehmung für die „aisthesis" maßgeblich sein könnten.
2 Charakterisieren Sie den Begriff „schön" mithilfe von Zusammensetzungen, die Sie im Alltag selbst verwenden (z. B. schöner Tag, schönes Wetter, schönes Gedicht).
3 Definieren Sie Kunst und reflektieren Sie darüber, welche Rolle Kunst in Ihrem Leben spielt, etwa mit Blick auf Zeit und aufgewendetes Geld.

Ästhetische Erfahrung oder: Vom Umgang mit den Sinnen

In jüngster Zeit versucht man, die enge Verknüpfung von Ästhetik und Kunst etwas aufzubrechen und zu einem Begriff der ästhetischen Erfahrung zurückzukehren, der nicht vergisst, dass neben Kunstwerken auch Natur und Umwelt, Städte und Wohnungen, Gebrauchsgegenstände und Lebensformen unter ästhetischen Gesichtspunkten wahrgenommen werden können.

Was aber heißt nun ästhetische Erfahrung? Wie lässt sie sich von anderen Weisen der Erfahrung abgrenzen? Man kann Gegenstände, Objekte, Pflanzen, Tiere und Menschen unter verschiedenen Gesichtspunkten betrachten, etwa unter dem Aspekt eines wechselseitigen Kontakts oder auch unter dem Aspekt der Nützlichkeit. Man kann dieselben Gegebenheiten aber auch unter dem Aspekt betrachten: Wie wirkt die Erscheinung eines Gegenstandes oder Wesens auf mich? Was löst seine Erscheinungsweise, ohne dass ich bestimmte Absichten hätte, in mir an Gefühlen, Emotionen, Gedanken und Reaktionen aus?

Ästhetische Empfindungen

In einer ersten Annäherung könnte ästhetisches Empfinden beschrieben werden als eine emotionale Reaktion, die durch die bloße Erscheinungsweise eines Gegenstandes oder Lebewesens in uns ausgelöst wird. Sind diese Empfindungen angenehm, schreiben wir dem betrachteten Objekt gerne Schönheit zu; sind diese Empfindungen jedoch unangenehm, lösen sie gar Abscheu oder Ekel aus, nennen wir das entsprechende Objekt hässlich oder ekelhaft. Schön und hässlich könnte man auch als entgegengesetzte Pole auf einer Werte- und Urteilsskala auffassen, mit der wir bewerten, wie etwas uns seiner äußeren Form nach erscheint.

➢ Text S. 172 f.

Interesseloses Wohlgefallen

Immanuel Kant vertrat in der *Kritik der Urteilskraft* die Ansicht, dass jemand nur dann imstande sei, etwas unter ästhetischen Gesichtspunkten zu betrachten, wenn er überhaupt kein anderes – praktisches, politisches, soziales, religiöses, erotisches oder sonstwie geartetes – Interesse daran habe. „Schön" kann nach Kant nur etwas genannt werden, das ohne jedes Interesse gefällt. „Interesseloses Wohlgefallen" ist so für Kant die Voraussetzung ästhetischer Erfahrung. Bedingung dafür ist allerdings eine gewisse Distanz zum Objekt, eine rein betrachtende, „kontemplative" Haltung. Dass das denkbar ist, sollten vielleicht auf drastische Art und Weise die Ready-mades von Marcel Duchamp illustrieren, der Gebrauchsgegenstände, wie etwa ein Pissoir, als Kunstwerk deklariert und ins Museum gestellt hat. Natürlich war das eine beabsichtigte Provokation des herkömmlichen Kunstverständnisses; aber es sollte damit vielleicht auch darauf verwiesen werden, dass solche Gegenstände, ihrer Funktion entkleidet, als ästhetische Objekte rein unter den Gesichtspunkten von Farbe, Form und Gestalt betrachtet und genossen werden können.

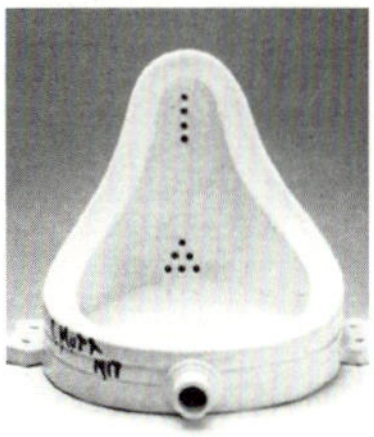

Marcel Duchamp (1887–1968), Springbrunnen, Ready-made, 1917 ➤ Glossar

Denkanstöße

1 Kant fordert als Vorbedingung für den Genuss des Schönen „interesseloses Wohlgefallen". – Bewerten Sie diese These und überprüfen Sie, ob wir tatsächlich das als schön empfinden, woran wir kein sonstiges Interesse haben.

2 Beschreiben Sie, wie wichtig Ihnen eine ästhetische Gestaltung Ihrer Umwelt und Ihrer Person ist.

Kunst und Wahrheit

Aus Immanuel Kants radikaler Bestimmung der ästhetischen Erfahrung ergibt sich eine Reihe von Problemen. So ist zum Beispiel zu fragen, ob die Wurzel des interesselosen Wohlgefallens im Rezipienten oder aber im Objekt zu suchen ist. Will man ersteres annehmen, könnte man von einem ästhetischen Subjektivismus sprechen: Für jeden bedeutet dann „schön" etwas anderes, jeder hat seinen eigenen Geschmack, über den sich bekanntlich nicht streiten lässt. Es ist allerdings erstaunlich, dass über Kunst und die Frage, was denn schön sei, immer wieder heftig gestritten wird. Vielleicht liegt das nicht nur an der mangelnden Toleranz. Schon Kant verlegte zwar das ästhetische Empfinden ins Subjekt, forderte aber dennoch, dass das ästhetische Urteil ein allgemeines, das heißt eines mit einem allgemein verbindlichen Gültigkeitsanspruch, sein müsse. Das interesselose Wohlgefallen müsse allgemein sein, jedermann müsse es vor einem Objekt, das den Anspruch habe, schön zu sein, empfinden. Womöglich geht es in der Kunst doch um mehr als nur um Fragen des subjektiven Geschmacks?

Rezipient: eine Person, die einen Text, ein Kunstwerk, ein Musikstück u. Ä. rezipiert (aufnimmt)

Ästhetisches Urteil

Kritiker von Kant, vor allem Georg Wilhelm Friedrich Hegel, wandten ein, dass es nicht das subjektive Empfinden des Rezipienten sein könne, das über Schönheit und Wert eines Kunstwerks entscheide, sondern dass Schönheit selbst, und damit die Kunst, Erscheinungsform einer objektiven Wahrheit sei. Wahrheit, Vernunft, Geist – letztlich das Absolute – entfalten sich nach Hegel im Bewusstsein der Menschen in drei historisch aufeinander folgenden Stufen: in der Religion – das Absolute wird bildlich als Gottheit vorgestellt; in der Kunst – der Geist erscheint auf unterschiedlichste Weise in der sinnlich wahrnehmbaren Form der Kunstwerke; und in der Philosophie – die Wahrheit wird gedanklich, abstrakt, unsinnlich, dafür aber vernünftig begründbar begriffen.

Für Hegel ist Kunst also eine Erscheinungsform des menschlichen Geistes. Er unterscheidet deshalb streng zwischen einem *Kunstschönen* und einem *Naturschönen*. Die Kunst als Ausdrucksform des Menschen gilt ihm deshalb auch viel mehr als die Schönheit der Natur. Die Frage nach dem Naturschönen war aber in der Ästhetik immer schon ein großes Problem. Einerseits galt die Natur seit der Antike als große

➤ Text S. 173 ff.

Lehrmeisterin der Kunst, andererseits schien man sich mit dem bloßen Betrachten der Natur an sich selten zufriedenzugeben. Erst die Verdoppelung der Natur in der Kunst, ihre Nachahmung und Veredelung durch den Menschen, die Verwandlung von Naturschönem ins Kunstschöne schien den ästhetischen Ansprüchen mancher Epochen zu genügen.

Im Zeitalter fortschreitender Naturzerstörung allerdings scheint sich unser Verhältnis zum Problem des Naturschönen zu wandeln. Die brutalen Eingriffe in die Natur erscheinen oft auch als Eingriffe in die Schönheit der Natur. Naturschutz hat u. a. die Bedeutung, Natur als Ensemble von ästhetischer Qualität zu erhalten, selbst dann, wenn Natur an sich ja kaum noch vorkommt. Was heute an Natur als schön empfunden wird, ist in hohem Maße immer schon die vom Menschen gestaltete Natur, Natur aus zweiter Hand. Diese Naturgestaltung – vom Garten bis zum Nationalpark – folgt allerdings nicht nur biologischen, sondern eben auch ästhetischen Gesichtspunkten. Ob jedoch Natur ein Maßstab des Schönen oder ihre Schönheit ein Produkt des Menschen ist, darüber gehen die Meinungen weit auseinander.

Denkanstöße

1 Nehmen Sie zum Verhältnis von Kunst und Moral Stellung. Argumentieren Sie, ob und wie weit Kunst Ihrer Ansicht nach gegen den guten Geschmack oder gegen die moralischen Überzeugungen einer Gesellschaft verstoßen darf. Erläutern Sie Ihre Argumente mit Beispielen von Künstler/innen wie Hermann Nitsch, Salman Rushdie oder Elke Krystufek (Internetrecherche).

2 „Wenn Kunstwerke wahr sind, dann muss ihre Wahrheit für alle gelten." – Interpretieren und bewerten Sie diese Aussage.

Das Genie

Immanuel Kant hat die schöne Kunst als Kunst des Genies definiert und das Genie dabei als jenes Talent bezeichnet, das aufgrund einer angeborenen Gemütslage imstande sei, der Kunst ihre Regeln zu geben und vorzuschreiben. Das gelungene Kunstwerk ist nach Kant dadurch ausgezeichnet, dass es zwar nach allen Regeln der Kunst gemacht ist, der Betrachter es aber als nahezu natürlich, nicht krampfhaft gewollt und gewaltsam strukturiert auffasst. Wo die Absicht allzu deutlich zu merken ist, wird die Kunst schlecht.

Heute ist man dem Geniebegriff gegenüber skeptischer eingestellt. Der/Die Künstler/in als ein von einem göttlichen Funken inspirierter Genius scheint mit unserem nüchternen Weltverständnis nicht vereinbar zu sein. Dichter/innen bezeichnen sich gerne als Textproduzent/innen, Bert Brecht nannte sich bescheiden einen „Stückeschreiber". Dennoch gilt Kreativität als eine hoch geschätzte Begabung. Ob tatsächlich jeder Mensch schon als Künstler/in zu bezeichnen ist, der sich und seine Gemütslage „kreativ" auszudrücken versucht, oder ob jene von Kant zitierten Regeln dem einen Riegel vorschieben, bliebe allerdings zu diskutieren.

Tiefenpsychologische Interpretationen von Kunst sehen in den Kunstwerken für Künstler/innen auch die Möglichkeit, ihre psychischen Probleme nach außen zu wenden. Für Sigmund Freud war jede kulturelle Arbeit, also auch Kunst, eine Form von Sublimierung, die Umformung ursprünglich sexueller Triebenergie in gesellschaftlich nützliche Arbeit. Dennoch bleibt eine faszinierende Nähe bestehen zwischen Kunst und jenen geistig-seelisch Ver-rückten, die jenseits der Normalität unserer Denk- und Lebensformen stehen. Diese Fähigkeit von Künstler/innen, etwas aus völlig ungewohnter, a-normaler Perspektive zu sehen, macht wahrscheinlich das Irritierende, Verunsichernde, aber auch Aufregende von Kunst aus: Sie eröffnet Perspektiven, Möglichkeiten, Sehweisen, die ansonsten verborgen blieben, nicht zuletzt deshalb, weil sie immer unangenehme, verstörende Erkenntnisse enthalten können.

Sigmund Freud (1856–1939) ➤ *Glossar*

Denkanstöße

1 Genie – Wunderkind – Talent: Recherchieren Sie, wer in der heutigen Zeit als Genie oder Wunderkind bezeichnet wird. Definieren Sie diese Begriffe.

2 Leonardo da Vinci meinte, dass ein Künstler die Möglichkeit habe, sich wie ein Gott jene Welten zu erschaffen, nach denen ihn gerade gelüstet. – Deuten und beurteilen Sie diese Umschreibung der künstlerischen Kraft.

Leonordo da Vinci (1452–1519): italien. Maler, Bildhauer, Baumeister, Naturforscher und Erfinder

Kunst und Gesellschaft

An die Doppelstruktur der Kunst als (kritische) Darstellung von Wirklichkeit und als Appell an ihre Rezipient/innen hat vor allem die marxistische Philosophie des 19. und 20. Jahrhunderts bewusst angeknüpft. Die Beschränkung der Kunst auf das rein Ästhetische – l'art pour l'art – wird dabei als Ästhetizismus kritisiert und die Parteinahme der Kunst für sozialpolitische Ziele gefordert. Kunst habe – so heißt es etwa bei Georg Lukács – die Realität „widerzuspiegeln".

l'art pour l'art (franz.): „die Kunst für die Kunst", d. h. die Kunst als Selbstzweck

Lukács fordert allerdings damit kein einfaches, gleichsam naturalistisches Abbild der Wirklichkeit. Aufgabe des Künstlers sei es vielmehr, die relevanten Strukturen und Entwicklungen der Gesellschaft durch typische Figuren zu veranschaulichen. Kunst soll helfen, gesellschaftliche Wirklichkeiten zu erkennen, und sie soll für die „fortschrittlichen" Aspekte der gesellschaftlichen Entwicklung – in der marxistischen Anschauung: für die revolutionäre Arbeiterklasse – Partei ergreifen. Dem allerdings hält etwa Theodor W. Adorno, ebenfalls dem Marxismus nahestehend, entgegen, dass es sehr wohl so etwas wie eine ästhetische Autonomie der Kunst gebe, eine Eigengesetzlichkeit der künstlerischen Entwicklungen. Es ist deshalb, so Adorno, nicht einfach, der Kunst eine eindeutige gesellschaftliche Funktion aufzuzwingen; Künstler reagieren mitunter eher auf Probleme der Gestaltung, die sich während der Arbeit an einem Werk ergeben können, als auf die äußere gesellschaftliche Realität. Allerdings, so vermutet Adorno, formuliert der Künstler auf sehr sublime Weise auch seine Kritik am Bestehenden: in der radikalen Auseinandersetzung mit formalen, ästhetischen, kunstimmanenten Fragen – wie es etwa im Avantgardismus der Moderne zu Beginn des 20. Jahrhunderts beim Kampf um die Abstraktion in der Malerei, um die Atonalität in der Musik der Fall gewesen ist. Ästhetischer Avantgardismus, so Adorno weiter, ist nur vordergründig unpolitisch, kann nicht als dekadenter Ästhetizismus verurteilt werden. Allerdings, räumt Adorno ein, muss auf direkte, unmittelbare Einflussnahme

Theodor W. Adorno (1903–1969) ➤ *Glossar*

➤ Text S. 175 f.

Kritik am Bestehenden

kunstimmanent: die Grenzen der Kunst nicht überschreitend

auf die Gesellschaft, auf die oft geforderte Veränderung der Verhältnisse durch Kunst verzichtet werden. Das kritische Potenzial der Kunst reicht nicht aus für praktische Veränderungen. Kunst lässt, so Adorno, in der Distanz die Gesellschaft, die sie angreift, vor der ihr schaudert, dennoch auch unbehelligt.

Nutzen von Kunst

Festzustehen scheint jedenfalls, dass ein bestimmter Typus von Kunst, der nicht dem Massengeschmack entspricht, nur fortleben kann, wenn er von der Öffentlichkeit oder von privaten Institutionen subventioniert und gefördert wird. Die Frage nach dem Nutzen der Kunst für die Gesellschaft stellt sich – wenn solche Kunst als eine Ware betrachtet werden muss, die nicht kostendeckend produziert werden kann – dann allerdings mit aller Schärfe: Wer entscheidet nach welchen Kriterien über subventionswürdige Kunst?

Kunst und Konsum

Wird Kunst nicht nur als ein Sektor aufgefasst, in dem die Konsument/innen von Kunst ihre subjektiven ästhetischen Bedürfnisse befriedigen, sondern gesteht man Kunst auch eine moralische oder aufklärerische Funktion zu, dann ist die Frage nach den Richtlinien der Kunstförderung von hohem kulturpolitischem Interesse. Ob sich eine lebendige, kritische, innovative und originelle Kunst entwickeln kann, hängt nicht nur von den Fähigkeiten der Künstler/innen und dem Geschmack des Publikums ab, sondern in zunehmendem Maße auch davon, ob ein Kunstmarkt mit Mut zum Risiko existiert, ob aufgeschlossene staatliche Subventionsgeber agieren und ob private Sponsor/innen, die sich von ihrem Kunst-Sponsoring eine Werbewirkung erwarten, nicht bloß ein Interesse an einer Imagepflege ihres Unternehmens durch Ankauf und Förderung von publikumswirksamer, aber „harmloser" Kunst haben.

Die Gefahr, dass nur leichtgängige, unproblematische Tendenzen in der Kunst gefördert werden, besteht zweifellos; dies käme einer schleichenden, sanften Zensur nahe. Andererseits scheint es vielen verständlich zu sein, dass die Öffentlichkeit davor zurückschreckt, Kunst zu fördern, von der sie glauben muss, sie sei zu kritisch, zu radikal und überschreite die Grenzen des guten Geschmacks und des sittlich noch Vertretbaren. Die ständige Debatte über die Grenze zwischen Kunst und Pornografie mag hierfür ein Beispiel sein, die Situation von Künstler/innen unter autoritären Regimen ein anderes. Was immer man davon auch halten mag: Solange über Kunst diskutiert, Kunst nicht völlig ignoriert, nicht völlig zum Konsummittel degradiert wird, kann sie ihren Anspruch, mehr zu sein als nur ein sinnliches Vergnügen, immer wieder einlösen.

Denkanstöße

1 Definieren Sie die Bezeichnung „politische Künstler/innen" oder „politische Kunstwerke". Finden Sie Kriterien zur Unterscheidung politisch engagierter Werke von unpolitischen.

2 Diskutieren Sie die unterschiedlichen Positionen von Lukács und Adorno: Kunst als Hilfe zur Erkenntnis und Verbesserung der Gesellschaft oder Kunst als ästhetisch radikale, aber weitgehend ohnmächtige Kritik an der Gesellschaft.

3 In Zeiten schlechter Wirtschaftslage taucht immer wieder die Forderung auf, die Subventionen für Kunst drastisch einzuschränken oder ganz zu streichen. Diskutieren Sie solche Forderungen und die Argumente, die für bzw. gegen die Subventionierung von Kunst sprechen.

Philosophie der Gegenwartskunst

Regeln und Stile

Mit dem 20. Jahrhundert gibt es keine allgemein verbindlichen stilistischen Regeln mehr, an denen sich Kunstschaffende – auch kritisch – orientieren könnten. Die historische Logik der Kunstentwicklung, die einigermaßen kontinuierlich eine Weiterentwicklung allgemeiner Stile erlaubte – was viele als den Fortschritt der Kunst ansahen –, ist in der Moderne anscheinend nicht mehr wirksam. Der Aufbruch der modernen Kunst zu Beginn des 20. Jahrhunderts, die Avantgardebewegungen in Malerei (Abstraktion), Musik (Atonalität) und Literatur (Dadaismus) sprengten alle herkömmlichen und tradierten Formen.

tradiert: überliefert

Die Postmoderne

Die moderne Kunst steht vor dem Problem – so beschreibt es zumindest der Literaturwissenschaftler Peter Bürger in seiner *Theorie der Avantgarde* –, einerseits alle Formen und Stile der Vergangenheit verwenden zu können, sich andererseits aber an nichts Verbindlichem mehr orientieren zu können. In der zeitgenössischen Philosophie wird diese Situation bisweilen, so etwa von dem Franzosen Jean-François Lyotard, als typisch für die Zeit der so genannten Postmoderne bezeichnet – eine Zeit, in der die provokanten Radikalismen der Moderne verpufft sind und ein allgemeiner Stilpluralismus in Architektur, Kunst und Literatur möglich geworden ist. Ein Kennzeichen dieses Pluralismus, das man an so genannter postmoderner Architektur leicht erkennen kann, ist die beliebige Verwendung und Kombination stilistischer Errungenschaften und Elemente der Vergangenheit: gotische Fensterbögen neben griechischen Säulen. Elemente, Formen, Vorbilder aus verschiedenen Epochen werden gleichsam „zitiert" und neu arrangiert; die Vergangenheit erscheint darin einerseits aufbewahrt, andererseits wird sie durch das beliebige Nebeneinander zum Teil auch ironisiert.

Jean-François Lyotard (1924–1998) ➤ *Glossar*

Ähnliches findet sich auch in der Literatur. Umberto Ecos erfolgreicher Roman *Der Name der Rose* etwa stellt solch ein Arrangement von Zitaten und Anspielungen dar, eine Collage aus mittelalterlichen Texten, in mittelalterliche Terminologie übertragenen Gedanken moderner Philosophie, versteckten Bibelzitaten, Anspielungen auf Kriminalromane von Conan Doyle, Bezugnahme auf aktuelle politische Ereignisse u.a.m. Ob solche stilistische Freiheit als bloße spielerische Beliebigkeit oder als Chance zu einer neuen ästhetischen Vielfalt zu werten ist, wird nicht immer leicht zu entscheiden sein.

Reproduktion

Doch abgesehen davon: Die Aura, die die „schönen Künste" in vergangenen Jahrhunderten umgeben haben mag, ist mit dem 20. Jahrhundert abgebröckelt. Kunst ist in der Gesellschaft zu einem eigenen Sektor geworden, der in gewisser Hinsicht ein bedeutender Wirtschaftsfaktor sein kann – man denke nur an Großinstitutionen wie die österreichischen Bundestheater, den Kunst- und Antiquitätenmarkt, die Buch- und Musikindustrie. Durch neue Technologien und Medien (Fotografie, Film etc.) haben sich auch für die Kunst ungeheure Reproduktionsmöglichkeiten ergeben. Der Philosoph Walter Benjamin hat als Erster auf die Konsequenzen, die diese Medien haben können, hingewiesen. Das originale Kunstwerk, so Benjamin, verliert seine Aura der Einzigartigkeit: Ein neuer Typ, die massenhaft hergestellte Reproduktion, tritt an seine Stelle; jedermann kann sich als Poster die Bildnisse der großen Meister in die Stube hängen, über Schallplatten ist eine Opern- oder Konzertaufführung immer verfügbar, über Medien können Millionen an einem Theaterereignis teilhaben. Die Künste, lange

Walter Benjamin (1892–1940) ➤ *Glossar*

Zeit Privileg gebildeter und wohlhabender Schichten, sind „demokratisiert" worden, und für Benjamin ist daher auch jene Kunst die modernste, die von Anfang an als Massenmedium konzipiert war: der Film.

Ob diese Demokratisierung der Kunst tatsächlich zu einem steigenden Kunstverständnis geführt hat oder ob durch die massenhafte Verbreitung nicht einem Qualitätsverlust der Künste selbst und einem passiven Konsumverhalten beim Publikum Vorschub geleistet wird, darüber ließe sich freilich streiten. In der Kulturphilosophie sahen und sehen viele, so etwa Theodor W. Adorno oder Günther Anders, in dieser medialen Vervielfältigung eine Dynamik, die die Kunst zwingt, sich den Wünschen des Massenpublikums anzupassen, um auf dem Markt präsent bleiben zu können – was eine zunehmende Trivialisierung bedeuten kann. Die Frage nach dem ästhetischen und moralischen Wert oder Unwert massenhaft hergestellter Trivialkunst, vom Comic bis zum Videoclip, bedarf aber natürlich einer eingehenden, am konkreten Fall orientierten Analyse.

Denkanstöße

1 Wenden Sie den Begriff „Postmoderne" auf Architekturen in Ihrer Umgebung an. Definieren Sie, wodurch sich solche Gebäude von moderner „funktionaler" Architektur unterscheiden.

2 Eine wachsende Zahl von Firmen pflegt ihr Image durch kulturelles Sponsorship. Bürokonzerne sponsern das Neujahrskonzert, Kaffeekonzerne die Wiener Staatsoper. Bewerten Sie, wie sinnvoll die millionenschwere Unterstützung bereits etablierter und erfolgreicher Kunst ist. Diskutieren Sie, ob eher unbekannte, aber experimentierfreudige Kunstschaffende verstärkt gefördert werden sollten. Begründen Sie Ihre Position.

Philosophie der Neuen Medien

Passivität

Surrogat: Ersatz

Matrize: hier: Gussform

solitär: einsam

Günther Anders, der in seinem Hauptwerk *Die Antiquiertheit des Menschen* schon in den 50er-Jahren eine kritische Analyse zum Fernsehen vorgelegt hat, vertritt die Ansicht, dass das elektronische Medium dazu tendiert, eine Surrogatwirklichkeit ins Wohnzimmer zu liefern; es werde weniger die Auseinandersetzung mit dieser als vielmehr die völlige Unterwerfung unter diese gefördert. Während Kunst und Literatur, zumindest in ihren besten Formen, das Bewusstsein ihrer Rezipienten schärfen, führen – so Anders – TV und Video prinzipiell zu einer passiven, bewusstseinstrübenden, die Bilder der Fernsehwelt blind imitierenden Haltung. Das Fernsehen, das nur Phantombilder einer Wirklichkeit liefere, die kaum noch durch Erfahrung überprüfbar seien, nehme aber gleichzeitig auch eine Vorbildfunktion ein; es präge unser Verhalten. Das Fernsehen, so Anders, wirkt wie eine Matrize – und wir sind ihre Abzüge. Wir werden dabei zu rein rezeptiven, sprachlosen Bilderkonsumenten, die täglich eine Massenware konsumieren und dies doch nicht als Masse, sondern alleine, im eigenen Wohnzimmer bewerkstelligen: „Masseneremiten". Die Bilder, die uns bei diesem solitären Massenkonsum begegnen, wirken unmittelbar, sie treten als Faktum auf und sind dennoch immer nur ein Aspekt eines möglichen Faktums: Sie sind ein vorselektierter Ausschnitt, der sich als Tatsache präsentiert, aber keine neutrale Information, über die wir urteilen könnten, sondern aufgrund ihres aufbereiteten Charakters selbst schon Urteil. Fernsehen prägt unsere Wahrnehmungs- und Verhaltensmuster, durch seine „Phantome" konstituiert sich ein neues Verhältnis zur Welt. So wird die Wirklichkeit zum Abbild ihres Zerrspiegels.

Niklas Luhmann (1927–1998) ➤ *Glossar*

Vor dem Hintergrund der Thesen Anders' erreicht die Feststellung des Soziologen Niklas Luhmann, dass sich unser Weltbild allein auf der Basis der Massenmedien entfalte, einen brisanten Höhepunkt. „Was wir über unsere Gesellschaft, ja über die Welt, in der wir leben, wissen, wissen wir durch die Massenmedien", schreibt Luhmann 1995 in *Die Realität der Massenmedien*. Diese sind für ihn die Einrichtungen einer Gesellschaft, die sich zur Verbreitung von Kommunikation technischer Mittel der Vervielfältigung bedient, womit eine direkte Interaktion zwischen Sender und Empfänger unmöglich ist: Bücher, Zeitungen, Funk, und Fernsehen. Die Realität der Massenmedien ist bei Luhmann eine doppelte: Ihre „reale" Realität besteht in ihren Produktionsprozessen, technischen Abläufen, Operationen. Die andere Realität ist die von den Massenmedien selbst konstruierte, das, was durch die massenmediale Vermittlung anderen als Realität erscheint. Massenmedien produzieren und organisieren Informationen, an die Kommunikation anschließen kann, verbreiten aber keine Wahrheit. Rezipient/innen haben in den meisten Fällen weder die Zeit noch die Möglichkeit diese Informationen auf ihren Wahrheitsgehalt zu überprüfen. Kann es unter diesen Umständen überhaupt noch authentisches Wissen geben? In einem Interview darauf angesprochen, dass Peter Handke persönlich nach Serbien fuhr, um die Kriegsfolgen und die Berichterstattung zu überprüfen, antwortete Luhmann lapidar: „Selbst dass Serbien und Bosnien überhaupt existieren, weiß Handke doch nur aus der Zeitung."

Massenmedien und Wahrheit

Peter Handke (* 1942): österr. Schriftsteller

Luhmann unterscheidet drei Bereiche – Nachrichten, Werbung und Unterhaltung – und untersucht ihre Konstruktionen von Realität. Nachrichten arbeiten immer mit Diskontinuität, dem Abweichen von Erwartungen; mit Konflikten, die Spannung und Neugier auf ihren Ausgang erzeugen; mit Quantitäten, weil Zahlen immer einen Bezug auf andere Zahlen herstellen, unabhängig davon, ob der Kontext vom Publikum überhaupt verstanden wird; mit Normverstößen und Skandalen, weil diese gemeinschaftliche Entrüstung erzeugen. Zu den Funktionen der Werbung gehört für Luhmann, „Leute ohne Geschmack mit Geschmack zu versorgen", indem sie die Objekte mit einem symbolischen Wert auflädt und die Menschen mit Selektionssicherheit versorgt. Werbung verbirgt ihren illusionären Charakter nicht, die Beworbenen wissen sich umworben, doch sie kommen in die Lage, sich für oder gegen etwas zu entscheiden, und dies ist bereits der erste Erfolg der Werbung. Werbung erzeugt Redundanz und Varietät gleichzeitig: Man denke nur an die immer gleichen Produkte, die in unterschiedlicher Gestalt auftreten. In der Unterhaltung schließlich kann der Zuseher nach Luhmann, anders als im eigenen Leben, Anfang und Ende beobachten. Die Geschichten, die erzählt werden, müssen aber einen Bezug zum Leben zulassen, müssen an Bekanntes anschließen und das Erlebte, Erhoffte, Befürchtete thematisieren. Sie sind Mythologie in neuer Kleidung.

redundant: überflüssig

Varietät: Spielart, Abweichung

Philosophie der sozialen Medien

Gegenwärtige Ansätze betonen die veränderten Formen der Kommunikation und stellen die Thesen über die „Masseneremiten" (Günther Anders) und das Ende der direkten Interaktion in Frage. Die Massenmedien wie Zeitungen, Radio und Fern-

partizipatorisch: auf Partizipation (Teil-habe) gründend

sehen, die das späte 19. und fast das gesamte 20. Jahrhundert beherrscht hätten, würden gegenwärtig von „partizipatorischen Medien“ ersetzt. Die Massenmedien waren durch eine vertikale Struktur gekennzeichnet, mit einer klaren Trennung zwischen Produzenten – wie etwa einem Verlagshaus oder einem Fernsehstudio – und Konsument/innen. Für partizipatorische Medien sei eine horizontale Struktur typisch: die Konsument/innen spielen eine aktivere Rolle, und Nachrichten werden parteiischer und polarisierender. Norbert Bolz spricht von einem endgültigen Übergang von der „Gutenberg-Galaxie“ (Marshall McLuhan) zum „Cyberspace“. Die Gutenberg-Galaxis sei eine Welt gewesen, die durch das Buch als Leitmedium und die Alphabetisierung der Gesellschaft gekennzeichnet war. Cyberspace als virtuelle Welt und Datenraum löse Information von einen physischen Träger wie etwa einem Buch oder der gedruckten Zeitung. Der italienische Philosoph Luciano Floridi argumentiert, dass die Grenze zwischen online und offline brüchiger werde und allmählich fallen könnte. Im Gegensatz zur Vergangenheit seien die neuen Technologien viel eigenständiger. Künstliche Intelligenz und die zunehmende Verwendung von Robotern selbst in akademischen Berufen würden massiv Arbeitsplätze gefährden.

Norbert Bolz (* 1953)

Auch gegenwärtige Kommunikationstheoretiker/innen diskutieren das mögliche Ende des Wahrheitsbegriffs. Immer größere Datenmengen stünden zur Verfügung, deren Auswahl werde schwieriger – genauso wie die Beurteilung, nach welchen Kriterien diese Auswahl stattfinden soll. Nach Norbert Bolz verwandle sich die Wirklichkeit zusehends zu einem schwer durchschaubaren Komplex von Projektionen. Da der digitale Datenraum keine Orientierungshilfe biete, müssten die alten Medien wie Bücher „neue Funktionen“ übernehmen: „Sie spenden den Trost der Überschaubarkeit“. Die Auswirkungen der neuen, partizipatorischen Medien auf Sprache, Denken oder unsere Identität werden kontrovers diskutiert. Norbert Bolz stellte die These von den Neuen Medien als Religionsersatz auf: „Medien bieten Ersatzformen von Allwissenheit und Allgegenwärtigkeit an. An die Stelle religiöser Kommunikation tritt heute Kommunikation als Religion. Totale Verkabelung, die Verstrickung im elektronischen Netz, wird der unbefangene Blick aber als profane Variante der religio – und das heißt ja eben: Rückbindung erkennen.“

Denkanstöße

1. Beurteilen Sie, ob Menschen in modernen Industriegesellschaften noch zwischen Eigenerfahrung und medial produzierter Erfahrung unterscheiden können. Überlegen Sie, ob es überhaupt noch möglich ist, Hintergründe eines Nachrichtenberichts ohne Inanspruchnahme der Massenmedien zu prüfen, und begründen Sie Ihre Meinung.
2. Bewerten Sie, ob die Öffentlichkeit als Kontrollinstanz fungieren kann. Recherchieren Sie Fälle, in denen eine Zeitung oder ein Nachrichtensender einen eigenen Bericht korrigierte, und überprüfen Sie die Argumentation.
3. „Das Göttliche ist heute das Netzwerk“. – Bewerten Sie die These von Norbert Bolz über die Neuen Medien als Religionsersatz. Problematisieren Sie dabei den verwendeten Religionsbegriff.

3.3. Das Natürliche und das Künstliche – Menschenbilder

Annäherung

> Keine Zeit hat so viel und so Mannigfaltiges vom Menschen gewusst wie die heutige – aber keine Zeit wusste weniger, was der Mensch sei, als die heutige. Keiner Zeit ist der Mensch so fragwürdig geworden wie der unsrigen.
>
> Martin Heidegger

Wozu ein Bild vom Menschen?

Friedrich Nietzsche nannte den Menschen „das noch nicht festgestellte Tier". In dieser Beschreibung sind schon die Schwierigkeiten zu erahnen, die beim Versuch, das Wesen des Menschen zu erfassen, entstehen. Die philosophische Anthropologie (griech. anthropos = Mensch) hat sich genau dieses Unternehmen zur Aufgabe gemacht. So münden die drei kantischen Fragen „Was kann ich wissen?", „Was soll ich tun?" und „Was darf ich hoffen?" in die Grundfrage „Was ist der Mensch?". Wie wichtig die Rolle von Menschenbildern ist, zeigt schon ein kurzer Blick in Gesellschaft und Politik: Jede politische Richtung lässt sich von ihrem Entwurf des Menschen leiten, jede Religion vermittelt ein spezifisches Menschenbild, in jeder ethischen Theorie finden sich Annahmen über spezifische Eigenschaften des Menschen, pädagogischen Konzepten liegen immer bestimmte Auffassungen über den Menschen zugrunde.

➢ Seite 7 f.
Was ist der Mensch?

Denkanstoß

> Beschreiben Sie, auf welchen unterschiedlichen Menschenbildern die Programme der österreichischen Parteien beruhen.

Erziehung und Menschenbild

Riskiert man einen Blick auf die verschiedenen Erziehungsstile, offenbart sich eine Bandbreite unterschiedlicher Menschenbilder, die sich in Werten wie Leistung, Durchsetzungskraft, Solidarität, Autonomie, Selbstentfaltung oder Anpassung, Disziplin und Gehorsam, Flexibilität, Mobilität oder Teamfähigkeit ausdrücken. Hinter allen Erziehungskonzepten stecken letztlich immer die Fragen: Sind Menschen beliebig formbar? – und: Woraufhin, auf welche Ideale hin sollen sie erzogen werden? – In beiden pädagogischen Grundfragen verbergen sich dabei immer schon bestimmte, oft gar nicht bewusst wahrgenommene Menschenbilder.

Doch was bedeutet Erziehung? Aus der langen Abhängigkeitsperiode des Kleinkindes von den Eltern folgerte schon Kant, dass der Mensch dasjenige Geschöpf sei, das wie kein anderes „erzogen" werden müsse. Als Aufklärer sah Kant Erziehung als „Selbstbefreiung des Menschen aus seiner selbstverschuldeten Unmündigkeit" und forderte Freiheit und Vernunft als entscheidende Prinzipien jeglicher Erziehung. Doch ob und wie weit Menschen genetisch oder durch ihr soziales Umfeld determiniert sind, wie weit sie offen, durch Erziehung beeinflussbar sind, ist Gegenstand kontro-

➢ Text S. 177 f.

Freiheit – Determiniertheit

determiniert: bestimmt

altruistisch: selbstlos, uneigennützig

versieller pädagogischer Diskussionen. Wird in einem Menschenbild die altruistische Veranlagung von Menschen betont, liegt der erzieherische Schwerpunkt bei der Reifung und Entfaltung der Potenziale; wird hingegen mit der egoistischen Veranlagung der Menschen gerechnet, kommt es zu einem autoritären Erziehungsstil.

Denkanstoß

Erarbeiten sie einen möglichen Zusammenhang zwischen Erziehungsstil und politischer Konstellation anhand der NS-Zeit.

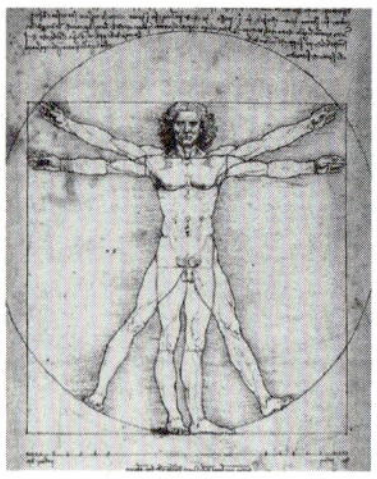

Leonardo da Vinci, Proportionsstudie nach Vitruv, 1492

Bestimmungen des Menschen

Im Folgenden werden einige ebenso pointierte wie provokante Definitionen des Menschen aus der europäischen Tradition exemplarisch vorgestellt:

- Aristoteles: Der Mensch ist ein *zoon politikon*, ein *zoon logon echon*, d. h. ein soziales und vernünftiges, weil Sprachwesen.
- Marcus Tullius Cicero: Der Mensch ist ein der Vernunft und der Erkenntnis fähiges Wesen.
- Christentum: Der Mensch ist einerseits Ebenbild Gottes, damit das innerhalb der Natur auserwählte Wesen, andererseits ist der Mensch endlich, sündig, der göttlichen Liebe bedürftig.
- Thomas Hobbes: Homo homini lupus. – Der Mensch ist dem Menschen ein Wolf.
- Blaise Pascal: Der Mensch ist so groß, dass seine Größe sich selbst darin zeigt, dass er sein Elend erkennt.
- Immanuel Kant: Der Mensch ist zur sittlichen Selbstbestimmung fähig.
- Benjamin Franklin: Der Mensch ist ein homo faber, the tool making animal.
- Arthur Schopenhauer: Der Mensch ist das Tier, das lügen kann.
- Karl Marx: Das menschliche Wesen ist kein dem einzelnen Individuum innewohnendes Abstraktum. In seiner Wirklichkeit ist es das Ensemble der gesellschaftlichen Verhältnisse.
- Moderne Naturwissenschaft: Der Mensch gehört zur Säugetiergruppe der Hominiden, ausgezeichnet durch bestimmte Merkmale wie: aufrechter Gang, Greifhand, starke Hirnentwicklung etc.
- John B. Watson, Frederic B. Skinner: Der Mensch ist ein manipulierter Automat.
- James Simpson: Der Mensch ist das Ergebnis eines ziellosen materiellen Prozesses, der ihn nicht geplant hat. Der Mensch war nicht beabsichtigt.

Wesen des Menschen

Wie kann es zu derart verschiedenen Definitionsversuchen kommen? Gibt es einen Zusammenhang zwischen dem jeweiligen Bild des Menschen und der historisch-kulturellen Situation, der es entspringt? Gibt es überhaupt ein Wesen des Menschen, das allgemeine und überzeitliche Gültigkeit beanspruchen kann, oder können wir nur vom Selbstverständnis des Menschen innerhalb eines Kulturkreises zu einem bestimmten Zeitpunkt sprechen?

Menschen waren immer schon „Kulturwesen" und nur als solche beobachtbar. Das Wesen einer Kultur liegt in der Art der Auswahl aus den an sich unbegrenzten Gestaltungsmöglichkeiten gesellschaftlichen Lebens.

Arbeit

Eine grundlegende Seite des Menschlichen ist das Tätigsein, sei es in Form technisch-erzeugender Arbeit, sei es als künstlerisches Schaffen. Erst durch die Fähigkeit, seine unmittelbaren Bedürfnisse aufzuschieben, zu sublimieren, ist der Mensch zur Arbeit fähig: Mit der Handlung erfüllt der Mensch seinen zunächst im Geist entworfenen Plan. Arbeit ist stets absichtsvoll, intentional, auf Zukünftiges gerichtet.

sublimieren: einen Trieb in kulturelle Leistung umsetzen

➤ Text S. 178 f.

Karl Marx erkannte den zentralen Stellenwert der Arbeit im menschlichen Lebensvollzug. „Die erste geschichtliche Tat ist also die Erzeugung der Mittel zur Befriedigung dieser Bedürfnisse, die Produktion des materiellen Lebens selbst." Erst durch die Arbeit gelingt es dem Menschen, sich eine lebensdienliche Welt, eine Kulturwelt zu schaffen. Arbeit ist dabei immer schon ein sozialer Prozess. Die Erzeugung der für das Überleben notwendigen materiellen und kulturellen Güter ist nur gemeinsam, über Kooperation realisierbar. Der Prozess des Arbeitens ist dabei zunächst, von der Warte des Individuums aus gesehen, einer der Selbstbestimmung und Selbstverwirklichung. Im Produkt seiner Arbeit erkennt der Mensch sich selbst, seine Absicht, seine Mühe, seine Energie, er vergegenständlicht sich über sein Arbeiten und in seinem Produkt.

Lewis W. Hine, Baumwollspinnerei, Carolina (Beginn 20. Jh.)

Allerdings ist diese Vergegenständlichung durch die fortschreitende Arbeitsteilung, Spezialisierung und Technisierung einschneidenden Veränderungen unterworfen. Marx bezeichnete die Arbeit unter kapitalistischen Produktionsbedingungen als entfremdete, insofern Herstellung und Verfügung, Erzeugung und Verkauf, Produktion und Konsumtion getrennt seien. Menschliche Arbeit sei nicht mehr den ursprünglichen Zielen von Bedürfnisbefriedigung und Selbstverwirklichung untergeordnet, sondern den Regeln des Marktes, wo Produkt und Arbeitskraft zur Ware werden.

Das Kapital.

Kritik der politischen Oekonomie.

Karl Marx.

Erster Band.

Hamburg

1867.

Titelblatt zu Karl Marx, Das Kapital *(Bd. 1, Erstausgabe 1867)*

Andere Denker, wie Jean-Paul Sartre oder Helmuth Plessner, sahen den Prozess von Vergegenständlichung und Entfremdung als zwangsläufig und prinzipiell unaufhebbar. In jedem Arbeitsprozess verselbstständige sich das Produkt gegenüber dem Erzeuger, zwischen Entwurf und Realisierung bleibe immer eine unaufhebbare Kluft bestehen. So charakterisiert Sartre den arbeitenden Menschen als ein intentionales Wesen, stets auf eine offene Zukunft gerichtet, die es nie ganz einzuholen vermag. Jede Form der Entäußerung stehe zugleich im Risiko der Entfremdung.

Entfremdung ➤ Glossar

Auch auf die Rolle der Institutionen sollte eingegangen werden: Jede Kultur legt bestimmte Regeln und Normen fest, die dann durch die historische Tradierung und Weiterführung über Generationen als natürlich erscheinen. Institutionen halten also geschichtlich entstandene Weisen der Bewältigung von lebenswichtigen Aufgaben fest: als Rechtsverhältnisse, Herrschaftsformen, Familienstrukturen, Eigentumsregeln, Formen der Arbeitsteilung. Ihre primäre Funktion ist es demnach, für Entlastung, Sicherheit und Identität zu sorgen. Institutionen sind stabilisierende Gewalten, die jedoch die Tendenz haben, Individuen gegenüber übermächtig zu werden und sich zu verselbstständigen. Sie können solcherart dem subjektiven Erleben auch als „Gewalt", als „fremde Struktur" erscheinen, die die eigene Entfaltung hemmt. Institutionen und Traditionen stehen allerdings in einem spannungsreichen Verhältnis zu historischem

Institutionen

Wandel und Fortschritt. Jegliche Tendenz in Richtung gesellschaftlicher Erneuerung wird von einer Gegendynamik der Institutionen beantwortet, die „Stabilisierung des Status quo" wird gegenüber individuellen und gesellschaftlichen Neuerungen als anthropologisch notwendig reklamiert.

Arnold Gehlen (1904–1976) ➤ *Glossar*

Demgegenüber betont Arnold Gehlen die Notwendigkeit der Sicherung des Menschen durch Institutionen. Der Subjektivismus, die Neubewertung des Einzelnen, erscheint in Gehlens kulturkonservativem Ansatz als „Überforderung des Individuums", dessen Bedürfnis nach institutioneller Entlastung brachliege. Könnte diese Überforderung auch als Erklärung für den oft zitierten Orientierungsverlust der Jugend herangezogen werden? Theodor W. Adorno vertritt den Standpunkt, dass Institutionen die Freiheit und Selbstbestimmung des Menschen einschränken. Die Kritik an den Institutionen erscheine als notwendige Voraussetzung für jede Verbesserung der Gesellschaft.

Denkanstöße

1. Welcher der oben vorgelegten Definitionsversuche kommt Ihrem Menschenbild am nächsten? Begründen Sie Ihre Position.
2. Fassen Sie zusammen, welche Definitionen vom Menschen Ihnen aus dem Biologieunterricht bekannt sind.
3. Diskutieren Sie, inwiefern Institutionen wie die Schule die menschliche Entfaltung hemmen oder fördern. Definieren Sie den Begriff „Selbstverwirklichung" und erläutern Sie, in welchem Verhältnis Institutionen dazu stehen.
4. Überprüfen Sie die These, dass sich die Produkte menschlicher Tätigkeit zwangsläufig den Produzierenden gegenüber verselbstständigen. Bilden Sie zwei Gruppen und diskutieren Sie Pro und Kontra.

Karikatur: Charles Darwin (1809–1882) als Orang-Utan

Menschen und Tiere

Seit der Veröffentlichung der Evolutionstheorie von Charles Darwin im Jahre 1859 erhielt eine auf den Naturwissenschaften aufbauende Anthropologie enormen Auftrieb. Die Evolutionstheorie weist Menschen als spätes Produkt der Entwicklung des Lebendigen aus, der Unterschied zu den Tieren bestehe nur im Grad der Komplexität.

Kränkung der Menschheit

Für Sigmund Freud ist die Entdeckung des Menschen als biologisches Wesen ohne Sonderstellung innerhalb der Natur eine der drei „großen Kränkungen der naiven menschlichen Eigenliebe". Die erste Kränkung sei den Menschen mit der Entdeckung des Kopernikus widerfahren: Die Erde ist nicht Mittelpunkt des Weltalls, sondern ein einsamer Planet im grenzenlosen Weltraum. Die dritte Kränkung schließlich kommt aus der Psychoanalyse Freuds selbst: Der Mensch ist nicht einmal „Herr im eigenen Hause", das Unbewusste beherrscht sein Denken, Handeln und Erleben.

Die philosophische Anthropologie des 20. Jahrhunderts versuchte die Frage, ob zwischen Mensch und Tier nicht nur ein gradueller, sondern auch ein Wesensunterschied besteht, erneut zu beantworten:

Helmuth Plessner (1892–1985) ➤ *Glossar*

Helmuth Plessner untersuchte in seinem Buch *Die Stufen des Organischen und der Mensch* (1928) die Positionen, die Pflanzen, Tiere und Menschen zu ihrer Umwelt einnehmen. Tiere leben „zentrisch", d. h. sie sind unmittelbar eingegliedert in die Umgebung, ihr Leben und Erleben sind gebunden an das Hier und Jetzt. Dagegen besitzt der Mensch die Fähigkeit, sich selbst zu erleben und sich zum Gegenstand seiner eigenen Beobachtung zu machen. Er kann „exzentrisch", aus seinem Zentrum hinaus, zu sich selbst und seiner Umwelt Distanz gewinnen.

Exzentrizität

Arnold Gehlen spricht vom Menschen als „Mängelwesen": Ihm fehlen natürliche Angriffsorgane, sein Körper ist zur Flucht ungeeignet, er ist lange schutzbedürftig und von anderen abhängig, und es mangelt ihm an echten Instinkten. Diese mangelhafte biologische Angepasstheit wird insbesondere beim Vergleich mit dem tierischen Leben deutlich. Weil der Mensch diese Mängel kompensieren muss, ist er gezwungen, sich eine zweite Natur, nämlich Kultur zu schaffen.

Mängelwesen

➤ Text S. 183 ff.

Nach Max Scheler zeichnet den Menschen seine „Weltoffenheit" aus, Tiere sind im Gegensatz dazu „umweltgebunden". Erst durch seine Instinktarmut kann der Mensch sein Leben selbstbestimmt gestalten, ihm sind keine Muster für eine bestimmte Gesellschaftsordnung, Sprache, Religion oder ein bestimmtes Familiensystem vorgegeben.

Weltoffenheit

➤ Text S. 182 f.

Denkanstöße

1 Informieren Sie sich über aktuelle Ergebnisse der Primatenforschung, etwa im Bereich des Werkzeuggebrauchs oder der Sprache. Prüfen Sie, ob sich angesichts dieser Erkenntnisse grundlegende Wesensunterschiede zwischen Tier und Mensch noch feststellen lassen.

2 Bestimmen Sie aus Ihrer Erfahrung menschliche Verhaltensweisen, die für die biologische „Offenheit" des Menschen sprechen.

Frau und Mann – Geschlecht und Geschlechtsidentität

Sind Menschen tatsächlich durch ihre „Weltoffenheit" charakterisiert? Welche Rolle kommt gesellschaftlichen Strukturen bei der Identitätsbildung zu? Um welche Menschen ging es in philosophischen Werken, wenn von Menschen die Rede war und versucht wurde ihr Wesen zu erfassen? Meistens ging es um Männer. Und doch gab es in der Geschichte der Philosophie männliche wie weibliche Dissidenten, die die Ebenbürtigkeit der Frauen und ihre rechtliche Gleichstellung einforderten. In der modernen pluralistischen Gesellschaft ist die Problematik der Geschlechtlichkeit des Menschen ein Thema der öffentlichen Diskussion. Frauen verweigern sich der ihnen jahrhundertelang aufgezwungenen Rolle als Ehefrau und Mutter, kämpfen um Selbstverwirklichung in Karriere und Beruf. Andererseits gibt es unübersehbar konservative Gegenbewegungen, die tradierte, als heilig, unantastbar oder natürlich ausgewiesene Rollenbilder bewahren wollen.

Rollenbilder

Dissidenten: Andersdenkende

tradiert: überliefert

Hinter dieser Debatte steht die Suche nach einem unverbrüchlichen Wesen des Menschen, das durch seine Bestimmung als „männlich" und „weiblich" die Aufgaben und Rollen der Geschlechter stereotyp fixieren, eine „natürliche" Geschlechterordnung und mit ihr die Unterordnung der Frauen legitimieren soll. Das männliche Geschlecht – vernunftbegabt, rational, zur Politik und Wissenschaft befähigt – bestimmte den öffentlichen Raum, das weibliche Geschlecht – sanft, schwach,

„Natürliche" Ordnung

gefühlsbetont, zur Haushaltsführung und Kindererziehung befähigt – blieb noch weit bis in das 19. Jahrhundert – und mancherorts bis heute – von fundamentalen Rechten ausgeschlossen. Auch in der männlich dominierten Wissenschaft wurde die Frau stets vor der Folie des Mannes definiert: So sah Hegel die substanzielle Bestimmung der Frau in der Familie und noch für Sigmund Freud war das entscheidende Merkmal der Frau, dass sie keinen Penis besitze.

Gleiche Rechte und politische Mitbestimmung waren die Hauptforderungen der Frauenbewegung im 18. und 19. Jahrhundert. Während des Hitlerregimes wurden emanzipatorische Bewegungen gewaltsam unterdrückt, sodass erst Ende der 60er-Jahre feministische Bewegungen die Forderung nach Gleichstellung der Frauen wiederaufnehmen konnten. Ab den 70er-Jahren entwickelte sich die feministische Philosophie, deren zentrales Anliegen die Thematisierung und Problematisierung der hierarchischen Geschlechterverhältnisse ist. Die österreichische Philosophin Herta Nagl-Docekal charakterisiert feministische Philosophie als „Philosophieren am Leitfaden des Interesses der Befreiung der Frau".

Frauenrechtsbewegung

Beispielhaft für die frühe Frauenrechtsbewegung soll hier die englische Frauenrechtlerin Mary Wollstonecraft genannt werden, die in ihrem Buch *Verteidigung der Rechte der Frauen* (1791) Freiheit, Gleichheit und Menschenrechte nicht auf Männer beschränkt sehen wollte. Ihre französische Kollegin Olympe de Gouges, die einen Alternativentwurf zur französischen Menschenrechtserklärung von 1789 verfasste und Bürgerrechte auch für Frauen forderte, wurde 1793 hingerichtet. Als Vordenker der politischen Gleichberechtigung von Frauen kann auch der englische Philosoph John Stuart Mill erwähnt werden, der in seiner Schrift *Über die Freiheit* (1859) gleiche Rechte und gleichen Rechtsschutz für Frauen verlangte.

Biologisches und soziales Geschlecht

Simone de Beauvoir (1908–1986) ➤ *Glossar*

➤ Text S. 185 f.

Eines der meistgelesenen und -zitierten Standardwerke, das die Rolle der Frau historisch-systematisch abhandelt, ist das Buch *Das andere Geschlecht* der existenzialistischen Denkerin Simone de Beauvoir. Beauvoir wendet sich vehement gegen Theorien, die ein naturgegebenes So-Sein der Frau postulieren, um patriarchalische Strukturen als notwendig und unveränderlich zu rechtfertigen: „Man kommt nicht als Frau zur Welt, man wird es. Keine biologische, psychische oder ökonomische Bestimmung legt die Gestalt fest, die der weibliche Mensch in der Gesellschaft annimmt." Das biologische Geschlecht spielt nach Beauvoir keine Rolle, sie vertritt eine Gleichheitstheorie, die Unterschiede zwischen Frauen und Männern in der Sozialisation und den gesellschaftlichen Strukturen begründet sieht. Nicht „irgendein geheimnisvolles Wesen" der Frau, sondern ihre soziale, wirtschaftliche, politische Situation ist zu analysieren, um dann eine Gleichheit der Geschlechter herzustellen. Beauvoir begreift die Frau als das „andere" Geschlecht, das immer relativ zum Mann, in Bezug auf ihn differenziert und beschrieben wurde, „er ist das Subjekt, er ist das Absolute: sie ist das Andere".

Ab den 80er-Jahren stand die Geschlechterdifferenz im Vordergrund feministischer Theorienbildungen. Unterschiede zwischen den Geschlechtern wurden beschrieben, ohne sie jedoch als völlig gegensätzlich oder hierarchisch zu begreifen. Eine Vertreterin der Theorie der Geschlechterdifferenz ist Luce Irigaray. Sie versucht, einen weiblichen Diskurs zu begründen, in dem die Frau nicht Objekt des Denkens, sondern dessen Subjekt ist. Das Wesen des Weiblichen wird bei Irigaray dabei bewusst unbestimmt gelassen: „Aber die Frau ist weder geschlossen noch offen, sondern unbestimmt, unfertig, die Form, die nicht abgeschlossen ist", schreibt sie in ihrem Buch *Ethik der sexuellen Differenz* (1991). Ausgehend von der Unterscheidung von *biologischem* Geschlecht (sex) und *sozialem* bzw. *kulturellem* Geschlecht (gender) wurden die „Gender Studies" als universitäre Forschungszweige etabliert, um Geschlechterverhältnisse, Rollenbilder und Identitätskonzepte zu durchleuchten und die Bedeutung ihres geschichtlichen und kulturellen Kontextes zu erforschen.

Gender Studies

Die amerikanische Philosophin Judith Butler belebte die Diskussion um *gender* und *sex*. In ihrem Buch *Das Unbehagen der Geschlechter* (1992) bemängelt Butler die Homogenität, mit der Frauen in der feministischen Forschung dargestellt werden, und weist darauf hin, dass mit der Betonung der Unterschiede zwischen Mann und Frau die Geschlechter-Asymmetrie reproduziert würde: „ein Umkehr-Diskurs, der unkritisch die Strategie des Unterdrückers nachahmt". Für Butler ist das natürliche Geschlecht nicht vom sozialen Geschlecht zu trennen, auch das biologische Geschlecht ist sozial konstruiert. Geschlechteridentitäten werden über sprachliche Akte geschaffen, die gesellschaftlich konventionierte Identitätszuweisungen vermitteln und durch Wiederholungen festigen. So werden geschlechtliche Identität und auch Rollenbilder durch „performative Akte" hergestellt: Sprachliche Äußerungen sind nicht nur Bezeichnungen, sondern stellen das Bezeichnete auch immer her – Handeln durch Worte.

Judith Butler (1956)*
➤ *Glossar*

Performativität
➤ S. 102

Denkanstöße

1. Überprüfen Sie, ob bestimmte Eigenschaften oder Verhaltensweisen, die als „typisch männlich" bzw. „typisch weiblich" bezeichnet werden, eben nicht gesellschaftliche Konstrukte sind, die durch „performative Akte" hergestellt werden.
2. Recherchieren Sie die Biografie Beauvoirs, insbesondere ihre Beziehung zu Sartre. Stellen Sie fest, ob Beauvoir als eigenständige Denkerin beschrieben wird oder ihr Werk als „Beiwerk" zu Sartres Philosophie erscheint.
3. Internetrecherche: Untersuchen Sie aktuelle Studien zum Thema „Freiheit und Gleichheit für Frauen und Männer" in Österreich und einem weiteren Land. Arbeiten Sie heraus, welche Bereiche thematisiert werden und in welchen der größte Handlungsbedarf besteht.

Mensch und Natur

Nicht nur der Mensch als Geschlechts- oder Kulturwesen, sondern auch sein Verhältnis zur Natur wird von der philosophischen Anthropologie beleuchtet. Was bedeutet für uns Natur? Was haben sich die Menschen zu verschiedenen Zeiten unter „Natur" vorgestellt, welche Handlungsanleitungen enthalten die jeweiligen Vorstellungen für das praktische Verhältnis des Menschen zur Natur? – Ursprünglich bezeichnet „Natur" (lat. nasci = entstehen, sich entwickeln, geboren werden) das, was aus sich selbst entstanden ist und entsteht (Tiere, Pflanzen, geografische Formationen) im Gegensatz zu den von Menschen gemachten Artefakten (Gebrauchsgegenstände, Kunstwerke).

Die mythische Naturbetrachtung sah den Menschen schicksalhaft in eine Natur eingebunden, die von Göttern und Dämonen beherrscht war. Seit dem griechischen Philosophen Thales von Milet löst sich das Denken aus der mythischen Einheit von Mensch und Natur, befreit sich das Bewusstsein allmählich von der Angst vor dem Ausgeliefertsein an fremde Gewalten.

Schöpfung

Im von christlichen Vorstellungen geprägten Mittelalter sah man Natur als heilig, als göttliche Schöpfung an. Entsprechend galten Naturvorgänge als vom göttlichen Willen geplant und als Ausdruck der wunderbaren Größe Gottes. Alle Naturerscheinungen wie Geburt und Tod, Krankheit und Leiden, Naturkatastrophen genauso wie die immer wiederkehrenden Abläufe von Tag und Nacht und die Bewegungen der Himmelskörper waren Ausdruck des göttlichen Schöpfungs- und Heilsplans. Der Mensch hatte sich, der göttlichen Ordnung gewiss, seinem natürlichen Schicksal zu fügen. Dementsprechend galt das Modell von Ptolemaios, wonach die Erde der Mittelpunkt des Kosmos ist: der Geozentrismus. Noch Giordano Bruno wurde 1600 von der Inquisition als Ketzer verbrannt, weil seine Behauptung, dass das Universum unendlich und darin die Möglichkeit zahlloser Welten enthalten sei, dem herrschenden Geozentrismus und dem kirchlichen Schöpfungsdogma zuwiderlief.

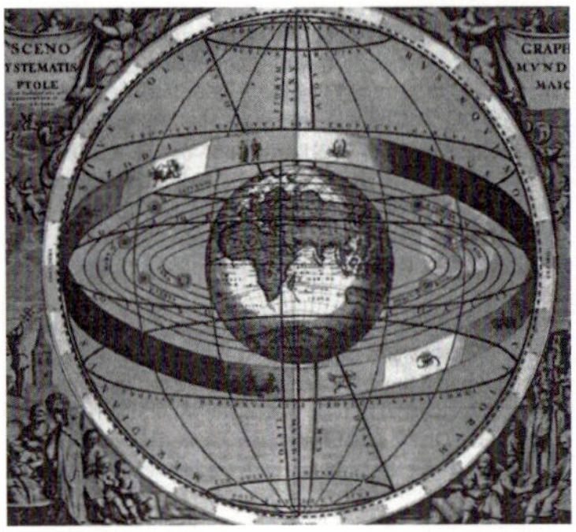

Das widerlegte ptolemaische Weltbild: die Erde im Zentrum des Universums, umkreist von Sonne, Venus, Merkur, Jupiter, Mars, Saturn und Mond; Kupferstich aus dem Jahr 1660

Erst in der Frühen Neuzeit emanzipierte sich die Naturphilosophie von der Kirche und ihrem biblischen Schöpfungsbegriff. Im Zuge einer Entwicklung, die besonders mit den Namen von Johannes Kepler, Nikolaus Kopernikus, Galileo Galilei und Isaac Newton verknüpft ist, entstand die an Rationalismus und Empirismus orientierte Naturphilosophie des 17. Jahrhunderts. So entwirft Francis Bacon in seiner *Nova Atlantis* eine Welt, in der der Mensch alles Natürliche zum Mittel seines Wohlergehens macht. Natur dient nicht länger nur der Veranschaulichung der göttlichen Größe, sie kann beliebig menschlichen Zwecken unterworfen werden. Drastisch forderte Bacon, man solle die Natur mit „Hunden hetzen", bis sie ihre Geheimnisse preisgebe. Die enge Verflechtung von Naturwissenschaft und Technik seit dem 17. Jahrhundert zeigt die Wende zu einem Anwendungs- und Herrschaftswissen.

Die Erschaffung der Erde, nach einer Bibel-Ausgabe 1478

Pierre Simon Laplace vollendet die mechanistische Naturphilosophie: Nicht nur im beobachtbaren Raum gelten die Newton'schen Gravitationsgesetze; sie sind im ganzen Universum gültig. Das Universum wird als riesige Maschine gedacht, die in ihrem deterministischen Lauf ehernen Gesetzen folgt, die seit dem Augenblick ihrer Entstehung durch unveränderliche Anfangsbedingungen feststehen. Der „Mechanismus" prägte das wissenschaftliche Denken und damit die gesamte Entwicklung der technisch-industriellen Welt bis ins 20. Jahrhundert. Die romantische Naturphilosophie sah sich als Gegenbewegung dazu. Die Romantiker kritisieren Aufklärung, Vernunft und Naturwissenschaft: Diese hätten den Menschen immer mehr von der lebendigen Welt entfernt und getrennt. Mit der Kraft des Denkens habe sich der Mensch aus ihr gelöst, mit derselben Kraft solle er zu ihr zurückfinden. So wird in Schellings Naturphilosophie Geist und Natur als letztlich identisch behauptet. Die Besinnung auf diese letzte Einheit der

Natur verheißt in einer Zeit, wo die menschliche Welt immer weniger Orientierung zu bieten vermag, eine „ewige Ordnung", die auch einen festen Platz für den Menschen verspricht. Natur sollte nicht nur der puren Zweckhaftigkeit menschlicher Überlebenstechnik dienen, sondern auch wertbestimmend das ästhetische und moralische Handeln des Menschen leiten.

Denkanstöße

1 Ein Anspruch rationaler Naturerklärung war es, den Menschen die Furcht zu nehmen. Francis Bacon, ein Philosoph des 17. Jahrhunderts, formulierte den programmatischen Satz: „Wissen ist Macht". Beurteilen Sie, ob die fortschreitende Naturbeherrschung die Menschen tatsächlich von Furcht und Angst befreit hat. Erläutern Sie Ihre Ergebnisse mithilfe von Beispielen.

2 Eine Konsequenz romantischer Naturphilosophie war und ist eine mystifizierende Naturverehrung. Nennen Sie Beispiele aus Ihrer Umgebung oder den Medien.

Mensch und Natur: Neue Aufgaben

Naturbeherrschung

teleologisch (griech. telos = Ende, Ziel, Zweck, Vollendung): auf ein bestimmtes Ziel hin gerichtet

Historisch gesehen, setzte die Abkehr von einem teleologischen Naturbegriff, wie ihn das christliche Mittelalter kannte, den Impuls zur Naturbeherrschung frei. Die in der Neuzeit entstandene technische Kultur gibt dem Naturbegriff eine neue Qualität: Die neue Natur ist die technisch angeeignete. Die Naturwissenschaften sagen uns zwar, was wir mit der Natur tun können, nicht aber, was wir tun sollen, sie liefern Verfügungswissen, aber kein Orientierungswissen.

Während die Naturwissenschaft sich auf die Erklärung der Naturvorgänge über ausschließlich experimentelle Methoden festlegte, wurde Naturphilosophie zunehmend zur Reflexion dieses Geschehens. Je mehr die einzelwissenschaftlichen Erkenntnisse im Laufe der Jahrhunderte zunahmen, desto mehr befasste sich die Naturphilosophie auch mit den praktischen Folgen der durch die gewachsene Naturerkenntnis möglich gewordenen Naturbeherrschung. Der Zusammenhang von Naturwissenschaft und Technik, die gesellschaftlichen und ökologischen Folgen dieser Entwicklung sind besonders in den letzten Jahrzehnten immer stärker ins Zentrum naturphilosophischer Reflexion gerückt.

Ökologie

Natur erscheint heute als Rohstoffquelle, als Boden für den Anbau, als Platz, um Abfälle zu lagern, ein Freizeitcenter zu errichten. Natur wird damit zunehmend die bearbeitete Welt der Landwirtschaft, der Industrie, der Landschafts- und Städteplanung. Eingebaut in diese Kulturwelt wird auch die „unberührte Natur"; sie gerät zum Fremden, Exotischen: der australische Busch, der Regenwald des Amazonas. Die Tierwelt unserer verfügten Natur begegnet uns in der Massentierhaltung und in Zoos oder in Gestalt domestizierter Haustiere. Natur ist ein Teil der technischen Kultur geworden, damit aber der menschlichen Verantwortung übergeben.

Die gesellschaftspolitischen und praktischen Reaktionen auf die Folgen dieser unbegrenzten Aneignung der Natur, die wir heute als Schlagworte wie „ökologisches Krisenmanagement" oder „Umweltethik" kennen, bewegen sich noch weitgehend im Bereich von Reparaturmaßnahmen und Katastrophenverzögerungspolitik. Unter diesen politischen Bedingungen ist die in den letzten Jahren verstärkte Hinwendung der Philosophie zu einer praktischen Naturphilosophie, einer Naturethik zu sehen. Deren Ziel ist es, grundlegende Konzepte zu erarbeiten, die das menschliche Handeln in und mit der Natur bestimmen können. Welche Prinzipien könnten diesem Handeln die Aussicht geben, „gut" zu sein?

Die Antwortversuche auf die ökologische Krise bewegen sich entlang zweier Pole: Wird die Natur ohne eigenständigen moralischen Wert angesehen, ist sie also allein zur Verfügung des Menschen da, spricht man von „Anthropozentrismus", wird der Natur hingegen dieser eigenständige Wert zugestanden, muss der Mensch Rücksicht auf sie nehmen, von „Physiozentrismus".

Die entsprechenden Entwürfe vom zukünftigen Leben der Menschen reichen vom Pol des „einfachen und natürlichen Lebens" bis hin zur „Autoevolution", zur Erzeugung künstlicher Welten und genetisch verbesserter Menschen. Entsprechend differiert auch die Einschätzung der Rolle und Leistungsfähigkeit der Naturwissenschaften: vom Befürchten irreversibler Folgeschäden durch bestimmte technische Entwicklungen bis zur Überzeugung, Technikfolgeschäden könnten noch immer durch mehr Technik abgefangen werden.

Das „Natürliche"

Der Mythos des Natürlichen lebt von der Vorstellung, dass die Natur, ließe man sie nur in Ruhe, alles in Ordnung, ins Gleichgewicht brächte. Der Mensch solle sich wieder als Teil der Natur begreifen. Aus psychologischer Sicht bemerkenswert ist dabei, dass die Sehnsucht nach der intakten Natur erst dann beginnt, wenn diese verloren zu gehen droht. Lieben kann der Mensch die Natur, so scheint es, erst, seit er sie – als Grundphänomen – nicht mehr fürchten muss, sondern sie zu beherrschen meint. Sehnsucht ist erst da, wo Trennung ist.

Denkanstöße

1. Diskutieren Sie die verbreitete Ersetzung des Ausdrucks „Natur" durch „Umwelt" in unserer Alltagssprache und nennen Sie mögliche Gründe.
2. Analysieren Sie, wie Natur in den Medien dargestellt wird und welche Bilder von Natur vermittelt werden. Untersuchen Sie Nachrichten, Dokumentationen, politische Werbung und Produktwerbung.
3. Der Gesichtspunkt, dass die Sonderstellung des Menschen in der Natur darin bestehe, dass er diese erkennen und damit dieses Wissen auch technisch umsetzen könne, wird von der Naturphilosophie vielfach als „Beweis" für die besondere Verantwortung des Menschen für die Natur genommen. – Überprüfen Sie diese Argumentation.

Urknall und Unendlichkeit

Ein anderer alter Streitpunkt der Naturphilosophie war die Frage, ob die Welt endlich oder unendlich (sowohl zeitlich wie räumlich gesehen) sei. Nach Auffassung der modernen physikalischen Kosmologie ist eine Schöpfung von Materie aus dem Nichts empirisch nicht zu bestätigen, im Gegenteil, alle bisherigen Beobachtungen zeigen die Gültigkeit des Satzes von der Materie-Energie-Erhaltung.

Materie ➤ Glossar

empirisch: aus der Erfahrung bzw. wissenschaftlichen Versuchen gewonnene Erkenntnis

Immanuel Kant bewies auf rein logischem Wege, dass die Aussage „Die Welt hat einen Anfang in der Zeit" genauso sinnvoll ist wie ihr Gegenteil. Die Annahme, dass es eine Zeit gegeben habe, in der die Welt nicht existierte, impliziere eine „leere Zeit". In einer solchen könne aber nichts entstehen, da es darin keine unterscheidenden Merkmale gebe, welche einer Existenz vor einer Nichtexistenz den Vorzug gäben.

implizieren: notwendigerweise beinhalten

Urknall

Dieses Bild ist im Gegensatz zu früheren Vorstellungen ein sehr dynamisches und zeigt uns einen unruhigen Kosmos: Sterngeburten, pulsierende Neutronensterne, explodierende Galaxien haben die traditionellen Vorstellungen von einer unveränderlichen ewigen Natur revolutioniert. Auch die Idee eines unendlichen Kosmos ist durch die empirische Bestätigung der Theorie vom „explodierenden Weltall" unwahrscheinlich geworden. Allerdings lässt auch die Theorie vom „Urknall" die Frage offen, ob dieser Anfang unseres jetzigen Universums ein absoluter ist.

Zeit

Kaum ein anderes Phänomen des alltäglichen Lebensvollzugs erscheint ähnlich paradox wie das der Zeit. Einerseits ist es uns ganz selbstverständlich; nichts scheint gewisser als das nicht umkehrbare, nicht wiederholbare Nacheinander von Ereignissen in Natur und Geschichte. Andererseits zeigt die Geschichte der Philosophie, dass die Frage nach der Zeit so universelle Fragen wie die nach der Wirklichkeit von Geschichte, nach Vergänglichkeit, Leben und Tod einschließt.

Zudem gehört die Frage nach der Zeit selbst zur Zeit, findet in der Zeit statt, d. h. an dieser Frage entdeckt der Mensch sich selbst als immer schon durch Zeitlichkeit bestimmt. Wohl können wir verschiedene Zeitbegriffe unterscheiden. Neben dem klassisch-physikalischen Zeitbegriff, der Zeit als linear verlaufendes Kontinuum fasst, gibt es das biologische Geschehen, das uns etwa als Lebenszeit greifbar wird; ferner die psychologischen Zeitbegriffe, die das subjektive Zeiterleben zu erfassen suchen.

Während die klassische Physik Zeit als absolut, wahr, gleichförmig, linear, nicht umkehrbar und ohne Beziehung zu irgendwelchen Gegenständen verfließend behauptete, ist Zeit nach der allgemeinen Relativitätstheorie eine an sich unbeeinflussbare, aber vom Bewegungszustand eines zeitmessenden Beobachters abhängige Größe. Wohl gilt die Geschwindigkeit der Lichtausbreitung als absolute Zeiteinheit, indem nur innerhalb des Lichtkegels liegende Ereignisse kausal verknüpft und zeitartig genannt werden können. Ferner wird Zeit als vierte Dimension einer grundsätzlich vierdimensional angenommenen Raum-Zeit-Welt verstanden.

Raum

Auch der klassische physikalische Raumbegriff, der durch grundlegende Eigenschaften wie Ausdehnung und Nebeneinander materieller Dinge, die mit Maßstäben, Lichtstrahlen etc. messbar wären, definiert wird, wurde durch die allgemeine Relativitätstheorie entscheidend modifiziert. Orientierte sich der klassische Raumbegriff noch an unserem dreidimensionalen Anschauungsraum, in dem die Bewegung materieller Körper oder Teilchen durch die sich manifestierende Zeit als ordnender Parameter messbar wird, so vereinigt die Relativitätstheorie Raum und Zeit zum vierdimensionalen Raum-Zeit-Kontinuum. Damit hat auch die Physik die von der Mathematik schon länger vollzogene Trennung vom gewöhnlichen Anschauungsraum, dessen mathematische Formulierung der dreidimensionale euklidische Raum war, realisiert. Die Mathematik fasst Räume abstrakt als „Punktmengen". Neben n-dimensionalen euklidischen Raumbegriffen sind auch n-dimensionale Vektorräume und andere Raumbegriffe mathematisch formulierbar.

euklidischer Raum: der nach dem Mathematiker Euklid von Alexandria (ca. 365–300 v. Chr.) benannte dreidimensionale, anschauliche Raum

Denkanstöße

1 Überprüfen Sie, ob die physikalische Theorie vom „Urknall" eine Lösung der Frage nach dem Anfang des Universums und ein Argument gegen die religiöse Schöpfungslehre darstellen könnte.

2 Charakterisieren Sie den Zusammenhang zwischen dem Selbstverständnis des Menschen und Theorien zur Entstehung des Lebens.

Der Mensch und der technische Fortschritt

Ein weiteres Problemfeld gegenwärtiger Kultur, mit dem sich die philosophische Anthropologie befasst, ist das Verhältnis von Mensch und Technik.

Im Gefolge der industriellen Revolution kam es zu einer einzigartigen Synthese von Wissenschaft, Technik und Produktion, zur Mechanisierung von Produktion und Welt. Während der Handwerker noch souverän über seine Werkzeuge verfügte, führt die Maschinisierung zur Abhängigkeit des Menschen von den technischen Apparaten. Das Werkzeug funktioniert als Verlängerung und Verbesserung der Hand, nicht aber ohne sie. Die modernen Gerätesysteme sind jedoch weitgehend unabhängig von der menschlichen Arbeitskraft. Technokratie als Herrschaft der Technik über den Menschen bedeutet darüber hinaus, dass auch der Mensch zunehmend unter dem Gesichtspunkt seiner Verwendung und Brauchbarkeit, seiner Beherrschbarkeit und Berechenbarkeit gesehen wird.

Mit den modernen Maschinen sind für den Menschen neue Vergleichsobjekte entstanden, nämlich seine eigenen Produkte, die ihn in vieler Hinsicht übertreffen. Günther Anders hat in diesem Vergleich den zeitgenössischen Sinn des „Mängelwesens Mensch" entdeckt. Gegenüber den vollkommenen Maschinen sind wir fehlerhaft. Die Technik ist perfekt – aber es gibt das „menschliche Versagen". Im Gegensatz zu seinen technischen Produkten ist der Mensch fehlerhaft, sterblich, singulär. Nach Anders beginnt der Mensch sich deshalb vor der „beschämend hohen Qualität der selbst gemachten Dinge", seinen eigenen Produkten, zu schämen. Anders bezeichnet diesen individuell-psychologischen Niederschlag der um sich greifenden Analogie von Mensch und Maschine als „prometheische Scham", die sogar in die existenzielle Scham, „geworden, statt gemacht zu sein", umschlagen kann. Dabei produziere der Mensch sein eigenes Elend; er steigere es, indem die Produkte seiner Arbeit, die Maschinen, immer perfekter würden. Für Anders zeigt diese Entwicklung eine klare Tendenz: die Abschaffung des Menschen durch sich selbst.

Vollkommene Maschine

Analogie ➢ Glossar

Denkanstöße

1 Der ursprüngliche Sinn der Technik wurde als „Entlastung" bezeichnet. Nennen Sie mögliche „belastende" Seiten der Technik.

2 Beschreiben Sie, wie sehr das soziale Leben von Technik bestimmt wird. Diskutieren Sie die Möglichkeit, das Mobiltelefon, den PC, das Internet nicht zu benutzen.

Der Mensch und der Tod

Der Tod gehört wie die Geburt zur Natur des Menschen. Trotzdem stellt der Tod ein ungeheures Paradoxon dar: Einerseits macht jeder die Erfahrung, dass andere Menschen sterben können, aber was es bedeutet, tot zu sein, kann nicht erfahren werden. Weil der eigene Tod sich weder erfahren noch denken lässt, entsteht, so deutete es zumindest Sigmund Freud, die Überzeugung der eigenen Unsterblichkeit.

Paradoxon (von griech. para = gegen und doxa = Meinung): dem allgemein Geglaubten, Erwarteten zuwiderlaufend

Schon in der Antike versuchten die Philosophen den Tod zu begreifen. Epikur empfahl seinen Schülern, den Tod schlicht zu ignorieren: „Denn solange wir existieren, ist der Tod nicht da, und wenn der Tod da ist, existieren wir nicht mehr."

Epikur (341–271 v. Chr.). Neapel, Archäolog. Nationalmuseum. ➤ *Glossar*

Der Tod als absolutes Ende des Lebens, als Eintritt in das undenkbare und unvorstellbare Nichts, ist so für viele Philosophen zumindest in ihrer Theorie nichts Bedrohliches, sondern oft sogar etwas Tröstliches gewesen. So meinte etwa Arthur Schopenhauer: Wenn es das Nichtsein sei, das uns am Tod schrecke, so müssten wir schon über das Nichtsein vor der Geburt erschrecken. Denn vor der Geburt liege schon jene Unendlichkeit ohne uns, die wir als Stachel des Todes fürchten. Mit dem Tod kehrt der Mensch nach Schopenhauer also nur in jenes Nichts zurück, dem er ohnehin entstammt.

An diesen Gedanken sollte dann auch Sigmund Freud anknüpfen. Nach Freuds Hypothese steht der Todestrieb, wonach alles Leben ein Leben zum Tode ist, immer in einem besonderen Naheverhältnis zum eigentlichen Lebenstrieb, zu Sexualität und Eros. Die Mischung von Eros und Thanatos, die Verquickung der Kräfte des Lebens und des Todes, kommt dann auch für Freud in Phänomenen wie Sadismus und Masochismus zum Ausdruck: kein Leben ohne Tod, keine Liebe ohne Hass, keine Lust ohne Schmerz.

Eros und Thanatos

Die Analyse des menschlichen Daseins durch den Existenzialismus macht radikal auf das Phänomen der menschlichen Sterblichkeit aufmerksam. Bei Albert Camus steht der Mensch angesichts des Todes vor der radikalen Möglichkeit seiner Freiheit: der Selbsttötung. Ihr Vollzug wird allerdings als Flucht vor der „Absurdität" der menschlichen Existenz verstanden, die Camus im *Mythos von Sisyphos* versinnbildlicht hat: Sisyphos schleppt seinen Stein unablässig und beharrlich den Berg hinan, wiewohl er weiß, dass seine Mühe keinen endgültigen Erfolg haben wird. Aber in dem Moment, in dem er, am Gipfel stehend, seinem Stein, der wieder nach unten rollt, folgt, triumphiert er über sein Schicksal. Der einzig auf sich selbst geworfene und vertrauende, den Augenblick, den totalen Gegensatz von Ich und Welt bewusst vollziehende Mensch bewältigt nach Camus in seiner radikalen Bejahung der Absurdität seine Existenz. Diese kenne keinen höheren Sinn als den, den der Mensch sich selbst macht.

absurd ➤ Glossar

Die Analyse des menschlichen Daseins durch den Existenzialismus macht radikal auf das Phänomen der menschlichen Sterblichkeit aufmerksam. In der Konfrontation mit der Möglichkeit des eigenen Todes stellt sich nach Martin Heidegger die Frage: Was bedeutet es, dass wir da sind? Der Mensch wird sich über den Tod seiner Endlichkeit bewusst. Dieses endliche Dasein ist also bestimmt durch das Phänomen der „Zeitlichkeit" – der Mensch hat Vergangenheit und Zukunft. Wir entwerfen unsere Existenz auf eine Zukunft hin, die unendlich offen ist. Aber durch jede Entschei-

Martin Heidegger (1889–1976) ➤ *Glossar*

dung schränken wir den Horizont der Möglichkeiten ein. Offenheit und Unbestimmtheit sind wesentliche Kennzeichen der menschlichen Existenz. Unser Dasein ist eingespannt zwischen dem Nicht-mehr der Vergangenheit und dem Noch-nicht der Zukunft. Der Mensch ist ein Zeit-Wesen.

Hans Baldung Grien, Die drei Lebensalter der Frau und der Tod, um 1509–10. Wien, Kunsthistorisches Museum

Denkanstöße

1 „Das Leben ist nie lang genug, um zu lernen, wie man es verlässt." (André Ruellan) – Fassen Sie den Grundgedanken dieses Satzes zusammen und beurteilen Sie ihn.

2 „Zum Tod fall Dir nichts ein", formulierte Ingeborg Bachmann. – Nennen Sie Todesbilder aus der Literatur und präsentieren Sie ein Beispiel.

Texte 3.1.

Günther Anders

Die Antiquiertheit des Sinns: Exkurs über das „Für"*

Anders reflektiert hier die sich in der Gegenwart angeblich radikal verschärfende Problematik eines „Sinns" im menschlichen Dasein und kommt zu dem Schluss, dass es keinen Sinn hat, nach einem Sinn des Lebens zu fragen.

Günther Anders (1902–1992)

Text aus: Die Antiquiertheit des Menschen (Bd. 2, München 1980, S. 386 f.)

Natürlich kann sinnvoll von „Sinn" gesprochen werden. Abgesehen davon, dass man mit Recht vom „Sinn" eines Textes reden darf – aber dieser „Sinn" steht auf einem anderen Blatte –, ist es durchaus sinnvoll, von dem von Geräten zu sprechen. Diesen Sinn haben Geräte freilich allein deshalb, weil es jemanden gegeben hat, der etwas „im Sinne" gehabt hatte, als er diese erzeugte; und weil es Benützende gibt, die etwas mit ihnen „im Sinne" haben. Aber in diesem Sinne haben wir Menschen, oder hat unser Dasein, keinen Sinn. Kaum jemand wird es wohl wagen, zu behaupten, dass Gott oder unsere Eltern, als sie uns erzeugten, im gleichen Sinne etwas Bestimmtes damit „im Sinn" gehabt hätten, wie der Schlosser, der Schlüssel für ihre bestimmte Verwendung (die eben deren „Sinn" ist) erzeugt, dass sie uns nur deshalb zur Welt gebracht hätten, damit wir, wie Geräte, bestimmte, außerhalb unser liegende Zwecke, genannt: „Sinn", verwirklichten. In der Tat können wir heute den Titel: „Die Bestimmung des Menschen", den Fichte noch ohne zu zögern niedergeschrieben hat, kaum mehr arglos in den Mund nehmen. Würde das heute jemand tun, so bewiese er damit „anthropologischen Größenwahn", weil (abgesehen davon, dass wir keinen uns Bestimmenden mehr anerkennen) der Ausdruck etwas extrem Unwahrscheinliches und niemals Beweisbares unterstellen würde: nämlich dass wir, das kleine Geziefer auf der Oberfläche eines eine drittrangige Sonne umkreisenden drittrangigen Planeten, für das außermenschliche Universum etwas, gar etwas Ausschlaggebendes, bedeuten. Vollends sinnlos ist es, von einer „Bestimmung" (nicht nur „des Menschen", sondern) des Individuums zu reden, so als wäre jedem von uns eine bestimmte Funktion bzw. ein bestimmter „Sinn" in die Wiege gelegt worden. Solche gesegneten Wiegen gibt es nicht mehr (wenn es sie überhaupt je gegeben hat). Wir benötigen heute Arbeitsämter und Berufsberatungen, die (oft sogar mithilfe von Computern) „bestimmen", welchen freien Platz (wenn überhaupt einen) wir aufgrund der globalen und lokalen Wirtschaftslage ausfüllen dürfen. Zu behaupten, dass die uns durch ein Gerät zugewiesene Arbeit dann unser „Sinn" sei, das wäre trotz des Geredes vom „heiligen Anrecht auf den Arbeitsplatz" unüberbietbar zynisch. –

Johann Gottlieb Fichte (1762–1814): deutscher Philosoph, Vertreter des Idealismus

Wenn ich vorhin sagte: „Wir erfüllen keinen, außerhalb unser selbst liegenden, Sinn“, so tat ich das deswegen, weil wir, wenn wir etwas als „sinnvoll“ bezeichnen, stets damit meinen, dass es „für etwas“ Sinn haben soll. Ohne ein solches „Für“ ist die Rede von „Sinn“ unsinnig: Einen gewissermaßen auf nichts bezogenen, „frei schwebenden Sinn“ gibt es nicht. Ihren Sinn haben die Hände für den Organismus (bzw. dieser ist deren Sinn). Ihren Sinn hat die Taste für die Schreibmaschine (bzw. diese ist deren Sinn). Ihren Sinn hatten die Sklaven für die Plantagenherren. Die Herren selbst hätten vermutlich, wenn man ihnen nachgesagt hätte, „to have a meaning“, und wenn sie diese (unwahrscheinliche) Aussage überhaupt verstanden hätten (was ebenso unwahrscheinlich ist), energisch dagegen protestiert. Und zwar deshalb, weil „Sinn haben für …“ immer bedeutet: heteronom sein, Mittel für einen Zweck sein, unfrei sein. Ist es wirklich so gewiss, dass Sinn-Haben ein Ehrenprädikat, und dass keinen Sinn zu haben ein Manko ist? Läuft nicht vielleicht letztlich unsere Suche nach „Sinn“ auf Suche nach Dienstbarkeit hinaus, auch wenn wir diesen Sinn (weil wir ihn nicht finden) „tief“ nennen, und auch uns selbst, weil wir vergeblich in uns herumsuchen, mit diesem Epitheton schmücken?

heteronom: fremdbestimmt, von fremden Gesetzen abhängend

Epitheton: wörtlich: das Hinzugesetzte; schmückendes Beiwort, Beiname

Peter Singer
(* 1946)

Text aus: Dahl, Edgar: Brauchen wir Gott? Moderne Texte zur Religionskritik (Stuttgart 2005, S. 158 ff.)

Peter Singer

Je mehr wir für andere leben, desto zufriedener leben wir*

Der australische Philosoph Peter Singer formuliert in diesem autobiografischen Text seine Antwort auf die Frage nach dem Sinn des Lebens in einer Welt ohne Gott.

Ich bin nie religiös gewesen. Ich wuchs nach dem zweiten Weltkrieg in einer Familie jüdischer Abstammung auf, die von Österreich nach Australien ausgewandert war. Meine Eltern waren weder religiös, noch hielten sie sich an die jüdischen Traditionen, obwohl meine Großmutter, die bei uns wohnte, an bestimmten Feiertagen fastete. Sie hatte den Krieg in Theresienstadt, einem Konzentrationslager der Nazis, verbracht und war die einzige von meinen Großeltern, die Hitlers Versuch, alle Juden auszurotten, überlebt hatte. Somit gehörte der Nationalsozialismus, der Krieg und all das Leiden und Sterben, das gerade stattgefunden hatte, zu dem geistigen Hintergrund meiner Kindheit. Angesichts eines solchen Ausmaßes von Leiden setzte es mich immer wieder in Erstaunen, wenn jemand ernsthaft glauben konnte, dass die Welt von einem liebenden, allmächtigen Gott gelenkt werde. (...)

Woran glaube ich denn nun anstelle der Religion? Ich bin oft danach gefragt worden. Aber diese Frage wird nicht richtig formuliert. Warum sollte ich denn an etwas glauben? Warum sollte ich nicht einfach das glauben, was durch vorhandene Beweise und die besten Vernunftgründe gesichert ist, zumindest so lange, wie ich keinen guten Grund habe, etwas anderes zu glauben? Mit anderen Worten: Bleibe aufgeschlossen und nutze deine kritischen Fähigkeiten! Es besteht keine Notwendigkeit, sich sonst auf irgendetwas festzulegen. Das Sicherste scheint mir im Moment zu sein, dass ich ein Mitglied der Gattung Homo Sapiens bin, einer Tiergattung, die sich wie andere auf unserem Planeten entwickelt hat, gemäß der wissenschaftlichen Theorie, die Darwin zuerst vorlegte und die andere seitdem verbessert, ausgearbeitet und verteidigt haben.

Ist das alles, was dazu zu sagen ist? Viele wollen tiefer gehende, philosophische Fragen stellen. Was für einen Sinn hat ein Leben, das sich einfach entwickelt hat? Wenn unsere Existenz das Ergebnis blinder Evolutionskräfte ist, zwingt uns das dazu, unser Leben als letztlich sinnlos anzusehen? Die Antwort ist sowohl „ja" als auch „nein". Wenn Menschen nach einem „Sinn des Lebens" fragen, suchen sie oft nach einer umfassenden Sinngebung für das ganze menschliche Dasein in Bezug auf irgendeinen Plan oder eine Absicht, die höher ist als unsere eigene. Da es aber einen solchen Plan oder eine solche Absicht nicht gibt, kann unser Leben offensichtlich einen Sinn dieser Art nicht haben.

Es ist aber ein großer Fehler zu meinen, dass darum unser Leben bedeutungslos sei oder, schlimmer noch, von da zu einer Art Nihilismus zu kommen, der sagt, dass es „auf nichts ankomme". Im Gegenteil, unser Leben und was wir damit anfangen, kann für andere einen großen Unterschied ausmachen, und weil das so ist, können wir unser Leben so gestalten, dass es zählt, dass es wirklich von Bedeutung ist. Um es ganz einfach auszudrücken: Es gibt Milliarden von lebenden und fühlenden Wesen. Für jedes von ihnen kann das Leben gut oder schlecht verlaufen. Sie können gezwungen sein, elende Qualen zu erleiden, oder sie können ein Leben führen, das angenehm, vielleicht sogar voller Freude ist. (...)

Nihilismus: eine Weltanschauung, die eine vorfindbare Sinnhaftigkeit der Welt bestreitet

Infolgedessen kann unser Leben zumindest diesen Sinn haben: Wir können die Welt ein klein wenig besser hinterlassen, als sie es gewesen wäre, wenn wir nie existiert hätten. (...)

Zu meinen engsten Freunden und Kollegen gehört Henry Spira – obwohl er auf der anderen Seite der Welt lebt –, ein Amerikaner, der sich sein Leben lang für die Rechte der Afroamerikaner im amerikanischen Süden eingesetzt hat, für Arbeiter, die von korrupten Gewerkschaftsbossen ausgebeutet werden, für Laborratten, die zu Tode vergiftet werden, um Lebensmittelfarben zu testen, und Hühner, die in Legebatterien gehalten werden, nur um des Profits der Farmer willen. Spira beurteilt den Wert dessen, was Menschen tun, danach, in welchem Ausmaß sie zur „Reduzierung der Welt von Schmerz und Leid" beigetragen haben. Als er kürzlich in einem Interview gefragt wurde, was er als Grabinschrift haben wollte, antwortete er mit typischem New Yorker Humor: „Er schob die Erdnuss ein wenig vorwärts". Mit anderen Worten, Spira wird sein Leben für lebenswert halten, wenn gesagt werden kann, dass er die Dinge ein klein wenig in die richtige Richtung bewegt habe.

Wir können alle die Erdnuss vorwärts schieben, und wenn es auch nur ein klein wenig ist. Wir alle können uns und unsere Bemühungen mit der langen Tradition von Menschenfreunden in Einklang bringen, die versucht haben, die Welt ein bisschen besser zu machen. Sobald wir dies einmal verstanden haben, brauchen wir uns keine Gedanken mehr über einen Mangel an Sinn in unserem Leben zu machen – auch werden wir kaum noch Zeit haben, darüber nachzudenken. Da ist einfach zu viel zu tun. Menschen, die gelangweilt sind, die unter einem Gefühl der Sinnlosigkeit leiden, die meinen, sie seien bedeutungslos, sind oft die Gefangenen ihrer eigenen selbstbezogenen Wünsche. Unsere eigenen Freuden sind nicht weniger wert als die von anderen, aber für diejenigen unter uns, die ein bequemes Leben in einer entwickelten Überflussgesellschaft haben, ist das Vergnügen, das sie aus selbstbezogenen Aktivitäten ziehen können, relativ unbedeutend im Vergleich zu dem, was sie für andere tun können. Diejenigen, denen ein Ziel im Leben fehlt, müssen begreifen, dass das, was sie mit ihrem Leben anfangen, einen wirklichen Unterschied ausmachen kann. Sie werden dann ein merkwürdiges Paradox entdecken, über das sich schon viele Schriftsteller geäußert haben: Je mehr man für andere da ist, desto befriedigender wird das eigene Leben.

Paradox/Paradoxon (von griech. para = gegen und doxa = Meinung): dem allgemein Geglaubten, Erwarteten zuwiderlaufend

Anselm von Canterbury (1033–1109)

Text aus: Proslogion, hrsg. v. S. Schmitt (Stuttgart 1962, S. 83 f.)

Anselm von Canterbury

Der ontologische Gottesbeweis***

Der Frühscholastiker Anselm, Erzbischof von Canterbury, legt hier einen für die Theologie und Philosophie gleichermaßen klassisch gewordenen Gottesbeweis in Form eines Gebetes vor.

Ich versuche nicht, Herr, Deine Tiefe zu durchdringen, denn auf keine Weise stelle ich ihr meinen Verstand gleich: aber mich verlangt, Deine Wahrheit einigermaßen einzusehen, die mein Herz glaubt und liebt. Ich suche ja auch nicht einzusehen, um zu glauben, sondern ich glaube, um einzusehen. Denn auch das glaube ich: „Wenn ich nicht glaube, werde ich nicht einsehen."

Dass in Wahrheit Gott existiert

Also, Herr, der Du die Glaubenseinsicht gibst, verleihe mir, dass ich, soweit Du es nützlich weißt, einsehe, dass Du bist, wie wir glauben und das bist, was wir glauben. Und zwar glauben wir, dass Du etwas bist, über dem nichts Größeres gedacht werden kann.

Gibt es ein solches Wesen nicht, weil „der Tor in seinem Herzen gesprochen hat: Es ist kein Gott"? Aber sicherlich, wenn dieser Tor eben das hört, was ich sage: „etwas, über dem nichts Größeres gedacht werden kann", versteht er, was er hört: und was er versteht, ist in seinem Verstande, und wenn er nicht einsieht, dass dies existiert.

Denn ein anderes ist es, dass ein Ding im Verstande ist, ein anderes, einzusehen, dass das Ding existiert. Denn wenn ein Maler vorausdenkt, was er schaffen wird, hat er zwar im Verstande, erkennt aber noch nicht, dass existiert, was er noch nicht geschaffen hat. Was er aber schon geschaffen hat, hat er sowohl im Verstande, als er auch einsieht, dass existiert, was er bereits geschaffen hat. So wird also auch der Tor überführt, dass wenigstens im Verstand etwas ist, über dem nichts Größeres gedacht werden kann, weil er das versteht, wenn er es hört, und was immer verstanden wird, ist im Verstande.

Und sicherlich kann „das, über dem Größeres nicht gedacht werden kann", nicht im Verstande allein sein. Denn wenn es wenigstens im Verstand allein ist, kann gedacht werden, dass es auch in Wirklichkeit existiere – was größer ist. Wenn also „das, über dem Größeres nicht gedacht werden kann", im Verstand allein ist, so ist eben „das, über dem Größeres nicht gedacht werden kann", über dem Größeres gedacht werden kann. Das aber kann gewiss nicht sein. Es existiert also ohne Zweifel „etwas, über dem Größeres nicht gedacht werden kann", sowohl im Verstande als auch in Wirklichkeit.

Dass nicht gedacht werden kann, dass er nicht existiert

Das existiert schlechthin so wahrhaft, dass auch nicht gedacht werden kann, dass es nicht existiert. Denn es lässt sich denken, dass es etwas gibt, das als nicht existierend nicht gedacht werden kann – was größer ist, als was als nicht existierend gedacht werden kann. Wenn deshalb „das, über dem Größeres nicht gedacht werden kann", als nicht existierend gedacht werden kann, so ist eben „das, über dem Größeres nicht gedacht werden kann", nicht das, über dem Größeres nicht gedacht werden kann: was sich nicht vereinbaren lässt. So wirklich also existiert „etwas, über dem Größeres nicht gedacht werden kann", dass es als nicht existierend auch nicht gedacht werden kann.

Und das bist Du, Herr, unser Gott. So wirklich also bist Du, Herr, mein Gott, dass Du als nicht existierend auch nicht gedacht werden kannst. Und mit Recht. Denn wenn ein Geist etwas Besseres als Dich denken könnte, erhöbe sich das Geschöpf über den Schöpfer und säße über den Schöpfer zu Gericht, was ganz widersinnig ist. Und in der Tat, lässt sich von allem, was sonst ist, außer Dir allein, denken, dass es nicht existiert. Somit hast Du allein am wahrsten von allem und damit am meisten von allem das Sein, weil alles, was es sonst gibt, nicht so wahr und daher weniger das Sein hat.

Warum also „sprach der Tor in seinem Herzen: es ist kein Gott", da es dem vernunftbegabten Geiste so offen zutage liegt, dass du am meisten von allem bist? Warum wenn nicht deshalb, weil er töricht und unvernünftig ist?

Wie „der Tor im Herzen gesprochen hat", was nicht gedacht werden kann

Wie aber hat er im Herzen gesprochen, was er nicht hat denken können; oder wie hat er nicht denken können, was er im Herzen gesprochen hat, da doch im Herzen sprechen und denken dasselbe ist?

Wenn er dies wirklich, vielmehr weil er es wirklich gedacht hat, da er es im Herzen gesprochen hat, und nicht im Herzen gesprochen hat, da er nicht denken konnte, so wird nicht nur auf eine Weise im Herzen gesprochen oder gedacht. Anders nämlich wird ein Ding gedacht, wenn der es bezeichnende Laut gedacht wird, anders wenn eben das, was das Ding ist, verstanden wird.

Auf jene Art also kann Gott als nicht existierend gedacht werden, auf diese jedoch keinesfalls. Denn niemand, der das einsieht, was Gott ist, kann denken, dass Gott nicht existiert, auch wenn er diese Worte im Herzen spricht, entweder ohne jede oder mit einer fremden Bedeutung. Denn Gott ist „das, über dem Größeres nicht gedacht werden kann". Wer das gut versteht, versteht durchaus, dass dies so existiert, dass es auch nicht in Gedanken nicht existieren kann. Wer also einsieht, dass Gott auf diese Weise ist, der kann ihn nicht als nicht existierend denken.

Dank Dir, guter Herr, Dank Dir, dass ich das, was ich zuvor durch Dein Geschenk geglaubt habe, jetzt durch Deine Erleuchtung so einsehe, dass ich, wollte ich es nicht glauben, dass Du existierst, es nicht nicht einsehen könnte.

Leszek Kołakowski (1927–2009)

Text aus: Falls es keinen Gott gibt (München 1982, S. 83 ff.)

Leszek Kołakowski

Zur Kritik an Anselm von Canterbury***

Der polnische Philosoph Leszek Kołakowski erörtert im folgenden Text die wichtigsten Argumente, die seit dem Mittelalter gegen den ontologischen Gottesbeweis vorgebracht wurden.

Das Argument des hl. Anselm besagt im Wesentlichen, Gott sei ein Wesen, größer als das nichts gedacht werden könne: Anzunehmen, dass Gott lediglich in unserem Geist und nicht in Wirklichkeit existiere, würde bedeuten, dass Er nicht das größte vorstellbare Wesen ist, denn wirklich zu existieren ist größer, als lediglich im Geist zu existieren. Anselm sagt mit anderen Worten, dass jeder, der diese Gottesvorstellung akzeptiert (wie es alle tun) und zugleich Seine Existenz leugnet, sich selbst widerspricht, denn Gottes reale Existenz zu leugnen bedeutet, die Definition zurückzuweisen, nach der Er das vollkommenste vorstellbare Wesen und somit auch ein existierendes Wesen ist.

Das hauptsächliche Gegenargument der Kritiker kann dahin gehend zusammengefasst werden, dass Anselm die Existenz in die Definition Gottes einbezieht und dann erklärt, es sei widersprüchlich, die Definition anzuerkennen und gleichzeitig Atheismus zu bekunden: Es ist tatsächlich widersprüchlich, aber nur wegen der unzulässigen Definition; ebenso gut könnte man sich eine Definition wie „Pegasus ist ein existierendes geflügeltes Pferd" ausdenken und dann daraufhin argumentieren, Pegasus sei ein wirkliches Tier.

Ganz so einfach, wie es dieses Gegenargument erscheinen lässt, ist das Problem gewiss nicht. Anselm hätte seine Überlegungen nicht auf Pegasus oder irgendetwas anderes außer Gott ausgedehnt, gerade weil nur ein Wesen vorstellbar ist, quo maius cogitari nequit. Er sagt in diesem Zusammenhang nicht, Gottes Wesen schließe Seine Existenz ein, doch muss ihm das bei der Formulierung der Definition vorgeschwebt haben. Der Kern des Arguments besteht darin, dass wir Gott nicht als ein imaginäres Wesen denken können, sobald wir wissen, was es bedeutet, Gott zu sein, nämlich ein Wesen, das nicht nicht

quo maius cogitari nequit (lat.): über das hinaus nichts Größeres gedacht werden kann

existieren kann. Vielleicht könnte man das Argument danach umformulieren und sagen, dass Gott, wenn er überhaupt denkbar ist, nicht nicht existieren kann. So geht in etwa Charles Hartshorne, der als unser Zeitgenosse den hl. Anselm verteidigt, das Problem an; nach seiner Auffassung ist das ontologische Argument durchaus vernünftig, wenn man es in ein hypothetisches Urteil umformuliert: „Falls Gott möglich ist, ist Gott notwendig".

Charles Hartshorne (1897–2000): amerikan. Philosoph

Ist Gott aber denkbar unter der Voraussetzung, dass Ihn zu denken gleichbedeutend damit ist, dass man annimmt, dass sein Wesen und Seine Existenz zusammenfallen und dass Er folglich ein notwendiges Wesen nicht nur in dem Sinne ist, dass Er nun einmal ewig und unwandelbar existiert, sondern auch in dem Sinne, dass Er existieren muss, dass Er causa sui ist, sodass Seine Nichtexistenz gewissermaßen ein ontischer Widerspruch wäre?

causa sui (lat.): Grund seiner selbst

ontischer Widerspruch: Widerspruch im Sein selbst

Man darf hinzufügen, dass es ohne Widerspruch möglich ist, die Vorstellung anzuerkennen, dass Gottes Wesen Seine Existenz einschließt, und gleichzeitig das ontologische Argument zu verwerfen – das taten u. a. der hl. Thomas und seine Anhänger. Die Thomisten widersprachen dem Argument deshalb, weil es unseren fehlbaren Intellekt mit allzu großer Macht auszustatten schien: Tatsächlich können wir Gott als nicht existent vorstellen, sagen die Thomisten, nicht weil Seine Existenz nicht wirklich in Seinem Wesen enthalten ist, sondern wegen der Schwäche unserer Vernunft: kurz, wir sind so schwachsinnig, dass wir Atheisten sein können. Man darf vermuten – auch wenn der hl. Thomas das nicht in diesen Worten ausspricht –, dass der Gedanke des hl. Anselm eine Art von intellektueller Hybris darstellte, ein unzulässiges Vertrauen auf die Fähigkeiten der Philosophie: Für die Thomisten geht der einzige Weg zu Gott, der für das natürliche Licht erreichbar ist (d. h. abgesehen von der Offenbarung und dem seltenen Geschenk der mystischen Vereinigung), von der Unvollkommenheit und dem Nicht-sich-selbst-Genügen der Geschöpfe aus und nicht von unserem Wissen über Gottes Wesen. Vielleicht könnte man sogar mit Recht sagen, dass das ontologische Argument für die Thomisten wahr ist, dass aber nur Gott seine Wahrheit begreifen kann (was uns jedoch offenbar in eine Antinomie führt, da eine Aussage von der Form „A ist wahr, aber nur Gott kann das wissen" impliziert: „Ich weiß, dass A wahr ist, aber ich kann nicht wissen, dass es das ist": Der Inhalt des Satzes würde also durch sein Aussprechen negiert, so wie es auch der Fall wäre, wenn wir sagen würden: „Ich bin unfähig, ein einziges deutsches Wort zu sagen" oder: „Ich bin stumm"). Die thomistischen Argumente zeigen eine Welt, die, damit sie so sein kann, wie sie ist, Gott voraussetzt; sie enthüllen aber nicht Gottes unerforschliche und unabhängige Natur.

der hl. Thomas: d. i. Thomas von Aquin

Hybris: Übermut, Überheblichkeit

Antinomie: Widerspruch

implizieren: notwendigerweise beinhalten

Die Kant'sche und die positivistische Kritik an den ontologischen Gottesbeweisen ist radikaler. Kants Formulierung, nach der Sein (Existenz) „kein reales Prädikat" ist, bedeutet, dass es keinen Unterschied macht, ob ich sage „Ich denke an Gott" oder ob ich sage „Ich denke an den existierenden Gott", es sei denn, mit der letzten Aussage verknüpfe ich die beiden logisch nicht voneinander abhängigen Aussagen „Ich denke an Gott" und „Gott existiert"; in diesem Fall bedarf aber der letzte Satz einer eigenen Rechtfertigung.

Anselms Argumentation soll dagegen zeigen, dass die Aussage „Ich denke an A“ nur in einem Falle gleichbedeutend ist mit „Ich denke an das existierende A“ und dass die letztere Aussage nicht gleichbedeutend ist mit „Ich denke, dass A existiert“, sondern mit „Wenn ich A denke, kann ich nicht denken, es existiere nicht“.

Ludwig Feuerbach (1804–1872)

Text aus: Das Wesen des Christentums (Stuttgart 1974, S. 63 f.)

Ludwig Feuerbach

Gott – Eine Projektion des Menschen**

In seinem Hauptwerk *Das Wesen des Christentums* (1841) stellt Feuerbach den christlichen Grundsatz, wonach Gott den Menschen nach seinem Ebenbild geschaffen habe, „auf die Füße“: Der Mensch habe Gott nach seinem Bild geschaffen – heilig sei also nicht Gott, sondern dessen Schöpfer, der Mensch.

Die homerischen Götter essen und trinken – das heißt: Essen und Trinken ist ein göttlicher Genuss. Körperstärke ist eine Eigenschaft der homerischen Götter: Zeus ist der stärkste der Götter. Warum? Weil die Körperstärke an und für sich selbst für etwas Herrliches, Göttliches galt. Die Tugend des Kriegers war den alten Deutschen die höchste Tugend: dafür war aber auch ihr höchster Gott der Kriegsgott: Odin – der Krieg, „das Urgesetz oder älteste Gesetz“. Nicht die Eigenschaft der Gottheit, sondern die Göttlichkeit oder Gottheit der Eigenschaft ist das erste wahre göttliche Wesen. Also das, was der Theologie und Philosophie bisher für Gott, für das Absolute, Wesenhafte galt, das ist nicht Gott: Das aber, was ihr nicht für Gott galt, das gerade ist Gott – d. i. die Eigenschaft, die Qualität, die Bestimmtheit, die Wirklichkeit überhaupt. Ein wahrer Atheist, d. h. ein Atheist im gewöhnlichen Sinne, ist daher auch nur der, welchem die Prädikate des göttlichen Wesens, wie z. B. die Liebe, die Weisheit, die Gerechtigkeit, Nichts sind, aber nicht der, welchem nur das Subjekt dieser Prädikate Nichts ist. Und keineswegs ist die Verneinung des Subjekts auch notwendig zugleich die Verneinung der Prädikate an sich selbst. Die Prädikate haben eine eigene, selbständige Bedeutung: Sie dringen durch ihren Inhalt dem Menschen ihre Anerkennung auf: sie erweisen sich ihm unmittelbar durch sich selbst als wahr: sie bestätigen, bezeugen sich selbst. Güte, Gerechtigkeit, Weisheit sind dadurch keine Chimären, dass die Existenz Gottes eine Chimäre, noch dadurch Wahrheiten, dass diese eine Wahrheit ist. Der Begriff Gottes ist abhängig vom Begriffe der Gerechtigkeit, der Güte, der Weisheit – ein Gott, der nicht gütig, nicht gerecht, nicht weise, ist kein Gott –, aber nicht umgekehrt. Eine Qualität ist nicht dadurch göttlich, dass sie Gott hat, sondern Gott hat sie, weil sie an und für sich selbst göttlich ist, weil Gott ohne sie ein mangelhaftes Wesen ist. Die Gerechtigkeit, die Weisheit, überhaupt jede Bestimmung, welche die Gottheit Gottes ausmacht, wird durch sich selbst bestimmt und erkannt. Gott aber durch die Bestimmung, die Qualität: Nur in dem Falle, dass ich Gott und die Gerechtigkeit als dasselbe, Gott

Chimäre: Trugbild

unmittelbar als die Wirklichkeit der Idee der Gerechtigkeit oder irgendeiner andern Qualität denke, bestimme ich Gott durch sich selbst. Wenn aber Gott als Subjekt das Bestimmte, die Qualität, das Prädikat aber das Bestimmende ist, so gebührt ja in Wahrheit dem Prädikat, nicht dem Subjekt der Rang des ersten Wesens, der Rang der Gottheit. (…)

Es ist aber hier sogleich wesentlich zu bemerken – und diese Erscheinung ist eine höchst merkwürdige, das innerste Wesen der Religion charakterisierende –, dass, je menschlicher dem Wesen nach Gott ist, umso größer scheinbar der Unterschied zwischen ihm und dem Menschen ist, d. h. umso mehr von der Reflexion über die Religion, von der Theologie die Identität, die Einheit des göttlichen und menschlichen Wesens geleugnet, und das Menschliche, wie es als solches dem Menschen Gegenstand seines Bewusstseins ist, herabgesetzt wird. Der Grund hiervon ist: weil das Positive, das Wesentliche in der Anschauung oder Bestimmung des göttlichen Wesens allein das Menschliche, so kann die Anschauung des Menschen, wie er Gegenstand des Bewusstseins ist, nur eine negative, menschenfeindliche sein. Um Gott zu bereichern, muss der Mensch arm werden; damit Gott alles sei, der Mensch nichts sei. Aber er braucht auch nichts für sich selbst zu sein, weil alles, was er sich nimmt, in Gott nicht verloren geht, sondern erhalten wird. Der Mensch hat sein Wesen in Gott, wie sollte er es also in sich und für sich haben? Warum wäre es notwendig, dasselbe zweimal zu setzen, zweimal zu haben? Was der Mensch sich entzieht, was er an sich selbst entbehrt, genießt er ja nur in umso unvergleichlich höherem und reicherem Maße in Gott.

Die Mönche gelobten die Keuschheit dem göttlichen Wesen, sie unterdrückten die Geschlechterliebe an sich, aber dafür hatten sie im Himmel, in Gott, an der Jungfrau Maria das Bild des Weibes – ein Bild der Liebe. Sie konnten umso mehr des wirklichen Weibes entbehren, je mehr ihnen ein ideales, vorgestelltes Weib ein Gegenstand wirklicher Liebe war. Je größere Bedeutung sie auf die Vernichtung der Sinnlichkeit legten, je größere Bedeutung hatte für sie die himmlische Jungfrau: Sie trat ihnen selbst an die Stelle Christi, an die Stelle Gottes. Je mehr das Sinnliche verneint wird, desto sinnlicher ist der Gott, dem das Sinnliche geopfert wird. Was man nämlich der Gottheit opfert – darauf legt man einen besonderen Wert, daran hat Gott ein besonderes Wohlgefallen. Was im Sinne des Menschen, das ist natürlich auch im Sinne seines Gottes das Höchste; was überhaupt dem Menschen gefällt, das gefällt auch Gott. (…)

Der Mensch – dies ist das Geheimnis der Religion – vergegenständlicht sein Wesen und macht dann wieder sich zum Gegenstand dieses vergegenständlichten, in ein Subjekt, eine Person verwandelten Wesens: Er denkt sich, ist sich Gegenstand, aber als Gegenstand eines Gegenstands, eines andern Wesens. So hier. Der Mensch ist ein Gegenstand Gottes. Dass der Mensch gut oder schlecht, das ist Gott nicht gleichgültig: nein! Er hat ein lebhaftes, inniges Interesse daran, dass er gut ist: Er will, dass er gut, dass er selig sei – denn ohne Güte keine Seligkeit. Die Nichtigkeit der menschlichen Tätigkeit widerruft also der religiöse Mensch wieder dadurch, dass er seine Gesinnungen und Handlungen zu einem Gegenstande Gottes, den Menschen zum Zweck

Gottes – denn was Gegenstand im Geiste, ist Zweck im Handeln –, die göttliche Tätigkeit zu einem Mittel des menschlichen Heils macht. Gott ist tätig, damit der Mensch gut und selig werde. So wird der Mensch, indem er scheinbar aufs tiefste erniedrigt wird, in Wahrheit aufs höchste erhoben. So bezweckt der Mensch nur sich selbst in und durch Gott. Allerdings bezweckt der Mensch Gott, aber Gott bezweckt nichts als das moralische und ewige Heil des Menschen, also bezweckt der Mensch nur sich selbst. Die göttliche Tätigkeit unterscheidet sich nicht von der menschlichen. (…)

Gott ist das ab- und ausgesonderte subjektivste, eigenste Wesen des Menschen, also kann er nicht aus sich handeln, also kommt alles Gute aus Gott. Je subjektiver, je menschlicher Gott ist, desto mehr entäußert der Mensch sich seiner Subjektivität, seiner Menschheit, weil Gott an und für sich sein entäußertes Selbst ist, welches er aber doch zugleich sich wieder aneignet. Wie die arterielle Tätigkeit das Blut bis in die äußersten Extremitäten treibt, die Venentätigkeit es wieder zurückführt, wie das Leben überhaupt in einer fortwährenden Systole und Diastole besteht, so auch die Religion. In der religiösen Systole stößt der Mensch sein eignes Wesen von sich aus, er verstößt, verwirft sich selbst; in der religiösen Diastole nimmt er das verstoßne Wesen wieder in sein Herz auf, Gott nur ist das aus sich handelnde, aus sich tätige Wesen – dies ist der Akt der religiösen Repulsionskraft: Gott ist das in mir, mit mir, durch mich, auf mich, für mich handelnde Wesen, das Prinzip meines Heils, meiner guten Gesinnungen und Handlungen, folglich mein eignes Prinzip und Wesen –, dies ist der Akt der religiösen Attraktionskraft.

Systole, Diastole: Zusammenziehung und Erweiterung des Herzmuskels

Repulsion: Zurückstoßung

Karl Marx (1818–1883)

Text aus: Zur Kritik der Hegelschen Rechtsphilosophie (in: Marx/Engels, Werke Bd. 1, Berlin 1965, S. 378 f.)

Karl Marx

Religion – Opium des Volkes**

Marx führt die Religionskritik von Feuerbach weiter; er kritisiert Religion als Ausdruck der schlechten Lebensverhältnisse, als Droge, die den Menschen in diesen Lebensverhältnissen belässt, indem sie ihn auf ein paradiesisches Jenseits vertröstet.

Für Deutschland ist die Kritik der Religion im Wesentlichen beendigt, und die Kritik der Religion ist die Voraussetzung aller Kritik.

Die profane Existenz des Irrtums ist kompromittiert, nachdem seine himmlische oratio pro aris et focis widerlegt ist. Der Mensch, der in der fantastischen Wirklichkeit des Himmels, wo er einen Übermenschen suchte, nur den Widerschein seiner selbst gefunden hat, wird nicht mehr geneigt sein, nur den Schein seiner selbst, nur den Unmenschen zu finden, wo er seine wahre Wirklichkeit sucht und suchen muss.

oratio pro aris et focis: Gebet für Altar und Herd

Das Fundament der irreligiösen Kritik ist: Der Mensch macht die Religion, die Religion macht nicht den Menschen. Und zwar ist die Religion das Selbstbewusstsein und das Selbstgefühl des Menschen, der sich selbst entweder noch nicht erworben oder schon wieder verloren hat. Aber der Mensch, das ist kein abstraktes, außer der Welt hockendes Wesen. Der Mensch, das ist die Welt des Menschen, Staat, Sozietät. Dieser Staat, diese Sozietät produzieren die Religion, ein verkehrtes Weltbewusstsein, weil sie eine verkehrte Welt sind. Die Religion ist die allgemeine Theorie dieser Welt, ihr enzyklopädisches Kompendium, ihre Logik in populärer Form, ihr spiritualistischer Point d'honneur, ihr Enthusiasmus, ihre moralische Sanktion, ihre feierliche Ergänzung, ihr allgemeiner Trost- und Rechtfertigungsgrund. Sie ist die fantastische Verwirklichung des menschlichen Wesens, weil das menschliche Wesen keine wahre Wirklichkeit besitzt. Der Kampf gegen die Religion ist also mittelbar der Kampf gegen jene Welt, deren geistiges Aroma die Religion ist.

Sozietät: Gesellschaft

Point d'honneur: Ehrenpunkt

Das religiöse Element ist in einem der Ausdruck des wirklichen Elendes und in einem die Protestation gegen das wirkliche Elend. Die Religion ist der Seufzer der bedrängten Kreatur, das Gemüt einer herzlosen Welt, wie sie der Geist geistloser Zustände ist. Sie ist das Opium des Volkes.

Protestation: Missfallensbekundung, Protest

Die Aufhebung der Religion als des illusorischen Glücks des Volkes ist die Forderung seines wirklichen Glücks. Die Forderung, die Illusionen über seinen Zustand aufzugeben, ist die Forderung, einen Zustand aufzugeben, der der Illusion bedarf. Die Kritik der Religion ist also im Keim die Kritik des Jammertales, dessen Heiligenschein die Religion ist.

Die Kritik hat die imaginären Blumen an der Kette zerpflückt, nicht damit der Mensch die fantasielose, trostlose Kette trage, sondern damit er die Kette abwerfe und die lebendige Blume breche. Die Kritik der Religion enttäuscht den Menschen, damit er denke, handle, seine Wirklichkeit gestalte wie ein enttäuschter, zu Verstand gekommener Mensch, damit er sich um sich selbst und damit um seine wirkliche Sonne bewege. Die Religion ist nur die illusorische Sonne, die sich um den Menschen bewegt, solange er sich nicht um sich selbst bewegt.

Es ist also die Aufgabe der Geschichte, nachdem das Jenseits der Wahrheit verschwunden ist, die Wahrheit des Diesseits zu etablieren. Es ist zunächst die Aufgabe der Philosophie, die im Dienste der Geschichte steht, nachdem die Heiligengestalt der menschlichen Selbstentfernung entlarvt ist, die Selbstentfremdung in ihren unheiligen Gestalten zu entlarven. Die Kritik des Himmels verwandelt sich damit in die Kritik der Erde, die Kritik der Religion in die Kritik des Rechts, die Kritik der Theologie in die Kritik der Politik.

Texte 3.2.

Immanuel Kant
(1724–1804)

Text aus: Kritik der Urteilskraft (in: Werke, Bd. 10, hrsg. v. W. Weischedel, Frankfurt/M. 1974, S. 115 ff.)

Immanuel Kant

Vom Geschmacksurteil**

Immanuel Kant versucht in der *Kritik der Urteilskraft* (seiner dritten Kritik nach der der *reinen* und der der *praktischen Vernunft*) das ästhetische Urteilsvermögen zu analysieren. Zentral für ihn ist dabei die Überlegung, dass ästhetische Geschmacksurteile (schön/nicht schön) zwar nicht durch den Verstand, sondern durch die Einbildungskraft, das Empfinden gefällt werden, aber trotzdem nicht nur subjektiv sind, sondern den Anspruch haben, allgemein zu gelten. Voraussetzung für ein ästhetisches Geschmacksurteil ist aber die „Interesselosigkeit" gegenüber einem Gegenstand.

Um zu unterscheiden, ob etwas schön sei oder nicht, beziehen wir die Vorstellung nicht durch den Verstand auf das Objekte zum Erkenntnisse, sondern durch die Einbildungskraft (vielleicht mit dem Verstande verbunden) auf das Subjekt und das Gefühl der Lust oder Unlust desselben. Das Geschmacksurteil ist also kein Erkenntnisurteil, mithin nicht logisch, sondern ästhetisch, worunter man dasjenige versteht, dessen Bestimmungsgrund nicht anders als subjektiv sein kann. Alle Beziehung der Vorstellungen, selbst die der Empfindungen, aber kann objektiv sein (und da bedeutet sie das Reale einer empirischen Vorstellung); nur nicht die auf das Gefühl der Lust und Unlust, wodurch gar nichts im Objekte bezeichnet wird, sondern in der das Subjekt, wie es durch die Vorstellung affiziert wird, sich selbst fühlt.

Interesse wird das Wohlgefallen genannt, das wir mit der Vorstellung der Existenz eines Gegenstandes verbinden. Ein solches hat daher immer zugleich Beziehung auf das Begehrungsvermögen, entweder als Bestimmungsgrund desselben, oder doch als mit dem Bestimmungsgrunde desselben notwendig zusammenhängend. Nun will man aber, wenn die Frage ist, ob etwas schön sei, nicht wissen, ob uns oder irgendjemand an der Existenz der Sache irgendetwas gelegen sei, oder auch nur gelegen sein könne; sondern, wie wir sie in der bloßen Betrachtung (Anschauung oder Reflexion) beurteilen. (…) Man sieht leicht, dass es auf das, was ich aus dieser Vorstellung in mir selbst mache, nicht auf das, worin ich von der Existenz des Gegenstandes abhänge, ankomme, um zu sagen, er sei schön, und zu beweisen, ich habe Geschmack. Ein jeder muss eingestehen, dass dasjenige Urteil über Schönheit, worin sich das mindeste Interesse mengt, sehr parteilich und kein reines Geschmacksurteil sei. Man muss nicht im Mindesten für die Existenz der Sache eingenommen, sondern in diesem Betracht ganz gleichgültig sein, um in Sachen des Geschmacks den Richter zu spielen.

Gut ist das, was vermittelst der Vernunft, durch den bloßen Begriff, gefällt. Wir nennen einiges *wozu gut* (das Nützliche), was nur als Mittel gefällt; ein anderes aber *an sich gut*, was für sich selbst gefällt. In beiden ist immer der Begriff eines Zwecks, mithin das Verhältnis der Vernunft zum (wenigstens möglichen) Wollen, folglich ein Wohlgefallen am Dasein eines Objekts oder einer Handlung, d. i. irgendein Interesse, enthalten.

Um etwas gut zu finden, muss ich jederzeit wissen, was der Gegenstand für ein Ding sein solle, d. i. einen Begriff von demselben haben. Um Schönheit woran zu finden, habe ich das nicht nötig. Blumen, freie Zeichnungen, ohne Absicht ineinander geschlungene Züge, unter dem Namen des Laubwerks, bedeuten nichts, hängen von keinem bestimmten Begriffe ab und gefallen doch. Das Wohlgefallen am Schönen muss von der Reflexion über einen Gegenstand, die zu irgendeinem Begriffe (unbestimmt welchem) führt, abhängen, und unterscheidet sich dadurch auch vom Angenehmen, welches ganz auf der Empfindung beruht.

Geschmack ist das Beurteilungsvermögen eines Gegenstandes oder einer Vorstellungsart durch ein Wohlgefallen oder Missfallen ohne alles Interesse. Der Gegenstand eines solchen Wohlgefallens heißt schön.

Georg Wilhelm Friedrich Hegel

Kunstschönes und Naturschönes**

Georg Wilhelm Friedrich Hegel (1770–1831)

Text aus: Vorlesungen über die Ästhetik (in: Werke in 20 Bänden, Frankfurt/M. 1971, Bd. 13, S. 13 ff. und S. 151 f.)

Für Hegel ist das Schöne die sinnliche Erscheinungsform der Wahrheit, der Idee; Kunst ist also eine niedere Form der Erkenntnis. Das führt dazu, dass bei ihm das „Kunstschöne“, weil vom begreifenden und erkennenden Menschen gemacht, höher steht als das „Naturschöne“; aber auch dazu, dass die Kunst in einem Zeitalter, das die Wahrheit durch ihre Wissenschaft angemessen erfasst, ihre Funktion verliert, zu einem Ende kommt.

Durch diesen Ausdruck („Philosophie der schönen Kunst“) nun schließen wir sogleich das Naturschöne aus. Solche Begrenzung unseres Gegenstandes kann einerseits als willkürliche Bestimmung erscheinen, wie denn jede Wissenschaft sich ihren Umfang beliebig abzumarken die Befugnis habe. In diesem Sinne aber dürfen wir die Beschränkung der Ästhetik auf das Schöne der Kunst nicht nehmen. Im gewöhnlichen Leben zwar ist man gewohnt, von schöner Farbe, einem schönen Himmel, schönem Strome, ohnehin von schönen Blumen, schönen Tieren und noch mehr von schönen Menschen zu sprechen, doch lässt sich, obschon wir uns hier nicht in den Streit einlassen wollen, inwiefern solchen Gegenständen mit Recht die Qualität Schönheit beigelegt und so überhaupt das Naturschöne neben das Kunstschöne gestellt werden dürfe, hiergegen zunächst schon behaupten, dass das Kunstschöne höher stehe als die Natur. Denn die Kunstschönheit ist die aus dem Geiste geborene und wiedergeborene Schönheit, und um so viel der Geist und seine Produktionen höher steht als die Natur und ihre Erscheinungen, um so viel auch ist das Kunstschöne höher als die Schönheit der Natur. Ja formell betrach-

abmarken: abstecken

Geist: hier im Sinne von Vernunft, Selbstbewusstsein, Reflexionsvermögen

tet, ist selbst ein schlechter Einfall, wie er dem Menschen wohl durch den Kopf geht, höher als irgendein Naturprodukt, denn in solchem Einfalle ist immer die Geistigkeit und Freiheit präsent. Dem Inhalt nach freilich erscheint z. B. die Sonne als ein absolut notwendiges Moment, während ein schiefer Einfall als zufällig und vorübergehend verschwindet; aber für sich genommen ist solche Naturexistenz wie die Sonne indifferent, nicht in sich frei und selbstbewusst, und betrachten wir sie in dem Zusammenhange ihrer Notwendigkeit mit anderem, so betrachten wir sie nicht für sich und somit nicht als schön.

Sagten wir nun überhaupt, der Geist und seine Kunstschönheit stehe höher als das Naturschöne, so ist damit allerdings noch so viel als nichts festgestellt, denn höher ist ein ganz unbestimmter Ausdruck, der Natur- und Kunstschönheit noch als im Raume der Vorstellung nebeneinander stehend bezeichnet und nur einen quantitativen und dadurch äußerlichen Unterschied angibt. Das Höhere des Geistes und seiner Kunstschönheit der Natur gegenüber ist aber nicht ein nur relatives, sondern der Geist erst ist das Wahrhaftige, alles in sich Befassende, sodass alles Schöne nur wahrhaft schön ist als dieses Höheren teilhaftig und durch dasselbe erzeugt. In diesem Sinne erscheint das Naturschöne nur als ein Reflex des dem Geist angehörigen Schönen, als eine unvollkommene, unvollständige Weise, eine Weise, die ihrer Substanz nach im Geiste selber enthalten ist. – Außerdem wird uns die Beschränkung auf die schöne Kunst sehr natürlich vorkommen, denn so viel auch von Naturschönheiten – weniger bei den Alten als bei uns – die Rede ist, so ist doch wohl noch niemand auf den Einfall gekommen, den Gesichtspunkt der Schönheit der natürlichen Dinge herauszuheben und eine Wissenschaft, eine systematische Darstellung dieser Schönheit machen zu wollen. Man hat wohl den Gesichtspunkt der Nützlichkeit herausgenommen und hat z. B. eine Wissenschaft der gegen die Krankheiten dienlichen natürlichen Dinge, eine materia medica verfasst, eine Beschreibung der Mineralien, chemischen Produkte, Pflanzen, Tiere, welche für die Heilung nützlich sind, aber aus dem Gesichtspunkte der Schönheit hat man die Reiche der Natur nicht zusammengestellt und beurteilt. Wir fühlen uns bei der Naturschönheit zu sehr im Unbestimmten, ohne Kriterium zu sein, und deshalb würde solche Zusammenstellung zu wenig Interesse darbieten.

der Substanz nach: dem Wesen, der eigentlichen Bestimmung nach

(...)

Sagten wir nun, die Schönheit sei Idee, so ist Schönheit und Wahrheit einerseits dasselbe. Das Schöne nämlich muss wahr an sich selbst sein. Näher aber unterscheidet sich ebenso sehr das Wahre von dem Schönen. Wahr nämlich ist die Idee, wie sie als Idee ihrem An-sich und allgemeinen Prinzip nach ist und als solches gedacht wird. Dann ist nicht ihre sinnliche und äußere Existenz, sondern in dieser nur die allgemeine Idee für das Denken. Doch die Idee soll sich auch äußerlich realisieren und bestimmte vorhandene Existenz als natürliche und geistige Objektivität gewinnen. Das Wahre, das als solches ist, existiert auch. Indem es nun in diesem seinem äußerlichen Dasein unmittelbar für das Bewusstsein ist und der Begriff unmittelbar in Einheit bleibt mit

Idee: hier: Urbild des Wahren; allgemein gültiger Begriff; letztlich: das Absolute, Göttliche

seiner äußeren Erscheinung, ist die Idee nicht nur wahr, sondern schön. Das Schöne bestimmt sich dadurch als das sinnliche Scheinen der Idee. Denn das Sinnliche und Objektive überhaupt bewahrt in der Schönheit keine Selbständigkeit in sich, sondern hat die Unmittelbarkeit seines Seins aufzugeben, da dies Sein nur Dasein und Objektivität des Begriffs und als eine Realität gesetzt ist, die den Begriff als in Einheit mit seiner Objektivität und deshalb in diesem objektiven Dasein, das nur als Scheinen des Begriffs gilt, die Idee selber zur Darstellung bringt.

Theodor W. Adorno

Reflexionen über Kunst und Philosophie***

Theodor W. Adorno (1903–1969)

Text aus: Ästhetische Theorie, Gesammelte Schriften Bd. 7 (Frankfurt/M. 1970)

Adornos *Ästhetische Theorie* gilt als eines der kunstphilosophischen Hauptwerke des 20. Jahrhunderts. Adornos Ästhetik stellt eine Theorie der modernen Kunst dar, die, um ihren Wahrheitsanspruch aufrechtzuerhalten, ihre Ausdrucksformen bis an die Grenze des Verstummens, des Unverständlichen radikalisieren müsse. Um das Kunstwerk dennoch „aufzuschließen", bedarf es dann notwendig der philosophischen Deutung.

Phänomene: Erscheinungen der Wirklichkeit

emphatisch: eindringlich; hier: der höchsten Bestimmung nach

Ästhetik präsentiert der Philosophie die Rechnung dafür, dass der akademische Betrieb sie zur Branche degradierte. Sie verlangt von Philosophie, was sie versäumt: dass sie die Phänomene aus ihrem puren Dasein herausnimmt und zur Selbstbesinnung verhält, Reflexion des in den Wissenschaften Versteinerten, nicht eine eigene Wissenschaft jenseits von jenen. Damit beugt Ästhetik sich dem, was ihr Gegenstand, gleich einem jeden, unmittelbar zunächst will. Jedes Kunstwerk bedarf, um ganz erfahren werden zu können, des Gedankens und damit der Philosophie, die nichts anderes ist als der Gedanke, der sich nicht abbremsen lässt. Verstehen ist eins mit Kritik; die Fähigkeit des Verstehens, des Verstandenen als eines Geistigen innezuwerden, keine andere als die, wahr und falsch darin zu unterscheiden, wie sehr auch diese Unterscheidung abweichen muss vom Verfahren der gewöhnlichen Logik. Kunst ist, emphatisch, Erkenntnis, aber nicht die von Objekten. Ein Kunstwerk begreift einzig, wer es als Komplexion von Wahrheit begreift. Die betrifft unausweichlich sein Verhältnis zur Unwahrheit, zur eigenen und zu der außer ihm; jedes andere Urteil über Kunstwerke bliebe zufällig. Damit verlangen Kunstwerke ein adäquates Verhältnis zu sich.

(...)

Die Erkenntnis der Kunstwerke folgt eigener erkennender Beschaffenheit: Sie sind die Weise von Erkenntnis, welche nicht Erkennen von Objekt ist. Solche Paradoxie ist auch die der künstlerischen Erfahrung.

(...)

Mimesis: Nachahmung

akzidentell: nur beigefügt, nicht wesensmäßig

Nicht anders vermag der Begriff die Sache dessen zu vertreten, was er verdrängte, der Mimesis, als indem er in seinen eigenen Verhaltensweisen etwas von dieser sich zueignet, ohne an sie sich zu verlieren. Insofern ist das ästhetische Moment der Philosophie nicht akzidentell. Nicht minder jedoch ist es an ihr, es aufzuheben in der Verbindlichkeit ihrer Einsichten in Wirkliches.

(...)

Suprematie: Überordnung; Vorrang

heterogen: uneinheitlich

a priori: vor jeder Erfahrung

Pseudomorphose: eigentl. Auftreten eines Minerals in der Kristallform eines anderen Minerals; hier: falsche Angleichung aneinander

Organon: (geistiges) Werkzeug

Philosophie, die Kunst nachahmte, von sich aus Kunstwerk werden wollte, durchstriche sich selbst. Sie postulierte den Identitätsanspruch: dass ihr Gegenstand in ihr aufgehe, indem sie ihrer Verfahrungsweise eine Suprematie einräumte, der das Heterogene als Material a priori sich fügt, während der Philosophie ihr Verhältnis zum Heterogenen geradezu thematisch ist. Kunst und Philosophie haben ihr Gemeinsames nicht in Form oder gestaltendem Verfahren, sondern in einer Verhaltensweise, welche Pseudomorphose verbietet. Beide halten ihrem eigenen Gehalt die Treue durch ihren Gegensatz hindurch; Kunst, indem sie sich spröde macht gegen ihre Bedeutungen; Philosophie, indem sie an kein Unmittelbares sich klammert. Der philosophische Begriff lässt nicht ab von der Sehnsucht, welche die Kunst als Begriffslose beseelt und deren Erfüllung ihrer Unmittelbarkeit als einem Schein entflieht. Organon des Denkens und gleichwohl die Mauer zwischen diesem und dem zu Denkenden, negiert der Begriff jene Sehnsucht. Solche Negation kann Philosophie weder umgehen noch ihr sich beugen. An ihr ist die Anstrengung, über den Begriff durch den Begriff hinauszugelangen.

(...)

Entäußerte wirklich der Gedanke sich an die Sache, gälte er dieser, nicht ihrer Kategorie, so begänne das Objekt unter dem verweilenden Blick des Gedankens selber zu reden.

(...)

Affirmation: (kritiklose) Zustimmung

Philosophie erniedrigte sich zur tröstlichen Affirmation, wenn sie sich und andere darüber betröge, dass sie, womit immer sie ihre Gegenstände in sich selbst bewegt, ihnen auch von außen einflößen muss. Was in ihnen selbst wartet, bedarf des Eingriffs, um zu sprechen.

(...)

Alle Kunstwerke, und Kunst insgesamt, sind Rätsel; das hat von altersher die Theorie der Kunst irritiert. Dass Kunstwerke etwas sagen und mit dem gleichen Atemzug es verbergen, nennt den Rätselcharakter unterm Aspekt der Sprache.

(...)

Kunstwerke, die der Betrachtung und dem Gedanken ohne Rest aufgehen, sind keine.

(...)

Das Rätsel lösen ist so viel wie den Grund seiner Unlösbarkeit angeben: der Blick, mit dem die Kunstwerke den Betrachter anschauen.

Texte 3.3.

Immanuel Kant

Die Notwendigkeit der Erziehung*

Immanuel Kant (1724–1804)

Text aus: Über Pädagogik (in: Werke, Bd. 12, hrsg. v. W. Weischedel, Frankfurt/M. 1980, S. 697 ff.)

Der Aufklärungsphilosoph Kant ist der Überzeugung, dass pädagogische Maßnahmen keine Veranstaltungen von Eltern und Lehrerschaft sind, um Kinder zu quälen, sondern eine in der Natur des Menschen begründete Notwendigkeit.

Der Mensch ist das einzige Geschöpf, das erzogen werden muss. Unter der Erziehung nämlich verstehen wir die Wartung (Verpflegung, Unterhaltung), Disziplin (Zucht) und Unterweisung nebst der Bildung. Demzufolge ist der Mensch Säugling – Zögling – und Lehrling. (...)

Disziplin oder Zucht ändert die Tierheit in die Menschheit um. Ein Tier ist schon alles durch seinen Instinkt; eine fremde Vernunft hat bereits alles für dasselbe besorgt. Der Mensch aber braucht eigene Vernunft. Er hat keinen Instinkt und muss sich selbst den Plan seines Verhaltens machen. Weil er aber nicht sogleich imstande ist, dieses zu tun, sondern roh auf die Welt kommt: so müssen es andere für ihn tun. Die Menschengattung soll die ganze Naturanlage der Menschheit, durch ihre eigne Bemühung, nach und nach von selbst herausbringen. Eine Generation erzieht die andere. Den ersten Anfang kann man dabei in einem rohen, oder auch in einem vollkommen, ausgebildeten Zustande suchen. Wenn dieser letztere als vorher und zuerst gewesen angenommen wird: so muss der Mensch doch nachmals wieder verwildert und in Rohigkeit verfallen sein.

Disziplin verhütet, dass der Mensch nicht durch seine tierischen Antriebe von seiner Bestimmung, der Menschheit, abweiche. Sie muss ihn z. E. einschränken, dass er sich nicht wild und unbesonnen in Gefahren begebe. Zucht ist also bloß negativ, nämlich die Handlung, wodurch man dem Menschen die Wildheit benimmt, Unterweisung hingegen ist der positive Teil der Erziehung. Wildheit ist die Unabhängigkeit von Gesetzen, Disziplin unterwirft den Menschen den Gesetzen der Menschheit und fängt an, ihn den Zwang der Gesetze fühlen zu lassen. Dieses muss aber frühe geschehen. So schickt man z. E. Kinder anfangs in die Schule, nicht schon in der Absicht, damit sie dort etwas lernen sollen, sondern damit sie sich daran gewöhnen mögen, still zu sitzen, und pünktlich das zu beobachten, was ihnen vorgeschrieben wird, damit sie nicht, in Zukunft, jeden ihrer Einfälle wirklich auch und augenblicklich in Ausübung bringen mögen.

Der Mensch hat aber von Natur einen so großen Hang zur Freiheit, dass, wenn er erst eine Zeit lang an sie gewöhnt ist, er ihr alles aufopfert. Eben daher muss denn die Disziplin auch, wie gesagt, sehr frühe in Anwendung gebracht werden, denn wenn das nicht geschieht, so ist es schwer, den Menschen nachher zu ändern. Er folgt dann jeder Laune. Man sieht es auch an den wilden Nationen, dass, wenn sie gleich den Europäern längere Zeit hindurch Dienste tun, sie sich doch nie an ihre Lebensart gewöhnen. Bei ihnen ist dieses aber nicht ein edler Hang zur Freiheit, wie Rousseau und andere meinen, sondern eine gewisse Rohigkeit, indem das Tier hier gewissermaßen die Menschheit noch nicht in sich entwickelt hat. Daher muss der Mensch frühe gewöhnt werden, sich den Vorschriften der Vernunft zu unterwerfen. Wenn man ihm in der Jugend seinen Willen gelassen und ihm da nicht widerstanden hat: so behält er eine gewisse Wildheit durch sein ganzes Leben. Und es hilft denen auch nicht, die durch allzu große mütterliche Zärtlichkeit in der Jugend geschont werden, denn es wird ihnen weiterhin nur desto mehr, von allen Seiten her widerstanden, und überall bekommen sie Stöße, sobald sie sich in die Geschäfte der Welt einlassen.

Karl Marx
(1818–1883)

Text aus: Grundrisse der Kritik der politischen Ökonomie (Berlin 1974, S. 504 ff.)

Karl Marx

Mensch und Arbeit**

Der Geschichtsphilosophie von Marx liegt die Auffassung zugrunde, dass der Mensch durch die Arbeit sich selbst verwirklicht, also wesensmäßig durch die Arbeit charakterisiert ist.

Du sollst arbeiten im Schweiß deines Angesichts! war Jehovas Fluch, den er Adam mitgab. Und so als Fluch nimmt A. Smith die Arbeit. Die „Ruhe" erscheint als der adäquate Zustand, als identisch mit „Freiheit" und „Glück". Dass das Individuum „in seinem normalen Zustand von Gesundheit, Kraft, Tätigkeit, Geschicklichkeit, Gewandtheit" auch das Bedürfnis einer normalen Portion von Arbeit hat, und von Aufhebung der Ruhe, scheint A. Smith ganz fernzuliegen. Allerdings erscheint das Maß der Arbeit selbst äußerlich gegeben, durch den zu erreichenden Zweck und die Hindernisse, die zu seiner Erreichung durch die Arbeit zu überwinden. Dass aber diese Überwindung von Hindernissen an sich Betätigung der Freiheit – und dass ferner die äußren Zwecke den Schein bloß äußrer Naturnotwendigkeit abgestreift erhalten und als Zwecke, die das Individuum selbst erst setzt, gesetzt werden –, also als Selbstverwirklichung, Vergegenständlichung des Subjekts, daher reale Freiheit, deren Aktion eben die Arbeit, ahnt A. Smith ebenso wenig. Allerdings hat er recht, dass in den historischen Formen der Arbeit als Sklaven-, Fronde-, Lohnarbeit die Arbeit stets (…) als äußre Zwangsarbeit erscheint und ihr gegenüber die Nichtarbeit als „Freiheit, und Glück". Es gilt doppelt: von dieser gegensätzlichen Arbeit; und, was damit zusammenhängt, der Arbeit, die sich noch nicht die Bedingungen, subjektive und objektive, geschaffen hat (oder auch gegen den Hirten-, etc. Zustand, die sie verloren hat), damit die Arbeit travail attractif, Selbstverwirklichung des Individuums sei, was keineswegs meint, dass sie bloßer Spaß sei, bloßes amusement. (…)

Adam Smith: englischer Nationalökonom und Philosoph (1723–1790)

Fronde: veraltet für Fron = dem Grundherrn zu leistende Arbeit

Die Arbeit bloß als Opfer betrachtet und darum wertsetzend, als Preis, der für die Dinge bezahlt wird und ihnen daher Preis gibt, je nachdem sie mehr oder weniger Arbeit kosten, ist rein negative Bestimmung.

Ein bloß Negatives schafft nichts. (…) Die Negation der Ruhe, als bloße Negation, als asketisches Opfer schafft nichts. Es kann Einer den ganzen Tag, wie die Mönche usw., sich abkasteien, martern usw. und dies Quantum Opfer, was er bringt, lockt keinen Hund vom Ofen. Der natürliche Preis der Dinge ist nicht das Opfer, das ihnen gebracht wird. Dies erinnert vielmehr an die nicht-industrielle Ansicht, die durch Opfer an die Götter Reichtum erwerben will. Außer dem Opfer muss noch etwas da sein. Was als Opfer der Ruhe, kann auch Opfer der Faulheit, der Unfreiheit, des Unglücks genannt werden, d. h. Negation eines negativen Zustandes. A. Smith betrachtet die Arbeit psychologisch, in Bezug auf den Spaß oder Unfreude, die sie dem Individuum macht. Aber außer dieser gemütlichen Beziehung zu seiner Tätigkeit ist sie doch noch etwas andres – erstens für andre, da das bloße Opfer von A B nichts nützen würde; zweitens ein bestimmtes Verhalten seiner selbst zur Sache, die es bearbeitet, und zu seinen eigenen Arbeitsanlagen. Sie ist positive, schaffende Tätigkeit.

Hannah Arendt

Vita activa und Condition Humaine**

Hannah Arendt (1906–1975)

Text aus: Vita activa, oder: Vom tätigen Leben (München 1981, S. 14 ff.)

Die Philosophin Hannah Arendt charakterisiert in diesem Werk die Grundsituation des Menschen durch die soziologisch-anthropologischen Kategorien von „Arbeit“ im Sinne von Bearbeiten, „Herstellen“ im Sinne von kreativer Produktion und „Handeln“ im Sinne von sozialpolitischer Kommunikation und Interaktion.

Mit dem Wort Vita activa sollen im Folgenden drei menschliche Grundtätigkeiten zusammengefasst werden: Arbeiten, Herstellen und Handeln. Sie sind Grundtätigkeiten, weil jede von ihnen einer der Grundbedingungen entspricht, unter denen dem Geschlecht der Menschen das Leben auf der Erde gegeben ist. Die Tätigkeit der Arbeit entspricht dem biologischen Prozess des menschlichen Körpers, der in seinem spontanen Wachstum, Stoffwechsel und Verfall sich von Naturdingen nährt, welche die Arbeit erzeugt und zubereitet, um sie als die Lebensnotwendigkeiten dem lebendigen Organismus zuzuführen. Die Grundbedingung, unter der die Tätigkeit des Arbeitens steht, ist das Leben selbst.

Im Herstellen manifestiert sich das Widernatürliche eines von der Natur abhängigen Wesens, das sich der immerwährenden Wiederkehr des Gattungslebens nicht fügen kann und für seine individuelle Vergänglichkeit keinen Ausgleich findet in der potenziellen Unvergänglichkeit des Geschlechts. Das Herstellen produziert eine künstliche Welt von Dingen, die sich den Naturdingen nicht einfach zugesellen, sondern sich von ihnen dadurch unterscheiden, dass sie der Natur bis zu einem gewissen Grade widerstehen und von den lebendigen Prozessen nicht einfach zerrieben werden. In dieser Dingwelt ist menschliches Leben zuhause, das von Natur in der Natur heimatlos ist; und die Welt bietet Menschen eine Heimat in dem Maße, in dem sie menschliches Leben überdauert, ihm widersteht und als objektiv-gegenständlich gegenübertritt. Die Grundbedingung, unter der die Tätigkeit des Herstellens steht, ist Weltlichkeit, nämlich die Angewiesenheit menschlicher Existenz auf Gegenständlichkeit und Objektivität.

Das Handeln ist die einzige Tätigkeit der Vita activa, die sich ohne die Vermittlung von Materie, Material und Dingen direkt zwischen Menschen abspielt. Die Grundbedingung, die ihr entspricht, ist das Faktum der Pluralität, nämlich die Tatsache, dass nicht ein Mensch, sondern viele Menschen auf der Erde leben und die Welt bevölkern. Zwar ist menschliche Bedingtheit in allen ihren Aspekten auf das Politische bezogen, aber die Bedingtheit durch Pluralität steht zu dem, dass es so etwas wie Politik unter Menschen gibt, noch einmal in einem ausgezeichneten Verhältnis; sie ist nicht nur die conditio sine qua non, sondern die conditio per quam. Für Menschen heißt Leben – wie das Lateinische, also die Sprache des vielleicht zutiefst politischen unter den uns bekannten Völkern, sagt – so viel wie „unter Menschen weilen" (inter homines esse) und Sterben so viel wie „aufhören unter Menschen zu weilen" (desinere inter homines esse). Hiermit stimmt die Bibel in gewissem Sinne überein, sofern in einer der Versionen der Schöpfungsgeschichte Gott nicht den Menschen erschuf, sondern die Menschen: „Und schuf sie einen Mann und ein Weib." Dieser im Plural erschaffene Mensch unterscheidet sich prinzipiell von jenem Adam, den Gott „aus einem Erdenkloß" machte, um ihm dann nachträglich ein Weib zuzugesellen, das „aus der Rippe" des Menschen erschaffen, Bein von seinem Bein und Fleisch von seinem Fleisch war. Hier ist die Pluralität den Menschen nicht ursprünglich zu eigen, sondern ihre Vielheit ist erklärt aus Vervielfältigung. Jede wie immer geartete „Idee vom Menschen überhaupt" begreift die menschliche Pluralität als Resultat einer unendlich variierbaren Reproduktion eines Urmodells und bestreitet damit von vornherein und implizit die Möglichkeit des Handelns. Das Handeln bedarf einer Pluralität, in der zwar alle dasselbe sind, nämlich Menschen, aber dies auf die merkwürdige Art und Weise, dass keiner dieser Menschen je einem anderen gleicht, der einmal gelebt hat oder lebt oder leben wird.

conditio sine qua non (lat.): notwendige Bedingung

conditio per quam (lat.): hinreichende Bedingung

implizit: mitgemeint, mitenthalten

Alle drei Grundtätigkeiten und die ihnen entsprechenden Bedingungen sind nun nochmals in der allgemeinsten Bedingtheit menschlichen Lebens verankert, dass es nämlich durch Geburt zur Welt kommt und durch Tod aus ihr wieder verschwindet. Was die Mortalität anlangt, so sichert die Arbeit das Am-Leben-Bleiben des Individuums und das Weiterleben der Gattung; das Herstellen errichtet eine künstliche Welt, die von der Sterblichkeit der sie Bewohnenden in gewissem Maße unabhängig ist und so ihrem flüchtigen Dasein so etwas wie Bestand und Dauer entgegenhält; das Handeln schließlich, soweit es der Gründung und Erhaltung politischer Gemeinwesen dient, schafft die Bedingungen für eine Kontinuität der Generationen, für Erinnerung und damit für Geschichte. Auch an der Natalität sind alle Tätigkeiten gleicherweise orientiert, da sie immer auch die Aufgabe haben, für die Zukunft zu sorgen, bzw. dafür, dass das Leben und die Welt dem ständigen Zufluss von Neuankömmlingen, die als Fremdlinge in sie hineingeboren werden, gewachsen und auf ihn vorbereitet bleibt. Dabei ist aber das Handeln an die Grundbedingung der Natalität enger gebunden als Arbeiten und Herstellen. Der Neubeginn, der mit jeder Geburt in die Welt kommt, kann sich in der Welt nur darum zur Geltung bringen, weil dem Neuankömmling die Fähigkeit zukommt, selbst einen neuen Anfang zu machen, d. h. zu handeln. Im Sinne von Initiative – ein initium setzen – steckt ein Element von Handeln in allen menschlichen Tätigkeiten, was nichts anderes besagt, als dass diese Tätigkeiten eben von Wesen geübt werden, die durch Geburt zur Welt gekommen sind und unter der Bedingung der Natalität stehen. Und da Handeln ferner die politische Tätigkeit par excellence ist, könnte es wohl sein, dass Natalität für politisches Denken ein so entscheidendes, Kategorien-bildendes Faktum darstellt, wie Sterblichkeit seit eh und je und im Abendland zumindest seit Plato der Tatbestand war, an dem metaphysisch-philosophisches Denken sich entzündete.

initium (lat.): Anfang

Nun umfasst aber die Condition Humaine, die menschliche Bedingtheit im Ganzen, mehr als nur die Bedingungen, unter denen den Menschen das Leben auf der Erde gegeben ist. Menschen sind bedingte Wesen, weil ein jegliches, womit sie in Berührung kommen, sich unmittelbar in eine Bedingung ihrer Existenz verwandelt. Die Welt, in der die Vita activa sich bewegt, besteht im Wesentlichen aus Dingen, die Gebilde von Menschenhand sind; und diese Dinge, die ohne den Menschen nie entstanden wären, sind wiederum Bedingung menschlicher Existenz. Die Menschen leben also nicht nur unter den Bedingungen, die gleichsam die Mitgift ihrer irdischen Existenz überhaupt darstellen, sondern darüber hinaus unter selbst geschaffenen Bedingungen, die ungeachtet ihres menschlichen Ursprungs die gleiche bedingende Kraft besitzen wie die bedingenden Dinge der Natur. Was immer menschliches Leben berührt, was immer in es eingeht, verwandelt sich sofort in eine Bedingung menschlicher Existenz. Darum sind Menschen, was auch immer sie tun oder lassen, stets bedingte Wesen. Was in ihrer Welt erscheint, wird sofort ein Bestandteil der menschlichen Bedingtheit. Die Wirklichkeit der Welt macht sich innerhalb menschlicher Existenz als die diese Existenz bedingende Kraft geltend und wird von ihr als solche empfunden. Die Objektivität der Welt – ihr Objekt- und Ding-Charakter – und die menschliche Bedingtheit ergänzen einander und sind aufeinander eingespielt; weil menschliche Existenz bedingt ist, bedarf sie der Dinge, und die Dinge wären ein Haufen zusammenhangloser Gegenstände, eine Nicht-Welt, wenn nicht jedes Ding für sich und alle zusammen menschliche Existenz bedingen würden.

Max Scheler
(1874–1928)

Text aus: Die Stellung des Menschen im Kosmos (Bern/München 1975, S. 37–39)

Max Scheler

Die Sonderstellung des Menschen**

Scheler, einer der Begründer der philosophischen Anthropologie, stellt in seinem Hauptwerk aus dem Jahre 1929 die These von der Sonderstellung des Menschen innerhalb des Ganzen der Natur auf. Einige Aspekte dieser „Sonderstellung" werden im folgenden Text erläutert.

Ich behaupte: Das Wesen des Menschen und das, was man seine „Sonderstellung" nennen kann, steht hoch über dem, was man Intelligenz und Wahlfähigkeit nennt und würde auch nicht erreicht, wenn man sich diese Intelligenz und Wahlfähigkeit quantitativ beliebig, ja bis ins Unendliche gesteigert vorstellte. Aber auch das wäre verfehlt, wenn man sich das Neue, das den Menschen zum Menschen macht, nur dächte als eine zu den psychischen Stufen: Gefühlsdrang, Instinkt, assoziatives Gedächtnis, Intelligenz und Wahl noch hinzukommende neue Wesensstufe psychischer und der Vitalsphäre angehöriger Funktionen und Fähigkeiten, die zu erkennen also in der Kompetenz der Psychologie und Biologie läge.

Das neue Prinzip steht außerhalb alles dessen, was wir „Leben" im weitesten Sinne nennen können. Das, was den Menschen allein zum „Menschen" macht, ist nicht eine neue Stufe des Lebens – erst recht nicht nur eine Stufe der einen Manifestationsform dieses Lebens, der „Psyche" –, sondern es ist ein allem und jedem Leben überhaupt, auch dem Leben im Menschen entgegengesetztes Prinzip: eine echte neue Wesenstatsache, die als solche überhaupt nicht auf die „natürliche Lebensevolution" zurückgeführt werden kann, sondern, wenn auf etwas, nur auf den obersten einen Grund der Dinge selbst zurückfällt: auf denselben Grund, dessen eine große Manifestation das „Leben" ist.

Schon die Griechen behaupteten ein solches Prinzip und nannten es „Vernunft". Wir wollen lieber ein umfassenderes Wort für jenes X gebrauchen, ein Wort, das wohl den Begriff „Vernunft" mitumfasst, aber neben dem „Ideendenken" auch eine bestimmte Art der „Anschauung", die von Urphänomenen oder Wesensgehalten, ferner eine bestimmte Klasse volitiver und emotionaler Akte wie Güte, Liebe, Reue, Ehrfurcht, geistige Verwunderung, Seligkeit und Verzweiflung, die freie Entscheidung mitumfasst: das Wort „Geist". Das Aktzentrum aber, in dem Geist innerhalb endlicher Seinssphären erscheint, bezeichnen wir als „Person" in scharfem Unterschied zu allen funktionellen Lebenszentren, die nach innen betrachtet auch „seelische" Zentren heißen.

volitiv: willensmäßig

Was aber ist nun jener „Geist", jenes neue und so entscheidende Prinzip? Selten ist mit einem Wort so viel Unfug getrieben worden – einem Worte, bei dem sich nur wenige etwas Bestimmtes denken. Stellen wir hier an die Spitze des Geistbegriffes seine besondere Wissensfunktion, die Art Wissen, die nur er geben kann, dann ist die Grundbestimmung eines geistigen Wesens, wie immer es psychophysisch beschaffen sei, seine existenzielle Entbunden-

heit vom Organischen, seine Freiheit, Ablösbarkeit – oder doch die seines Daseinszentrums – von dem Bann, von dem Druck, von der Abhängigkeit vom Organischen, vom „Leben" und allem, was zum Leben gehört – also auch von seiner eigenen triebhaften „Intelligenz".
Ein „geistiges" Wesen ist also nicht mehr trieb- und umweltgebunden, sondern „umweltfremd" und, wie wir es nennen wollen, „weltoffen": Ein solches Wesen hat „Welt". Ein solches Wesen vermag ferner die auch ihm ursprünglich gegebenen „Widerstands-" und Reaktionszentren seiner Umwelt, die das Tier allein hat und in die es ekstatisch aufgeht, zu „Gegenständen" zu erheben und das Sosein dieser Gegenstände prinzipiell selbst zu erfassen, ohne die Beschränkung, die diese Gegenstandwelt oder ihre Gegebenheit durch das vitale Triebsystem und die ihm vorgelagerten Sinnesfunktionen und Sinnesorgane erfährt.

Arnold Gehlen

Mängelwesen Mensch**

Arnold Gehlen (1904–1976)

Text aus: Der Mensch, seine Natur und seine Stellung in der Welt (Wiesbaden 1976, S. 33 ff.)

morphologisch: die Gestalt, die Entwicklung, den Formenwandel betreffend

Ausgehend von der biologischen Konstitution des Menschen beschreibt Gehlen in seinem 1940 erschienenen Hauptwerk die einmaligen Chancen und Risiken der Gattung Mensch.

Morphologisch ist nämlich der Mensch im Gegensatz zu allen höheren Säugern hauptsächlich durch Mängel bestimmt, die jeweils im exakt biologischen Sinne als Unangepasstheiten, Unspezialisiertheiten, als Primitivismen, d. h. als Unentwickeltes zu bezeichnen sind: also wesentlich negativ. Es fehlt das Haarkleid und damit der natürliche Witterungsschutz; es fehlen natürliche Angriffsorgane, aber auch eine zur Flucht geeignete Körperbildung; der Mensch wird von den meisten Tieren an Schärfe der Sinne übertroffen, er hat einen geradezu lebensgefährlichen Mangel an echten Instinkten, und er unterliegt während der ganzen Säuglings- und Kinderzeit einer ganz unvergleichlich langfristigen Schutzbedürftigkeit. Mit anderen Worten: Innerhalb natürlicher, urwüchsiger Bedingungen würde er als bodenlebend inmitten der gewandtesten Fluchttiere und der gefährlichsten Raubtiere schon längst ausgerottet sein. (...)
Er besteht aus einer Reihe von Unspezialisiertheiten, die unter entwicklungsbiologischem Gesichtspunkt als Primitivismen erscheinen: Sein Gebiss z. B. hat eine primitive Lückenlosigkeit und eine Unbestimmtheit der Struktur, die es weder zu einem Pflanzenfresser- noch zu einem Fleischfressergebiss, d. h. Raubtiergebiss machen. Gegenüber den Großaffen, die hoch spezialisierte Baumtiere mit überentwickelten Armen für Hangelkletterei sind, die Kletterfuß, Haarkleid und gewaltigen Eckzahn haben, ist der Mensch als Naturwesen gesehen hoffnungslos unangepasst. Er ist von einer einzigartigen (...) biologischen Mittellosigkeit, und er vergütet diesen Mangel allein durch seine

Arbeitsfähigkeit oder Handlungsgabe, d. h. durch Hände und Intelligenz; eben deshalb ist er aufgerichtet, „umsichtig", mit freigelegten Händen. (...)
Die Resultate der neueren Biologie geben uns die Möglichkeit, die exponierte und riskierte Konstitution des Menschen in einen weiteren Zusammenhang zu stellen. Die „Umwelt" der meisten Tiere, und gerade der höheren Säuger ist das nicht auswechselbare Milieu, an das der spezialisierte Organbau des Tieres angepasst ist, innerhalb dessen wieder die ebenso artspezifischen, angeborenen Instinktbewegungen arbeiten. Spezialisierter Organbau und Umwelt sind also Begriffe, die sich gegenseitig voraussetzen. Wenn nun der Mensch Welt hat, nämlich eine deutliche Nichteingegrenztheit des Wahrnehmbaren auf die Bedingungen des biologischen Sichhaltens, so bedeutet auch dies zunächst eine negative Tatsache. Der Mensch ist weltoffen, heißt: Er entbehrt der tierischen Einpassung in ein Ausschnitt-Milieu. Die ungemeine Reiz- oder Eindrucksoffenheit gegenüber Wahrnehmungen, die keine angeborene Signalfunktion haben, stellt zweifellos eine erhebliche Belastung dar, die in sehr besonderen Akten bewältigt werden muss. (...)
Wir haben jetzt dagegen den „Entwurf" eines organisch mangelhaften, deswegen weltoffenen, d. h. in keinem bestimmten Ausschnitt-Milieu natürlich lebensfähigen, Wesens und verstehen jetzt auch, was es mit den Bestimmungen auf sich hat, der Mensch sei „nicht festgestellt" oder „sich selbst noch Aufgabe": Es muss die bloße Existenzfähigkeit eines solchen Wesens fraglich sein, und die bare Lebensfristung ein Problem, das zu lösen der Mensch allein auf sich selbst gestellt ist, und wozu er die Möglichkeit aus sich selbst herauszuholen hat. Das wäre also das handelnde Wesen. Da der Mensch lebensfähig ist, müssen die Bedingungen zur Lösung dieses Problems in ihm liegen, und wenn bei ihm schon die Existenz eine Aufgabe und schwierige Leistung ist, so muss diese Leistung durch die gesamte Struktur des Menschen hindurch nachweisbar sein. Alle seine besonderen menschlichen Fähigkeiten sind auf die Frage zu beziehen: Wie ist ein so monströses Wesen lebensfähig, und damit ist das Recht der biologischen Fragestellung gesichert. Eine biologische Betrachtung des Menschen besteht also nicht darin, seine Physis mit der des Schimpansen zu vergleichen, sondern besteht in der Beantwortung der Frage: Wie ist dieses mit jedem Tier wesentlich unvergleichbare Wesen lebensfähig? Denn schon die Weltoffenheit ist, von daher gesehen, grundsätzlich eine Belastung. Der Mensch unterliegt einer durchaus untierischen Reizüberflutung, der „unzweckmäßigen" Fülle einströmender Eindrücke, die er irgendwie zu bewältigen hat. (...)
Infolge seiner organischen Primitivität und Mittellosigkeit ist der Mensch in jeder wirklich natürlichen und urwüchsigen Natursphäre lebensunfähig. Er hat also den Ausfall der ihm organisch versagten Mittel selbst einzuholen, und dies geschieht, indem er die Welt tätig ins Lebensdienliche umarbeitet. (...)
Der Mensch ist, um existenzfähig zu sein, auf Umschaffung und Bewältigung der Natur hin gebaut, und deswegen auch auf die Möglichkeit der Erfahrung der Welt hin: Er ist handelndes Wesen, weil er unspezialisiert ist, und also der natürlich angepassten Umwelt entbehrt. Der Inbegriff der von ihm ins

Lebensdienliche umgearbeiteten Natur heißt Kultur, und die Kulturwelt ist die menschliche Welt. Es gibt für ihn keine Existenzmöglichkeit in der unveränderten, in der nicht „entgifteten" Natur, und es gibt keinen „Naturmenschen" im strengen Sinne: d. h. keine menschliche Gesellschaft ohne Waffen, ohne Feuer, ohne präparierte und künstliche Nahrung, ohne Obdach und ohne Formen der hergestellten Kooperation. Die Kultur ist also die „zweite Natur" – will sagen: die menschliche, die selbsttätig bearbeitete, innerhalb derer er allein leben kann – und die „unnatürliche" Kultur ist die Auswirkung eines einmaligen, selbst „unnatürlichen", d. h. im Gegensatz zum Tier konstruierten, Wesens in der Welt. An genau der Stelle, wo beim Tier die „Umwelt" steht, steht daher beim Menschen die Kulturwelt, d. h. der Ausschnitt der von ihm bewältigten und zu Lebenshilfen umgeschaffenen Natur. Schon deswegen ist es grundfalsch, von einer Umwelt des Menschen – im biologisch definierten Sinne – zu reden. Beim Menschen entspricht der Unspezialisiertheit seines Baues die Weltoffenheit, und der Mittellosigkeit seiner Physis die von ihm selbst geschaffene „zweite Natur". Hierin liegt übrigens der Grund, warum der Mensch im Gegensatz zu fast allen Tierarten nicht geografisch natürliche und unüberschreitbare Daseinsbereiche hat. Fast jede Tierart ist eingepasst in ihr klimatisch, ökologisch usw. konstantes „Milieu", der Mensch allein überall auf der Erde lebensfähig, unter dem Pol und dem Äquator, auf dem Wasser und auf dem Lande, in Wald, Sumpf, Gebirge und Steppe. Er ist dann lebensfähig, wenn er dort Möglichkeiten erzeugen kann, sich eine zweite Natur zurechtzumachen, in der er dann statt in der „Natur" existiert.

Simone de Beauvoir

Mythos Frau*

In ihrem berühmten Werk analysiert Simone de Beauvoir den Mythos des Weiblichen.

Simone de Beauvoir (1908–1986)

Text aus: Das andere Geschlecht. Sitte und Sexus der Frau (Reinbek bei Hamburg, ^{5}2005, S. 192 f.)

Genesis: biblische Schöpfungsgeschichte

So erschien die Frau als das Unwesentliche, das nie zum Wesentlichen wird, als das absolute Andere ohne Wechselseitigkeit. Alle Schöpfungsmythen bringen diese dem Mann teure Überzeugung zum Ausdruck, unter anderem die Legende von der Genesis, die durch das Christentum in den westlichen Kulturen fortbesteht. Eva wurde nicht gleichzeitig mit dem Mann erschaffen; sie wurde weder aus einem anderen Stoff noch aus dem gleichen Lehm geformt wie Adam: sie wurde aus den Rippen des ersten Mannes genommen. Nicht einmal ihre Geburt war autonom: Gott hat sich nicht spontan entschieden, sie um ihrer selbst willen zu erschaffen und um dafür von ihr angebetet zu werden, sondern er hat sie für den Mann bestimmt. Um Adam von seiner Einsamkeit zu erlösen, hat er sie ihm gegeben. Sie hat ihren Ursprung und ihren Zweck in ihrem Gatten und ist seine im Grunde unwesentliche Ergänzung. Das macht sie zu einer besonderen Beute. Sie ist die zur Transparenz von Bewusstheit erhobene Natur, sie ist ein von Natur aus untergeordnetes Bewusstsein. Das ist die wunderbare Hoffnung, die der Mann oft in die Frau gesetzt hat: er hofft, sich als Sein zu erfüllen, indem er ein Sein körperlich besitzt, um sich zugleich von einer gefügigen Freiheit in der seinen bestätigen zu lassen. Kein Mann würde eine Frau sein wollen, aber alle wünschen, dass es Frauen gibt. „Danken wir Gott dafür, dass er die Frauen erschaffen hat." – „Die Natur ist gut, da sie den Männern die Frauen geschenkt hat." In diesen und ähnlichen Sätzen behauptet der Mann einmal mehr mit anmaßender Naivität, dass sein Dasein in dieser Welt ein unvermeidliches Faktum und ein Recht ist, das der Frau dagegen ein bloßer Zufall, aber ein glücklicher Zufall. Indem die Frau als das Andere gesehen wird, erscheint sie zugleich als eine Seinsfülle im Gegensatz zu der Existenz, deren Leere der Mann in sich spürt. (...)

Doch hat die Frau für den Mann nicht die einzige Verkörperung des Anderen dargestellt und ist im Lauf der Geschichte nicht immer gleich wichtig für ihn gewesen. Es hat Zeiten gegeben, in denen sie von anderen Idolen in den Schatten gestellt wurde. Als die Stadt, der Staat den Bürger mit Beschlag belegten, hatte er keine Möglichkeit mehr, sich mit seinem privaten Schicksal zu befassen. Dem Staat geweiht, hatte die Spartanerin eine bessere Situation als die übrigen griechischen Frauen. Aber sie wurde auch durch keinen männlichen Traum verklärt. Der Führerkult, sei es der um Napoleon, Mussolini oder Hitler, schließt jeden anderen Kult aus. In Militärdiktaturen, unter totalitären Regimen ist die Frau kein bevorzugtes Objekt mehr. (...)

Vielleicht wird der Mythos Frau eines Tages verschwinden: je mehr die Frauen sich als Menschen behaupten, desto mehr stirbt in ihnen die wunderbare Eigenschaft des Anderen. Heute aber existiert es noch im Herzen aller Männer. Jeder Mythos impliziert ein Subjekt, das seine Hoffnungen und Ängste auf einen transzendenten Himmel hin projiziert. Da die Frauen sich nicht als Subjekt setzen, haben sie keinen männlichen Mythos geschaffen, in dem sich ihre Entwürfe spiegeln. Sie haben keine Religion und keine Dichtung, die ihnen selbst gehört: sogar wenn sie träumen, tun sie es auf dem Weg über die Träume der Männer. Die Götter, die sie anbeten, sind von den Männern erfunden. Diese haben sich zu ihrer Selbstverherrlichung die großen Männergestalten ausgedacht: Herkules, Prometheus, Parzival: Im Schicksal dieser Helden spielt die Frau nur eine Nebenrolle.

implizieren: notwendigerweise beinhalten

Julia Kristeva (* 1941)

Text aus: Die neuen Leiden der Seele (Hamburg 1994, 230 f.)

Julia Kristeva

Die Zeit der Frauen**

Die Psychoanalytikerin und Sprachphilosophin Julia Kristeva ist eine der hervorragenden Vertreterinnen des französischen Poststrukturalismus. In diesem Essay versucht sie, das „spezifisch Weibliche" in einer anthropologischen und kulturgeschichtlichen Perspektive zu charakterisieren.

Was die Zeit betrifft, scheint die weibliche Subjektivität ihr ein spezifisches Maß zuzuordnen, das mit seinen aus der Zivilisationsgeschichte bekannten, vielfältigen Modalitäten vor allem die Wiederholung und die Ewigkeit festhält. Einerseits: Zyklen, Schwangerschaft, ewige Wiederkehr eines biologischen Rhythmus, der auf jenen der Natur eingestimmt ist. Seine Stereotypie kann schockieren: Seine Regelmäßigkeit im Einklang mit etwas, das als außersubjektive Zeit, als kosmische Zeit erlebt wird, bietet Gelegenheit für namenlose Begeisterung, Befriedigung. Auf der anderen Seite: eine massive Zeitlichkeit ohne Riss und ohne Entweichen. Mit der linearen Zeit hat sie derart wenig gemeinsam, dass ihr sogar die Bezeichnung Zeitlichkeit nicht entspricht. Einverleibend und unendlich wie der imaginäre Raum, beschwört sie Kronos aus der Mythologie Hesiods herauf, der als inzestuöser Sohn mit seiner kompakten Anwesenheit Gaia ganz bedeckte, um sie von Uranos, dem Vater, zu trennen. Oder die Auferstehungsmythen, die in jedem Glauben die Spur eines mütterlichen Kultes fortleben lassen bis hin zu seiner jüngsten Ausprägung, der christlichen. Für sie stirbt der Körper der Jungfrau Mutter nicht, sondern wandert zur gleichen Zeit von einem Raum zum nächsten, der Dormitio zufolge (sagen die Orthodoxen), der Himmelfahrt zufolge (sagen die Katholiken).
Diese beiden Typen von Zeitlichkeit, zyklisch und massiv, werden traditionell mit der weiblichen Subjektivität in Verbindung gebracht, insofern sie als notwendig mütterlich gedacht wird. Vergessen wir jedoch nicht, dass Wiederholung und Ewigkeit als grundlegende Auffassungen der Zeit in zahlreichen, besonders in mystischen, Erfahrungen aufscheinen. Wenn sich die Strömungen des modernen Feminismus darin wiedererkennen, sind sie deswegen nicht von Grund auf unvereinbar mit „männlichen" Werten. (...)
Anfangs ein Kampf von Suffragetten oder existenzialistischen Feministinnen, strebt die Frauenbewegung heute danach, sich einen Platz innerhalb der linearen Zeit als Zeit des Entwurfes und der Geschichte zu verschaffen. In diesem Sinne verwurzelt sich die Bewegung tief im soziopolitischen Leben der Nationen, wobei sie von Grund auf universalistisch ist. Die politischen Forderungen der Frauen, ihre Kämpfe für die Gleichheit der Löhne und der Funktionen, für die Machtübernahme in den gesellschaftlichen Institutionen mit demselben Recht, das die Männer haben, ihre Ablehnung der weiblichen oder mütterlichen Attribute, die als unvereinbar mit der Mitwirkung an dieser Geschichte eingeschätzt werden, unterstehen der Logik der Identifikation, wenn auch nicht mit den ideologischen (diese werden zu Recht als reaktionär bekämpft), sondern mit den logischen und ontologischen Werten, die der Nation und dem Staat eigen sind. Es ist nicht nötig, die Vorteile aufzuzählen, die diese Identifikationslogik und dieser Kampf mit Forderungen den Frauen gebracht haben und weiterhin bringen (Abtreibung, Empfängnisverhütung, Lohngleichheit, berufliche Anerkennung etc.). Ihre Auswirkungen sind heute und morgen noch bedeutender als die Auswirkungen der industriellen Revolution. Diese Strömung des Feminismus, deren Zugang ein universalistischer ist, globalisiert die Probleme der Frauen unterschiedlicher Milieus, Altersstufen, Kulturen oder schlicht unterschiedlicher psychischer Strukturen unter dem

Kronos, Gaia, Uranos: Figuren aus der griech. Mythologie. Kronos ist der jüngste Sohn der Gaia (Erde) und des Uranos (Himmel). Manche antike Quellen setzen Kronos mit Chronos gleich, dem Gott der Zeit.

Hesiod (um 700 v. Chr.): griech. Dichter

Dormitio: Fest der Dormition, der „Entschlafung" Marias (orthodox), Maria Himmelfahrt (katholisch). 1950 wurde die leibliche Aufnahme Marias in den Himmel von der katholischen Kirche zum Dogma erhoben, die orthodoxe Kirche hat die Himmelfahrt Marias nicht dogmatisiert.

Suffragetten: Frauenrechtlerinnen in Großbritannien und in den USA, Beginn des 20. Jhs., setzten sich insbesondere auch für das Wahlrecht der Frauen ein

Ontologie: Lehre vom Sein und Seienden

Etikett der Universalen Frau. Auf ihrer Bahn ist eine Betrachtung der Generationen der Frauen nur als eine Abfolge, ein Voranschreiten hin zur Vollendung des Programms vorstellbar, das die Gründerinnen aufgestellt haben.

Eine zweite Phase geht auf die Frauen zurück, die nach dem Mai 1968 mit einer ästhetischen oder psychoanalytischen Erfahrung zum Feminismus gekommen sind. Man erlebte eine quasi globale Ablehnung der linearen Zeitlichkeit und ein zugespitztes Misstrauen gegenüber der Politik. Es stimmt, dass diese jüngere Strömung des Feminismus sich auf dessen Gründerinnen beruft und dass der Kampf für die soziokulturelle Anerkennung der Frau notwendig die Hauptsorge ist. Sie denkt sich jedoch qualitativ anders als die erste Generation. Diese vor allem an der Besonderheit der weiblichen Psychologie und ihrer symbolischen Verwirklichung interessierten Frauen versuchen, den körperlichen und intersubjektiven Erfahrungen, die die frühere Kultur stumm belassen hat, eine Sprache zu geben. Als Künstlerinnen oder Schriftstellerinnen unternehmen sie eine regelrechte Erforschung der Dynamik der Zeichen. Ihre Forschung ähnelt, zumindest von ihren Ansprüchen her, den großen Vorhaben ästhetischer oder religiöser Umwälzungen. Diese Erfahrung als neue Generation zu bezeichnen, bedeutet nicht nur, dass zu den Forderungen der Anfangszeit nicht soziopolitischer Identität weitere Probleme hinzugekommen sind. Dadurch, dass er die Anerkennung einer irreduziblen und in sich selbst gespaltenen, pluralen, fluiden, gewissermaßen nicht identischen Singularität verlangt, situiert sich der heutige Feminismus außerhalb der linearen Zeit jener Identitäten, die über Projektion und Identifikation kommunizieren. Er knüpft an ein archaisches (mythisches) Gedächtnis wie auch an die zyklische oder monumentale Zeitlichkeit der „Marginalismen" wieder an. Es ist sicher kein Zufall, dass sich die europäische und transeuropäische Problematik zur gleichen Zeit wie diese neue Phase des Feminismus aufgetan hat. (...)

irreduzibel: nicht ableitbar

Das Begehren, Mutter zu sein, das die frühere feministische Bewegung für entfremdet oder reaktionär hielt, ist für die heutige Generation kein Dogma geworden. Die Zahl der Frauen, die ihre Mutterschaft für vereinbar mit dem Berufsleben halten, nimmt zu (einige Verbesserungen der Lebensbedingungen gehören mit zu den Ursachen: Zunahme der Kinderkrippen und der Kindergärten, aktivere Beteiligung der Männer an den schweren Beanspruchungen der Mutter etc.). Sie gilt ihnen darüber hinaus als unerlässlich für die Komplexität weiblicher Erfahrung, mit ihren Freuden und Leiden. Diese Tendenz hat ihr Extrem: die lesbischen Mütter oder einige ledige Mütter, die die Bedeutung der Vaterschaft ablehnen. Darin kann man eine der heftigsten Formen dieser Ablehnung des Symbolischen sehen, von dem wir weiter oben sprachen, sowie eine der glühendsten Vergöttlichungen der mütterlichen Macht. Hegel unterschied ein weibliches Recht (familienbezogen und religiös) von einem männlichen Gesetz (sozial und politisch). Unsere Gesellschaften kennen die Bräuche und Missbräuche dieses männlichen Gesetzes gut, wohl oder übel müssen wir jedoch anerkennen, dass das weibliche Recht bislang ungeschrieben ist. Sollte sich die Praktik der Mutterschaft ohne Vater verallgemeinern, ist es unerlässlich, ihr eine gesetzliche Form zu geben, um die Gewalt einzudämmen, deren Gegenstand das Kind ebenso wie der Mann ist. Sind die Frauen dieser psychologischen und juristischen Sorge fähig? Das ist eine der großen Fragen, denen die neue Frauengeneration begegnet. Auch und vor allem wenn sie es aus Zorn gegen eine Ordnung und ihr Gesetz, als deren Opfer man sich sieht, ablehnt, diese Frage selbst zu stellen.

Angesichts dieser Situation scheint es evident – und die feministischen Gruppen werden sich dessen immer bewusster, wenn sie versuchen, ihr Publikum zu verbreitern –, dass die Ablehnung der Mutterschaft keine allgemeine Politik sein kann. Die Mehrzahl der Frauen heute findet ihre Berufung darin, ein Kind zur Welt zu bringen. Woher kommt dieses Mutterschaftsbegehren? Das ist eine Frage an die neue Generation, die sich die vorherige untersagt hatte. Mangels Antworten gibt die feministische Ideologie den Weg frei für die Rückkehr des Religiösen, das genug zu bieten hat, um den Ängsten, den Leiden und den Hoffnungen der Mütter Genüge zu tun. Zwar kann der Freud'schen Behauptung nur partiell zugestimmt werden, wonach der Kindeswunsch ein Peniswunsch und in dem Sinne ein Substitut der phallischen und symbolischen Macht ist, doch muss dem Sprechen der modernen Frauen über diese Erfahrung aufmerksam zugehört werden. Die Schwangerschaft ist ein radikales Erlebnis: körperliche Zweiteilung, Trennung und Koexistenz des Ichs und eines anderen, einer Natur und eines Bewusstseins, einer Physiologie und eines Sprechens. Diese grundlegende Infragestellung der Identität geht mit einem Totalitätsphantasma einher – einer narzisstischen Vollendung. Die Schwangerschaft ist eine Art eingeführte, sozialisierte, natürliche Psychose. Die Ankunft des Kindes hingegen geleitet seine Mutter in die Labyrinthe einer unüblichen Erfahrung: der Liebe zu einem anderen. Nicht zu sich selbst, auch nicht zu einem identischen Menschen, noch weniger zu einem anderen, mit dem „ich" fusioniere (amouröse oder sexuelle Leidenschaft). Sondern das langsame, schwierige und köstliche Erlernen der Aufmerksamkeit, der Sanftheit, der Selbstvergessenheit. Diesen Weg ohne Masochismus und ohne Annullierung der affektiven, intellektuellen, beruflichen Persönlichkeit zurückzulegen, scheint der Einsatz einer schuldbefreiten Mutterschaft zu sein. Sie wird im starken Sinne des Wortes eine Schöpfung. Eine bislang vernachlässigte.

partiell: teilweise

Annullierung: hier: Aufhebung

affektiv: die Gefühlsebene betreffend

Julien Offray de La Mettrie

Der Mensch, eine Maschine**

Der französische Philosoph La Mettrie bekennt sich zu einem radikalen Materialismus und Mechanismus und fasst dementsprechend den Menschen als Maschine auf.

Julien Offray de La Mettrie (1709–1751)

Text aus: Der Mensch, eine Maschine, übers. v. M. Brahn (Leipzig 1909, S. 57 f.)

Die Natur der Bewegung ist uns ebenso unbekannt wie die der Materie. Ebenso wenig haben wir ein Mittel zum Verständnis dafür, wie Bewegung in der Materie entsteht, wofern man nicht mit dem Verfasser der „Geschichte der Seele" die alte, unverständliche Lehre von den „substanziellen Formen" neu erwecken will. Ich bin also darüber, dass ich nicht weiß, wie die träge und einfache Materie zur tätigen und zusammengesetzten der Organe wird, ebenso leicht getröstet wie darüber, dass ich ohne rotes Glas nicht in die Sonne sehen kann. In der gleichen glücklichen Gemütsverfassung befinde ich mich gegenüber den andern unbegreiflichen Wundern der Natur, ich meine die Erzeugung der Empfindung und des Gedankens in einem Wesen, welches einst unsern beschränkten Augen nur als ein wenig Schmutz erschien.

Gibt man mir nun zu, dass die organisierte Materie mit einem Bewegungsprinzip begabt ist, welches allein sie von der nicht organisierten unterscheidet (und wer könnte sich dessen bei so unwiderleglichen Beobachtungen weigern?), und dass bei den Tieren alles von den Verschiedenheiten dieser Organisation abhängt (...), so genügt das, um das Rätsel der Substanzen und das des Menschen zu erraten. Man sieht, dass es überhaupt nur eine Substanz auf der Welt gibt und dass der Mensch ihr vollkommenster Ausdruck ist. Er ist im Vergleich zu den Affen und den klügsten Tieren, was die Planetenuhr von Huygens im Vergleich zu einer Uhr des Königs Julianus ist. Wenn man mehr Instrumente, mehr Räder und mehr Federn brauchte, um die Bewegung der Planeten, als um die Stunden anzuzeigen und zu wiederholen, wenn Vaucanson mehr Kunst anwenden musste, um seinen Flötenspieler, als um seine Ente zu machen, so hätte er noch mehr Kunst anwenden müssen, um einen „Sprecher" herzustellen; eine solche Maschine darf, insbesondere unter den Händen eines solchen neuen Prometheus, nicht mehr als eine Unmöglichkeit angesehen werden.

Christiaan Huygens (1629–1695): niederländischer Astronom und Physiker, erbaute Teleskope und die erste Planetenuhr

Jacques de Vaucanson (1708–1782): franz. Uhrmacher und Mechaniker, berühmt geworden als Konstrukteur von Automaten, u. a. eines mechanischen Flötenspielers und einer automatischen Ente

Prometheus: Figur aus der griech. Mythologie, stahl das Feuer vom Himmel und brachte damit den Menschen Kultur, Technik und Fortschritt. Zur Strafe ließ Göttervater Zeus ihn an einen Felsen schmieden.

Ebenso war es nötig, dass die Natur mehr Kunst und Technik aufwandte, um eine Maschine herzustellen und zu unterhalten, die ein ganzes Jahrhundert lang alle Bewegungen des Herzens und des Geistes anzeigen sollte; denn wenn man am Puls auch nicht die Stunden abzählen kann, so ist er doch ein Barometer für die Wärme und Lebhaftigkeit, aus der man auf die Natur der Seele schließen kann. Ich täusche mich sicher nicht, der menschliche Körper ist eine Uhr, aber eine erstaunliche und mit so viel Kunst und Geschicklichkeit verfertigte, dass, wenn das Sekundenrad stillsteht, das Minutenrad seinen Gang immer weiter geht, und ebenso das Viertelstundenrad und alle die andern in ihrer Bewegung fortfahren, wenn die Ersteren verrostet oder aus irgendeiner Ursache verdorben sind und ihren Gang unterbrochen haben. Denn es ist doch so, dass die Verstopfung einiger Gefäße nicht ausreicht, den Stützpunkt aller Bewegungen zu zerstören oder zu unterbrechen, der im Herzen als in dem treibenden Teil der Maschine liegt; im Gegenteil, es haben dann die Flüssigkeiten, deren Volumen vermindert ist, einen kürzeren Weg zu machen und durchlaufen ihn deshalb desto schneller; außerdem werden sie in dem Verhältnis, in dem die Kraft des Herzens sich durch den Widerstand am Ende der Gefäße vermehrt, wie durch eine neu hinzutretende Strömung fortgerissen. (...)

(...) von zwei Ärzten ist, nebenbei bemerkt, meiner Ansicht nach immer derjenige der bessere und vertrauenswürdigere, der in der Physik oder Mechanik des menschlichen Körpers bewanderter ist und die Seele und alle die Besorgnisse, die dieses Hirngespinst den Narren und Nichtwissern einflößt, beiseite liegen lässt und sich nur um die reinen Naturwissenschaften bekümmert (...).

Gerhard Vollmer

Biologische und kulturelle Evolution**

Gerhard Vollmer (* 1943)

Text aus: Evolutionäre Erkenntnistheorie (Stuttgart 1980, S. 84–86)

Der deutsche Wissenschaftstheoretiker Gerhard Vollmer versucht das Problem menschlicher Erkenntnis in den Kontext der Evolutionstheorie zu stellen. Im folgenden Text erläutert er seine Auffassung vom Zusammenspiel biologischer und kultureller Evolution.

Die Betrachtungen haben deutlich gemacht, dass das Prinzip der Evolution universell ist. Es gilt sowohl für den Kosmos als Ganzes wie für Spiralnebel, Sterne mit ihren Planeten, für den Erdmantel, Pflanzen, Tiere und Menschen, für das Verhalten und die höheren Fähigkeiten der Tiere; es gilt aber auch für Sprache und Sprachen und für die historischen Formen menschlichen Zusammenlebens und Wirkens, für Gesellschaften und Kulturen, für Glaubenssysteme und Wissenschaften.

Natürlich können die Faktoren und Gesetze der Evolution auf den einzelnen Ebenen sehr verschieden sein. So sind für die Entwicklung eines Sterns ausschließlich physikalische Gesetze maßgebend; bei biologischen Systemen kommen jedoch weitere Prinzipien hinzu (ohne dass auch nur ein physikalisches Gesetz außer Kraft gesetzt würde (...). Von Mutation und Selektion oder Anpassung zu sprechen, ist wiederum erst sinnvoll bei Organismen, die sich fortpflanzen und eine gewisse Variabilität besitzen. Bei anderen Systemen können diese Begriffe zunächst nur zu Analogien dienen oder sie müssen ganz neu definiert werden.

Man unterscheidet deshalb auch mit Recht zwischen biologischer, sozialer und kultureller Evolution des Menschen und entsprechend zwischen biologischer, Sozial- und Kulturanthropologie. Dabei werden jedoch die biologischen Gesetze nie ungültig, sondern nur ergänzt durch weitere Faktoren. (...)

Charakteristisch für die Änderung der Ausleseprinzipien sind folgende Neuerungen:

a) Der Mensch erkennt und heilt Krankheiten, die unter natürlichen Umständen zum Tode führen bzw. die Nachkommenschaft vermindern oder verhindern würden. Durch die Erfolge der Medizin werden also defekte Gene häufig nicht mehr aus den menschlichen Populationen eliminiert.

b) In der natürlichen Evolution wird die Fortpflanzungsrate nicht durch die Individuen kontrolliert. Schon das Wissen um den Zusammenhang von Zeugung und Geburt kann jedoch die Zahl der Nachkommenschaft beeinflussen. (Es soll primitive Stämme geben, die diesen Zusammenhang nicht kennen.) Die aktive Geburtenkontrolle ändert die Auslesebedingungen noch drastischer.

c) Als einziges Wesen der Erde weiß der Mensch, dass er ein Produkt der Evolution ist und ihr weiterhin unterliegt. Er wird also versuchen, die Evolution zu lenken. Neuerdings eröffnet sich sogar die Möglichkeit, das Erbgut direkt zu beeinflussen.

d) Der Mensch ist in der Lage, seine Umwelt aktiv, willentlich und geplant zu verändern. Dabei kehrt sich das Verhältnis von Organismus und Umwelt um. Nicht die Gene müssen sich nach den äußeren Bedingungen richten, sondern der Mensch passt die Umwelt seiner genetischen Konstitution an.

e) Durch die Fähigkeit, Symbole (Sprache) zu erfinden und zu gebrauchen, gewinnt der Mensch die Möglichkeit, Wissen zu sammeln und weiterzugeben. Daraus erwächst ihm ein Mittel der innerartlichen Informationsübertragung, das in Konkurrenz zum biologisch-genetischen Transfer tritt und die kulturelle Evolution einleitet.

f) Kulturelle Neuerungen werden durch Lernen erworben und durch Belehrung und Tradition vermittelt. Sie können nicht nur an die Nachkommenschaft, sondern an „jedermann" weitergeben werden. Der Austausch dieser erworbenen Information erfolgt deshalb wesentlich schneller und effektiver.

g) Jeder kulturelle Fortschritt steigert wiederum die Notwendigkeit, sich der kulturellen Umgebung besser anzupassen und sie zu nützen. Auf diese Weise übt die Kultur einen starken Selektionsdruck auf die genetische Evolution des Menschen aus. So ist auch die Kulturfähigkeit ein Instrument, das der Anpassung an die Umwelt und ihrer Beherrschung dient.

Aus dieser Zusammenstellung geht schon hervor, dass die biologische Evolution nicht dort endet, wo eine kulturelle Evolution einsetzt. Bei der Evolution des Menschen wirken vielmehr biologische und kulturelle Faktoren zusammen. (…)

Ein besonders lehrreiches Beispiel für diese Rückkopplung ist wieder die menschliche Sprache. Offenbar besitzt ein solches hochsymbolisches Kommunikationssystem für den sozialen und jagenden Hominiden einen großen Auslesevorteil. Deshalb werden Individuen mit besserer angeborener Sprachfähigkeit durch die Selektion bevorzugt, und solche Individuen werden auch dieses Kommunikationssystem benützen und vervollkommnen.

Hominiden: Sammelbegriff für den heutigen Menschen und seine Vorläufer sowie den Menschenaffen

Die Entwicklung muss also als eine biologisch-kulturelle Einheit gesehen werden. Jedenfalls behalten auch hier die Gesetze der biologischen Evolution ihre Gültigkeit. Wie der Energie-Erhaltungssatz „der Physik" auch für die lebende Zelle gilt, so wirken die Gesetze der Evolution auf den Menschen, seine morphologischen, physiologischen und Verhaltensstrukturen, auf seine Organe, ihre Funktion und ihre Leistungen, auch wenn diese Gesetze nicht ausreichen mögen, ihn in seinen psychischen, kognitiven, sozialen und kulturellen Bezügen zu „erklären" oder zu verstehen.

Nun sind Denken und Bewusstsein Funktionen des Gehirns, also eines natürlichen Organs. Wie alle anderen Organe und ihre Funktionen dienen sie der Auseinandersetzung des Individuums mit seiner Umwelt und müssen sich in dieser Auseinandersetzung bewähren. Deshalb kann und muss auch die Ausbildung des Gehirns und seiner Leistungen unter dem biologisch-evolutiven Aspekt gesehen werden.

Stephen W. Hawking

Natur ohne Gott?**

Stephen W. Hawking (1942–2018)

Text aus: Eine kurze Geschichte der Zeit (Hamburg 1988, S. 216 f.)

Quantenmechanik: mathematisches Verfahren zur Beschreibung der in Quanten abgegebenen und aufgenommenen atomaren Energie

Relativitätstheorie: von Einstein entwickelte Theorie, die die Relativität von Zeit und Raum beschreibt und die Lichtgeschwindigkeit als Konstante annimmt

Der englische, in Cambridge lehrende Physiker Stephen W. Hawking versucht, die Erkenntnisse der modernen Physik zusammenzufassen und auf ihre Relevanz für unser Weltbild zu hinterfragen. Im folgenden Textabschnitt geht es um die Frage nach den Entstehungsbedingungen des Universums und die mögliche Rolle eines Schöpfergottes.

Wenn wir die Quantenmechanik mit der allgemeinen Relativitätstheorie verbinden, so scheint sich eine neue Möglichkeit zu eröffnen: Raum und Zeit können zusammen einen endlichen, vierdimensionalen Raum ohne Singularitäten und Grenzen bilden, ähnlich wie die Oberfläche der Erde, nur mit mehr Dimensionen. Es scheint, dass diese Theorie viele der beobachteten Eigenschaften des Universums erklären kann – zum Beispiel seine großräumige Gleichförmigkeit und die kleinräumigen Verstöße gegen die Einheitlichkeit in Gestalt von Galaxien, Sternen und auch Menschen. Sie kann sogar den Zeitpfeil erklären, den wir beobachten. Doch wenn das Universum vollständig in sich abgeschlossen ist, ohne Singularitäten und Grenzen, und sich erschöpfend durch eine einheitliche Theorie beschreiben ließe, so hätte dies tief greifende Auswirkungen auf Gottes Rolle als Schöpfer.

Einstein hat einmal gefragt: „Wie viel Entscheidungsfreiheit hatte Gott bei der Erschaffung des Universums?" Wenn die Keine-Grenzen-These zutrifft, so blieb ihm bei der Wahl der Anfangsbedingungen überhaupt keine Freiheit. Natürlich hätte es immer noch in seinem Ermessen gestanden, die Gesetze zu wählen, die das Universum bestimmen. Doch eine echte Entscheidungsfreiheit könnte er bei dieser Wahl auch nicht gehabt haben, denn es ist durchaus möglich, dass es nur sehr wenige vollständige einheitliche Theorien gibt – vielleicht sogar nur eine, zum Beispiel die heterotische Stringtheorie –, die in sich widerspruchsfrei sind und die Existenz von so komplizierten Gebilden wie den Menschen zulassen, die die Gesetze des Universums erforschen und nach dem Wesen Gottes fragen können.

Auch wenn nur eine einheitliche Theorie möglich wäre, so wäre sie doch nur ein System von Regeln und Gleichungen. Wer bläst den Gleichungen den Odem ein und erschafft ihnen ein Universum, das sie beschreiben können? Die übliche Methode, nach der die Wissenschaft sich ein mathematisches Modell konstruiert, kann die Frage, warum es ein Universum geben muss, welches das Modell beschreibt, nicht beantworten. Warum muss sich das Universum all dem Ungemach der Existenz unterziehen? Ist die einheitliche

Odem: Atem

Theorie so zwingend, dass sie diese Existenz herbeizitiert? Oder braucht das Universum einen Schöpfer, und wenn ja, wirkt er noch in irgendeiner anderen Weise auf das Universum ein? Und wer hat ihn erschaffen?

Bislang waren die meisten Wissenschaftler zu sehr mit der Entwicklung neuer Theorien beschäftigt, in denen sie zu beschreiben versuchten, was das Universum ist, um die Frage nach dem Warum zu stellen. Andererseits waren die Leute, deren Aufgabe es ist, nach dem Warum zu fragen – die Philosophen –, nicht in der Lage, mit der Entwicklung naturwissenschaftlicher Theorien Schritt zu halten. Im 18. Jahrhundert betrachteten die Philosophen den gesamten Bereich menschlicher Erkenntnis, einschließlich der Naturwissenschaften, als ihr angestammtes Gebiet und erörterten auch Fragen wie etwa die nach dem Anfang des Universums. Im 19. und 20. Jahrhundert jedoch wurde die Naturwissenschaft zu fachlich und mathematisch für Laien, zu denen nun auch die Philosophen gehörten. Sie engten den Horizont ihrer Fragen immer weiter ein, bis schließlich Wittgenstein, einer der bekanntesten Philosophen unseres (des 20.) Jahrhunderts, erklärte: „Alle Philosophie ist ‚Sprachkritik' (…), (ihr) Zweck ist die logische Klärung von Gedanken." Was für ein Niedergang für die große philosophische Tradition von Aristoteles bis Kant!

Wenn wir jedoch eine vollständige Theorie entdecken, dürfte sie nach einer gewissen Zeit in ihren Grundzügen für jedermann verständlich sein, nicht nur für eine Handvoll Spezialisten. Dann werden wir uns alle – Philosophen, Naturwissenschaftler und Laien – mit der Frage auseinandersetzen können, warum es uns und das Universum gibt. Wenn wir die Antwort auf diese Frage fänden, wäre das der endgültige Triumph der menschlichen Vernunft – denn dann würden wir Gottes Plan kennen.

Thomas Macho (* 1952)

Text aus: Todesmetaphern (Frankfurt/M. 1987, S. 79)

Thomas Macho

Was ist der Tod?*

Der österreichische Philosoph Thomas Macho untersucht in seinen *Todesmetaphern* die vielfältigen kulturellen und philosophischen Formen, in denen der Mensch der Tatsache des Todes Herr zu werden versucht. Seine These dabei ist, dass wir den Tod als solchen gar nie erfahren können – denn er ist das Ende jeder Erfahrungsmöglichkeit.

Worüber sprechen wir, wenn wir vom Tod sprechen? Vielleicht ist der Tod gar nicht „natürlich"; vielleicht ist er einer Handlung gleichzusetzen – einer Handlung, die an uns vollzogen wird, als göttliche oder dämonische Tat, als magische Praxis, als Schnitt durch den Lebensfaden, als Mord. Vielleicht ist jeder Tod eigentlich Mord.

Vielleicht ist der Tod aber auch eine Handlung, die wir selbst vollziehen, als freie Täter: ein Abschied, eine Trennung, eine Reise, ein Fortgang – ein Selbstmord. Vielleicht ist jeder Tod eigentlich Selbstmord: „Der Mensch stirbt nur dann, wenn er sterben will." Die andere Seite des „natürlichen Todes", seine radikale Umkehrung, ist die „mors voluntaria", der freiwillige Tod. Wenn aber der Tod als Handlung interpretiert werden darf, dann können wir einen indirekten Zugang zu einer passiven oder aktiven Todeserfahrung postulieren; Todeserfahrung müsste nämlich – in analogischer Konstruktion – als Handlungserfahrung besonderer Art dechiffriert werden: als spezifische Erfahrung der Freiheit vielleicht, die den Menschen zum seltsamsten Tier der Naturhistorie geraten ließ.

postulieren: hier: festsetzen

dechiffriert: entziffert, erklärt

Wollt ihr den natürlichen Tod? Die Konzeption des „natürlichen Todes" verdeckt – wie alle Berufung auf die „Natur" des Menschen – einen ideologischen Hintergrund. Soll man nicht fragen, warum die Rede vom „natürlichen Tod" gerade in einem Zeitalter reüssiert, das wie kein anderes den Tod produziert hat? Wie passt denn der „natürliche Tod" zu der erstmals installierten Möglichkeit, die gesamte Gattung auszurotten und diesen Planeten für immer unbewohnbar zu machen?

reüssieren: erfolgreich sein

Was mag es bedeuten, von einem Toten zu sagen, er sei eines „natürlichen Todes" gestorben? Starb der greise Bloch „natürlicher" als der junge Paul Ludwig Landsberg, der im KZ Oranienburg ermordet wurde? Wie bestimmen wir den Wert eines Menschenlebens – an der Zahl der verbrauchten Jahre? War Mozarts Leben weniger „erfüllt" als das Leben Johann Sebastian Bachs? Woher nehmen wir solche Maßstäbe?

Ernst Bloch: deutscher Philosoph, wurde über 90 Jahre alt; Paul Ludwig Landsberg: deutscher Soziologe, starb im 43. Lebensjahr

Hinter der Rede vom „natürlichen Tod" verbirgt sich womöglich jenes Arrangement, das Elias Canetti zum Thema eines beklemmenden Dramas gemacht hat. Wir sind „Die Befristeten", die Gesellschaft, in der jeder den Augenblick seines eigenen Todes zu kennen glaubt. Was diese Gesellschaft auszeichnet, ist die rigide Herrschaft, die sich gerade am Ideal der Unterwerfung des Todes ausgiebig berauscht; die Klassentrennung zwischen langlebigen Tyrannen und kurzlebigen Sklaven; die Gesprächslosigkeit zwischen den „Toten auf Urlaub" und den bürokratischen Verwaltern des verfügten Todes. Hinter dieser „Natur" der Befristung lässt sich die Fratze sozialdarwinistischer Moral deutlich erkennen.

Elias Canetti (1905–1944): Schriftsteller, Literatur-Nobelpreisträger. Sein Drama *Die Befristeten* wurde 1956 uraufgeführt.

rigide: streng, unnachgiebig

Sozialdarwinismus: Übertragung des darwinistischen Denkens auf die menschliche Gesellschaft: Auch ihre Entwicklung ist nur von Selektion und Überleben des Stärkeren bestimmt.

Nein, der „natürliche Tod" ist keine Utopie, die wir gegen die schlimme Realität verteidigen müssten. Die Utopie besteht auf der Abschaffung des Todes, auf der Solidarität der Menschen gegen den Tod: nicht auf seiner Verklärung zur sanften Natur. Wir wollen nicht sterben, weder den „technischen" noch den „natürlichen" Tod (die sich zum Verwechseln ähnlich sehen); wir sind nicht einverstanden mit dem Tod, mit dem eigenen Tod nicht und nicht mit dem Tod der anderen Menschen.

Vladimir Jankélévitch (1903–1985)

Text aus: Kann man den Tod denken?, übers. u. hrsg. v. Jürgen Brankel (Wien 2003, S. 87 f.)

Vladimir Jankélévitch

Die Angst vor dem Tod**

Der französische Philosoph und Musiktheoretiker Vladimir Jankélévitch spricht in einem Interview über die Angst vor dem Tod.

Vladimir Jankélévitch, wieso gibt es Angst vor dem Tod?

Warum es Angst vor dem Tod gibt? Nun gut, ich glaube, dass im Gegensatz zu dem, was uns die Religionen lehren, und zu dem, was die Leute gemeinhin sagen, die Angst vor dem Tode keine Angst vor dem Jenseits ist. Das war vielleicht so im Mittelalter und in den sehr religiösen Gesellschaften, aber meiner Meinung nach bezieht sich die Angst vor dem Tode nicht auf das Jenseits, sie bezieht sich auf den Übergang vom einem zum anderen. Es ist eine Angst vor etwas Unvorstellbarem, eine Erfahrung, die nie gemacht worden ist, die man zum ersten und letzten Mal macht, das erste Mal ist auch das letzte. Es ist der Eintritt in eine völlig unterschiedliche Ordnung oder in überhaupt nichts. Was kann der größte Schmerz auf der Welt sein? Die größte Transformation auf der Welt? Es ist nicht einmal eine Transformation, denn die Transformation ist der Übergang von einer Form zur anderen, wie es das Wort „Transformation" anzeigt, und der Tod ist der Übergang zur Abwesenheit von Form. Diese Idee ist also unvorstellbar, es ist keine empirische Beziehung. Es ist der Eintritt in etwas völlig Unterschiedliches oder in überhaupt nichts oder ins Nichts. Also ist es nicht Angst vor dem Jenseits, weil Angst vor dem Jenseits Angst vor einem anderen Leben ist, einem jenseitigen Leben, einer unterschiedlichen, besseren oder schlechteren Welt ... Es ist meiner Meinung nach nicht Angst vor der Hölle, es ist etwas viel Metaphysischeres, wenn Sie so wollen. Es ist etwas völlig Verschiedenes. Man kann nicht einmal sagen, dass es anders ist. Denn das andere schließt dasselbe ein, anderes im Rahmen des Selben. Zum Beispiel, man wird Sie jemandem einer unbekannten Rasse oder einem außergewöhnlichen Tier, das Sie noch nie gesehen haben, vorstellen, es ist immer anders, vollkommen anders im Rahmen des Selben. Während der Tod das andere ohne irgendeinen Anhaltspunkt ist, ohne jede Referenz auf etwas im Diesseits, es ist eine Art des Absoluten, von dem die Religionen uns nichts sagen.

Kompetenzcheck 3 – Das Wesen des Menschen

Das Profane und das Heilige

- ❑ Sie können religiösen Glauben definieren und unterschiedliche religiöse Ansätze zusammenfassen.
- ❑ Sie können zur Bedeutung von Religion in Ihrem eigenen Leben und im Leben anderer Stellung nehmen.
- ❑ Sie können Gottesbeweise aufzählen und mindestens einen davon argumentativ darlegen und bewerten.
- ❑ Sie können die religionskritischen Argumente von Feuerbach, Nietzsche, Marx und Freud erläutern und beurteilen.

Das Hässliche und das Schöne – Einführung in die Philosophie der Kunst

- ❑ Sie können eigene ästhetische Erfahrungen reflektieren und Kants Begriff des „interessenlosen Wohlgefallens“ erörtern.
- ❑ Sie können das Verhältnis von Kunst und moderner Gesellschaft, insbesondere das Phänomen der Massenmedien, charakterisieren.
- ❑ Sie können die Philosophie der Neuen Medien, etwa anhand von Anders' Begriffen des „Masseneremiten“ und der „Phantombilder“, beschreiben und beurteilen.
- ❑ Sie können die Beziehung von Kunst und Wahrheit problematisieren und die Argumente für und gegen „l´art pour l´art“ analysieren.

Das Natürliche und das Künstliche – Menschenbilder

- ❑ Sie können die wichtigsten Positionen zum Wesen des Menschen zusammenfassen, einordnen und miteinander vergleichen.
- ❑ Sie können Sartres existenzialistischen Menschenentwurf in seinen Grundzügen erklären.
- ❑ Sie können den Begriff des Absurden mit Rückgriff auf Camus erklären und kennen den Inhalt vom Mythos des Sisyphos.
- ❑ Sie können die Naturalisierung von Geschlecht erklären und anhand von Alltagsbeispielen erläutern.
- ❑ Sie können begründen, wie Entwürfe zum Menschsein unsere Auffassungen von einem guten Zusammenleben beeinflussen.
- ❑ Sie können die Unterscheidung von „Sex“ und „Gender“ erläutern, argumentativ begründen und auch problematisieren.
- ❑ Sie können die unterschiedlichen philosophischen Positionen hinsichtlich des Todes charakterisieren, überprüfen und ein eigenes Modell entwickeln.
- ❑ Sie können in einem Gedankenexperiment Lösungsansätze entwickeln, wie es wäre, unsterblich zu sein.

4. Das Gute und das Böse
Ethische Fragestellungen und Positionen erklären und kritisch hinterfragen

4.1. Was sollen wir tun? – Grundfragen der Ethik

Annäherung

> Da aber das, was man beschließt, überlegt, erstrebt, etwas ist, was in unserer Macht steht, so ist auch vorsätzliches Handeln ein mit Überlegung verbundenes Streben nach solchem, was in unserer Macht steht. Das Ergebnis der Überlegung gibt uns die Entscheidung an die Hand, und so richten wir denn unser Streben gemäß unserer Überlegung ein.
>
> Aristoteles

Von der Notwendigkeit der Entscheidung

➤ Seite 7

Was soll ich tun?

Täglich stehen Menschen vor Entscheidungen, müssen eine von vielleicht mehreren Handlungsoptionen wählen und Kriterien finden, nach denen sie sich richten können und die es erlauben, eine Handlung zu bewerten und zu beurteilen. Immanuel Kant hat das menschliche Problem in Bezug auf sein Handeln in einer seiner drei Grundfragen formuliert: „Was soll ich tun?" – Diese Frage stellt sich für uns ziemlich häufig. Jede ungewohnte Situation, jedes unvorhersehbare Ereignis, jedes ungeklärte, noch so alltägliche Lebensproblem konfrontiert uns mit der Notwendigkeit, uns zu entscheiden. Der Philosoph Nicolai Hartmann schrieb dazu: „Vor der Frage ‚Was sollen wir tun?' stehen wir in jedem Augenblick. Jede neue Situation gibt sie uns neu auf, von Schritt zu Schritt im Leben müssen wir sie neu beantworten, unausweichlich und ohne dass eine Macht uns dabei entlasten, über die Notwendigkeiten hinwegheben könnte."

Anspruch auf Moralität

Begründung von moralischen Normen

Doch die Ethik als die philosophische Untersuchung der Moral hat nicht alle beliebigen menschlichen Handlungen zum Gegenstand, sondern jene, die einen Anspruch auf Moralität haben oder moralisch bewertet werden können, über die also gesagt werden kann, dass sie im Hinblick auf bestimmte Entscheidungskriterien gut oder böse, förderlich oder schädlich sind. – Was sollen wir tun, wie sollen wir entscheiden, was sollen wir gutheißen, was verurteilen, was erscheint uns als förderungswürdig, was als verwerflich, und vor allem, wie können wir Grundlagen und Richtlinien für unser Verhalten finden und wie können wir diese Richtlinien begründen? – Ethik versucht auf diese Fragen Antworten zu finden und diese Antworten argumentativ, im Sinne einer philosophisch-wissenschaftlichen Disziplin zu begründen. Vielleicht ist schon zu erahnen, dass dieses Unterfangen nicht gerade einfach ist und dass die Antworten auf diese Fragen unterschiedlicher nicht ausfallen könnten.

Denkanstöße

1 Denken Sie an die letzte wichtige Entscheidung, die Sie getroffen haben. Beschreiben Sie, nach welchen Kriterien Sie diese Entscheidung trafen. Fassen Sie den Entscheidungsprozess zusammen und bewerten Sie, ob Sie damals überzeugt waren, das Richtige zu tun.

2 „Wie konntest Du das tun? Das ist nicht fair!" – Beschreiben Sie, welche Handlungen Sie in letzter Zeit als falsch, unmoralisch oder schlecht bewertet haben. Überprüfen Sie, welche Bewertungsgrundlagen Sie dabei herangezogen haben.

Sitten, Moral, Ethik

Das Verhalten der Menschen kann durch die Tradition, durch die Sitten gelenkt sein: Allgemein anerkannte Handlungs-, Verhaltens- und Beurteilungsmuster machten das Gemeinschaftsleben reibungsloser bzw. überhaupt erst möglich. Sie entlasteten die Menschen von ständig neuer Entscheidungs- und Konsensfindung. Durch Erziehung verinnerlichen Menschen die als selbstverständlich erscheinenden Sitten, ordnen sich den Regeln unter. Unter Sitten versteht man also alle in einer Gemeinschaft als gültig akzeptierten Gebote, Werte, Normen und Regeln, die von einer bestimmten Gemeinschaft erwünschtes, in ihrem Sinne „gutes" Handeln nach sich ziehen sollen. Das griechische Wort „ethos" bedeutet soviel wie „Sitte, Gewohnheit, Brauch". In einer weiteren Bedeutung bezeichnet „ethos" aber auch die eigene Grundhaltung, das persönliche Wertempfinden, das jeder Mensch erst für sich selbst erarbeiten muss, indem er die jeweils geltenden Werte hinterfragt. Der lateinische Begriff „mos" (Pl.: mores), von dem sich das Wort „Moral" ableitet, ist die Übersetzung des griechischen „ethos". Moral wird einerseits gleichbedeutend wie Sitte verwendet, andererseits kann Moral aber auch das individuelle Wertempfinden der eigenen Grundhaltung bezeichnen.

Sitten

Ethos

Unter Werten versteht man in diesem Zusammenhang erwünschte und angestrebte Ziele von Handlungen bzw. die Gründe, die zur Wertschätzung von Gegenständen, Handlungen oder Anschauungen führen. Verhaltensregeln, die sich aus dem Wert des Guten ableiten lassen – wie immer das Gute inhaltlich definiert sein mag –, werden auch als Normen bezeichnet. Da solche Normen und Normensysteme zwischen Gemeinschaften differieren, kann man auch von verschiedenen Moralen sprechen.

Werte

Verschiedene Moralen

Von der Moral müssen Konventionen und Gesetze unterschieden werden. Konventionen können als Vereinbarungen bezeichnet werden, die bestimmte Verhaltensweisen regeln, die nicht an sich gut sein müssen, aber bestimmte praktische Funktionen oder Nützlichkeitswerte haben, Grußformen, Bekleidungsvorschriften, Tischsitten, Verkehrsregeln und Ähnliches mehr. Weisen solche Konventionen eine lange Tradition auf, kann man sie als Sitten oder Gebräuche bezeichnen. Der Übergang zu – religiös verankerten – Ritualen und Normen ist dabei oft fließend.

Konventionen

Gesetze sind schriftlich fixierte Bestimmungen, deren Verletzung Sanktionen der Gemeinschaft nach sich zieht: Buße und Strafe; sie müssen nicht immer mit moralischen Normen übereinstimmen. Es kann also zu einem Widerspruch zwischen Moralität und Legalität kommen – es ist zum Beispiel in vielen Staaten mit allgemeiner Wehrpflicht möglich, im Ernstfall den Bürger dazu zu zwingen, den Feind zu töten, auch dann, wenn in dieser Gesellschaft an sich das moralische Gebot „Du sollst nicht töten" akzeptiert wird.

Gesetze

Ethik bezeichnet die Moralphilosophie, also die kritische Reflexion der bestehenden Moralen. Die Ethik fragt nach den Bedingungen und Möglichkeiten des sittlichen

Ethik

Handelns; ferner fragt sie nach der Begründbarkeit sittlicher Normen und versucht, solche selbst zu formulieren. Beschäftigt sie sich ausdrücklich mit der Frage nach an sich gültigen Werten, wie etwa Freiheit, Gerechtigkeit, Frieden, Wahrhaftigkeit, so kann man auch von einer philosophischen Werttheorie oder Axiologie sprechen.

Präskriptive und deskriptive Ethik

In der präskriptiven (normativen, vorschreibenden) Ethik werden Verfahren zur Beurteilung von Handlungen entwickelt, moralische Urteile gefällt, Bewertungsgrundlagen entwickelt und begründet. Die deskriptive (beschreibende) Ethik beschreibt faktische Verhaltensweisen und Handlungen und untersucht die Werte und Beurteilungskriterien, die ihnen zugrunde liegen. Im Gegensatz zur präskriptiven Ethik wird in der deskriptiven Ethik nicht formuliert, was gelten sollte, sondern nur das, was tatsächlich gilt. Werden die Voraussetzungen der Ethik selbst noch einmal zum Gegenstand philosophischer Überlegungen, so spricht man von Metaethik. Sie untersucht die Begründungs- und Rechtfertigungsmethoden der Ethik, sie untersucht also nicht die Handlungen, sondern die Urteile selbst, die über Handlungen getroffen werden. Ihr geht es um Fragen wie: Was sind eigentlich moralische Normen? Wie unterscheiden sie sich von anderen Sätzen? Wie sind solche Sätze begründbar? Welche Logik gilt für moralische Sätze?

Metaethik

Jede Moralphilosophie oder Ethik beruht zumindest auf zwei Voraussetzungen: auf der Annahme, dass für den Menschen freies, bewusstes, absichtsvolles, also intentionales und damit auch verantwortungsvolles Handeln möglich ist, und auf der Annahme, dass moralische Gebote und Normen vernünftig begründbar und rechtfertigbar sind und sein müssen, dass man also nicht angewiesen ist auf Instanzen wie Gewissen, die Stimmen der Natur und des Blutes, religiöse oder weltliche Autoritäten und Traditionen.

Philosophische Ethik beginnt dort, wo der Einzelne seine subjektive Entscheidung nicht nur aufgrund bestimmter vorgegebener Werte trifft, sondern wo auch die Frage nach Gültigkeit und Begründbarkeit von Werten überhaupt auftaucht.

In unserer pluralistischen Gesellschaft scheint es uns geradezu selbstverständlich, dass jeder Mensch seine eigenen Vorstellungen etwa davon hat, wie man zur Glückseligkeit kommt. Pluralismus im Zusammenhang der Auseinandersetzung um Werte und Normen bedeutet ja, dass mehrere Vorstellungen vom richtigen Handeln oder vom geglückten Leben vorhanden sind. Der berühmte Verfassungsrechtler und Rechtsphilosoph Hans Kelsen, Schöpfer der österreichischen Verfassung von 1920, verdeutlichte in seiner Schrift *Was ist Gerechtigkeit* (1953), dass unsere Werte und damit auch unsere Werturteile jedoch nicht nur individuelle Produkte sind, sondern immer auch durch das gesellschaftliche Umfeld mitbeeinflusst werden: „Ein positives Wertsystem ist nicht die willkürliche Schöpfung eines isolierten Individuums, sondern stets das Ergebnis des gegenseitigen Einflusses, den Individuen innerhalb einer gegebenen Gruppe – wie Familie, Stamm, Clan, Kaste, Beruf – und unter bestimmten Bedingungen aufeinander ausüben."

Hans Kelsen (1881–1973) ➤ *Glossar*

Je größer die Vielfalt an Wertvorstellungen in einer Gesellschaft ist, desto schwieriger wird es allerdings, einen Konsens bei moralischen Fragestellungen zu finden.

Denkanstöße

1 Beschreiben Sie, welchen Konventionen und moralischen Normen Sie in Ihrem eigenen Leben folgen. Ermitteln Sie, ob Ihre Moralvorstellungen aus der Erziehung, dem Freundeskreis oder dem eigenen Nachdenken stammen.

2 Beschreiben Sie, was Sie zum Glücklichsein brauchen. Nehmen Sie dann eine Reihung dieser Werte nach ihrer Wichtigkeit vor und begründen Sie diese persönliche Auswahl und Reihung. Diskutieren Sie die Ergebnisse in der Klasse.

3 Finden Sie aus folgenden Sätzen die präskriptiven Sätze heraus:

- Es ist falsch, andere Menschen zu belügen.
- Manchmal ist es richtig, andere Menschen zu belügen.
- Moralische Prädikate besitzen keine Entsprechung in der objektiven Welt.
- Du sollst nicht so viel rauchen!
- Das Rauchverbot kann durch das Nichtschadensgebot begründet werden.
- Man soll im Philosophieunterricht nicht heimlich Musik hören.
- Die Mehrheit der Ärztinnen und Ärzte versucht, nach dem Eid des Hippokrates zu handeln.
- Es sollten mehr Frauen für Führungspositionen eingestellt werden.
- Wenn ein Außerirdischer fähig ist, sich sein Überleben zu wünschen, ist das ein Grund, ihn nicht zu töten.
- Normalerweise sind Außerirdische nicht Gegenstand ethischer Diskussionen.
- Sollten Tiere Gegenstand ethischer Diskussionen sein?
- Tiere sind empfindungsfähige Lebewesen und sollten unbedingt Gegenstand ethischer Diskussionen sein!
- Moralische Urteile können logisch aus Tatsachenbehauptungen abgeleitet werden.
- Zu einem guten Leben gehören viel Muße und hin und wieder eine Frau/ein Mann.

Bestimmen Sie nun, was präskriptive von deskriptiven Sätzen und von Sätzen der Metaethik unterscheidet.

Ethische Fragestellungen

Ethische Fragen stellen sich auf unterschiedlichen Abstraktionsniveaus. So führt zum Beispiel die zunächst vielleicht oberflächliche Frage „Soll ich heute in die Schule gehen?“ sehr rasch zu einer ganzen Serie weiterer Fragen, wie: Was folgt daraus, wenn ich gehe/nicht gehe? Warum überhaupt in die Schule gehen? Was sind eigentlich meine Ziele? Gibt es solche? Wie komme ich zu allgemeinen Prinzipien für mein Handeln?

Philosophische Ethik stellt den Philosophierenden also vor das Problem, dass aus der voraussetzungslosen, ernsthaften und offenen Konfrontation mit einer praktischen Frage eine ganze Folge weiterer Fragen resultiert. Untersucht man solche Fragen, die um unser Handeln, unsere Motive und Ziele kreisen, näher, so lässt sich eine grundsätzliche Unterscheidung vornehmen zwischen zeitbezogenen und prinzipiellen Fragen. Treiben wir den Prozess des Fragens ins Grundsätzliche, so wird sehr bald diese Ebene der prinzipiellen Fragen erreicht. Insofern spricht man auch neben der Philosophie, die sich mit aktuellen Fragen ihrer Zeit befasst und sich historisch stets

Prinzipielle Fragen

entwickelt und verändert, von einer „philosophia perennis": einer „immerwährenden Philosophie".

Beispiele für zeitbezogene ethische Fragen wären etwa:

- Sollten Embryonen für Forschungszwecke verwendet werden dürfen?
- Ist ein Eingreifen in die Keimbahn von Pflanzen, Tieren oder Menschen moralisch zu rechtfertigen?
- Ist die Diskrepanz zwischen dem Reichtum der Industrieländer und dem Tatbestand des Welthungers ethisch vertretbar?

Im Folgenden sollen die wichtigsten Fragen und Problemkreise genannt werden, die die Tradition ethischen Philosophierens beschäftigt haben:

- Was ist Glück?
- Was ist Freiheit? Ist der Mensch frei? Wodurch ist seine Freiheit eingeschränkt?
- Was ist Gerechtigkeit? Ist Gerechtigkeit eine angeborene Vorstellung oder ein erlernter, kulturell geprägter Wert? Ist Gerechtigkeit zu verwirklichen – individuell und gesellschaftlich? Wie würde ein absolut gerechter Staat aussehen? Sind Gewalt und Gerechtigkeit grundsätzlich unvereinbar? Lässt sich ein Recht des Stärkeren moralisch rechtfertigen?
- Was ist Gewissen? Gibt es ein natürliches Gewissen, das allen Menschen zukommt?
- Welche Werte und Normen sind für eine individuelle/gesellschaftliche Ethik unabdingbar?
- Wie können ethische Normen begründet werden?

Denkanstöße

1 Formulieren Sie, ausgehend von einer Frage des alltäglichen Lebens, eine Folge von Fragen, die die Problematik moralischen Entscheidens und Begründens zeigen.

2 Erstellen Sie eine Liste von Normen, Prinzipien oder Werten, die Ihrer Meinung nach allgemeine Verbindlichkeit haben sollten.

➤ Text S. 262 ff.

3 Analysieren Sie die *Erklärung der Menschen- und Bürgerrechte* und die diesem Text zugrundeliegenden Werte und Prinzipien.

Religiöse und philosophische Ethik

Eine religiöse Ethik gibt dem Menschen zweifellos konkrete, praktische Orientierungshilfen für sein Handeln. Ihre Autorität liegt aber nicht wie bei der Sitte in der Tradition, sondern in der Berufung auf eine göttliche Offenbarung. Diese transzendente Begründung hebt die Grundsätze religiöser Moral prinzipiell über die Relativität menschlichen Erkennens, Wertens und Entscheidens.

Autonomie ➤ Glossar

Hinwendung zu Gott

Das Grundproblem einer spezifisch religiösen Ethik ist jedoch die Beziehung des Menschen zu Gott. Die Kriterien für das eigene Handeln erfährt der Mensch aus seiner Beziehung zu Gott: Der Mensch ist Geschöpf Gottes und insofern beschränkt in seiner Autonomie. Er hat zwei Möglichkeiten, sein Dasein auszurichten: Er kann sich entweder Gott zuwenden, ihn lieben, oder sich von Gott abwenden, sich einzig auf sich selbst beziehen. Der Christ, der um seine eigene Natur und den göttlichen ordo weiß, wird sich von den vergänglichen, verlierbaren Dingen abwenden und stattdessen die von Gott gegebene Liebe in ihren vielfältigen Daseinsweisen zu leben suchen. Nach Augustinus ist dies die ethische Herausforderung an den Christen, wenn er sagt: „Der dich geschaffen hat, fordert dich ganz."

Historisch vollzog sich allerdings der Übergang von einer mythisch-religiösen Moral zu einer philosophischen Ethik schon lange vor Augustinus: im perikleischen Zeitalter. Die Zeit der griechischen Kolonisation hatte seit dem 8. vorchristlichen Jahrhundert einen intensiven Kulturkontakt gebracht. Die Sophistik leitete darauf zunächst einen ethischen Relativismus ein. Neu gegenüber der Eindeutigkeit der Sittlichkeit des Mythos war dabei aber auch das Bemühen, eine allgemeine und rationale Begründung für diese Position zu geben. Wie immer in der Folge der ganzen Geschichte der Ethik die Ergebnisse der einzelnen Systeme auch lauteten – ob sich die Reflexion mehr um die Frage des individuellen Handelns oder um die Aufgaben der Gesellschaft und des Zeitgeistes drehte –, diese Intention einer objektivierbaren, rationalen Begründung war und ist bis heute das Grundlegende philosophischer Ethik. Sie setzt das autonome, nicht fremdbestimmte, sondern sich selbst bestimmende Individuum voraus.

Aurelius Augustinus (354–430) ➤ *Glossar*

perikleisches Zeitalter: nach dem athen. Staatsmann u. General Perikles (490–429 v. Chr.)

Rationale Begründbarkeit von Moral

Es geht also seit der griechischen Philosophie nicht mehr um fertige Urteile, sondern um den Akt des Urteilens. Nicht die Satzungen der Gemeinschaft und ihrer religiösen Traditionen sollen die Normen menschlichen Handelns begründen, sondern das Individuum selbst, im Sinne des Sophisten Protagoras, der den Homo-mensura-Satz formulierte: „Der Mensch ist das Maß aller Dinge; der Seienden, dass sie sind, und der Nicht-Seienden, dass sie nicht sind."

Die ethischen Überlegungen des Sokrates gingen ebenfalls schon von einem gegenüber der Tradition autonomen Individuum aus, das aus Einsicht zu begründetem moralischem Wissen gelangen sollte. Der sokratische Weg zum ethischen Handeln führte also über die vernunftgestützte Selbsterkenntnis. Für Sokrates war Ethik schon Gesinnungsethik: Die innere Haltung, nicht die ausgeführte Tat war für ihn das entscheidende moralische Kriterium. Während für die Sophisten Tugend im Sinne von Tüchtigkeit noch die Fähigkeit war, sich gegenüber anderen durchzusetzen, wird Tugend für Sokrates zu einem inneren Wert: Tugendhaft ist nicht der nach außen hin Erfolgreiche, sondern ein Mensch mit einer edlen Gesinnung. Sokrates' Schüler Platon führte die damals geforderten zahlreichen Tugenden wie Tüchtigkeit, Schnelligkeit, Mut, Klugheit, Kraft, Schönheit und ähnliche auf vier Haupttugenden, die so genannten Kardinaltugenden, zurück: Weisheit, Tapferkeit, Besonnenheit und Gerechtigkeit. Für Platon konnte der Mensch nur durch eine geistige Auseinandersetzung zu diesen Tugenden gelangen, nicht durch praktisches Einüben oder Gewöhnen. Etwas nüchterner dachte Platons Schüler Aristoteles über diese Sache. Er definierte die Tugend allgemein als ein „Mittleres" zwischen zwei Extremen. So ist zum Beispiel „Freigiebigkeit" die Tugend zwischen „Kleinlichkeit" und „Vergeudungssucht", die „Tapferkeit" die Tugend zwischen „Feigheit" und „Tollkühnheit".

Die vier Kardinaltugenden

Denkanstöße

1 Christliche Kirchen und andere Religionsgemeinschaften gelten trotz Aufklärung und Moderne weiterhin in vielerlei Hinsicht als moralische Autorität. Beurteilen Sie, ob ihre Ansprüche Normen vorzugeben, etwa in den Bereichen der persönlichen Lebensführung, der Sexualmoral oder der Wirtschaft, gerechtfertigt sind.

2 Überprüfen Sie das Phänomen, dass heute kaum jemand noch „tugendhaft" sein will bzw. sich als „tugendhaft" bezeichnet.

4.2. Warum sollen wir gut sein wollen? Normenbegründung und Recht – Moralische Normen und ihre Rechtfertigung

Annäherung

Zwei Dinge erfüllen das Gemüt mit immer neuer und zunehmender Ehrfurcht, je öfter und anhaltender sich das Nachdenken damit beschäftigt: *Der bestirnte Himmel über mir und das moralische Gesetz in mir.*

Immanuel Kant

Denn gleichgültig, ob es außer dem allgemeinen Glück noch eine andere Grundlage moralischer Verpflichtung gibt oder nicht, die Menschen streben doch stets nach Glück (...).

John Stuart Mill

Mittel und Zwecke

Die berühmte von Immanuel Kant formulierte Frage „Was soll ich tun?" hat zwei Aspekte. Einmal kann gemeint sein: Was soll ich tun, um ein auftauchendes Bedürfnis zu befriedigen, ein bestimmtes Ziel zu erreichen? Es kann aber auch heißen: Was soll ich tun, um mich in einer Situation in einem „moralischen" Sinne richtig zu verhalten? Aber dann stellt sich die Frage: An welche Maßstäbe halte ich mich da? Vertraue ich dem Gewissen, den Gesetzen, verschiedensten Geboten oder Sprichwörtern wie dem bekannten „Was du nicht willst, dass man dir tu, das füg auch keinem anderen zu"? – Im ersten Fall geht es um die Frage, welche Mittel ich zur Erreichung vorgegebener Zwecke, die selbst nicht mehr infrage stehen, einsetzen soll. Im zweiten Fall geht es aber darum, welchen Wert ich bestimmten Zielen und Handlungsweisen zuschreiben soll, welche Zwecke ich also überhaupt anstreben soll.

David Hume (1711–1776) ➤ *Glossar*

Der naturalistische Fehlschluss

Auf ein Grundproblem ethischer Begründungen hat der englische Philosoph David Hume hingewiesen: Aus rein beschreibenden Sätzen und Tatsachenbehauptungen, aus den deskriptiven Sätzen also, lassen sich logisch keine Forderungen und Befehle, Sollenssätze oder normative Sätze, also keine präskriptiven Sätze, ableiten. Aus der Tatsache, dass etwas so ist, wie es ist, lässt sich logisch nicht folgern, dass etwas auch so sein soll, wie es ist. Die Tatsache zum Beispiel, dass es unvorbereitete Lehrer/innen gibt, kann nicht zu der Aufforderung führen, dass Lehrer/innen unvorbereitet sein sollen. Man bezeichnet diese Form einer unzulässigen Folgerung auch als einen „naturalistischen Fehlschluss". Es ist demnach also unmöglich, aus einem beobachtbaren, als „natürlich" aufgefassten Verhalten des Menschen darauf zu schließen, wie er sich verhalten soll.

In hohem Maße ging und geht es der philosophischen Ethik darum, zu begründen oder zu rechtfertigen, warum bestimmte Handlungen oder Handlungsziele gut, das heißt wünschenswert oder gar erforderlich, sein sollen. Für solch eine Rechtfertigung bieten sich mehrere Möglichkeiten und Ansätze an.

Teleologische Ethik

Bei der teleologischen Ethik wird die moralische Qualität einer Handlung nach dem tatsächlichen Effekt, nach den Folgen beurteilt. Es sind die Konsequenzen, die bei der Planung einer Handlung in Betracht gezogen und letztlich verantwortet werden müssen. Die Frage nach dem Guten konzentriert sich also auf die Frage, ob der tatsächlich erreichte Effekt einer Handlung gut sein kann, wobei immer erst *nach* einer Handlung, wenn die Folgen absehbar sind, ihre moralische Qualität beurteilt werden kann.

Deontologische Ethik

Bei der deontologischen Ethik geht es hingegen darum, die moralische Qualität einer Handlung danach zu beurteilen, in welcher Gesinnung, in welcher Absicht, aus welchen Motiven sie erfolgt ist. Für die Beurteilung ist es dabei dann unerheblich, ob die Handlung auch so realisiert werden konnte, wie sie intendiert, beabsichtigt worden war. Nicht die Folgen einer Handlung werden beurteilt, sondern die Bewusstseinslage des Handlungsträgers, das, was er letztlich gewollt hat.

Denkanstöße

1 Sätze wie: „Weil es in der Natur des Menschen liegt, dass er monogam ist, sollte Polygamie verboten sein" gelten als naturalistischer Fehlschluss, sind also logisch unzulässig. Suchen Sie nach Beispielen in den Bereichen der Sexualmoral, der Geschlechter oder des Umweltschutzes, die diesen naturalistischen Fehlschluss beinhalten könnten. Erläutern Sie diese Beispiele.

2 Ein Sprichwort lautet: „Der Zweck heiligt die Mittel". – Überprüfen Sie die Stichhaltigkeit dieser Argumentation, auch mithilfe der teleologischen und deontologischen Ethik.

Von kategorischen und anderen Imperativen

Im Folgenden soll es darum gehen, wie teleologische und deontologische Ansätze argumentiert, also begründet werden können.

Teleologische Begründungsversuche

Der Begriff teleologisch ist abgeleitet vom griechischen Wort „telos", das „Ziel" oder „Zweck" bedeutet. Geht man von diesem telos aus, ist der Wert einer Handlung dann gut, wenn das angestrebte und erreichte Ziel, der beabsichtigte und realisierte Zweck, gut sind. Die Argumentation muss sich also daher auf die Frage konzentrieren, ob es allgemein akzeptierbare Ziele menschlichen Handelns gibt, die gut sind und angestrebt werden sollen.

Hedonismus

Sehr früh wurde schon versucht, diese Frage mit dem Hinweis auf die menschliche Natur zu beantworten. Was dem Menschen seiner Natur nach gemäß sei, müsse auch gut sein. So versuchten schon die frühgriechischen Sophisten als den wesentlichen „natürlichen" Zweck menschlichen Handelns den Lustgewinn, die „hedoné", zu erzielen: Alles menschliche Handeln ist auf Lustmaximierung hin orientiert, und alles, was dieser Luststeigerung dienlich ist, ist gut. Hedonismus wurde diese Auffassung dann auch genannt.

Aristoteles (384–322 v. Chr.). Wien, Kunsthistorisches Museum.
➤ *Glossar*

Einer der ersten großen teleologisch orientierten systematischen Ethikentwürfe stammt von Aristoteles. Aristoteles ging von einer Hierarchie von Handlungszielen aus, die sich gegenseitig bedingen, also etwa: Man geht in die Schule, um zu lernen; man lernt, um ein Maturazeugnis zu bekommen; man will die Matura, um zu studieren; man will studieren, um einen interessanten und/oder gut bezahlten Beruf zu ergreifen – doch was ist das Ziel von all dem? An der Spitze dieser Zielpyramide steht nach Aristoteles notwendigerweise ein Ziel, dem alle anderen Ziele untergeordnet sind, und das ich um seiner selbst willen anstrebe, also nicht mehr, um damit etwas anderes zu erreichen: das Glück. Das Glück, die Eudaimonie, ist das höchste Gut, auf das alles Handeln hinstrebt. Man nennt solch eine Konzeption deshalb auch eine eudämonistische Ethik. Was aber macht nun den Menschen glücklich? Auch darauf versuchte Aristoteles eine Antwort zu finden: Es ist das beschauliche Leben in einer Gemeinschaft, bei dem alle körperlichen und geistigen Fähigkeiten entwickelt werden können; noch besser aber ist ein Leben, das der Theoria, der reinen philosophischen Betrachtung und Anschauung der Welt, gewidmet ist.

Jeremy Bentham (1748–1832) ➤ *Glossar*

In der Neuzeit wurde eine ähnliche Theorie des Guten formuliert, die unter dem Begriff Utilitarismus bekannt geworden ist. Abgeleitet wurde dieser Begriff von dem lateinischen Wort „utilis", das so viel wie „nützlich" bedeutet. Diese Konzeption geht im Wesentlichen auf die angelsächsischen Denker Jeremy Bentham und John Stuart Mill zurück. Bentham war es, der den viel zitierten Satz prägte, nach dem das höchste Ziel menschlichen Handelns „das größtmögliche Glück der größtmöglichen Anzahl" sei. Im Utilitarismus ist dabei der Nutzen aller von einer Handlung betroffenen Menschen zu berücksichtigen: „Jeder zählt für einen, keiner für mehr als einen", so Mill in seiner Schrift *Der Utilitarismus* (1871). Das, was den Menschen am meisten „nützt", und zwar, wenn möglich, allen Menschen, soll also das Gute sein. Erstrebenswert sind Handlungen, die den individuellen und allgemeinen Nutzen fördern oder zumindest nicht verhindern. Das allgemeine Wohlergehen, das größtmögliche Glück der größtmöglichen Zahl bestimmt sich über die Abwesenheit von Schmerz (pain) und das Vorhandensein von Lust/Wohlbefinden (pleasure). Gut ist das, was zum lustbetonten, befriedigten und glücklichen Leben eines Menschen beiträgt und Leiden mindert. Dabei schätzt etwa Mill geistige Bedürfnisse durchaus höher ein als physische, ja es kann auch nützlich sein und glücklich machen, auf die Befriedigung bestimmter Bedürfnisse überhaupt zu verzichten. So schrieb Mill: „Es ist besser, ein unzufriedener Mensch zu sein als ein zufriedengestelltes Schwein; besser ein unzufriedener Sokrates als ein zufriedener Narr." Mill war sich bewusst, dass zum Glück des Menschen ein Wissen um Möglichkeiten gehört, auch dann, wenn diese Möglichkeiten nicht oder noch nicht realisierbar erscheinen. Der Mensch, für den die reine Befriedigung körperlicher Triebe ihre fraglose Gültigkeit eingebüßt hat, ist „unzufrieden". Er muss fragen, suchen, entscheiden. Sokrates steht hier als Beispiel für diese Problematik des Menschen. Er hat die „Unschuld" des Tieres, des Narren und des Kindes verloren.

John Stuart Mill (1806–1873) mit seiner Stieftochter Helen Taylor. ➤ *Glossar*

➤ Text S. 253 ff.

pleasure und pain

Der Utilitarismus darf also nicht mit einer hedonistischen Ethik verwechselt werden, der es ausschließlich um die subjektive Sinneslust als Ziel und Maßstab des Handelns geht. Die Schwierigkeiten einer utilitaristischen Konzeption liegen allerdings darin, dass es schwer ist, immer genau zu bestimmen, was den Menschen nun nützt und was als „Glück" definiert werden kann. Ein weiteres Problem liegt in der Frage, inwieweit das Glück einer Mehrheit dem Unglück einer Minderheit vorgeordnet werden kann, anders formuliert: inwieweit das Allgemeinwohl die Interessen von Einzelnen missachten kann oder soll. Schließlich stellt sich auch die brisante Frage, ob zur Erreichung des angestrebten Nutzens alle denkbaren und möglichen Mittel eingesetzt werden dürfen oder gar müssen. Der Utilitarismus selbst bietet kaum Möglichkeiten,

Mittel zur Erreichung bestimmter Zwecke moralisch zu verurteilen, solange die Zwecke dem allgemeinen Nutzen entsprechen und die Mittel zielführend, zweckmäßig sind.

Handlungs- und Regelutilitarismus

Nimmt man es allerdings genau, muss man zwischen zwei Formen des Utilitarismus unterscheiden: zwischen dem Handlungsutilitarismus und dem so genannten Regelutilitarismus. Für den Handlungsutilitaristen ist eine Handlung sittlich gut, wenn die tatsächlichen Folgen dieser Handlung zum allgemeinen und individuellen Wohl beitragen. Ein Beispiel: Wenn ich hin und wieder in meiner privaten Müllentsorgung nachlässig bin, nützt das meiner Bequemlichkeit sehr und belastet die Allgemeinheit kaum – ich kann es mir also erlauben, auch Glas in den Normalcontainer zu werfen. Für den Regelutilitaristen hingegen ist eine Handlung dann sittlich gut, wenn die allgemeine Regel, nach der der Einzelne handelt, im Allgemeinen nützlich ist. (Wenn niemand auf Müllsortierung achtet, kann das zu einer beträchtlichen Belastung aller führen.) Der Handlungsutilitarist müsste sich also immer fragen: Wem und wie vielen nützt oder schadet meine Handlungsweise?, der Regelutilitarist: Was wäre, wenn alle so handelten, wie ich jetzt handeln will?

Präferenzen

In der gegenwärtigen Variante des Utilitarismus, dem Präferenzutilitarismus hat sich die Wertebasis von „Lust/Wohlbefinden“ in Richtung „Präferenz“ verschoben. Präferenzen sind in diesem Zusammenhang die Wünsche und Interessen eines Lebewesens. Eine Handlung ist dann moralisch gut, wenn sie die Präferenzen der von ihr betroffenen Subjekte bestmöglich fördert, und nicht wie im klassischen Utilitarismus, wenn Wohlbefinden vermehrt und Leiden verringert wird. Hierbei gilt das Prinzip der gleichen Interessensabwägung: Den Interessen derer, die von einer Handlung betroffen sind, muss gleiches Gewicht beigemessen werden. Dieses Primat der Unparteilichkeit ist in der Praxis allerdings oft nicht leicht umzusetzen.

Deontologische Begründungsversuche

Theorien, die davon ausgehen, dass das moralisch Gute nicht um eines Zieles willen, wie Glück oder Allgemeinwohl, getan werden soll, sondern an sich, um seiner selbst willen gefordert ist, ungeachtet der Konsequenzen, die so eine Handlungsweise nach sich ziehen kann, werden als deontologische Begründungen von Moral zusammengefasst. Griechisch „to déon“ bedeutet so viel wie „das Erforderliche“ oder „die Pflicht“. Die herausragendste Konzeption einer deontologischen Ethik hat Immanuel Kant geliefert.

Immanuel Kant (1724–1804) ➤ *Glossar*

➤ Text S. 246 ff.

Die Bedeutung einer moralischen Handlung liegt für Kant allein in dem ihr zugrunde liegenden guten Willen. Nicht was eine Handlung bewirkt, muss beurteilt werden, sondern wie der Wille beschaffen ist, aus dem sie erfolgt. Vordergründig scheint diese Auffassung ziemlich abstrus zu sein: Könnten nicht alle möglichen Taten und Untaten damit entschuldigt werden, dass sie ohnehin in bester Absicht, aus einem „guten Willen“ erfolgt wären? Was ein „guter Wille“ ist, bleibt nach Kant allerdings nicht der Willkür des Einzelnen überlassen. Aber was ist das überhaupt, ein Wille?

Der Mensch ist, so Kant, einer Vielzahl möglicher Handlungsantriebe ausgesetzt: Trieben, Neigungen, Interessen, Gefühlen, äußeren Einflüssen, verschiedenen Autoritäten wie dem Staat, den Eltern, Lehrer/innen oder Vorgesetzten. Wann immer der

Der Wille

Mensch solchen Einflüssen nachgibt, handelt er eigentlich unfrei, das heißt fremdbestimmt. Frei bin ich nur, wenn ich machen kann, was ich will. Nur: Wer ist dieses Ich? Wann will es etwas? – Keinesfalls dann, wenn es sich einer Fremdbestimmung oder auch einer Willkür, etwa dem Zufall, überlässt. Dieses Ich, so Kant, will dann etwas, wenn es sich Rechenschaft geben kann über die möglichen Beweggründe seines Handelns, also aus vernünftiger Überlegung zu einer Handlungsweise kommt. Es ist diese Fähigkeit zur Vernunft, die gleichzeitig erlaubt, alle anderen Zwänge infrage zu stellen, also etwa den Vater zu fragen: „Warum befiehlst du mir das? Gib Gründe dafür an." Die Vernunft ist für Kant die Wurzel der Freiheit, und sie drückt sich im Willen aus. Aus einem guten Willen handeln, hieße demnach aus Freiheit vernünftig handeln oder aus Vernunft frei handeln.

Die Vernunft

Die Vernunft ist für Kant das, was allen Menschen gemeinsam ist, was ihnen ihre Autonomie verleiht. Aus Vernunft handeln, bedeutet selbstständig, aber in Übereinstimmung mit der Vernunft der anderen Menschen handeln. Aus diesen Überlegungen ergibt sich, welchen Imperativen, also Handlungsgeboten, das menschliche Handeln zu erfolgen hat. Geht es nur darum, zu vorgegebenen Zwecken mithilfe der Vernunft die angemessensten Mittel zu finden, spricht Kant von hypothetischen Imperativen: Wenn du x willst, ist es vernünftig, y zu tun. Mit Max Weber könnte diese Form von Vernünftigkeit auch Zweckrationalität genannt werden, Max Horkheimer und Theodor W. Adorno sprechen von einer instrumentellen Vernunft, einer Vernunft also, die nur als Instrument eingesetzt wird, um vorgegebene Ziele zu erreichen.

Der kategorische Imperativ

Geht es aber darum, diese Ziele und Zwecke selbst zu bewerten, und darum, an sich moralisch, d. h. gut, zu handeln, dann gilt für Kant der kategorische Imperativ: „Handle nur nach derjenigen Maxime, durch die du zugleich wollen kannst, dass sie ein allgemeines Gesetz werde."

Francisco de Goya y Lucientes, Der Schlaf der Vernunft gebiert Ungeheuer, 1797–1798. Hamburg, Kunsthalle

Das heißt nun nicht, dass alle anderen so handeln sollen, wie ich handle, sondern dass die Maxime, der Leitfaden, die Gründe meines Handelns so beschaffen sein sollen, dass sie für alle anderen einsehbar, verstehbar und deshalb zumutbar sind. Der kategorische Imperativ fordert so immer auf, nachzudenken, ob die Richtlinien meines Handelns auch für andere vernünftige Wesen gelten und von ihnen akzeptiert werden können. In einer anderen Formulierung lautet er deshalb auch: „Handle so, dass du die Menschheit, sowohl in deiner Person als in der Person eines jeden anderen, jederzeit zugleich als Zweck, niemals bloß als Mittel brauchest." Kant geht es also darum, dass Richtlinien und Normen des Handelns nur dann allgemein verbindlich sein können, wenn sie vernünftig argumentierbar sind, und dass es keine Richtlinien geben kann, die den Menschen zum bloßen Mittel degradieren. Denn indem es im Wesen des Menschen liegt, dass er sich aus Vernunft frei und selbst bestimmt, kann es nie in seinem vernünftigen Interesse liegen, sich dieser Fähigkeit berauben zu lassen.

Maxime ➤ Glossar
Person ➤ Glossar

Handeln aus Pflicht

Die Einsichten der Vernunft sind nach Kant verpflichtend. Ich kann mich ihnen nicht mehr mit guten Gründen entziehen, ich kann ihnen nur noch irrational zuwiderhandeln. Aus Pflicht handeln, heißt so für Kant immer, den Ergebnissen der Vernunft auch tatsächlich Folge leisten, selbst dann und gerade dann, wenn dies den Neigungen, Gefühlen und Vorlieben zuwiderlaufen mag. Kant weist auch immer darauf hin, dass eine Verletzung des kategorischen Imperativs deshalb zu einem logischen Widerspruch führen muss. Berühmt ist etwa folgendes Beispiel:

Ein Beispiel: Geld borgen

Einer, der sich aus Not gezwungen sieht, Geld zu borgen, und weiß, dass er es nicht wird zurückzahlen können, fragt sich, ob es pflichtwidrig und unerlaubt ist, sich durch ein falsches Versprechen aus der Not zu helfen, und muss zu dem Schluss kommen: Wäre es eine allgemeine Maxime, dass jeder, der in Not ist, versprechen kann, was er will, so würde er damit allgemein Versprechungen selbst unmöglich machen, denn Versprechungen werden nur akzeptiert, wenn man ihre Einhaltung voraussetzen kann. Ist dies nicht mehr der Fall, könnte sich auch der Einzelne durch ein falsches Versprechen nicht aus der Not helfen, da ihm niemand glauben würde. Dass er sich durch ein falsches Versprechen aus der Not helfen kann, hat zur Voraussetzung, dass allgemein der Imperativ akzeptiert ist: Versprechen sollen gehalten werden – und zwar unter allen Umständen.

Kant hat auch darauf hingewiesen, dass der kategorische Imperativ nicht mit dem beliebten Sprichwort „Was du nicht willst, dass man dir tu, das füg auch keinem andern zu“ verwechselt werden darf. Nicht nur, dass jemand Dinge mögen kann, die für andere unzumutbar sein können, es kann auch aus Vernunftgründen geboten sein, anderen gegenüber etwas zu tun, das mir selbst außerordentlich unangenehm wäre. Kant führt etwa einen Richter an, der nach diesem Sprichwort niemanden mehr bestrafen dürfte – denn wer wird schon selbst gern bestraft?

Keine konkreten Handlungsanweisungen

Kant gibt also letztlich keine konkreten Gebote und Normen für das Handeln an, sondern er beschreibt rein formal die Bedingungen moralischen Handelns. Hier setzte auch bald die Kritik an Kant an: Seine Ethik sei eben nur formal und gebe keine Anweisungen für bestimmte Situationen, lasse den Handelnden in diesen wieder allein.

Eine andere Schwierigkeit besteht bei Kant wohl darin, dass der kategorische Imperativ nur funktionieren kann, wenn tatsächlich eine allgemeine Vernunft, an der jeder Mensch teilhaben kann, vorausgesetzt ist. Nun ist es aber gar nicht so einfach zu bestimmen, was das Vernünftige ist, und gar darauf zu vertrauen, dass jeder für sich zu vernünftigen Überlegungen kommen kann, die mit den vernünftigen Überlegungen der anderen von vornherein übereinstimmen, scheint sehr gewagt zu sein.

Diskursethik

Argumentieren und Gründe abwägen

Diskurs ➤ Glossar

Jürgen Habermas (1929)* ➤ *Glossar*

In der Gegenwart wird der Vernunftbegriff wesentlich vorsichtiger verwendet. Vernunft wird als die Fähigkeit des Menschen begriffen zu argumentieren, also ein Gespräch mit einem anderen zu führen, in dem nicht Zwänge oder Gewalt den Ausgang bestimmen, sondern das gemeinsame Abwägen der Gründe und Argumente, die auch dann akzeptiert werden sollen, wenn deren vorläufiger Charakter eingesehen wird. Vernünftig sein hieße, sich auf Argumentationen einlassen zu können und auch zu wollen. Solche Ansätze werden als „Diskursethiken“ bezeichnet. Gerade in einer Zeit des Wertepluralismus, in der Werte durch die Vielzahl der Wert- und Normsysteme relativiert werden, ist ein gemeinsamer Diskurs belangvoll. Die wichtigsten Vertreter einer Diskursethik sind die deutschen Philosophen Jürgen Habermas und Karl-Otto Apel. Voraussetzung solch kommunikativen Handelns muss allerdings

Karl-Otto Apel (1922–2017)
➢ *Glossar*
➢ Text S. 255 f.

sein, dass die Gesprächspartner bereit sind, ihre Ansichten zu argumentieren und zu begründen, und sich nicht darauf beschränken, Meinungen oder doktrinäre Behauptungen kundzutun. Diese prinzipielle Bereitschaft zur Argumentation nennt Apel „das Apriori der Kommunikationsgemeinschaft". Da es keine absolut gültigen, letzten Argumente zu geben scheint, müssen solche Dialoge letztlich offen, unabschließbar gedacht werden. Als Ziel wird allerdings der Konsens angestrebt, die Einigung aller am Gespräch Beteiligten auf Ergebnisse, die weder Kompromissformeln noch Abstimmungsergebnisse sein dürfen, sondern von allen aus Einsicht und Überzeugung getragen werden sollten. Der kategorische Imperativ Kants kann also unter diesen Aspekten auch verstanden werden als Aufforderung, die Maximen seines Handelns jederzeit öffentlich zur Diskussion zu stellen, jederzeit bereit zu sein, seine individuellen Handlungsrichtlinien zu begründen und sie, wenn diese Begründungen nicht überzeugen können, zu revidieren.

Denkanstöße

1 Interpretieren Sie den Satz von Epikur: „Bei jeder Begierde sollte man die Frage stellen: Was wird nun, wenn sie befriedigt wird, und was, wenn sie nicht befriedigt wird?" – Problematisieren Sie, ob dieser Satz als Kritik am Hedonismus aufgefasst werden kann.

2 Vor Ihnen geht die landesweit bekannte bildhübsche Tochter eines Multimillionärs (es kann auch der Sohn sein). Sie verliert ihre Börse. Niemand sieht Sie. Was machen Sie, wenn Sie a) Handlungsutilitarist, b) Regelutilitarist, c) Kantianer, d) Christ, e) Diskursethiker, f) Hedonist sind? Begründen Sie Ihr Verhalten.

3 Charakterisieren Sie die Beziehung der Begriffe „Gewissen" – „Über-Ich" – „Pflichtbewusstsein" zueinander.

4 Erinnern Sie sich an Situationen, in denen Sie den Widerspruch zwischen „Pflicht" und „Neigung", Vernunft und Gefühl gespürt haben. Skizzieren Sie, wie Sie damals entschieden haben und aus welchen Gründen.

Recht und Gerechtigkeit

Rechtsbegriffe und ihre Begründung

Annäherung

Das Recht ist also der Inbegriff der Bedingungen, unter denen die Willkür des einen mit der Willkür des andern nach einem allgemeinen Gesetze der Freiheit zusammen vereinigt werden kann.

Immanuel Kant

Recht ist, was das Recht als Recht bestimmt.

Niklas Luhmann

Dass wir in einem Rechtsstaat leben, gilt heute den meisten als eine Selbstverständlichkeit. Die Verfassung und die Gesetze garantieren eine Ordnung, ohne die das Zusammenleben der Menschen undenkbar scheint. Man sollte aber dabei nicht vergessen, dass dieser Rechtszustand, ja diese Rechtsauffassung nicht immer gegolten haben.

Was aber ist das eigentlich: das Recht? – Wie entstehen Gesetze, wer macht sie, in wessen Interesse werden sie formuliert, wer überwacht ihre Einhaltung? Gibt es so etwas wie ein natürliches Recht und ein dazugehöriges Rechtsempfinden, oder gilt als Recht, was von einer staatlichen Autorität als Recht gesetzt wird? – Untrennbar mit dieser Frage verbunden ist die nach der Legitimität von Macht. Wie gründet sich, rechtfertigt sich Herrschaft, welche Formen kann oder soll sie annehmen? – Vor allem die Erfahrungen mit dem nationalsozialistischen Staat, in dem unglaubliche Verbrechen auf gesetzlicher Grundlage geschehen konnten, haben die Diskussion rechts- und staatsphilosophischer Fragen nach dem Zweiten Weltkrieg wieder aufleben lassen – man denke nur an den nicht unproblematischen Begriff des Kriegsverbrechens. Im Folgenden kann es allerdings nur darum gehen, einige grundlegende Fragestellungen und Begriffe der Rechtsphilosophie im weiteren Sinne zu diskutieren.

Denkanstöße

1 Definieren Sie den Begriff Rechtsstaat. Nennen Sie Eigenschaften, die Ihrer Ansicht nach ein Staat aufweisen muss, um dieses Attribut zu verdienen.

2 Recherchieren Sie den Begriff „Kriegsrecht" und führen Sie Waffen oder Kriegsformen an, die nach internationaler Übereinkuft geächtet sind. Nennen Sie Kriterien, nach denen bei Kriegshandlungen zwischen „rechtmäßigen" und verbrecherischen" unterschieden werden könnte, und erläutern Sie, warum oben der Begriff des Kriegsverbrechens als problematisch bezeichnet wurde.

Naturrecht

Die Auffassung von Recht als Naturrecht geht davon aus, dass es ein dem Menschen übergeordnetes, objektiv verbindliches Recht gibt, das jenseits von Raum und Zeit – also in jeder möglichen Gesellschaft – Verbindlichkeit beanspruchen kann. Die Inhalte dessen, was jeweils unter Naturrecht verstanden wurde, divergieren genauso wie die Erkenntnisquellen, aus denen das Naturrecht abgeleitet wurde. Als Grundlagen des Naturrechts wurden der göttliche Wille, die Natur des Menschen oder die menschliche Vernunft angeführt. So wird zwischen religiösem Naturrecht, anthropologischem Naturrecht und rationalem Naturrecht (oder Vernunftrecht) unterschieden.

Die „Natur" des Menschen

Wenn das Recht aus der „Natur" des Menschen abgeleitet werden soll, ist einleuchtend, dass solche Rechtsprinzipien sich deutlich danach unterscheiden werden, welche Definition einer Natur des Menschen man gewählt hat. Wie wir aus den Problemen der philosophischen Anthropologie wissen, ist es alles andere als einfach zu bestimmen, worin denn nun die „Natur" des Menschen, sein Wesen, seine Eigenart, die ihn von allen anderen Arten unterscheidet, liege. Unterschiedliche Wesensbestimmungen führen zu unterschiedlichen Rechtsauffassungen. Bei allen Differenzen lassen sich jedoch zwei grundsätzliche Fragestellungen unterscheiden: Die eine geht davon aus, dass es die Vernunft, die Ratio ist, die den Menschen aus-

Vernunft und göttliche Ordnung

zeichnet, weshalb das Recht aus den immer gültigen Vernunftgrundsätzen abgeleitet werden kann; die andere sieht im Selbstbewusstsein, in den Willensäußerungen, im Machtstreben das entscheidende Merkmal des Menschseins und geht davon aus, dass das Recht immer erst durchgesetzt werden muss, auf einem Willensakt fußt, nicht von vornherein gegeben ist.

Francesco Traini, Triumph des Heiligen Thomas von Aquin (1225–1274). Pisa, S. Caterina, Ausschnitt

Für Platon war klar, dass es eine Idee des Menschen geben müsse, aus der sich auch die Grundsätze des Zusammenlebens ableiten lassen müssten – in seinem großen Werk *Der Staat* (*Politeia*) hatte er dies versucht. Sein Schüler Aristoteles und mit ihm die mittelalterliche Philosophie, vor allem Thomas von Aquin, sahen in der gottgegebenen Vernunft des Menschen zugleich auch die Grundlage des Rechts. So wie die menschliche Vernunft die göttliche spiegle, solle die menschliche Gesellschaftsordnung die göttliche des Kosmos abbilden. Der Vernunft, die die göttliche Ordnung und das göttliche Recht erkennen könne, entspringe genau jenes Recht, das in Übereinstimmung mit dem göttlichen Willen stehe. Das entscheidende Beispiel dafür sind für Thomas von Aquin die Zehn Gebote.

Allerdings gab es einen anderen Philosophen des Mittelalters, der im Gegensatz zu Thomas von Aquin den Willensgrundsatz vertrat: Wilhelm von Ockham. Nicht aus der Natur oder mithilfe der Vernunft sind die Gebote und Gesetze für ihn deduzierbar; diese sind allein Satzungen aus dem Willen Gottes, geoffenbarte Vorschriften, denen keine logische Notwendigkeit mehr zukommt. Damit seien sie – je nach Gottes Willen – auch jederzeit veränderbar, neu setzbar.

Charakteristisch für die Neuzeit ist die Herauslösung der Argumentationen aus dem rein theologischen Horizont. Für den holländischen Rechtsphilosophen Hugo Grotius muss das, was nach den Prinzipien des Naturrechts geboten oder verboten ist, auch dann gelten, wenn es Gott nicht gäbe. Für Grotius ist der Mensch seinem Wesen nach gesellig, deshalb liegt es in seinem vernünftigen Interesse, mit anderen zu kooperieren, Verträge zu schließen und diese auch einzuhalten, wobei die Vernünftigkeit dieser Kooperationen durchaus dem Eigeninteresse der Individuen entspricht.

Titelblatt zu Thomas Hobbes, Leviathan, *Erstausgabe London 1651*

➢ Text S. 257 ff.

Konträr zu Grotius steht die Theorie von Thomas Hobbes. In einer 1651 erschienenen Untersuchung, der er den Titel *Leviathan* gab, legte Hobbes seine Theorie des Staates dar. *Leviathan* ist ursprünglich der Name eines biblischen Ungeheuers. Bei Hobbes ist damit der Staat in ganz bestimmter Weise charakterisiert. Für Hobbes liegt das Wesen des Menschen weder in Vernunft noch in Geselligkeit, sondern allein in seinem egoistischen, individuellen Machtstreben: „Homo homini lupus" – „Der Mensch ist dem Menschen ein Wolf". Im Naturzustand, so Hobbes, herrscht der Krieg aller gegen alle – „Bellum omnium contra omnes." Ebenfalls mit dem Namen eines biblischen Ungeheuers bezeichnet Hobbes diesen Zustand als „Behemoth". Es ist die Furcht aller vor allen. Sie zwingt die Menschen zum staatlichen Zusammenschluss. Damit sie sich nicht pausenlos gegenseitig bekriegen und töten, schließen die Menschen, so Hobbes, einen Vertrag und delegieren ihre Macht an den Staat. Der Staat setzt das Recht, das den Frieden stiften soll, und er kann das nur tun, wenn er

Die wölfische Natur des Menschen

das Monopol auf Recht und Gewalt hat. Aus der postulierten wölfischen Natur des Menschen folgert Hobbes die Notwendigkeit eines Staates, dessen Wille alleiniger Gesetzgeber sein kann. Anstelle des mittelalterlichen Willens Gottes tritt der Wille des Staates. Diesem Willen entstammen jene Gesetze, die das garantieren sollen, wozu der Staat geschaffen worden ist: die Ordnung des Zusammenlebens. Der Staat wird für Hobbes so zum Leviathan, zum sozialen Moloch, der alles in sich aufsaugt. Die Tendenz des neuen Staates zum Totalitarismus gehöre sozusagen zu seinem Wesen. Hobbes versuchte also einerseits den Staat aus der Notwendigkeit des Zusammenlebens der Menschen zu begreifen und andererseits gerade deshalb das absolute Herrschafts- und Machtmonopol dem Staat zu überantworten.

Machtmonopol des Staates

An den Theorien von Hobbes lässt sich vielleicht am besten demonstrieren, wie schwierig naturrechtliche Begründungen geworden sind. Denn die Voraussetzung, von der Hobbes ausgeht, die asoziale, gewalttätige, „wölfische" Natur des Menschen, ist nicht viel mehr als eine Fiktion. In ihr spiegelt sich viel eher das beginnende Zeitalter des bürgerlichen Individualismus. Dieser sah gerne den Menschen als Einzelkämpfer, der sich gegen eine feindliche Umwelt durchsetzen muss – man denke an Robinson Crusoe. Diese Fiktion ist also keine anthropologisch begründbare Position. Dennoch entsprach der Entwurf von Hobbes in vielem der historischen Entwicklung: Dass der Staat als übergeordnete Organisationsform tatsächlich Macht und vor allem Gewalt monopolisierte, in seinen Grenzen keine konkurrierenden Gruppen mehr zuließ – weder unabhängige Ritter noch bewaffnete Bürger –, war eine der entscheidenden Entwicklungen der Neuzeit. Das Entstehen von staatlichen Ordnungskräften wie Polizei und Armee, die nach außen und innen das Gewaltmonopol repräsentieren, zeugt von dieser Entwicklung.

Jean-Jacques Rousseau (1712–1778). Illustration aus dem 19. Jh. zu Rousseaus Erziehungsroman Emile. ➤ *Glossar*

Im 18. Jahrhundert hat dann ein äußerst einflussreicher Denker, Jean-Jacques Rousseau, noch einmal versucht, aus dem Urzustand, der Natur des Menschen die dazu passende und notwendige Staatsform abzuleiten. Anders als Hobbes nahm Rousseau allerdings an, dass der Mensch ursprünglich ein friedliches und soziales Wesen gewesen sei, das sich erst durch die Erfindung des Eigentums zu einer hab- und machtgierigen kriegerischen Bestie entwickelt habe. Dem durch das Eigentum herbeigeführten Zustand der ständigen Kriege, des gegenseitigen Belauerns, Übervorteilens und Unterdrückens, des Zufügens von Leid und Schmerz aber könnten die Menschen nach Rousseau nur entgehen, wenn sie miteinander einen Gesellschaftsvertrag schlössen, in dem sie sich die notwendigen Beschränkungen auferlegten, die unerlässlich seien, um für alle ein Mindestmaß an Gleichheit und Freiheit zu gewährleisten. Rousseau, der sehr von der republikanischen Verfassung seiner Heimatstadt Genf beeinflusst war, begriff dann den Souverän, den Herrscher, als das Volk selber, das seine Macht weder an einen Herrscher noch an Repräsentanten, etwa Parteien oder Abgeordnete, delegieren könne. Erst die Summe aller Bürger ergibt nach Rousseau den entscheidenden „Gemeinwillen", die „volonté générale". Der Gesellschaftsvertrag war so ein Einigungs- und Unterwerfungsvertrag der Bürger unter ihren eigenen Willen, der für Rousseau nur als Form direkter Demokratie institutionalisierbar schien.

Gesellschaftsvertrag ➤ Glossar

volonté générale

Die Schwierigkeiten einer naturrechtlichen Begründung von Gesetzen und Normen führten allerdings schon früh zu einer gänzlich anderen Argumentation, die darauf verzichtete, das Recht, und damit bestimmte Herrschafts- und Staatsformen, aus der Natur des Menschen abzuleiten.

Denkanstöße

➤ Text S. 262 ff.

1 Ermitteln Sie, welches Menschenbild der *Erklärung der Menschen- und Bürgerrechte* zugrunde liegt. Erörten Sie, ob sich die Menschenrechte naturrechtlich begründen lassen.

2 Ein großes Problem für jede naturrechtliche Position stellte die Frage der Sklaverei dar. Bekanntlich hat es von Aristoteles bis zu Theoretikern des 19. Jahrhunderts immer wieder Philosophen gegeben, die die Sklaverei verteidigt haben. Untersuchen Sie, von welchen naturrechtlichen Voraussetzungen man wohl bei dieser Verteidigung ausgehen musste.

Positives Recht

Schon die griechischen Sophisten hatten dem Naturrecht das positive, vom Menschen gesetzte, jeweils geltende und akzeptierte Recht gegenübergestellt. Grundsätze, die dem geltenden Recht übergeordnet sind und aus dem göttlichen Willen, der Natur oder der Vernunft des Menschen abgeleitet werden, werden nicht anerkannt. Als Recht gilt also nur das tatsächlich bestehende Recht. Seine Erforschung ist das Ziel des Rechtspositivismus, der seit dem 19. Jahrhundert die rechtsphilosophische Diskussion beherrscht. Für den Rechtspositivismus gilt die Prämisse, dass zwischen dem Recht wie es ist und dem Recht wie es sein sollte getrennt werden muss. Die Frage nach der moralischen oder ethischen Richtigkeit von Recht klammert der Rechtspositivismus daher aus. Recht gilt unabhängig davon, ob es von einem moralischen Standpunkt aus als richtig oder falsch bewertet wird. Im Vordergrund stehen formale Aspekte von Rechtsgrundsätzen – etwa die Frage, welche Bedingungen erfüllt sein müssen, damit unter bestimmten Voraussetzungen eine Regel zum Gesetz wird. Eine zentrale Aussage des Rechtspositivismus findet sich in der These, dass sich jede Rechts- oder Sollensnorm auf Willensakte von Menschen zurückführen lässt. Doch welche Merkmale können nun als Charakteristika des positiven Rechts infrage kommen? – Die Tatsache, dass rechtliche Normen von einer staatlichen Autorität gesetzt werden? Die Tatsache, dass diese Rechtsnormen von den Bürger/innen befolgt werden und dass sie von einem Staat auch durchgesetzt werden können? Oder die Tatsache, dass diese Normen auch tatsächlich akzeptiert werden? – Je nach Betonung dieser Merkmale wird von einer setzungsorientierten, einer wirksamkeitsorientierten und einer anerkennungsorientierten Rechtsdefinition gesprochen.

Formale Aspekte von Rechtsgrundsätzen

Hans Kelsen, der Vater der österreichischen Verfassung von 1920, beschreibt in seinem Werk *Reine Rechtslehre* (1960) das Recht als ein das menschliche Verhalten normierendes System, dessen Normen sich von anderen Normen, etwa den Normen der Moral, dadurch unterscheiden, dass sie Zwangsnormen sind, also ein bestimmtes normwidriges Verhalten mit einer Sanktion verbinden können. Normen drücken ein Sollen aus, beispielsweise „Du sollst nicht töten“, aber was ist die Grundlage für die Geltung dieser Normen? Man könnte sagen, dass man nicht töten soll, weil es eine Rechtsnorm verbietet. Doch woraus bezieht diese Norm ihre Geltung? In einer hierarchischen Ordnung von Normen muss sich eine Norm auf eine höhere Norm berufen, die sich dann wieder auf eine höhere Norm berufen muss und so weiter. Es droht ein unendlicher Regress. Kelsen bezeichnet die Norm, auf die alle anderen Normen

Rechtsnormen als Zwangsnormen

regressus in infinitum ➤ S. 29

zurückgeführt werden können als die „Grundnorm" eines Normensystems. Diese Grundnorm wird vorausgesetzt, ihre Geltung nicht mehr infrage gestellt. Die Aufgabe der Grundnorm besteht für Kelsen darin, die Verfassung als Grundlage zur Erzeugung anderer Normen objektiv verbindlich zu machen.

Grundnorm

Tatsächlich stellt sich aber die Frage, ob es wirklich nötig ist, eine hypothetische Grundnorm anzunehmen oder ob es nicht ausreichend ist, einfach die Geltung von Normen anzuerkennen.

Gegen den Rechtspositivismus sind bedeutende Einwände gemacht worden: Da der Rechtspositivismus eine strikte Trennung von der Sphäre der Moral und der des Rechts voraussetzt, wären die Normen von Rechtssystemen, die gegen elementare Grundsätze der Moral verstoßen, auch als Recht zu bezeichnen. Der Begriff „Recht" enthält aber selbst schon eine positive Bewertung, er ist nicht völlig neutral zu verstehen, sondern aufgeladen mit der Vorstellung von Richtigem und Gutem. Die Frage, ob manche Gesetze des nationalsozialistischen Staates nicht derart gravierend den anerkannten ethischen Prinzipien widersprochen hätten, dass der Widerstand gegen dieses Recht nahezu gefordert hätte werden können, ist noch immer nicht geklärt. Der deutsche Strafrechtler Gustav Radbruch formulierte 1946 diesen Einwand in der berühmten „Radbruch'schen Formel": „Der Konflikt zwischen der Gerechtigkeit und der Rechtssicherheit dürfte dahin zu lösen sein, dass das positive, durch Satzung und Macht gesicherte Recht auch dann den Vorrang hat, wenn es inhaltlich ungerecht und unzweckmäßig ist, es sei denn, dass der Widerspruch des positiven Gesetzes zur Gerechtigkeit ein so unerträgliches Maß erreicht, dass das Gesetz als ‚unrichtiges Recht' der Gerechtigkeit zu weichen hat." Die Nazi-Gesetze waren demnach Rechtsvorschriften, die ein solches Maß an Ungerechtigkeit beinhalteten, dass man ihnen den Rechtscharakter absprechen muss.

Die Radbruch'sche Formel

Die rasante technologische Entwicklung in den westlichen Industriestaaten und die dabei auftretenden ökologischen und sozialen Krisen führen aber zu einer zunehmenden Differenz zwischen geltendem Recht und ethischen Ansprüchen in diesen Gesellschaften selber. Wenn das geltende Recht, so argumentieren zum Beispiel Kernkraftgegner, Technologien unterstützt, die langfristig die Menschheit gefährden, dann muss im Interesse eben dieser Menschheit auch der Rechtsbruch in Kauf genommen werden. Die brisante Frage, ob es dann unter bestimmten Bedingungen ein Recht auf Widerstand gibt, kann letztlich nur vor dem Hintergrund anthropologischer und ethischer Reflexionen angemessen diskutiert werden.

Recht auf Widerstand?

Andererseits neigt man auch in der internationalen Politik, vor allem in der westlichen Welt, dazu, die Menschenrechte, die letztlich nur naturrechtlich begründet werden können, zum Fundament allen geltenden Rechts zu erklären. Die Verletzung von Grundprinzipien wie persönliche, Glaubens- und Gewissensfreiheit oder Gleichheit wird zum Anlass genommen, Gesellschaftssysteme zu kritisieren, die solche Verletzungen zulassen.

Denkanstöße

1 „Wo Unrecht zu Recht wird, wird Widerstand zur Pflicht." (Bert Brecht) – Diskutieren Sie diese These unter dem Aspekt des Naturrechts und des positiven Rechts.

2 Erläutern Sie die Radbruch'sche Formel anhand gegenwärtiger politischer Systeme. Nennen Sie Staaten, wo Ihrer Meinung nach legitimerweise gefordert werden kann, dass Gesetze als „unrichtiges Recht" der Gerechtigkeit zu weichen haben. Bestimmen Sie, gegen welche Prinzipien diese Gesetze verstoßen würden.

Gerechtigkeit

Wie eng rechtsphilosophische Fragestellungen mit ethischen zusammenhängen können, haben die vorangegangenen Abschnitte gezeigt. An einem entscheidenden Problem zeigt sich dieser Zusammenhang vielleicht in seiner klarsten Form: an der Frage nach der Gerechtigkeit.

Recht und Gerechtigkeit verweisen untrennbar aufeinander. Dem „natürlichen Rechtsempfinden" scheint jenes Recht schlechtes Recht zu sein, das dem Gerechtigkeitsgefühl widerspricht. Wer sich durch ein Steuergesetz benachteiligt fühlt, wer findet, dass im Schulunterrichtsgesetz die Rechte und Pflichten ungleich verteilt sind, der wird diese Gesetze als „ungerecht" kritisieren.

Es bleibe einmal dahingestellt, ob es ein angeborenes natürliches Rechtsempfinden tatsächlich gibt. Die Meinungen gehen hier weit auseinander. Während einige Verhaltensforscher/innen tatsächlich von angeborenen Werten und Empfindungen sprechen, neigen Sozialwissenschaftler/innen und Psycholog/innen eher dazu, die Entstehung des Rechtsempfindens auf die Sozialisation, die Einflüsse durch Elternhaus und Umwelt, auf frühkindliche Erfahrungen und Prägungen zurückzuführen. Tatsache ist, dass, zumindest in unserem Kulturkreis, die meisten Menschen ein mehr oder weniger ausgeprägtes Gefühl dafür haben, was ihrer Ansicht nach recht und billig und was „ungerecht" ist. Wie die oben angeführten Beispiele zeigen, hat die Frage der Gerechtigkeit immer damit zu tun, wie Maßstäbe, Anforderungen, Vergünstigungen an bzw. für mehrere Menschen angelegt und verteilt werden.

Entstehung von Rechtsempfinden

Platon war der erste Philosoph, der die Frage nach dem Wesen der Gerechtigkeit durch den Entwurf eines gerechten Staatswesens zu lösen gedachte. Gerecht war ein Staat für Platon dann, wenn der Staat einmal die allgemeinen Gesetze des Kosmos und des Menschen widerspiegelte und zum anderen im Staate jeder die ihm gemäße Funktion innehätte. Ähnlich dem Aufbau der Seele – Trieb, Mut und Verstand – sollte auch der Staat aus Arbeitern, Wächtern und jenen bestehen, die die Vernunft repräsentierten: den freien und gebildeten Männern. Und so wie der Mensch sich nicht von den Trieben beherrschen lassen sollte, sondern von der Vernunft, sollten auch in Platons Staat jene herrschen, die die Vernunft repräsentierten: die Philosophen. Entweder, so Platon, müssten die Philosophen Könige werden oder die Könige Philosophen. Ansonsten ging es in Platons Staat recht rigide zu: Bis ins Detail der Lebensführung und Fortpflanzung war alles geplant und von oben koordiniert.

Philosophen als Könige

Aristoteles differenzierte zwischen „ausgleichender" und „austeilender" Gerechtigkeit. Als Grundprinzipien dieser Vorstellung gelten die Sätze „Jedem das Gleiche" und „Jedem das Seine". Zwischen diesen beiden Aspekten schwanken in der Regel auch alle Diskussionen um Gerechtigkeit. Jedem das Gleiche: Daraus resultiert jener Gleichheitsgrundsatz, der zu einem Fundament der modernen Rechtsstaatlich-

Jedem das Gleiche

keit geworden ist. Danach bedeutet gerecht, dass das Gesetz alle gleich behandelt, vor dem Gesetz alle gleich sind und keine wie immer gearteten Vorlieben, Ausnahmen oder Benachteiligungen geduldet sind. Das Bild etwa des „gerechten Lehrers" ist von diesem Grundsatz ebenso geprägt wie das des „unbestechlichen Richters".

Jedem das Seine

Es ist aber leicht einzusehen, dass unter Bedachtnahme auf die Unterschiede zwischen den Menschen der Grundsatz „Jedem das Gleiche" leicht in Ungerechtigkeit umschlagen kann: Von jedem die gleiche Steuer einheben zu wollen, würde die Armen ruinieren und die Reichen kaum belasten. Hier hakt der zweite Grundsatz ein: „Jedem das Seine". Je nach individueller Lage soll die Gerechtigkeit das bereithalten, was dem Einzelnen zukommt und was ihm zumutbar ist – nicht, um das Gleichheitsprinzip zu verletzen, sondern um es zu ergänzen. Den Reichen kann ein prozentuell höherer Anteil an Steuern zugemutet werden als den Armen; den Starken kann mehr abverlangt werden als den Schwachen.

Karl Marx (1818–1883)
➤ *Glossar*

Soziale und politische Gleichheit

In der Praxis der Rechtsprechung ist es allerdings nicht immer leicht, das rechte Maß zwischen dem Gleichheitsprinzip und dem Prinzip der Angemessenheit zu erreichen. Karl Marx ging dann auch so weit, das Gleichheitsprinzip als abstrakt zu verwerfen, weil alle bisherige Gesellschaft es mit „Ungleichen" zu tun habe, deren Ungleichheit durch den Gleichheitsgrundsatz nur befestigt werde: Dem Besitzlosen wie dem Besitzenden gleichermaßen das Recht auf Eigentum zu versichern, sei blanker Hohn. Gerecht sei nicht die Anwendung des abstrakten Gleichheitsprinzips, sondern die Herstellung der faktischen sozialen und politischen Gleichheit. Gelinge dies, so Marx, dann könne auch das Prinzip der Angemessenheit voll zur Geltung kommen. Die erhoffte kommunistische Gesellschaft solle auch nach dem Grundsatz aufgebaut sein: „Jeder nach seinen Fähigkeiten, jedem nach seinen Bedürfnissen". Dieser Gedanke zeigt übrigens, dass gerade die „Gleichmacherei" nicht im Zentrum der Marx'schen Überlegungen stand – wie oft unterstellt –, sondern die Bedachtnahme auf die individuellen Eigenarten; allerdings unter der Voraussetzung einer gerechten Sozialordnung.

Katholische Soziallehre

Auf einem anderen Prinzip, das allerdings auf Aristoteles zurückgeht, beruht die Gerechtigkeitsvorstellung der katholischen Soziallehre, wie sie im späten 19. Jahrhundert als Reaktion auf die Folgen der Industrialisierung ausgearbeitet wurde: dem Subsidiaritätsprinzip. Für diese Auffassung ist Ungleichheit nicht prinzipiell mit Ungerechtigkeit gleichzusetzen, extreme soziale Gegensätze sollen aber durch Hilfestellung (= subsidium) der Begüterten gegenüber den Armen ausgeglichen werden.

John Rawls (1921–2002) ➤ *Glossar*

➤ Text S. 264 f.

Der Schleier des Nichtwissens

Eines der meistdiskutierten Gerechtigkeitskonzepte ist heute die Schrift *Eine Theorie der Gerechtigkeit* (1971) des amerikanischen Philosophen John Rawls. Er entwickelt ein Gerechtigkeitskonzept, das auf dem Prinzip der Fairness beruht. Rawls konstruiert einen Urzustand, um eine gerechte Gesellschaft zu entwerfen. Ausgangsbedingungen sind Freiheit und Gleichheit aller Menschen und das Zugeständnis des Einzelnen, dass die Rechte, die für ihn gelten, auch für andere gelten. Mithilfe eines Kunstgriffs, der Konstruktion des „Schleiers des Nichtwissens", legt Rawls dar, dass eine gerechte Gesellschaftsform gewählt werden könne, wenn der Einzelne in diesem fiktiven Zustand nicht wisse, welche seine besonderen Fähigkeiten seien und welchen Platz er in der künftigen Gesellschaft einnehmen werde. So könne unparteiisch entschieden werden, welche Prinzipien in einer Gesellschaft zur Geltung kommen müssen, damit jedem die gleichen Rechte, Freiheiten und Chancen zukommen können. Rawls führt zwei Gerechtigkeitsprinzipien an: Das Freiheitsprinzip ist das Prinzip, nach dem jeder das gleiche Recht auf Grundfreiheiten hat. Eingeschlossen werden Meinungs- und Gewissensfreiheit, Versammlungs- und Redefreiheit, das Recht zu wählen und öffentliche Ämter zu bekleiden, das Recht auf Eigentum, die Unverletzlichkeit der Person und eine demokratische Gesellschaftsordnung. Das Differenzprinzip besagt, dass soziale und wirtschaftliche Ungleichheiten möglichst so zu gestalten sind, dass sie jedem Mitglied der Gesellschaft als Vorteil dienen und mit Positionen und Ämtern verbunden sind, die jedem offenstehen. Rawls geht davon aus, dass in einer gerechten Gesellschaft die Mitglieder dieser Gesellschaft auch an deren Stabilisierung interessiert sind, der Gerechtigkeitssinn des Einzelnen bildet sich über Erziehung, Freundschaft und Vertrauen aus.

Das Freiheitsprinzip

Das Differenzprinzip

Die Frage nach der Gerechtigkeit ist also immer mit der Frage nach der Verteilung von Reichtümern und Ressourcen, Lebenschancen und Glücksmöglichkeiten in einer Gesellschaft verbunden.

Martha C. Nussbaum (1947)*

➤ *Text S. 256 f.*

Die amerikanische Philosophin Martha C. Nussbaum knüpft bei Aristoteles an, um Kriterien für ein gutes menschliches Leben zu entwickeln. Sie argumentiert, dass Menschen dazu befähigt werden sollten, jene Fähigkeiten frei zu entwickeln, die als universelle anthropologische Konstanten bestimmt werden können. Erst die Möglichkeit, jene Grundfähigkeiten so gut wie möglich verwirklichen zu können, schafft politisch gerechte Verhältnisse. Aufgabe des Staates ist, den Menschen die Freiheit und die Möglichkeit zu geben, ihre Fähigkeiten zu entwickeln und ausschöpfen zu können. Die Liste der Grundfähigkeiten umfasst zehn Punkte und stellt die Voraussetzung für ein gelingendes Leben in Würde dar. Nussbaum arbeitete mit dem indischen Wirtschaftswissenschaftler und Nobelpreisträger Amartya Sen bei der UNO zusammen und entwickelte mit ihm ein Konzept zur Messung der Lebensqualität, das ihre Kriterien für ein gutes Leben beeinflusste.

Denkanstöße

1 Beschreiben Sie eine Situation, in der Sie sich ungerecht behandelt gefühlt haben, etwa in der Schule. Analysieren Sie, wodurch dieses Gefühl ausgelöst wurde (z.B.: Jemand anderer wurde in einer ähnlichen Situation ganz anders behandelt. Sie wurden in einer ähnlichen Situation davor schon einmal anders behandelt.). Beurteilen Sie, ob dabei der Gleichheitsgrundsatz oder ein anderes Prinzip verletzt wurde.

2 „Jeder nach seinen Fähigkeiten, jedem nach seinen Bedürfnissen." Jedem nach seiner Leistung. – Ermitteln Sie Argumente zu diesen Positionen und bewerten Sie diese.

3 Analysieren Sie, auf welchen Gerechtigkeitsprinzipien die sozialpolitischen Vorstellungen der österreichischen Parteien beruhen.

Verbrechen und Strafe

Tintoretto, Kain erschlägt Abel, 1550–1553. Venedig, Galleria dell'Accademia

Gleichgültig, wie Recht gesetzt wird: Immer stellt sich die Frage, wie die Einhaltung der Rechtsprinzipien kontrolliert und damit garantiert und wie der Rechtsbruch sanktioniert wird. Rechtssetzung und die Verkündigung der Sanktionen für den Rechtsbruch gehen Hand in Hand. Schon die ersten Gesetzeswerke früher Hochkulturen – man denke an den *Codex Hammurabi* – enthielten immer auch Bestimmungen für die Behandlung der Rechtsbrecher. Das Prinzip der unmittelbaren Vergeltung – Auge um Auge, Zahn um Zahn – dürfte bei den archaischen Formen der Rechtsprechung das am weitesten verbreitete gewesen sein, sieht man von noch früheren Formen ab, etwa der Blutrache – die Blutsverwandten übernehmen die Verfolgung und Richtung des Rechtsbrechers –, die sich in manchen Kulturkreisen aber bis in die Gegenwart halten konnte. Das Vergeltungsrecht dürfte allerdings recht bald durch andere Formen der Buße und Sühne durchbrochen worden sein; Bußzahlungen – oft in Form von Naturalien – und verschiedene Sühneleistungen sind ebenfalls schon aus frühen Kulturen bekannt.

Buße

G. W. F. Hegel (1770–1831) ➤ *Glossar*

In einem Zustand der Gesellschaft allerdings, so stellte Georg Wilhelm Friedrich Hegel in seiner Rechtsphilosophie fest, in der es keine Gesetze und keine Richter gibt, wird die Strafe immer die Form der Rache haben. Erst dort, wo die Verbrechen nicht mehr als „crimina privata“, sondern als „crimina publica“ betrachtet werden, wo im Verbrechen, das der Einzelne an einem Einzelnen verübt, sich immer die Gesellschaft betroffen fühlt, ändert sich der Charakter der Strafe: Befreit von den subjektiven Interessen der Betroffenen und von den Zufälligkeiten der Macht, kann der Staat als Vertreter der Allgemeinheit nach Hegel die bloß rächende in eine wirklich strafende Gerechtigkeit umwandeln: Durch die Strafe richtet die Allgemeinheit ihre Verbrecher nach allgemein gültigen Gesetzen. Aber schon Hegel machte die Bemerkung, dass, je instabiler eine Gesellschaft sei, desto drastischer und härter die Strafen ausfallen werden, während eine geordnete Gemeinschaft Milde walten lassen kann: „Ist die Gesellschaft noch an sich wan kend, dann müssen durch Strafen Exempel statuiert werden, denn die Strafe ist selbst ein Exempel gegen das Exempel des Verbrechens.“

Strafende Gerechtigkeit

Michel Foucault (1926–1984) ➤ *Glossar*

Der französische Philosoph und Kulturhistoriker Michel Foucault hat in dem Buch *Überwachen und Strafen* (1976) genauer untersucht, wie und warum sich die Formen der Strafen im 18. und 19. Jahrhundert radikal gewandelt haben. Im vorbürgerlichen Zeitalter war Strafe noch tatsächlich im Sinne von Hegel „Exempel“: Dieses diente dazu, den Verbrecher zu martern und zu quälen, ihn zu foltern, zu hängen oder zu vierteilen – alles, um ihn seine Schuld spüren zu lassen und dem Volk ein gleichermaßen abschreckendes wie aufregendes Schauspiel zu bieten. Solche Strafen mussten deshalb öffentlich sein. Im Zeitalter der Aufklärung allerdings, so Foucault, ändert sich dies. Die Marter und die Öffentlichkeit des Strafens verschwinden, an ihre Stelle tritt das Gefängnis. Nicht mehr der quälbare Leib ist Ziel der nun geübten Freiheitsstrafen, sondern der Verbrecher soll vor allem in seiner Seele getroffen werden, in seiner ganzen Person überwacht und kontrolliert werden – für Foucault eine Tendenz der bürgerlichen Gesellschaft. Überall entstehen Institutionen, die den Menschen

Kontrolle durch Institutionen

kontrollieren, überwachen, reglementieren: Schulen, Krankenhäuser, Kliniken, Irrenhäuser und eben Gefängnisse. Nicht mehr um Strafe am Individuum geht es, sondern um den universellen Anspruch der Gesellschaft, all ihre Mitglieder jederzeit unter Kontrolle haben zu können. Nicht um Besserung der Verbrecher geht es in den Gefängnissen, so Foucault, sondern um die kontrollierte Verwaltung des Verbrechens.

In der modernen Gesellschaft gibt es darüber hinaus verschiedene theoretische Ansätze, die das Verhältnis von Rechtsbruch und Sanktion, von Verbrechen und Strafe, definieren. Weder das Prinzip der Vergeltung noch das der Buße stehen dabei im Vordergrund, sondern Strafe wird immer mehr zu einer genormten Sanktion, die keinen unmittelbaren inhaltlichen Bezug zum jeweiligen Vergehen mehr hat. Durchgesetzt haben sich im Wesentlichen zwei Varianten: die Geldstrafe und der Freiheitsentzug, die gleichsam universell zur Anwendung kommen, gewichtet nur nach Schwere und Art des Vergehens. Gesetzesvergehen, die weder in verbrecherischer Absicht geschehen sind noch zu gravierenden Schäden an Personen oder Sachen geführt haben, werden in der Regel mit Geldstrafen belegt, Vergehen mit Personen- oder Sachschaden mit Freiheitsstrafen. Für die Rechtsphilosophie steht natürlich die Frage im Mittelpunkt, wie die verschiedenen Strafformen, ja Strafe überhaupt, definiert und begründet sind.

Geldstrafe und Freiheitsentzug

Begründungen von Strafe

Ausgehend von einer behavioristischen Psychologie, könnte Strafe allgemein als eine Maßnahme betrachtet werden, die dazu dient, unerwünschtes Verhalten zu vermeiden. Da die meisten Strafen allerdings nicht unmittelbar auf das unerwünschte Verhalten folgen, wirken sie kaum unmittelbar verhaltensmodifizierend, Freiheitsstrafen ohnehin nicht, weil sie nicht Verhalten ändern, sondern bestimmte Möglichkeiten des Verhaltens in der Gesellschaft für einen längeren Zeitraum überhaupt verhindern. Freiheitsstrafen werden dann eher damit gerechtfertigt, dass die Gesellschaft sich auf diese Art und Weise vor den Verbrecher/innen schützen müsse – indem diese isoliert und aus dem Verkehr gezogen werden. Diese Argumentation verliert aber ihre Stichhaltigkeit dort, wo ein Vergehen vorliegt, bei dem Wiederholungsgefahr so gut wie ausgeschlossen scheint.

Ein weiteres verbreitetes Argument ist das der „Abschreckung“: Die Strafe, die eine Person erleidet, soll mögliche Nachfolgetäter/innen abhalten. Auch wenn hier ein Mensch gleichsam als „abschreckendes Beispiel“ gebraucht, vielleicht sogar missbraucht wird, herrscht doch Konsens darüber, dass ohne solche abschreckenden „Strafandrohungen“ gerade im Bereich der alltäglichen Vergehen die Bereitschaft vieler Menschen, gesetzeswidrig zu handeln, wahrscheinlich zunehmen würde. Untersuchungen zeigen allerdings, dass Strafandrohungen im Bereich von Kapitalverbrechen kaum Wirkung zeigen.

Todesstrafe

Das Argument wird auch relativ stumpf, wenn es als Verteidigung der Todesstrafe gebraucht wird. Streng genommen kann die Tötung eines Menschen nie eine „Strafe“ sein, da Strafe immer zur Voraussetzung hat, dass die Bestraften sich der Strafe bewusst sind und, nach der Strafe gleichsam „entsühnt“, die Möglichkeit einer Neuorientierung haben müssen. Wer nicht nach dem Vergeltungsgrundsatz argumentiert und auch das Prinzip der Rache nicht gelten lassen will, wird beim Problem der Todesstrafe den logischen Widerspruch nicht vermeiden können, dass der Staat, der die Tötung eines Menschen prinzipiell verbietet, selbst dieses Prinzip gerade zu dessen Durchsetzung bricht. Für in ihren Rechtsvorstellungen fortgeschrittene Gesellschaften scheint daher die Abschaffung der Todesstrafe, gerade wenn es darum geht, das Prinzip der Menschenwürde unter allen Umständen zu wahren, unerlässlich.

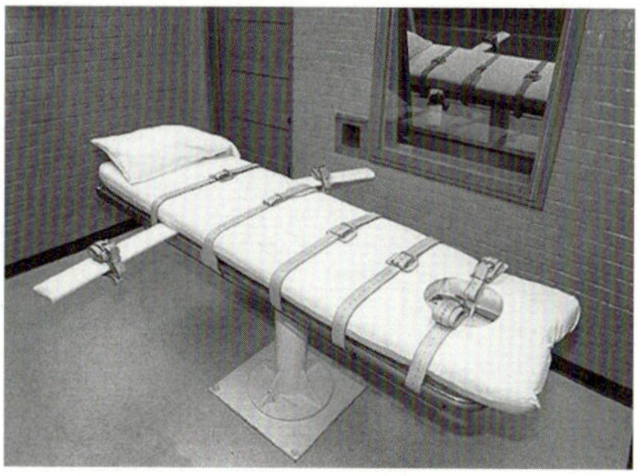

Todesstrafe: In diesem Raum werden Hinrichtungen mittels Giftspritze vollzogen.

Mit ähnlichen Argumenten kann aber auch die Freiheitsstrafe, vor allem die lebenslange, kritisiert werden. Auch sie dürfte nur dort befürwortet werden, wo es tatsächlich darum geht, dass sich eine Gesellschaft vor gleichsam „chronischen" Verbrecher/innen schützen muss. Die Kritik am Prinzip der Freiheitsstrafe geht Hand in Hand mit einer Neuorientierung in der Theorie des Verbrechens selber. Man tendiert heute dazu, nicht jede Form sozial abweichenden („devianten") Verhaltens als kriminell („delinquent") zu betrachten und dementsprechend zu „bestrafen" – gerade etwa im Bereich des sexuellen Verhaltens haben sich die Ansichten, was als „kriminell" zu gelten habe, entscheidend gewandelt. Andererseits verliert der Gesichtspunkt der Strafe als abstrakte Sanktion immer mehr an Gewicht und wird durch Resozialisierungstheorien ersetzt: Nicht die Ausschließung von straffällig gewordenen Personen aus der Gesellschaft, sondern ihre Wiedereingliederung wird als Zielvorstellung anvisiert. In diesem Zusammenhang gewinnen auch wieder Buß- und Sühnevorstellungen an Gewicht: Im Jugendstrafrecht etwa wird bei von Jugendlichen verübten Delikten in manchen Ländern immer mehr der Gesichtspunkt einer aktiven sozialen Wiedergutmachung berücksichtigt und gefordert statt Freiheitsentzug oder Geldstrafe.

Resozialisierung

Denkanstöße

1 Recherchieren Sie den Begriff „Kavaliersdelikt". Nennen Sie Voraussetzungen und Situationen, in denen Delikte bagatellisiert werden.

2 Nach spektakulären Gewalttaten, die in den Medien ihren Niederschlag finden, entzündet sich häufig eine öffentliche Debatte über Verbrechensbekämpfung und Bestrafung. Nennen Sie Delikte, bei denen Sie für eine Strafverschärfung plädieren würden, und ermitteln Sie Argumente, die für eine Verschärfung angeführt werden könnten.

4.3. Freiheit und Verantwortung

Annäherung

Der Mensch ist verurteilt, frei zu sein. Verurteilt, weil er sich nicht selbst erschaffen hat, anderweit aber dennoch frei, da er, einmal in die Welt geworfen, für alles verantwortlich ist, was er tut.

Jean-Paul Sartre

Wie frei ist der Mensch?

Bedeutungen von Freiheit

Das Wort „Freiheit" hat im täglichen Leben mehrfache Bedeutungen. Gemeint sein kann die Handlungsfreiheit eines Individuums, die Freiheit zur moralischen Selbstgesetzgebung, die politische Freiheit, die Willensfreiheit. Allein die Forderungen, die im Zusammenhang mit politischer Freiheit im Lauf der Geschichte formuliert wurden, sind zahlreich: Freiheit von feudalen Abgaben bei den Bauern; Freiheit von den Zunftzwängen bei Handwerksgesellen; Freiheit von Binnenzöllen; Freiheit der Meinungsäußerung; Freiheit von staatlicher Willkür; Freiheit der politischen Betätigung und Organisation; Freiheit für die Wissenschaften; Freiheit zur individuellen Selbstbestimmung. Ebenso könnte man etwa die Geschichte der Durchsetzung der parlamentarischen Demokratie als Versuch der politischen Realisierung des aufklärerischen Freiheitsgedankens sehen.

Eugène Delacroix, Die Freiheit führt das Volk auf die Barrikaden, 1830. Paris, Musée du Louvre

Auch der Begriff der „Emanzipation" gehört ins Bedeutungsfeld von Freiheit: Im römischen Recht verstand man unter „emancipatio" ursprünglich die Entlassung eines Familienmitgliedes aus der väterlichen Gewalt, also das Unabhängigwerden, das Auflösen eines Abhängigkeitsverhältnisses. Emanzipation unterdrückter Völker und sozialer Schichten, Emanzipation der Kinder von Erziehungsautoritäten, Emanzipation der Frauen – kaum eine andere Idee vermag menschliches Handeln derart stark zu motivieren. Im Namen der „Freiheit" wurden und werden Kriege geführt, starben Millionen von Menschen. Der Ausdruck „Freiheit" enthält dabei – wie man am Beispiel der so genannten „Freiheitskriege" sehen kann – immer auch schon eine moralische Komponente: Für die „Freiheit" zu kämpfen, gilt als moralisch gut und gerechtfertigt, Freiheitsbestrebungen zu unterdrücken als böse.

Emanzipation

Freiheitsstatue an der Hafeneinfahrt von New York

Georg Wilhelm Friedrich Hegel sah die ganze Weltgeschichte als Fortschritt in Richtung „Freiheit". Doch gilt der Einsatz für diesen „Fortschritt" auch dann als moralisch gerechtfertigt, wenn bei der Durchsetzung des Ziels zu Mitteln der Unfreiheit wie Gewalt und Mord gegriffen wird?

polis: altgriech. Stadtstaat

Ein Blick zurück in die Geschichte der Auseinandersetzung um Freiheit führt zu den Griechen. Ihr militärischer Kampf gegen die Perser wurde schon von den zeitgenössischen Historikern als Freiheitskrieg gefeiert; die Poliswelt der Griechen gilt bis heute als das Grundmodell politischer Freiheit. Ob die Athener und Spartaner unter Freiheit etwas Ähnliches verstanden wie wir heute, muss allerdings bezweifelt werden, denn die archaische griechische Gesellschaft sah ihr Leben als Los, Geschick, Schicksal, das mit mehr oder weniger Würde zu tragen sei. Der griechische Mythos vertrat also einen Fatalismus: Das Leben ist bestimmt von fremden Mächten;

Fatalismus

Krankheiten, Kriege, Unglück, Naturkatastrophen liegen letztlich in der Hand der Götter. Trotzdem gibt es menschliche Schuld und Verantwortung. D. h. der Mensch ist zugleich Opfer äußerer Mächte und aktives Subjekt, das zur Rechenschaft gezogen werden kann. Logisch gesehen ist der Fatalismus also eine widersprüchliche Haltung.

Im Laufe des 6. und 5. Jahrhunderts v. Chr. beginnen Fatum und Eigenverantwortung auseinanderzutreten. Es wird möglich, dass das Individuum mit seinem Handeln in Widerspruch zur gesellschaftlichen Konvention tritt. Als gedankliche Alternative zum Fatalismus tritt die Willkür auf – subjektives Handeln erscheint völlig frei. So vertreten die Sophisten auch einen ethischen Relativismus. Der Mensch als freies Wesen könne die Kriterien für sein Handeln selbst festlegen.

Mit der Debatte um Fatum und Freiheit sind wir schon mitten in die philosophische Auseinandersetzung geraten. Bevor die verschiedenen philosophischen Lösungsversuche der Freiheitsproblematik vorgestellt werden, ist allerdings eine Begriffsklärung sinnvoll. Der Philosophie geht es hierbei zunächst darum, die in den verschiedenen Freiheitsbegriffen enthaltenen Bedeutungen, seien sie nun politischer, rechtlicher, moralischer, religiöser oder psychologischer Art, festzuhalten und zu systematisieren. Dabei muss immer unterschieden werden, ob bei „Freiheit" von einem subjektiven Erleben gesprochen wird oder ob damit eine objektiv feststellbare Form der Loslösung von – zum Beispiel politischen oder naturgesetzlichen – Zwängen gemeint ist.

Begriffsklärung

Der dem Alltagsbewusstsein am nächsten liegende Freiheitsbegriff ist die Wahlfreiheit: Darunter versteht man die Fähigkeit, aus unterschiedlichen Handlungsalternativen wählen zu können. Eng verwandt damit ist der Begriff der Handlungsfreiheit: Aristoteles verstand darunter das Vermögen, für ein vorgegebenes Ziel die richtigen Mittel der Durchsetzung zu finden. Es geht also um die Fähigkeit der Realisierung der eigenen Pläne, frei von äußeren oder inneren Zwängen. Handlungsfreiheit hätte ein Mensch dann, wenn er weder durch äußere – also politische, ökonomische, soziale, physische – noch durch innere – also psychische, etwa neurotische – Zwänge in seinem Handeln eingeschränkt wäre. Wenn ein Mensch tun kann, was er tun will, ist er in seinem Handeln frei. Unfrei ist derjenige, der durch bestimmte äußere oder innere Zwänge daran gehindert wird, eine Handlung auszuführen.

Handlungsfreiheit

Für viele Philosoph/innen ist der eigentliche Kern der Freiheitsfrage die Problematik der Willensfreiheit: Inwiefern hat der Mensch die Fähigkeit, sich selbst durch Nachdenken und Reflexion eigene Werte und Ziele erarbeiten zu können? Wann kann eine Entscheidung tatsächlich als frei angesehen werden? Frei in seinem Wollen wäre der Mensch nur, wenn er fähig ist, zu bestimmen, welche Motive, Ziele, Wünsche und Grundsätze seinen Handlungen zugrunde liegen sollen. Eine weitere Frage ist, ob diese Fähigkeit des Menschen, eigene Entscheidungsgrundlagen zu entwickeln, tatsächlich gegeben ist.

Willensfreiheit

Denkanstöße

1 „Wer etwas tut, weil es Sitte ist, wählt nicht", so John Stuart Mill in seiner Schrift *Über die Freiheit* (1859). – Ermitteln Sie Situationen, wo Sie selbst nicht wählen, sondern sich ohne zu überlegen bestehenden Regeln und Konventionen anpassen. Begründen und bewerten Sie die Zulässigkeit solch einer Anpassung.

2 Beurteilen Sie, ob es auch in unserer Zeit Anhänger eines Fatalismus gibt. Nehmen Sie kritisch Stellung zu Formen der Schicksalsgläubigkeit, wie dem Vertrauen auf Horoskope.

3 Untersuchen Sie, welche Kriege in den vergangenen fünfzig Jahren im Namen der Freiheit geführt wurden.

Freiheit und Notwendigkeit

Deterministen

So selbstverständlich unserem Alltagsbewusstsein die Vorstellung der Freiheit ist, als so schwierig hat es sich erwiesen, dieselbe logisch argumentierend zu beweisen. In der Philosophie wurde verschiedentlich auf den Unterschied zwischen dem subjektiven Bewusstsein von Freiheit und einer objektiven Gegebenheit derselben hingewiesen. Thomas Hobbes etwa hielt das subjektive Freiheitsbewusstsein schlicht für eine Illusion. Willensfreiheit sah er als „Absurdität", die auch „unter die Arten der Verrücktheit zu zählen" sei. Was dem Einzelnen als eigene Entscheidung erscheine, sei doch mechanistisch erklärbar. Der Mensch sei ein Automat, dem das Ziel der Erhaltung und Förderung seines Lebens einprogrammiert sei.

Das Bewusstsein von Freiheit

So vehement Hobbes als rationalistischer Determinist eine Willensfreiheit bestreitet, so gesteht er dem Menschen doch Handlungsfreiheit zu. Sein Machtstreben, seine Selbsterhaltungs- und Geltungswünsche befähigten ihn dazu, äußere Hindernisse bei der Durchsetzung der allerdings festgelegten Ziele zu überwinden.

Auch David Hume vertrat einen Determinismus, argumentierte allerdings sensualistisch und berief sich dabei auf die naturwissenschaftlichen Erkenntnisse von Isaac Newton. Der Mensch ist nach seiner Auffassung nichts als ein „Haufen verschiedener Sinneseindrücke", die ununterbrochen ergänzt werden. Verantwortlich sei der Mensch nur insofern, als er durch Lob bzw. Strafe beeinflusst werden könne.

Diese deterministische Sicht verbreitete sich seit dem 17. Jahrhundert besonders im Zusammenhang mit dem Aufschwung der Naturwissenschaften. Der mechanistische Wissenschaftsbegriff erklärte ja alles Geschehen als durch unveränderliche Naturgesetze kausal bestimmt. Man suchte alle natürlichen Phänomene auf zwei Momente zurückzuführen: Masse und Bewegung. In einer solcherart determinierten Welt blieb für eine Willensfreiheit kein Platz.

Naturgesetze

Wie erklärt nun aber der Determinismus das von jedem erlebte Bewusstsein von Freiheit? – Dieses Bewusstsein entspringe einem mangelnden Verständnis der Wirklichkeit. Überall, wo der momentane Wissensstand nicht ausreiche, um eine lückenlose Erklärung im Sinne einer Ursache-Wirkung-Kette zu erstellen, übertrage der Mensch seine eigene Unvollständigkeit auf den Gegenstand seiner Erkenntnis. Aus dem Nichtwissen werde die Behauptung des Nichtvorhandenseins von Ursachen. Ins Positive gewendet, heiße dies dann „Freiheit".

Bis in die Gegenwart vertraten und vertreten Philosoph/innen und Naturwissenschaftler/innen einen mehr oder minder strikten Determinismus, d. h. die These, es gebe keine Willensfreiheit, wie es keine selbstständige Psyche oder geistige Person gebe. Der psychologische Behaviorismus sieht den Menschen als reines

Behaviorismus

Reflexwesen, auf festgelegte Verhaltensweisen hin beliebig konditionierbar. Auch die vergleichende Verhaltensforschung vertritt die Ansicht, dass menschliches Sozialverhalten, auch das ethische Verhalten, vorprogrammiert sei. Was der Mensch als Akt seiner Freiheit interpretiere, entspringe artspezifisch festgelegten Verhaltensweisen.

Indeterministen

Die entscheidenden Verfechter eines philosophischen Indeterminismus waren Immanuel Kant, Johann Gottlieb Fichte, Friedrich Wilhelm Joseph Schelling und Jean-Paul Sartre.

Kant nahm die Argumente der Rationalisten des 17. Jahrhunderts gegen die Annahme einer Willensfreiheit durchaus ernst. Er interpretierte den Menschen als Zeitwesen in einer doppelten Perspektive: Als Wesen in der Zeit habe der Mensch immer nur sein Jetzt unter Kontrolle, nicht seine Vergangenheit, von der er auch determiniert sei. Im „Wollen" hole sich der Mensch aber aus dem Zeitablauf heraus. Indem er ein Ziel, einen Wert, ein „Sollen" anstrebe, sei er der zeit- und naturbedingten Abhängigkeiten enthoben. Der Imperativ des Gewissens laute: „Was du sollst, kannst du."

Insofern, so überlegte Kant weiter, der Mensch in Freiheit selbst bestimmen könne, stehe er über Natur und Kausalität. Andererseits sei jedoch jede menschliche Handlung, aus empirischer Perspektive gesehen, eine Handlung in der Zeit, aus vorhergehenden Bestimmungsgründen notwendig ableitbar, daher unfrei. Zwischen dem empirischen Sein des Menschen, in welchem er Naturwesen und daher determiniert sei, und seinem geistigen, dem intellegiblen Sein, das ihn kraft seiner Vernunft autonom, zur Selbstbestimmung aus Freiheit fähig mache, besteht in der kantischen Auffassung eine zerreißende Spannung. Diese Seite des „Intellegiblen" verabsolutierte dann Fichte, er schrieb dem Menschen als wesentliche Eigenschaft die „absolute Spontaneität der Freiheit" zu.

Vermittler

Neben den Vertretern eines Determinismus bzw. Indeterminismus gibt es Philosophen, die eine Zwischenposition vertreten, die Freiheit und Determinismus gedanklich zu vermitteln suchen. So bedeutet etwa für Georg Wilhelm Friedrich Hegel Freiheit „Einsicht in die Notwendigkeit". Genau die Tatsache, dass der Mensch in der Lage sei, diejenigen Kräfte und Faktoren, die ihn bestimmen, zu erkennen und zu begreifen, unterscheidet ihn nach Hegel vom Tier und macht die Wurzel seiner Freiheit aus. Unter Notwendigkeit versteht Hegel allerdings nicht nur die Naturnotwendigkeit, sondern vor allem eine geschichtliche und gesellschaftliche Dynamik, der sich der Mensch nicht entziehen könne.

Auch für Baruch de Spinoza bilden Freiheit und Notwendigkeit keine wirklichen Gegensätze. Spinoza unterschied zwei Aspekte der „Substanz", wobei für ihn, da er dem Pantheismus nahestand, die Substanz mit Gott und Natur zusammenfiel: Einmal die „natura naturans", die schaffende Natur, die ihren Grund in sich selbst hat, also notwendig ist; und zum anderen die „natura naturata", die geschaffene Natur: Sie ist das, was aus der Notwendigkeit der Substanz fließt.

Baruch de Spinoza (1632–1677) ➤ *Glossar*

Nach Spinoza ist daher alles in der Schöpfung notwendig. Die im menschlichen Bewusstsein auseinanderfallenden Phänomene von möglich und notwendig, gut und böse, entstammen unserer eingeschränkten Sicht. Der verbreitete Glaube an die Freiheit des Menschen entspringt einer Illusion, die auf einem Nicht-Erkennen beruht: Der Mensch ist sich zwar seines Wollens bewusst, nicht aber der Ursachen desselben. Die wirkliche Freiheit beginnt für Spinoza erst dann, wenn sich der Mensch der Einsicht in die prinzipiellen Grenzen menschlicher Möglichkeiten stellt. Zu einem freien und klaren Leben ist man erst befähigt, wenn man gelernt hat, die eigene Existenz vom Standpunkt der Ewigkeit („sub specie aeternitatis") zu betrachten, d. h. die grundlegenden Gesetze der „Allnatur" zu erkennen und anzuerkennen. Durch die persönliche Entscheidung für diese Erkenntnis (des Zusammenhangs aller Dinge in Gott) werden wir frei insofern, als unsere Ideen jetzt allumfassend, nicht mehr auf unser kleines Ego beschränkt, sind.

Die Grenzen der menschlichen Möglichkeiten

Ein Skeptiker

Das Selbstbewusstsein

Arthur Schopenhauer hat 1841 auf die von der Königlichen Norwegischen Gesellschaft der Wissenschaft zu Drontheim gestellte Preisfrage „Lässt sich die Freiheit des menschlichen Willens aus dem Selbstbewusstsein beweisen?" mit seiner berühmten *Preisschrift über die Freiheit des Willens* geantwortet, in der er den Indeterminismus einer radikalen Kritik unterzieht. Seine Antwort lautet lapidar: Im Selbstbewusstsein lässt sich keine Freiheit, nur die Illusion der Freiheit finden.

Arthur Schopenhauer (1788–1860) ➤ *Glossar*

➤ Text S. 270 f.

Zunächst gibt Schopenhauer allerdings eine Erklärung, was für ihn „Selbstbewusstsein" bedeutet: Es ist dasjenige Bewusstsein, das übrig bleibt, wenn man absieht vom „Bewusstsein von den Dingen". Wie wird nun der Mensch sich seines eigenen Selbstbewusstseins bewusst? – „Durchaus als eines Wollenden." Was im Menschen „will", umfasse nicht nur den Entschluss, sondern das ganze Feld der Affekte und Leidenschaften, Begierden, Hoffnungen, Liebe und Freude. Diese Willenserregungen, obwohl für unser Selbstbewusstsein innerlich, seien doch von äußerlichen Faktoren bestimmt. Das Selbstbewusstsein erlebe zwar seine Freiheit als „ich kann tun, was ich will, und will ich links gehen, so gehe ich links". – Für Schopenhauer bleibt dies eine Selbsttäuschung. Er fragt: Ist der Mensch denn auch frei zu wollen? Für das unmittelbare Selbstbewusstsein lautet seine Antwort ja, da hier der Wille etwas Ursprüngliches sei. Die richtige Antwort ergebe allerdings erst eine Betrachtungsweise, welche das Selbstbewusstsein als „Ding unter Dingen", von außen also, analysiere. Dann zeige sich eine ganze Welt von Dingen und anderen Menschen, die auf den Willen des Menschen einwirken, ihm Anregung, Motive liefern.

Schopenhauer mit seinem Pudel Atmann, Skizze von Wilhelm Busch, um 1870

Das Verhältnis zwischen Umwelt und Wille sieht Schopenhauer als streng deterministisches. So wie der Stein fällt, handelt der Mensch notwendig entsprechend dem jeweils stärksten Motiv. Der Mensch könne sich allerdings durch sein Denkvermögen die Motive, deren Einfluss auf sein Wollen er spürt, vergegenwärtigen, überlegen. Er hat also eine relative Freiheit der Wahl, die Fähigkeit des „Überlegen-Könnens". Dies ändere aber nichts daran, dass der Wille sich letztlich mit dem stärksten Motiv verbünde, dass zwischen diesem Motiv und dem Handeln eine strenge Kausalität herrsche. Auch der Mensch ist Teil eines Universums von gnadenloser Notwendigkeit, in dem alles seinen Ursachen und zugrunde liegenden Kräften gehorcht.

Nachdem er die Freiheit derart fundamental entkräftet hat, behauptet Schopenhauer dann doch wieder eine „wahre moralische Freiheit". Das Bewusstsein der Verantwortlichkeit erweise sich als hartnäckig gegen alle Versuche der Entlastung, des Schuld-Abschiebens auf Motive oder vorgeschobene Gründe. Die Freiheit, die im Handeln nicht zu finden sei, liege im „Sein". Es bleibt nach Schopenhauer ein Faktum menschlicher Existenz, dass alle unsere Taten, trotz ihrer Abhängigkeit von Motiven verschiedener Art, von dem Bewusstsein, dass „dies meine Tat ist", begleitet werden. Dieses Bewusstsein ist für ihn ursprünglich, kein Mensch kann sich ihm entziehen. Daraus resultiert eine unbedingte Verantwortlichkeit. Ohne etwas dafür zu können, ist der Mensch schuld daran, dass er der ist, der er ist.

Schuldbewusstsein

Am Grunde dieses paradoxen Schuldgefühls liegt für Schopenhauer also die Schuld der Individuation, die Schuld, derjenige zu sein, der man ist. Das unmittelbare Selbstbewusstsein weiß im Bewusstsein der Freiheit, der Verantwortung, der Reue von dieser Schuld. Schopenhauer kehrt also zur Evidenz des unmittelbaren Selbstbewusstseins zurück, das er zuerst kritisiert hat. Diese Evidenz, die er vorher kausal erklärt hat, sucht er dann zu verstehen, indem er danach fragt, was sie eigentlich bedeute. Die Erklärung zeigt mir, warum ich etwas tue, aus welchen Gründen ich etwas getan habe. Das Verstehen fragt, was und wer ich eigentlich bin, dass ich solches tue.

evident: offensichtlich

Auch für Schopenhauer bleibt die Freiheit also ein Mysterium, das verschiedene Betrachtungsweisen zulässt: Ob der Mensch als Naturwesen, psychologisch vielfältig bedingt durch seine Bedürfnis- und Motivationsstruktur, gesehen wird oder als selbst- bewusstes Wesen, das sein Erleben als eines von Freiheit, Verantwortung und Schuld auffasst, bleibt offen. Die ethische Konzeption der Freiheit verweist also auf ein zugrunde gelegtes Menschenbild, auf die jeweilige Anthropologie.

Denkanstöße

1 Bewerten Sie die Behauptung: „Wenn es keine Freiheit gibt, brauchen wir auch keine Moral und keine Ethik".

2 Skizzieren Sie das Menschenbild des Behaviorismus. Problematisieren Sie die moralischen und ethischen Konsequenzen eines Menschenbildes, das den Menschen als Reiz-Reaktions-Maschine interpretiert. Beschreiben Sie, welche Sichtweisen des Freiheitsproblems andere psychologische Theorien implizieren, wie etwa die Tiefenpsychologie.

3 Interpretieren Sie die Aussage von Jean-Paul Sartre: „Wenn Gott existierte, kann das freie Subjekt nicht existieren".

Hirnforschung und Willensfreiheit

Spätestens seit den Experimenten des amerikanischen Physiologen Benjamin Libet hat die Debatte um die Freiheit des menschlichen Willens neuen Zündstoff erhalten. Libet untersuchte bereits in den Achtzigerjahren des 20. Jahrhunderts die zeitliche Abfolge zwischen einer einfachen Handlung (einer Armbewegung), dem zugehörigen bewussten Willensakt und der neuronalen Aktivität, die ebenjene Armbewegung einleitet. Das Ergebnis seiner Untersuchungen zeigte, dass die neuronal messbare Bereitschaft, eine Handlung auszuführen bereits ca. 500 Millisekunden vor der bewussten

Absicht, die Handlung auszuführen, einsetzt. Aus diesen Versuchen wurde vielfach gefolgert, dass Entscheidungen in Wirklichkeit bereits auf einer nicht-bewussten Ebene getroffen werden und erst im Nachhinein der handelnden Person als freie, bewusst gewollte Entscheidungen erscheinen. Hirnforscher wie Gerhard Roth und Wolf Singer gehen davon aus, dass die Willensfreiheit aus neurobiologischer Perspektive eine Illusion ist, da bewusst erlebte Zustände nichts anderes als das Endresultat eines extrem komplexen, aber unbewusst ablaufenden neuronalen Prozesses sind.

Verantwortung

Die jahrhundertealte Debatte um Freiheit und Notwendigkeit ist in ihrem Kern eine ethische. Je freier, je autonomer der Mensch gesehen wird, desto verantwortlicher wird er für sein Tun. Die abendländische Geschichte ist auch eine der fortschreitenden Ausweitung der Autonomie des Menschen. Im antiken und mittelalterlichen Weltbild wurde der Mensch noch als Teil einer göttlichen Seinsordnung betrachtet, seine Freiheit war also die, sich einer schon vorgegebenen Ordnung mehr oder weniger gut einzufügen. Die philosophische Problematik war dabei primär die der Handlungsfreiheit. Wenn der Mensch erst erkannt habe, was die wahrhafte Ordnung des Seins sei, dann gelte es nur noch, diese im Handeln zu realisieren.

Die neuzeitlichen Emanzipationsbewegungen entfernten den Menschen schrittweise von dieser als notwendig gedachten metaphysischen Seinsordnung. Die Forderung der Ethik kann nicht länger die nach Anerkennung einer immer schon vorgegebenen außermenschlichen Ordnung sein, die schon moralische Maßstäbe für „gutes menschliches Handeln" bereitstellt. Der „zur Freiheit verurteilte" Mensch muss sich selbst seine Werte und Normen und eine Sinngebung schaffen, die der prinzipiellen Relativität menschlichen Daseins unterworfen bleibt.

Friedrich Nietzsche (1844–1900), Porträt von Erich Heckel
➤ *Glossar*
➤ Text S. 272 ff.

Friedrich Nietzsche verlegt den Maßstab für Gut und Böse ganz in den Willen des einzelnen Subjekts. Als „gut" gilt, was die Selbstüberwindung, das „Über-sich-hinaus-Schaffen" fördert. In seinem Werk *Also sprach Zarathustra* beschreibt Nietzsche den mühsamen Weg, den das Individuum zur ethisch höchsten Stufe der Selbstwerdung zurücklegen muss. Zunächst findet sich der Mensch als „Kamel" vor. So wie das Kamel die Lasten zu tragen hat, die andere ihm aufladen, so übernimmt der Mensch im Kindes- und Jugendlichenalter zunächst zwangsläufig den Moralkodex seiner Umgebung als gültiges Normensystem. Er unterwirft sich der Autorität der Tradition, die für ihn festlegt, was gut und böse ist. Nietzsche lässt das Kamel dann in die Wüste gehen, wo es die Verwandlung zum „Löwen" durchmacht. Dieser ist die pure Verweigerung, die Negation. Er wirft alle Lasten ab. Er hat keine Moral, einzig die Destruktion aller alten Werte ist sein Ziel. Dem „Du sollst" stellt er das „Ich will" entgegen. Freiheit ist hier eine Freiheit *von*, noch nicht eine Freiheit *zu*.

Die zweite Wandlung ist die zum „Kind". In der „Unschuld" des Kindes sieht Nietzsche die Fähigkeit zum Neubeginn. Wie im kindlichen Spiel wird der Mensch nun frei, aus sich heraus, als Schaffender seine eigenen Normen und Werte zu bestimmen – wie das Kind, das im Spiel seine Spielregeln mitschafft. Nur der Mensch, der so seines eigenen Willens mächtig wird, dass er sein eigenes Gut und Böse bestimmen kann, ist wirklich frei. Gut und Böse sind dabei keine ewigen Werte mehr: Die Selbstüberwindung ist stets aufs Neue notwendig, die schöpferische Kraft muss immer wieder hervorbringen, was Geltung und Sinn haben soll.

Nietzsches Aufruf zur Selbstverwirklichung des Einzelnen jenseits der gesellschaftlich etablierten moralischen Werte ist dabei kein Aufruf zu einem morallosen Zustand regelloser Willkür. Vielmehr hätten die „alten Tafeln“, die „heteronome Moral“ auf den Einzelnen die Wirkung der Unmoral. Die „Umwertung aller Werte“ fordert neue Werte. Der neue Moralkodex ist allerdings ein individueller. Die traditionellen philosophischen Ziele der Allgemeingültigkeit und Allgemeinverbindlichkeit werden von Nietzsche aufgegeben. Für ihn bleibt als einziger Sollenssatz: „Werde, der du bist.“

Jean-Paul Sartre (1905–1980) ➤ *Glossar*

In der Philosophie des 20. Jahrhunderts ist es insbesondere der Existenzialismus, der seine Sichtweise des Menschen an der Freiheitsthematik entfaltet hat. Jean-Paul Sartre, der große Gegner jeglichen Determinismus, entwickelte in seinem Hauptwerk *Das Sein und das Nichts* seine Argumentation für die bedingungslose Freiheit. Er geht dabei vom Begriff der „menschlichen Handlung“ aus. Er unterscheidet scharf zwischen Handlung und bloßer Reaktion oder Verhalten. Die menschliche Tätigkeit entfaltet Freiheit, sie ist nicht Verhalten, sondern Handlung. Sie ist intentional, auf ein Ziel gerichtet, will immer einen Mangel beseitigen.

Der „Handlungsentwurf“, die Erwartung, Vorstellung, der Zustand des Fragens zeigt die Fähigkeit des Menschen, sich vom rein Faktischen, Gegebenen zurückzuziehen. Die Welt der Vorstellung ist eine Zwischenwelt zwischen Sein und Nichts. Frage, Erwartung, der Handlungsentwurf offenbaren die menschliche Fähigkeit, sich aus der Kausalität herauszulösen. Vorhergehendes kann ihn zwar motivieren, ob er es allerdings als Motiv auffasst oder nicht, liegt einzig in seiner Freiheit.

Radikale Freiheit

Am Beispiel der „Angst“ illustriert Sartre die Einmaligkeit des menschlichen Selbstbewusstseins als eines der radikalen Freiheit und Verantwortung. Ein auftretendes Schwindelgefühl versetzt den Menschen zunächst in Furcht: Er wird sich der Möglichkeit bewusst, dass auch er, soweit er ein Ding in der Welt ist, der Anziehungskraft unterworfen ist, abstürzen könnte. Seine Reaktion ist die: aufzupassen, sich zu sorgen, zu überlegen, welche Möglichkeiten er hat. Aus der Furcht entspringt die Reflexion. Diese aber offenbart die radikale Freiheit des Menschen: Nichts hindert mich, mich jetzt hinunterzustürzen.

Die Angst bestimmt Sartre als dasjenige Bewusstsein, das erkennt, dass es nicht vollständig durch seine Motive, etwa den Selbsterhaltungswunsch, determiniert ist. Die Reflexion liefert mich also einer undeterminierten Zukunft aus, indem sie mir meine Möglichkeiten radikal vor Augen führt. Angst ist also ihrem Wesen nach Freiheitsbewusstsein – sie liefert mich den Möglichkeiten aus, die ich wählen kann, aber nicht wählen muss.

➤ Text S. 274 ff.

In dieser Freiheit wird nach Sartre die fortwährende Verpflichtung offenbar, das Ich immer wieder hervorzubringen. Dies ist der Sinn des berühmten Satzes: „Die Existenz geht der Essenz voraus.“ Ich bin meine freie Wahl; der Mensch ist das, was er aus sich macht. Angst ist dabei das Bewusstsein des fortwährenden Entrissenseins, Herausgehobenseins aus dem, was ist. Daher ist Angst auch stets eine Angst vor der Freiheit. Der Mensch entwickelt unzählige Wege der Flucht. Wir verstecken uns in Unternehmungen, erklären uns aus den Bedingungen der Umgebung, flüchten uns in den Determinismus, dass wir nicht anders könnten, als so zu reagieren, wie wir es

Essenz ➤ Glossar

Angst vor der Freiheit

gerade tun. Diese Flucht ist für Sartre Selbstbetrug, eine Flucht vor der Verantwortung, die der Mensch als Einzelner zu tragen hat.

Die Radikalisierung des Bewusstseins der menschlichen Freiheit, die Emanzipation von vorgegebenen Wertordnungen, seien sie nun religiös oder metaphysisch begründet, hat die ethische Frage nach dem „Was sollen wir tun?“ entscheidend verschärft. Das moderne Bewusstsein fordert die Autonomie des Subjekts.

Denkanstöße

1 Ermitteln und beschreiben Sie Erlebnisse und Beobachtungen, die den drei Stufen zur Autonomie bei Nietzsche entsprechen könnten.

2 Überprüfen Sie die These, dass sich aus der „Autonomie der einzelnen Person“ trotzdem allgemein gültige ethische Normen ableiten lassen. Diskutieren Sie die Ergebnisse Ihrer Überlegungen in Gruppen.

4.4. Angewandte Ethik – Aktuelle Anwendungsbereiche der Ethik

Annäherung

Die Moral ist für den Menschen da,
nicht der Mensch für die Moral.

William K. Frankena

Ethik im technologischen Zeitalter

In der heutigen Zeit verschärft sich die Notwendigkeit einer philosophischen Auseinandersetzung mit ethischen Fragen. Gerade die rasante gesellschaftliche Entwicklung im Gefolge des technologischen Fortschritts fordert von der Ethik auch zunehmend eine praktische Orientierungsfunktion. Die Entwicklung der Technik hat dazu geführt, dass unsere Möglichkeiten, in die Natur – sowohl unserer Umwelt als auch des Menschen selbst – einzugreifen, derart zugenommen haben, dass die traditionelle Ethik, die hauptsächlich eine Ethik des individuellen Handelns war, nicht mehr ausreicht.

Orientierungsfunktion der Ethik

Was soll ich tun? – Diese Frage hat in einer Zeit des technischen Fortschritts, der mit einer Vielzahl von potenziellen, neuen Handlungsmöglichkeiten einhergeht, eine ungeahnte Brisanz erhalten. Sollen wir wirklich alles tun, was wir tun können? Ist es von einem Standpunkt der Ethik aus vertretbar, alle zur Verfügung stehenden Technologien auch in jedem Bereich einzusetzen, oder gibt es Grenzen, die die Moralphilosophie aufzeigen und begründen kann? Welche der Möglichkeiten, die zur Verfügung stehen, sollen gewählt werden, Anwendung finden, welche Entscheidungen können in konkreten Situationen getroffen werden und wie sind sie zu rechtfertigen? Die angewandte Ethik mit den verschiedenen Bereichsethiken, die ihr angehören, versucht auf diese Fragen Antworten und für die Antworten Begründungen zu finden.

Medizin

Ein Bereich betrifft das Feld der Medizin: In der Reproduktionsmedizin sind erhebliche technologische Fortschritte gemacht worden: So können Krankheiten eines noch ungeborenen Menschen bereits im Mutterleib diagnostiziert werden, es besteht die Möglichkeit, Embryonen auch außerhalb des Mutterleibes, also künstlich, zu befruchten, Embryonen können künstlich dupliziert, also geklont werden. Auch die zunehmenden Möglichkeiten der Apparatemedizin, Leben zu verlängern, gehen mit schwerwiegenden Problemen einher: Wann haben Menschen ein Recht, einen natürlichen Tod zu sterben, wann kann eine Behandlung abgesetzt werden, wie verhält sich die autonome Entscheidung eines Patienten/einer Patientin zu den Behandlungsvorschlägen des Ärzteteams? Und schließlich die Probleme, die mit der Gentechnik verbunden sind: Darf mithilfe dieser Technik in die Keimbahn von Menschen, Tieren und Pflanzen (wie etwa in der Landwirtschaft) eingegriffen werden? Welche möglichen Gefahren drohen, die wir vielleicht noch gar nicht abschätzen können? Diese Möglichkeiten lösen bei vielen Menschen ein großes Unbehagen aus – ein Unbehagen, das in diesem Fall eine fundamentale moralische Dimension hat. Damit ist aber noch nicht geklärt, ob und inwieweit solche „moralischen Gefühle" auch durch eine rationale Ethik gestützt werden können. Dies scheint allerdings notwendig zu sein, wenn diese Probleme in Übereinstimmung mit allen Betroffenen gelöst werden sollen. Moralphilosophie hat hier, in Zusammenarbeit mit Rechtswis-

Gentechnik

senschaft, Medizin, Genetik und Politik, noch gewaltige Anstrengungen zu leisten, sollen wir von diesen Entwicklungen nicht völlig überrollt werden.

Wirtschaft

Im Bereich der Wirtschaft sind wiederum andere Fragestellungen von Bedeutung: Dürfen sich moralische Überlegungen, etwa die der Verteilungsgerechtigkeit, in den Bereich der Wirtschaft einmischen? Nach welchen ethischen Prinzipien ist wirtschaftliches Handeln zu begründen? Welche Strategien können aufgezeigt werden, um die Ausbeutung von Menschen in einem Teil der Welt zugunsten von Menschen in einem anderen Teil der Welt zu verhindern?

Denkanstöße

1 Nennen und erläutern Sie Beispiele aus Ihrer Umgebung für das, was die Ethik der Gegenwart als moralische Überforderung des Individuums bezeichnet. Erarbeiten Sie Lösungsvorschläge, um mit diesen Problemen fertigzuwerden.

2 Führen Sie Diskussionen aus dem Bereich der angewandten Ethik an, die Ihnen aus den Medien bekannt sind.

Medizinethik – Lebensanfang und Lebensende

Besonders bei Entscheidungen am Anfang und am Ende des Lebens stellen sich anwendungsorientierte Fragen, die das technisch Mögliche und das ethisch Vertretbare betreffen. Im Folgenden sollen Bereiche der Reproduktionsmedizin, also der genetischen Diagnostik und künstlichen Befruchtung, und Fragen des Lebensendes von Menschen, also Fragen nach Sterbebegleitung, Sterbehilfe und Patientenverfügung, exemplarisch behandelt werden. Davor muss allerdings geklärt werden, in welcher Beziehung die behandelnden Ärztinnen/Ärzte zu ihren Patient/innen stehen und welche ethischen Prinzipien in dieser Beziehung zum Tragen kommen.

Das Arzt-Patient-Verhältnis

Götter in Weiß?

Unter welchen Bedingungen und Voraussetzungen begegnen einander Ärztinnen/Ärzte und ihre Patient/innen? Hat das Bild von den „Göttern in Weiß" noch Geltung oder hat sich das Verhältnis von Ärztinnen/Ärzten und Patient/innen mittlerweile gewandelt? Befolgen Patient/innen heute noch ohne zu zögern die Behandlungsvorschläge ihrer Ärztinnen/Ärzte oder kommt diesen nicht mehr jene unhinterfragbare Autorität zu, sondern viel eher eine partnerschaftliche Beratungsfunktion? Im Allgemeinen werden vier Modelle einer Beziehung von Arzt/Ärztin und Patient/in unterschieden:

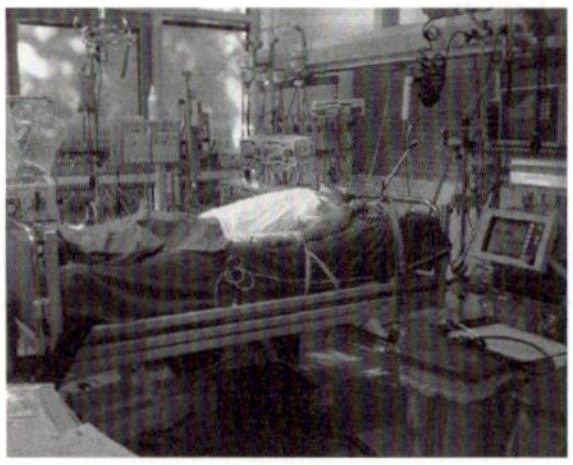

Moderne Apparatemedizin

Das paternalistische Modell: Hier beurteilt der Arzt/die Ärztin nach dem Stand der medizinischen Wissenschaft wie auch nach seinen/ihren eigenen Wertmaßstäben, was das Beste für die Patient/innen ist. An der Entscheidungsfindung sind diese wenig oder gar nicht beteiligt. Das paternalistische Modell beruht auf der Annahme, dass es allgemein geteilte, objektive Kriterien gebe, die zur Entscheidungsfindung herangezogen werden können. Bewertet ein Arzt/eine Ärztin beispielsweise den Erhalt eines Lebens unter allen Umständen als geboten, wird er/sie auch nicht zögern, schmerzhafte Therapien einzusetzen, die vielleicht nur eine geringe Erfolgsaussicht haben. Sind Patient/innen bei der Entscheidungsfindung nicht einbezogen, so haben sie gar keine Möglichkeit, diesen Eingriff, wenn sie dies möchten, abzulehnen, weil ihre eigenen Werthaltungen nicht zur Diskussion stehen.

Das informative Modell: In diesem Modell stehen die Trennung von medizinischen Sachverhalten und ihrer Bewertung im Vordergrund. Der Arzt/die Ärztin als technischer Experte/technische Expertin ist in beratender Rolle und liefert wahre und möglichst umfassende Informationen. Die Patient/innen dominieren die Entscheidungsfindung, die von ihren Wertmaßstäben abhängt. Die Wertvorstellungen des Arztes/der Ärztin und seine/ihre Beurteilung der Wertmaßstäbe der Patient/innen spielen keine Rolle im Entscheidungsfindungsprozess.

Das interpretative Modell: Der Arzt/Die Ärztin arbeitet mit den Patient/innen, hilft ihnen bei der Klärung ihrer Wünsche und Zielvorstellungen und macht ihnen Vorschläge, welche Maßnahmen – die ihren Vorstellungen entsprechen – das Beste für sie wären.

Das deliberative Modell: In diesem Modell hilft der Arzt/die Ärztin den Patient/innen bei der Auswahl der gesundheitlichen Ziele, übernimmt die Rolle eines Freundes/einer Freundin und unterstützt die Patient/innen, einen Überblick über die Behandlungsmethoden und mögliche Alternativen zu finden.

Autonomie

Einer der tragenden Begriffe der medizinischen Ethik ist die Autonomie der Patient/innen. Die Patient/innen müssen von ihren behandelnden Ärztinnen/Ärzten respektiert werden. Sie haben das Recht, selbstständig zu entscheiden, welchen medizinischen Eingriffen sie zustimmen und welche sie ablehnen. Ärztinnen und Ärzte sind rechtlich wie moralisch verpflichtet, die Einwilligung ihrer Patient/innen nach umfassender Aufklärung einzuholen – diese Einwilligung wird als „informed consent" bezeichnet. Um in eine Behandlung einwilligen oder sie ablehnen zu können, müssen Patient/innen entscheidungsfähig sein – sie müssen Art und Tragweite eines Eingriffs verstehen können, sie müssen umfassend und wahrheitsgemäß informiert werden und ihre Zustimmung muss freiwillig – also nicht durch äußeren Zwang – erfolgen. Doch was bedeutet Autonomie? Der amerikanische Medizinethiker John Harris beschreibt Autonomie in ihrer allgemeinsten Form als die Fähigkeit zur Freiheit und zur Selbstbestimmung. Das Autonomieprinzip kann als Leitidee gesehen werden, die das Zusammenleben von Individuen in einer Gemeinschaft regelt. Doch die Fähigkeit, das eigene Leben so zu gestalten, wie es den eigenen Wertvorstellungen und Wünschen entspricht, ist ein Idealbild, das von unterschiedlichen Einflüssen untergraben werden kann. Dazu zählen nach Harris folgende Faktoren:

informed consent

Eingeschränkte Kontrollfähigkeit: Die Fähigkeit einer Person, ihre Entscheidungen unter Kontrolle zu haben, kann negativ beeinflusst sein. Gründe dafür können Geisteskrankheit, Drogeneinfluss oder schlicht mangelnde Reife sein. Entscheidend ist hier aber eine Differenzierung: Kann *keine* einzige Entscheidung einer Person als ihre authentische gewertet werden oder lediglich *eine* konkrete Einzelentscheidung?

Person ➤ Glossar

Mängel bei der Urteilsbildung: Die Autonomie eines Menschen kann durch Mängel beeinflusst werden, die seine Entscheidungsfähigkeit untergraben. Wenn Gemeinplätze oder gefühlsmäßige Reaktionen die Basis der Wertvorstellungen bilden, oder wenn die Meinungsbildung offensichtlich aufgrund unglaubwürdiger Tatsachen erfolgt, so kann die Entscheidungsfähigkeit behindert werden.

Unzulängliche Informationslage: In dem Maß, in dem Meinungen und Entscheidungen auf unvollständigen oder gar falschen Informationen beruhen, sinkt der Grad der Autonomie. Die Informationen, die die handelnde Person erhält, sollten so vollständig wie möglich sein und ihre Bedeutung muss verstanden werden.

Mangelnde Wunschstabilität: Die Tatsache, dass sich die Werteordnung eines Menschen im Laufe des Lebens verändern kann, ist für Harris jedoch noch keine Rechtfertigung für Eingriffe gegen den Patientenwillen. Zwar mag sich die Werteordnung eines Menschen im Laufe seines Lebens verändern, doch sind frühere Entscheidungen nicht deshalb automatisch als irrational zu beurteilen, weil die handelnde Person zu einem späteren Zeitpunkt anders entscheiden würde. Dieses Problem betrifft vor allem die Patientenverfügung, die es einem Menschen erlaubt, für einen späteren Zeitpunkt, zu dem er nicht mehr entscheidungsfähig ist, seine Wünsche im Vorhinein darzulegen.

Ein weiteres Recht von Patient/innen ist das Recht auf Nichtwissen – Patient/innen können also auch verlangen, beispielsweise über den Ausgang einer Untersuchung nicht informiert zu werden. Fest steht aber in jedem Fall, dass diejenigen aufgeklärt werden müssen, die es möchten.

Dieter Birnbacher (1946)*

Am Anfang des Lebens: Reproduktionsmedizin

Der deutsche Medizinethiker Dieter Birnbacher beschrieb die Situation der Reproduktionsmedizin wie folgt: „Die Entwicklung der Reproduktionsmedizin ist so atemberaubend wie ein Film von Hitchcock. Auch wenn wir von Anfang an wissen, dass wir alle paar Minuten mit einem neuen Schock rechnen müssen, sind wir, wenn er eintritt, jedes Mal getroffen, als wäre es das erste Mal."

IVF

Louise Brown, die am 25. Juli 1978 in England geboren wurde, ist der erste Mensch, der mithilfe der IVF oder In-vitro-Fertilisation („künstliche Befruchtung") das Licht der Welt erblickte. Ihre Geburt galt damals als medizinische Sensation, nichtsdestoweniger wirft die IVF verschiedene ethische Fragestellungen auf. Zunächst zur technischen Seite: Bei der IVF werden der Frau nach einer hormonellen Stimulation Eizellen entnommen, ihre Eizellen und die Samenzellen des Mannes werden im Reagenzglas vereinigt, es entstehen Embryonen. Die Zeit vor der Implantation nennt man Präimplantationsphase, in dieser Phase ist es möglich, den Embryo noch vor der Einpflanzung in die Gebärmutter der Frau genetischen Tests zu unterziehen, um Lebensfähigkeit oder genetische Erkrankungen festzustellen. Gegen die Technik der IVF werden zwei prinzipielle Einwände vorgebracht. Der erste betrifft die Art und Weise der „Zeugung" selbst: Hier wird ein Embryo nicht auf „natürlichem" Weg gezeugt, sondern in einem Reagenzglas „hergestellt". Allerdings ist dies für viele Menschen die einzige Möglichkeit, ein Kind zu bekommen, da aus verschiedenen Gründen, wie zum Beispiel Krankheit, eine „natürliche" Zeugung eines Babys nicht möglich sein kann. Es stellt sich die Frage, ob es prinzipiell zulässig ist, auf technische Möglichkeiten zurückzugreifen und worin sich der besondere Wert einer „natürlichen" Zeugung bestimmen lassen kann. Der andere Einwand bezieht sich auf die physische und psychische Belastung, der Frauen während eines solchen Vorgangs ausgesetzt sind.

Zeugung: „natürlich" – „künstlich"

Hier stellt sich die Frage, ob es in der freien Entscheidung einer Frau oder eines Paares liegt, sich auch unangenehmen und belastenden Eingriffen auszusetzen, um ein Kind zu bekommen. Doch kann es ein „Recht“ auf ein eigenes Kind geben? Und: Kann es ein „Recht“ auf ein gesundes Kind geben?

Gibt es ein „Recht“ auf ein eigenes Kind?

Hier schließt die Diskussion um eine andere Technik der Fortpflanzungsmedizin, die PID, an: Die PID (Prä-Implantations-Diagnostik) ist ein genetisches Testverfahren, das nur bei Embryonen aus künstlicher Befruchtung angewendet werden kann. Von einer künstlich befruchteten Eizelle im 8-Zell-Stadium werden vor der Implantation (Einsetzen in die Gebärmutter) 1–2 Zellen entnommen und einer genetischen Untersuchung unterzogen. Ist das Ergebnis positiv, werden also keine genetisch bedingten Erkrankungen festgestellt, wird der Embryo der Frau implantiert. Dahinter steht die Hoffnung, dass sich die Erfolgsquote bei künstlichen Befruchtungen steigert, weil nur „gesunde“ Embryonen eingepflanzt werden. Die Argumente gegen die PID sind vielfältig: Einerseits wird darauf hingewiesen, dass Frauen schon bei der künstlichen Befruchtung einer extrem hohen hormonellen Belastung ausgesetzt werden und dass selbst nach der PID eine Fehlgeburt nicht ausgeschlossen werden kann. Dagegen wiederum kann angeführt werden, dass eine mögliche Gefährdung der eigenen Gesundheit im Bereich der eigenen, autonomen Entscheidung liegen muss. Es gibt auch andere Bereiche des menschliches Lebens, die mit einer möglichen Gesundheitsgefährdung einhergehen, wie zum Beispiel Extremsportarten, Alkoholkonsum und viele weitere. Kann also eine mögliche Selbstgefährdung als Argument für ein Verbot gelten? Ein anderes Argument gegen die Zulässigkeit der PID betrifft einen möglichen sozialen Druck, ein gesundes Kind zu bekommen und sich so für eine künstliche Befruchtung zu entscheiden, obwohl dies eigentlich gar nicht nötig wäre. Und schließlich stellt sich die Frage, welche Auswirkungen der Selektionsprozess bei der PID auf das Bild vom Menschen überhaupt hat. Wird sich die Vorstellung entwickeln, dass ein gesundes Kind generell „machbar“ ist und dass Kinder mit Erkrankungen nicht erwünscht bzw. zu verhindern sind? Diese Argumente haben zwei Dimensionen: Auf der einen Seite kann darauf hingewiesen werden, dass bestimmte genetische Erkrankungen zur Folge haben, dass der Embryo gar kein Entwicklungspotenzial hat, auf der anderen Seite stellt sich die Frage, nach welchen Erkrankungen überhaupt gesucht werden darf. Auch nach solchen, die nicht schon im Mutterleib zum Tod des Embryos führen? Kann dies zur Folge haben, dass der soziale Druck auf Eltern von Kindern mit Behinderungen steigt? Und welche Folgen könnte das auf unsere Einstellung gegenüber Menschen mit Behinderungen selbst haben?

PID

Selektion

Ähnliche Fragen werfen auch die Techniken auf, die unter dem Begriff PND (Pränatale Diagnostik) zusammengefasst werden. Pränatale diagnostische Methoden ermöglichen die Feststellung von Erkrankungen, Schädigungen und anderen Merkmalen eines Embryos oder Fötus im Verlauf der Schwangerschaft einer Frau. Ein Beispiel für eine mögliche Schädigung ist die als Down-Syndrom bekannte Trisomie 21. Zum einen dienen pränatale diagnostische Methoden zur Absicherung und Beruhigung der Frau oder eines Paares sowie der medizinischen Aufklärung. Zum anderen führen Ergebnisse der pränatalen Untersuchungen, etwa wenn eine Trisomie 21 festgestellt wird, oft zum Schwangerschaftsabbruch. Die Pole der Diskussion bewegen sich zwischen der Zulässigkeit der selbstbestimmten Entscheidung einer Frau, die Schwanger-

PND

schaft abzubrechen, und der Gefahr, die entstehen kann, wenn es zu einer „Schwangerschaft auf Probe" kommt, die ggf. nach weiteren Testergebnissen abgebrochen wird. Diese Gefahr wird in der Diskriminierung von Ungeborenen mit Behinderungen gesehen, die sich zu einer Diskriminierung von Menschen mit Behinderungen ausweiten könnte. Dieses Argument wird auch als „slippery slope", als „Argument der schiefen Ebene" bezeichnet: Ist die Selektion von Föten mit bestimmten Merkmalen einmal erlaubt, könnte dies zu einer allgemeinen Diskriminierung von Menschen mit Behinderungen führen, das gesellschaftliche Klima könnte behindertenfeindlich werden.

slippery slope

Aus eins mach zwei: Klonen

Dolly, von ihrem Schöpfer Ian Wilmut als „sehr freundlich und zutraulich" beschrieben, war wohl das berühmteste Schaf der Welt. Die 1997 geborene Dolly erlangte ihre Berühmtheit jedoch nicht aufgrund ihrer Freundlichkeit, sondern durch die Tatsache, dass sie das erste Lebewesen war, das auf künstliche Art und Weise geklont wurde:

Jan Wilmut mit Dolly

Dolly war genetisch identisch mit einem anderen Schaf, das nicht ihre natürliche Zwillingsschwester war. Bei Dollys Entstehung wurde eine Eizelle „entkernt" (der Zellkern entfernt) und eine Zelle des zu klonierenden Individuums – in diesem Fall eine Körperzelle eines anderen Schafs – in die entkernte Eizelle eingebracht. Da jede Zelle in ihrem Zellkern die gesamte genetische Information eines Organismus in sich trägt, bedarf es rein theoretisch nur einer entkernten Eizelle und einer beliebigen Körperzelle, um ein Individuum zu klonen. Bei Dolly hat es allerdings überlieferte 276 Anläufe gebraucht, bis die Experimente erfolgreich verliefen. Die meisten Schafembryonen starben noch im Reagenzglas oder im Laufe der Schwangerschaft der Leihmutter, bei einigen kam es zu schweren Missbildungen. Doch abseits der Einwände, die sich durch die Unvollkommenheit und das Risiko dieser Technik ergeben: Wie würde das Leben eines geklonten Menschen aussehen? Eines Menschen, der genetisch identisch mit einem andern Menschen wäre, der nicht seine Zwillingsschwester oder sein Zwillingsbruder ist? Dieter Birnbacher nennt Vorbehalte gegen das Klonen von Menschen, die sich auf die konkreten Lebensaussichten des geklonten Individuums beziehen: Unter welchem Erwartungsdruck könnte dieser Mensch stehen, wenn er beispielsweise als „Ersatz" eines verstorbenen Kindes erzeugt wurde? Würde er vielleicht als Abbild eines „Originals" angesehen und auch so behandelt werden? Hierbei geht es nicht um die Unverwechselbarkeit eines geklonten Lebewesens – denn auch genetisch identische Zwillinge sind unverwechselbare Individuen (auch wenn sie einander täuschend ähnlich sehen können, sind sie eigenständige, individuelle Persönlichkeiten) –, sondern um die Gefahr, dass ein geklonter Mensch als Kopie, als Ersatz für einen anderen gesehen und behandelt werden könnte. Die Kehrseite dieser Einwände liegt dagegen in der Perspektive eines geklonten Menschen selbst: Es ist anzunehmen, dass ein Mensch, auch wenn er geklont ist, seine Existenz bejaht. Die genetische Ausstattung des Menschen ist immer nur ein Teil seiner Identität, jeder Mensch, geklont oder nicht, hat eine eigene Biogra-

Klonen von Menschen

fie. In der Ethik herrscht derzeit allerdings weitgehender Konsens, dass die Technik des reproduktiven Klonens nicht vertretbar ist.

Denkanstöße

1 Beschreiben Sie Ihren letzten Arztbesuch und Ihr Verhältnis zu Ihrem Arzt/zu Ihrer Ärztin. Überprüfen Sie, ob es einem der vorgestellten Modelle zugeordnet werden kann.

2 Pränatale Diagnostik: Diskutieren Sie Pro und Kontra einer Inanspruchnahme des Rechts auf Nichtwissen bei unterschiedlichen Tests während einer Schwangerschaft.

3 Fassen Sie die verschiedenen Versuche zusammen, die in letzter Zeit unternommen wurden, um Menschen zu klonen. Charakterisieren Sie die Schwierigkeiten, mit denen Ihrer Ansicht nach ein geklonter Mensch in seinem Leben zu kämpfen haben könnte.

4 Fassen Sie die Hauptthesen von Aldous Huxleys Roman *Schöne Neue Welt* (1932) zusammen. Beurteilen Sie, wie realistisch Ihrer Meinung nach Huxleys düstere Zukunftsbeschreibungen sind. Berücksichtigen Sie vor allem die Aspekte Drogen, Krankheit und Sterben sowie Bildung.

Am Ende des Lebens: Sterbebegleitung und Sterbehilfe

„O Herr, gieb jedem seinen eignen Tod. Das Sterben, das aus jenem Leben geht, darin er Liebe hatte, Sinn und Not", so lauten die Zeilen eines der sicherlich schönsten Gedichte von Rainer Maria Rilke. Doch wie sehen das Sterben und der Tod in unserer heutigen Gesellschaft aus? – Gegenwärtig sind verschiedene Tendenzen beobachtbar, die sich aus gesellschaftlichen Hintergründen einerseits und den Fortschritten der Apparatemedizin andererseits ergeben: Die meisten Menschen sterben heute nicht zu Hause im Kreise ihrer Angehörigen, sondern in Krankenhäusern oder Pflegeheimen, und der Tod wird zunehmend nicht als „natürliches" Ereignis, als unausweichlicher Endpunkt des Lebens betrachtet, sondern verstärkt von den medizinischen Möglichkeiten des Krankenhauses mitbestimmt. Das Horrorszenario eines todkranken Menschen, der abhängig von den verschiedensten medizinischen Gerätschaften einem langen Todeskampf im Krankenzimmer ausgesetzt ist, ist der Hintergrund, vor dem das Thema Tod und Sterben diskutiert wird. Welche Hilfe, welche Begleitung und Unterstützung kann ein sterbender Mensch erwarten, wie sehen die Formen einer solchen Unterstützung aus und wie ihre ethische Bewertung? Diese Fragen werden von der Medizinethik unter den Begriffen Sterbebegleitung bzw. Sterbehilfe diskutiert.

Rainer Maria Rilke (1875–1926), *Das Buch von der Armut und vom Tode* (1903)

Grundsätzlich kann zwischen Hilfe beim Sterben und Hilfe zum Sterben unterschieden werden. Als Hilfe beim Sterben werden menschliche Begleitung des Sterbenden sowie Schmerzlinderung verstanden, kurz, die Hilfen, die ein sterbender Mensch benötigt, um ohne große physische und psychische Qual aus dem Leben scheiden zu können. Diese Hilfestellungen werden auch als Sterbebegleitung oder Sterbebeistand bezeichnet, und ihre ethische Zulässigkeit ist unbestritten. Anders verhält es sich bei der Hilfe zum Sterben, auch als Sterbehilfe bezeichnet: Sie bezeichnet eine Hilfe für den/die Sterbende/n, die den Tod erleichtert und gleichzeitig eine lebensverkürzende Wirkung hat. Synonym zum Begriff Sterbehilfe wird auch der Terminus „Euthanasie" verwendet, der im deutschsprachigen Raum allerdings eine

Hilfe beim Sterben

Hilfe zum Sterben

negative Konnotation hat: Ursprünglich stammt der Begriff „Euthanasie" aus der Antike (griech. eu thanatos) und bedeutet soviel wie „guter/leichter Tod". Im Nationalsozialismus wurde ein Programm einer rassisch begründeten negativen Eugenik eingeführt, das dem Abstraktum „Volksgesundheit" dienen sollte und in dessen Verlauf unter dem Deckmantel der „Euthanasie" Kinder wie Erwachsene mit körperlichen oder geistigen Behinderungen in den Krankenanstalten durch Vergiften oder Nahrungsentzug ermordet wurden.

In der heutigen Diskussion um Sterbehilfe werden Formen der Hilfe zum Sterben thematisiert, die dem ausdrücklichen Wunsch des Patienten/der Patientin entsprechen. Im Normalfall ist eine Unterscheidung zwischen aktiver, passiver und indirekter Sterbehilfe gebräuchlich.

Aktive Sterbehilfe: Hier wird das Leben eines Patienten/einer Patientin auf eigenen ausdrücklichen Wunsch beendet. Die aktive Sterbehilfe ist in Österreich verboten. In den Niederlanden ist die aktive Sterbehilfe unter strengen gesetzlichen Bestimmungen in bestimmten Fällen erlaubt.

Passive Sterbehilfe: Es werden entweder bereits begonnene Behandlungen abgebrochen oder es wird auf eine Behandlung verzichtet, um den Sterbeprozess eines Patienten/einer Patientin nicht zu verlängern. Prinzipiell liegt es in der Autonomie des Patienten/der Patientin zu entscheiden, ob eine Behandlung begonnen bzw. abgebrochen werden darf. Kann der/die Patient/in seinen/ihren Willen nicht mehr äußern, muss diese Entscheidung vom behandelnden ärztlichen Personal getroffen werden.

Indirekte Sterbehilfe: Maßnahmen, die primär der Schmerzlinderung dienen, können zu einem beschleunigten Tod des Patienten/der Patientin führen. Wenn das Ziel einer ärztlichen Handlung die Schmerzlinderung ist und der beschleunigte Todeseintritt nicht intendiert, aber als Nebenwirkung der Schmerztherapie in Kauf genommen wird, wird diese Form der Sterbehilfe als zulässig angesehen.

intendieren: auf etwas hinzielen, beabsichtigen

Prinzipiell liegt bei dieser Einteilung das Hauptaugenmerk auf der Art der Handlung, die entweder aktiv ausgeführt wird (aktive Sterbehilfe) oder aber in einer Unterlassung besteht (Behandlungsverzicht oder Behandlungsabbruch bei der passiven Sterbehilfe). Es wird in diesem Zusammenhang aber auch darauf hingewiesen, dass der Unterschied von einem aktiven Tun und einem passiven Unterlassen moralisch nicht relevant ist, da auch ein Unterlassen Handeln ist. In beiden Fällen wird eine Entscheidung getroffen, in beiden Fällen ist der Tod des Patienten/der Patientin voraussehbar und intendiert. Dagegen kann wiederum der Einwand erhoben werden, dass die aktive Handlung unausweichlich zum Tod führt, während bei einem Behandlungsabbruch zumindest die Möglichkeit besteht, dass der/die Patient/in sich noch erholt. Dieses Argument wird als „Argument der letzten Tür" bezeichnet: Da Menschen Fehler unterlaufen und so auch eine Fehldiagnose oder eine unrichtige medizinische Einschätzung vorkommen kann, ist es besser, die „letzte Tür" nicht durch aktive Euthanasie zu schließen. Bei der indirekten Sterbehilfe wird die Absicht des Arztes/der Ärztin bewertet: Ist die Handlungsabsicht moralisch richtig (Schmerzlinderung) oder moralisch verwerflich (Tod des Patienten/der Patientin)? Wenn die Absicht die Bewertungsgrundlage der moralischen Erlaubtheit oder des Verbots ist, erscheint diese Differenzierung sinnvoll; legt man aber die Konsequenz der Handlung als Maßstab an, so verliert diese Differenzierung an Relevanz.

Tun und Unterlassen

Recht auf Leben – Pflicht zu leben?

Ein Haupteinwand, der gegen die aktive Sterbehilfe angeführt wird, ist die Unveräußerlichkeit des Lebensrechts. Das Recht auf Leben als das fundamentalste Recht des Menschen steht aus guten Gründen unter besonderem Schutz. Doch kann sich aus dem Recht auf Leben eine Pflicht zu leben begründen? Ein anderes Argument, das gegen die aktive Sterbehilfe eingebracht wird, ist das Argument der schiefen Ebene: Sollte aktive Sterbehilfe erlaubt werden, könnte ein schwer kranker, sterbender Mensch unter Druck geraten, er könnte dazu genötigt werden, um aktive Sterbehilfe zu bitten. Auch könnte die Möglichkeit der aktiven Sterbehilfe missbraucht werden, auf Menschen mit Behinderungen ausgeweitet werden oder es könnten ökonomische Interessen ins Spiel kommen. Dagegen wird wiederum eingewandt, dass die grundsätzliche Möglichkeit eines Missbrauchs einer Regelung noch kein Argument gegen diese Regelung selbst darstellt – jede Regel kann gebrochen oder missbraucht werden. Dennoch kann nicht ausgeschlossen werden, dass es zu einem Bewusstseinswandel in der Gesellschaft kommen kann, unter dem die Solidarität mit kranken und sterbenden Menschen leidet.

Patientenverfügung

Unter eine Patientenverfügung wird eine Vorausverfügung verstanden, in der ein urteilsfähiger Mensch seine Wünsche bezüglich möglicher Behandlungen für einen in der Zukunft liegenden Zeitpunkt, zu dem er nicht mehr urteilsfähig ist, formuliert. Die Patientenverfügung ist in Österreich seit 2006 möglich und unter bestimmten Voraussetzungen – der/die Patient/in muss sich ärztlich beraten lassen und die Verfügung notariell absichern – rechtsverbindlich. Auch zum Thema Patientenverfügung wurden kritische Einwände formuliert: Inwieweit kann sich ein gesunder Mensch ein Bild davon machen, was er in einer Situation der Krankheit wünschen wird? Besteht nicht die Möglichkeit, dass sich seine Wünsche im konkreten Krankheitsfall grundlegend ändern könnten? Auf der anderen Seite erfüllt eine Patientenverfügung aber genau den Sinn, eine Möglichkeit zu erschließen, für den Fall einer Krankheit den eigenen Willen als Handlungsanleitung für das behandelnde ärztliche Personal wirksam zu machen. Es gilt auch zu bedenken, dass eine Patientenverfügung mit hoher Wahrscheinlichkeit nicht leichtfertig formuliert wird. Das österreichische Gesetz zur Patientenverfügung sieht auch vor, dass der/die Verfasser/in seinen/ihren Willen alle fünf Jahre erneuern muss.

Denkanstöße

1 Beurteilen Sie die Diskussion um die Sterbehilfe. Diskutieren Sie in zwei Gruppen die Argumente, die für und gegen die Zulässigkeit der aktiven Sterbehilfe vorgebracht werden können.

2 Fassen Sie die geltende Rechtslage in Europa zusammen und berücksichtigen Sie dabei vor allem Österreich, die Schweiz und Deutschland. Beurteilen Sie die inhaltlichen Regelungen in diesen Ländern.

3 Ermitteln Sie die Position in der Enzyklika *Evangelium vitae* von Papst Johannes Paul II. zur Unterscheidung von aktiver Tötung und Sterbenlassen.

4 Entwerfen Sie Kriterien, nach denen Sie eine Patientenverfügung verfassen würden. Legen Sie Situationen fest, in denen Ihrer Meinung nach die Formulierung einer Patientenverfügung sinnvoll erscheinen könnte.

„Grüne" Gentechnik

„Grüne" Gentechnik?

Einzelne Anwendungsbereiche der Gentechnik auf dem Gebiet der Humanmedizin wurden bei den Anwendungen in der Reproduktionsmedizin erläutert. Es gibt aber noch einen weiteren Bereich der Gentechnik, dem mit einem gewissen Misstrauen und grundlegenden Vorbehalten begegnet wird: Die so genannte „grüne" Gentechnik, die gentechnisch veränderte Pflanzen betrifft.

Vor allem in der Nahrungsmittelproduktion gelangen gentechnisch modifizierte Pflanzen zur Anwendung: Es werden Pflanzen erzeugt, die eine erhöhte Widerstandsfähigkeit gegen bestimmte Schädlinge oder ungünstige Umwelteinflüsse (Kälte, Trockenheit) aufweisen. Damit soll die Reduktion von Schädlingsbekämpfungsmitteln erreicht oder die Möglichkeit eröffnet werden, bisher wenig ertragreiche Gebiete erfolgreich zu bebauen. Ein weiterer Vorteil liegt im verringerten Bewirtschaftungsaufwand der Bauern. Auch Vorteile im Bereich des Umweltschutzes werden angeführt: So könnte durch die geringere Verwendung von Pestiziden der Boden geschont werden und das Grundwasser würde entsprechend weniger belastet. Eine Hoffnung liegt auch in der Lösung des Welthungerproblems: Durch die Erzeugung extrem widerstandsfähiger Pflanzenarten, die selbst in sehr kargen Böden wachsen können und resistent gegen Schädlinge sind, könnte Ernteverlusten vorgebeugt werden.

Gegner/innen der „grünen" Gentechnik führen dagegen an, dass sich viele dieser Hoffnungen nicht erfüllt haben (beispielsweise die Reduktion von Pestiziden). Auch die Patentierung der gentechnisch veränderten Pflanzen wirft Fragen auf: Das Saatgut muss jedes Jahr neu vom Saatgutkonzern gekauft werden, die landwirtschaftlichen Betriebe werden dauerhaft abhängig gemacht.

Gegen die moralische Zulässigkeit der Erzeugung oder Verwendung gentechnisch manipulierter Pflanzen werden verschiedene Einwände vorgebracht: Die Manipulation des pflanzlichen Genoms ist Ausdruck einer technizistischen Einstellung des Menschen gegenüber der Natur. Die Natur aber ist an sich wertvoll und zu respektieren, sie kann nicht allein in Kategorien der Nutzenmaximierung für den Menschen interpretiert werden. Ein zweiter Einwand betrifft das mögliche Risiko, das mit der genetischen Veränderung von Pflanzen und deren Anbau einhergeht: Die Folgen könnten unter anderem ein Gentransfer zwischen Nutz- und Wildpflanzen sein, das Risiko ist schwer kalkulierbar, und die möglichen langfristigen ökologischen Veränderungen sind für den Menschen weder beeinflussbar noch absehbar. In jedem Fall muss zwischen dem zu erwartenden (realistischen) Nutzen und der Eintrittswahrscheinlichkeit der befürchteten Risiken abgewogen werden.

Wirtschaftsethik

Ist Wirtschaften *moralisches* Handeln?

Einem Dualismus, der Wirtschaft und Ethik als zwei getrennt voneinander existierende Bereiche denkt, kann die Frage gegenübergestellt werden, wo eine Grenze im Handeln zu ziehen wäre: Ist nicht jeder ein „homo oeconomicus"? Kann sich tatsächlich jemand aus dem Wirtschaftskreislauf einer globalisierenden Marktwirtschaft ausnehmen? Wir sind Konsument/innen und kaufen für unser tägliches Leben ein und sind somit Teil der Wirtschaft. Wir sind tätig in der Arbeitswelt und auch hier Teil der Wirtschaft, wir sind dies entweder als Mitarbeiter/innen eines wirtschaftenden Unternehmens oder als selbstständige Unternehmer/innen bzw. Führungskräfte in Korporationen, Institutionen oder internationalen Konzernen und verantwortlich für die Arbeits- und Lebenswelt von Mitmenschen.

Dualismus ➤ Glossar

Auf jeder Ebene ergeben sich unterschiedliche moralische Fragestellungen. Wie gehen wir mit Fragen der Freiheit, der Gerechtigkeit, der Verantwortung im täglichen Leben, in dem wir in einen Wirtschaftsprozess eingebunden sind, um? Gibt es ein Primat der Ökonomik über die Ethik oder ein Primat der Ethik über die Ökonomik?

Wirtschaftsethik hat keine allgemeingültige Antwort auf die Konflikte, die in der Kollision von ökonomischen mit moralischen Interessen auftreten, sie entwickelt – in durchaus unterschiedlichen Ansätzen und sich daraus ergebenden Begründungen – sowohl vonseiten der Ethik als auch der Ökonomik eine vermittelnde Funktion, die die Fragestellungen aufzeigt, diese auf allen Ebenen beleuchtet und allein durch diese Darstellung bereits auf die Faktizität des Moralischen in der Wirtschaft verweist.

Im Sinne einer Grundlagenreflexion kann Wirtschaftsethik bei einer Ökonomismuskritik ansetzen und das Sollen und Müssen in der Wirtschaftswelt hinterfragen – mit dem gleichen „Recht", mit dem moralisches Sollen infrage gestellt wird. Sie kann den Begriff der Verantwortung auf allen Ebenen, beginnend beim Individuum bis hin zur politischen Verantwortung, aufdecken. Die Wirtschaftsethik als zweistufiges System, das zwischen Ordnungs- und Unternehmensethik unterscheidet, kann – ausgehend von den Bedingungen der Marktwirtschaft – zum Beispiel den Begriff der *politischen Verantwortung* auf Ebene der Ordnungsethik und den Begriff der *Verantwortung gegenüber den Arbeitnehmer/innen* auf Ebene der Unternehmensethik bestimmen.

Denkanstöße

1 Genetische Eingriffe in die Keimbahn von Pflanzen: Fassen Sie die neuesten Erkenntnisse auf diesem Gebiet zusammen und gliedern und beurteilen Sie Ihre Ergebnisse.

2 Problematisieren Sie Aspekte der Verteilungsgerechtigkeit in diesem Zusammenhang.

3 „Fair Trade": Interpretieren Sie diesen Begriff und erläutern Sie, ob wirtschaftliches Handeln einer ethischen Reflexion bedarf. Begründen Sie Ihren Standpunkt.

➤ Texte
S. 283 (F. Thiele) und
S. 284 (M. Korthals)

Ausblick – Wieso ethisch leben?

In einer Zeit zunehmenden Konkurrenzdrucks und unsicherer Zukunftsperspektiven drängt sich die Frage auf, wieso man überhaupt ethisch handeln soll. Es scheint so, als gäbe es gar nicht genügend Zeit, nicht nur das eigene Verhalten kritisch zu überprüfen, sondern sich auch grundlegende Gedanken darüber zu machen, wie ein geglücktes Leben aussehen kann. Was hat der eigene Lebensentwurf, was haben die eigenen Ziel- und Wunschvorstellungen mit den Wünschen und Bedürfnissen anderer Menschen und vielleicht sogar nichtmenschlicher Lebewesen zu tun? Wieso sollte man die eigenen Wünsche und Interessen, die ja ohnehin schwer genug zu erfüllen sind, auf die Wirkung überprüfen, die sie auf die Mitwelt haben? – Vielleicht fällt es nicht schwer, die Familie, den engeren Freundeskreis und geliebte Menschen in diese moralischen Erwägungen miteinzubeziehen. Aber wie sieht es aus, wenn man an Menschen denkt, die man nicht kennt und vielleicht niemals kennenlernen wird, weil sie in einem anderen Teil der Welt leben? Und noch schwieriger: Was ist mit jenen Lebewesen, die ihre Bedürfnisse nicht in einer menschlichen Sprache artikulieren können? Riskiert man diese Gedanken, so ist es leicht verständlich, von einem Gefühl der Überforderung überwältigt zu werden. Dennoch vermag die Ethik als praktische Disziplin vielleicht den einen oder anderen Gedanken zu vermitteln, den man sonst möglicherweise nicht gehabt hätte. Die Ethik hat nicht die Funktion eines nur abstrakten Theoriengebäudes, sie will nicht moralisieren, sie hält keine Predigten und sie ist auch kein Ersatz für die jeweils eigene Reflexion dessen, was zum Glück gehört. Voraussetzung dafür, dass man sich auf ethisches Nachdenken einlässt, bleibt immer die eigene Bereitschaft dazu. Doch wenn dieses Nachdenken schließlich das eigene Verhalten ein wenig verändert, verändert sich – zumindest ein wenig – auch die Welt für ihre Bewohner/innen. In einer modernen, individualistischen Gesellschaft leistet jede einzelne Person einen Beitrag zur konkreten Umsetzung von ethischer Theorie in gelebte, soziale Praxis. Und letztendlich kann die These riskiert werden, dass aus der Solidarität mit anderen die eigene Zufriedenheit wächst, kurz: dass ethisches Handeln auch glücklich macht.

Texte 4.1.

Dieter Birnbacher

Was ist Moral?**

Dieter Birnbacher (* 1946)

Text aus: Analytische Einführung in die Ethik (Berlin 2003, S. 7 f.)

Der deutsche Philosoph Dieter Birnbacher beantwortet die Frage nach dem Wesen der Moral im Verhältnis zum Rechtssystem.

Die Moral ist nicht der einzige, aber der Hauptgegenstand der Ethik. Es sollte deshalb geklärt werden, was die Moral ausmacht, und wie sie sich von verwandten Beurteilungs- und Orientierungssystemen unterscheidet. Wir werden dabei zunächst vom alltagssprachlichen Moralbegriff ausgehen und diesen dann schrittweise präzisieren und für die weiteren Überlegungen fixieren.

Nach dem Alltagssprachgebrauch gibt es nicht nur eine Moral, sondern eine Vielzahl von Moralen, die sich verschiedenen Gesellschaften und Kulturen und verschiedenen Zeitaltern zuordnen lassen. „Moral" ist insofern zunächst ein im weitesten Sinne soziologischer Begriff. Ähnlich wie das in einer Gesellschaft geltende Rechtssystem ist die Moral ein komplexes Ganzes aus teils kollektiv geteilten, teils individuellen und gruppenspezifisch ausdifferenzierten Überzeugungen über richtiges Handeln und ihnen entsprechende Forderungen. Das Individuum erlebt dieses System zunächst als etwas objektiv Vorgegebenes, das ihm im Prozess der Sozialisation und in vielen Formen sozialer Interaktion begegnet: Moral tritt ihm gegenüber als „objektiver Geist". Zu diesem objektiv Vorgegebenen gehören neben den moralischen Überzeugungen und Forderungen vor allem auch die gesellschaftlichen Institutionen, die moralische Normen, Ideale und Wertvorstellungen setzen, bekräftigen oder sanktionieren. Die Eltern, das soziale Umfeld, die Schule, das Rechtssystem, die Medien sowie Politiker und andere herausgehobene Persönlichkeiten des öffentlichen Lebens.

Neben dieser äußerlich-gesellschaftlichen Seite hat die Moral für das Individuum aber zugleich eine „/innenseite". Die Moral vermag ihre gesellschaftliche Rolle nur deshalb zu spielen, weil die einzelnen Individuen die von ihnen nach außen hin vertretene Moral überwiegend auch innerlich bejahen. Die Individuen haben moralische Überzeugungen und Forderungen soweit „verinnerlicht", dass sich diese mit zum Teil höchst intensiven Emotionen verbunden haben – moralischen Emotionen wie Schuldgefühlen, Gerechtigkeitsgefühl, Empörung und moralischer Hochachtung. Eine lediglich äußerlich bekundete Moral wäre nicht mehr als eine Scheinmoral. Wir sprechen erst dann davon, dass in einer Gesellschaft oder gesellschaftlichen Gruppe bestimmte moralische Normen gelten, wenn diese von der überwiegenden Zahl der Individuen nicht nur äußerlich, sondern auch innerlich anerkannt werden und Ausdruck ihrer authentischen Überzeugungen sind.

Insofern unterscheidet sich die Moral auffällig vom Recht: Für das in einer Gesellschaft geltende Recht sind die subjektiven Faktoren weitaus weniger bedeutsam als für die in einer Gesellschaft geltende Moral. Um sagen zu können, dass in einer Gesellschaft ein bestimmtes Rechtssystem gilt, reicht es aus, dass es von einer herrschenden Minderheit innerhalb der Gesellschaft anerkannt wird. Es gilt kraft der beherrschenden Stellung dieser Minderheit auch für die Mehrheit, die ihm nolens volens unterworfen ist. Ein Moralsystem gilt dagegen nur insoweit, als es von den ihm Unterworfenen jeweils individuell und aus freien Stücken anerkannt wird. Deshalb gibt es in der Moral keine Fremdherrschaft und keine Tyrannei im wörtlichen Sinne. Eine Befreiung von moralischen Normen, die man als fremdbestimmt und aufgenötigt empfindet, ist niemals nur die Befreiung von Fremdherrschaft, sondern immer auch ein Stück Selbstbefreiung.

nolens volens (lat.): wohl oder übel

Norbert Hoerster (* 1937)

Text aus: Ethik und Moral (in: Texte zur Ethik, hrsg. v. Norbert Hoerster, München [10]1997, S. 16 f.)

Norbert Hoerster

Moralische Urteile**

Norbert Hoerster, bekannter zeitgenössischer Rechtsphilosoph, beschreibt in diesem Text die Unterschiede von moralischen und außermoralischen Urteilen.

Aber nicht *alle* Werturteile über menschliches Verhalten sind moralischer Natur. Es gibt Normbereiche, in denen Handlungen offensichtlich von einem außermoralischen Standpunkt als richtig oder falsch bewertet werden. Solche Bereiche sind etwa das Recht, die Mode, Konvention, Etikette, die Ästhetik oder das Spiel. Betrachten wir einige Beispiele: Dass es in der Regel falsch ist, im Straßenverkehr links zu fahren, ist nicht eine Norm der Moral, sondern (jedenfalls in Deutschland) eine Norm des Rechts. Dass hierzulande Männer keinen Rock tragen (wie etwa die Schotten), dass Männer Frauen zuerst grüßen und dass man Kartoffeln nicht mit dem Messer schneidet, sind lediglich Forderungen der Mode, der Konvention und der Etikette. Wie Beethovens „Mondscheinsonate“ adäquat zu interpretieren ist, ist nicht ein Problem der Moral sondern der Ästhetik. Und dass man beim Fußballspiel einen Einwurf mit beiden Händen auszuführen hat, ist nicht Inhalt eines moralischen Prinzips, sondern eine Spielregel. Es dürfte jedermann leichtfallen, eine Vielzahl weiterer Beispiele dieser Art zu finden. Weniger leicht dagegen erscheint es herauszufinden – und gerade das ist die Aufgabe des Moralphilosophen –, welches die *allgemeinen Kriterien* sind, die unserer im Einzelfall unwillkürlich vorgenommenen Differenzierung zwischen moralischen und außermoralischen Normen beziehungsweise Werturteilen zugrunde liegen.

Mir scheint, dass es im Wesentlichen drei Gesichtspunkte sind, durch die sich moralische Handlungsnormen und -urteile von außermoralischen Handlungsnormen und -urteilen unterscheiden:

1. Sie bewerten menschliches Verhalten entweder primär, als solches, oder mit Rücksicht auf seine Auswirkungen auf das außermoralisch gute Leben.
2. Sie sind kategorischer Natur.
3. Sie erheben Anspruch auf allgemeine Gültigkeit.

Nur wenn diese drei Kriterien *zusammen* erfüllt sind, ist das betreffende Urteil moralischer Natur. (Schon hier sei darauf hingewiesen, dass sich die Frage, ob sie erfüllt sind, häufig erst anhand der *Begründung* definitiv entscheiden lässt, die der Urteilende für sein Urteil zu geben bereit ist.) (...)

Wer ein moralisches Urteil abgibt, erhebt damit stillschweigend den Anspruch, dass seinem Urteil in dem Sinne allgemeine Gültigkeit zukommt, dass es von einem überpersönlichen, objektiven Standpunkt aus abgegeben wurde und dass es einer rationalen Überprüfung standhält. Die Kehrseite dieses Anspruchs besteht in der Bereitschaft, das abgegebene Urteil tatsächlich rationaler Kritik auszusetzen und es im Lichte neuer Gesichtspunkte und Argumente gegebenenfalls zu revidieren. Wenn B etwa sein Urteil, A solle sich von seiner Frau nicht scheiden lassen, als *moralisches* Urteil verstanden wissen will, so kann er es nicht allein damit begründen, eine Scheidung sei in seinen (B's) Gesellschaftskreisen nicht üblich, oder der Papst habe die Scheidung verboten – also mit Argumenten, die, anstatt auf allgemeine Annahme zu zielen, sich auf eine nicht weiter hinterfragte und deshalb rational nicht ausgewiesene Autorität einzelner Gruppen oder Individuen stützen.

Dieser Anspruch auf intersubjektive Geltung oder Verbindlichkeit, der, wie ich meine, unser unbefangenes moralisches Alltagsdenken und -argumentieren kennzeichnet, führt unmittelbar zu der moralphilosophisch-metaethischen Frage: Lässt sich dieser Anspruch einlösen? Gibt es in der Ethik tatsächlich, ähnlich wie etwa in der empirischen Wissenschaft, eine rational fundierte Methode, mit deren Hilfe sich gewisse moralische Urteile als gerechtfertigt erweisen lassen? Oder hat der ethische Relativismus recht mit seiner Behauptung, einander widersprechende moralische Urteile könnten durchaus gleichermaßen gültig sein, oder der Gültigkeitsbegriff sei in der Moral überhaupt fehl am Platz?

Texte zu 4.2.

Immanuel Kant
(1724–1804)

Text aus: Grundlegung zur Metaphysik der Sitten (in: Werke Bd. 7, hrsg. v. W. Weischedel, Frankfurt/M. 1974, S. 18 ff.; S. 41 ff.)

Immanuel Kant

Die vernünftige Begründung der Moral***

Immanuel Kants höchst folgenreicher Versuch einer „deontologischen" Rechtfertigung der Moral (einer Rechtfertigung aus dem Begriff der „Pflicht" also) geht von der Annahme aus, dass nur ein „guter Wille" gut genannt werden könne, dass also für die Beurteilung einer Handlung das zugrunde liegende Motiv das Entscheidende ist. Der Wille aber hat die Freiheit zur Voraussetzung; gut ist er nur dann, wenn er der Vernunft entspricht – nur diese kann „verpflichten". Befragt man die Vernunft nun nach einem Maßstab für sittliches Handeln, so antwortet sie mit dem „kategorischen Imperativ", mit jenem Sittengesetz also, das nach Kant uneingeschränkt gelten soll, weil es Ausdruck der „praktischen Vernunft" selbst ist.

Der gute Wille

Es ist überall nichts in der Welt, ja überhaupt auch außer derselben zu denken möglich, was ohne Einschränkung für gut könnte gehalten werden als allein ein guter Wille. Verstand, Witz, Urteilskraft, und wie die Talente des Geistes sonst heißen mögen, oder Mut, Entschlossenheit, Beharrlichkeit im Vorsatze, als Eigenschaften des Temperaments, sind ohne Zweifel in mancher Absicht gut und wünschenswert; aber sie können auch äußerst böse und schädlich werden, wenn der Wille, der von diesen Naturgaben Gebrauch machen soll und dessen eigentümliche Beschaffenheit darum Charakter heißt, nicht gut ist. Mit den Glücksgaben ist es ebenso bewandt. Macht, Reichtum, Ehre, selbst Gesundheit, und das ganze Wohlbefinden und Zufriedenheit mit seinem Zustande, unter dem Namen der Glückseligkeit machen Mut und hierdurch öfters auch Übermut, wo nicht ein guter Wille da ist, der den Einfluss derselben aufs Gemüt, und hiermit auch das ganze Prinzip zu handeln, berichtige und allgemein-zweckmäßig mache; ohne zu erwähnen, dass ein vernünftiger unparteiischer Zuschauer sogar am Anblicke eines ununterbrochenen Wohlergehens eines Wesens, das kein Zug eines reinen und guten Willens zieret, nimmermehr ein Wohlgefallen haben kann, und so der gute Wille die unerlässliche Bedingung selbst der Würdigkeit, glücklich zu sein, auszumachen scheint.

Einige Eigenschaften sind sogar diesem guten Willen selbst beförderlich und können sein Werk sehr erleichtern, haben aber dem ungeachtet keinen innern unbedingten Wert, sondern setzen immer noch einen guten Willen voraus, der die Hochschätzung, die man übrigens mit Recht für sie trägt, einschränkt, und es nicht erlaubt, sie für schlechthin gut zu halten. Mäßigung in Affekten und Leidenschaften, Selbstbeherrschung und nüchterne Überlegung sind nicht allein in vielerlei Absicht gut, sondern scheinen sogar einen Teil vom innern

Werte der Person auszumachen; allein es fehlt viel daran, um sie ohne Einschränkung für gut zu erklären (so unbedingt sie auch von den Alten gepriesen worden). Denn ohne Grundsätze eines guten Willens können sie höchst böse werden, und das kalte Blut eines Bösewichts macht ihn nicht allein weit gefährlicher, sondern auch unmittelbar in unseren Augen noch verabscheuungswürdiger, als er ohne dieses dafür würde gehalten werden. Der gute Wille ist nicht durch das, was er bewirkt, oder ausrichtet, nicht durch seine Tauglichkeit zur Erreichung irgendeines vorgesetzten Zwecks, sondern allein durch das Wollen, d. i. an sich, gut und, für sich selbst betrachtet, ohne Vergleich weit höher zu schätzen, als alles, was durch ihn zugunsten irgendeiner Neigung, ja wenn man will, der Summe aller Neigungen, nur immer zustande gebracht werden könnte. Wenn gleich durch eine besondere Ungunst des Schicksals, oder durch kärgliche Ausstattung einer stiefmütterlichen Natur, es diesem Willen gänzlich an Vermögen fehlete, seine Absicht durchzusetzen; wenn bei seiner größten Bestrebung dennoch nichts von ihm ausgerichtet würde, und nur der gute Wille (freilich nicht etwa ein bloßer Wunsch, sondern als die Aufbietung aller Mittel, so weit sie in unserer Gewalt sind) übrig bliebe: so würde er wie ein Juwel doch für sich selbst glänzen, als etwas, das seinen vollen Wert in sich selbst hat. Die Nützlichkeit oder Fruchtlosigkeit kann diesem Werte weder etwas zusetzen, noch abnehmen. Sie würde gleichsam nur die Einfassung sein, um ihn im allgemeinen Verkehr besser handhaben zu können, oder die Aufmerksamkeit derer, die noch nicht genug Kenner sind, auf sich zu ziehen, nicht aber um ihn Kennern zu empfehlen, und seinen Wert zu bestimmen.

Es liegt gleichwohl in dieser Idee von dem absoluten Werte des bloßen Willens, ohne einigen Nutzen bei Schätzung desselben in Anschlag zu bringen, etwas so Befremdliches, dass, unerachtet aller Einstimmung selbst der gemeinen Vernunft mit derselben, dennoch ein Verdacht entspringen muss, dass vielleicht bloß hochfliegende Fantasterei insgeheim zum Grunde liege, und die Natur in ihrer Absicht, warum sie unserm Willen Vernunft zur Regiererin beigelegt habe, falsch verstanden sein möge. Daher wollen wir diese Idee aus diesem Gesichtspunkte auf die Prüfung stellen. In den Naturanlagen eines organisierten, d. i. zweckmäßig zum Leben eingerichteten, Wesens nehmen wir es als Grundsatz an, dass kein Werkzeug zu irgendeinem Zwecke in demselben angetroffen werde, als was auch zu demselben das schicklichste und ihm am meisten angemessen ist. Wäre nun an einem Wesen, das Vernunft und einen Willen hat, seine Erhaltung, sein Wohlergehen, mit einem Worte seine Glückseligkeit, der eigentliche Zweck der Natur, so hätte sie ihre Veranstaltung dazu sehr schlecht getroffen, sich die Vernunft des Geschöpfs zur Ausrichterin dieser ihrer Absicht zu ersehen. Denn alle Handlungen, die es in dieser Absicht auszuüben hat, und die ganze Regel seines Verhaltens würden ihm weit genauer durch Instinkt vorgezeichnet, und jener Zweck weit sicherer dadurch haben erhalten werden können, als es jemals durch Vernunft geschehen kann, und, sollte diese ja obenein dem begünstigten Geschöpf erteilt worden sein, so würde sie ihm nur dazu haben dienen müssen, um über die glückliche Anlage seiner Natur Betrachtungen anzustellen, sie zu bewundern, sich ihrer zu erfreuen und der wohltätigen Ursache dafür dankbar zu sein; nicht aber, um sein Begehrungsvermögen jener schwachen und trüglichen Leitung zu unterwerfen und in der Naturabsicht zu pfuschen; mit einem Worte, sie würde verhütet haben, dass Vernunft nicht in praktischen Gebrauch ausschlüge, und die Vermessenheit hätte, mit ihren schwachen Einsichten ihr selbst den Entwurf der Glückseligkeit und der Mittel, dazu zu gelangen, auszudenken; die Natur würde nicht allein die Wahl der Zwecke, sondern auch der Mittel selbst übernehmen, und beide mit weiser Vorsorge lediglich dem Instinkte anvertraut haben. In der Tat finden wir auch, dass, je mehr eine kultivierte Vernunft sich mit der Absicht auf den Genuss des Lebens und der Glückseligkeit abgibt, desto weiter der Mensch von der wahren Zufriedenheit abkomme, woraus bei vielen, und zwar den Versuchtesten im Gebrauche derselben, wenn sie nur aufrichtig genug sind, es zu gestehen, ein gewisser Grad von Misologie, d. i. Hass der Vernunft, entspringt, weil sie nach dem Überschlage allen Vorteils, den sie, ich will nicht sagen von der Erfindung aller Künste des gemeinen Luxus, sondern sogar von den Wissenschaften (die ihnen am Ende auch ein Luxus des Verstandes zu sein scheinen) ziehen, dennoch finden, dass sie sich in der Tat nur mehr Mühseligkeit auf den Hals gezogen, als an Glückseligkeit gewonnen haben, und darüber endlich den gemeinern Schlag der Menschen, welcher der Leitung des bloßen Naturinstinkts näher ist, und der seiner Vernunft nicht viel Einfluss auf sein Tun und Lassen verstattet, eher beneiden, als gering schätzen. Und so weit muss man gestehen, dass das Urteil derer, die die ruhmredigen Hochpreisungen der Vorteile, die uns die Vernunft in Ansehung der Glückseligkeit und Zufriedenheit des Lebens verschaffen sollte, sehr mäßigen und sogar unter Null herabsetzen, keineswegs grämisch, oder gegen die Güte der Weltregierung undankbar sei, sondern dass diesen Urteilen insgeheim die Idee von einer andern und viel würdigern Absicht ihrer Existenz zum Grunde liege, zu welcher, und nicht der Glückseligkeit, die Vernunft ganz eigentlich bestimmt sei, und welcher darum, als oberster Bedingung, die Privatabsicht des Menschen größtenteils nachstehen muss. Denn da die Vernunft dazu nicht tauglich genug ist, um den Willen in Ansehung der Gegenstände desselben und der Befriedigung aller unserer Bedürfnisse (die sie zum Teil selbst vervielfältigt) sicher zu leiten, als zu welchem Zwecke ein eingepflanzter Naturinstinkt viel gewisser geführt haben würde, gleichwohl aber uns Vernunft als praktisches Vermögen, d. i. als ein solches, das Einfluss auf den Willen haben soll, dennoch zugeteilt ist; so muss die wahre Bestimmung derselben sein, einen, nicht etwa in anderer Absicht als Mittel, sondern an sich selbst guten Willen hervorzubringen, wozu schlechterdings Vernunft nötig war, wo anders die Natur überall in Austeilung ihrer Anlagen zweckmäßig zu Werke gegangen ist. Dieser Wille darf also zwar nicht das einzige und das ganze, aber er muss doch das höchste Gut, und zu allem Übrigen, selbst allem Verlangen nach Glückseligkeit, die Bedingung sein, in welchem Falle es sich mit der Weisheit der Natur gar wohl vereinigen lässt, wenn man wahrnimmt, dass die Kultur der Vernunft, die zur erstern und unbedingten Absicht erforderlich ist, die Erreichung der zweiten, die jederzeit bedingt ist, nämlich der Glückseligkeit, wenigstens in diesem Leben, auf mancherlei Weise einschränke, ja sie selbst unter nichts herabbringen könne, ohne dass die Natur darin unzweckmäßig verfahre, weil die Vernunft, die ihre höchste praktische Bestimmung in der Gründung eines guten Willens erkennt, bei Erreichung dieser Absicht nur einer Zufriedenheit nach ihrer eigenen Art, nämlich aus der Erfüllung eines Zwecks, den wiederum nur Vernunft bestimmt, fähig ist, sollte dieses auch mit manchem Abbruch, der den Zwecken der Neigung geschieht, verbunden sein.

Um aber den Begriff eines an sich selbst hochzuschätzenden und ohne weitere Absicht guten Willens, so wie er schon dem natürlichen gesunden Verstande beiwohnet und nicht so wohl gelehret als vielmehr nur aufgeklärt zu werden bedarf, diesen Begriff, der in der Schätzung des ganzen Werts unserer Handlungen immer obenan steht und die Bedingung alles Übrigen ausmacht, zu entwickeln: wollen wir den Begriff der Pflicht vor uns nehmen, der den eines guten Willens, obzwar unter gewissen subjektiven Einschränkungen und Hindernissen, enthält, die aber doch, weit gefehlt, dass sie ihn verstecken und unkenntlich machen sollten, ihn vielmehr durch Abstechung heben und desto heller hervorscheinen lassen.

Pflicht: hier: das, was sich rein aus Vernunftgründen gebietet

Ich übergehe hier alle Handlungen, die schon als pflichtwidrig erkannt werden, ob sie gleich in dieser oder jener Absicht nützlich sein mögen; denn bei denen ist gar nicht einmal die Frage, ob sie aus Pflicht geschehen sein mögen, da sie dieser sogar widerstreiten. Ich setze auch die Handlungen beiseite, die wirklich pflichtgemäß sind, zu denen aber Menschen unmittelbar keine Neigung haben, sie aber dennoch ausüben, weil sie durch eine andere Neigung dazu getrieben werden. Denn da lässt sich leicht unterscheiden, ob die pflichtgemäße Handlung aus Pflicht oder aus selbstsüchtiger Absicht geschehen sei. Weit schwerer ist dieser Unterschied zu bemerken, wo die Handlung pflichtgemäß ist und das Subjekt noch überdem unmittelbare Neigung zu ihr hat. Z. B. es ist allerdings pflichtgemäß, dass der Krämer seinen unerfahrnen Käufer nicht überteure, und, wo viel Verkehr ist, tut dieses auch der kluge Kaufmann nicht, sondern hält einen festgesetzten allgemeinen Preis für jedermann, sodass ein Kind ebenso gut bei ihm kauft, als jeder anderer. Man wird also ehrlich bedient; allein das ist lange nicht genug, um deswegen zu glauben, der Kaufmann habe aus Pflicht und Grundsätzen der Ehrlichkeit so verfahren; sein Vorteil erforderte es; dass er aber überdem noch eine unmittelbare Neigung zu den Käufern haben sollte, um gleichsam aus Liebe keinem vor dem andern im Preise den Vorzug zu geben, lässt sich hier nicht annehmen. Also war die Handlung weder aus Pflicht, noch aus unmittelbarer Neigung, sondern bloß in eigennütziger Absicht geschehen.

Dagegen, sein Leben zu erhalten, ist Pflicht, und überdem hat jedermann dazu noch eine unmittelbare Neigung. Aber um deswillen hat die oft ängstliche Sorgfalt, die der größte Teil der Menschen dafür trägt, doch keinen innern Wert, und die Maxime derselben keinen moralischen Gehalt. Sie bewahren

Neigung: hier: alle Arten von nicht vernünftigen Motiven – Triebe, Gefühle, Vorlieben

ihre Leben zwar pflichtmäßig, aber nicht aus Pflicht. Dagegen, wenn Widerwärtigkeiten und hoffnungsloser Gram den Geschmack am Leben gänzlich weggenommen haben; wenn der Unglückliche, stark an Seele, über sein Schicksal mehr entrüstet, als kleinmütig oder niedergeschlagen, den Tod wünscht, und sein Leben doch erhält, ohne es zu lieben, nicht aus Neigung, oder Furcht, sondern aus Pflicht: Alsdann hat seine Maxime einen moralischen Gehalt.

hypothetisch: hier: die Gültigkeit nur unter bestimmten Bedingungen

kategorisch: hier: die unbedingte Gültigkeit

Hypothetische und kategorische Imperative

Die Vorstellung eines objektiven Prinzips, sofern es für einen Willen nötigend ist, heißt ein Gebot (der Vernunft) und die Formel des Gebots heißt Imperativ. Alle Imperative werden durch ein Sollen ausgedrückt und zeigen dadurch das Verhältnis eines objektiven Gesetzes der Vernunft zu einem Willen an, der seiner subjektiven Beschaffenheit nach dadurch nicht notwendig bestimmt wird (eine Nötigung). Sie sagen, dass etwas zu tun oder zu unterlassen gut sein würde, allein sie sagen es einem Willen, der nicht immer darum etwas tut, weil ihm vorgestellt wird, dass es zu tun gut sei. Praktisch gut ist aber, was vermittelst der Vorstellungen der Vernunft, mithin nicht aus subjektiven Ursachen, sondern objektiv, das heißt aus Gründen, die für jedes vernünftige Wesen als ein solches gültig sind, den Willen bestimmt. Es wird vom Angenehmen unterschieden als demjenigen, was nur vermittelst der Empfindung aus bloß subjektiven Ursachen, die nur für dieses oder jenes seinen Sinn gelten, und nicht als Prinzip der Vernunft, das für jedermann gilt, auf den Willen Einfluss hat.

Ein vollkommen guter Wille würde also ebenso wohl unter objektiven Gesetzen (des Guten) stehen, aber nicht dadurch als zu gesetzmäßigen Handlungen genötigt vorgestellt werden können, weil er von selbst nach seiner subjektiven Beschaffenheit nur durch die Vorstellung des Guten bestimmt werden kann. Daher gelten für den göttlichen und überhaupt für einen heiligen Willen keine Imperative; das Sollen ist hier am unrechten Orte, weil das Wollen schon von selbst mit dem Gesetz notwendig einstimmig ist. Daher sind Imperative nur Formeln, das Verhältnis objektiver Gesetze des Wollens überhaupt zu der subjektiven Unvollkommenheit des Willens dieses oder jenes vernünftigen Wesens, zum Beispiel des menschlichen Willens auszudrücken.

Alle Imperative nun gebieten entweder hypothetisch oder kategorisch. Jene stellen die praktische Notwendigkeit einer möglichen Handlung als Mittel zu etwas anderem, was man will (oder doch möglich ist, dass man es wolle), zu gelangen vor. Der kategorische Imperativ würde der sein, welcher eine Handlung als für sich selbst, ohne Beziehung auf einen anderen Zweck, als objektiv-notwendig vorstellte.

Weil jedes praktische Gesetz eine mögliche Handlung als gut und darum für ein durch Vernunft praktisch bestimmbares Subjekt als notwendig vorstellt, so sind alle Imperative Formeln der Bestimmung der Handlung, die nach dem Prinzip eines in irgendeiner Art guten Willens notwendig ist. Wenn nun die Handlung bloß wozu anders als Mittel gut sein würde, so ist der Imperativ hypothetisch; wird sie als an sich gut vorgestellt, mithin als notwendig in einem an sich der Vernunft gemäßen Willen, als Prinzip desselben, so ist er kategorisch.

Der Imperativ sagt also, welche durch mich mögliche Handlung gut wäre, und stellt die praktische Regel in Verhältnis auf einen Willen vor, der darum nicht sofort eine Handlung tut, weil sie gut ist, teils weil das Subjekt nicht immer weiß, dass sie gut sei, teils weil, wenn es dieses auch wüsste, die Maximen desselben doch den objektiven Prinzipien einer praktischen Vernunft zuwider sein könnten.

Der hypothetische Imperativ sagt also nur, dass die Handlung zu irgendeiner möglichen oder wirklichen Absicht gut sei. Im ersteren Falle ist er ein problematisch-, im zweiten assertorisch-praktisches Prinzip. Der kategorische Imperativ, der die Handlung ohne Beziehung auf irgendeine Absicht, das ist auch ohne irgendeinen anderen Zweck, für sich als objektiv notwendig erklärt, gilt als ein apodiktisch-praktisches Prinzip.

(...)

Der kategorische Imperativ ist also ein einziger und zwar dieser: Handle nur nach derjenigen Maxime, durch die du zugleich wollen kannst, dass sie ein allgemeines Gesetz werde.

Wenn nun aus diesem einzigen Imperativ alle Imperative der Pflicht als aus ihrem Prinzip abgeleitet werden können, so werden wir, ob wir es gleich unausgemacht lassen, ob nicht überhaupt das, was man Pflicht nennt, ein leerer Begriff sei, doch wenigstens anzeigen können, was wir dadurch denken und was dieser Begriff sagen wolle.

Weil die Allgemeinheit des Gesetzes, wonach Wirkungen geschehen, dasjenige ausmacht, was eigentlich Natur im allgemeinsten Verstande (der Form nach), das ist das Dasein der Dinge, heißt, sofern es nach allgemeinen Gesetzen bestimmt ist, so könnte der allgemeine Imperativ der Pflicht auch so lauten: Handle so, als ob die Maxime deiner Handlung durch deinen Willen zum allgemeinen Naturgesetze werden sollte. (...)

Der Wille wird als ein Vermögen gedacht, der Vorstellung gewisser Gesetze gemäß sich selbst zum Handeln zu bestimmen. Und ein solches Vermögen kann nur in vernünftigen Wesen anzutreffen sein. Nun ist das, was dem Willen zum objektiven Grunde seiner Selbstbestimmung dient, der Zweck, und dieser, wenn er durch bloße Vernunft gegeben wird, muss für alle vernünftigen Wesen gleich gelten. Was dagegen bloß den Grund der Möglichkeit der Handlung enthält, deren Wirkung Zweck ist, heißt das Mittel. Der subjektive Grund des Begehrens ist die Triebfeder, der objektive des Wollens der Bewegungsgrund; daher der Unterschied zwischen subjektiven Zwecken, die auf Triebfedern beruhen, und objektiven, die auf Bewegungsgründe ankommen, welche für jedes vernünftige Wesen gelten. Praktische Prinzipien sind formal, wenn sie von allen subjektiven Zwecken abstrahieren; sie sind aber material, wenn sie diese, mithin gewisse Triebfedern zum Grund legen. Die Zwecke, die sich ein vernünftiges Wesen als Wirkungen seiner Handlung nach Belieben vorsetzt (materiale Zwecke), sind insgesamt nur relativ; denn nur bloß ihr Verhältnis auf ein besonders geartetes Begehrungsvermögen des Subjekts

assertorisch: behauptend, versichernd

apodiktisch: unwiderlegbar

Maxime: Leitfaden, Richtlinie

Naturgesetz: hier: unbedingt gültiges Gesetz, das für Vernunftwesen gilt, weil es vernünftig ist

gibt ihnen den Wert, der daher keine allgemeinen, für alle vernünftige Wesen und auch nicht für jedes Wollen gültige und notwendige Prinzipien, das ist praktische Gesetze, an die Hand geben kann. Daher sind alle diese relativen Zwecke nur der Grund von hypothetischen Imperativen.

Gesetzt aber, es gäbe etwas, dessen Dasein an sich selbst einen absoluten Wert hat, was, als Zweck an sich selbst, ein Grund bestimmter Gesetze sein könnte, so würde in ihm, und nur in ihm allein der Grund eines möglichen kategorischen Imperativs, das heißt praktischen Gesetzes liegen.

Nun sage ich: Der Mensch und überhaupt jedes vernünftige Wesen existiert als Zweck an sich selbst, nicht bloß als Mittel zum beliebigen Gebrauche für diesen oder jenen Willen, sondern muss in allen seinen sowohl auf sich selbst als auch auf andere vernünftige Wesen gerichteten Handlungen jederzeit zugleich als Zweck betrachtet werden. Alle Gegenstände der Neigungen haben nur einen bedingten Wert; denn wenn die Neigungen und darauf gegründete Bedürfnisse nicht wären, so würde ihr Gegenstand ohne Wert sein. Die Neigungen selber aber, als Quellen des Bedürfnisses, haben so wenig einen absoluten Wert, um sie selbst zu wünschen, dass vielmehr gänzlich davon frei zu sein, der allgemeine Wunsch eines jeden vernünftigen Wesens sein muss. Also ist der Wert aller durch unsere Handlung zu erwerbenden Gegenstände jederzeit bedingt. Die Wesen, deren Dasein zwar nicht auf unserem Willen, sondern der Natur beruht, haben dennoch, wenn sie vernunftlose Wesen sind, nur einen relativen Wert, als Mittel, und heißen daher Sachen, dagegen vernünftige Wesen Personen genannt werden, weil ihre Natur sie schon als Zwecke an sich selbst, das heißt als etwas, das nicht bloß als Mittel gebraucht werden darf, auszeichnet, mithin sofern alle Willkür einschränkt (und ein Gegenstand der Achtung ist). Dies sind also nicht bloß subjektive Zwecke, deren Existenz als Wirkung unserer Handlung für uns einen Wert hat; sondern objektive Zwecke, das heißt Dinge, deren Dasein an sich selbst Zweck ist, und zwar ein solcher, an dessen statt kein anderer Zweck gesetzt werden kann, dem sie bloß als Mittel zu Diensten stehen sollten, weil ohne dieses überall gar nichts von absolutem Werte würde angetroffen werden; wenn aber aller Wert bedingt, mithin zufällig wäre, so könnte für die Vernunft überall kein oberstes praktisches Prinzip angetroffen werden.

Wenn es denn also ein oberstes praktisches Prinzip und in Ansehung des menschlichen Willens einen kategorischen Imperativ geben soll, so muss es ein solches sein, das aus der Vorstellung dessen, was notwendig für jedermann Zweck ist, weil es Zweck an sich selbst ist, ein objektives Prinzip des Willens ausmacht, mithin zum allgemeinen praktischen Gesetz dienen kann. Der Grund dieses Prinzips ist: Die vernünftige Natur existiert als Zweck an sich selbst. So stellt sich notwendig der Mensch sein eigenes Dasein vor; sofern ist es also ein subjektives Prinzip menschlicher Handlungen. So stellt sich aber auch jedes andere vernünftige Wesen sein Dasein zufolge ebendesselben Vernunftgrundes, der auch für mich gilt, vor; also ist es zugleich ein objektives Prinzip, woraus als einem obersten praktischen Grunde alle Gesetze des Willens müssen abgeleitet werden können. Der praktische Imperativ wird also

vernünftige Natur: hier: jedes denkbare Vernunftwesen, also zumindest der Mensch

folgender sein: Handle so, dass du die Menschheit, sowohl in deiner Person als in der Person eines jeden anderen, jederzeit zugleich als Zweck, niemals bloß als Mittel brauchst.

John Stuart Mill

Utilitaristische Rechtfertigung der Moral**

John Stuart Mill (1806–1873)

Text aus: Der Utilitarismus, übers. v. D. Birnbacher (Stuttgart 1975, S. 13–18, 60–67)

Mit dieser Abhandlung hat Mill einen der klassisch gewordenen Begründungsversuche für eine Ethik geschaffen, der ihr oberstes Kriterium in der „Nützlichkeit" sieht.

(...) Die Auffassung, für die die Nützlichkeit oder das Prinzip des größten Glücks die Grundlage der Moral ist, besagt, dass Handlungen insoweit und in dem Maße moralisch richtig sind, als sie die Tendenz haben, Glück zu befördern, und insoweit moralisch falsch, als sie die Tendenz haben, das Gegenteil von Glück zu bewirken. Unter „Glück" ist dabei Lust (pleasure) und das Freisein von Unlust (pain), unter „Unglück" Unlust und das Fehlen von Lust verstanden. Damit die von dieser Theorie aufgestellte Norm deutlich wird, muss freilich noch einiges gesagt werden, insbesondere darüber, was die Begriffe Lust und Unlust einschließen soll und inwieweit dies von der Theorie offen gelassen wird. Aber solche zusätzlichen Erklärungen ändern nichts an der Lebensauffassung, auf der diese Theorie der Moral wesentlich beruht: dass Lust und das Freisein von Unlust die einzigen Dinge sind, die als Endzwecke wünschenswert sind, und dass alle anderen wünschenswerten Dinge (die nach utilitaristischer Auffassung ebenso vielfältig sind wie nach jeder anderen) entweder deshalb wünschenswert sind, weil sie selbst lustvoll sind oder weil sie Mittel sind zur Beförderung von Lust und zur Vermeidung von Unlust.

Eine solche Lebensauffassung stößt bei vielen Menschen, darunter manchen, deren Fühlen und Trachten im höchsten Maße achtenswert ist, auf eingewurzelte Abneigung. Der Gedanke, dass das Leben (wie sie sagen) keinen höheren Zweck habe als die Lust, kein besseres und edleres Ziel des Wollens und Strebens, erscheint ihnen im äußersten Grade niedrig und gemein; als eine Ansicht, die nur der Schweine würdig wäre, mit denen die Anhänger Epikurs ja schon sehr früh verächtlich gleichgesetzt wurden; und zeitgenössische Vertreter der Lehre werden gelegentlich zum Gegenstand nicht weniger höflicher Vergleiche von Seiten ihrer deutschen, französischen und englischen Gegner.

Auf Angriffe dieser Art haben die Epikureer stets geantwortet, dass nicht sie, sondern ihre Ankläger es sind, die die menschliche Natur in entwürdigendem Licht erscheinen lassen, da die Anklage ja unterstellt, dass Menschen keiner anderen Lust fähig sind als der, deren Schweine fähig sind. Träfe diese Unterstellung zu, wäre sie nicht zu widerlegen, aber sie wäre dann auch keine Beleidigung mehr. Denn wenn die Quellen der Lust für Menschen und für Schweine genau dieselben wären, müsste die Lebensregel, die für die einen

gut genug ist, auch für die anderen gut genug sein. Nur deswegen wird ja die Gleichsetzung des epikureischen Lebens mit dem tierischen als entwürdigend empfunden, weil die Lust des Tiers der menschlichen Vorstellung vom Glück nicht gerecht wird. Die Menschen haben höhere Fähigkeiten als bloß tierische Gelüste und vermögen, sobald sie dieser einmal bewusst geworden sind, nur darin ihr Glück zu sehen, worin deren Bestätigung eingeschlossen ist. (…)
Die Anerkennung der Tatsache, dass einige Arten der Freude wünschenswerter und wertvoller sind als andere, ist mit dem Nützlichkeitsprinzip durchaus vereinbar. Es wäre unsinnig anzunehmen, dass der Wert einer Freude ausschließlich von der Quantität abhängen sollte, wo doch in der Wertbestimmung aller anderen Dinge neben der Quantität auch die Qualität Berücksichtigung findet.
Fragt man mich nun, was ich meine, wenn ich von der unterschiedlichen Qualität von Freuden spreche, und was eine Freude – bloß als Freude, unabhängig von ihrem größten Betrag – wertvoller als eine andere macht, so gibt es nur eine mögliche Antwort: Von zwei Freuden ist diejenige die wünschenswertere, die von allen oder nahezu allen, die beide erfahren haben, ungeachtet des Gefühls, eine von beiden aus moralischen Gründen vorziehen zu müssen, entschieden bevorzugt wird. Wird die eine von zwei Freuden von denen, die beide kennen und beurteilen können, so weit über die andere gestellt, dass sie sie auch dann noch vorziehen, wenn sie wissen, dass sie größere Unzufriedenheit verursacht, und sie gegen noch so viele andere Freuden, die sie erfahren könnten, nicht eintauschen möchten, sind wir berechtigt, jener Freude eine höhere Qualität zuzuschreiben, die die Quantität so weit übertrifft, dass diese im Vergleich nur gering ins Gewicht fällt. (…) Wer meint, dass diese Bevorzugung des Höheren ein Opfer an Glück bedeutet – dass das höhere Wesen unter den gleichen Umständen nicht glücklicher sein könne als das niedrigere –, vermengt die zwei durchaus verschiedenen Begriffe des Glücks (happiness) und der Zufriedenheit (content). Es ist unbestreitbar, dass ein Wesen mit geringerer Fähigkeit zum Genuss die besten Aussichten hat, voll zufriedengestellt zu werden; während ein Wesen von höheren Fähigkeiten stets das Gefühl haben wird, dass alles Glück, das es von der Welt, so wie sie beschaffen ist, erwarten kann, unvollkommen ist. Aber wenn diese Unvollkommenheiten überhaupt nur erträglich sind, kann es lernen, mit ihnen zu leben, statt die andern zu bedienen, denen diese Unvollkommenheiten nur deshalb nicht bewusst sind, weil sie sich von den Vollkommenheiten keine Vorstellung machen können, mit denen diese verglichen werden. Es ist besser, ein unzufriedener Mensch zu sein als ein zufriedengestelltes Schwein; besser ein unzufriedener Sokrates als ein zufriedener Narr. Und wenn der Narr oder das Schwein anderer Ansicht sind, dann deshalb, weil sie nur die eine Seite der Angelegenheit kennen. Die andere Partei hingegen kennt beide Seiten.

Welcherart Beweis sich für das Nützlichkeitsprinzip führen lässt

Fragen nach Zwecken sind (mit anderen Worten) Fragen danach, welche Dinge wünschenswert sind. Die utilitaristische Lehre sagt, dass Glück wün-

schenswert ist, dass es das Einzige ist, das als Zweck wünschenswert ist, und dass alles andere nur als Mittel zu diesem Zweck wünschenswert ist. Welchen Kriterien muss diese Lehre genügen – welche Bedingungen muss sie erfüllen –, um ihrem Anspruch, zu überzeugen, gerecht zu werden?
Der einzige Beweis dafür, dass ein Gegenstand sichtbar (visible) ist, ist, dass man ihn tatsächlich sieht. Der einzige Beweis dafür, dass ein Ton hörbar (audible) ist, ist, dass man ihn hört. Ebenso wird der einzige Beweis dafür, dass etwas wünschenswert (desiderable) ist, der sein, dass die Menschen es tatsächlich wünschen. Wäre der Zweck, den sich die utilitaristische Theorie setzt, nicht schon in Theorie und Praxis als Zweck anerkannt, könnte einen nichts davon überzeugen, dass dies der Zweck ist. Dafür, dass das allgemeine Glück wünschenswert ist, lässt sich kein anderer Grund angeben, als dass jeder sein eigenes Glück erstrebt, insoweit er es für erreichbar hält. Da dieses jedoch eine Tatsache ist, haben wir damit nicht nur den ganzen Beweis, den der Fall zulässt, sondern alles, was überhaupt als Beweisgrund dafür verlangt werden kann, dass Glück ein Gut ist: nämlich dass das Glück jedes Einzelnen für diesen ein Gut ist und dass daher das allgemeine Glück ein Gut für die Gesamtheit der Menschen ist. Damit hat das Glück seinen Anspruch begründet, eines der Zwecke des Handelns und folglich eines der Kriterien der Moral zu sein.

Karl-Otto Apel

Das Apriori der Kommunikationsgemeinschaft***

Apel vertritt in seinem Hauptwerk zur Ethik die These, dass jegliches Regelsystem, also auch moralische Systeme, auf der Voraussetzung der wechselseitigen Anerkennung aller Mitglieder als gleichberechtigte Diskussionspartner beruhen.

Die logische Geltung von Argumenten kann nicht überprüft werden, ohne im Prinzip eine Gemeinschaft von Denkern vorauszusetzen, die zur intersubjektiven Verständigung und Konsensbildung befähigt sind. Selbst der faktisch einsame Denker kann seine Argumentation nur insofern explizieren und überprüfen, als er im kritischen „Gespräch der Seele mit sich selbst" (Platon) den Dialog einer potenziellen Argumentationsgemeinschaft zu internalisieren vermag. Darin zeigt sich, dass die *Geltung* einsamen Denkens von der Rechtfertigung von sprachlichen Aussagen in der aktuellen Argumentationsgemeinschaft prinzipiell abhängig ist.
Es kann nicht „einer allein" einer Regel folgen und im Rahmen einer „Privatsprache" seinem Denken Geltung verschaffen; dieses ist vielmehr prinzipiell öffentlich. So würde ich in unserem Zusammenhang die bekannte These des späten Wittgenstein interpretieren.
Zugleich mit der wirklichen Argumentationsgemeinschaft setzt aber nun die logische Rechtfertigung unseres Denkens auch die Befolgung einer moralischen Grundnorm voraus. Lügen z. B. würde offenbar den Dialog der

Karl-Otto Apel (1922–2017)

Text aus: Transformation der Philosophie (Bd. 2, Frankfurt/M. 1973, S. 399 ff.)

explizieren: ausführen
internalisieren: verinnerlichen

Zu der These Wittgensteins schreibt Apel an anderer Stelle: „Um die Voraussetzung des Sprachspiels als Bedingung der Prüfungskriterien und damit die Geltung des Sinns von ‚Regel' und ‚Regelbefolgung' geht es, wenn Wittgenstein sagt: ‚Es kann nicht ein einziges Mal nur ein Mensch einer Regel gefolgt sein.' (...)" (Philos. Untersuchungen I, § 199).

Explikation: Darlegung, Erläuterung

Argumentierenden unmöglich machen; aber dasselbe gilt auch schon von der Verweigerung des kritischen Verständnisses bzw. der Explikation und Rechtfertigung von Argumenten. Kurz: In der Argumentationsgemeinschaft ist die wechselseitige Anerkennung aller Mitglieder als gleichberechtigter Diskussionspartner vorausgesetzt.

virtuell: dem Vermögen, der Möglichkeit nach

implizieren: notwendigerweise beinhalten

Da nun aber alle sprachlichen Äußerungen und darüber hinaus alle sinnvollen Handlungen und leibhaften Expressionen von Menschen (sofern sie verbalisierbar sind) als virtuelle Argumente aufgefasst werden können, so ist in der Grundnorm der wechselseitigen Anerkennung der Diskussionspartner diejenige der „Anerkennung" aller Menschen als „Personen" im Sinne Hegels voll impliziert. Anders gesagt: Alle der sprachlichen Kommunikation fähigen Wesen müssen als Personen anerkannt werden, da sie in all ihren Handlungen und Äußerungen virtuelle Diskussionspartner sind und die unbegrenzte Rechtfertigung des Denkens auf keinen Diskussionspartner und auf keinen seiner virtuellen Diskussionsbeiträge verzichten kann. Diese Forderung wechselseitiger Anerkennung von Personen und Subjekten der logischen Argumentation, und nicht schon der logisch richtige Verstandesgebrauch des Einzelnen, rechtfertigt m. E. die Rede von der „Ethik der Logik".

performativ, propositional: Dazu schreibt Apel an anderer Stelle: „Der propositionale Teil betrifft die Aussage über Sachverhalte, die gleichsam als ‚neutraler' Kern der performativen Äußerung betrachtet werden muss. Durch das Element des Performativen wird der Sprechakt zu einer Handlung, die mit der Äußerung selbst vollzogen wird: Ich verspreche es dir, ich teile es mit, ich warne dich (...)."

implizit: mitenthalten, mitgemeint

heuristischer Ansatz: Arbeitshypothese

Diese Pointe lässt sich deutlicher machen, wenn man im Sinne der Theorie der „Sprechakte" zwischen dem performativen und dem propositionalen Teil der menschlichen Rede unterscheidet. Es zeigt sich dann, dass im Dialog der Argumentierenden nicht nur wertneutrale Aussagen über Sachverhalte gemacht werden, sondern diese Aussagen zumindest implizit mit kommunikativen Handlungen verknüpft sind, – mit Handlungen, welche moralische Ansprüche an alle Mitglieder der Kommunikationsgemeinschaft stellen. So setzt bereits jede Tatsachen-Aussage als eine solche, die logisch zu rechtfertigen ist, in der pragmatischen Tiefenstruktur eine performative Ergänzung voraus, wie etwa: „Ich behaupte hiermit gegen jeden möglichen Opponenten, dass (...)" oder: „Ich fordere hiermit jeden zur Prüfung der folgenden Aussage auf." Die performative Ergänzung der zur Überprüfung erforderlichen Aussagen lautet dementsprechend: „Ich bestreite hiermit gegen dich, dass A der Fall ist" oder „Ich bestätige dir, dass A der Fall ist". In dieser Ebene der untersubjektiven Verständigung über Sinn und Geltung von Aussagen, und nicht schon in der Ebene der sachbezogenen Verstandesoperationen, wird, unserem heuristischen Ansatz zufolge, eine Ethik vorausgesetzt.

Martha C. Nussbaum (* 1947)

Martha C. Nussbaum

Die menschlichen Grundfähigkeiten*

Die US-amerikanische Philosophin Martha Nussbaum bietet im folgenden Abschnitt eine Liste von Grundfähigkeiten, die ein gutes, gelingendes und würdevolles menschliches Leben ermöglichen sollen.

Text aus: Gerechtigkeit oder Das gute Leben (Frankfurt/M. 1999, S. 198 f.)

1. Die Fähigkeit, ein menschliches Leben von normaler Länge zu leben, nicht vorzeitig zu sterben oder zu sterben, bevor das Leben so reduziert ist, dass es nicht mehr lebenswert ist.
2. Die Fähigkeit, sich guter Gesundheit zu erfreuen, sich angemessen zu ernähren, eine angemessene Unterkunft und Möglichkeiten zu sexueller Befriedigung zu haben, sich in Fragen der Reproduktion frei entscheiden und sich von einem Ort zu einem anderen bewegen zu können.
3. Die Fähigkeit, unnötigen Schmerz zu vermeiden und freudvolle Erlebnisse zu haben. Die Fähigkeit, seine Sinne und seine Phantasie zu gebrauchen, zu denken und zu urteilen – und diese Dinge in einer Art und Weise zu tun, die durch eine angemessene Erziehung geleitet ist, zu der auch (aber nicht nur) Lesen und Schreiben sowie mathematische Grundkenntnisse und eine wissenschaftliche Grundausbildung gehören.
4. Die Fähigkeit, seine Phantasie und sein Denkvermögen zum Erleben und Hervorbringen von geistig bereichernden Werken und Ereignissen der eigenen Wahl auf den Gebieten der Religion, Literatur, Musik usw. einzusetzen. Der Schutz dieser Fähigkeit, so glaube ich, erfordert nicht nur die Bereitstellung von Bildungsmöglichkeiten, sondern auch gesetzliche Garantien für politische und künstlerische Meinungsfreiheit sowie für Religionsfreiheit.
5. Die Fähigkeit, Beziehungen zu Dingen und Menschen außerhalb unser selbst einzugehen, diejenigen zu lieben, die uns lieben und für uns sorgen, traurig über ihre Abwesenheit zu sein, allgemein Liebe, Kummer, Sehnsucht und Dankbarkeit zu empfinden. Diese Fähigkeit zu unterstützen bedeutet, Formen des menschlichen Miteinanders zu unterstützen, die nachweisbar eine große Bedeutung für die menschliche Entwicklung haben.
6. Die Fähigkeit, eine Vorstellung des Guten zu entwickeln und kritische Überlegungen zur eigenen Lebensplanung anzustellen. Dies schließt heutzutage die Fähigkeit ein, einer beruflichen Tätigkeit außer Haus nachzugehen und am politischen Leben teilzunehmen.
7. Die Fähigkeit, mit anderen und für andere zu leben, andere Menschen zu verstehen und Anteil an ihrem Leben zu nehmen, verschiedene soziale Kontakte zu pflegen; die Fähigkeit, sich die Situation eines anderen Menschen vorzustellen und Mitleid zu empfinden; die Fähigkeit, Gerechtigkeit zu üben und Freundschaften zu pflegen. Diese Fähigkeit zu schützen bedeutet abermals, Institutionen zu schützen, die solche Formen des Miteinanders darstellen, und die Versammlungs- und politische Redefreiheit zu schützen.
8. Die Fähigkeit, in Verbundenheit mit Tieren, Pflanzen und der ganzen Natur zu leben und sie pfleglich zu behandeln.
9. Die Fähigkeit, zu lachen, zu spielen, sich an erholsamen Tätigkeiten zu erfreuen.
10. Die Fähigkeit, sein eigenes Leben und nicht das eines anderen zu leben. Das bedeutet, gewisse Garantien zu haben, dass keine Eingriffe in besonders persönlichkeitsbestimmende Entscheidungen wie Heiraten, Gebären, sexuelle Präferenzen, Sprache und Arbeit stattfinden.

10a. Die Fähigkeit, sein Leben in seiner eigenen Umgebung und seinem eigenen Kontext zu führen. Dies heißt Garantien für Versammlungsfreiheit und gegen ungerechtfertigte Durchsuchungen und Festnahmen; es bedeutet auch eine gewisse Garantie für die Unantastbarkeit des persönlichen Eigentums, wenngleich diese Garantie durch die Erfordernisse sozialer Gerechtigkeit auf verschiedene Weise eingeschränkt werden kann und im Zusammenhang mit der Interpretation der anderen Fähigkeiten immer verhandelbar ist, da das persönliche Eigentum im Gegensatz zur persönlichen Freiheit ein Mittel und kein Selbstzweck ist.

Thomas Hobbes (1588–1679)

Text aus: Leviathan oder Wesen, Form und Gewalt des kirchlichen und bürgerlichen Staates (Reinbek bei Hamburg 1965, S. 92 ff.)

Thomas Hobbes

Der Mensch ist dem Menschen ein Wolf**

Hobbes unternimmt den Versuch, von einem barbarischen Naturzustand des Menschen auf die Notwendigkeit einer vertraglich eingesetzten und gebundenen starken Autorität zu schließen. Der wölfische Charakter des Menschen ergibt sich nach Hobbes dabei aus der Tatsache, dass alle Menschen von Natur aus gleich sind.

Die Menschen sind von Natur aus gleich, sowohl in ihren körperlichen als auch in den geistigen Anlagen. Es mag wohl jemand erwiesenermaßen stärker sein als ein anderer oder schneller in seinen Gedankengängen, wenn man jedoch alles zusammen bedenkt, so ist der Unterschied zwischen den einzelnen Menschen nicht so erheblich, dass irgendjemand Veranlassung hätte, sich einen Anspruch daraus herzuleiten, den ein anderer nicht mit dem gleichen Recht geltend machen könnte. Man nehme nur die Körperstärke: Selbst der Schwächste ist stark genug, auch den Stärksten zu vernichten; er braucht sich nur einer List zu bedienen oder sich zu verbinden mit anderen, die in derselben Gefahr sind wie er.

Im Bereich der geistigen Fähigkeiten scheint mir die Gleichheit noch offensichtlicher zu sein (...). Dieser Gleichheit der Fähigkeiten entspringen die gleichen Hoffnungen, ein Ziel zu erreichen. So werden zwei Menschen zu Feinden, wenn beide zu erlangen versuchen, was nur einem von ihnen zukommen kann. Um ihr Ziel zu erreichen (welches fast immer ihrer Selbsterhaltung dient, nur selten allein der größeren Befriedigung ihrer Bedürfnisse), trachten sie danach, den anderen zu vernichten oder ihn sich untertan zu machen. Hier öffnet sich das Feld für einen Angreifer, der nicht mehr zu fürchten hat, als die Macht eines Einzelnen. Derjenige nämlich, der ein gutes Stück Land bepflanzt, besät oder gar besitzt, wird fürchten müssen, dass andere mit vereinten Kräften kommen, um ihn nicht nur seines Brotes, sondern auch seines Lebens oder seiner Freiheit zu berauben. Und der Angreifer selbst ist wieder durch andere gefährdet.

Die Folge dieses wechselseitigen Argwohns ist, dass sich ein jeder um seiner Sicherheit willen bemüht, dem anderen zuvorzukommen. So wird er sich so lange gewaltsam oder hinterrücks des anderen zu bemächtigen suchen, bis ihn keine größere Macht mehr gefährden kann. Das verlangt nur seine Selbsterhaltung und wird deshalb allgemein gebilligt. Schon weil es einige geben mag, die bestrebt sind, aus Machtgier und Eitelkeit mehr an sich zu reißen, als zu ihrer Sicherheit notwendig wäre. Die aber, die glücklich wären, sich in schmalen Grenzen zu begnügen, würden schnell untergehen, wenn sie sich – ein jeder für sich – verteidigen würden und nicht danach trachteten, durch Eroberungen ihre Macht zu vergrößern. Folglich muss dem Menschen die Ausweitung seiner Macht über andere, zu der ihn sein Selbsterhaltungstrieb zwingt, erlaubt sein.

Das Zusammenleben ist den Menschen also kein Vergnügen, sondern schafft ihnen im Gegenteil viel Kummer, solange es keine übergeordnete Macht gibt, die sie alle im Zaum hält. Ein jeder ist darauf bedacht, dass die anderen ihn genauso schätzen, wie er sich selbst. Auf jedes Zeichen der Verachtung oder Geringschätzung hin ist er daher bestrebt, sich höhere Achtung zu erzwingen – bei den einen, indem er ihnen Schaden zufügt, bei den anderen durch das statuierte Exempel. Er wird dabei so weit gehen, wie er es wagen darf – was dort, wo es keine Ordnungsgewalt gibt, zur wechselseitigen Vernichtung führt.

So sehen wir drei Hauptursachen des Streites in der menschlichen Natur begründet: Wettstreben, Argwohn und Ruhmsucht.

Dem Wettstreben geht es um Gewinn, dem Argwohn um Sicherheit, der Ruhmsucht um Ansehen. Die erste Leidenschaft scheut keine Gewalt, sich Weib, Kind und Vieh eines anderen zu unterwerfen, ebenso wenig die zweite, das Geraubte zu verteidigen, oder die dritte, sich zu rächen für Belanglosigkeiten wie ein Wort, ein Lächeln, einen Widerspruch oder irgendein anderes Zeichen der Geringschätzung, das entweder ihm selbst oder aber seinen Kindern oder Freunden, seinem Vaterland, seinem Gewerbe oder seinem Namen entgegengebracht wird.

Und hieraus folgt, dass Krieg herrscht, solange die Menschen miteinander leben ohne eine oberste Gewalt, die in der Lage ist, die Ordnung zu bewahren. Und es ist ein Krieg, den jeder Einzelne gegen jeden führt. Der Krieg zeigt sich nämlich nicht nur in der Schlacht oder in kriegerischen Auseinandersetzungen. Es kann vielmehr eine ganze Zeitspanne, in der die Absicht, Gewalt anzuwenden, unverhüllt ist, ebenso Krieg sein. Und deshalb ist der Begriff der Zeit mit der Natur des Krieges ebenso untrennbar verbunden wie mit dem Begriff des Wetters. Macht doch nicht allein ein Regenschauer das schlechte Wetter aus, sondern ebenso sehr die tagelange Regenneigung. Und gleichermaßen zeigt sich das Wesen des Krieges nicht nur im wirklichen Gefecht, sondern schon in einer Periode der offensichtlichen Kriegsbereitschaft, in der man des Friedens nicht sicher sein kann. Jeden anderen Zustand aber mag man als Frieden bezeichnen.

Was immer die Folgen eines Krieges sein mögen, in dem jeder des anderen Feind ist, die gleichen Folgen werden auftreten, wenn Menschen in keiner anderen Sicherheit leben als der, die ihr eigener Körper und Verstand ihnen verschafft. In einem solchen Zustand gibt es keinen Fleiß, denn seine Früchte werden ungewiss sein, keine Bebauung des Bodens, keine Schifffahrt, keinerlei Einfuhr von überseeischen Gütern, kein behagliches Heim, keine Fahrzeuge zur Beförderung von schweren Lasten, keine geografischen Kenntnisse, keine Zeitrechnung, keine Künste, keine Literatur, keine Gesellschaft. Stattdessen: ständige Furcht und die drohende Gefahr eines gewaltsamen Todes. Das Leben der Menschen: einsam, arm, kümmerlich, roh und kurz.

Wer hierüber noch keine ernsthaften Erwägungen angestellt hat, dem mag es wohl befremdlich erscheinen, dass die Natur die Menschen einander derart entfremdet haben sollte, dass einer den anderen angreift und vernichtet. Und er möchte gewiss gern durch die Erfahrung bestätigt sehen, was sich aus der triebhaften Veranlagung des Menschen als notwendiger Schluss ergibt. Er braucht aber nur selbst hinzusehen: Wenn er eine Reise unternimmt, versieht er sich mit Waffen und sucht zu seinem Schutz eine sichere Begleitung. Wenn er sich schlafen legt, verriegelt er seine Tür und selbst die Schränke in seinem eigenen Haus. Dabei weiß er doch, dass es Gesetze gibt und Männer, deren Pflicht es ist, ihn für jedes nur mögliche Unrecht mit Waffengewalt zu rächen. Was für eine Meinung muss er also von seinen Mitbürgern haben, wenn er glaubt, sich gegen sie rüsten zu müssen, was muss er von seinen Nachbarn denken, wenn er beim Schlafengehen die Türen versperrt, und was von seinen Hausgenossen, wenn er die Schränke verriegelt? Klagt er die Menschheit mit solchem Handeln nicht stärker an als ich mit meinen Worten? Doch beide klagen wir nicht die Natur des Menschen an sich an. Die menschlichen Triebe und Leidenschaften sind in sich selbst nicht Sünde. Und auch seine triebhaften Handlungen sind es nicht, solange kein Gesetz sie verbietet. Ein solches Gesetz kann der Mensch aber erst dann kennen, wenn es geschaffen ist; und es kann erst geschaffen werden, wenn man irgendjemanden zum Gesetzgeben ermächtigt hat.

Man mag vielleicht denken, dass es diesen Zustand des Krieges aller gegen alle niemals gegeben habe. Auch ich glaube, dass er niemals in der ganzen Welt zugleich in dieser Weise geherrscht hat. Sicher aber immer an einigen Orten. Denn noch heute sehen wir Menschen unter diesen Bedingungen leben. Die Eingeborenenvölker vieler Teile Amerikas z. B. kennen keine Regierung, es sei denn eine Ordnung innerhalb der Familie. Und zu Familiengemeinschaften schließen sie sich zur Befriedigung ihrer Lustbedürfnisse zusammen. Sie leben also heute noch ganz so tierhaft, wie ich es oben beschrieben habe. Aber wie dem auch sei: Wie das Leben ohne eine furchtgebietende oberste Gewalt aussehen würde, kann man aus dem Zustand ersehen, in den Menschen, die vorher unter einer friedlichen Regierung gelebt haben, im Bürgerkrieg verfallen.

Und wenn es nie eine Zeit gegeben haben sollte, in der jeder des anderen Feind gewesen ist, so leben doch die Könige und alle souveränen Machthaber aus Furcht vor dem Verlust ihrer Unabhängigkeit in unaufhörlichem Argwohn und in Stellung und Haltung wie Gladiatoren; ihre Waffen sind gezückt, und einer belauert den anderen: durch Festungen, Heere und Geschütze an den Grenzen, durch Spione im Inneren. Es herrscht also Krieg. Doch weil sie dadurch ihre Untertanen in Tätigkeit halten, tritt nicht jener elende Zustand ein, der die Folge der absoluten Freiheit aller ist.

Wenn ein jeder gegen jeden Krieg führt, so kann auch nichts als unerlaubt gelten. Für die Begriffe Recht und Unrecht, Gerechtigkeit und Ungerechtigkeit bleibt kein Raum. Wo es keine Herrschaft gibt, gibt es auch kein Gesetz. Wo es kein Gesetz gibt, kann es auch kein Unrecht geben. List und Gewalt sind die einzigen Tugenden. Denn weder Gerechtigkeit noch Ungerechtigkeit sind Naturanlagen des Menschen – nicht geistige und auch nicht körperliche. Wenn sie es wären, so müssten sie auch einem Menschen, der ganz allein auf der Welt lebte, eignen – ganz so wie sein Gefühl, wie seine Triebe. Es kennt sie aber nur der Mensch in der Gesellschaft, nicht der im Naturzustand. Aus demselben Grund auch gibt es keinen Besitz, kein Eigentum, überhaupt keine Vorstellung von mein und dein. Vielmehr kann sich jeder alles aneignen und kann es so lange für sich behaupten, wie er in der Lage ist, es zu sichern. So viel über jenen armseligen Zustand, in den der Mensch von Natur aus verwiesen ist. Es ist ihm jedoch möglich, ihm zu entrinnen; diese Möglichkeit liegt teils in seinen Leidenschaften, teils in seiner Vernunft.

Was ihn zum Frieden treibt, ist seine Furcht vor dem Tode, sein Verlangen nach Dingen, die ihm sein Leben angenehmer machen können, und die Hoffnung, sie durch Anstrengung zu erlangen. Seine Vernunft lässt ihn für den Frieden notwendige Grundsätze aufstellen, zu deren Annahme die Menschen veranlasst werden können. Solche Grundsätze werden gemeinhin als die natürlichen Gesetze bezeichnet. (...)

Wie (...) gezeigt worden ist, befindet sich der Mensch in dem Zustand des Krieges aller gegen alle. Jeder wird nur von seiner eigenen Vernunft geleitet, und es gibt nichts – so man es nur in den Griff bekommt –, was einem nicht dabei helfen könnte, sein Leben vor seinen Feinden zu schützen. So hat denn in solcher Lage jeder ein Recht auf alles, selbst auf das Leben seiner Mitmenschen. Und folglich kann es keine Sicherheit für den Menschen geben (er mag noch so stark oder klug sein), sich der Zeit seines Lebens, die ihm die Natur im Allgemeinen schenkt, zu erfreuen, solange dieses natürliche Recht eines jeden auf alles besteht. Als eine Vorschrift oder allgemeine Regel der Vernunft hat daher zu gelten: Jeder Mensch suche Frieden, solange er hoffen kann, dieses Ziel zu erreichen, und nehme allen Nutzen und Vorteil eines Krieges wahr, wenn er zu keinem Frieden gelangen kann. Die erste Hälfte dieser Regel ist das erste und wichtigste Naturgesetz, nämlich: Suche Frieden und bewahre ihn. Die zweite Hälfte besagt: Verteidige dich, ganz gleich auf welche Art, und schließt somit jegliches Naturrecht in sich.

Auf dieses erste und grundlegende Naturgesetz, welches den Menschen befiehlt, nach Frieden zu streben, gründet sich das zweite: Zur Erhaltung des Friedens und zu ihrer eigenen Verteidigung sollen alle Menschen – sofern es ihre Mitmenschen auch sind – bereit sein, ihrem Recht auf alles zu entsagen, und sich mit dem Maß an Freiheit begnügen, das sie bei ihren Mitmenschen dulden. Denn solange ein jeder auf seinem Recht beharrt, alles zu tun, was er will, wird der Kriegszustand andauern. Wenn aber die anderen Menschen nicht gleichfalls auf ihre Rechte verzichten, ist es für niemanden sinnvoll, dem seinen zu entsagen. Man würde sich eher den anderen als Beute ausliefern (und dazu ist niemand gezwungen), als dass man dem Frieden diente. Schon die Bibel lehrt: Was ihr wollt, dass euch die Leute tun sollen, das sollt auch ihr ihnen tun. Und es gibt eine allgemeine Regel: Quod tibi fieri non vis, alteri ne feceris (Was du nicht willst, dass man dir tu', das füg' auch keinem andern zu).

Norbert Hoerster
(* 1937)

Text aus: Verteidigung des Rechtspositivismus (Frankfurt/M. 1989, S. 17 ff.)

Norbert Hoerster

Recht – Unrecht – Nicht-Recht**

Der deutsche Rechtsphilosoph Norbert Hoerster geht hier auf den dem Rechtspositivismus gemachten Vorwurf ein, dass ein Verstoß gegen eklatante Ungerechtigkeiten niemals als „Recht" bezeichnet werden kann.

Aber wie kann, so mag man an diesem Punkt fragen, ein Verstoß gegen die Menschenrechte gleichzeitig Recht sein?

Nun, in diesem Zusammenhang droht die Gefahr einer sprachlich bedingten Verwechslung, die sich Gegner des Rechtspositivismus gern zunutze machen. Ich meine die Verwechslung zwischen einem subjektiven Recht verstanden im rechtlichen und verstanden im moralischen Sinn des Wortes. Die Behauptung, dass jemand ein subjektives Recht, einen Anspruch auf etwas hat – wie es ohne Zweifel das so genannte Menschenrecht auf politische Selbstbestimmung ist –, setzt nämlich keineswegs voraus, dass dieses subjektive Recht im geltenden Recht normiert sein muss. (Gerade das zeigt ja doch das Beispiel Südafrikas.) Offensichtlich gibt es auch subjektive Rechte oder Ansprüche, die als solche keineswegs rechtlicher, sondern moralischer Natur sind. Man denke etwa an das Recht von Eltern auf Liebe und Achtung ihrer Kinder oder an das Recht des Empfängers eines Versprechens auf Ausführung der versprochenen Handlung durch den Versprechensgeber.

Die falsche Annahme, dass das subjektive Recht auf etwas notwendig im geltenden Recht verankert sein müsse, wird u. a. dadurch suggeriert, dass die deutsche Sprache beide Phänomene – das subjektive Recht auf etwas und das geltende Recht – mit demselben Begriff belegt, nämlich eben mit dem Begriff „Recht". In der englischen Sprache beispielsweise ist das anders. Der Engländer nennt nur das geltende Recht „law", das subjektive Recht, den Anspruch eines Individuums auf etwas, dagegen „right" – wobei er dann problemlos zwischen einem „legal right" und einem „moral right" differenzieren kann.

Die im Deutschen so genannten Menschenrechte sind dementsprechend im Englischen nicht etwa „human laws", sondern „human rights". Diese human rights oder Menschenrechte sind somit in der Moral begründete subjektive Rechte jedes Menschen, für die wegen ihrer zentralen Bedeutung außerdem die Forderung erhoben wird, dass sie nicht nur „moralische" Rechte bleiben, sondern außerdem zu „rechtlichen" Rechten gemacht werden, d. h. dass sie legalisiert, also in das jeweils geltende Recht aufgenommen werden.

Um bei dieser Gelegenheit gleich noch auf eine weitere sprachlich bedingte Gefahr einer Konfusion hinzuweisen: Dass bestimmte Gesetze – etwa die berüchtigten Nürnberger Rassengesetze der Nazis – mit gutem Grund als „Unrecht" qualifiziert werden, schließt keineswegs aus, dem Rechtspositivisten zu folgen und dieselben Gesetze gleichzeitig als „Recht" zu bezeichnen. Der Gegenbegriff zu „Recht" ist keineswegs notwendig „Unrecht", sondern vielmehr „Nicht-Recht". Das heißt: Eine Norm kann zwar nicht gleichzeitig Recht und Nicht-Recht, aber ohne weiteres gleichzeitig Recht und Unrecht sein.

Dass eine bestimmte Norm moralisch gesprochen „Unrecht" ist, hebt ihren Rechtscharakter so wenig auf, wie etwa die moralische Verurteilung eines bestimmten Verhaltens als „Untat" die gleichzeitige wertungsfreie Bezeichnung dieses Verhaltens als „Tat" aufhebt. Dass etwa ein Mord eine Untat ist, schließt ja nicht aus, dass dieser Mord auch eine Tat ist. Und ebenso wie eine Untat (Untat im moralischen Sinn) gleichzeitig eine Tat ist, kann offenbar auch ein Unrecht (Unrecht im moralischen Sinn) gleichzeitig Recht sein.

Erklärung der Menschen- und Bürgerrechte*

Die deutlich von der Verfassung Virginias aus dem Jahre 1776, dem ältesten Menschenrechtskatalog der Welt, inspirierte Menschenrechtserklärung der Französischen Revolution dokumentiert das von der bürgerlichen Aufklärung geformte Menschenbild.

zit. nach W. Grab, Hrsg.: Die Französische Revolution (München 1973)

26. August 1789

Da die Vertreter des französischen Volkes, als Nationalversammlung eingesetzt, erwogen haben, dass die Unkenntnis, das Vergessen oder die Verachtung der Menschenrechte die einzigen Ursachen des öffentlichen Unglücks und der Verderbtheit der Regierungen sind, haben sie beschlossen, die natürlichen, unveräußerlichen und heiligen Rechte der Menschen in einer feierlichen Erklärung darzulegen, damit diese Erklärung allen Mitgliedern der Gesellschaft beständig vor Augen ist und sie unablässig an ihre Rechte und Pflichten erinnert; damit die Handlungen der Gesetzgebenden wie der Ausübenden Gewalt in jedem Augenblick mit dem Endzweck jeder politischen Einrichtung verglichen werden können und dadurch mehr geachtet werden; damit die Ansprüche der Bürger, fortan auf einfache und unbestreitbare Grundsätze begründet, sich immer auf die Erhaltung der Verfassung und das Allgemeinwohl richten mögen.

Infolgedessen erkennt und erklärt die Nationalversammlung in Gegenwart und unter dem Schutze des Allerhöchsten folgende Menschen- und Bürgerrechte:

Art. 1. Die Menschen sind und bleiben von Geburt frei und gleich an Rechten. Soziale Unterschiede dürfen nur im gemeinen Nutzen begründet sein.

Art. 2. Das Ziel jeder politischen Vereinigung ist die Erhaltung der natürlichen und unveräußerlichen Menschenrechte. Diese Rechte sind Freiheit, Eigentum, Sicherheit und Widerstand gegen Unterdrückung.

Art. 3. Der Ursprung jeder Souveränität ruht letztlich in der Nation. Keine Körperschaften, kein Individuum können eine Gewalt ausüben, die nicht ausdrücklich von ihr ausgeht.

Art. 4. Die Freiheit besteht darin, alles tun zu können, was einem anderen nicht schadet. So hat die Ausübung der natürlichen Rechte eines jeden Menschen nur die Grenzen, die den anderen Gliedern der Gesellschaft den Genuss der gleichen Rechte sichern. Diese Grenzen können allein durch Gesetz festgelegt werden.

Art. 5. Nur das Gesetz hat das Recht, Handlungen, die der Gesellschaft schädlich sind, zu verbieten. Alles, was nicht durch Gesetz verboten ist, kann nicht verhindert werden, und niemand kann gezwungen werden zu tun, was es nicht befiehlt.

Art. 6. Das Gesetz ist der Ausdruck des allgemeinen Willens. Alle Bürger haben das Recht, persönlich oder durch ihre Vertreter an seiner Formung mitzuwirken. Es soll für alle gleich sein, mag es beschützen, mag es bestrafen. Da alle Bürger in seinen Augen gleich sind, sind sie gleicherweise zu allen Würden, Stellungen und Beamtungen nach ihrer Fähigkeit zugelassen ohne einen anderen Unterschied als den ihrer Tugenden und ihrer Talente.

Art. 7. Jeder Mensch kann nur in den durch das Gesetz bestimmten Fällen und in den Formen, die es vorschreibt, angeklagt, verhaftet und gefangen gehalten werden. Diejenigen, die willkürliche Befehle betreiben, ausfertigen, ausführen oder ausführen lassen, sollen bestraft werden. Doch jeder Bürger, der aufgrund des Gesetzes vorgeladen oder ergriffen wird, muss sofort gehorchen. Er macht sich durch Widerstand strafbar.

Art. 8. Das Gesetz soll nur solche Strafen festsetzen, die offenbar unbedingt notwendig sind. Und niemand kann aufgrund eines Gesetzes bestraft werden, das nicht vor Begehung der Tat erlassen, verkündet und gesetzlich angewandt worden ist.

Art. 9. Da jeder Mensch so lange für unschuldig gehalten wird, bis er für schuldig erklärt worden ist, soll, wenn seine Verhaftung für unumgänglich erachtet wird, jede Härte, die nicht notwendig ist, um sich seiner Person zu versichern, durch Gesetz streng vermieden werden.

Art. 10. Niemand soll wegen seiner Meinungen, selbst religiöser Art, beunruhigt werden, solange ihre Äußerungen nicht die durch das Gesetz festgelegte öffentliche Ordnung stören.

Art. 11. Die freie Mitteilung der Gedanken und Meinungen ist eines der kostbarsten Menschenrechte. Jeder Bürger kann also frei schreiben, reden, drucken unter Vorbehalt der Verantwortlichkeit für den Missbrauch dieser Freiheit in den durch Gesetz bestimmten Fällen.

Art. 12. Die Sicherung der Menschen- und Bürgerrechte erfordert eine Streitmacht. Diese Macht ist also zum Vorteil aller eingesetzt und nicht für den besonderen Nutzen derer, denen sie anvertraut ist.

Art. 13. Für den Unterhalt der Streitmacht und für die Kosten der Verwaltung ist eine allgemeine Abgabe unumgänglich. Sie muss gleichmäßig auf alle Bürger unter Berücksichtigung ihrer Vermögensumstände verteilt werden.

Art. 14. Alle Bürger haben das Recht, selbst oder durch ihre Abgeordneten die Notwendigkeit der öffentlichen Abgabe festzustellen, sie frei zu bewilligen, ihre Verwendung zu überprüfen und ihre Höhe, ihre Veranlagung, ihre Eintreibung und Dauer zu bestimmen.

Art. 15. Die Gesellschaft hat das Recht, von jedem öffentlichen Beamten Rechenschaft über seine Verwaltung zu fordern.

Art. 16. Eine Gesellschaft, in der die Verbürgung der Rechte nicht gesichert und die Gewaltenteilung nicht festgelegt ist, hat keine Verfassung.

Art. 17. Da das Eigentum ein unverletzliches und heiliges Recht ist, kann es niemandem genommen werden, wenn es nicht die gesetzlich festgelegte, öffentliche Notwendigkeit augenscheinlich erfordert und unter der Bedingung einer gerechten und vorherigen Entschädigung.

John Rawls

Der Schleier des Nichtwissens**

John Rawls
(1921–2002)

Text aus: Eine Theorie der Gerechtigkeit (Frankfurt/M. [10]1998, S. 159 ff.)

John Rawls führt die hypothetische Annahme eines Urzustandes ein, in dem die Menschen unter dem „Schleier des Nichtwissens" gerechte Prinzipien einer Gesellschaft entwickeln können.

Der Gedanke des Urzustands soll ja zu einem fairen Verfahren führen, demgemäß eine Übereinkunft über Grundsätze nur zu gerechten Grundsätzen führen kann. Dabei soll der Begriff der reinen Verfahrensgerechtigkeit als eine Grundlage der Theorie genommen werden. Irgendwie muss man die Wirkung von Zufälligkeiten beseitigen, die die Menschen in ungleiche Situationen bringen und zu dem Versuch führen, gesellschaftliche und natürliche Umstände zu ihrem Vorteil auszunutzen. Zu diesem Zweck setze ich voraus, dass sich die Parteien hinter einem Schleier des Nichtwissens befinden. Sie wissen nicht, wie sich die verschiedenen Möglichkeiten auf ihre Interessen auswirken würden, und müssen Grundsätze allein unter allgemeinen Gesichtspunkten beurteilen.

Es wird also angenommen, dass den Parteien bestimmte Arten von Einzeltatsachen unbekannt sind. Vor allem kennt niemand seinen Platz in der Gesellschaft, seine Klasse oder seinen Status; ebenso wenig seine natürlichen Gaben, seine Intelligenz, Körperkraft usw.; ferner kennt niemand seine Vorstellung vom Guten, die Einzelheiten seines vernünftigen Lebensplanes, ja nicht einmal die Besonderheiten seiner Psyche wie seine Einstellung zum Risiko oder seine Neigung zu Optimismus oder Pessimismus. Darüber hinaus setzte ich noch voraus, dass die Parteien die besonderen Verhältnisse in ihrer eigenen Gesellschaft nicht kennen, d. h. ihre wirtschaftliche und politische Lage, den Entwicklungszustand ihrer Zivilisation und Kultur. Die Menschen im Urzustand wissen auch nicht, zu welcher Generation sie gehören. Diese ziemlich umfangreichen Beschränkungen der Kenntnisse sind teilweise deshalb angemessen, weil Fragen der sozialen Gerechtigkeit auch zwischen den Generationen entstehen, zum Beispiel die Frage der richtigen Investitionsrate oder die Erhaltung natürlicher Hilfsquellen und der Umwelt. Auch in diesen Fällen dürfen die Beteiligten die zufälligen Umstände nicht kennen, die zu Interessensgegensätzen zwischen ihnen führen würden. Sie müssen Grundsätze wählen, deren Folgerungen sie hinzunehmen bereit sind, welcher Generation sie auch angehören mögen.

Die Parteien kennen also nach Möglichkeit an Einzeltatsachen nur dies, dass ihre Gesellschaft die Anwendungsverhältnisse der Gerechtigkeit aufweist und alles, was damit zusammenhängt. Selbstverständlich aber sollen sie die allgemeinen Tatsachen über die menschliche Gesellschaft kennen, die sich aus dem Alltagsverstand und allgemein anerkannten Analysemethoden ergeben. Sie verstehen politische Fragen und die Grundzüge der Wirtschaftstheorie, ebenso die Grundfragen der gesellschaftlichen Organisation und die Gesetze der Psychologie des Menschen. Sie kennen voraussetzungsgemäß alle allgemeinen Tatsachen, die für die Festsetzung von Gerechtigkeitsgrundsätzen von Bedeutung sind. Bezüglich allgemeinen Wissens, d. h. allgemeiner Gesetze und Theorien, gibt es keine Beschränkung, denn Gerechtigkeitsvorstellungen sollen ja den Eigenschaften der Systeme gesellschaftlicher Zusammenarbeit angepasst sein, die sie regeln sollen, und es gibt keinen Grund, diese Tatsachen auszuschließen. Es wäre beispielsweise ein Einwand gegen eine Gerechtigkeitsvorstellung, dass aufgrund der Gesetze der Moralpsychologie die Menschen keine Lust hätten, sich ihr gemäß zu verhalten, selbst wenn ihr die Institutionen ihrer Gesellschaft entsprechen würden. Denn in diesem Falle wäre es schwierig, die gesellschaftliche Zusammenarbeit stabil zu halten. Eine wichtige Eigenschaft einer Gerechtigkeitsvorstellung ist, dass sie zu ihrer eigenen Unterstützung motiviert. Ihre Grundsätze sollten so beschaffen sein, dass, wenn sie in der Grundstruktur der Gesellschaft verwirklicht sind, die Menschen dazu neigen, sich den entsprechenden Gerechtigkeitssinn anzueignen, d. h. das Bedürfnis zu entwickeln, nach ihren Grundsätzen zu handeln. In diesem Fall ist eine Gerechtigkeitsvorstellung stabil. Diese Art allgemeinen Wissens ist im Urzustand zulässig.

Umberto Eco (1932–2016)

Text aus: Über Gott und die Welt (München 1985, S. 139 ff.)

Umberto Eco

Dialog über die Todesstrafe**

Der durch den Roman *Der Name der Rose* bekannt gewordene italienische Philosoph und Zeichentheoretiker Umberto Eco versucht in diesem fiktiven „antiken“ Dialog zu zeigen, dass der Staat niemals das Recht für sich beanspruchen darf, die Todesstrafe zu vollstrecken.

RENZO: Mich bedrückt, o aufmerksamer Besucher, der „Graue“. Er hat jetzt Banden mit seinesgleichen organisiert und raubt, von ehrlosen Fährleuten unterstützt, noch immer junge Mädchen, doch nun auf eigene Rechnung, um fettes Lösegeld zu erpressen, und hat er's bekommen, so scheut er sich nicht, sie barbarisch zu töten.

Und ich, der ich doch so sanftmütig und jovial bin, der ich die Thesen eines der Großen dieses Landes vertreten habe, nämlich des Rechtsgelehrten Beccaria, der so überzeugend dargetan hatte, dass der Staat nicht lehren kann, das Töten zu unterlassen, wenn er selbst die legale Tötung betreibe, auch ich fühle mich verstört. Und ich frage mich, ob es nicht an der Zeit ist, für derart schlimme Verbrechen die Todesstrafe wieder einzuführen, zum Schutze des wehrlosen Bürgers und zur Warnung an alle, die ihm Böses tun wollen.

Renzo Tramaglino, Lucia, Mutter Agnese, Doktor Azzeccagarbugli, Don Rodrigo, der „Graue“: Figuren aus Alessandro Manzonis berühmtem italien. Roman *Die Verlobten* (Erstausgabe 1827)

ECO: Ich verstehe dich, Renzo. Es ist menschlich, dass angesichts grauenvoller Verbrechen, wenn blutjunge Mädchen den geliebten Eltern entrissen werden, spontan der Gedanke an Rache aufkommt und das Bedürfnis nach einer Verteidigung bis zum Äußersten. Auch ich bin Vater und frage mich oft, was ich täte, gesetzt den Fall, mein Sohn wäre von unbekannten Entführern getötet worden und es gelänge mir, den Schuldigen zu fassen, ehe die Häscher ihn fänden.

Cesare Beccaria (1738–1794): bedeutender italienischer Rechtsgelehrter, von der Aufklärung und der utilitaristischen Ethik geprägt

RENZO: Und was würdest zu tun?

ECO: Mein erster Impuls wäre, ihn zu töten. Aber ich würde mich zügeln und mir sagen, dass es sehr viel befriedigender für meinen wilden Schmerz wäre, wenn ich ihn vorher noch einer langen Tortur unterzöge. Ich würde ihn an einen sicheren Ort verbringen und damit beginnen, ihm die Hoden zu malträtieren. Dann die Fingernägel, am besten durch Einführung kleiner Bambusspäne, wie es von grausamen orientalischen Völkern berichtet wird. Dann würde ich ihm die Ohren abreißen und seinen Kopf mit blanken elektrisch geladenen Drähten martern. Und nach diesem Bad in Blut und Grauen hätte ich dann das Gefühl, dass mein Schmerz, wenn schon nicht besänftigt, so doch mit Wildheit gesättigt wäre. Und würde mich meinem Schicksal ergeben, wissend, dass meine Seele nie mehr die frühere Ruhe und Ausgeglichenheit finden würde.

RENZO: Siehst du, also …

ECO: Ja, doch gleich danach würde ich mich den Hütern des Gesetzes stellen, auf dass sie mich in Ketten legten und exemplarisch bestraften, denn schließlich hätte ich ein Verbrechen begangen, nämlich einen Menschen getötet, was man nicht darf. Als mildernd käme mir zwar der Umstand zugute, dass zwischen dem Schmerz eines jäh seines Kindes beraubten Vaters und dem Wahnsinn nicht viel Unterschied ist, und ich würde um besondere Nachsicht bitten. Aber nie könnte ich vom Staat verlangen, an meine Stelle zu treten, auch weil der Staat keine Leidenschaften zu befriedigen hat, sondern nur darauf beharren muss, dass es in jedem Fall böse ist, einen Menschen zu töten. Und folglich kann der Staat keine Menschen töten, um zu lehren, dass es böse ist, Menschen zu töten.

RENZO: Ich kenne diese Argumente. Die Wiedereinführung der Todesstrafe wird von zweifelhaften Leuten gefordert, deren Bestreben die Ordnung als Terror ist, um die Zeit der Gewaltherrschaft wiederherzustellen. Vor einigen Tagen las ich jedoch in einer der einflussreichsten Gazetten unseres Landes einen langen und wohl überlegten Artikel eines gestrengen Philosophen, der am Ende, nach gebührender Abwägung alles einschlägigen Für und Wider, mit subtilen Paralipsen die Frage aufwirft, ob es nicht an der Zeit sei, angesichts

Paralipse: rhetorische Figur, bei der man etwas durch die Erklärung, es übergehen zu wollen, erst recht hervorheben will

so schwer wiegender Verbrechen mit der Autorität des Staates, zur Beruhigung und zum Schutze der Bürger, auch das Recht zur Verschärfung der Höchststrafen wiederherzustellen. Und in der Tat hat ja die Todesstrafe, scheint mir, wenigstens noch eine Abschreckungswirkung, indem sie anderen Missetätern Angst einjagt, während die heutigen Gefängnisse, Orte milder Umerziehung und leichter Ausbrüche, keine Mörderhand mehr zu schrecken vermögen.

ECO: Ich hörte von diesen Gedankengängen. Und sie scheinen ja alle zu überzeugen. Doch vielleicht kennst du einen anderen Philosophen nicht, der uns alle sehr viel gelehrt hat, auch jene Denker, die für Wiedereinführung der Todesstrafe plädieren. Es war ein gewisser Kant, der in Erinnerung rief, dass die Menschen stets nur als Zweck und nie als Mittel benutzt werden dürften …

Kant: Anspielung auf jene Formulierung des Kategorischen Imperativs, nach der der Mensch nie nur als Mittel, sondern immer auch als Zweck betrachtet werden soll

RENZO: Ein edler Gedanke.

ECO: Siehst du, und wenn ich nun Hinz töte, um dadurch Kunz zu warnen, benutze ich dann nicht Hinz als Mittel, um Kunz abzuschrecken und alle anderen vor seinen möglichen Mordgelüsten zu schützen? Und wenn es erlaubt wäre, Hinz als Botschaft für Kunz zu benutzen, warum sollte es dann nicht erlaubt sein, Samuel zur Produktion von Seife für Adolf zu benutzen?

RENZO: Aber da ist doch ein Unterschied. Hinz hat ein Verbrechen begangen, und folglich wird ihm zu Recht eine Strafe von gleicher Art auferlegt, nicht aus Rache, sondern im Sinne der ausgleichenden Gerechtigkeit. Samuel ist unschuldig. Hinz ist es nicht.

ECO: Dann meinst du jetzt aber nicht mehr, dass Hinz getötet werden müsse, um Kunz abzuschrecken, sondern nur noch, dass Hinz genauso viel Leid zugefügt werden müsse, wie er anderen zugefügt hat?

RENZO: Beides zugleich. Ich darf Hinz als Mittel benutzen, da mir, nachdem er das Recht verwirkt hat, als Selbstzweck betrachtet zu werden, sein Tod dazu dient, andere Tode zu verhindern und allen kundzutun, dass jeder stets das erleiden muss, was er anderen angetan. Der Staat garantiert die Sicherheit seiner Bürger durch strenge Anwendung der Gesetze. Und wenn es nützlich erscheint, zur Aufrechterhaltung der Sicherheit die abstrakte, rigorose und ehrwürdige Bestrafung nach dem Talionsprinzip anzuwenden, also die Wiedervergeltung von Gleichem mit Gleichem, so sei sie willkommen, denn sie enthält ein Gran uralter Weisheit. Staatliche Wiedervergeltung ist keine Rache, sondern Geometrie.

ECO: Ich missachte durchaus nicht die alte Weisheit. Doch sage mir, Renzo, seit du nun eine so strenge und übermenschliche Sicht des Gesetzes hast und staatlich verordneten Tod nicht als Mord betrachtest, sondern als ausgleichende Gerechtigkeit: Angenommen, der Staat würde dich erwählen, sei es durch Los oder turnusmäßigen Wechsel, einen Mörder vom Leben zum Tod zu befördern, würdest du akzeptieren?

RENZO: Ich könnte nicht ablehnen. Und meine Seele bliebe ruhig. Wer für die Todesstrafe eintritt, muss auch bereit sein, sie mit eigener Hand zu vollziehen, wenn die Gemeinschaft es ihm befiehlt.

ECO: Nun sage mir, gibt es nicht auch Verbrechen, die zwar nicht Mord sind, aber ebenso grässlich und furchtbar? Was würdest du sagen, wenn einer, statt dein Söhnchen zu töten, sich in brutaler Weise sodomitisch an ihm verginge, sodass es für sein ganzes Leben davon gezeichnet bliebe?

RENZO: Das wäre ein ebenso schlimmes Verbrechen, wenn nicht noch schlimmer.

ECO: Doch müsste man so einem nicht, wollte man dem Prinzip der Vergeltung von Gleichem mit Gleichem folgen, in sodomitischer Weise Gewalt antun?

RENZO: Nun ja, wenn du mich so fragst, gewiss.

ECO: Und wenn der Staat dich auffordern würde, sei es durch Los oder turnusmäßigen Wechsel, dem Übeltäter auf solche Weise Gewalt anzutun, würdest du dich dazu bereit finden?

RENZO: Bei Gott! Ich bin doch kein lüsterner Unhold!

ECO: Aber du wärest ein lüsterner Mordbube?

RENZO: Verwirre mich nicht. Ich meine, die zweite Tat würde mich mit Widerwillen und Ekel erfüllen.

ECO: Während die erste dir Vergnügen und sadistische Freude bereiten würde?

RENZO: Leg mir nicht Dinge in den Mund, die ich nicht gesagt habe. Ich meine, durch den Akt des Tötens würde ich mir nicht selbst einen Schaden zufügen, während mir die Ausübung eines Aktes, der mich anwidert, Ekel und Schmerz verursachen würde. Der Staat kann nicht verlangen, dass ich, um einen Übeltäter zu strafen, selber ein Übel erleide.

ECO: Mit anderen Worten, du willst nicht als Mittel benutzt werden.

RENZO: O nein!

ECO: Und doch würdest du einen lebenden Menschen, indem du ihn tötest, als Mittel zur Abschreckung anderer Menschen benutzen.

RENZO: Ja, aber da er gemordet hat, ist er weniger Mensch als die anderen … Oder nicht?

ECO: Nein. Und es beunruhigt mich, dass gerade jene, die bereit sind, einen Mörder als minderen Menschen zu sehen, sich andererseits gegen jede Abtreibungspraxis verwahren, indem sie sagen, ein Mensch sei immer ein Mensch, auch wenn er vorerst nur der Ansatz zu einem Foetus ist. Befinden sich jene nicht in einem Widerspruch?

RENZO: Du bringst mich ganz durcheinander. Und was ist dann mit der Notwehr?

ECO: Notwehr liegt vor, wenn zwei Menschen aneinandergeraten, von denen der eine versucht, den anderen zu seinem Mittel herabzumindern, und der andere dieser Gewalttat ausweichen muss: wenn möglich ohne den Angreifenden zu töten, aber wenn es nicht anders geht, indem er ihn gewaltsam an der Gewalttat hindert. In diesem Fall geht das Recht des Unschuldigen dem des Schuldigen vor.

Doch wenn der Staat den Schuldigen hinrichten lässt, so hindert er ihn nicht mehr am Begehen der Tat, sondern benutzt ihn, ich wiederhole es, nur noch als Mittel.

Texte 4.3.

Arthur Schopenhauer (1788–1860)

Text aus: Die beiden Grundprobleme der Ethik (in: Sämtliche Werke Bd. 3, Darmstadt 1968, S. 561–564)

Arthur Schopenhauer

Kann ich wollen, was ich will?**

Die Frage, ob der Mensch einen freien Willen hat, war und ist eine der zentralen Fragen philosophischer Ethik. Schopenhauer argumentiert gegen die Existenz menschlicher Willensfreiheit, sucht diese als eine der hartnäckigsten Illusionen des Menschen zu entlarven.

Um die Entstehung dieses für unser Thema so wichtigen Irrtums speziell und aufs Deutlichste zu erläutern und dadurch die im vorigen Abschnitt angestellte Untersuchung des Selbstbewusstseins zu ergänzen, wollen wir uns einen Menschen denken, der, etwa auf der Gasse stehend, zu sich sagte: „Es ist 6 Uhr abends, die Tagesarbeit ist beendigt. Ich kann jetzt einen Spaziergang machen; oder ich kann in den Klub gehen; ich kann auch auf den Turm steigen, die Sonne untergehn zu sehn; ich kann auch ins Theater gehn; ich kann auch diesen oder aber jenen Freund besuchen; ja ich kann auch zum Tor hinauslaufen, in die weite Welt, und nie wiederkommen. Das alles steht allein bei mir, ich habe völlige Freiheit dazu; tue jedoch davon jetzt nichts, sondern gehe ebenso freiwillig nach Hause, zu meiner Frau." Das ist geradeso, als wenn das Wasser spräche: „Ich kann hohe Wellen schlagen (ja! nämlich im Meer und Sturm), ich kann reißend hinabeilen (ja! nämlich im Bette des Stroms), ich kann schäumend und sprudelnd hinunterstürzen (ja! nämlich im Wasserfall), ich kann frei als Strahl in die Luft steigen (ja! nämlich im Springbrunnen), ich kann endlich gar verkochen und verschwinden (ja! bei 80° Wärme); tue jedoch von dem allen jetzt nichts, sondern bleibe freiwillig, ruhig und klar im spiegelnden Teiche." Wie das Wasser jenes alles nur dann kann, wann die bestimmenden Ursachen zum einen oder zum andern eintreten; ebenso kann jener Mensch, was er zu können wähnt, nicht anders als unter derselben Bedingung. Bis die Ursachen eintreten, ist es ihm unmöglich: dann aber muss er es so gut wie das Wasser, sobald es in die entsprechenden Umstände versetzt ist. Sein Irrtum und überhaupt die Täuschung, welche aus dem falsch ausgelegten Selbstbewusstsein hier entsteht, dass er jenes alles jetzt gleich könne, beruht, genau betrachtet, darauf, dass seiner Fantasie nur ein Bild zur Zeit gegenwärtig sein kann und für den Augenblick alles andere ausschließt. Stellt er nun das Motiv zu einer jener als möglich proponierten Handlungen sich vor, so fühlt er sogleich dessen Wirkung auf seinen Willen, der dadurch sollizitiert wird: Dies heißt in der Kunstsprache eine velleitas (Willensregung). Nun meint er aber, er könne diese auch zu einer voluntas (einem Willen) erheben, d. h. die proponierte Handlung ausführen: Allein dies ist Täuschung. Denn alsbald würde die Besonnenheit eintreten und die nach andern Seiten ziehenden oder

proponierte Handlung: beabsichtigte Handlung

die entgegenstehenden Motive ihm in Erinnerung bringen: worauf er sehn würde, dass es nicht zur Tat kommt. Bei einem solchen sukzessiven Vorstellen verschiedener einander ausschließender Motive unter steter Begleitung des innern „Ich kann tun, was ich will" dreht sich gleichsam der Wille wie eine Wetterfahne auf wohlgeschmierter Angel und bei unstetem Winde sofort nach jedem Motiv hin, welches die Einbildungskraft ihm vorhält, sukzessiv nach allen als möglich vorliegenden Motiven, und bei jedem denkt der Mensch, er könne es wollen und also die Fahne auf diesem Punkte fixieren: welches bloße Täuschung ist. Denn sein „Ich kann dies wollen" ist in Wahrheit hypothetisch und führt den Beisatz mit sich „Wenn ich nicht lieber jenes andere wollte": Der hebt aber jenes Wollen-Können auf. – Kehren wir zu jenem aufgestellten um sechs Uhr deliberierenden Menschen zurück und denken uns, er bemerke jetzt, dass ich hinter ihm stehe, über ihn philosophiere und seine Freiheit zu allen jenen ihm möglichen Handlungen abstreite: So könnte es leicht geschehn, dass er, um mich zu widerlegen, eine davon ausführte: dann wäre aber gerade mein Leugnen und dessen Wirkung auf seinen Widerspruchsgeist das ihn dazu nötigende Motiv gewesen. Jedoch würde dasselbe ihn nur zu einer oder der andern von den leichteren unter den oben angeführten Handlungen bewegen können, z. B. ins Theater zu gehn; aber keineswegs zur zuletzt genannten, nämlich in die weite Welt zu laufen: Dazu wäre das Motiv viel zu schwach. – Ebenso irrig meint mancher, indem er ein geladenes Pistol in der Hand hält, er könne sich damit erschießen. Dazu ist das Wenigste jenes mechanische Ausführungsmittel, die Hauptsache aber ein überaus starkes und daher seltenes Motiv, welches die ungeheure Kraft hat, die nötig ist, um die Lust zum Leben oder richtiger die Furcht vor dem Tode zu überwiegen: Erst nachdem ein solches eingetreten, kann er sich wirklich erschießen und muss es; es sei denn, dass ein noch stärkeres Gegenmotiv, wenn überhaupt ein solches möglich ist, die Tat verhindere.

Ich kann tun, was ich will: Ich kann, wenn ich will, alles, was ich habe, den Armen geben und dadurch selbst einer werden – wenn ich will! – Aber ich vermag nicht, es zu wollen: weil die entgegenstehenden Motive viel zu viel Gewalt über mich haben, als dass ich es könnte. Hingegen wenn ich einen anderen Charakter hätte, und zwar in dem Maße, dass ich ein Heiliger wäre, dann würde ich es wollen können: Dann aber würde ich auch nicht umhin können, es zu wollen, würde es also tun müssen. – Dies alles besteht vollkommen und wohl mit dem „Ich kann tun, was ich will" des Selbstbewusstseins, worin noch heutzutage einige gedankenlose Philosophaster die Freiheit des Willens zu sehn vermeinen und sie demnach als eine gegebene Tatsache des Bewusstseins geltend machen. (…)

Philosophaster: philosophisch unzuverlässiger Schwätzer

Friedrich Nietzsche (1844–1900)

Text aus: Also sprach Zarathustra (in: Sämtliche Werke, Kritische Studienausgabe Bd. 4, München 1980, S. 29 f. und S. 14 f.)

Friedrich Nietzsche

Verwandlungen und Übermensch**

Nietzsche schildert hier die seiner Meinung nach notwendigen Entwicklungsschritte des Menschen hin zu einer spezifischen Freiheit des „Übermenschen".

Von den drei Verwandlungen

Drei Verwandlungen nenne ich euch des Geistes: wie der Geist zum Kamele wird, und zum Löwen das Kamel, und zum Kinde zuletzt der Löwe.

Vieles Schwere gibt es dem Geiste, dem starken, tragsamen Geiste, dem Ehrfurcht innewohnt: Nach dem Schweren und Schwersten verlangt seine Stärke.

Was ist schwer?, so fragt der tragsame Geist, so kniet er nieder, dem Kamele gleich, und will gut beladen sein.

Was ist das Schwerste, ihr Helden?, so fragt der tragsame Geist, dass ich es auf mich nehme und meiner Stärke froh werde.

Ist es nicht das: sich erniedrigen, um seinem Hochmut wehe zu tun? Seine Torheit leuchten lassen, um seiner Weisheit zu spotten?

Oder ist es das: von unserer Sache scheiden, wenn sie ihren Sieg feiert? Auf hohe Berge steigen, um den Versucher zu versuchen?

Oder ist es das: sich von Eicheln und Gras der Erkenntnis nähren und um der Wahrheit willen an der Seele Hunger leiden?

Oder ist es das: krank sein und die Tröster heimschicken und mit Tauben Freundschaft schließen, die niemals hören, was du willst?

Oder ist es das: in schmutziges Wasser steigen, wenn es das Wasser der Wahrheit ist, und kalte Frösche und heiße Kröten nicht von sich zu weisen?

Oder ist es das: die lieben, die uns verachten, und dem Gespenste die Hand reichen, wenn es uns fürchten machen will?

Alles dies Schwerste nimmt der tragsame Geist auf sich: dem Kamele gleich, das beladen in die Wüste eilt, also eilt er in seine Wüste.

Aber in der einsamsten Wüste geschieht die zweite Verwandlung: Zum Löwen wird hier der Geist, Freiheit will er sich erbeuten und Herr sein in seiner eignen Wüste.

Seinen letzten Herrn sucht er sich hier: Feind will er ihm werden und seinem letzten Gotte, um Sieg will er mit dem großen Drachen ringen.

Welches ist der große Drache, den der Geist nicht mehr Herr und Gott heißen mag? „Du-sollst" heißt der große Drache. Aber der Geist des Löwen sagt „ich will".

„Du-sollst" liegt ihm am Wege, goldfunkelnd, ein Schuppentier, und auf jeder Schuppe glänzt golden „Du sollst!"

Tausendjährige Werte glänzen an diesen Schuppen, und also spricht der mächtigste aller Drachen: „Aller Wert der Dinge – der glänzt an mir."

„Aller Wert ward schon geschaffen, und aller geschaffene Wert – das bin ich. Wahrlich, es soll kein ‚Ich will' mehr geben!" Also spricht der Drache.

Meine Brüder, wozu bedarf es des Löwen im Geiste? Was genügt nicht das lastbare Tier, das entsagt und ehrfürchtig ist?

Neue Werte schaffen – das vermag auch der Löwe noch nicht: aber Freiheit sich schaffen zu neuem Schaffen – das vermag die Macht des Löwen.

Freiheit sich schaffen und ein heiliges Nein auch vor der Pflicht: Dazu, meine Brüder, bedarf es des Löwen.

Recht sich nehmen zu neuen Werten – das ist das furchtbarste Nehmen für einen tragsamen und ehrfürchtigen Geist. Wahrlich, ein Rauben ist es ihm und eines raubenden Tieres Sache.

Als sein Heiligstes liebte er einst das „Du-sollst": nun muss er Wahn und Willkür auch noch im Heiligsten finden, dass er sich Freiheit raube von seiner Liebe: Des Löwen bedarf es zu diesem Raube.

Aber sagt, meine Brüder, was vermag noch das Kind, das auch der Löwe nicht vermochte? Was muss der raubende Löwe auch noch zum Kinde werden?

Unschuld ist das Kind und Vergessen, ein Neubeginnen, ein Spiel, ein aus sich rollendes Rad, eine erste Bewegung, ein heiliges Ja-Sagen.

Ja, zum Spiele des Schaffens, meine Brüder, bedarf es eines heiligen Ja-Sagens: Seinen Willen will nun der Geist, seine Welt gewinnt sich der Weltverlorene.

Drei Verwandlungen nannte ich euch des Geistes: wie der Geist zum Kamele ward, und zum Löwen das Kamel, und der Löwe zuletzt zum Kinde. –

Also sprach Zarathustra. Und damals weilte er in der Stadt, welche genannt wird: die bunte Kuh.

(…)

Ich lehre euch den Übermenschen. Der Mensch ist etwas, das überwunden werden soll. Was habt ihr getan, ihn zu überwinden?

Alle Wesen bisher schufen etwas über sich hinaus: Und ihr wollt die Ebbe dieser großen Flut sein und lieber noch zum Tiere zurückgehn, als den Menschen überwinden?

Was ist der Affe für den Menschen? Ein Gelächter oder eine schmerzliche Scham. Und ebendas soll der Mensch für den Übermenschen sein: ein Gelächter oder eine schmerzliche Scham.

Ihr habt den Weg vom Wurme zum Menschen gemacht, und vieles ist in euch noch Wurm. Einst wart ihr Affen, und auch jetzt noch ist der Mensch mehr Affe als irgendein Affe.

Wer aber der Weiseste von euch ist, der ist auch nur ein Zwiespalt und Zwitter von Pflanze und von Gespenst. Aber heiße ich euch zu Gespenstern oder Pflanzen werden?

Seht, ich lehre euch den Übermenschen!

Der Übermensch ist der Sinn der Erde. Euer Wille sage: Der Übermensch sei der Sinn der Erde!

Ich beschwöre euch, meine Brüder bleibt der Erde treu und glaubt denen nicht, welche euch von überirdischen Hoffnungen reden! Giftmischer sind es, ob sie es wissen oder nicht.

Verächter des Lebens sind es, Absterbende und selber Vergiftete, deren die Erde müde ist: So mögen sie dahinfahren!

Einst war der Frevel an Gott der größte Frevel, aber Gott starb, und damit starben auch diese Frevelhaften. An der Erde zu freveln ist jetzt das Furchtbarste und die Eingeweide des Unerforschlichen höher zu achten, als den Sinn der Erde!

Einst blickte die Seele verächtlich auf den Leib: Und damals war diese Verachtung das Höchste – sie wollte ihn mager, grässlich, verhungert. So dachte sie ihm und der Erde zu entschlüpfen.

Oh diese Seele war selber noch mager, grässlich und verhungert: Und Grausamkeit war die Wollust dieser Seele!

Aber auch ihr noch, meine Brüder, sprecht mir: Was kündet euer Leib von eurer Seele? Ist eure Seele nicht Armut und Schmutz und ein erbärmliches Behagen?

Wahrlich, ein schmutziger Strom ist der Mensch. Man muss schon ein Meer sein, um einen schmutzigen Strom aufnehmen zu können, ohne unrein zu werden.

Seht, ich lehre euch den Übermenschen: Der ist dies Meer, in ihm kann eure große Verachtung untergehn.

Jean-Paul Sartre
(1905–1980)

Text aus: Drei Essays
(Ulm 1981, S. 11 ff.)

Jean-Paul Sartre

Der Mensch ist frei *

Jean-Paul Sartre, wohl der wichtigste Vertreter des französischen Existenzialismus, erläutert in diesem Text die „existenzialistische Auffassung des Menschen": dass der Mensch in seiner Existenz radikal frei ist, sich und sein Leben wählen kann, dafür aber auch vollständig verantwortlich ist.

Die existenzialistische Auffassung des Menschen

Wenn der Mensch, so wie ihn der Existenzialist begreift, nicht definierbar ist, so darum, weil er anfangs überhaupt nichts ist. Er wird erst in der weiteren Folge sein, und er wird so sein, wie er sich geschaffen haben wird. Also gibt es keine menschliche Natur, da es keinen Gott gibt, um sie zu entwerfen. Der Mensch ist lediglich so, wie er sich konzipiert – ja nicht allein so, sondern wie er sich will und wie er sich nach der Existenz konzipiert, wie er sich will nach diesem Sichschwingen auf die Existenz hin; der Mensch ist nichts anderes als wozu er sich macht.

Der Mensch ist, wozu er sich macht

Das ist der erste Grundsatz des Existenzialismus. Das ist es auch, was man die Subjektivität nennt und was man uns unter eben diesem Namen zum Vorwurf macht. Aber was wollen wir denn damit anderes sagen, als dass der Mensch eine größere Würde hat als der Stein oder der Tisch? Denn wir wollen sagen, dass der Mensch zuerst existiert, das heißt, dass er zuerst ist, was sich in eine Zukunft hinwirft und was sich bewusst ist, sich in der Zukunft zu planen.

Der Entwurf

Der Mensch ist zuerst ein Entwurf, der sich subjektiv lebt, anstatt nur ein Schaum zu sein oder eine Fäulnis oder ein Blumenkohl; nichts existiert diesem Entwurf vorweg, nichts ist im Himmel, und der Mensch wird zuerst das sein, was er zu sein geplant hat, nicht, was er sein wollen wird. Denn was wir gewöhnlich unter Wollen verstehen, ist eine bewusste Entscheidung, die für die meisten unter uns dem nachfolgt, wozu er sich selbst gemacht hat. Ich kann mich einer Partei anschließen wollen, ein Buch schreiben, mich verheiraten, alles das ist nur Kundmachung einer ursprünglicheren, spontaneren Wahl als was man Willen nennt.

Der Mensch ist voll und ganz verantwortlich

Aber wenn wirklich die Existenz der Essenz vorausgeht, so ist der Mensch verantwortlich für das, was er ist. Somit ist der erste Schritt des Existenzialismus, jeden Menschen in Besitz dessen, was er ist, zu bringen und auf ihm die gänzliche Verantwortung für seine Existenz ruhen zu lassen. Und wenn wir sagen, dass der Mensch für sich selber verantwortlich ist, so wollen wir nicht sagen, dass der Mensch gerade eben nur für seine Individualität verantwortlich ist, sondern dass er verantwortlich ist für alle Menschen. Es gibt zweierlei Sinn in dem Wort Subjektivismus, und unsere Gegner arbeiten auf unehrliche Weise mit dieser Tatsache. Subjektivismus bedeutet einerseits Wahl des individuellen Subjekts durch sich selber, und andererseits Unmöglichkeit für den Menschen, die menschliche Subjektivität zu überschreiten. Dieser zweite Sinn ist der tiefere Sinn des Existenzialismus. Indem wir sagen, dass der Mensch sich wählt, verstehen wir darunter, dass jeder unter uns sich wählt; aber damit wollen wir ebenfalls sagen, dass, indem er sich wählt, er alle Menschen wählt. Tatsächlich gibt es nicht eine unserer Handlungen, die, indem sie den Menschen schafft, der wir sein wollen, nicht gleichzeitig ein Bild des Menschen schafft, so wie wir meinen, dass er sein soll. Wählen, dies oder jenes zu sein, heißt gleichzeitig, den Wert dessen, was wir wählen, bejahen, denn wir können nie das Schlechte wählen. Was wir wählen, ist immer das Gute, und nichts kann für uns gut sein, wenn es nicht gut für alle ist.

Existenz: das Dasein des Menschen

Essenz: das Wesen; das, was der Mensch aus sich macht

Der Mensch wählt sich, indem er alle Menschen wählt

Wenn andererseits die Existenz der Essenz vorangeht und wir zur gleichen Zeit existieren wollen, wie wir unser Bild gestalten, so ist dieses Bild für alle und für unsere ganze Epoche gültig. Somit ist unsere Verantwortlichkeit viel größer, als wir es etwa voraussetzen könnten, denn sie bindet die ganze Menschheit. Bin ich Arbeiter und wähle, eher einer christlichen Gewerkschaft beizutreten als Kommunist zu sein – will ich mit diesem Beitritt anzeigen, dass Bescheidung im Grunde die Lösung ist, die dem Menschen zukommt, dass das Reich des Menschen nicht auf Erden ist – so binde ich dadurch nicht nur meinen Fall: Ich will für alle Selbstbescheidung üben, folglich hat mein Schritt die ganze Menschheit gebunden.

Der individuelle Akt bindet die ganze Menschheit

Und will ich eine individuelle Tatsache – mich verheiraten und Kinder haben, selbst wenn diese Heirat einzig und allein von meiner Lage und von meiner Leidenschaft oder von meinem Begehren abhängt, so binde ich dadurch nicht nur mich selber, sondern verpflichte die ganze Menschheit auf den Weg der Monogamie. So bin ich für mich selbst und für alle verantwortlich, und ich schaffe ein bestimmtes Bild des Menschen, den ich wähle; indem ich mich wähle, wähle ich den Menschen.

Dies ermöglicht uns zu begreifen, was etwa großsprecherische Wörter wie Angst, Verlassenheit, Verzweiflung in sich bergen. Wie Sie sehen werden, ist das außerordentlich einfach. Vor allem, was versteht man unter Angst? Der Existenzialist erklärt mit Vorliebe, dass der Mensch Angst ist.

Angst

Das bedeutet Folgendes: Der Mensch, der sich bindet und der sich Rechenschaft gibt, dass er nicht nur der ist, den er wählt, sondern außerdem ein Gesetzgeber, der gleichzeitig mit sich die ganze Menschheit wählt, kann dem Gefühl seiner vollen und tiefen Verantwortlichkeit schwerlich entrinnen. Gewiss, viele Leute sind nicht bange; aber wir behaupten, dass sie sich ihre Angst verkleiden, dass sie ihr entfliehen; sicherlich glauben viele Leute, wenn sie handeln, nur sich selber zu binden; und wenn man ihnen sagt: Aber wenn alle Welt so handeln würde? – zucken sie die Achseln und antworten: Alle Welt handelt eben nicht so. Aber in Wahrheit muss man sich immer fragen, was würde geschehen, wenn wirklich alle Welt ebenso handeln würde? Und man entrinnt diesem beunruhigenden Gedanken nur mit einer Art von Böswilligkeit.

Der Mensch ist Freiheit

Wenn wiederum Gott nicht existiert, so finden wir uns keinen Werten, keinen Geboten gegenüber, die unser Betragen rechtfertigen. So haben wir weder hinter uns noch vor uns, im Lichtreich der Werte, Rechtfertigungen oder Entschuldigungen. Wir sind allein, ohne Entschuldigungen. Das ist es, was ich durch die Worte ausdrücken will: Der Mensch ist verurteilt, frei zu sein. Verurteilt, weil er sich nicht selbst erschaffen hat, anderweit aber dennoch frei, da er, einmal in die Welt geworfen, für alles verantwortlich ist, was er tut. Der Existenzialist glaubt nicht an die Macht der Leidenschaft. Er wird nie denken, dass eine schöne Leidenschaft ein verwüstender Wildbach ist, der den Menschen unvermeidlich zu gewissen Taten führt und der deshalb eine Entschuldigung ist. Er denkt, der Mensch sei für seine Leidenschaft verantwortlich. Der Existenzialist wird auch nie denken, dass der Mensch auf Erden Hilfe finden könne in einem gegebenen Zeichen, das ihm seine Richtung weise.

Angst und Böswilligkeit

Wer lügt und sich entschuldigt, indem er erklärt: Alle Welt handelt eben nicht so – ist einer, der mit seinem Gewissen nicht im Reinen ist; denn die Tatsache des Lügens schließt einen allgemeinen Wert ein, welcher der Lüge dann beigemessen wird. Selbst wenn die Angst sich bemäntelt, tritt sie dennoch in Erscheinung. Diese Angst ist es, die Kierkegaard „die Angst Abrahams“ nannte. Sie kennen die Geschichte: Ein Engel hat Abraham befohlen, seinen Sohn zu opfern. Alles ist in Ordnung, wenn es wirklich ein Engel ist, der gekommen ist und der gesagt hat: Du bist Abraham, du wirst deinen Sohn opfern. Aber jeder kann sich zunächst fragen: Ist es wirklich ein Engel, und bin ich wirklich Abraham? Welcher Umstand beweist mir das?

Hans Jonas

Sittliches Eigenrecht der Natur?***

Hans Jonas
(1903–1993)

Text aus: Das Prinzip Verantwortung (Frankfurt/M. 1979, S. 28–30)
Kraft des Vorherwissens: Hans Jonas geht davon aus, dass der Mensch aufgrund der fortgeschrittenen Technik die Risiken seines Handelns prinzipiell nicht mehr abschätzen kann.

Der deutsche Moralphilosoph Hans Jonas entwickelt in dem Buch *Das Prinzip Verantwortung* (1979) den Gedanken, dass der Mensch für seine Eingriffe in die Umwelt nicht nur seinen Nachkommen, sondern der Natur selbst gegenüber verantwortlich ist.

Die Kluft zwischen Kraft des Vorherwissens und Macht des Tuns erzeugt ein neues ethisches Problem. Anerkennung der Unwissenheit wird dann die Kehrseite der Pflicht des Wissens und damit ein Teil der Ethik, welche die immer nötiger werdende Selbstbeaufsichtigung unserer übermäßigen Macht unterrichten muss. Keine frühere Ethik hatte die globale Bedingung menschlichen Lebens und die ferne Zukunft, ja Existenz der Gattung zu berücksichtigen. Dass eben sie heute im Spiele sind, verlangt, mit einem Wort, eine neue Auffassung von Rechten und Pflichten, für die keine frühere Ethik und Metaphysik auch nur die Prinzipien, geschweige denn die fertige Doktrin bietet.

Sittliches Eigenrecht der Natur?
Und wie, wenn die neue Art menschlichen Handelns bedeuten würde, dass mehr als nur das Interesse „des Menschen“ allein zu berücksichtigen ist – dass unsere Pflicht sich weiter erstreckt und die anthropozentrische Beschränkung aller früheren Ethik nicht mehr gilt? Es ist zumindest nicht mehr sinnlos, zu fragen, ob der Zustand der außermenschlichen Natur, die Biosphäre als Ganzes und in ihren Teilen, die jetzt unserer Macht unterworfen ist, eben damit ein menschliches Treugut geworden ist und so etwas wie einen moralischen Anspruch an uns hat – nicht nur um unsretwillen, sondern auch um ihrer selbst willen und aus eigenem Recht. Wenn solches der Fall wäre, so würde es kein geringes Umdenken in den Grundlagen der Ethik erfordern. Es würde bedeuten, nicht nur das menschliche Gut, sondern auch das Gut außermenschlicher Dinge zu suchen, das heißt die Anerkennung von „Zwecken an sich selbst“ über die Sphäre des Menschen hinaus auszudehnen und die Sorge dafür in den Begriff des menschlichen Guts einzubeziehen. Für eine solche Treuhänderrolle hat keine frühere Ethik (außerhalb der Religion) uns vorbereitet – und

die herrschende wissenschaftliche Ansicht der Natur noch viel weniger. Ja, die letztere versagt uns gerade mit Entschiedenheit jedes theoretische Recht, über die Natur noch als etwas zu Achtendes zu denken – hat sie diese doch zu der Indifferenz von Notwendigkeit und Zufall reduziert und aller Würde von Zwecken entkleidet. Und doch, ein stummer Appell um Schonung ihrer Integrität scheint von der bedrohten Fülle der Lebenswelt auszugehen. Sollen wir auf ihn hören, sollen wir seinen Anspruch als verbindlich, weil sanktioniert von der Natur der Dinge, anerkennen oder in ihm lediglich ein Sentiment unsererseits sehen, dem wir nachgeben mögen, wenn wir wollen und so weit wir's uns leisten können? Die erstere Alternative, in ihren theoretischen Implikationen ernst genommen, würde uns nötigen, das erwähnte Umdenken weit auszudehnen und über die Lehre vom Handeln, das heißt die Ethik, hinaus in die Lehre vom Sein, das heißt die Metaphysik, voranzutreiben, in der alle Ethik letztlich gegründet sein muss. Über diesen spekulativen Gegenstand will ich hier nicht mehr sagen, als dass wir uns offen halten sollten für den Gedanken, dass die Naturwissenschaft nicht die ganze Wahrheit über die Natur aussagt.

Sentiment: Gefühl

Implikationen: hier: logisch notwendige Schlussfolgerungen

Die „erste Pflicht" der Zukunftsethik: Beschaffung der Vorstellung von den Fernwirkungen

Ja, wo dieses Wort nicht ungesucht gewährt wird, wird es zur Pflicht, es zu suchen, weil auch dort die Leitung der Furcht unentbehrlich ist. Das ist der Fall bei der von uns gesuchten „Zukunftsethik", wo das zu Fürchtende eben noch nicht erfahren ist und vielleicht gar keine Analogien in vergangener und gegenwärtiger Erfahrung hat. Da muss also das vorgestellte malum die Rolle des erfahrenen malum übernehmen, und diese Vorstellung stellt sich nicht von selbst ein, sondern muss absichtlich beschafft werden: Also wird die vorausdenkende Beschaffung dieser Vorstellung selbst zur ersten, sozusagen einleitenden Pflicht der hier gesuchten Ethik.

malum (lat.): Übel

Die „zweite Pflicht": Aufbietung des dem Vorgestellten angemessenen Gefühls

Man sieht aber gleich, dass dies vorgestellte malum, da es nicht meines ist, gar nicht im gleichen selbsttätigen Sinne die Furcht hervorruft wie das erfahrene und mich selbst bedrohende. Das heißt, so wenig wie die Vorstellung des zu Fürchtenden stellt sich die Furcht davor von selbst ein. Auch sie muss erst „beschafft" werden. Die Sache liegt also nicht so einfach wie für Hobbes, der ja auch schon statt der Liebe zu einem summum bonum die Furcht vor einem summum malum zum Ausgangspunkt der Moral macht, nämlich die Furcht vor gewaltsamem Tode. Dieser ist wohlbekannt, ständig nahe und erregt die äußerste Furcht als unwillkürlichste, zwangsläufigste Reaktion des unserer Natur eingeborenen Selbsterhaltungstriebs. Das vorgestellte Geschick künftiger Menschen, zu schweigen von dem des Planeten, das weder mich noch irgendjemand trifft, der noch mit mir durch Bande der Liebe oder direkten Mitlebens verbunden ist, hat nicht von sich her diesen Einfluss auf unser Gemüt; und doch „soll" er ihn haben, das heißt sollen wir ihm diesen Einfluss einräumen. Es kann sich hier also nicht, wie bei Hobbes, um Furcht von der (mit

bonum (lat.): Gut; summum bonum: höchstes Gut; summum malum: größtes Übel

Kant zu reden) „pathologischen“ Art handeln, die uns vor ihrem Gegenstand eigenmächtig befällt, sondern um eine Furcht geistiger Art, die als Sache einer Haltung unser eigenes Werk ist. Die Einnahme dieser Haltung, das heißt die Selbstbereitung zu der Bereitschaft, sich vom erst gedachten Heil und Unheil kommender Geschlechter affizieren zu lassen, ist also die zweite „einleitende“ Pflicht der gesuchten Ethik, nach der ersten, es zu einem solchen Denken erst einmal zu bringen. Unterrichtet von diesem, sind wir dazu gehalten, uns zu der passenden Furcht anzuhalten.

Es ist klar, dass der Pflichtcharakter beider Pflichten zurückgeht auf ein ethisches Grundprinzip, das schon erkannt und bejaht sein muss, damit dergleichen als von ihm befohlen, das heißt eben als Pflicht, anerkannt werde.

Texte 4.4.

Tristram Engelhardt Jr. (* 1941)

Text aus: Ethik in der Medizin. Ein Reader, hrsg. v. Urban Wiesig, (Stuttgart 2000, S. 91 ff.)

säkulare Moral: weltliche, im Gegensatz zur religiösen, Moral

Paternalismus: hier: ärztliche Bevormundung

Tristram Engelhardt Jr.

Freies und informiertes Einverständnis**

Im folgenden Text beschreibt der amerikanische Philosoph und Medizinethiker die Bedeutung des „informed consent" in einer pluralistischen Gesellschaft.

Therapieverweigerung und das Behandlungsteam: Die zahlreichen Facetten der Freiheit.

Personen haben ein grundsätzliches Recht, von anderen unbehelligt zu bleiben. Dieses Recht bildet den innersten Kern der säkularen Moral. Nicht weil es eine erstrebenswerte Sache wäre, sondern weil es unvermeidlich ist und die Quelle moralischer Verpflichtung bildet, wenn Fremde sich begegnen. Da die säkulare Moral über keine allgemeinverbindliche und gehaltvolle Vorstellung des Guten oder des richtigen Handelns verfügt, stellt das Prinzip der individuellen Freiheit die wichtigste Quelle moralischer Verpflichtung dar. Auch wenn sie sich mit anderen einigen, bestimmen die Personen in einer säkularen Moral über sich selbst, sei es zum Guten oder sei es zum Schlechten. Die säkulare Moral ist für diejenigen, die konkrete Werte als Orientierung für ein gutes Leben anerkennen, wie ein Ödland: ohne moralischen Gehalt, ohne moralische Orientierung, und mit der Möglichkeit ernsthafter moralischer Verfehlungen wie Selbstmord und Sterbehilfe. (...) Angesichts des Scheiterns der Vernunft und des Fehlens eines gemeinsamen Glaubens bedeutet säkulare Moral eine Moral für moralisch Fremde, die sich einerseits verbunden, andererseits aber durch ihre Präferenzen voneinander getrennt sehen. (...)

So bildet das, was den Gehalt der Arzt-Patient-Beziehung begründet, auch ihre Grenzen: die freie Entscheidung einzelner Männer- und Frauen-Patienten, Ärzte, Krankenschwestern und anderer. Es gibt nicht nur eine Möglichkeit, diese Beziehung zu gestalten. Verschiedene Gruppen werden verschiedenartige Beziehungen ausbilden, entsprechend ihren unterschiedlichen Bedürfnissen nach Unabhängigkeit oder Fürsorge durch andere. Will man die Vielfalt dieser Beziehungsarten verstehen, stößt man zwangsläufig auf einige traditionelle Themen wie das freie und informierte Einverständnis, die Schweigepflicht, den Paternalismus und das Recht der Patienten, eine Behandlung zu verweigern. Hinzu kommen die Spannungen zwischen den unterschiedlichen Auffassungen des guten Lebens, die den Charakter der Arzt-Patient- (oder Patient-Krankenschwester-)Beziehung prägen. Diese verschiedenen Auffassungen geraten oft miteinander in Konflikt und sind dann nach den Regeln einer friedlichen, säkularen und pluralistischen Gesellschaft durch eine Einigung der Beteiligten zu vermitteln. Kurz gesagt müssen konkurrierende Auffassungen der ärztlichen Fürsorgepflicht, die sich in konkurrierenden Modellen der Arzt-

Patient-Beziehung ausdrücken, fair im gegenseitigen Respekt der beteiligten Personen einander angenähert werden. Denn nur faire Verhandlungen schaffen die Grundlage für den Abbau von Spannungen zwischen konkurrierenden Auffassungen richtigen Handelns.

Das freie und informierte Einverständnis nimmt eine zentrale Position bei diesem Vorgehen ein. Die Individuen müssen miteinander sprechen und die Wünsche der anderen Seite anerkennen, wollen sie ein gegenseitiges Verständnis erreichen. Aus solch einem Vorgehen resultieren schließlich der Arzt-Patient-Vertrag und die Absprachen zwischen Patienten und Krankenschwestern. (...) Die zentrale Rolle des freien und informierten Einverständnisses beruht nicht so sehr auf der Verpflichtung einem liberalen Ideal gegenüber, sondern entspringt vielmehr der Verzweiflung darüber, in einer säkularen und pluralistischen Gesellschaft keine konkreten Ziele für die Gesundheitsversorgung ausmachen zu können. (...) Wie wir sehen werden, sind der erforderliche Grad und Charakter der Aufklärung sowie des formalen Einverständnisses davon abhängig, inwieweit der Arzt oder andere Angestellte im Gesundheitswesen und der Patient in ihren Auffassungen von den Zielen der Medizin, den Grundsätzen moralischer Redlichkeit und dem Charakter eines guten Lebens übereinstimmen. Je fremder sich Arzt und Patient hinsichtlich ihrer Wert- und Zielvorstellungen sind, desto mehr kommt es darauf an, klare Regeln für das freie und informierte Einverständnis zu formulieren und im freien und informierten Einverständnis alle für die Behandlung relevanten Dinge zu berücksichtigen. Je mehr Patienten und Ärzte eine gemeinsame Vorstellung von den Zielen der medizinischen Versorgung und des Lebens allgemein teilen, desto weniger notwendig werden ausführliche Aufklärungen sein.

Eva Schindele

Von der Zeugung zur Er-Zeugung*

In diesem Text stellt die Autorin die zunehmende Überwachung der Schwangerschaft aus frauenspezifischer Sicht kritisch dar.

Eva Schindele
(* 1951)

Text aus: Gläserne Gebär-Mütter. Vorgeburtliche Diagnostik – Fluch oder Segen (Frankfurt/M. 1990, S. 21 f.)

Mithilfe vorgeburtlicher Diagnoseverfahren erfährt das im geschlechtlichen Verkehr gezeugte Kind bereits im Mutterleib eine konkrete Individualität: Im Ultraschall erkennen wir Hände und Beine, Kopf und Wirbelsäule, die Fruchtwasseruntersuchung sagt uns, ob es ein Junge oder ein Mädchen ist, stellt fest, ob es durch diese oder jene genetische Normabweichung geprägt ist, und legt uns die Entscheidung nahe, ob es sich überhaupt lohnt, dieses bestimmte Kind auf die Welt zu bringen oder nicht. Nicht selten wird diese Haltung mit der Hoffnung verknüpft, beim nächsten Versuch etwas „Besseres" zustande zu bringen.

Egal wie praktikabel Fortpflanzungsmedizin, Gentechnik und vorgeburtliche genetische Check-ups auch letztendlich sein werden – ihre versteckte Botschaft hat bereits Spuren in unserem Bewusstsein hinterlassen. Sie macht glauben, dass Wissenschaftler und Ärzte den integrativen Prozess von Zeugung, Schwangerschaft und Geburt im Griff haben. Sie reduziert den lebendigen Prozess einer Schwangerschaft zum chemischen Vorgang, erklärt die schwangeren Frauen zum mütterlichen Umfeld, Föten zum Produkt. Der Leib der Frau, der bislang die Identität des Ungeborenen vor den Zugriffen von außen geschützt hat, wird zum gefährlichen Ort umgedeutet, während gleichzeitig der lebende Embryo zum vielfachen Objekt der wissenschaftlichen Begierde wird.

Diese Entwicklungen werden das Bewusstsein vom Kinderkriegen, aber auch de facto Zeugung, Schwangerschaft und Geburt nächster Generationen wesentlich beeinflussen. Es liegt nicht zuletzt an uns Frauen, die wir die Nutzerinnen und, wie wir häufig irrtümlicherweise glauben, auch die Nutznießerinnen dieser Technik sind, ob wir diesen Entwicklungen folgen.

Von den ganz „normalen" Kindern sei jetzt die Rede, von denen, die lustvoll oder mit Unlust, im gemeinsamen Bett oder anderswo, absichtlich oder unabsichtlich von einer Frau und einem Mann gezeugt worden sind. Es ist die Rede von normalen Schwangerschaften und der normalen Schwangerschaftsvorsorge. Denn auch dort hat inzwischen die Ideologie der Machbarkeit die Vorstellung von Wachsen- und Gedeihenlassen und dem natürlichen Fortgang einer Schwangerschaft und einer Geburt mehr und mehr verdrängt. Dabei geht es mir weniger um das Alltagsarrangement, das jede Schwangere mit ihrem Hausgynäkologen trifft, ob sie ihn freundlich, zuvorkommend oder autoritär-verunsichernd empfindet. Vielmehr konzentriere ich mich auf die Struktur moderner Schwangerenvorsorge und Geburtshilfe. Denn sie nimmt im Prozess der Schwangerschaft und Geburt die medizinische Überwachung der Schwangeren und des Fötus wichtiger als ihre Begleitung und Unterstützung.

Schwangerschaft bedeutet immer Veränderung von Körper und Seele. Vor allem beim ersten Kind ist es eine Zeit des inneren Umbruchs und der Suche nach neuer Identität. Es ist eine Zeit, in der sich Freude, Unsicherheit und Angst vor dem, was auf einen zukommen mag, abwechseln. Es ist eine Zeit der Auseinandersetzung mit der eigenen Biografie und der Suche nach der eigenen (guten) Mutter. Es ist eine Zeit, in der Frauen aus der Normalität heraustreten und eines verständnisvollen und unterstützenden Umfelds bedürfen.

Gesellschaftliche Strukturen, die auch die gängige Medizin prägen, ignorieren diese Wünsche und Ängste der schwangeren Frau. Sie geben ihr nicht den Schonraum, dessen sie bedarf, es sei denn, sie nimmt gesellschaftliche Isolation mit in Kauf. Wo sie das einfühlende Gespräch braucht, winken die Apparate. Sie soll am Laufen gehalten werden wie eine Maschine, deren Funktionen der Gynäkologe kennt und die er notfalls wie ein Mechaniker reparieren kann. Nach neun Monaten wird ein fehlerfreies Produkt erwartet.

Schwangersein heißt Wachsen und Wachsenlassen – Prozesse, die, wie alles andere Lebendige auch, Unberechenbares beinhalten. In solch einer Situation lockt die herkömmliche Medizin mit ihrem Versprechen, Sicherheit zu garantieren. Sich ihr als Schwangere unterzuordnen oder gar auszuliefern, bedeutet, an dieser Illusion von Macht und Machbarkeit teilzunehmen, wenn auch nur als Objekt. Nur wenn wir diesen Machbarkeitswahn auch in uns selbst erkennen, können wir dieses Bündnis mit der Institution Medizin aufkündigen. Damit entlassen wir die herkömmliche Medizin in einen längst fälligen Prozess des Nachdenkens und schenken uns einen anderen Umgang mit unseren körperlich-seelischen Möglichkeiten und Kräften, die in Schwangerschaften und bei Geburten auf einzigartige Weise mobilisiert werden können.

Felix Thiele

Zur moralischen Bewertung der Patentierung von Genen*

Felix Thiele
(* 1969)

Text aus: Bioethik. Eine Einführung, hrsg. v. Marcus Düwell u. Klaus Steigleder (Frankfurt/M. 2003, S. 394 f.)

In diesem Text werden die möglichen Konsequenzen der Patentierung von Genen in Bezug auf die globale Ungleichverteilung von Ressourcen geschildert.

Schließlich wird gegen die Patentierung von Genen eingewendet, dass dies zu einer ungerechten Verteilung von Ressourcen vor allem zwischen den reichen Industrieländern und den Entwicklungsländern führen würde. In diesem Zusammenhang wird auch von „Biokolonialismus" gesprochen. „Es ist korrekt, dass es durch eine Patentvergabe zu einer moralisch nicht akzeptablen Ungleichverteilung von Ressourcen kommen könnte, die verhindert, zumindest aber kompensiert werden sollte. Es könnte beispielsweise dazu kommen, dass Entwicklungsländer für die Behebung von gesundheitlichen Missständen auf die Nutzung von Patenten angewiesen sind; wobei deren Inhaber und damit auch Nutznießer der Lizenzgebühren in Industrieländern beheimatet sind. Dies ist schon heute der Fall: Viele wirksame Arzneimittel, die durch Patente geschützt sind, werden von den Patentinhabern zu einem Preis abgegeben, der für Industrieländer akzeptabel, für Entwicklungsländer allerdings zu teuer ist." Es lässt sich eine moralische Verpflichtung begründen, dieser Ungleichverteilung abzuhelfen. Diese Verpflichtung liegt allerdings, so lässt sich entgegen einer häufig vorgebrachten Anfangsintuition zeigen, beim Staat beziehungsweise bei der internationalen Staatengemeinschaft und nicht bei den Pharmaunternehmen, die den staatlichen Regulierungen unterworfen sind und die ihnen erlaubten Spielräume ausnutzen.

Es erscheint durchaus fraglich, ob die heute existierenden Kompensationsmechanismen für die ungleiche Verteilung von Ressourcen – etwa durch Entwicklungshilfe – ausreichend sind. Dennoch werden wenige fordern, die Patentvergabe auf Arzneimittel grundsätzlich zu verbieten. Letzteres müsste aus Gründen einer konsistenten Argumentation aber fordern, wer die Vergabe von Patenten auf Gene verhindern will, weil sie zu einer Ungleichverteilung von Ressourcen führe.

konsistent: widerspruchsfrei

Michiel Korthals
(* 1949)

Text aus: Bioethik. Eine Einführung, hrsg. v. Marcus Düwell u. Klaus Steigleder, Frankfurt/M. 2003, S. 358 f.)

Michiel Korthals

Grüne Gentechnik*

Welche Chancen und Risiken ergeben sich aus der „grünen" Gentechnik für das Welthungerproblem?

Was schließlich die Fragen der Machtverteilung, die Bekämpfung des Hungers und die Sicherstellung der Ernährung angesichts des zu erwartenden Bevölkerungswachstums anbelangt, so sind eine Reihe von Bemerkungen am Platz. Einerseits ist auf dem Gebiet der Pflanzen-Biotechnologie ein klarer Trend zur Konzentration auf wenige Großunternehmungen und zur Monopolisierung zu erkennen. Es steht außer Frage, dass diese Unternehmen bislang am meisten von der Biotechnologie profitiert haben und dass ihr Anspruch, mit den Technologien den Hunger abschaffen zu können, unangemessen ist. Andererseits gibt es inzwischen eine Reihe von öffentlichen internationalen und nationalen Forschungsinstitutionen, die Forschungen zu GM-Pflanzen betreiben. Diese Institutionen könnten durchaus zu einer Verbesserung der Existenz der kleinen Bauern und der Welternährungssituation beitragen, wenn Pflanzen produziert werden, welche den Problemen und Bedürfnissen in den Entwicklungsländern Rechnung tragen. Des Weiteren könnten auch Verbesserungen dadurch erreicht werden, dass GM-Pflanzen benötigte Medikamente produzieren oder aber Vitamine und mineralische Stoffe, die dazu beitragen, dass entsprechende Mangelernährungen überwunden werden. Alles kommt auf die soziale Einbettung der Biotechnologie an und darauf, ob Biotechnologien dazu beitragen, in konkreten Umständen die Lebenslage von Bauern und Konsumenten zu verbessern.

Otfried Höffe
(* 1943)

Text aus: Gerechtigkeit als Tausch? Ein ökonomisches Prinzip für die Ethik (in: Wirtschaft und Ethik, hrsg. v. Hans Lenk und Matthias Maring, Stuttgart 1992, S. 128 f.)

Otfried Höffe

Wirtschaftsgerechtigkeit als Tausch**

Der deutsche Philosoph Otfried Höffe behandelt in diesem Text, ausgehend von dem Begriff der Gerechtigkeit, die Bedeutung der Arbeit in der heutigen Zeit.

Gegen die Gerechtigkeitsidee ist eine vielfältige Skepsis laut geworden. Angesichts dieser Skepsis ist es der philosophischen Ethik aufgegeben, der im menschlichen Zusammenleben umstrittenen Gerechtigkeitsidee eine unstrittige Grundlage zu geben. Gegeben wird sie hier nach dem Argumentationsmuster „Ethik plus Anthropologie". Die Gerechtigkeit als Gleichwertigkeit im Nehmen und Geben verbindet sich mit dem Gedanken eines Tausches, der für jeden Menschen unverzichtbar vorteilhaft ist. Lässt sich dieses Argumentationsmuster auf Gerechtigkeitsfragen in der Wirtschaft übertragen?

Die Antwort hängt vom Begriff der Wirtschaft ab. Ihre Aufgabe sehen wir gern in der Deckung des menschlichen Bedarfs an Gütern und Dienstleistungen unter Bedingungen der Knappheit. Die Definition ist richtig, aber zu eng; sie enthält noch nicht den Aspekt der Arbeit. Dieser Aspekt mag zunächst als trivial erscheinen. Die Arbeit ist aber ein mehrschichtiges Phänomen und begründet in dieser Mehrschichtigkeit einige nicht mehr triviale Tauschaufgaben, und diese erstrecken sich bis in die öffentliche Verantwortung. Es handelt sich nicht nur um ein innerökonomisches, sondern auch um ein rechts- und staatsethisches Problem. Die ersten Elemente im Begriff sind unproblematisch: dass die Arbeit der Güterbeschaffung zur Bedarfsdeckung dient; dass sie meist unter Aufbietung besonderer Anstrengung geschieht, also den Charakter von Mühsal und Last hat; dass sie selber noch keine Bedürfnisbefriedigung leistet, vielmehr vom unmittelbaren andere Bedürfnisse zurückstellt, etwa das Schlafbedürfnis und die Sexualität zugunsten des Nahrungsbedürfnisses. Nun ist im Menschen die Distanz zum unmittelbaren Genuss nicht angeboren; er muss sie – und auch das gehört zur Arbeit – erst lernen. Nicht zuletzt ist dieses Lernen ein wichtiges Element in der Entfaltung der menschlichen Persönlichkeit.

Nach der ersten, die Arbeit ausklammernden Definition der Wirtschaft geht es in ihr lediglich um den Tausch von Waren, Dienstleistungen und Geld; eine Wirtschaftsordnung kann als gerecht gelten, wenn dieser Tausch sich als Wechselseitigkeit des Nehmens und Gebens gestaltet. Nach der zweiten, die Arbeit berücksichtigenden Definition stellt sich ein größerer Anspruch. Eine Wirtschaftsordnung ist nur dann gerecht, wenn sie allen Beteiligten die Chance zur Persönlichkeitsentfaltung bietet.

Bevor wir dieser Gerechtigkeitsaufgabe ein schärferes Profil geben, eine methodische Zwischenbemerkung: Eine Gerechtigkeitstheorie, die sich am Tauschbegriff orientiert, achtet nicht nur auf die Gleichwertigkeit des Nehmens und Gebens. Mindestens ebenso wichtig ist die Frage nach den Parametern, auf die es beim Tausch überhaupt ankommt. Hier besteht die Gefahr, dass man gewisse Parameter gar nicht beachtet oder aber ihnen ein zu geringes Gewicht beimisst. Das gilt in der Wirtschaftsethik vor allem für die nicht im engeren Sinn ökonomische, für die „humane" Seite der Wirtschaft. Hinsichtlich der Persönlichkeitsentfaltung hat eine Wirtschaftsordnung mindestens drei Aufgaben:

1. Die modernen Gesellschaften sind Arbeitsgesellschaften. Sie sind es nicht ausschließlich, gewiss nicht; gerade die Eigengesetzlichkeit der Wirtschaft hat zu einer partiellen Trennung von Privatwelt und Arbeitswelt geführt und erlaubt dem Menschen, seine Persönlichkeit auch unabhängig von der Arbeit zu entwickeln. Trotzdem entfalten sich die Fähigkeiten des Menschen zu einem großen Teil über die Arbeit; auch die Realisierung dieser Fähigkeiten, die Selbstverwirklichung, hängt wesentlich von der Arbeit ab. Das beginnt mit der Schule und dem Studium, die – trotz ihres humanen „Mehrwerts" – auf den Eintritt ins Berufsleben ausgerichtet sind. Außerdem hängt der soziale Status des Arbeitenden, ferner der Status seiner Familie und der Anteil an Gütern und Dienstleistungen weitgehend von der Arbeit ab. Der

partiell: teilweise

Verlust der Arbeit bedeutet deshalb eine empfindliche Beeinträchtigung von Lebens- und Humanitätschancen, und es ist eine Gerechtigkeitsaufgabe, dass die Wirtschaftsordnung möglichst jedem eine Arbeit zu finden erlaubt.

2. Weil unsere Gesellschaften Arbeitsgesellschaften sind, reicht es nicht aus, wenn man irgendeine Arbeit findet. Die Wirtschaftsordnung soll jedem eine möglichst humane Arbeit geben und die Arbeit, wo immer möglich, zu einer freien Tätigkeit werden lassen. Die heutige, hoch entwickelte Wirtschaftsordnung hat in dieser Hinsicht durchaus charakteristische Gefahren: Die meisten Menschen arbeiten in „Organisationen": in Betrieben oder Verwaltungen, also in abhängiger Stellung. Weitgehend ohne Kapital und Grundbesitz, können sie in den Wirtschaftsprozess lediglich ihre Arbeitskraft einbringen; und selbst dort, wo sie über ein schönes Sparbuch oder einen Grundbesitz verfügen, bleiben diese für die Arbeit so gut wie ohne Belang. Außerdem ist die Arbeit häufig partialisiert: in kleine Portionen zerteilt. Ferner ist sie nicht selbst entworfen, sondern vorgeplant; sie ist nicht selbst gewählt, sondern zugewiesen. Weiterhin wird häufig qualifizierte Arbeit durch unqualifizierte Arbeit verdrängt, durch ein quasi mechanisiertes Tun, dessen Endprodukt für den Produzenten weit entfernt ist und dessen gesellschaftlicher Wert höchstens durch rationale Überlegungen einsichtig wird. Kurz: Für viele ist die Arbeit sinnentleert oder zumindest sinngefährdet.
3. Die Aufgabe, humane Arbeitsverhältnisse zu schaffen, ist noch lange nicht gelöst. Die Art der Aufgabe ist jedoch traditionell. Nicht so traditionell sind Fragen des Umweltschutzes. Bei ihm, der „neuesten wirtschaftsethischen Aufgabe", scheint das Legitimationsmuster der Tauschgerechtigkeit endgültig zu versagen. Denn die lebenden Generationen, wird man einwenden, erhalten von den zukünftigen keine Gegenleistungen.

Bevor wir unser Legitimationsmuster aufgeben, überlegen wir, ob es nicht doch eine Tauschbeziehung gibt. Bei einem Tausch denkt man in der Regel bloß an ein positives und (annähernd) zeitgleiches Nehmen und Geben. Bei der Begründung der Freiheitsrechte haben wir schon eine andere Tauschform entdeckt, den negativen Tausch. Für die Legitimation des Umweltschutzes ist einmal mehr unser traditioneller Tauschbegriff aufzugeben und ein neuer, phasenverschobener Tausch, der Tausch zwischen verschiedenen Generationen, einzuführen. Außerdem nehmen wir zunächst nur die jeweils nächste und übernächste, also die Kinder- und Kindeskinder-Generation in den Blickpunkt. Weil diese Generationen kontinuierlich heranwachsen, weist dieser Blick aber weit in die Zukunft voraus.

Um die neuen wirtschaftsethischen Probleme zu diskutieren, reicht es nicht aus, die Generationsstruktur menschlichen Lebens zu berücksichtigen. Es fehlt ein Aspekt, der bislang ausgeklammert worden ist, der menschheitsgeschichtlich gesehen auch lange Zeit ausgeblendet werden durfte, der sich aber jetzt in vielfältigen Krisensymptomen unüberhörbar zu Wort meldet: Alle wirtschaftliche, soziale und kulturelle Tätigkeit ist auf eine prinzipielle Vorgabe angewiesen, die natürliche Umwelt. Für die Menschen stellt die Natur teils den Lebensraum dar, teils stellt sie ein vielfältiges Material bereit, ohne dessen Verbrauch oder Verarbeitung weder das Überleben noch das Angenehm- oder Gut-Leben möglich sind. Nicht zuletzt hat die Natur eine ästhetische Bedeutung und dient sie der Erholung.

Weil die natürliche Umwelt für den Menschen eine unverzichtbare Vorgabe bedeutet und weil die Art, wie sie der jeweils nächsten und übernächsten Generation hinterlassen wird, deren Lebenschancen und Lebensrisiken entscheidend mitbestimmt, kommt es in einem gerechten Tausch zwischen den Generationen ganz wesentlich auf die Qualität der natürlichen Umwelt an, die hinterlassen wird. Im Sinne der Tauschgerechtigkeit wäre es gerecht, wenn die jeweils ältere Generation den jüngeren keine Hypothek vererbt, für die sie keine entsprechend hohen Bürgschaften mitvererbt. Nach diesem Maßstab ist beispielsweise ein Abbau der nicht erneuerbaren Energiequellen nur unter der Bedingung moralisch vertretbar, dass der Abbau nicht schneller erfolgt als das Erschließen neuer Energiequellen. Ferner müsste man bei der Erschließung der Quellen schon Erfahrung mit der (industriellen) Nutzung der neuen Energie gesammelt und gegen die Risiken der Nutzung schon hinreichende Sicherheitsverfahren entwickelt haben. Oder ein anderer Aspekt, für den wir sensibel werden müssen: die immer noch wachsende Weltbevölkerung verringert die Lebenschancen der künftigen Generationen. In einem gewissen Tempo der Zivilisationsentwicklung könnte man sogar eine Ungerechtigkeit sehen; der jeweils jüngeren Generation werden Lebensverhältnisse vorgesetzt, mit denen vertraut zu werden und in denen eine gewisse Geborgenheit zu finden immer schwieriger wird.

Peter Singer

Auf ein ethisches Leben zu*

Peter Singer lehrt Philosophie in Princeton. Im folgenden Text geht es um die Frage, warum wir ethisch handeln sollen.

Peter Singer
(* 1946)

Text aus: Wie sollen wir leben? Ethik in einer egoistischen Zeit (München 1999, S. 262 ff.)

In einer Gesellschaft, in der die enge Verfolgung des materiellen eigenen Interesses die Norm darstellt, ist der Übergang zu einem ethischen Standpunkt etwas Radikaleres, als viele meinen. Verglichen mit den Bedürfnissen der Menschen, die in Somalia verhungern, wird der Wunsch, die Weine der führenden französischen Weingüter zu kosten, völlig unbedeutend. Verglichen mit dem Leiden fixierter Kaninchen, denen Shampoo in die Augen geträufelt wird, ist ein besseres Haarwaschmittel ein unwürdiges Ziel. Die Erhaltung von alters her bestehender Wälder sollte über unserem Bedürfnis stehen, Papierhandtücher zu benutzen. Eine ethische Lebenseinstellung verbietet nicht, sich an Essen und Wein zu freuen, aber sie verändert unser Verständnis der Prioritäten. Der Aufwand und die Kosten für modische Kleidung, die endlose Suche nach immer raffinierteren Gaumenfreuden, die erstaunlichen Zusatzkosten, die den Markt der Luxusautos von dem der Autos unterscheidet, die schlicht als zuverlässiges Transportmittel gebraucht werden – das alles erscheint Menschen unverhältnismäßig, die ihre Perspektive so weit verändern können, dass sie selbst, zumindest für eine gewisse Zeit, nicht mehr im Mittelpunkt stehen. Wenn sich ein höheres ethisches Bewusstsein ausbreitet, wird das die Gesellschaft, in der wir leben, völlig verändern.

Wir können nicht erwarten, dass dieses höhere ethische Bewusstsein alle erfassen wird. Es wird immer Menschen geben, die sich um nichts und niemanden kümmern, noch nicht einmal um sich selbst. Zahlreicher werden andere sein, die berechnender sind und sich ihren Lebensunterhalt damit sichern, dass sie andere übervorteilen, vor allem Arme und Machtlose. Wir können es uns nicht leisten, auf einen fernen Tag zu warten, da alle in Frieden und Harmonie miteinander leben werden. So ist die menschliche Natur zurzeit nicht beschaffen, und nichts weist darauf hin, dass sie sich in absehbarer Zukunft genügend ändern wird. Da sich das Denken allein als unfähig erwiesen hat, den Gegensatz zwischen Eigeninteresse und Ethik völlig aufzuheben, ist es unwahrscheinlich, dass rationale Argumente jeden zum Denken fähigen Menschen dazu bringen werden, ethisch zu handeln. Auch wenn die Vernunft in der Lage gewesen wäre, uns noch weiter zu bringen, würden wir immer noch der Realität einer Welt gegenüberstehen, in der viele Menschen weit davon entfernt sind, aufgrund irgendwelcher Überlegungen zu handeln, und seien es auch nur grob egoistische. Die Welt wird also noch sehr lange ein unfreundlicher Ort zum Leben bleiben.

Dennoch sind wir aber Teil dieser Welt, und es besteht eine verzweifelte Notwendigkeit, jetzt etwas für die Bedingungen zu tun, unter denen Menschen leben und sterben, und sowohl die soziale als auch die ökologische Katastrophe abzuwenden. Wir haben keine Zeit, unsere Gedanken auf die Möglichkeit einer fernen utopischen Zukunft zu konzentrieren. Zu viele Menschen und nichtmenschliche Tiere leiden jetzt, die Wälder verschwinden zu schnell, das Bevölkerungswachstum ist noch immer außer Kontrolle, und (...) allein im Nildelta und im Gangesdelta (ist) das Leben und Zuhause von 46 Millionen Menschen in Gefahr, wenn wir die Treibhausgasemissionen nicht rasch senken. Wir können auch nicht auf die Regierungen warten, damit sie die nötigen Änderungen herbeiführen. Es liegt nicht im Interesse von Politikern, die Grundvorstellungen der Gesellschaft, die sie an ihre Spitze gewählt hat, infrage zu stellen. Würden sich zehn Prozent der Bevölkerung eine bewusst ethische Lebenseinstellung zu eigen machen und entsprechend handeln, dann wäre die Veränderung bedeutender als irgendein Regierungswechsel. Die Kluft zwischen einer ethischen und einer egoistischen Lebenseinstellung ist viel grundsätzlicher als die zwischen rechter und linker Politik.

Wir müssen den ersten Schritt tun. Wir müssen den Gedanken, ein ethisches Leben zu leben, wieder zu einer realistischen und tragfähigen Alternative zur heutigen materialistischen Selbstsucht machen. Wenn im nächsten Jahrzehnt eine „kritische Masse", eine Kettenreaktion durch Menschen mit anderen Prioritäten, entstehen und es sich herausstellen würde, dass diese

Menschen in jeder Beziehung gut daran tun, sich so zu verhalten – indem ihre Zusammenarbeit allen Seiten Vorteile bringt, indem sie Freude und Erfüllung in ihrem Leben finden –, dann würde sich die ethische Haltung ausbreiten, und der Konflikt zwischen Ethik und Eigeninteresse wäre erkennbar überwunden, nicht durch abstraktes Denken allein, sondern durch die Übernahme des ethischen Lebens als praktische Lebensform, die in psychologischer, sozialer und auch ökologischer Hinsicht funktioniert.

Jeder Mensch kann Teil der „kritischen Masse" werden, die uns eine Aussicht bietet, die Welt zu verbessern, ehe es zu spät ist. Sie können über Ihre Ziele neu nachdenken und sich fragen, was Sie aus Ihrem Leben machen. Wenn Ihre heutige Lebensweise einer unparteiischen Bewertung nicht standhält, können Sie sie ändern. Das kann bedeuten, den Beruf aufzugeben, das Haus zu verkaufen und nach Indien zu gehen, um für eine Hilfsorganisation zu arbeiten. Häufiger wird es jedoch so sein, dass der Entschluss zu einer ethischeren Lebensweise der erste Schritt zu einer allmählichen, aber weitreichenden Entwicklung in Ihrem Lebensstil und Ihren Vorstellungen von Ihrem Platz in der Welt ist. Sie werden sich mit neuen Dingen befassen und feststellen, dass sich Ihre Zielsetzungen verschieben. Wenn Ihre Arbeit Sie interessiert, werden Geld und Status weniger wichtig. Aus Ihrer neuen Perspektive wird die Welt anders aussehen. Eines ist sicher: Sie werden eine Menge lohnender Aufgaben finden. Sie werden sich nicht langweilen oder den Eindruck haben, dass Ihrem Leben die Erfüllung fehle. Und am wichtigsten von allem, Sie werden wissen, dass Sie nicht umsonst gelebt haben und gestorben sein werden, denn Sie werden in die große Tradition derer eingegangen sein, die auf das Ausmaß von Schmerzen und Leiden in der Welt damit reagiert haben, dass Sie versuchten, die Welt zu einem besseren Ort zu machen.

Kompetenzcheck 4 – Das Gute und das Böse

Was sollen wir tun? Grundfragen der Ethik

- ❑ Sie können die Begriffe Ethik, Sitten, Moral und Konvention definieren und an typischen Beispielen erläutern.
- ❑ Sie können Unterschiede zwischen deskriptiver Ethik, normativer Ethik und Metaethik benennen.
- ❑ Sie können ethische Fragestellungen aus Ihrem Alltag aufzählen.

Warum sollen wir gut sein wollen? Normenbegründung und Recht – Moralische Normen und ihre Rechtfertigung

- ❑ Sie können den aristotelischen Begriff der „eudaimonia" skizzieren und Tugenden als Mitte zwischen zwei Extremen einordnen.
- ❑ Sie können Humes Gesetz definieren und können es anhand von Alltagsbeispielen erklären.
- ❑ Sie können beide Formeln von Kants kategorischem Imperativ nennen, erklären und anwenden.
- ❑ Sie können die Kennzeichen der utilitaristischen Ethik nach John Stuart Mill beschreiben.
- ❑ Sie können die Grundsätze der Diskursethik darstellen und erläutern.
- ❑ Sie können das Naturrecht vom positiven Recht unterscheiden und Unterscheidungsmerkmale feststellen.
- ❑ Sie können die Probleme des Rechtspositivismus und des Naturrechts erörtern und beide Rechtsauffassungen historisch einordnen.
- ❑ Sie können das Gedankenexperiment von John Rawls interpretieren, begründen und bewerten und können daher die Schwierigkeiten nennen, die bei der Frage nach gerechten Prinzipien für eine Gesellschaft entstehen.
- ❑ Sie können die unterschiedlichen Ansätze der normativen Ethik problematisieren, können die Vor- und Nachteile dieser Ansätze erörtern und entwickeln.
- ❑ Sie können Grundzüge der philosophischen Strafrechtstheorie nennen und Begründungen von staatlichen Strafen problematisieren.

Freiheit und Verantwortung

- ❑ Sie können das Verhältnis von Freiheit, Determinismus und Verantwortung darstellen und sich damit kritisch auseinandersetzen.
- ❑ Sie können die drei Hauptpositionen zur Willensfreiheit mit impliziten Menschenbildern in Beziehung setzen.
- ❑ Sie können die drei Hauptpositionen zur Willensfreiheit erklären, miteinander vergleichen und beurteilen.
- ❑ Sie können die Begriffe Freiheit, Wahl und Verantwortung anhand von Sartres Philosophie definieren und ihren Zusammenhang erläutern.

Angewandte Ethik – Aktuelle Anwendungsbereiche der Ethik

- ❑ Sie können nennen, welche Faktoren für eine eingeschränkte Autonomiefähigkeit von Patient/innen zum Tragen kommen können.
- ❑ Sie können Probleme der Reproduktionsmedizin nennen und beschreiben und eigene Lösungsansätze entwickeln.
- ❑ Sie können Unterschiede zwischen Sterbehilfe und Sterbebegleitung nennen und mithilfe von Beispielen erklären.
- ❑ Sie können Themen und Probleme der Gentechnik und der Wirtschaftsethik anführen und beurteilen.
- ❑ Sie können Probleme der angewandten Ethik im technologischen Zeitalter aufzeigen.

ZEITTAFEL

		Ideengeschichte	*Politische Geschichte*
ANTIKE (Ontologisches Paradigma)			
Vorsokratiker			
Thales	ca. 625–545	Anfang der Philosophie	Griechische Kolonisation
Pythagoras	ca. 580–500	Zahl als universelles Ordnungsprinzip	
Parmenides	ca. 540–480	Sein = Denken	
Heraklit	ca. 536–470	„Alles fließt"; Logos-Begriff als Weltgesetz	Perserkriege
Protagoras	480–410	„Mensch als Maß aller Dinge"; Sophistik	Zeitalter des Perikles
Demokrit	ca. 460–360	Atomistisches Weltmodell; Materialismus	
Griechische Klassik			
Sokrates	469–399	Mensch als sittliches Wesen; „Sokratische Methode" (Mäeutik)	Vormacht Spartas
Platon	428/427–348/347	Ideenlehre	
Aristoteles	384–322	Philosophie als Wissenschaft; Logik; Ethik; Höhepunkt des systematischen Denkens	Alexander der Große
Spätantike			
Skeptiker (z.B. Pyrrhon)	365–275	Relativismus in Moral und Erkenntnis	Hellenismus
Epikur	341–270	Maßvoller Genuss als höchstes Gut	
Stoa (z.B. Chrysippos)	280–209	Sittengesetz als Vernunftgesetz; Begierdefreier Seelenzustand (Ataraxia)	
Neuplatoniker (z.B. Plotin)	204–269	Religiöse Metaphysik; Emanationslehren	Christi Geburt Römisches Imperium
MITTELALTER			
Patristik			
Augustinus	354–430	Christlicher Platonismus und christliche Selbsterfahrung	Niedergang des röm. Reiches
Scholastik			
Anselm	1033–1109	Vermittlung von Wissen und Glauben; Ontologischer Gottesbeweis; Universalienstreit	Normannen in England
Thomas v. Aquin	1225–1274	Christlicher Aristotelismus; Doctor ecclesiae	Hochmittelalter, Kreuzzüge
Mystik			
Meister Eckhart	1260–1327	Religiöse Unmittelbarkeit durch mystisches Erleben	
PHILOSOPHIE DER NEUZEIT (Mentalistisches Paradigma)			
Rationalismus			
Descartes R.	1596–1650	Vater der neuzeitlichen Philosophie Rationalismus; „Cogito ergo sum"; Grundlegung der modernen Naturwissenschaften	Reformation 30-jähriger Krieg
Hobbes T.	1588–1679	Naturalismus; Lehre vom Staatsvertrag	
Spinoza B.	1632–1677	Pantheismus; Ethik more geometrico	
Leibniz G.W.	1646–1716	Monadenlehre, Grundlegung der Aufklärung; Mathesis universalis	
Englischer Empirismus			
Bacon F.	1561–1626	Begründer des Empirismus; Methode der Induktion	Aufstieg Englands
Locke J.	1632–1704	Begründer der Erkenntnistheorie; Sensualismus	
Hume D.	1711–1776	Kritischer Positivismus und Skeptizismus; Untersuchung zur Induktion und Kausalität	
Französische Aufklärung			
Voltaire F. M.	1694–1778	Vernunftprinzip und Fortschrittsidee	Französische Revolution
Rousseau J. J.	1712–1778	Kulturpessimismus: „Zurück zur Natur!"	
Deutscher Idealismus			
Kant I.	1724–1804	Transzendentalphilosophie; Kritik der reinen und der praktischen Vernunft; Kritik der Urteilskraft	
Fichte I. G.	1762–1814	Wissenschaftslehre als System der Freiheit	Herrschaft Napoleons
Hegel G. W. F.	1770–1831	Spekulative Geschichtsphilosophie; Dialektik; Höhepunkt der Philosophie als System	
Schelling F. W. J.	1775–1854	Identitätsmetaphysik, Romantik	Restauration
Idealismuskritik			
Schopenhauer A.	1788–1860	Welt als Wille und Vorstellung; Pessimistische Metaphysik des Irrationalen	Industrialisierung
Kierkegaard S.	1813–1855	Vorläufer der (christlichen) Existenzphilosophie	Bürgerliche Revolutionen
Feuerbach L.	1804–1872	Atheistische Anthropologie	1848
Marx K.	1818–1883	Historischer Materialismus; Kommunistisches Manifest; Philosophie als Weltveränderung; Anthropologie der Arbeit	Arbeiterbewegung

		Ideengeschichte	*Politische Geschichte*
NEUERE PHILOSOPHIE			
Vorläufer			
Dilthey W.	1833–1911	Grundlegung der Geisteswissenschaften; Philosophie der Geschichtlichkeit	Gründung des Deutschen Reiches
Nietzsche F.	1844–1900	Metaphysik der Endlichkeit; Allgemeine Kulturkritik; Lehre vom Übermenschen, vom Willen zur Macht und der Heraufkunft des Nihilismus	
Phänomenologie			
Husserl E.	1859–1938	Philosophie als strenge Wissenschaft der Wesensstrukturen und Bewusstseinsleistungen; Phänomenologie der Lebenswelt	1. Weltkrieg Russische Revolution
Scheler M.	1874–1928	Phänomenologie der Emotionen und der sittlichen Praxis (materiale Wertethik); Grundlegung der philosophischen Anthropologie	
Existenzphilosophie			
Marcel G.	1889–1973	Christlicher Existenzialismus	Faschismus
Jaspers K.	1883–1969	Existenzielles Erleben der Wahrheit im Angesicht der Transzendenz	2. Weltkrieg
Heidegger M.	1889–1973	Fundamentalontologie (Existenzanalyse) und Philosophie des Seins	Koreakrieg
Sartre J. P.	1905–1980	Existenzialismus als Humanismus: Der Mensch als absolute Freiheit	
Analytische Philosophie (Linguistisches Paradigma)			
Russell B.	1872–1970	Moderne Aufklärung durch logische Strenge	Kubakrise
Wittgenstein L.	1889–1951	„Sprachliche Wende“: Philosophie als Sprachkritik; Grundlegung der sprachanalytischen Philosophie	
Carnap R.	1891–1970	Logischer Neopositivismus; Theorien zur Induktion und Wahrscheinlichkeit	Vietnamkrieg
Popper K. R.	1902–1994	Kritischer Rationalismus; Falsifikationismus und Probabilismus; Die offene Gesellschaft	
Kritische Theorie			
Adorno T. W.	1903–1969	Dialektik der Aufklärung und Negative Dialektik	
Horkheimer M.	1895–1973	Einheit von Theorie und Praxis	
Anders G.	1902–1992	Kritik der Technik; Kampf gegen die atomare Bedrohung	Afghanistankrieg (UdSSR)
Habermas J.	1929	Sozialphilosophische Untersuchungen; Erkenntnis und Interesse; Theorie des kommunikativen Handelns	
Hermeneutik			
Gadamer H.-G.	1900–2002	Philosophie als sprachvermittelter Interpretationsprozess	
Apel K. O.	1922–2017	„Pragmatische Wende“; Prinzipien der Interpretationsgemeinschaft	Ölkrise
Neostrukturalismus			
Foucault M.	1926–1984	Analyse der Macht, des Wahnsinns und der Sexualität	
Derrida J.	1930–2004	Analyse von Sprache und Schrift	1. Golfkrieg (Iran–Irak)
Postmoderne Philosophie			
Lyotard J. F.	1924–1998	Das postmoderne Wissen	Fall der Berliner Mauer
Sloterdijk P.	1947	Globalisierung	
PHILOSOPHIE DER GEGENWART			
Feministische Philosophie			
Butler J.	1956	Analyse der Erzeugung von Geschlechterdifferenzen	2. Golfkrieg (USA/Verbündete–Irak)
Kristeva J.	1941	Repräsentation von Geschlecht, soziale Ungleichheit	Terroranschläge in den USA (9/11)
Probleme der angewandten Ethik			
Jonas H.	1903–1993	Verantwortung für zukünftige Generationen	Afghanistankrieg (USA–Taliban)
Birnbacher D.	1946	Fragen der Bio- und Medizinethik	Einführung des Euro als Währung
Politische Philosophie			
Rawls J.	1921–2002	Theorie der Gerechtigkeit	3. Golfkrieg (USA–Irak)
Nussbaum M.	1947	Das gute Leben, Egalitarismus	EU-Osterweiterung
Philosophie des Geistes/Neurophilosophie			
Libet B.	1916–2007	Willensfreiheit	
Searle J.	1932	Intentionalität	Finanz- und Wirtschaftskrise
Medienphilosophie			
McLuhan M.	1911–1980	Das Medium ist die Botschaft	
Virilio P.	1932	Geschwindigkeits- und Simulationstheorie	

Glossar

Begriffe

absolut: lat. „absolutus" = „losgelöst". Absolut heißt in der Philosophie das, was selbst nicht mehr begründungsbedürftig und begründungsfähig ist, unabhängig von allem anderen existieren kann. Gegensatz: relativ = „bezogen auf", also nicht unabhängig.

Abstraktion: von lat. „abstrahere" = „abziehen". Verfahren zur Gewinnung „abstrakter" Begriffe und das Ergebnis dieses Verfahrens. Im Prozess der Abstraktion wird bei einer Reihe von Gegenständen von Besonderheiten abgesehen (abstrahiert) und nur das ihnen allen zukommende Wesentliche, Allgemeine herausgearbeitet.

absurd: lat. „absurdus" = „misstönend". Urspr. das Sinn- und Vernunftwidrige (etwas „ad absurdum führen"). Im Existenzialismus wird das Dasein des Menschen selbst als „absurd", d. h. sinnlos, erfahren, aber in dieser Sinnlosigkeit bejaht.

Adäquationstheorie: Wahrheitstheorie, nach der Wahrheit in der Angleichung (adaequatio) des Denkens an die Gegenstände besteht.

Agnostizismus: von griech. „agnoein" = „nicht wissen". Philosophische Position, die die Erkennbarkeit von Transzendentem (z. B. Gott) für unmöglich hält.

Analogie: von griech. „analogos" = „übereinstimmend". In der Logik eine Schlussform, in der aus der Ähnlichkeit zweier Systeme in einem Bereich auf weitere Gemeinsamkeiten geschlossen wird. In der Philosophie des Mittelalters verstand man unter der „analogia entis" die beschränkte Ähnlichkeit und Übereinstimmung des Seienden mit Gott.

Analyse: griech. „Auflösung". Zergliederung eines Ganzen in seine Bestandteile.

Analytische Philosophie: Richtung in der Philosophie des 20. Jahrhunderts, vor allem in den angelsächsischen Ländern, die die Auffassung vertritt, dass die philosophischen Probleme durch die Analyse ihrer sprachlichen Darstellung geklärt werden können. Stark beeinflusst ist die Analytische Philosophie durch das Werk Ludwig Wittgensteins.

Anamnesis: griech. „Wiedererinnerung". Nach Platon hat die Seele des Menschen vorgeburtliche Erfahrungen gemacht, die Voraussetzung für die Erkenntnis sind.

Anschauungsformen: Nach Immanuel Kant bilden „Raum" und „Zeit" die Anschauungsformen, das heißt die Formen, in denen Erfahrung überhaupt erst möglich ist. Alle Erfahrung hat Raum und Zeit (ein Nebeneinander und ein Nacheinander) immer als Voraussetzung – die Anschauungsformen sind deshalb „a priori", d. h.: vor der Erfahrung.

An sich: In der Ontologie bedeutet „An-sich-Sein" die Ordnung der Dinge unabhängig von einem erkennenden Subjekt.

Anthropologie: griech. „Lehre vom Menschen". Seit dem 16. Jahrhundert üblich gewordener Begriff für die Lehre vom Wesen oder von der Natur des Menschen, vor allem in Abgrenzung zu anderen Formen des Lebendigen.

Anthropomorphismus: von griech. „anthropómorphos" = „menschengestaltig". Eine Übertragung menschlicher Eigenschaften und Verhaltensweisen auf nichtmenschliche Wesen (Götter z. B., aber auch Tiere).

Antinomie: griech. „gegen das Gesetz" – ein logischer Widerspruch zwischen zwei Aussagen, die gleichermaßen Gültigkeit beanspruchen.

Aporie: griech. „Weglosigkeit". Bezeichnung für eine Situation, in der es keinen logischen Ausweg mehr gibt.

a priori/a posteriori: lat. „vom Früheren her" bzw. „vom Späteren her". In der Erkenntnistheorie, vor allem bei Kant, heißt die Erkenntnis, die von aller Erfahrung unabhängig, also reine Vernunfterkenntnis ist, „a priori" (vor aller Erfahrung), die Erkenntnis jedoch, die Resultat von Erfahrung ist, „a posteriori" (nach der Erfahrung).

Ästhetik: griech. „aisthesis" = „sinnliche Wahrnehmung"; urspr. die Wissenschaft von den Formen der sinnlichen Erkenntnis, seit dem 18. Jahrhundert auch eine Theorie über die Bildung von Geschmacksurteilen, und eine Theorie der Schönheit und der schönen Künste. Der Begriff „Ästhetik" wird heute oft gleichbedeutend mit „Philosophie der Kunst" verwendet.

Ataraxie: griech. „Unverwirrbarkeit", „Gelassenheit". Für Epikur und die Stoa Ziel einer philosophischen Lebensweise.

Atheismus: griech. „átheos" = „ohne Gott". Philosophische Position, die die Existenz eines Gottes oder von Göttern negiert.

Aufklärung: allgemein jedes Bemühen, das die auf Vernunft gegründete Selbstständigkeit und Autonomie des Menschen anstrebt. Im 18. Jahrhundert philosophische und kulturelle Bewegung, die die Bevormundung des Menschen durch Kirche und Staat kritisiert und den „mündigen Bürger" fordert, für den die Vernunft die entscheidende Instanz sein sollte.

Aussage: Im logischen Sinn sind Aussagen Sätze, die man sinnvollerweise behaupten kann, d.h. deren Wahrheitsanspruch prinzipiell überprüfbar sein muss (im Gegensatz zu Fragesätzen, Befehlen u. Ä.).

Autonomie – Heteronomie: griech. „autonomía" = „Unabhängigkeit" und griech. „héteros nómos" = „abhängig von einer Fremdgesetzlichkeit".

Axiom: griech. „was für wichtig erachtet wird". In der Philosophie und Logik ein Grundsatz, der wegen seiner augenscheinlichen Richtigkeit (Evidenz) an die Spitze eines Begründungsverfahrens gestellt wird, selbst aber nicht weiter begründet werden kann.

Basis – Überbau: Begriffspaar aus der Philosophie des Marxismus (Historischen Materialismus), das die Wechselwirkung zwischen der materiellen (ökonomischen) Basis einer Gesellschaft und dem davon abhängigen geistigen (politischen, juristischen, religiösen und kulturellen) Überbau beschreibt.

Begriff: In einem Begriff wird das abstrakt Allgemeine, das einer konkreten Sache zukommt oder einer Reihe von Gegenständen gemeinsam ist, erfasst. (So fasst der Begriff „Tisch" zusammen, was allen nur denkbaren Tischen, ungeachtet ihrer besonderen Farbe und Gestalt, gemeinsam ist und sie zu „Tischen" macht.)

Bestätigung: In der Wissenschaftstheorie gelten Hypothesen, die durch vielfache Erfahrung immer wieder „bestätigt" wurden, als wahrscheinlicher und besser abgesichert als „unbestätigte".

Bewährung: von Popper in die Wissenschaftstheorie eingeführter Terminus: Eine Hypothese gilt als „bewährt", wenn sie zahlreichen Widerlegungs- (Falsifikations-) Versuchen standgehalten hat.

Beweis: Begründung einer Behauptung, das heißt die Einlösung eines Wahrheitsanspruchs durch Argumente, die jeder Kritik standhalten. Was als Beweis für eine Behauptung gilt, hängt vom wissenschaftstheoretischen und kulturellen Umfeld ab.

Bewusstsein: Im 17. Jahrhundert eingeführte Übersetzung von lat. „conscientia". Allgemein meint „Bewusstsein" die Fähigkeit des Menschen, sich etwas vorzustellen: Bewusstsein ist immer „Bewusstsein von etwas", es verfolgt also eine „Intention", hat eine „intentionale Struktur". Macht das Bewusstsein sich selbst zum Gegenstand, spricht man von „Selbstbewusstsein", in ihm erweist sich dann die „reflexive Struktur" des Bewusstseins.

Deduktion: Schluss von einer allgemeinen Aussage auf eine besondere mittels logischer Schlussregeln.

Definition: lat. „Umgrenzung". Im weitesten Sinn jede Art von Festsetzung des Gebrauchs von Worten, Zeichen und Begriffen, die Beschreibung ihrer Bedeutung. „Realdefinition": der Versuch, einen Gegenstand zu bestimmen. „Nominaldefinition": die Bedeutung einer Bezeichnung (eines Wortes) eingrenzen. (So wäre „Umgrenzung" die Nominaldefinition für „Definition", alles weitere Realdefinition.)

Deontologie: griech. „tò déon" = „das Erforderliche, die Pflicht". Disziplin der Ethik, die die logischen Strukturen von normativen Aussagen (Aussagen, die eine Pflicht einfordern) untersucht.

Determinismus – Indeterminismus: von lat. „determinare" = „abgrenzen, bestimmen". Gegensätzliche philosophische Positionen bezüglich der Frage, ob menschliches Handeln und Wollen den Naturgesetzen unterliegt (determiniert) oder völlig frei ist (nicht determiniert).

Dezisionismus: lat. „decisio" = eine durch ein Abkommen herbeigeführte Entscheidung. – In der Rechtsphilosophie eine Position, nach der die Geltung von Normen nicht auf letzte ethische Grundsätze zurückgeführt werden kann, sondern von Übereinkünften oder Machtverhältnissen abgeleitet wird.

Dialektik: griech „dialégein" = „Rede und Gegenrede führen". Die Logik des Widerspruchs als formales oder inhaltliches Prinzip des Philosophierens. Nach Hegel entsteht durch die Negation einer These eine Antithese, deren Negation wiederum eine Synthese von These und Antithese ergibt (dialektischer Dreischritt).

Dialektischer Materialismus: Philosophie des Marxismus; durch Marx, Engels und Lenin formuliert; sie beruht einerseits auf der Dialektik Hegels, wendet diese aber materialistisch: Nicht der Geist, sondern die Materie – im Bereich der menschlichen Gesellschaft die Ökonomie – ist das Prinzip, das allem zugrunde liegt und das sich nach den Gesetzen der Dialektik entwickelt.

Dialog: griech. „Gespräch"; philosophische Methode und Haltung, in deren Zentrum die ICH-DU-Beziehung steht, und in der das Gespräch, das eine wechselseitige Anerkennung voraussetzt, als Form der Auseinandersetzung und Methode der Wahrheitsfindung betont wird.

Dilemma: griech. „Doppelsatz"; urspr. eine Schlussfigur, heute allgemein eine (logische) Zwickmühle, die nur zwei unerwünschte Lösungen zulässt.

Ding an sich: Begriff aus der Philosophie Kants: Das „Ding an sich", die Wirklichkeit, wie sie objektiv ist, bleibt dem Menschen verborgen. Er kann sie nur wahrnehmen, wie sie seinen Sinnen und dem Verstand erscheint.

Diskurs: lat., eigentlich das „Hin- und Herlaufen". In der kommunikationstheoretischen Philosophie Form des argumentativen Überprüfens von Geltungsansprüchen normativer Sätze. In der französischen neostrukturalistischen Philosophie versteht man unter „Diskurs" auch die gesamte Art und Weise, wie in einer Gesellschaft ein Problem theoretisch bewältigt wird (z.B. „Diskurs der Macht").

Dualismus: von lat. „dualis" = „zweifach". Bezeichnung für philosophische Lehren, die davon ausgehen, dass Welt und Kosmos von zwei Prinzipien beherrscht und durchdrungen sind (Gut und Böse, Materie und Geist, Leib und Seele, Licht und Finsternis etc.).

Empirismus: griech. „empeiría" = „Erfahrung". Erkenntnistheoretische Position, die die sinnliche Erfahrung als einzige Quelle der Erkenntnis zulässt.

Entfremdung: allgemein Bezeichnung für einen Zustand, in dem eine organisch gedachte Beziehung zwischen Mensch und Mensch, Mensch und Natur, auch Mensch und Gott, verzerrt oder in ihr Gegenteil verkehrt worden ist. Bei Marx bezeichnet „Entfremdung" vor allem die Tatsache, dass in der bürgerlichen Gesellschaft der Arbeiter dem Produkt seiner Arbeit, und damit seiner Tätigkeit selbst, entfremdet wird.

Entwurf: Begriff aus der Existenzphilosophie: Nach Sartre existiert der Mensch als „Entwurf" seiner selbst.

Erkenntnistheorie: philosophische Disziplin, die sich mit den Fragen nach den Möglichkeiten und Grenzen, Zielen und Methoden menschlichen Erkennens beschäftigt.

Erklärung: in der Erkenntnistheorie Rückführung einer Aussage auf Gesetzmäßigkeiten bzw. auf Theorien.

Eros: griech. „(sinnliche) Liebe". Für Platon ist die sinnliche Liebe die Voraussetzung, um zur höchsten Form der Liebe, der „Liebe zur Idee des Schönen an sich", die mit der Wahrheit und dem Guten zusammenfällt, zu gelangen.

Essenz: lat. „essentia" = „das Wesentliche". In der scholastischen Philosophie „das, wodurch etwas ist, was es ist" – sein Wesen, sein Prinzip.

Ethik: griech. „ethos" = „Gewohnheit, Sitte". Meist gleichbedeutend mit „Moralphilosophie" gebraucht. Disziplin der Philosophie, die die Begründbarkeit, Argumentierbarkeit und die Rechtfertigungsmöglichkeiten moralischer Gebote, Verbote, Normen und Regeln untersucht.

Eudaimonia: griech. „Glückseligkeit". Nach Aristoteles Ziel menschlichen Handelns, das erreicht ist, wenn man seinen Tauglichkeiten gemäß handelt. Als vernunftbegabtes Wesen findet der Mensch allerdings im Leben, das sich der reinen Theorie widmet, die höchste Glückseligkeit.

Evidenz: lat. „evidentia" = „Ersichtlichkeit". Evidente Wahrheiten sind solche, die unmittelbar einsichtig sind und nicht weiter begründet werden können oder müssen.

Evolution: von lat. „evolvere" = „sich aus etwas herauswickeln". Allgemein Bezeichnung für kontinuierliche Entwicklungsprozesse im Gegensatz zu sprunghaften Entwicklungssprüngen („Revolution"). In der Biologie Theorie über die Entstehung der Arten durch Variation, Selektion und Mutation.

Existenz: von lat. „exsistere" = „hervortreten". Dasein, Leben, Vorhandensein des Seienden, in der Existenzphilosophie die spezifische Seinsweise des Menschen. Für Sartre geht die „Existenz" (dass der Mensch ist) seiner „Essenz" (was er ist) voraus.

Existenzialismus: Richtung in der Philosophie des 20. Jahrhunderts, die, ausgehend von „existenziellen Grunderfahrungen" des Menschen wie Leid, Angst, Krankheit, Tod, Erfahrung von der Sinnlosigkeit des Daseins, eine „Philosophie der Tat" zu entwerfen versucht: Der Mensch muss sich diesen Erfahrungen stellen. Während in Deutschland diese Existenzphilosophie durch Heidegger und vor allem Jaspers formuliert wurde, waren es im französischen Existenzialismus Camus und Sartre, die radikaler das Absurde bzw. den Ekel als existenzielle Grunderfahrungen beschrieben.

Fallibilismus: von lat. „fallere" = „sich irren, sich täuschen". In der Wissenschaftstheorie gelten Sätze und Hypothesen als „fallibel", als prinzipiell widerlegbar, wenn sie nicht endgültig verifiziert werden können. Letztlich trifft dies auf alle induktiv gewonnenen Sätze zu. Nach Popper müssen wissenschaftliche Aussagen sogar prinzipiell fallibel (falsifizierbar) sein.

Falsifikation: von lat. „falsus" = „falsch". In der Wissenschaftstheorie gelten allgemeine Sätze oder Hypothesen als „falsifiziert" (ihrer Falschheit überführt), wenn sie durch stichhaltige Gegenbeispiele, die auch durch Zusatzhypothesen nicht erklärt werden können, widerlegt sind.

Freiheit: Begriff aus der praktischen Philosophie, der meistens in drei Weisen bestimmt wird: als „Wahlfreiheit" (Fähigkeit, zwischen Alternativen zu wählen), „Handlungsfreiheit" (Möglichkeit der Handlung ohne äußeren, z. B. politischen, Zwang) und „Willensfreiheit" (Fähigkeit zur Selbstbestimmung und damit zur Verantwortung).

Geist: in der Philosophie der Materie entgegengesetztes allgemeines Prinzip, dann die Einheit des Vorstellens, Denkens und Wollens beim Individuum. Produkte menschlicher „geistiger" Anstrengung (Kunstwerke, Theorien etc.) werden auch als „objektivierter Geist" bezeichnet.

Geschichtsphilosophie: Der Begriff selbst geht auf Voltaire zurück und umreißt zwei Formen einer Auseinandersetzung mit Geschichte: die „Deutung" der Geschichte (Frage nach Ursachen, Kräften, Zielen) und die Theorie und Methodologie der Geschichtswissenschaften.

Gesellschaftsvertrag: sozialpolitische Theorie des 17. und 18. Jahrhunderts, die zur Erklärung und Legitimation von Herrschaftsformen einen ursprünglichen, fiktiven Vertragsabschluss annahm, durch den die einzelnen Individuen zum allgemeinen Wohl auf Teile ihrer Rechte zugunsten eines Souveräns (Herrschers) verzichtet haben sollen.

Gottesbeweis: Argumentation, die rein rational, d.h. für alle nachvollziehbar, die Existenz Gottes als logische Denknotwendigkeit zeigen will.

Grund: in der Ontologie und Metaphysik das, von dem das Seiende abhängt, ohne das es nicht sein kann. Heute allgemein die Aussagen, die notwendig sind, um eine Hypothese oder Theorie zu stützen.

Hedonismus: griech. „hedoné" = „Lust". Ethische Position, nach der die Vermeidung von Unlust und/oder die Maximierung von Lust oberstes Kriterium des Handelns sein soll.

Hermeneutik: von griech. „hermeneúein" = „auslegen, erklären, übersetzen". Die Kunst und Theorie der Auslegung und Deutung von Texten, Kunstwerken, aber auch Handlungen. Um etwas deuten zu können, zu verstehen, muss aber immer schon ein Vorverständnis vorausgesetzt sein (= „hermeneutischer Zirkel").

Heuristik: von griech. „heurískein" = „finden, entdecken". In der Wissenschaftstheorie Lehre von den Verfahren, mit denen man Probleme lösen kann.

Hypothese: griech. „hypóthesis" = „die Unterlage, die Unterstellung". In der Wissenschaftstheorie bezeichnet man damit Sätze, deren Wahrheit noch nicht feststeht, die aber vorläufig als wahr betrachtet werden.

Idealismus: letztlich auf Platon zurückgehende philosophische Grundposition, die die sichtbare Welt als Abbild einer intelligiblen, „idealen" Welt interpretiert und den „Ideen" im Sinne von geistigen Wesenheiten Priorität gegenüber der materiellen Welt einräumt.

Idee: griech. „idéa" = „Erscheinung, Form, Gestalt, Bild". Vieldeutiger Begriff, in der Philosophie meint „Idee" meistens das „Wesen", den „Begriff", das „Substanzielle" einer Sache.

Identität: von lat. „idem" = „derselbe/dasselbe". Vollkommene Gleichheit oder Übereinstimmung in Bezug auf Dinge oder Personen. In der Logik ist ein Gegenstand mit sich selbst und nur mit sich selbst „identisch" (A=A).

Ideologie: griech., eigentlich: „Lehre von den Ideen". In der Philosophie und Politikwissenschaft meist in der Bedeutung von „verzerrtes Wissen", propagandistisch zurechtgerückte und damit die Wahrheit verfälschende „Weltanschauung". Marx definiert Ideologie als „falsches Bewusstsein".

Imperativ: von lat. „imperare" = „befehlen". In der Ethik Handlungsanweisung, die entweder ohne jede Einschränkung („unbedingt") oder mit Einschränkung („bedingt") gelten soll.

Induktion: lat. „das Hineinführen". In der Wissenschaftstheorie bezeichnet man damit den Schluss von einer endlichen Menge von Beobachtungen auf eine allgemeingültige Aussage.

Intuition: lat. „Schau". Unvermitteltes, unmittelbares und vollständiges Erfassen eines Gegenstandes oder eines Zusammenhanges, wobei die so gewonnene Erkenntnis keiner weiteren Begründung mehr bedar f. Sie ist dadurch für andere allerdings nicht nachvollziehbar, wohl aber überprüfbar.

Irrationalismus (irrational = unvernünftig): Philosophische Position, die annimmt, dass es Bereiche gibt, die prinzipiell dem Verstand nicht zugänglich sind (Glaube, Gefühl, Intuition u. Ä.).

Kalkül: von lat. „calculus" = „Rechenstein". Mechanische Berechnungs- und Schlussverfahren, die keine inhaltliche Komponente aufweisen und letztlich automatisierbar sind. So lassen sich z.B. die Arithmetik und die Aussagenlogik als „Kalkül" darstellen.

Kasuistik: von lat. „casus" = „Fall, Vorkommnis". In der Rechtsphilosophie die Anwendung allgemeiner Normen auf Einzelfälle, um Handlungen einzuordnen und beurteilen zu können.

Kategorie: griech. „Aussage". Grundbegriff der Erkenntnistheorie zur Bezeichnung der allgemeinsten und grundlegendsten Elemente der Erkenntnis – das, was letztlich von einer Sache, will sie erkannt werden, ausgesagt werden muss. Nach Kant gibt es vier Gruppen von Kategorien: die der Qualität, Quantität, Relation und Modalität.

Kausalität: lat. „Ursächlichkeit". Bezeichnung für jedes allgemeine Verhältnis zwischen Ursache und Wirkung, die auf der Auffassung basiert, dass „nichts ohne Grund geschieht" (Satz vom zureichenden Grund). Heute spricht man weniger von einfachen „Ursache-Wirkungs-Verhältnissen" als vielmehr von „vernetzten Kausalitäten" (Wechselwirkungen).

Konsenstheorie: Wahrheitstheorie, nach der der erzielte Konsens, die sachliche Übereinstimmung aller Argumentierenden, Kriterium für die Geltung einer Aussage sein soll.

Kontingenz: lat. „Zufall". In der Philosophie Bezeichnung für den Zufall im Gegensatz zur Notwendigkeit. In der Logik ist eine kontingente Aussage eine solche, die wahr sein kann, aber nicht notwendig wahr sein muss.

Korrespondenztheorie: Wahrheitstheorie, die als Kriterium für die Wahrheit die Übereinstimmung („Korrespondenz") zwischen einer Aussage oder Theorie und dem behaupteten Sachverhalt ansieht. Ähnlich argumentiert die Adäquationstheorie.

Kosmos: griech. „Schmuck, Ordnung". In der griechischen Philosophie Bezeichnung für jede Form zweckgegliederter Ordnung, in der Naturphilosophie (Kosmologie) Lehre von der Harmonie und Ordnung des Weltalls. (Gegensatz: Chaos)

Kritik: griech. „kritiké (téchne)" = „(Kunst der) Beurteilung". In der Philosophie eine Methode, jeden Wahrheitsanspruch unter Einsatz der Vernunft auf seine Berechtigung hin zu überprüfen.

Kritischer Rationalismus: philosophische Richtung im 20. Jahrhundert, von Karl Popper begründet, die davon ausgeht, dass es kein sicheres Wissen gibt, sondern nur Vermutungswissen, das ständig, auch in den exakten Wissenschaften, kritisch überprüft werden muss.

Kritische Theorie: philosophische Richtung im 20. Jahrhundert, ausgehend vom Frankfurter Institut für Sozialforschung (Horkheimer, Adorno, Marcuse = Frankfurter Schule), die die Hauptaufgabe der Philosophie in einer kritischen Analyse der bürgerlich-kapitalistischen Gesellschaft sieht, wobei besonderes Augenmerk auf die Vereinnahmung von Kunst und Kultur durch ökonomische Interessen gelegt wird (Kritik der Kulturindustrie).

Lebensphilosophie: Sammelbezeichnung für verschiedene Strömungen in der Philosophie des 19. und 20. Jahrhunderts, die gegen die selbstgewissen Ansprüche des Rationalismus das „Leben" (Gefühle, Triebe, Intuitionen, Wachstum) als eigentliche schöpferische Kraft setzen.

Legalität: in der Rechtsphilosophie Bezeichnung für politische Akte, die gegen keine gültigen Verfahren und Gesetze verstoßen.

Legitimität: In der Rechtsphilosophie gilt eine politische Handlung oder Herrschaftsform als „legitim", wenn sie auf ihre ethisch-moralische Rechtfertigung hin überprüft worden ist. Legale Handlungen können so dennoch illegitim sein.

Letztbegründung: Bezeichnung für eine besondere Form von Begründung, wie sie vor allem in der Ethik und Wissenschaftstheorie gefordert wird. Eine Aussage oder Aufforderung heißt „letztbegründet", wenn sie so begründet werden konnte, dass die Forderung nach einer weiteren Begründung nicht mehr sinnvoll erscheinen kann.

Logik: griech. „logiké téchne" = „Kunst des Denkens". Im umfassenden Sinn die Lehre vom korrekten Denken und Argumentieren, vor allem vom folgerichtigen Schlussfolgern. Man spricht aber auch von der „Logik einer Sache", wenn man die Gesamtheit ihrer Gesetzmäßigkeiten damit meint (z.B. Logik der Forschung). Die formale oder mathematische Logik (oft auch „Logistik" genannt) beschäftigt sich mit der reinen Form von Aussagen – oder anderen symbolischen Systemen bzw. mit deren Formalisierbarkeit.

Logos: griech. „Wort, Berechnung, Lehre, Vernunft". Wichtiger Begriff der griechischen Philosophie, der sowohl die vernünftige Rede als auch ein allgemeines, ordnendes und schöpferisches, letztlich kosmisches Prinzip bedeuten kann.

Mäeutik: von griech. „maieutiké (téchne)" = „Hebammenkunst". Der Begriff geht auf Sokrates zurück und bezeichnet ein pädagogisches Verfahren, das davon ausgeht, dass das eigentliche Wissen im Menschen immer schon vorhanden ist, aber durch einen Lehrer (den Geburtshelfer) durch geschickte Fragen aktiviert werden muss.

Marxismus: Sammelbezeichnung für die Lehren von Marx, Engels und ihrer Nachfolger. Gemeinsam ist den verschiedenen Strömungen des Marxismus die Kritik an der bürgerlichen Gesellschaft und eine materialistische Dialektik als philosophische Methode.

Materialismus: Mit diesem Begriff wird seit dem 18. Jahrhundert eine eigentlich seit der Antike bekannte philosophische Position bezeichnet, die in der „Materie" das Primäre, Bestimmende, letztlich Ewige sieht und im „Geist" etwas Sekundäres, Abgeleitetes, Temporäres.

Materie: lat. „materia" = „Stoff, Ursache", eigentl. „Nutzholz, Material". In der Naturphilosophie Bezeichnung für jenen unveränderlichen und unvergänglichen „Urstoff", aus dem alles zusammengesetzt sein soll und aus dem die verschiedenen Erscheinungsweisen von Materie – des Seienden – geformt sein sollen.

Maxime: „oberster Grundsatz", „oberste Regel"; seit dem Mittelalter gebräuchlicher Begriff für „Lebensregel".

Metaethik: von griech. „meta" = „nach", „über" und „ethos". Gegenstand der Metaethik, einer Betrachtungsweise also, die eine Stufe nach oder über der Ethik steht, ist die kritische Analyse ethischer Sätze, Urteile und Begründungen.

Metaphysik: von griech. „metá" = „nach", „über" und „physis" = „Natur". Nach einer gebräuchlichen Aristoteles-Ausgabe des Andronikos von Rhodos waren die Schriften allgemein philosophischen Inhalts nach denen naturwissenschaftlichen Inhalts geordnet. Im weiteren Sinn wird unter Metaphysik eine Grunddisziplin der Philosophie verstanden, die sich mit den Grundprinzipien des Seins und seinen ersten Gründen beschäftigt bzw. nach dem Sinn von Sein fragt.

Metasprache: Im Unterschied zu „Objektsprache", der Sprache, mit der über Objekte gesprochen wird, bezeichnet die „Metasprache" die Sprache, mit der über die Objektsprache gesprochen bzw. diese analysiert werden kann.

Methode: griech. „Weg, um etwas zu erreichen". Im Allgemeinen ein planmäßiges Verfahren zur Lösung bestimmter Probleme, das nach einiger Übung auch als Technik beherrscht und vermittelt werden kann.

Monade: griech. „monás" = „Einheit" – das Einfache, das Unteilbare. Nach Euklid ist die Monade dasjenige, wodurch jeder existierende Gegenstand als Einzelnes und Individuelles begrifflich fassbar wird. Nach Leibniz sind die Monaden letzte individuelle Kraftzentren, aus denen alles aufgebaut ist.

Monismus: von griech. „mónos" = „einzig, allein". Jede philosophische Auffassung, die die Welt aus einem Stoff oder einem Prinzip aufgebaut denkt (Gegensatz: Dualismus bzw. Pluralismus).

Monotheismus: religiös-theologische Position, die davon ausgeht, dass es nur einen Gott gibt, der zwar als Person, aber von der Welt, seiner Schöpfung, getrennt gedacht wird.

Moralität: lat. „moralis" = „die Sitten betreffend". Allgemeine Bezeichnung für alle Motive und Handlungen, die auf die Realisierung moralischer Werte abzielen bzw. dadurch begründet sind.

Mystik: von griech. „myein" = „sich (die Lippen und Augen) schließen". Bezeichnung für Erfahrungen des Transzendenten, die weder rational (durch Sehen und Sprechen) strukturiert noch rational erklärbar sein sollen. Im Mittelpunkt der christlichen Mystik steht die „unio mystica", die ekstatische und visionäre Vereinigung der Seele mit Gott.

Mythos: griech. „Rede, Erzählung". Mythen erzählen meist von anthropomorphen (menschenähnlichen) Göttern, personalisierten Naturerscheinungen, beispielhaft überhöhten historischen Ereignissen und liefern damit auf einer vorrationalen Ebene Erklärungen für Naturereignisse, die Entstehung der Welt u. Ä. wie auch verbindliche und vorbildliche Handlungsanweisungen für sittliches und politischesVerhalten.

Naturphilosophie: Zweig der Philosophie, der sich mit der Deutung der Natur und den Möglichkeiten ihrer Erkenntnis auseinandersetzt. Zentrale Probleme der Naturphilosophie sind das Verhältnis von Mensch – Natur bzw. von Geist – Materie und die Fragen nach Raum und Zeit.

Naturrecht: Bezeichnung für eine Reihe von rechtsphilosophischen Positionen, denen gemeinsam ist, dass sie das geltende Recht auf ein „natürliches" Recht zurückführen, das aus der unveränderlich gedachten Natur des Menschen abgeleitet werden soll.

Nihilismus: lat. „nihil" = „nichts". Philosophischer Terminus, der eine Position bezeichnet, die kein „nichts", d.h. keine göttlichen oder menschlichen Autoritäten, als absolut oder feststehend anerkennt und davon ausgeht, dass es keine allgemeingültigen Werte, Normen oder vorfindbaren Sinnstrukturen gibt.

Nominalismus: von lat. „nomen" = „Name". Im Mittelalter eine philosophische Richtung im so genannten Universalienstreit, die davon ausgeht, dass nur Individuen, aber nicht den Begriffen oder Ideen Existenz, also Wirklichkeit, zukomme. (Gegenstandpunkt: Realismus)

Norm: lat. „Regel", „Muster", „Vorschrift". In der Moralphilosophie ein genereller Imperativ, der die Menschen zu bestimmten moralisch erwünschten Handlungen auffordert.

Nous: griech. „Geist", „Vernunft". In der antiken Philosophie der denkende und unsterbliche Teil der menschlichen Seele wie auch die allgemein gültige Vernunft, gedacht als Prinzip des Kosmos.

Objektivität: in der Wissenschaftstheorie die Forderung, dass wissenschaftliche Aussagen subjektunabhängig, d.h. intersubjektiv im Sinne von: durch jedermann überprüfbar, sein sollen.

Ontologie: von griech. „ón" = „seiend". Die allgemeine Lehre vom Sein bzw. dem Seienden, sofern diesem Wirklichkeit zugesprochen werden kann und es dem menschlichen Geist zugänglich erscheint.

Pantheismus: griech. „All-Gott-Lehre". Theologisch-philosophische Position, nach der Gott in allen Dingen der Welt existiert, nicht von der Welt getrennt ist.

Paradigma: griech. „Beispiel". In der neueren Wissenschaftstheorie bezeichnet man damit die grundlegenden Auffassungen und Vorstellungen, die eine wissenschaftliche Epoche prägen und ihr zugrunde liegen (z.B. das „Paradigma" des ptolemäischen bzw. des kopernikanischen Weltbildes).

Patristische Philosophie, auch: Patristik: von lat. „patres" = „Väter". Bezeichnung für die Philosophie der Kirchenväter im frühen Mittelalter, vor allem Boethius und Augustinus.

Person: lat. „persona" = „Maske eines Schauspielers". In der neuzeitlichen Philosophie wird damit vor allem die Identität des Menschen, seine unverwechselbare Subjektivität, verstanden.

Pflicht: In der Moralphilosophie, vor allem Kants, gelten nicht Anordnungen von außen (Staat, Autorität) als verpflichtend, sondern nur solche Aufforderungen, deren Verbindlichkeitsanspruch von der Vernunft als objektiv notwendig eingesehen und begründet werden kann.

Phänomenologie: von griech. „phainomenon" = „das Erscheinende". Bezeichnung für eine philosophische Richtung des 20. Jahrhunderts, die durch Edmund Husserl begründet wurde. Die Phänomenologie verzichtet darauf, Dinge „an sich" zu erkennen, sondern analysiert, wie die verschiedenen Dinge dem menschlichen Bewusstsein erscheinen.

Polytheismus: von griech. „polys" = „viel" und „theós" = „Gott". Glaube an eine Vielzahl männlicher und weiblicher Gottheiten und Götter.

Positivismus: wissenschaftstheoretische Position, die, im Gegensatz zum Rationalismus, davon ausgeht, dass das positiv Gegebene – die wahrnehmbaren Fakten – Grundlage der Erkenntnis sein muss. Der Logische Positivismus des Wiener Kreises legte darüber hinaus großen Wert auf die korrekte logische Verknüpfung der Tatsachenaussagen und versuchte dafür eine logisch eindeutige Wissenschaftssprache zu konstruieren.

Postulat: lat. „Forderung". In der Philosophie seit Kant Annahmen, die aus Vernunftgründen gemacht werden müssen, ohne dass sie im strengen Sinn beweisbar wären.

Pragmatismus: von griech. „pragma" = „Handlung". Im späten 19. Jahrhundert in Amerika entstandene philosophische Richtung (Charles Pierce, William James, John Dewey), die die Wahrheit oder Gültigkeit von Aussagen nach ihrem praktischen Erfolg für die Menschen bewertet und ermittelt: Wahr und gut ist, was Erfolg hat.

Prämisse: von lat. „praemittere" = „vorausgehen lassen". In der logischen Argumentation akzeptierte Aussage, deren Wahrheit für die weiteren Schlussfolgerungen vorausgesetzt werden kann.

Prästabilierte Harmonie: „vorherbestimmte Harmonie". Modell von Leibniz zur Lösung des Leib-Seele-Problems. Nach Leibniz sind Leib und Seele zwar getrennt, verhalten sich aber harmonisch, wie zwei vollkommen synchrone Uhren.

Praxis: griech. „prássein" = „Handeln". Allgemeines Handeln im sozialen und politischen Bereich, im Gegensatz zu Denken (Theoria) und Herstellen bzw. Arbeit (Poiesis).

Prinzip: lat. „principium" = „Anfang, Ursprung, Grundlage". Heute meist im Sinn von allgemeinen methodischen oder ethischen Grundsätzen verwendet.

Problem: griech. „Aufgabe, Streitfrage". In der Philosophie das, was mit dem zur Verfügung stehenden Wissen nicht gelöst werden kann: Ausgangspunkt des Fragens und Forschens.

Rationalismus: von lat. „ratio" = „Vernunft, Verstand". Erkenntnistheoretische Position, die davon ausgeht, dass die Vernunft Voraussetzung und Bedingung aller Erkenntnis ist und nicht Resultat von Erfahrung. Im „metaphysischen Rationalismus" wird auch die Vernunft („lógos") als Prinzip der Welt begriffen.

Realismus: von lat. „res" = „Ding, Sache". In der Philosophie allgemein der Standpunkt, der von einer objektiven, vom Subjekt unabhängigen, erfahrbaren Wirklichkeit („Realität") ausgeht. In der mittelalterlichen Philosophie verstand man unter „Realismus" die Annahme, dass den Allgemeinbegriffen (Universalien, Ideen) eine eigenständige „Realität" zukomme, dass sie nicht Ergebnis eines Abstraktionsprozesses seien (Gegenstandpunkt: Nominalismus).

Rechtsphilosophie: Disziplin der praktischen Philosophie, die die ethischen und logischen Grundlagen des Rechts, der Rechtsordnungen und Rechtsvorschriften erforscht bzw. deren vernünftige Argumentierbarkeit untersucht. Sie befasst sich also mit dem Wesen, der Herkunft, der Begründbarkeit, dem Sinn und Zweck von Recht.

Reduktion: lat. „Zurückführung". Rückführung eines komplexen Tatbestandes auf einfache Ursachen. Dabei ist allerdings die Gefahr eines „reduktionistischen Fehlschlusses", der unzulässig vereinfacht, zu beachten.

Reflexion: lat. „Beugung", „Umkehrung". In der Philosophie das kritische Überprüfen eines Sachverhalts oder einer Behauptung, vor allem auch das Überprüfen der eigenen Denkvoraussetzungen.

Religionsphilosophie: Disziplin der Philosophie, die sich mit den Erscheinungsformen, den Wahrheitsansprüchen und sozialpolitischen Funktionen von Religionen beschäftigt. Vor allem im Zusammenhang mit der gesellschaftlichen Funktion von Religion kann Religionsphilosophie auch zur Religionskritik werden.

res cogitans / res extensa: lat. „denkende Substanz / ausgedehnte Substanz". Begriffspaar, das von Descartes eingeführt wurde und die Annahme bezeichnet, dass es zwei völlig getrennte Substanzen – Geist und Materie – gibt, die voneinander nicht ableitbar sind.

Säkularisation: von lat. „saeculum" = „Jahrhundert". Begriff aus der Kirchensprache und Religionsphilosophie, der die „Verweltlichung" religiöser oder theologischer Inhalte durch naturwissenschaftliche und vernunftbegründete Aussagen bedeutet (z. B. Ersetzung des Schöpfungsmythos durch die Evolutionstheorie).

Schein: in der Philosophie Gegensatz zu „Sein" im Sinne von „Scheinbarkeit" oder „Täuschung". Im Bereich der Ästhetik wird „Schein" im Sinne von „Scheinhaftigkeit" („Fiktionalität") im Gegensatz zur „Faktizität" der erscheinenden Welt gebraucht.

Scholastik: mittellat. „Schulwissenschaft". Bezeichnung für die philosophisch-theologischen Lehren des Mittelalters. Die scholastische Philosophie, die sich als „Magd der Theologie" („ancilla theologiae") verstand, ist einerseits orientiert an den religiösen und philosophischen Autoritäten (Bibel, Kirchenväter, Aristoteles), andererseits gekennzeichnet durch eine differenzierte Arbeit an der Logik als dem System des Denkens. Zentrales Problem der Scholastik war dann auch die Frage nach dem Verhältnis von Glaubens- und Vernunftwahrheit.

Sein: zentraler Begriff der Philosophie. Die Frage nach dem Sein ist für viele Philosoph/innen gleichbedeutend mit der Frage nach dem Wesen des Seienden, mit der Grundfrage, warum überhaupt etwas ist, und nicht vielmehr nichts. Die philosophische Disziplin, die diesen Fragen nach dem Sein nachgeht, ist die Ontologie.

Semantik: von griech. „semantikós" = „bezeichnend, bedeutend". Teilgebiet der Sprachwissenschaft bzw. Sprachphilosophie, das untersucht, wie die Bedeutung von Wörtern, Sätzen, Begriffen und Texten zustande kommt.

Semiotik: griech. „semiotikós" = „zum Bezeichnen gehörend". Theorie der Zeichen, die die Entstehung, den Aufbau, die Verwendung und Wirkung von sprachlichen und nichtsprachlichen Zeichen und Zeichensystemen untersucht.

Sinn: in der Philosophie die erkennbare Bedeutung eines Zeichens oder einer Handlung, die oft erst deutlich wird, wenn man nach dem Zweck, nach der Funktion, die ein Zeichen oder eine Handlung in einem größeren Zusammenhang einnimmt, fragt. Die Frage nach dem Zweck oder der Zweckmäßigkeit von Seiendem stellt sich auch die Teleologie.

Sinnkriterium: Für die Wissenschaftstheorie gelten nur solche Aussagen als „sinnvoll", die prinzipiell verifiziert bzw. falsifiziert werden können, also an der empirischen Realität überprüfbar sind.

Sittlichkeit: in der Philosophie die Gesamtheit der moralischen Verpflichtungen, die ein Mensch sich selbst gegenüber, anderen Menschen und – nach neuerer Überlegung – auch der Natur gegenüber hat. Kennzeichen der Sittlichkeit ist, zumindest nach Kant, der gute Wille, das Handeln aus moralischen Beweggründen, also das Bestreben, prinzipiell, nicht aus Angst vor dem Gesetz z. B., das Gute zu wollen und Böses zu vermeiden, wobei noch offen bleibt, wie Gut und Böse inhaltlich genauer definiert sind.

Skeptizismus: griech. „skepsis" = „Zurückhaltung, Zweifel". Philosophische Position, die Wahrheitsansprüchen aller Art mit Zurückhaltung, Zweifel und prinzipieller Vorsicht gegenübersteht.

Solipsismus: von lat. „solus" = „allein" und „ipse" = „selbst". Radikale erkenntnistheoretische Position, die nur das eigene Bewusstsein gelten lässt und alles Übrige, die gesamte Außenwelt, zu Vorstellungen des Bewusstseins erklärt. Im Bereich der Ethik lässt der Solipsismus nur das eigene Selbst als Wert gelten und die Selbststeigerung als einziges Handlungsziel, ähnlich dem etwas abgeschwächten „Egoismus".

Sophistik: von griech. „sophós" = „weise". Strömung in der griechischen Philosophie (5./4.Jh. v. Chr.). Die Sophisten waren professionelle Wanderlehrer, die vor allem Grundkenntnisse der Rhetorik und Ethik gegen Bezahlung vermittelten. Oft vertraten sie relativistische oder skeptizistische Positionen.

Spekulation: von lat. „speculare" = „schauen, betrachten" oder zu lat. „speculum" = „Spiegel". In der Philosophie, besonders bei Hegel, ein methodisches Denken, das sich in den Begriffen selbst fortbewegen will.

Sprachphilosophie: Disziplin der Philosophie, die sich mit dem Ursprung und dem Wesen, der sozialen, geistigen und kulturellen Bedeutung und dem Aufbau, der Struktur, der Leistungsfähigkeit und den Grenzen von Sprachen beschäftigt. Ein zentrales Problem dabei ist das Verhältnis von Sprache, Denken und Erkenntnismöglichkeit.

Sprachspiel: von Wittgenstein eingeführter Terminus, der darauf verweist, dass Sprachen nach „Spielregeln" funktionieren, die beherrscht werden müssen, und dass das „Spielen" verschiedener „Sprachen" (Alltagssprachen, Wissenschaftssprachen etc.) verschiedene Lebensformen zur Folge hat.

Sprechakt: von Austin eingeführter Terminus, der darauf verweist, dass jede sprachliche Äußerung immer auch schon eine soziale Handlung, einen Akt beinhaltet.

Staatsphilosophie: Disziplin der politischen Philosophie, der es um die Frage nach dem Wesen, dem Aufbau und der Struktur, dem Wert, der Begründbarkeit und der Rechtfertigung des Staates als spezifischer Organisationsform menschlichen Zusammenlebens geht.

Stoa: um 300 v. Chr. durch Zenon gegründete Philosophenschule, in deren Zentrum die Forderung nach einem Leben in Einheit mit sich und der Natur steht, wobei die Befreiung von den Affekten und Leidenschaften zu der erwünschten unerschütterlichen Ruhe und Gelassenheit („Ataraxie") führen soll.

Strukturalismus: lat. „structura" = „Ordnung, Bau, Satzbau". Bezeichnung für eine wissenschaftliche Methode, der es um die Beschreibung und Analyse von Strukturen geht, wobei Struktur allgemein definiert ist als eine Menge von Elementen, zwischen denen bestimmte Beziehungen herrschen. In der Philosophie eine vor allem in Frankreich erfolgreiche Denkrichtung, die bei der Analyse von Sprache, Kultur oder Gesellschaft den Hauptakzent auf die allgemeine Struktur im Gegensatz etwa zu Einzelheiten oder einfachen Kausalbeziehungen legt.

Subjektivität: lat. „subjectum" = „das Zugrundeliegende". In der Philosophie vor allem erkenntnistheoretischer Begriff, der die Wurzeln des Erkennens in den Bereich des Subjekts legt: Das Subjekt, sein Wahrnehmen, Empfinden, Denken konstituiert erst die Welt.

Substanz: von lat. „substare" = „standhalten". In der Philosophie das Wesentliche, Beharrende, Unveränderliche, Entscheidende einer Sache im Gegensatz zum Akzidentellen, das der Substanz hinzugefügt werden kann, ohne Wesentliches zu ändern.

Syllogistik: griech. „syllogistikè téchne" = „Kunst des Schlussfolgerns". In der Logik die Lehre vom richtigen Schließen, wobei aus zwei Prämissen auf eine Konklusion geschlossen wird.

Symbol: griech. „Kennzeichen". Zeichen oder Sinnbild, das stellvertretend für etwas Gedachtes oder Gefordertes steht.

System: griech. „aus mehreren Teilen zusammengesetztes Gebilde". In der Philosophie vor allem des 19. Jahrhunderts der Versuch, das gesamte Wissen als logisch zusammenhängende Einheit darzustellen.

Szientismus: von lat. „scientia" = „Einsicht, Wissen". Wissenschaftstheoretische Anschauung, die die Mathematik und die exakten Naturwissenschaften zum Vorbild für alle Wissenschaften erklären will.

Tautologie: griech. „Wiederholung des Gesagten". Aussagen, die nur wiederholen oder erläutern, was in einem ihrer Begriffe bereits enthalten ist, also alle analytischen Aussagen und deduktiven Ableitungen.

Teleologie: griech. „telos" = „Ziel, Zweck". Philosophische Lehre, die von der Annahme ausgeht, dass alles Geschehen zweckgerichtet sei.

Theismus: griech. „theós" = „Gott". Auffassung in der philosophischen Theologie, nach der – im Gegensatz zum Deismus – ein als Person gedachter Gott die Welt nicht nur erschaffen hat, sondern auch weiter in ihr wirkt.

Theodizee: griech. „theós" = „Gott" und „díke" = „Gerechtigkeit". Von Leibniz eingeführter Begriff, der den Versuch einer Rechtfertigung Gottes angesichts des Leides und des Übels in einer von Gott geschaffenen Welt meint.

Theorie: von griech. „théa" = „das Anschauen" und „horáein" = „sehen", verwandt auch mit „theós" = „Gott". Ursprünglich das reine, unbeteiligte Anschauen, Betrachten, Bedenken von Welt und Kosmos (so wie Gott auf alles schaut). Heute versteht man unter Theorie ein System von Aussagen oder Hypothesen, das sich durch einen Anspruch auf Allgemeingültigkeit und logisch-empirische Überprüfbarkeit auszeichnet.

Thomismus: Bezeichnung für die philosophisch-theologischen Lehren, die auf die Philosophie des Thomas von Aquin zurückgehen.

Transzendenz: von lat. „transcendere" = „überschreiten". Im Gegensatz zu Immanenz bedeutet Transzendenz in der Philosophie das, was jenseits der Erfahrungs- und Denkmöglichkeiten des Menschen liegt, liegen könnte oder müsste.

Transzendentalphilosophie: nach Kant diejenige Philosophie, die aller konkreten Erkenntnis vorausgeht, weil sie das untersucht, was über diese Erkenntnis hinaus- bzw. ihr vorausgeht, nämlich die Bedingungen der Möglichkeit von Erkenntnis überhaupt. Allgemein kann dann überall von Transzendentalphilosophie gesprochen werden, wo grundlegende Bedingungen des Denkens oder Handelns untersucht werden.

Universalienstreit: im Mittelalter philosophische Auseinandersetzung um die Frage, ob den Allgemeinbegriffen („Universalien") ein eigenständiges Sein zugesprochen werden muss (Begriffsrealismus), oder ob sie nur Namen für Abstraktionsergebnisse sind (Nominalismus).

Utilitarismus: von lat. „utilis" = „nützlich". Moralphilosophische Position, die davon ausgeht, dass dasjenige Handeln gut und erstrebenswert ist, das für eine möglichst große Zahl von Menschen den möglichst großen Nutzen bringt.

Utopie: griech. „ou tópos" = „Nicht-Ort". In der Philosophie bezeichnet Utopie den Entwurf einer idealen, vernunftgegründeten, humanen Gesellschaft, in der die Prinzipien der Freiheit und Gerechtigkeit verwirklicht erscheinen.

Vernunft: In der Philosophie wird mit Vernunft die Fähigkeit bezeichnet, Prinzipien des Denkens und Handelns nach den Gesichtspunkten ihrer Logizität, Erfahrbarkeit, Überprüfbarkeit, Argumentierbarkeit und Mitteilbarkeit zu reflektieren.

Verstand: in der Philosophie die Fähigkeit, begrifflich-abstrakt, zielorientiert zu denken und Probleme unter Bedachtnahme auf eine rationelle Zweck/Mittel-Relation zu lösen.

Vorsokratiker: Sammelbezeichnung für die griechischen Philosophen vor Sokrates, besonders die ionischen Naturphilosophen und die Sophisten.

Wahrheit: Wahrheit gilt als eine Eigenschaft von Aussagen oder Gedanken bezüglich ihrer behaupteten Inhalte. Fakten (Ereignisse) als solche können nicht wahr oder falsch sein, nur Aussagen über sie oder Deutungen von ihnen. Wann eine Aussage als wahr gelten kann, wird von den unterschiedlichen Wahrheitstheorien verschieden beantwortet.

Wahrheitskriterium: Bedingung, mit deren Hilfe man feststellen kann, ob eine Aussage wahr oder falsch ist. Die unterschiedlichen Ansätze zu den Wahrheitskriterien ergeben sich meist aus den Wahrheitstheorien.

Weisheit: im Unterschied zu einer zweckorientierten Klugheit eine allgemeine Grundhaltung, die sich aus Lebenserfahrung, einem umfassenden Verstehen komplexer Lebenszusammenhänge, Wissen und einer daraus resultierenden Ruhe und Gelassenheit zusammensetzt.

Weltgeist: Begriff aus der Hegel'schen Geschichtsphilosophie. Der Weltgeist, das Absolute ist für Hegel das eigentliche Subjekt der Weltgeschichte.

Wesen: das „So-und-nicht-anders-Sein". Zentralbegriff der Philosophie, der, im Gegensatz zur Erscheinung, das Eigentliche, Unveränderliche, Typische, das An-sich-Sein eines Gegenstandes, Menschen oder Gedanken meint.

Widerspiegelungstheorie: Zentralbegriff der marxistisch-materialistischen Philosophie und Erkenntnistheorie. Die Widerspiegelungstheorie geht davon aus, dass die Erkenntnis ein Abbild der Außenwelt ist, wobei der Erkenntnisprozess stark von den gesellschaftlichen Verhältnissen, unter denen das erkennende Subjekt lebt (Klassenzugehörigkeit), beeinflusst ist.

Wissenschaft: bestimmte Form menschlichen Forschens, die davon ausgeht, dass Erkenntnisse systematisch begründet werden müssen, logisch-empirisch überprüfbar sind und prinzipiell von jedermann eingesehen und nachvollzogen werden können.

Wissenschaftstheorie: Disziplin der Philosophie, die die Voraussetzungen, Methoden, Kriterien und Folgen von Wissenschaften untersucht.

Zynismus: zu griech. „kynikós" = „hündisch, schamlos". Schon in der griech. Antike entstandene philosophische Position, die Wahrheiten, Normen und Werte radikal infrage stellt und oft mit beißendem, destruktivem Spott überzieht.

Personen

Adorno, Theodor W. (Wiesengrund) (1903–1969): Philosoph, Musiktheoretiker und Soziologe, gehörte der neomarxistischen Frankfurter Schule an, Verfechter einer „Kritischen Theorie der Gesellschaft". Hauptwerke: *Dialektik der Aufklärung* (1947, gemeinsam mit M. Horkheimer); *Philosophie der Neuen Musik* (1949); *Negative Dialektik* (1965); *Ästhetische Theorie* (1970)

Albert, Hans (*1921): Erkenntnistheoretiker, Anhänger des Kritischen Rationalismus. Hauptwerke: *Traktat über Kritische Vernunft* (1968); *Kritischer Rationalismus* (2000)

Améry, Jean (1912–1978): österreichischer Schriftsteller und Philosoph, aufgrund seines Widerstands gegen das NS-Regime nach Auschwitz deportiert, überlebte das Konzentrationslager. Hauptwerke: *Jenseits von Schuld und Sühne* (1966); *Hand an sich legen; Diskurs über den Freitod* (1976)

Anders, Günther (1902–1992): kultur- und gesellschaftskritischer Philosoph, der vor allem die atomare Bedrohung und die damit möglich gewordene Vernichtung der Menschheit reflektierte und bekämpfte. Hauptwerke: *Die Antiquiertheit des Menschen* (1. Bd. 1956, 2. Bd. 1980), *Mensch ohne Welt* (1984)

Anselm von Canterbury (1033–1109): scholastischer Philosoph und Theologe, der durch den Versuch, Gott rein logisch zu beweisen („ontologischer Gottesbeweis") bekannt wurde. Hauptwerke: *Proslogion; Cur deus homo?*

Apel, Karl-Otto (1922–2017): Ethiker und Wissenschaftstheoretiker, Vertreter einer transzendentalpragmatischen Diskurstheorie. Hauptwerk: *Transformation der Philosophie* (1973); *Diskurs und Verantwortung. Das Problem des Übergangs zur postkonventionellen Moral* (1997)

Arendt, Hannah (1906–1975): Vertreterin einer phänomenologisch orientierten politischen Philosophie, die sich vor allem mit den Kategorien Handeln, Herstellen und Arbeit beschäftigte. Hauptwerke: *Elemente und Ursprünge totaler Herrschaft* (1938); *Vita activa, oder: Vom tätigen Leben* (1960)

Aristoteles (384–322 v. Chr.): griechischer Philosoph aus Stagira, Schüler des Platon, Begründer der wissenschaftlichen Philosophie, des philosophischen Disziplinensystems, der Logik und der Metaphysik. Hauptwerke: *Metaphysik; Nikomachische Ethik; Poetik*

Augustinus, Aurelius (354–430): bedeutender Kirchenlehrer und Philosoph, der das geschichtliche Denken in die christliche Philosophie einführte. Hauptwerke: *Confessiones; De civitate Dei*

Austin, John Langshaw (1911–1960): englischer Philosoph, der vor allem in der Sprachphilosophie und Erkenntnistheorie arbeitete und die Sprechakttheorie entwickelte. Hauptwerke: *How to do Things with Words* (1962, dt. *Zur Theorie der Sprechakte*, 1972); *Philosophical Papers* (1961)

Bacon, Francis (1561–1626): englischer Staatsmann und Philosoph, begründete den englischen Empirismus und das naturwissenschaftliche Denken. Hauptwerke: *Novum Organon scientiarum* (1620); *Nova Atlantis* (1627)

Barthes, Roland (1915–1980): französischer Philosoph und Literaturkritiker, Vertreter des Strukturalismus. Hauptwerke: *Mythologies* (1957, dt. *Mythen des Alltags*, 1964); *Sade – Fourier – Loyola* (1971, dt. 1981); *Fragments d'un discours amoureux* (1977, dt. *Fragmente einer Sprache der Liebe*, 1984)

Baumgarten, Alexander Gottlieb (1714–1762): Philosoph und Schriftsteller, Begründer der Ästhetik als eigenständiger philosophischer Wissenschaft. Hauptwerk: *Aesthetica* (1750/58)

Beauvoir, Simone de (1908–1986): französische Philosophin und Schriftstellerin, Weggefährtin von Jean-Paul Sartre, in dessen existenzialistischer Tradition sie auch steht. Mit ihrem Werk *Le Deuxième Sexe* (1948, dt. *Das andere Geschlecht*, 1951) schuf sie eines der Hauptwerke der feministischen Bewegung. Weitere Hauptwerke: *Les Mandarins* (1954, dt. *Die Mandarins von Paris*); *La vieillesse* (1970, dt. *Das Alter*)

Benjamin, Walter (1892–1940): deutscher Philosoph, Literaturtheoretiker, Essayist und Kulturkritiker, der neomarxistischen Frankfurter Schule nahestehend. Hauptwerke: *Das Kunstwerk im Zeitalter seiner technischen Reproduzierbarkeit* (1935); *Ursprung des deutschen Trauerspiels* (1955); *Das Passagenwerk* (1982)

Bentham, Jeremy (1748–1832): englischer Philosoph, Vertreter eines ethischen Utilitarismus. Hauptwerk: *Introduction to the Principles of Moral and Legislation* (1780, dt. *Prinzipien der Gesetzgebung*, 1883)

Berkeley, George (1685–1753): englischer Philosoph, Bischof der anglikanischen Kirche, lehrte einen radikalen erkenntnistheoretischen religiösen Subjektivismus. Hauptwerk: *Treatise Concerning the Principles of Human Knowledge* (1710, dt. *Die Prinzipien der menschlichen Erkenntnis*, 1869)

Bloch, Ernst (1885–1977): marxistischer, auch vom Judentum beeinflusster Philosoph, der sich zentral mit der Frage nach dem Sinn und der Notwendigkeit von Utopien beschäftigte. Hauptwerke: *Geist der Utopie* (1918); *Das Prinzip Hoffnung* (1954–57)

Blumenberg, Hans (1920–1996): deutscher Philosoph und Kulturhistoriker. Hauptwerke: *Die Legitimität der Neuzeit* (1966, 1976); *Arbeit am Mythos* (1979); *Höhlenausgänge* (1989)

Brecht, Bertold (1898–1956): deutscher Lyriker und Dramatiker, Begründer des „epischen Theaters". Hauptwerke: *Die Dreigroschenoper* (1928); *Mutter Courage und ihre Kinder* (1941)

Buber, Martin (1878–1965): jüdischer Religionsphilosoph, Vertreter einer „dialogischen Philosophie". Hauptwerke: *Ich und Du* (1922); *Schriften über das dialogische Prinzip* (1954)

Bühler, Karl (1879–1963): deutscher Sprachpsychologe und Sprachtheoretiker, arbeitete über den Ursprung der Sprachentwicklung bei Kindern und fasst, beeinflusst von Platons Sprachtheorie, die Sprache als „organon" – „Werkzeug", au f. Hauptwerk: *Sprachtheorie. Die Darstellungsfunktion der Sprache* (1934)

Bürger, Peter (1936–2017): Professor für Literaturwissenschaft und Ästhetische Theorie. Hauptwerk: *Theorie der Avantgarde* (1974)

Butler, Judith (* 1956): feministische Theoretikerin, lehrt an der University of California in Berkeley. Für Butler ist Identität nur in den jeweiligen soziokulturellen Kontexten zu denken, auch Geschlecht ist nicht in biologischen Kategorien zu definieren. Hauptwerke: *Das Unbehagen der Geschlechter* (1991); *Hass spricht* (1998) *Die Macht der Geschlechternormen und die Grenzen des Menschlichen* (2009)

Campanella, Tommaso (1568–1639): christlicher Philosoph und Dominikanermönch, der die Idee einer päpstlich-katholischen Universalmonarchie vertrat und die Utopie eines christlich-kommunistischen Gemeinwesens entwar f. Hauptwerk: *Città del sole* (1602, dt. *Der Sonnenstaat*, 1900)

Camus, Albert (1913–1960): französischer Schauspieler, Dichter und Philosoph, ein Hauptvertreter des Existenzialismus, der das Dasein des Menschen als absurd beschrieb. Hauptwerke: *Le mythe de Sisyphe, essai sur l'absurde* (1942, dt. *Der Mythos von Sisyphos*, 1950); *L'homme révolté* (1951, dt. *Der Mensch in der Revolte*, 1953)

Carnap, Rudolf (1891–1970): Mitglied des Wiener Kreises, Vertreter eines konsequenten Logischen Positivismus. Hauptwerke: *Der logische Aufbau der Welt* (1928); *Meaning and Necessity* (1947, dt. *Bedeutung und Notwendigkeit*, 1972)

Chomsky, Noam (* 1928): amerikanischer Logiker und Sprachtheoretiker, der die These vertritt, dass „linguistische Universalien" dem Menschen angeboren seien. Hauptwerk: *Language and mind* (1968, dt. *Sprache und Geist*, 1970)

Comte, Auguste (1798–1857): französischer Soziologe und Philosoph, Hauptvertreter des klassischen Positivismus und Begründer der Soziologie als Wissenschaft. Hauptwerk: *Cours de philosophie positive* (6 Bände, 1830–1842; dt. *Die positive Philosophie*, 1883/84)

Darwin, Charles (1809–1882): englischer Naturforscher, Begründer der Evolutionstheorie. Hauptwerke: *On the Origin of Species by Means of Natural Selection* (1859, dt. *Die Entstehung der Arten durch natürliche Zuchtwahl*, 1860); *The Descent of Man and Selection in Relation to Sex* (1871, dt. *Die Abstammung des Menschen*, 1871)

Derrida, Jacques (1930–2004): französischer Philosoph, der dem Neostrukturalismus zugerechnet wird und sich mit der Analyse von Sprache und Schrift beschäftigte. Hauptwerke: *L'écriture et la différence* (1967, dt. *Die Schrift und die Differenz*, 1972); *De la grammatologie* (1967, dt. *Grammatologie*, 1974)

Descartes, René (1596–1650): französischer Philosoph und Mathematiker, einer der Begründer des neuzeitlichen Rationalismus und des wissenschaftlichen Denkens. Hauptwerke: *Discours de la méthode* (1637, dt. *Abhandlung über die Methode des richtigen Vernunftgebrauchs*); *Meditationes de prima philosophia* (1641, dt. *Meditationen über die erste Philosophie*)

Diderot, Denis (1713–1784): französischer Philosoph und Schriftsteller, Begründer und Mitherausgeber der *Enzyklopädie*, Hauptvertreter einer radikalen Aufklärung. Hauptwerke: *Pensées philosophiques* (1746, dt. *Philosophische Gedanken*); *Pensées sur l'interprétation de la nature* (1754, dt. *Gedanken zur Interpretation der Natur*)

Dilthey, Wilhelm (1833–1911): deutscher Philosoph, versuchte die Geisteswissenschaften als „verstehende" („hermeneutische") Wissenschaften zu begründen. Hauptwerk: *Der Aufbau der geschichtlichen Welt* (1910)

Duchamp, Marcel (1887–1968): französischer Maler und Objektkünstler, stellte den zu seinen Lebzeiten geltenden Kunstbegriff infrage, indem er vorgefundene Objekte („objet trouvé", „ready-made"), wie zum Beispiel einen Flaschentrockner oder ein Pissoir, ausstellte

Eco, Umberto (1932–2016): italienischer Schriftsteller, Philosoph und Medienwissenschaftler, Professor für Semiotik an der Universität Bologna. Hauptwerke: *Einführung in die Semiotik* (1972); *Der Name der Rose* (1982), *Das Foucaultsche Pendel* (1989); *Baudolino* (2001)

Eliade, Mircea (1907–1986): rumänischer Religionswissenschaftler, Philosoph und Schriftsteller, versuchte, in der phänomenologischen Tradition stehend, religiöse Erfahrungen und Phänomene zu erfassen. Hauptwerke: *Das Heilige und das Profane* (1957); *Schamanismus und archaische Extasetechnik* (1975)

Engels, Friedrich (1820–1895): deutscher Philosoph, Mitarbeiter und Freund von Karl Marx, Mitbegründer des Dialektischen Materialismus, Herausgeber des 2. und 3. Bandes von Marx' *Kapital*. Hauptwerke: *Ludwig Feuerbach und der Ausgang der klassischen deutschen Philosophie* (1886); *Der Ursprung der Familie, des Privateigentums und des Staates* (1884)

Epikur (342–270 v. Chr.): griechischer Philosoph, der eine von Affekten gereinigte, beständige Lust zum Wesen der Glückseligkeit erklärte

Feuerbach, Ludwig (1804–1872): deutscher Philosoph und Religionskritiker, der Religion als Projektion des Menschen bestimmte. Hauptwerk: *Das Wesen des Christentums* (1841)

Feyerabend, Paul (1924–1994): österreichisch-amerikanischer Philosoph und Wissenschaftskritiker, der vor allem den Dominanzanspruch der modernen Wissenschaften einer scharfen Kritik unterzog. Hauptwerke: *Against Method* (1970, dt. *Wider den Methodenzwang*, 1976); *Erkenntnis für freie Menschen* (1979)

Fichte, Johann Gottlieb (1762–1814): deutscher Philosoph, Hauptvertreter eines subjektiven Idealismus, für den sich alle Erkenntnis aus der Analyse des ICH ableitet. Hauptwerke: *Wissenschaftslehre* (mehrere Fassungen seit 1794); *Die Bestimmung des Menschen* (1800); *Der geschlossene Handelsstaat* (1800)

Foucault, Michel (1926–1984): französischer Philosoph und Kulturhistoriker, der dem Neostrukturalismus zugerechnet wird, und dem es, vor allem in seinen letzten Werken, um die Verflechtungen von Macht, Wahrheit und Sexualität ging. Hauptwerke: *Histoire de la folie à l'âge classique* (1961, dt. *Wahnsinn und Gesellschaft*, 1969); *Les mots et les choses* (1966, dt. *Die Ordnung der Dinge*, 1971); *Histoire de la sexualité* (3 Bde., 1976/1984; dt. *Sexualität und Wahrheit*, 1977/1986)

Frege, Friedrich Ludwig Gottlob (1848–1925): deutscher Sprachphilosoph, Mathematiker und Logiker, Begründer der formalen Logik. Hauptwerke: *Über Sinn und Bedeutung* (1892); *Logische Untersuchungen* (1918–1923)

Freud, Sigmund (1856–1939): österreichischer Arzt und Tiefenpsychologe, Begründer der Psychoanalyse und bedeutender Religionskritiker. Hauptwerke: *Die Traumdeutung* (1900); *Drei Abhandlungen zur Sexualtheorie* (1905); *Totem und Tabu* (1913); *Das Unbehangen in der Kultur* (1930)

Gadamer, Hans-Georg (1900–2002): deutscher Philosoph, Vertreter einer philosophischen Hermeneutik. Hauptwerk: *Wahrheit und Methode* (1960)

Galilei, Galileo (1564–1642): italienischer Astronom, Mathematiker und Physiker, entwickelte das heliozentrische Weltbild des Nikolaus Kopernikus weiter und bediente sich logischer Prinzipien und exakter Messmethoden. Er wurde von der Inquisition zu lebenslanger Haft verurteilt und musste, um dem Scheiterhaufen zu entgehen, seinen Thesen abschwören. 1992 wurde Galilei vom Vatikan rehabilitiert. Hauptwerke: *sidereus nuncius* (1610); *dialogo sopra i due massimi sistemi* (1632)

Gehlen, Arnold (1904–1976): deutscher Philosoph, Psychologe und Soziologe, der in seinen Arbeiten zur Anthropologie den Menschen als „Mängelwesen" definierte. Hauptwerke: *Der Mensch, seine Natur und seine Stellung in der Welt* (1940); *Urmensch und Spätkultur* (1956)

Gödel, Kurt (1906–1978): österreichischer Mathematiker und Logiker. Hauptwerk: *Über formal unterscheidbare Sätze der Principia Mathematica und verwandter Systeme* (1931)

Habermas, Jürgen (* 1929): deutscher Philosoph und Soziologe, entwickelte die Kritische Theorie eigenständig in Hinblick auf eine Handlungstheorie weiter. Hauptwerke: *Strukturwandel der Öffentlichkeit* (1962); *Erkenntnis und Interesse* (1968), *Theorie des kommunikativen Handelns* (1981); *Die Zukunft der menschlichen Natur. Auf dem Weg zu einer liberalen Eugenik?* (2001)

Hartmann, Nicolai (1882–1950): deutscher Philosoph, Vertreter einer modernen Ontologie. Hauptwerke: *Ethik* (1926); *Zur Grundlegung der Ontologie* (1935); *Der Aufbau der realen Welt* (1940); *Ästhetik* (1953)

Hegel, Georg Wilhelm Friedrich (1770–1831): bedeutender Philosoph des deutschen Idealismus, sein geschichtsphilosophisches und dialektisches Denken übte nachhaltigen Einfluss aus. Hauptwerke: *Phänomenologie des Geistes* (1807); *Wissenschaft der Logik* (1812–16); *Enzyklopädie der philosophischen Wissenschaften* (1817/27/30); *Grundlinien der Philosophie des Rechts* (1821)

Heidegger, Martin (1889–1976): deutscher Philosoph, Begründer der Fundamentalontologie, einer Analyse des menschlichen Daseins, der Existenz. Hauptwerke: *Sein und Zeit* (1927); *Was ist Metaphysik?* (1929); *Holzwege* (1950)

Heraklit (544–483 v. Chr.): griechischer Philosoph aus Ephesos, auch der dunkle oder der weinende Philosoph genannt. Er gilt als Begründer des dialektischen Denkens.

Hobbes, Thomas (1588–1679): englischer Philosoph und Staatsmann, der eine empiristische Erkenntnistheorie und eine Rechtfertigung des Staates aus der Natur des Menschen lehrte. Hauptwerk: *Leviathan or the Matter, Form and Authority of Government* (1651, dt. *Leviathan*, 1794/95)

Hoerster, Norbert (* 1937): deutscher Rechts- und Sozialphilosoph. Hauptwerke: *Abtreibung im säkularen Staat* (1991), *Sterbehilfe im säkularen Staat* (1998), *Ethik und Interesse* (2003), *Wie lässt sich Moral begründen?* (2014)

Holbach, Paul Henri Thiry d' (1723–1789): französischer Philosoph und Religionskritiker, in der atheistisch-materialistischen Tradition stehend. Hauptwerk: *Système de la nature* (1770)

Holenstein, Elmar (* 1937): Schweizer Kulturphilosoph, zeichnete in seinem *Philosophie-Atlas* die Ideengeschichte der Menschheit nach. *Hauptwerk: Philosophie-Atlas. Orte und Wege des Denkens* (2004).

Horkheimer, Max (1895–1973): deutscher Soziologe und Philosoph, Mitbegründer der Kritischen Theorie der neomarxistischen Frankfurter Schule. Hauptwerke: *Dialektik der Aufklärung* (1947, gemeinsam mit T. W. Adorno); *Zur Kritik der instrumentellen Vernunft* (1967)

Humboldt, Wilhelm von (1767–1835): deutscher Sprachphilosoph und Staatsmann, Verfechter einer humanistischen Bildungsidee. Hauptwerk: *Über die Verschiedenheit des menschlichen Sprachbaues und ihren Einfluss auf die geistige Entwicklung des Menschengeschlechts* (1835)

Hume, David (1711–1776): englischer Philosoph, Vertreter eines strengen Empirismus. Hauptwerke: *A Treatise on Human Nature* (1739/40); *Enquiry concerning Human Understanding* (1748)

Huntington, Samuel P. (Phillips) (1927–2008): amerikanischer Politikwissenschaftler und Berater des US-Außenministeriums, lehrt an der Harvard University. Hauptwerke: *The Clash of Civilizations and the Remaking of World Order* (1996, dt. *Kampf der Kulturen. Die Neugestaltung der Weltpolitik im 21. Jahrhundert*, 1998); *Who Are We? The Challenges to America's National Identity* (2004)

Husserl, Edmund (1859–1938): deutscher Philosoph und Erkenntnistheoretiker, Begründer der Phänomenologie. Hauptwerke: *Logische Untersuchungen* (1900/01); *Ideen zu einer reinen Phänomenologie und phänomenologischen Philosophie* (1913, vollständige Ausgabe 1950/52); *Méditations cartésiennes* (1932)

Irigaray, Luce (* 1930): französische Psychoanalytikerin und Kulturtheoretikerin, bedeutende Vertreterin der feministischen Theorie. Hauptwerk: *Ethik der sexuellen Differenz* (1991)

James, William (1842–1910): amerikanischer Philosoph, Begründer des Pragmatismus. Hauptwerk: *Pragmatism* (1907, dt. *Pragmatismus*, 1908)

Jaspers, Karl (1883–1969): deutscher Philosoph und Psychiater, Vertreter der Existenzphilosophie. Hauptwerke: *Die geistige Situation der Zeit* (1931); *Existenzphilosophie* (1938); *Die großen Philosophen* (1957); *Die Atombombe und die Zukunft des Menschen* (1958);

Jonas, Hans (1903–1993): deutscher Philosoph, der sich vor allem mit Fragen der Ethik im technologischen Zeitalter beschäftigte. Hauptwerke: *Das Prinzip Verantwortung* (1979); *Technik, Medizin und Ethik* (1985)

Kant, Immanuel (1724–1804): bedeutender deutscher Philosoph, Begründer der Transzendentalphilosophie, versuchte die Möglichkeiten und Grenzen der Vernunft im Bereich von Erkenntnis, Moral und Ästhetik neu zu bestimmen. Hauptwerke: *Kritik der reinen Vernunft* (1781); *Kritik der praktischen Vernunft* (1788); *Kritik der Urteilskraft* (1790)

Kelsen, Hans (1881–1973): gestaltete die österreichische Verfassung von 1920 maßgeblich mit, war Professor an der Universität Köln, emigrierte schließlich 1940, wegen seiner jüdischen Abstammung von den Nationalsozialisten bedroht, in die USA. Hauptwerk: *Reine Rechtslehre* (1934, 2. Aufl. 1960)

Kierkegaard, Sören (1813–1855): dänischer Theologe und Philosoph, radikaler Kritiker der Philosophie und des Christentums seiner Zeit, Vorläufer der Existenzphilosophie. Hauptwerke: *Entweder – Oder* (1843); *Der Begriff Angst* (1844); *Die Krankheit zum Tode* (1849)

Kraft, Victor (1880–1975): österreichischer Philosoph, Vertreter einer neopositivistischen Erkenntnislehre und Moralphilosophie. Hauptwerke: *Weltbegriff und Erkenntnisbegriff* (1912); *Der Wiener Kreis* (1950); *Die Grundlagen der Erkenntnis und der Moral* (1968)

Kuhn, Thomas S. (1922–1996): amerikanischer Wissenschaftshistoriker, führte den Begriff des Paradigmas in die Wissenschaftstheorie ein. Hauptwerk: *The Structure of Scientific Revolutions* (1962, dt. *Die Struktur wissenschaftlicher Revolutionen*, 1967)

Leibniz, Gottfried Wilhelm (1646–1716): bedeutender deutscher Gelehrter; Mathematiker, Jurist, Diplomat und Philosoph, Vertreter einer rationalistischen Metaphysik, formulierte die Monadenlehre. Hauptwerke: *Essais de Théodicée sur la bonté de dieu, la liberté de l'homme et l'origine du mal* (1770, dt. *Theodizee*); *La Monadologie* (1714, dt. *Monadologie*)

Lévi-Strauss, Claude (1908–2009): französischer Ethnologe, übte starken Einfluss auf den philosophischen Strukturalismus aus. Hauptwerke: *Triste tropiques* (1955, dt. *Traurige Tropen*, 1960); *Anthropologie structurale* (1958, dt. *Strukturale Anthropologie* 1967); *La pensée sauvage* (1962, dt. *Das wilde Denken*, 1968); *Mythologica I–IV* (1971–1975)

Locke, John (1632–1704): englischer Philosoph und Staatstheoretiker, Begründer des Empirismus. Hauptwerke: *An Essay concerning Human Understanding* (1690); *Two Treatises on Civil Government* (1690)

Luhmann, Niklas (1927–1998): deutscher Soziologe, Begründer der soziologischen Systemtheorie, lehrte an der Universität Bielefeld. Hauptwerke: *Soziale Systeme* (1984); *Die Wissenschaft der Gesellschaft* (1990); *Die Realität der Massenmedien* (1996); *Die Politik der Gesellschaft (2000); Das Erziehungssystem der Gesellschaft* (2002)

Lukács, Georg (1885–1971): bedeutender ungarischer marxistischer Philosoph, Ästhetiker und Literaturtheoretiker. Hauptwerke: *Theorie des Romans* (1916); *Geschichte und Klassenbewusstsein* (1923); *Die Eigenart des Ästhetischen* (1965)

Lullus, Raimundus (1235–1315): katalanischer Dichter, Philosoph und Missionar, gründete auf Mallorca das Kloster Miramar. Hauptwerke: *Ars generalis ultima* (1308–08); *Logica nova* (1303)

Lyotard, Jean-François (1924–1998): französischer Philosoph, Vertreter eines postmodernen Denkens. Hauptwerke: *La condition postmoderne* (1979, dt. *Das postmoderne Wissen*, 1982); *Le différend* (1983, dt. *Der Widerstreit*, 1987)

Mach, Ernst (1838–1916): österreichischer Physiker und Naturphilosoph. Hauptwerke: *Die Analyse der Empfindungen und das Verhältnis des Physischen zum Psychischen* (1886); *Erkenntnis und Irrtum* (1905)

Machiavelli, Niccolò (1469–1527): italienischer Staatstheoretiker und Politiker, bedeutender Denker der Renaissance. Hauptwerk: *Il Principe* (1532, dt. *Der Fürst*)

Marcuse, Herbert (1898–1979): deutsch-amerikanischer neomarxistischer Philosoph, bedeutender Vertreter der Neuen Linken in den USA. Hauptwerke: *Eros and Civilisation* (1955, dt. *Triebstruktur und Gesellschaft*, 1965); *One-Dimensional Man* (1964, dt. *Der eindimensionale Mensch*, 1967)

Marx, Karl (1818–1883): bedeutender deutscher Ökonom, Philosoph und Revolutionär, Begründer des Dialektischen Materialismus, Kritiker und Analytiker der bürgerlichen Gesellschaft. Hauptwerke: *Die deutsche Ideologie* (1845); *Das Kapital* (Bd. 1 1867, Bd. 2 u. 3 hrsg. v. f. Engels 1885/1894)

Merleau-Ponty, Maurice (1908–1961): französischer Philosoph, Vertreter einer existenzialistischen Phänomenologie, versuchte die Grundlegung einer existenzialistischen Anthropologie. Hauptwerk: *Humanisme et terreur* (1951, dt. *Humanismus und Terror*, 1976)

Mill, John Stuart (1806–1873): englischer Philosoph und Nationalökonom, Vertreter eines strengen Empirismus und Utilitarismus. Hauptwerke: *Essay on Liberty* (1859, dt. *Über die Freiheit*, 1948), *Utilitarianism* (1861, dt. *Der Utilitarismus*)

Montesquieu, Charles-Louis de (1689–1755): französischer Rechts- und Geschichtsphilosoph der Aufklärung, forderte die „Trennung der Gewalten". Hauptwerk: *De l'esprit des lois* (1748, dt. *Vom Geist der Gesetze*, 1753)

Neurath, Otto (1882–1945): österreichischer Philosoph und Soziologe, Neopositivist, Mitarbeiter des Wiener Kreises, versuchte die moderne Wissenschaftslehre mit Fragen der Soziologie und Problemen der Arbeiterbewegung zu verknüpfen. Hauptwerke: *Wesen und Weg der Sozialisierung* (1919); *Lebensgestaltung und Klassenkampf* (1928)

Nietzsche, Friedrich (1844–1900): deutscher Schriftsteller, Philosoph und Kulturkritiker. Hauptwerke: *Die Geburt der Tragödie aus dem Geist der Musik* (1872); *Also sprach Zarathustra* (1883/85); *Zur Genealogie der Moral* (1887)

Nussbaum, Martha C. (* 1947): amerikanische Philosophin, Professorin für Rechtswissenschaften und Ethik an der University of Chicago. Sie beschäftigt sich mit globalen Fragen der Gerechtigkeit, Ethik und Feminismus und adressiert die antike Frage nach den Bedingungen des „Guten Lebens" anhand greifbarer Kriterien. Hauptwerke: *Gerechtigkeit oder Das gute Leben* (1999); *Die Grenzen der Gerechtigkeit: Behinderung, Nationalität und Spezieszugeörigkeit* (2010)

Parmenides (ca. 540–480 v. Chr.): Haupt der Philosophenschule von Elea (Eleatische Schule), lehrte die Unveränderlichkeit und die Einheit von Denken und Sein

Pascal, Blaise (1623–1662): französischer Mathematiker und Philosoph, dessen scharfes Denken sich zwischen rationaler Wissenschaft und radikaler Religiosität bewegt. Hauptwerk: *Pensées sur la religion* (1669, aus dem Nachlass; dt. *Gedanken*, 1881)

Platon (428/427–348/347 v. Chr.): griechischer Philosoph, Schüler des Sokrates, Begründer der Akademie in Athen. Platon entwickelte die Ideenlehre, die eine strikte Trennung zwischen Wesen und Erscheinung verlangt und maßgeblich wurde für die Philosophien des Idealismus. Hauptwerke: *Apologie* (Verteidigung des Sokrates); *Symposion* (Über die Liebe); *Phaidon* (Über die Unsterblichkeit); Politeia (Über den Staat)

Plessner, Helmuth (1892–1985): deutscher Anthropologe und Kulturphilosoph. Hauptwerke: *Die Einheit der Sinne* (1923); *Stufen des Organischen* (1928); *Lachen und Weinen* (1941)

Popper, Karl Raimund (1902–1994): österreichischer Philosoph, Begründer des Kritischen Rationalismus. Hauptwerke: *Logik der Forschung* (1935); *The Open Society and its Enemies* (1945, dt. *Die offene Gesellschaft und ihre Feinde*, 1957); *Alles Leben ist Problemlösen* (1994)

Protagoras (ca. 41–411 v. Chr.): griechischer Philosoph, Sophist, lehrte einen radikalen Subjektivismus und Relativismus.

Pythagoras (ca. 570–490 v. Chr.): bedeutender frühgriechischer Philosoph und Mathematiker, Begründer des Geheimbundes der Pythagoräer.

Rawls, John (1921–2002): amerikanischer Philosoph, der besonders für seine liberale politische Philosophie bekannt wurde. Rawls lehrte an der Harvard University. Hauptwerk: *A Theory of Justice* (1971); *Geschichte der politischen Philosophie* (2008).

Rousseau, Jean-Jacques (1712–1778): französischer Philosoph, Schriftsteller und Musiker, der vor allem am eindimensionalen Rationalismus der frühen Aufklärung Kritik übte. Hauptwerke: *Discours sur les arts et les sciences* (1750, dt. *Abhandlung über die Wissenschaften und Künste*); *Emile* (1762,); *Contrat social* (1762, dt. *Der Gesellschaftsvertrag*); *Confessions* (1782, dt. *Bekenntnisse*)

Russell, Bertrand (1872–1970): englischer Philosoph und Mathematiker, Nobelpreisträger für Literatur, engagierter Kriegsgegner. Grundlegende Forschungen zur Erkenntnistheorie und Philosophie der Mathematik. Hauptwerke: *Principia mathematica* (1910–1913, gemeinsam mit A. N. Whitehead); *The Problems of Philosophy* (1912, dt. *Probleme der Philosophie*, 1926); *A History of Western Philosophy* (1946, dt. *Geschichte der Philosophie des Abendlandes*, 1950)

Sartre, Jean-Paul (1905–1980): französischer Schriftsteller und Philosoph, bedeutendster Vertreter des Exiszenzialismus. Hauptwerke: *L'e^tre et le néant* (1943, dt. *Das Sein und das Nichts*, 1952); *L'existentialisme est un humanisme* (1946, dt. *Der Existentialismus ist ein Humanismus*, 1947); *Critique de la raison dialectique* (1960, dt. *Kritik der dialektischen Vernunft*, 1967); *L'Idiot de la famille* (1971, dt. *Der Idiot der Familie*, 1977)

Saussure, Ferdinand de (1857–1913): Schweizer Sprachwissenschaftler, Begründer der modernen Linguistik, übte bedeutenden Einfluss auf Philosophie und Humanwissenschaften aus. Hauptwerk: *Grundfragen der allgemeinen Sprachwissenschaft* (1916)

Scheler, Max (1874–1928): deutscher Philosoph und Anthropologe. Hauptwerk: *Die Stellung des Menschen im Kosmos* (1929)

Schelling, Friedrich Wilhelm Joseph (1775–1854): bedeutender deutscher Philosoph der Romantik, Vertreter einer idealistischen Identitätsphilosophie, die die Einheit von Natur und Geist behauptete. Hauptwerke: *System des transzendentalen Idealismus* (1800); *Über das Wesen der menschlichen Freiheit* (1809); *Philosophie der Mythologie und Offenbarung* (1841/42)

Schleiermacher, Friedrich Daniel (1768–1834): deutscher protestantischer Theologe und Philosoph, versuchte eine Versöhnung von Vernunft und Glaube, Begründer der philosophischen Hermeneutik. Hauptwerke: *Reden über die Religion an die Gebildeten unter ihren Verächtern* (1799); *Grundlinien einer Kritik der bisherigen Sittenlehre* (1803)

Schlick, Moritz (1882–1936): deutsch-österreichischer Philosoph und Naturwissenschaftler, Mitbegründer des Wiener Kreises, legte die Grundlagen für den Logischen Positivismus. Hauptwerke: *Allgemeine Erkenntnislehre* (1918); *Vom Sinn des Lebens* (1927); *Fragen der Ethik* (1930)

Schopenhauer, Arthur (1788–1860): deutscher Philosoph, Vertreter eines radikalen Pessimismus und einer Mitleidsethik. Hauptwerke: *Die Welt als Wille und Vorstellung* (1819); *Parerga und Paralipomena* (1851)

Sokrates (ca. 470–399 v. Chr.): griechischer Philosoph und Ethiker, der mit seiner Methode des Dialogs die Lehrbarkeit der Tugend und ein Wissen des Nichtwissens demonstrieren wollte

Spinoza, Baruch (1632–1677): holländischer Philosoph, Vertreter eines philosophischen Pantheismus und einer rationalistischen Ethik. Hauptwerke: *Tractatus theologico-politicus* (1670, dt. *Theologisch-politischer Traktat*); *Ethica ordine geometrico demonstrata* (1677, dt. *Ethik*)

Tarski, Alfred (1901–1983): polnischer Mathematiker und Logiker. Hauptwerke: *Einführung in die mathematische Logik* (1937); *Logic, Semantics, Metamathematics* (1953)

Thales von Milet (ca. 625–545 v. Chr.): frühgriechischer Mathematiker und Philosoph, gilt als Begründer der Jonischen Naturphilosophie.

Thomas von Aquin (1225–1274): bedeutendster Philosoph des Mittelalters, weitete die Scholastik zu einem umfassenden System aus, das den christlichen Glauben mit der antiken Philosophie, vor allem des Aristoteles, vereinen sollte. Hauptwerke: *De ente et essentia* (1250–1256, dt. *Über das Sein und das Wesen*); *Summa contra gentiles* (1261–1264, dt. *Gegen die Heiden*); *Summa theologiae* (1266–1273, dt. *Summe der Theologie*)

Topitsch, Ernst (1919–2003): österreichischer Philosoph, studierte bei Mitgliedern des Wiener Kreises und war ein Vertreter des Kritischen Rationalismus. Topitsch widmete sich vor allem Fragen der Erkenntnistheorie und Ideologiekritik. Hauptwerke: *Vom Ursprung und Ende der Metaphysik* (1958); *Erkenntnis und Illusion* (1979); *Heil und Zeit. Ein Kapitel zur Weltanschauungsanalyse* (1990)

Voltaire (eigentlich François-Marie Arouet, 1694–1778): bedeutender französischer Schriftsteller und Philosoph der Aufklärung, Mitarbeiter an der *Enzyklopädie*. Hauptwerke: *Essai sur les moeurs et l'esprit des nations* (1756, dt. *Essay über die allgemeine Geschichte und die Sitten und den Geist der Völker*, 1867); *Candide ou l'optimisme* (1759); *Le philosophe ignorant* (1767, dt. *Der unwissende Philosoph*)

Weber, Max (1864–1920): deutscher Ökonom und Soziologe. Hauptwerke: *Die protestantische Ethik und der Geist des Kapitalismus* (1920); *Wirtschaft und Gesellschaft* (1921)

Whitehead, Alfred North (1861–1947): englischer Mathematiker und Philosoph. Hauptwerk: *Principia mathematica* (1910–1913, gemeinsam mit B. Russell)

Wilhelm von Ockham (1285–1350): bedeutender spätscholastischer englischer Philosoph, vertrat einen streng nominalistischen Standpunkt. Hauptwerke: *Summa totius logicae* (1488); *Philosophia naturalis* (1494)

Wittgenstein, Ludwig (1889–1951): bedeutender österreichisch-englischer Philosoph, Mitbegründer des Logischen Positivismus und der sprachanalytischen Philosophie. Hauptwerke: *Tractatus logico-philosophicus* (1922); *Philosophische Untersuchungen* (1953)

Wolff, Christian (1679–1754): deutscher Philosoph der Aufklärung, der die Ideen von Leibniz systematisierte und zu einem System ausbaute. Hauptwerk: *Vernünftige Gedanken von Gott, der Welt und der Seele des Menschen, auch von allen Dingen überhaupt* (1719)

Wollstonecraft, Mary (1759–1797): englische Schriftstellerin, Philosophin und Frauenrechtlerin, die sich besonders für gleiche Ausbildungschancen von Frauen und Männern engagierte. Hauptwerk: *A Vindication of the Rights of Woman* (1792)

Xenophanes (ca. 570–480 v. Chr.): Vorsokratiker, griechischer Dichter und Philosoph, kritisierte den damaligen Götterglauben, der den Göttern menschliche Eigenschaften zuschrieb. Hauptwerk: *Fragmente*

REGISTER

Begriffe

Personen

(Kursiv gesetzte Seitenangaben verweisen auf Originaltexte)

Weiterführende Literatur

Philosophische Nachschlagewerke

Hogen, Hildegart (Red.): *Der Brockhaus Philosophie. Ideen, Denker, Begriffe.* Mannheim: Brockhaus 2004.

Hügli, Anton/Lübcke, Paul (Hg.): *Philosophielexikon. Personen und Begriffe der abendländischen Philosophie von der Antike bis zur Gegenwart.* 6., erw. Aufl. Reinbek bei Hamburg: Rowohlt 2005.

Lutz, Bernd (Hg.): *Metzler Philosophen-Lexikon. Von den Vorsokratikern bis zu den Neuen Philosophen.* 3., erw. Aufl. Stuttgart/Weimar: Metzler 2003.

Lückenmeier, Kai: *Duden. Schülerduden Philosophie. Ein Lexikon zur Philosophie und Ethik für Schule und Studium.* 3., völlig neu bearbeitete Aufl. Mannheim: Bibliographisches Institut 2009.

Prechtl, Peter/Burkard, Franz-Peter (Hg.): *Metzler Philosophie-Lexikon. Begriffe und Definitionen.* 2., erw. Aufl. Stuttgart/Weimar: Metzler 1999.

Rullmann, Marit: *Philosophinnen. Von der Antike bis zur Aufklärung.* 2. Aufl. Frankfurt/M.: Suhrkamp 2002.

Rullmann, Marit: *Philosophinnen II. Von der Romantik bis zur Moderne.* 2. Aufl. Frankfurt/M.: Suhrkamp 2002.

Sandkühler, Hans Jörg (Hg.): *Enzyklopädie Philosophie.* Neuausgabe. 2 Bde. Hamburg: Meiner 2002.

Schischkoff, Georgi: *Philosophisches Wörterbuch.* 22., erw. Aufl. Stuttgart: Kröner 1991.

Volpi, Franco/Nida-Rümelin, Julian (Hg.): *Lexikon der philosophischen Werke.* Stuttgart: Kröner 1988.

Volpi, Franco (Hg.): *Großes Werklexikon der Philosophie.* 2 Bde. Stuttgart: Kröner 1999.

Einführungen in die Philosophie und ihre Teilgebiete

(entsprechend dem Aufbau des vorliegenden Buches)

Allgemeine Einführungen in die Philosophie

Liessmann, Konrad Paul: *Die großen Philosophen und ihre Probleme. Vorlesungen zur Einführung in die Philosophie.* 4. Aufl. Wien: UTB 2003.

Liessmann, Konrad Paul: *Vom Nutzen und Nachteil des Denkens für das Leben. Vorlesungen zur Einführung in die Philosophie.* 3. Aufl. Wien: UTB 2003

Martens, Ekkehart/Schnädelbach, Herbert (Hg.): *Philosophie. Ein Grundkurs.* Neuausgabe. 2 Bde. Reinbek bei Hamburg: Rowohlt 2003.

Nagel, Thomas: *Was bedeutet das alles? Eine ganz kurze Einführung in die Philosophie.* Stuttgart: Reclam 2008.

Precht, Richard David: *Wer bin ich – und wenn ja, wie viele? Eine philosophische Reise.* 10. Aufl. München: Goldmann 2007.

Wuchterl, Kurt: *Lehrbuch der Philosophie. Probleme – Grundbegriffe – Einsichten.* 5., aktual. Aufl. Stuttgart: UTB (Haupt Verlag) 1998.

Geschichte der Philosophie

Gaarder, Jostein: *Sofies Welt. Roman über die Geschichte der Philosophie.* 11. Aufl. München: Hanser 2008.

Helferich, Christoph: *Geschichte der Philosophie. Von den Anfängen bis zur Gegenwart und fernöstliches Denken.* 3. Aufl. Stuttgart: Metzler 2001.

Hügli, Anton/Lübcke, Paul (Hg.): *Philosophie im 20. Jahrhundert.* Bd. 1: *Phänomenologie, Hermeneutik, Existenzphilosophie und kritische Theorie.* 3. Aufl. Reinbek bei Hamburg: Rowohlt 1998.

Hügli, Anton/Lübcke, Paul (Hg.): *Philosophie im 20. Jahrhundert.* Bd. 2: *Wissenschaftstheorie und analytische Philosophie.* 3. Aufl. Reinbek bei Hamburg: Rowohlt 2000.

Steenblock, Volker (Hg.): *Philosophisches Lesebuch. Von den Vorsokratikern bis heute.* Stuttgart: Reclam 2007.

Wissenschaftstheorie

Carrier, Martin: *Wissenschaftstheorie zur Einführung.* Hamburg: Junius 2006.

Chalmers, Alan F.: *Wege der Wissenschaft. Einführung in die Wissenschaftstheorie.* 6., verb. Aufl. Berlin: Springer 2007.

Schurz, Gerhard: *Einführung in die Wissenschaftstheorie.* 4. Aufl. Darmstadt: Wissenschaftliche Buchgesellschaft 2014.

Logik

Salmon, Wesley C.: *Logik.* Stuttgart: Reclam 1986.

Savigny, Eike von: *Grundkurs im logischen Schließen. Übungen zum Selbststudium.* 3. Aufl. Göttingen: Vandenhoeck & Ruprecht 1993.

Wolff, Michael: *Einführung in die Logik.* München: Beck 2006.

Geschichtsphilosophie

Baberowski, Jörg: *Der Sinn der Geschichte. Geschichtstheorien von Hegel bis Foucault.* München: Beck 2005.

Rohbeck, Johannes: *Geschichtsphilosophie zur Einführung.* 3. Aufl. Hamburg: Junius 2015.

Zwenger, Thomas: *Einführung in die Geschichtsphilosophie.* 2. Aufl. Darmstadt: Wissenschaftliche Buchgesellschaft 2008.

Erkenntnistheorie

Grundmann, Thomas: *Analytische Einführung in die Erkenntnistheorie.* 2. Aufl. Berlin: De Gruyter 2008.

Reinberger, Hans-Jörg: Historische Epistemologie zur Einführung. 2. Aufl. Hamburg: Junius 2007.

Schnädelbach, Herbert: *Erkenntnistheorie zur Einführung.* 4. Aufl. Hamburg: Junius 2013.

Schneider, Norbert: *Erkenntnistheorie im 20. Jahrhundert. Klassische Positionen.* Stuttgart: Reclam 1998.

Sprachphilosophie

Bertram, Georg W.: *Sprachphilosophie zur Einführung.* 3. Aufl. Hamburg: Junius 2014.

Newen, Albert/Schrenk, Markus: *Einführung in die Sprachphilosophie.* Darmstadt: Wissenschaftliche Buchgesellschaft 2014.

Tugendhat, Ernst: *Vorlesungen zur Einführung in die sprachanalytische Philosophie.* 7. Aufl. Frankfurt: Suhrkamp 2000.

Religionsphilosophie:
Dahl, Edgar (Hg.): *Brauchen wir Gott? Moderne Texte zur Religionskritik.* Stuttgart: Hirzel 2005.
Löffler, Winfried: *Einführung in die Religionsphilosophie.* Darmstadt: Wissenschaftliche Buchgesellschaft 2014.
Ricken, Friedo: *Religionsphilosophie.* Stuttgart: Kohlhammer 2003.
Schlieter, Jens (Hg.): *Was ist Religion?* Texte von Cicero bis Luhmann. Stuttgart: Reclam 2010.

Ästhetik / Philosophie der Kunst
Liessmann, Konrad Paul: *Philosophie der modernen Kunst. Eine Einführung.* Wien: UTB 2000.
Liessmann, Konrad Paul: *Reiz und Rührung. Über ästhetische Empfindungen.* Wien: UTB 2008.
Reicher, Maria E.: *Einführung in die philosophische Ästhetik.* Darmstadt: Wissenschaftliche Buchgesellschaft 2005.

Philosophische Anthropologie
Arlt, Gerhard: *Philosophische Anthropologie.* Stuttgart: Metzler 2001.
Dierkes, Hans (Hg.): *Philosophische Anthropologie. Texte und Materialien.* Stuttgart: Reclam 1989.
Thies, Christian: *Einführung in die philosophische Anthropologie.* Darmstadt: Wissenschaftliche Buchgesellschaft 2004.

Feminstische Philosophie
Doyé, Sabine: *Philosophische Geschlechtertheorien. Ausgewählte Texte von der Antike bis zur Gegenwart.* Stuttgart: Reclam 2002.
Mayer, Ursula I.: *Einführung in die feministische Philosophie.* 3. Aufl. Aachen: Ein-Fach-Verlag 2004.
Nagl-Docekal, Herta: *Feministische Philosophie. Ergebnisse, Probleme, Perspektiven.* Frankfurt/M.: Fischer 2016.

Naturphilosophie
Drieschner, Michael: *Moderne Naturphilosophie. Eine Einführung.* Paderborn: Mentis 2002.
Esfeld, Michael: *Einführung in die Naturphilosophie.* Darmstadt: Wissenschaftliche Buchgesellschaft 2002.
Wolf, Ursula: *Das Tier in der Moral.* 2. Aufl. Frankfurt: Klostermann 2004.

Philosophie der Medien
Engell, Lorenz u.a. (Hg.): *Kursbuch Medienkultur. Die maßgeblichen Theorien von Brecht bis Baudrillard.* Stuttgart: DVA 2000.
Hartmann, Frank: *Medienphilosophie.* Wien: WUV 2000.
Mersch, Dieter: *Medientheorien zur Einführung.* Hamburg: Junius 2013.
Pias, Claus (Hg.): *Kursbuch Medienkultur. Die maßgeblichen Theorien von Brecht bis Baudrillard.* 5. Aufl. Stuttgart: DVA 2004.

Philosophie und der Tod
Lacina, Katharina: *Tod.* Wien: UTB 2009.
Liessmann, Konrad Paul (Hg.): *Ruhm, Tod, Unsterblichkeit. Über den Umgang mit der Endlichkeit.* Wien: Zsolnay 2004.
Schuhmacher, Bernhard N.: *Der Tod in der Philosophie der Gegenwart.* Darmstadt: Wissenschaftliche Buchgesellschaft 2004.

Ethik
Hübner, Dietmar: *Einführung in die philosophische Ethik.* Wien: UTB 2014.
Pauer-Studer, Herlinde: *Einführung in die Ethik.* 6. Aufl. Wien: WUV 2007.
Pieper, Annemarie: *Einführung in die Ethik.* 6. Aufl. Tübingen/Basel: Francke 2007.

Rechtsphilosophie
Horster, Detlef: *Rechtsphilosophie zur Einführung.* Hamburg: Junius 2002.
Koller, Peter: *Theorie des Rechts. Eine Einführung.* 2. Aufl. Wien: Böhlau 2001.
Hoerster, Norbert: *Was ist Recht? Grundfragen der Rechtsphilosophie.* 9. Aufl. München: Beck 2013.

Freiheit:
Bieri, Peter: *Das Handwerk der Freiheit. Über die Entdeckung des eigenen Willens.* Hamburg: Fischer 2003.
Geyer, Christian (Hg.): *Hirnforschung und Willensfreiheit. Zur Deutung der neuesten Experimente.* Frankfurt/ M.: Suhrkamp 2004.
Keil, Geert: *Willensfreiheit.* Berlin/New York: De Gruyter 2012.

Angewandte Ethik
Birnbacher, Dieter (Hg.): *Ökologie und Ethik.* Stuttgart: Reclam 1996.
Oerman, Nils Ole: *Wirtschaftsethik. Vom freien Markt bis zur Share Economy.* München: Beck 2015.
Ott, Konrad: *Umweltethik zur Einführung.* 2. Aufl. Hamburg: Junius 2014.
Pöltner, Günther: *Grundkurs Medizinethik.* 2. Aufl. Wien: Facultas 2006.
Sass, Hans-Martin (Hg.): *Medizin und Ethik.* Stuttgart: Reclam 1999.
Waibl, Elmar: *Angewandte Wirtschaftsethik.* Wien: WUV 2005.
Wiesing, Urban (Hg.): *Ethik in der Medizin. Ein Studienbuch.* 2. Aufl. Stuttgart: Reclam 2004.

BILDNACHWEIS

Wikimedia Commons, CC0 1.0 Universal (CC0 1.0), https://creativecommons.org/publicdomain/zero/1.0/ © British Library: S. 212 u • Wikimedia Commons, CC BY-SA 2.0, https://creativecommons.org/licenses/by-sa/2.0/ © World Economic Forum: S. 53, 87; featerboa: S. 222 u • Wikimedia Commons, CC BY-SA 2.5, https://creativecommons.org/licenses/by-sa/2.5/ ©Bracha L. Ettinger: S. 143 o • Wikimedia Commons, CC BY-SA 3.0, https://creativecommons.org/licenses/by-sa/3.0/ © Askii: S. 5; Sdmata, 1976: S. 150 o, 183; Sally Ryan, www.sallyryanphoto.com: S. 218, 256; Università Reggio Calabria: S. 266 • Wikimedia Commons, CC BY 4.0, https://creativecommons.org/licenses/by/4.0/ © Wellcome Images (https://wellcomeimages.org/indexplus/obf_images/bd/c1/aa03d9c2b37f84739b312e4e007a.jpg): S. 3; Wellcome Images (https://wellcomeimages.org/indexplus/obf_images/5f/64/06d88dd8f10c232263203045edd1.jpg): S. 23, 80; Wellcome Images (https://wellcomeimages.org/indexplus/obf_images/75/54/d987655baf5b96425ecb915b6ba8): S. 96 Mitte; L. Vorsterman nach P. P. Rubens, Foto Wellcome Images (https://wellcomeimages.org/indexplus/obf_images/cc/d2/febf2fb6214e6aab141d-262c5fd0.jpg): S. 108; Yair Haklai: S. 219 o • Wikimedia Commons, GFDL 1.3: © George M. Bergman, Berkeley: S. 105 • Wikimedia Commons, Public Domain © PDArt: S. 1; Kunsthistorisches Museum Wien Bilddatenbank: S. 2 o; Catharine Lorillard Wolfe Collection, Wolfe Fund, 1931: S. 4; http://www.munch150.no/no/Presse/Pressebilder: S. 6; Gottlieb Döbler, 1791, Foto http://www.philosovieth.de/kant-bilder/bilddaten.html: S. 7, 56; Web Gallery of Art: S. 9; Frans Hals, Foto André Hatala [e.a.] (1997) De eeuw van Rembrandt, Bruxelles: Crédit communal de Belgique: S. 13; Austrian National Library: S. 14, 73; The David B. Keidan Collection of Digital Images from the Central Zionist Archives: S. 19; Justus Sustermans, 1636, Foto N.N.: S. 22; Allan Ramsay, 1766, Foto National Galleries Scotland: S. 33, 204; Johann Friedriczh Wentzel d.Ä., ca. 1700, Foto http://archiv.bbaw.de/archiv/archivbestaende/abteilung-sammlungen/gesamtbestand-des-kunstbesitzes/gelehrtengemaelde/gelehrtengemalde-seiten/VZLOBO-0031.html: S. 35; N.N.: S. 47 o; John Jabez Edwin Mayal, vor 1875, Foto International Institute of Social History in Amsterdam, Netherlands: S. 47 u, 134, 170, 178, 217 o; http://www.wga.hu/html/d/durer/2/12/2apocaly/index.html: S. 51; Lazarus Gottlieb Sichling nach Friedrich Julius Ludwig Sebbers, nach 1828, Foto http://www.hegel.net/en/gwh3.htm: S. 85, 173, 219; British Museum: S. 93 u; S. 95: PD-OLD.: S. 95, 111; Lisby / Flickr.com: S. 96 o; N.N.: S. 96 u; Cfaerber: S. 100; Franz Krüger, vor 1835, Foto http://www.sammlungen.hu-berlin.de/dokumente/171/: S. 101, 116; N.N.: S. 104; J. L. Raab nach Gottlieb Döbler, 1791, Foto https://web.archive.org/web/20060223123905/http://www.jhu.edu/~phil/kant-hegelconference/main.htm: S. 113; Ben Richards, 1947: S. 117; N.N. 1924 – http://www.personal.kent.edu/~rmuhamma/Philosophy/Russellimages/br-images.html: S. 125, 133; http://www.ludwig-feuerbach.de/Anselm_Brief.htm: S. 130; Anton Raphael Mengs, 1761/62, Foto Web Gallery of Art: S. 137 u; www.students.sbc.edu/evans06/presentation.htm: S. 139; United States Library of Congress's Prints and Photographs division, ca. 1921: S. 141 o; Luc Viatour / https://Lucnix.be: S. 148; U.S. National Archives and Records Administration, 1908: S. 149 o; nl wiki: S. 149 u; The Yorck Project: S. 160; History/Carnegie/kant/portrait.html: S. 207, 246; N.N.: S. 208; https://archive.org/details/histoireartistiq00gill, 1912: S. 212 o; 1st-art-gallery.com: S. 222 o; http://global.britannica.com/media/full/560202/122142: S. 225; http://www.ub.uni-frankfurt.de/archive/images/busch.jpg, vor 1908: S. 226 u; Google Books: S. 253; Friedrich Hartmann, um 1875: S. 272 • WikiBooks, GFDL 1.3: Fr. Hoerster: S. 128, 244, 161

Sonstige: Abert, Hans / Heidelberg (Aufklärung und Kritik 1 / 2001): S. 28 u • AFP: S. 92 • Agefotostock / Keystone Archives, um 1970: S. 229, 274 • aisa, Archivo iconografico, Barcelona: S. 129, 213 • Aisthesis Verlag, Bielefeld: S. 93 o • Andreas Pohlmann, Frankfurt: S. 210 • Archiv der Universität Wien: S. 48, 81 • Archiv für Kunst und Geschichte, Berlin: S. 132, 141 u, 164, 175 • Archiv für Kunst und Geschichte, Berlin: S. 78 • Arthur Schopenhauer: Schriften über Musik. Hrsg. v. Karl Stabenow. Severus 2013 (Coverfoto): S. 226 o, 270 • Austin, J.L. et al: Philosophical Papers. Clarendon Press 1990 (Coverfoto): S. 121 • Benjamin Lee Whorf Papers. Manuscripts & Archives, Yale University Library: S. 119 • Bildarchiv Preußischer Kulturbesitz, Berlin (Ingrid von Kruse): S. 28 o, 66 • Börsenverein des Deutschen Buchhandels, Frankfurt/M.: S. 52 u • Cohen, Robert S./Wartofsky, Max W. (Hg.): Boston Studies in the Philosophy of Science. Bd. VII. New York. 1971: S. 103 • Davies, Bronwyn: Judith Butler in Conversation. Routledge 2008 (Coverfoto): S. 153 • Denise Apple white/Princeton University: S. 162, 287 • dpa: S. 193 • EINBLICKE Nr. 40 / Herbst 2004 / Carl von Ossietzky Universität Oldenburg: S. 83 • Engelhardt, Tristram / Rice Department of Philosophy: S. 280 • Enzyklopädie der Philosophie. Von der Antike bis zur Gegenwart. Denker und Philosophen. Begriffe und Probleme. Theorien und Schulen. Augsburg: Weltbild Verlag 1992: S. 2 u • epd, 1959: S. 159 u • Escher, M. C., Köln: Taschen 2006: S. 91 • Estate of Sir Karl Popper, London: S. 24 • Getty Images / Herve Gloaguen: S. 55; / New York Times Co: S. 135 o; / Francoise Viard: S. 219 u • Graduate Institute of Linguistics, Taipei / Taiwan: S. 186 • Hans Kelsen-Institut Bundesstiftung: S. 200 • Harvard Gazette: S. 217 u, 265 • Henckmann, Wolfhart: Max Scheler. Beck 1998 (Coverfoto): S. 182 • Höffe, Ottfried / Universität Tübingen: S. 284 u • Holbach-Foundation: S. 133 o. • Holbergprisen / Florian Beier: S. 106 • Holenstein, Elmar: Philosophie-Atlas. Orte und Wege des Denkens. Zürich: Amann 2004: S. 63 • Jahrbuch der Heinrich-Heine-Universität Düsseldorf 2005: S. 234, 243 • Jonas, Hans: Technik, Medizin und Ethik. Zur Praxis des Prinzips Verantwortung. Suhrkamp 1987 (Coverfoto): S. 277 • Kersting, Wolfgang: Thomas Hobbes zur Einführung Taschenbuch. Junius 2016 (Coverfoto): S. 258 • Kołakowski, Leszek: My correct views on everything. St Augustine's Press 2006 (Coverfoto): S. 166 • Korthals / Wageningen Universiteit: S. 284 o • Kutschera, U.: Streitpunkt Evolution. Darwinismus und intelligentes Design. Münster: LIT Verlag 2004: S. 150 Mitte, 154 • Mediendatenbank Nordrhein Westfalen: S. 209, 255 • Möhring, Lutz, Hamburg: S. 20 o • Museo Archeologico Nazionale, Napoli / Pedicini: S. 159 o • N.N. – Paul Feyerabend, Killing Time. University of Chicago Press 1996: 32, 70 • Nicolai, Ubaldo: Bildatlas Philosophie. Die abendländische Ideengeschichte in Bildern. Berlin: Parthas Verlag 2007 (S. 189): S. 50 • Nikos Economopoulos: S. 135 u • ÖNB / Cermak: S. 52 o, 60, 79 • Österreichische Nationalbibliothek: S. 20 u, 86, 161 • Papadogeorgos, Georgios: Berühmte Männer des antiken Griechenlands. Ihr Leben und Werk. Koropi: Verlag M. Toubis S. A. 2003 (S. 37): S. 15 • Paul Buck /DPA: S. 221 • PD – Neue Zürcher Zeitung 23.06.2014: S. 194 • picture-allience / dpa, Frankfurt/M.: 30, 61, 68, 76 o, 127, 179; / akg-images, Frankfurt/M.: S. 143 u • Reed Magazine, Mai 2008 Rinderle, Peter: John Stuart Mill. Beck'sche Reihe Denker. München: C. H. Beck 2000: S. 206 • Rombach, Heinrich, Leben des Geistes. Ein Buch der Bilder zur Fundamentalgeschichte der Menschheit. Freiburg/Breisgau: Herder 1977 (S. 254): S. 172, 177 • Runes, Dagobert D.: Pictorial History of Philosophy. Totowa, New Jersey: Littlefield, Adams & Co. 1963: S. 12, 18 o., 34 u., 131 o., 152, 185, 189 • S. Rennie, Bryan: Changing Religious Worlds. State University of New York Press 2000 (Coverfoto): S. 128 o • Savane-Rumbaugh, Sue/Lewin, Roger: Kanzi, Der sprechende Schimpanse. München: Droemer Knaur 1995: S. 99 • Schindele, Eva / Privatfoto: S. 281 • Seipel, Wilfried (Hrsg.): Meisterwerke der Antikensammlung. Kunsthistorisches Museum Wien 2005 (S. 42): S. 34 o; 205 • Sezession 67, Aug. 2018: S. 57 • Staatsbibliothek Berlin: S. 131 u • taz: S. 145 • The Center of Philosophy of the University of Lisbon: S. 196 • The Chinese University of Hong Kong / Department of Philosophy: S. 62 • Thea Goldmann, 1972: S. 150 u • TU Berlin/ Ulrich Dahl: S. 146 • TU Braunschweig / Gerhard Vollmer: S. 191 • TU intern. Die Hochschulzeitung der Technischen Universität Berlin, No. 6, Juni 2003 • UCLA Photo Dep.: S. 18 M., 64 • UK Essen: S. 232 • Uni Leipzig – S. 74http://www.uni-leipzig.de/journal/heft299/bilder/s12_1.jpg: S. 74 • Ursula Wolf / Privatfoto: S. 76 u • Wiener Kreis Archiv, Haarlem: S. 18 u. • Wütscher, Johannes / Heidelberg. Mit freundlicher Genehmigung der Europäischen Akademie zur Erforschung von Folgen wissenschaftlichtechnischer Entwicklungen Bad Neuenahr-Ahrweiler GmbH: S. 283

Alle übrigen Abb.: Archiv Verlag Wilhelm Braumüller